# 현대 선교학 총론

김성태 지음

도서출판 이레서원

# 권두언: 신학과 현장

오 년의 세월이 흐른 후에 쫓기듯이 또 다른 선교학의 연구 결과가 나왔다. 필자의 삶은 벌써 12년 동안 시간의 압박을 느끼면서 가르치고 동시에 현장에 있는 삶이었다. 국내에서 개척 교회를 이 년여 섬겼고, 일 년에 적어도 두 달 정도는 어느 북방 지역의 선교 현장에서 항상 머물렀다. 그러한 필자의 삶은 책상 앞에 앉아 있는 상아탑의 세계만은 아니었다. 국제적인 북방 선교 단체의 특정 지역에 대한 책임자로서 하나님의 교회와 그의 고난받는 백성을 섬기는 데 나의 모든 여력이 소모되면 학문의 영역이란 자칫하면 멀어질 수밖에 없었다.

그러나 독자들에게 진솔하게 고백한다. 나의 선교학의 연구와 탐구는 10시간 이상 타고 가야 하는 어느 장거리 기차 안에서, 또한 습기가 차고 냄새 나는 어느 오지의 숙소 안에서 영글어진 것이다. 이것이 필자의 선교학을 뒷받침하는 기반이 된다. 한국교회 앞에 부끄러운 작품을 내놓지만 항상 그렇게 생각하듯이 지금의 시도가 시작인 것이다.

여기에 실린 글들은 가벼운 내용은 아니다. 필자의 학문적인 탐구의 결실이다. 이것은 교과서적인 내용으로 이루어져 있다. 첫 장에서 선교학의 신학적 내용을 정의했는데 바로 그 내용대로 글들이 수록되어 있다. 1장부터 5장까지는 주로 이론에 관련된 선교의 신학적 주제와 연관된 글들이 있다. 이것은 가장 기본적인 것으로서 선교학을 연구하는 학도로서의 학문적인 성찰에 의한 글들임을 소개한다.

6장부터 8장까지는 선교학의 역사적인 부분을 다루었다. 특히 선교 역사를 개괄적으로 소개하는 데 있어서 지리적인 측면이나 과거의 선교 방법에 대한 보고서적인 자료들은 고의로 라토렛(Latourette, 1884-1968)의 자료를 많이 참조했음을 알린다. 라토렛의 『기독교 확장사』는 기본적으로 7권으로 되어 있고 현대 교회사를 다룬 또 다른 5권을 더한다면 일반 교인들이 감히 참고할 수 없을 만한 방대한 분량이 된다. 필자는 라토렛의 광대한 자료들을 충분히 참고하여 한국교회에 도움이 되고 선교 학도들에게 도움이 될 수 있도록 필자의 학문적인 자기 틀 위에서 이것을 많이 사용하였다. 9장과 10장은 선교 현장과 연관될 수 있는 실제적인 문제를 다루는 주제들인데 너무 이론적인 글들이 실린 것 같다.

필자가 아쉽게 생각하는 것은 타종교에 대한 선교학을 정립하는 일과 최근의 종교간의 대화 문제를 심층 깊게 신학적으로 성찰하는 일이 이번 글에서는 빠져 있다는 사실이다. 이것은 지면의 제한적인 면도 있지만 현장에서 부족한 사역자를 부르는 요청이 너무나 크기에 선교 현장에 달려가느라고 연구를 충분히 하지 못한 이유도 있다. 이번에 책이 나올 수 있도록 섭리적으로 채찍질해 주신 이레서원의 모든 분들에게 감사를 드린다. 발행자가 되시는 김완섭 사장에게도 감사를 드리고 무엇보다 하나님께 영광을 돌린다.

김성태

# 차 례

| | |
|---|---|
| 권두언 | 3 |
| Ⅰ. 선교학의 신학적 위치와 정의 | 7 |
| Ⅱ. 현대 선교학에 영향을 미치고 있는 제 학자들 | 47 |
| Ⅲ. 현대 선교학에 있어서의 선교 개념 | 107 |
| Ⅳ. 선교의 성서신학 연구 | 137 |
| Ⅴ. 오순절주의가 현대 선교학에 미친 영향 | 163 |
| Ⅵ. 선교 역사 개관 | 199 |
| Ⅶ. 복음주의 선교 운동의 현주소 | 413 |
| Ⅷ. 에큐메닉 선교학 발전사 | 451 |
| Ⅸ. 복음과 문화 | 513 |
| Ⅹ. 교회 지도력에 있어서 여성의 역할에 대한 선교학적 고찰 | 549 |
| 참고문헌 | 575 |
| 찾아보기 | 611 |

# I. 선교학의 신학적 위치와 정의

선교학이 신학 분야에서 독자적인 학문 분야로 인정되고 연구되기 시작한 것은 한 세기를 조금 넘는다. 지금은 구미 교회에서 선교학이 중요한 신학의 학문 분야로 자리잡아 연구되고 있으며 많은 선교 대학원이나 전문 학술 연구기관들이 존재하고 있다.[1] 신학 분야에 있어 선교학이 독자적인 학문의 영역으로 자리를 잡은 역사는 오래되지 않았으나 교회의 존재 의미가 궁극적으로 선교이기에 지상에서 교회가 존재하고 있다는 것은 이미 선교가 시작되고 있음을 의미한다.[2] 필자는 이런 관점에서 선교

---

1) 예를 들어 미국선교신학협의회(ASM)가 조사한 바에 의하면 미국에는 200여 개의 신학 교육 기관에서 선교신학이 전공이나 부전공으로 가르쳐지고 있으며, 최종 박사 과정이 있으며, 천여 명의 교수 요원들이 있다. See John A. Siewert, ed., Directory of Schools and Professors of Mission (Monrovia: Marc, 1995). pp. ix-xiii.
2) 마틴 헹겔은 신양성경 자체가 초대 교회의 선교적 상황에서 나왔음을 지적하며 초대 교회의 신학과 역사는 선교학과 선교 역사의 시작이라고 주장한다. 마찬가지로 하인리히 케스팅도 선교란 단순히 교회의 기능이 아요 본질이기에 교회의 시작이 선교학의 시작이라고 한다. 바로 이런 맥락에서 독일의 조직신학자인 마틴 켈러는 다소 극단적인 표현이지만 선교를 신학의 어머니라고 규정하

학의 역사적 발전 과정을 추적하며 선교학이 신학 분야에 독자적인 학문으로 연구되기 시작한 것이 언제부터였는지를 고찰할 것이다. 또한 현대 선교학이 형성되는 데 있어서 신학적으로 기여하고 이를 발전시킨 제 인물들을 역사적으로 조망하며 선교학의 의미를 신학적으로 정립할 것이다.

## I. 선교학의 역사적 발전 과정

### 1) AD 500년 이전

초대 교회로부터 시작해서 로마 제국이 기독교를 국교로 받아들인 이후 서로마가 멸망한 시기를 일반적으로 교회사가들은 AD 500년으로 규정한다.[3] 이 기간 동안에 선교란 복음의 내재적인 생명력으로 교회가 확

---

고 있다. See Martin Hengel, Between Jesus and Paul: Studies in The Earliest History of Christianty(London: SCM, 1983), pp. 48-64, Heinrich Kasting, Die Anfänge den unchristlichen Mission(Munich: Chr. Kaiser Verlag, 1969), pp. 127-130, Martan Kähler, Schriften Zur Christologie und Mission(Munich: Ch. Kaiser Verlag, 1971), pp. 189-190.

3) 케네스 스코트 라토렛이 직접적으로 이 시기를 구분하였는데 대부분의 선교역사학자들은 그의 시대 구분을 그대로 받아들이고 있다. 직접적이지는 않지만 중세 이전의 역사로 AD 500년을 기준으로 삼는 것은 윌리스톤 워커나 헨리 채드윅에게서 나타난다. See Kenneth Scott Latourette, A History of Christianity Vol. I: Beginnings to 1500(New York: Harper & Row, 1975), P.V, Williston Walker, A History of the Christian Church(New York: Charles Scribner's Sons, 1970), pp. iii-xiv, Henry

장되어지는 과정 속에서 이방 문화와 종교에 대한 기독교의 정체성 확립과 전도를 목적으로 한 변증적인 신학적 동기 속에서 수행되어졌다. 이런 점에서 초대 교회의 기원과 그 성장 역사를 보여 주는 신약성경을 '선교의 책'이라고 부르기도 하는데 이것은 광의적인 의미에서 구약성경까지 포괄하기도 한다.[4]

프랜시스 두보스(Francis M. Dubose)는 이 기간 동안의 성경 이 외의 선교 자료들을 교부들의 서신이나 설교문 그리고 전도 목적의 소책자들에서 찾아낸다. 그에 의해 열거되는 것으로서 이레니우스(Irenaeus, 130-200)의 『이단에 대항하여』라는 소책자가 있다. 그 내용 중에 당시의 독일과 스페인 그리고 북아프리카의 이집트와 리비아에 이르기까지 흩어져 있는 교회들이 삼위 하나님께로 말미암는 동일한 사도적 신학과 신앙을 가지고 구원의 복음을 전하는 것이 온 세상에 대한 하나님의 지혜요 뜻이라고 하는 글이 있다.[5] 두보스는 또한 알렉산드리아의 클레멘트

---

Chadwick, The Early Church(Middlesex: Cox & Wyman Ltd, 1983).
4) 타락한 인류와 전 피조 세계에 대한 하나님의 구원 계획과 그 방법과 과정들을 성경 66권이 온전히 나타내 보이고 있다는 측면에서 광의적인 의미로서 성경을 선교의 책이라고 부른다. 그러나 특히 예수 그리스도의 죽으심과 부활 그리고 승천과 재림의 약속, 그 기반 위에서 새 언약의 표증으로서의 성경강림과 내재, 교회설립과 교회성장 또한 교회에 주신 대위임령의 신약성경은 구체적인 선교의 책으로서 선교에 대한 원리적 계시 지침을 나타내고 있다는 것이다. See John R. W. Stott "The Bible in World Evangelization" in Perspectives on the World Christian Movement, Ralph Winter and Steven Hawthorne, eds(Pasadena: William Carey Libeary, 1981), pp. 3-9, H. Rzepkowski, Theology of Mission, Verbum SVD vol 15, 1974. p. 80.
5) Francis M. DuBose, ed., Classics of Christian Missions(Nashville: Broadman Press, 1979), pp. 278-281. cf. Irenaeus, "Unity of the Faith of the Church Throughout the World" in The Apostolic

(Clement, 150-220)의 논문집으로 불리우는 『Stromata』 속에서 선교에 대한 중요한 진술을 발견하는데, 그것은 그리스의 철학과 다르게 예수 그리스도로 말미암는 복음은 한 유대 종족에게만 국한된 것이 아니라 모든 국가와 도시와 마을 그리고 모든 개개인에게 전파되어져야 한다는 것이다.[6]

그는 터툴리안(Tertullian, 145-200)의 『변증』이라는 소책자 안에서 고전적인 선교적 변증을 찾아낸다. 그 내용은 아무리 핍박자들이 잔인하게 그리스도인들을 박해한다 하여도 그들은 궁극적으로 핍박자들이 살고 있는 모든 도시와 섬들 그리고 산성과 마을과 시장 및 모든 족속들과 사업터와 궁전과 원로원에 이르기까지 그리스도인들을 확산시킴으로써 결국 대적자들이 그리스도인들만 발견하게 되리라는 복음의 능력과 확장에 대한 확신이다.[7] 그는 또한 오리겐(Origen, 185-255)의 『셀수스를 반대하여』라는 소책자 속에서 선교에 대한 메시지를 발견한다. 그것은 복음이 초기에는 미약했지만 복음 자체의 능력으로 말미암아 계속해서 확산됨으로 남성뿐 아니라 여성과 어린아이들에게도 복음이 전파되어져서 온 세상에 그리스도인들이 가득하게 되리라는 것이다.[8]

초기 1-2세기의 교회 사역에 대한 모습을 보여 주는 『디다케』(Didache)

---

Fathers with Justin Martyr and Irenasus, A. Cleveland Coxe, ed., The Ante-Nicene Fathers, Vol. I(Grand Rapids: Eerdmans, 1950). pp. 330-332.

6) Ibid., pp. 281-282. cf. Clement of Alexandria, "Universal Diffusion of the Gospel, a Contrast to Philosophy", The Ante-Nicene Fathers, Vol. II, pp. 519-520.

7) Ibid., pp. 283-285. cf. Tertullian, "We are but of yesterday, and we have filled every place among you", The Ante-Nicene Fathers, Vol. III, pp. 3-15.

8) Ibid., pp. 285-288. cf. Origen, "Proof of Rapid and Widespread Growth of Christians", The Ante-Nicene Fathers, Vol. IV, pp. 468-469.

는 순회 전도자에 대한 지침을 언급하고 있다. 거기에 보면 참된 순회 전도자는 특별한 이유 없이 어느 특정인의 집에 이틀 이상을 머무르지 않을 것이요 삼 일 이상 머무르면 거짓 일꾼이라고 되어 있다. 또한 단지 음식뿐이 아니라 돈까지 요구하면 그것도 거짓된 사람이라고 말하고 있다.[9] 이렇듯이 이 기간의 선교란 복음의 본체론적 생명력이 교회의 자발적인 헌신과 순종으로 역동성 있게 각계 각층의 모든 사람들에게 동시적으로 전파되어지는 양상이었다.[10] 바로 이 과정에서 부분적이지만 무의식적인 선교학적 연구가 교부들에 의해서 이루어진 것이다.

## 2) AD 500년 이후부터 종교개혁 이전까지

   대부분의 교회역사학자들은 AD 500년부터 1000년까지의 기간을 중세 초기로 보고 1000년부터 종교개혁 이전까지의 기간을 중세 후기로 구분한다. 그러나 필자는 이 장에서 초기와 후기를 구분하지 않고 중세 전체의 선교학적 연구 결과들을 살펴볼 것이다.
   중세에 대한 교회사가들의 평가는 라토렛에게서도 나타나듯이 부정적이고 암울하다.[11] 그러나 중세에도 랄프 윈터가 지적하듯이 선교의 공백

---

9) Henry Bettenson, ed., "The Teaching of the Apcstles(The Didache)", in The Early Christian Fathers(Oxford: Oxford University Press, 1969) pp. 51-52.
10) cf. Adolf Harnack, The Expansion of Christianity in the first Three Centuries, Vol. II(New York: G.P. Putnam's sons, 1905), pp. 455-456, Rolland Allen, The Spontaneous Expansion of the Church (London: World Dominion Press, 1956), pp. 13-20.
11) 라토렛은 중세를 세 시기로 구분하는데 암흑과 퇴보, 전진과 쇠퇴 등으로 각

기간은 아니고 수도원 운동을 중심으로 한 교회 개혁과 갱생의 몸부림이 있어 왔는데, 이것은 종종 강력한 선교 운동으로 나타났다.[12] 중세 초기에는 켈트 수도원 운동을 중심으로 한 선교가 수행되어져서 켈트 선교사들의 기록이나 보고가 남아 있으나 체계적인 선교학적 연구는 이루어지지 못했다. 베네딕트 수도사 출신이면서 로마교회의 수장인 '대(大) 그레고리'(Gregory the Great)가 선교사로 파송한 어거스틴과 서신교류를 나누면서 선교에 대한 지침을 내린 'Responsiones'가 있는데 이것은 선교학적인 중요한 통찰을 담고 있다.[13] 그레고리는 로마 카톨릭교회가 1967년 바티칸Ⅱ 공의회부터 공식적으로 채택한 '성취이론'의 원형을 보여주고 있다. 그는 이방 종족들의 종교 풍습과 문화를 선교의 접촉점으로 삼을 뿐 아니라 적용화하여서 선교의 효율성을 극대화하도록 어거스틴에게 지침을 내리고 있다.[14] 이 선교 모델이 영국을 복음화하며 구라파를 선교하는 데 그대로 적용되었으나 성취이론의 문제점을 가지고 있

---

시기를 명하며 전반적으로 암울하게 여겼다. See Latourette, op. cit., pp. v-vi

12) Ralph D. Winter, "The Kingdom Strikes Back: The Ten Epochs of Redemptive History", in <u>Perspective on the World Christian Movement</u>, p. 140. cf. Latourette, op. cit., pp. 224-235.

13) Gergory the Great, "To Augustine, Bishop of the Angli", in <u>Selected Epistles of Gregory the Great</u>, Bishop of Rome, Vol. ⅩⅢ, James Barmby, trans and ed. (Grand Rapids: Eerdmans, 1956).

14) 그는 어거스틴에게 현지의 토착 언어를 존중하고 혼인식이나 장례식 같은 풍속, 절기 행사를 무시하지 말고, 교회 설립시 토착 문화적 특색을 고려하도록 하였다. 또한 선교 현지에서 토착인들이 사용하던 귀신의 사당과 예배의식들을 폐지하지 말고 교회로 전환시키며 기독교화하여 사용하라고 하였다. See Robert Mcculloch, "Gregorian Adaptation in the Augustinian Mission to England", in <u>Missiology: An International Review</u>, Vol. 6, No. 3, July, 1978, pp. 330-333.

고 이것은 오늘날에 구라파 복음화의 취약성을 나타내고 있다.[15]

중세 후기에 일어난 프란시스 수도원 선교운동은 회교도를 복음화하려는 시도를 하였다. 당시 8차에 걸쳐 계속된 십자군 전쟁은 성지를 회교도인들의 손에서 해방시킨다는 종교적 이유를 가지고 시작했으나 실상은 세속적인 동인이 강했으며 후대에 와서 오히려 회교도 선교를 어렵게 하는 요인이 되었다. 프란시스 수도사로 있던 레이몬드 룰(Raymond Lull, 1232-1316)은 무력적인 방법을 사용해서 회교도를 굴복시키려는 십자군 전쟁의 부당성을 지적하고 사랑의 동인으로 선교할 것을 주장하였다. 당시 그는 로마교회의 지도자들에게 각 대학 내에 선교를 목적으로 하는 독립 학과를 설치하여 이방 언어들과 종교를 연구하도록 하자고 하였다. 이러한 그의 주장은 비엔나 회의(1311)에서 반영되어 로마와 볼로냐 그리고 파리와 옥스퍼드 대학들 내에 학과를 설치하도록 하였다.[16] 그는 그의 저서인 『사랑을 받은 자와 수여자의 책』(The Book of the Lover and the Beloved)에서 모든 그리스도인들이 예수님께로부터 사랑을 받은 자로서 세상에서 운둔자로 살 것이 아니라 사랑을 먼저 베푸신 예수 그리스도를 위하여 선교적 삶을 살아가야 한다고 주장하였다.[17] 그는 이 소책자에서 그리스도인의 존재론적 선교사명을 논하고 그것을 선교의 동인으로 말하고 있다. 또한 그는 그의 다른 저서인 『사랑의 나

---

15) 총신을 방문한 적이 있는 화란 자유대학의 선교학 주임 교수는 그레고리의 'Responsiones'가 구라파를 복음화하는 데 큰 공헌을 하였다고 평가했다. 그러나 필자는 지나친 적용화가 구라파 선교 초기부터 혼합주의적 요소를 내포하고 있다고 보는 것이다. See 김성태, 『세계선교전략사』(서울: 생명의 말씀사, 1994), pp. 43-45.

16) Johardmnnes Verkuyl, Contemporary Missiology(Grand Rapids: Eerdmans, 1978), p. 11.

17) Raymond Lull, The Book of the Lover and the Beloved, E. Allison Peers, trans. and ed. (London: SPCK, 1928), pp. 2-11.

무』에서 보다 실제적인 선교 제언을 하였는데 교회의 학문분야로서 복음 변증, 교육, 선교지리학, 언어학, 종교 연구 등이 이방인의 개종을 목표로 이루어져야 한다고 주장하였다.[18] 그는 단순히 제언만 한 것이 아니라 그 자신이 최초의 미람바 대학이라 불리우는 선교대학원을 마조르카 섬에 설립하였다. 이렇듯이 레이몬드 룰이 선교학의 선각자로서 당대의 교회가 신학 분야에 선교를 포함하여 연구할 것을 주장하고 선교대학원을 실제적으로 설립했다는 데 그 의의가 있다.

중세 스콜라 신학의 대부라 할 수 있는 토마스 아퀴나스(Thomas Aquinas, 1225-1274)는 당대의 회교도인들에게 효율적으로 복음을 변증하고 증거하기 위해서 『이방인들에 대한 변증집』(Summa Contra Gentiles)을 저술했는데, 그는 이 책에서 선교를 교회의 실천 영역에 포함시켰다. 그는 그의 저서에서 타종교 연구의 필요성을 역설하고 복음의 변증을 위해서 이성을 접촉 근거로 삼을 것을 주장하였다. 그에 의하면 이방 종교인들에게도 이성이 자연계시의 수납처로서 제 기능을 발휘하므로 이것을 선교의 접촉점으로 삼아서 복음을 변증하거나 증거하면 선교가 효율적으로 이루어진다는 것이다.[19] 이러한 토마스 아퀴나스의 선교이론은 후대에 예수회 선교사들에게 받아들여지고 보다 정교히 연구되어져서 로마 카톨릭 교회 내의 '성취이론'으로 발전되어졌다.[20]

---

18) Raymond Lull. The Tree of Love, E. Allison Peers, trans. and ed. (London: SPCK, 1926), pp. 33-100.
19) Thomas Aquinas, "Summa Contra Gentiles", in On the Truth of the Catholic Faith, 5 Vols. A.C. Pegis, trans. (Garden City, 1957). cf. A. Walz, Saint Thomas Aquinas, a Biographical Study (Philadelphia: Westminster, 1951).
20) 여기에 대표적인 예수회 선교사로서 마테오리치(1552-1610)와 로버트 노빌리(1557-1656)가 있다. 필자의 성취이론에 대한 문제점을 지적한 소고를 참조하라. See 김성태, op. cit. pp. 76-80.

중세 시대에 이루어진 선교학적 연구에는 세 가지 특징이 있다. 첫째로 제도주의와 관료주의로 인하여 황무해진 교회 내에 개혁과 갱생의 몸부림으로 일어난 부흥 운동이 내면적인 생명력으로 작용하여 실제적인 선교 운동을 일으켰고, 이것은 선교의 동기를 성찰하고 타문화권과 이방 종교에 대한 구체적인 선교 방법을 논했다는 사실이다. 두 번째 특성은 이슬람교의 발흥과 기독교에 대한 도전으로 인하여 선교의 선각자들이 회교도 선교의 필요성을 인식하고 이것을 계기로 이방 종교인에 대한 선교를 주장했다는 것이다. 세 번째는 로마교회와 비잔틴 동방 교회의 교회론과 구원론의 문제점으로서 "교회 밖에는 구원이 없다"(Extra Ecclesium nulla Salus)는 사상과 수도사 자신의 성화를 위한 공덕 사상이다. 이러한 "교회 밖에는 구원이 없다"는 것을 지나치게 극단적으로 강조함으로써 중앙집권적인 국수주의적 선교가 수행되어졌다. 수도사의 성화를 위한 공덕 사상은 선교를 수단으로 수도사 자신의 성화를 도모하는 위험스러운 경향을 나타내기도 하였다.[21]

## 3. 종교개혁 이후로부터 18세기 말까지

이 시기의 끝을 18세기 말로 정한 것은 독일을 중심한 경건주의 선교 운동의 발흥과 근대 선교 운동의 아버지라고 불리우는 윌리암 캐리

---

21) 바로 이 점을 데이비드 부쉬는 지적하고 이것을 중세교회의 선교 패러다임의 한 부분으로 보는 것이다. See David J. Bosch, Transforming Mission (Maryknoll: Orbis, 1991), pp. 236-238. cf. G. J. Cuning, ed., The Mission of the Church and the Propagation of the Faith (Cambridge: University Press, 1970), p. 42.

(William Carey)의 선교가 시작된 것을 기점으로 한 것이다. 종교개혁가들의 신학사상에 선교학이 내포되어 있었느냐의 원론적인 회의가 많은 복음주의 선교학자들에게 있어 왔다.[22] 그들은 진젠도르프 백작(Zinzendorf, 1700-1760)을 중심으로 하여 18세기 중엽에 일어난 경건주의 모라비안 선교 운동을 개신교 선교 운동의 시작이라고 평가하고 있다. 그러나 이것은 종교개혁가들의 신학에 대한 정당한 평가가 결여된 것으로서 단편적인 접근이다. 또한 그들이 선교와 전혀 상관이 없는 종교개혁을 한 것처럼 당시의 역사를 해석하는 것은 실로 역사에 대한 왜곡이다.[23] 필자는 종교개혁가들의 신학사상에 선교학이 내포되어 있었으므로 북구라파가 개신교회로 복음화되었으며, 반세기가 넘자 영국, 화란, 미국을 중심으로 강력한 청교도 선교 운동이 일어났다고 평가하는 것이다.[24] 이 시기의 특징은 교회와 국가가 야합하여서 식민지 정책을

---

22) 19세기 말에 근대 선교학의 문을 열어놓은 구스타브 바넥이 그의 저서에서 종교개혁가들의 선교학 결여를 비판하고 있다. 그에 의하면 루터, 칼빈, 멜랑크톤, 베자 등은 대위임령의 선교 명령을 사도 시대에 주어진 교회의 초석을 놓는 명령으로 이해하고 개혁가들의 사명은 재회복으로 알았다는 것이다. 이러한 바넥의 평가가 교회사가이며 선교역사학자인 라토렛에게도 그대로 영향을 미치고 있다. 특히 달라스 신학교의 선교학 교수로 있었던 조지 피터스는 칼빈의 제한 속죄와 예정론이 장로교 신학에 있어 치명적인 선교학적 결함을 내재하고 있다고 비판하고 있다. See Gustav Warneck, Outline of a History of Protestant Missions(New York: Fleming H. Revell Company, 1901), pp. 8-24, Kenneth Scott Latourette, A History of Christianity. Reformation to the Present, Vol II(New York: Harper & Row, 1975), pp. 924-926. George Peters, A Biblical Theology of Missions(Chicago: Moody Press, 1978), p. 26, 148.
23) 종교개혁가들의 선교 사상과 실제적인 선교 행위에 대한 소고를 필자는 『세계선교전략사』에서 논하였다. See 김성태, op. cit, pp. 83-95.
24) 이것은 필자뿐 아니라 Karl Holl, Walter Holsten, Hans-Werner

펼쳤으며 그 결과 구교회나 개신교회나 간에 선교 운동이 시작된 것과 그 과정에서 개신교회 내에 일련의 복음주의적 각성과 부흥이 일어나 이것이 새로운 선교 운동의 시발점이 되었다는 것이다.

초기 식민지 시대에 로마교회는 구라파에서 개신교회에 의해 상실된 것을 만회라도 하듯이 정책적인 선교 운동을 펼쳤다. 1622년에 그레고리 15세는 "신앙 확산을 위한 선교회"(Congregatio de Propaganda)를 창립하고 로마교회의 존재 의의가 말씀 선포에 있다고 천명하면서 1627년에는 선교대학원을 세웠다.[25] 이 선교대학원을 중심으로 벨라미누스, 수아레즈, 토마스 보주이스, 요한네스 브레티우스 같은 로마 카톨릭 교회의 선교학자들이 활동을 하였다. 저들의 선교학적 연구는 17세기의 화란 개혁교회의 신학자들에게 큰 자극을 주었고 화란 내에서 선교학을 연구하는 한 계기가 되었다.[26] 화란 정부는 동인도 무역회사를 앞세워서 식

---

Gensichen, James Scherer 등의 선교학자들도 동일한 평가를 하고 있다. 그들은 위대한 세기라고 부르는 19세기 선교 부흥이 종교개혁가들에게 내재된 선교학의 발아로 기인된다고 보는 것이다. See Karl Holl, "Luther und die Mission", in Gesammelte Aufsätze zur Kirchengeschachte III(Tübingen: Mohr, 1928), pp. 234-243, Walter Holsten, "Reformation und Mission", in Archiv für Reformationsgeschichte, Vol. 44, pp. 1-32, Hans-Werner Gensichen, "Were the Reformers Indifferent to Missions?" in History's Lessons for Tomorrow's Mission(Geneva: WSCF, 1960), pp. 119-127, James A. Scherer, Gospel, Church, and Kingdom: Comparative Studies in World Mission Theology(Minneapolis: Augsburg, 1987), pp. 65-66.

25) 이 대학원은 특히 예수회 신부들을 중심으로 선교학의 종합적인 연구가 수행되어졌다. See Arthur F. Glasser, "Papal Advocates", in Contemporary Theologies of Mission(Grand Rapids: Baker, 1983), p. 168.

26) 요한네스 버카일은 화란 개혁교회 내에 요한네스 호른베크와 기스베르투스 보에티우스가 특히 영향을 받은 것으로 평가한다. Verkuyl, op. cit., pp. 21-22.

민정책을 수행하였는데 식민지 내의 자국인들을 결속시키고 원주민을 종교로서 순화시키기 위한 목적으로 선교를 이용하려 했다.

이를 위해 1622년에 라이든대학 내에 'Seminarium Indicum'을 세워 동인도 무역회사에 고용되는 종군 목사들을 훈련시켰다. 훈련과정은 모든 정규 과목들 이 외에 타문화권 선교를 위해 이방 종교들과 언어들 그리고 영성훈련을 시켰다.[27] 그러나 이 훈련기관에서 배출된 종군 목사들이 식민 당국의 요구에 부합하지 않고 성경적인 선교를 수행함으로써 오히려 식민 당국자들의 우민, 순화정책과 대치되자 결국 10년 만에 폐쇄되었다.

이 당시 종군 목사로 있었던 저스투스 유르니우스(1587-1651)는 인도에서 14년 동안 봉사하였는데 식민정책에 회의를 느끼고 화란으로 돌아와서 1618년에 라이든에서 『인도인들에게 전달할 복음유산』(De Legatione Evangelica ad Indos Capessendo)이라는 책을 저술하였다. 그는 이 책에서 요한계시록 14장을 당대의 상황과 비교하여 로마교회와 회교도의 세력이 무너진 것을 지적하고, 개신교 국가들이 이 기회를 선용하여 복음전파의 기회로 삼아야 하는데, 그렇지 못함과 개신교 국가들의 식민정책의 불의와 불법을 비판하였다.

그는 이 책 1, 4, 5, 6장에서 선교에 대한 구속사적 측면의 성경적 기초를 정의하였고, 3장에서는 성경번역이나 성경적 설교 등의 선교 방법론을 논하였다. 8장에서는 그는 당대의 교회의 각계 각층이 자신에게 주어진 기회를 선용하여 원주민들과 접촉하게 될 때에 복음을 전해야 한다고 주장하였다.[28] 유르니우스는 당시 개신교회의 선교의 선각자로서 선교의 성서신학을 구속사적 측면에서 연구한 것과 타문화권 상황하에서의

---

27) Edward Rommen, <u>Missiology's Place in the Academy</u>, Trinity Evangelical Divinity School, 1991, Verkuyl, op. cit., pp. 11-12.

28) Ibid., p. 21.

구체적인 선교방법으로 성경번역과 성경적 설교를 논한 것이 후대 선교학의 발전에 공헌을 한 것이다.

16세기 말에 영국에서 일어난 청교도인들의 교회갱생운동은 윌리암 퍼킨슨의 제자인 윌리암 에임스(William Ames, 1576-1633)에게 영향을 주어 그로 하여금 화란의 제2의 종교개혁을 일으키게 하는데 큰 역할을 하게 했다.29) 에임스는 그의 대표적 저서 중 하나인 『신학의 정수』(The Marrow of Theology)에서 교회사역의 두 가지 종류를 논하고 있다. 그것은 지교회를 섬기는 목회자적 사역과 바울이나 칼빈처럼 특수한 사역의 부름을 받아서 교회설립, 교회부흥, 타문화권하에서의 교회개척 등의 사역이 있다는 것이다.30) 이러한 에임스의 사상은 결국 교회의 선교사역의 중요성을 일깨운 계기가 되었다.

기스베르투스 보에티우스(Voetius, 1589-1676)는 에임스의 영향을 받아서 그가 교수로 있던 우트레히트 대학에서 "교회설립"(De plantatoribus ecclesiastics)이라는 주제로 선교에 대한 강의를 시도하였다. 그의 대표적 저서로 알려진 『교회정치』(Politica Ecclesiastica)에서 그는 선교의 본질을 삼위 하나님의 존재 자체로부터 본체론적으로 보았고 삼위 하나님은 교회를 수단으로 해서 그의 선교사역을 수행함을 천명하였다. 그는 당시 개혁교회가 선교사역을 미미하게 수행함을 비판하고 로마교회 내의 예수회처럼 선교를 전문으로 하는 개신교회 내의 선교기구를 결성

---

29) 에임스는 화란의 보릴 지역에서 영국인들을 위한 종군목사로 있었고 1622년부터 Franeker 대학에서 신학교수로 있었다. 그는 대학에 있으면서 당시 Utrecht 대학에 Gisbertus Voetius와 Johannes Hoornbeeck에 큰 영향을 주어서 저들로 하여금 영국의 청교도주의 영향을 받은 화란의 제2종교개혁을 일으키도록 하였다. See K. L. Sprunger, The Learned Dr. Willian Ames(Urbana, 1972).

30) William Ames, The Marrow of Theology, John D. Eusden, ed. (Boston: Pilgrim Press, 1968), pp. 183-196.

할 것을 주장하였다. 그는 선교의 신학적 정의를 시도하였는데 세 가지로 요약하고 있다.

그에 의하면 선교란 첫째 이방인들의 개종(Conversio Gentilium)이요 둘째는 교회를 설립하는(Plantatio Ecclesiae)일이요 셋째는 하나님께 영광을 돌리고 그의 은총을 나타내는(Gloriaet Manifestatio Gratiae Divinae)일이다.[31] 보에티우스는 로마교회와는 다르게 원주민 교회의 자율성을 주장했고 선교의 궁극적 목표를 하나님께 영광 돌리는 것으로 선교의 지평을 넓힘으로써 오늘날 현대 선교학의 기초를 놓았다. 그는 또한 에임스와 함께 개혁교회의 유명한 신앙고백을 논했던 도르트대회(1618-1619)에서 교회의 본질로서 선교사명을 논하는 데 결정적인 기여를 하였다.

보에티우스와 동시대의 인물로서 동역자라 할 수 있는 요한네스 호른베크(1617-1666)가 있다. 그는 우트레히트대학과 라이든대학에서 교수로 있으면서 두 권의 책들을 저술하였다. 그의 저서들인 『종교변론대전』(Summa Controversarium Religionis)과 『인도인과 이방인 개종』(De Conversione Indorum et Gentilium)에서 선교명령이 교회에 계속해서 주어지는 사명임을 천명하고 선교를 위해 이방인들의 종교관념을 조사하고 저들을 효과적으로 복음화하기 위한 접근방법을 개발할 것을 촉구했다.

그는 특히 당시 개혁교회의 선교 무관심을 누가복음 10장에 나오는 선한 사마리아인의 비유 중 레위인과 제사장으로 비교해 비판하며 선교사역을 위한 전문적인 선교기구를 로마교회처럼 결성할 것을 주장했다. 그는 당대의 대학들이 신학생들에게 선교에 관련된 제 분야들을 가르쳐야

---

31) J.A. Jongeneel, "Voetius, Zendingstheologie, de eerste comprehensieve protestantse Zendingstheologie", in <u>De Onbekende Voetius</u>, J. Van Oort, ed. (Kampen: Kok, 1989), pp. 117-147.

할 것을 주장하고 선교대학원을 설립하여 선교사들을 전문적으로 훈련하고 정부는 권력과 재정으로 후원해야 한다고 했다.[32]

호른베크는 보에티우스와 마찬가지로 선교가 교회의 본질적인 사명임을 인식하고 이를 실천에 옮기기 위한 구체적인 제언을 하였다. 선교의 대상을 어느 특정 개인으로 보지 않고 종교적 가치관을 지닌 문화 속의 사람들로 본 것은 오늘날 현대 선교학의 이론과 조금도 다를 바 없다. 다만 그가 화란 정부의 선교에 대한 직접적인 후원을 요청한 것은 역시 식민지시대의 교회의 상황적 제한성을 뛰어넘지 못하는 한계인 것이다.

영국의 청교도 선교사인 윌리암 에임스가 화란의 개혁교회 지도자들에게 선교적 영향을 주었듯이 16세기 말에 영국에서 일어난 청교도 운동은 화란뿐 아니라 독일과 미국에 이르기까지 선교적인 면에 큰 기여를 하였다. 리차드 십스(Richard Sibbes, 1577-1635)는 캠브리지 대학에서 강의를 했을 뿐 아니라 런던을 중심으로 해서 그의 청교도적 신학과 신앙을 당대의 지성인들에게 확산시켰다. 특히 30년 전쟁을 치른 이후에 청교도인들이 핍박을 받게 되자 저들을 돕는 기금을 결성하고 자신의 세상적 지위와 명예를 희생하기까지 후원하였다.[33] 리차드 십스의 사상은 영국뿐 아니라 1628년 이래 미국의 뉴잉글랜드 지역으로 대량 이민 가기 시작한 청교도 지도자들을 통하여 신대륙인 미국으로 확산되었다.

시드니 루이(Sydey H. Rooy)는 십스의 신학 속에 내재된 선교사상이 칼빈주의 신학 속에 본래부터 내포된 선교사상의 요약이라고 평가하고 있다. 루이는 십스의 선교사상을 네 가지로 요약한다. 첫째는 하나님께서 선교의 주재자(Lordship)로서 그의 선택, 예정, 구원, 섭리가 다 포함된다. 둘째는 하나님께서 구속을 이루시기 위해서 수단을 사용하시는데 그 수단은 교회요 교회는 복음을 설교함으로 그 사명을 감당한다.

---

32) Verkuyl, op. cit., pp. 21-22.
33) Edmund. S. Morgan, The Puritan Dilemma(Boston: 1958), p. 15.

셋째는 인간은 복음의 부름 앞에서 믿음과 거룩한 삶의 열매로서 응답되어져야 한다. 넷째는 하나님은 보통은총 속에서 인간이 복음의 부름 앞에 효과적으로 응답케 하기 위하여 섭리적으로 일하고 계신다.[34]

십스에게 주목할 것은 선교에 있어 삼위 하나님이 주권자가 되심을 인식하면서 동시에 교회가 선교사명에 책임이 있음을 천명한 것이다. 그는 보통은총 속에 하나님의 예비적 은총으로서 선교의 접촉점이 있음을 인식하고 교회가 이를 적극 활용해야 한다고 주장했다. 또한 그는 복음에 대한 인간의 응답은 하나님의 예비적 은총을 무시하지 않는다고 하였다.[35] 이러한 십스의 사상은 당대의 리차드 백스터와 존 엘리오트에게 영향을 주었고 후대에 와서는 화란의 요한네스 바빙크(Johannes H. Bavinck, 1895-1964)에게 선교의 접촉점으로서의 보통은총의 중요성에 대한 통찰력을 제공한 것이다.[36]

리차드 백스터(1615-1691)는 정규 교육을 받지 못하고 스스로 공부하였으나 당대의 존경받는 교회 지도자요 학자였다. 그는 항상 중용을 취하였으나 선교에 있어서는 불이 붙었다. 그는 1656년부터 1682년까지 미국 인디언 선교의 아버지라고 불리우는 존 엘리오트와 긴밀한 서신교

---

34) Sydeny H. Rooy, The Theology of Missions in the Puritan Tradition(Grand Rapids: Eerdmans, 1965), pp. 60-65. cf. Richard Sibbes, The Complete Works of Richard Sibbes, Alexander B. Grosart, ed., Edinburgh, 1862.
35) Ibid., V. p. 419, Vi. pp. 522-523, vii. p. 404.
36) 당시 서구 교회 지도자들 중 적지 않은 수효가 과격한 정치 지도자들과 함께 인디언들을 금수보다 못하게 여겨 인디언 말살정책을 폈는데, 십스의 보통은총에 대한 신학적 주장은 리차드 백스터와 존 엘리오트의 인디언 선교에 큰 영향을 미쳤다. 바빙크는 보통은총이 없으면 선교가 불가능하다고 말하고 보통은총을 선교의 접촉점으로 삼아야 한다고 주장했다. See Johannes H. Bavinck, The Introduction to the Science of Missions(Philadelphia: The Presbyterian and Reformed Publishing Company, 1960), p. 227.

류를 나누었고 뉴잉글랜드 지역에서의 인디언 선교를 적극 도왔다. 1649년 올리버 크롬웰의 지시에 의해 세워진 "뉴잉글랜드에서의 복음전파 기구"(The Corporation for the Propagation of the Gospel in New England)의 새 헌장을 만드는 일에 그가 결정적으로 기여하였다.

그의 저서로서 『비중생자에 대한 부르심』(Call to the Unconverted)은 존 엘리오트의 부탁으로 집필되었는데 엘리오트는 이것을 인디언 말로 번역하여서 학습 교재로서 사용하였다.[37] 그의 저서 중에 『개종에 대한 소고』(Treatise of Conversion)는 인간이 인간 자신의 힘으로 하나님에게 나아올 수 없기에 개종 수단으로 교회에 설교라는 도구를 주셨는데, 교회는 복음을 선포함으로써 개종을 열매로 얻게 되고 하나님의 나라를 확장하게 된다고 하였다.[38]

백스터는 대위임령이 사도 시대에만 국한된 것이 아니라 교회에 부여되어진 계속적인 사명이며 교회는 칼빈이 구분한 것처럼 사도적(Apostalic)과 사도직(Apostolate)을 구분해야 한다고 주장했다. 따라서 그는 에임스처럼 교회 사역을 둘로 구분하였는데 첫째는 지교회를 섬기는 고정된 사역(Fixed Ministry)과 둘째는 비고정된 사역(Unfixed Ministry)으로서 이것은 교회설립과 이방인 개종을 위해 종사하는 선교적 사역을 의미한다.

미국의 청교도 지도자로서 선교학의 발전에 큰 공헌을 한 조나단 에드워드(Jonathan Edwards, 1703-1758)가 있다. 그는 뉴잉글랜드에서 일어났던 "대각성운동"(The Great Awakening)의 주역으로서 그 당시

---

37) William Kellaway, The New England Company, 1649-1776, London, 1961, pp. 42-146.
38) 데이빗 부쉬는 청교도의 선교적 공헌이 바로 개종을 통해 하나님의 나라가 확산됨을 확신한 데 있다고 하였다. 바로 여기에 교회의 선교적 사명의 중요성이 있는 것이다. See Bosch, op. cit., p. 258.

유명하였던 설교로 "진노하시는 하나님의 장중 안에 죄인들"(Sinners in the Hands of an Angry God)이 있다. 그는 신학자요 부흥사로서만 유명한 것이 아니라 그 자신이 스탁브리지에서 사역하면서 후사토닉(Housatonic) 인디언들을 위해서 선교하였다.

1774년에 존 어스킨이 에드워드의 유고들을 모아서 책을 출판하였는데 그 책 제목은 『전적으로 새로운 방법으로 교회역사관을 가지는 것으로서 신적 공동체의 개괄을 포함한 구속사역의 역사』(A History of the Work of Redemption containing the Outlines of a Body of Divinity, including a View of Church History, in a Method Entirely New)이다. 에드워드는 구속사적 측면에서 하나님의 약속과 성취를 역사발전의 중심축이라고 간주하고 여기서 선교는 하나님의 경륜을 이루는데 부차적인 것이 아니요 필연적인 것이요 필수적인 것이라고 한다.

그에 의하면 선교의 목표는 그리스도의 왕국을 건설하는 것으로 이것은 교회가 성령의 부흥케 하시는 역사 속에서 하나님의 능력을 힘입어 전 지구상에 교회를 확산시키는 것과 하나님의 백성들을 교회에 불러모으는 일이라고 하였다.[39] 그는 후천년설의 종말관을 가지고 주님의 재림이 임하기 전에 성령의 비상한 충만으로 말미암는 교회부흥이 계속 일어남으로써 적그리스도와 사탄의 왕국이 무너지게 되고 천년왕국이 임하게 될 것을 믿고 있었다. 교회부흥은 교인들로 하여금 영적으로 새로워지게 함으로 복음을 능력 있게 증거하게 하고 그리스도의 왕국을 확장하는 열

---

39) Jonathan Edwards, "A History of the Work of Redemption", in The Great Awakening, Alan Heimert and Perry Miller, eds. (Indianapolis: The Bobbs-Merrill Co., 1967). cf. J.A. DE Jong, As the Water cover the Sea: Millennial Expectations in the Rise of Anglo-American Missions 1640-1810(Kampen: KOK, 1970), p. 157.

정을 주며 불신자의 영혼들을 구원하는 열매가 맺어진다고 한다.[40]

그는 이러한 부흥이 교회에 계속해서 나타남으로 교회가 선교의 사명을 능력있게 감당하여 천년왕국이 임하게 될 것을 믿고 스가랴 8:20-22의 말씀을 기반으로 전세계적인 비상한 기도의 연합 운동인 '기도합주회'(Concerts of Prayer)를 개최할 것을 주장하였다.[41] 이에 관한 직접적인 소고로 "종교의 부흥과 지상에서의 그리스도의 왕국을 확산시키기 위한 비상한 기도로서 하나님의 백성들 가운데 외적 일치와 가견적 연합을 촉진시키기 위한 겸손한 시도"(A Humble Attempt to Promote Explicit Agreement and Visible Union among God's People in Extraordinary Prayer for the Revival of Religion and the Advancement of Christ's Kingdom on Earth)가 있다.[42] 요한네스 반덴버그는 이러한 조나단 에드워드의 기도합주회 운동이 적어도 반세기 이상 영국과 미국의 교회에 선교의 촉진제 역할을 했다고 본다.[43] 데이비드 부쉬는 에드워드의 구속사관과 부흥사관 그리고 그의 종말관이 20

---

40) Serene E. Dwight, ed., The Works of President Edwards, 10 Vols. (New York: S. Converse, 1829), pp. 304-307.

41) 에드워드의 이런 요청은 영국의 Northamptenshire의 침례교 협회에 속한 John Sutcliff, John Ryland, Andrew Fuller, William Carey 등에게 영향을 주어 매달 첫 월요일에 부흥과 하나님 나라의 확장을 위하여 기도회를 가지게 하였다. See Steplen J. Stein, ed., "Apocalyptic Writings, Vol. 5", in The Works of Jonathan Edwards(New Haven: Yale University Press, 1977), pp. 308-318.

42) Jonathan Edwards, "The Visible Union of God's People", in The Great Awakening, pp. 563-573.

43) Johannes Van Den Berg, Constrained by Jesus's Love: An Inguiry into the Motives of the Missionary Awakening in Great Britain in the Period Between 698 and 1815(Kampen: Kok, 1956), pp. 115-129.

세기의 선교학 형성에 큰 기여를 했다고 평가한다.[44]

18세기 초에 독일의 필립 스페너를 통해서 일어난 경건주의 운동은 그의 후계자인 할레 대학의 프랑케에 의해 선교 운동으로 확산이 되어진다. 프랑케는 할레 대학 내에 '동양신학교'(Collegium Orientale Theologicum)를 세워 특히 인도에 보내는 선교사 후보생을 훈련시켰다. 그러나 동양신학교는 단순히 선교사 후보생을 훈련시키는 기관으로 존속했지 선교학의 발전에 별다른 기여를 하지 못했다.[45]

경건주의 선교 운동은 진젠도르프 백작에 의해 모라비안 선교 운동으로 크게 확산되었다. 많은 복음주의 선교학자들이 개신교 선교 운동의 효시를 모라비안 선교 운동으로 평가할 정도로 세계적인 선교 운동으로 활성화된 것이다. 이 운동의 주역이 되는 진젠도르프는 모라비안 선교사들을 격려하기 위한 목적으로 『이방인을 위한 선교사에게 주는 교훈』이라는 책을 저술했고 그의 선교사상이 담겨 있는 마태복음 22:2과 누가복음 14:17을 본문으로 한 "복음 선포의 적절한 목적에 관해서"라는 장문의 설교문을 남겼다. 그의 책과 설교문에 모라비안 선교 운동의 선교 동기 및 선교사상이 나타나 있다.

그는 그리스도의 성육신에 나타난 하나님의 자기비하 및 희생과 그리스도의 십자가의 고난을 특별히 강조하였다. 모든 모라비안 선교사들이 그리스도의 성육신의 정신을 본받아 어떤 상황에서도 자기 부정, 희생, 헌신, 겸손을 가져야 하며, 그리스도가 죄인들을 위해 십자가 위에서 참혹한 고난을 당하신 것처럼 그리스도의 수난을 묵상하고 그 수난에 참여하는 신비적인 체험을 통해 고난과 어려움을 극복해야 한다고 하였다.[46]

---

44) 특히 선교역사 분야에 영향을 미쳤다고 한다. See Bosch, op. cit., pp. 60-65.
45) Olav Guttorum Myklebust, The Study of Missions in Theological Education, Vol. I. (Oslo: Eggede Institut, 1955), p. 52.
46) John R. Weinliche, Count Zinzendorf (Nashville: Atingdon, 1956),

이러한 진젠도르프의 선교사상은 모라비안 선교사들로 하여금 선교를 위해 자기희생과 헌신, 고난이 그리스도의 고난에 동참하는 길이 되어서 선교의 모든 역경을 헤쳐나가는 동기부여가 됐지만 또한 주관적이고 신비적인 체험을 중시하는 위험스러운 경향을 나타내기도 하였다. 진젠도르프의 사상은 모라비안 선교 운동에만 영향을 준 것이 아니라 18세기 중엽부터 시작된 일련의 부흥 운동과 선교 운동에 영향을 주었고 특히 19세기 초에 시작된 신앙 선교 운동에 영향을 미쳤다. 이렇듯이 이 시대의 선교학의 발전 과정을 추적하였는데 핵심이 되는 주요 요소들은 다음과 같다. 첫째는 삼위 하나님께로부터 선교가 기원되어진다는 선교에 있어 하나님의 주권성 인식이다. 둘째는 교회의 본질로서의 선교사명의 중요성이다. 셋째는 구속사적 측면에서 선교의 성서신학을 연구한 것이다. 넷째는 선교를 위한 전문적인 학술 연구기관 설립과 신학 분야에서의 선교학 연구의 필요성을 일깨운 것이다. 다섯째는 선교의 정의가 시도되었고 다양한 선교학적 연구가 현대 선교학의 발전에 기초를 놓은 것이다.

## 4. 18세기 말부터 근대에 이르기까지

전 시대의 영향력이 계속되면서 선교학의 발전에 꽃을 피우고 열매를 맺는 기간이다. 이 기간 동안에 연속적인 교회 부흥이 일어났으며, 이것은 강력한 선교 운동으로 나타났고 실제적인 선교학의 발전이 있었다. 이 기간 중에 교회사가들이 '위대한 세기'(The Great Century)라고 부

p. 200, Nicholaus Ludwig Count von Zinzendorf, "Concerning the Proper Puspose of the Preaching of the Gospel", in <u>Nine Public Lectures on Important Subjects in Religion</u>, George W. Forell, trans. and ed. Iowa City: University of Iowa Press, 1973), pp. 24-33.

르는 선교의 황금 시기인 19세기가 있고 이것은 오늘날 현대 선교 운동의 초석을 놓는 데 결정적인 역할을 하였다. 필자는 이 기간 중에 현대 선교학의 형성에 중요한 역할을 한 선교학자들을 중심으로 하여 선교학의 발전과정을 추적할 것이다. 다만 현대 선교학의 동향에 있어서 복음주의 진영과 에큐메닉 WCC 진영으로 나누어져 있는 선교학의 양극화 현상은 논하지 않을 것이다.

프레드릭 쉴라이에르마허(Schleiermachers, 1768-1884)는 할레 대학의 교수로 있으면서 경건주의와 당시 독일의 국수주의 사조에 영향을 받았다. 그는 선교에 특별히 관심이 많았는데 1811년에 출판한 그의 저서 『신학연구소고』(Kurze Darstellung des Theologischen Studiums)에서 선교이론이라는 주제로 선교문제를 다루고 있다. 그에 의하면 신학이라는 통합된 학문의 가장 중요한 가치는 교회의 실제적 필요에 얼마나 부합하느냐에 달려 있다고 했다.[47] 그는 신학을 크게 세 분야로 나누었는데 철학적이고 역사적이며 실천적인 분야가 있다는 것이다. 여기서 선교는 실천신학의 교육(Catechetic) 부분에 속한다고 하였다.[48]

쉴라이에르마허의 문제점은 하나님을 성경적 계시의 주체자로서 통일된 인격체로 보지 않고 범신론적 전제의 일종의 존재의 기반으로 본다는 점이다. 따라서 그는 타종교 안에도 하나님의 존재가 반영되어 나타나 있고 이것은 그 종교 안에서 구원을 가져온다고 하였다. 또한 쉴라이에르마허의 선교란 교회 설립보다 미개한 원주민을 서구의 문화적 기준에 의한 문명인으로 만드는 것으로 이런 관점의 선교는 문화 책임론이 되는

---

47) Heinrich Scholz, ed., <u>Schleiermachers Kurze Darstellung des Theologischen Studiums</u>(Leipzig: A. Deichert' Sche Verlagsbuchhandlung, 1935), p. 2.
48) Ibid., p. 114.

것이다.[49]

쉴라이에르마허의 선교이론은 구미의 일부 신학자들 가운데서 선교를 실천신학의 영역에 포함시키는 계기가 되었고 실제적으로 괴팅겐대학의 에렌풔터는 선교를 실천신학의 영역에 속한 교회의 과제로 강의하였다.[50] 쉴라이에르마허의 선교사상이 WCC 진영의 하나님의 선교 사상에 기반한 현존의 신학(Presence Theology)과 보편구원설이 전제된 종교다원주의 사상에 부합되는 것을 볼 때 그는 현대자유주의 선교학의 원형이 되는 것이다.

아브라함 카이퍼(1837-1920)는 신학자이면서 정치가로서 후대 개혁교회 신학에 큰 영향력을 미친 인물이다. 그는 1880년에 암스테르담의 자유대학을 설립했는데 그의 저서 『거룩한 신학의 백과사전』(The Encyclopedia of Sacred Theology)에서 선교를 쉴라이에르마허처럼 교회의 실천신학 영역에 포함시켰다. 그에 의하면 교회가 교회를 증가시킨다는 관점에서 교회의 사도적 사명으로 선교를 정의하고 사도행전 2:41; 5:14; 11:24을 중심으로 'Prosthetic'이라는 용어를 빌려서 선교학을 '증가학'이라고 불렀다. 그는 증가학을 평하기를 "예수 그리스도 밖에 있는 지역들과 사람들을 기독교화하는 하나님께서 주신 가장 유용한 방법들에 관한 연구"라고 하였다.[51]

카이퍼의 선교사상 중에 주목할 부분은 교회의 사도적 사명으로 선교를 정의한 것인데 이것은 실상 칼빈과 영국의 청교도 신학자들이 교회의 본질로서 선교를 논의한 것에 대한 반영인 것이다. 이렇듯이 선교학을

---

49) Verkuyl, op. cit., pp. 6-7.
50) Rommon, op. cit., p. 2.
51) Abraham Kuyper, Encyclopedia of Sacred Theology, De Vries, trans. (Grand Rapids: Baker, 1980), pp. 450-451. cf. Verkuyl, op. cit., p. 7, Bavinck, op. cit, pp. xvi-xvii.

교회의 실천신학 영역에 넣어서 연구하는 당시의 분위기는 1830년대에 프린스톤 신학교에 영향을 주어서 1836년에는 실천신학과 선교학을 가르치는 교수직이 개설되었다.[52]

선교학을 신학의 독립분야로서 연구하고 이를 신학교에서 가르치자는 주장은 전 시대에도 있었지만 이 기간 중에는 알렉산더 더프(Alexander Duff, 1806-1878)에 의해서 실현되었다. 더프는 스코틀랜드교회에서 인도로 보낸 첫 선교사였다. 1843년 스코틀랜드교회가 분열되자 그는 스코틀랜드 자유교회를 선택했다. 선교사로 있는 중에 스코틀랜드에 돌아와서 총회장으로 선출되기도 하고 선교 부서를 책임지기도 하였다. 그러나 그는 선교지로 돌아와서 선교사로 활동하다가 은퇴 이후에 1866년 총회시에 개회연설을 통해서 정규 신학과목에서 선교학을 전공으로 가르칠 것을 건의하였다.[53] 이러한 그의 제언은 총회에서 받아들여져서 자유교회 신학교 내에 전도신학(Evangelistic Theology)과가 개설되었고 그가 교수로 임명되었다.[54]

그는 아홉 가지 방향성을 제시하면서 선교학 과목들을 연구할 것을 제의했는데 요약하면 크게 네 가지로 나누어진다. 첫째는 성경을 중심으로 한 성경신학적이고 교의신학적인 연구를 통해서 선교의 원리적인 면을 연구하는 것이다. 둘째는 교회가 그리스도의 대위임령에 의거해 사도적 사명으로 선교사역을 수행함에 있어서 과거와 현재의 역사가 어떠한 통찰력과 교훈과 방향성을 제시하고 있느냐 하는 점이다. 셋째는 현상학적

---

52) Myklebyst, op. cit., pp. 147-149.
53) Alexander Duff, Forcign Missions: Being the Substance of an Address Delivered Before the General Assembly of the Free Church of Scotland, on Friday Evening, June 1, 1866 (Edinburgh: Elliot, 1866), pp. 25-33.
54) 여기서 전도신학은 선교를 보다 포괄적으로 연구하려는 더프의 의도에 의해서 붙여진 이름이었다.

인 연구로서 선교의 대상이 되는 사람들과 문화 그리고 종교를 연구하여 효율적으로 선교방법을 찾아내는 일이다. 넷째는 효과적인 선교사역을 위해서 선교지도력을 훈련시키는 일이다.[55]

이러한 더프의 선교학의 연구 방향성은 오늘의 현대 선교학의 신학범주와 거의 일치가 된다. 이것은 더프가 현대 선교학의 연구 방향성에 큰 역할을 했다는 것을 의미한다. 더프가 선교학을 전도신학이라 명한 것은 교회에게 주어진 선교사명이 교회의 사도적 사명이요 본질로서 신학교의 목사 후보생들에게 필수적으로 가르쳐야 하고 그들은 교회의 본질로서의 선교사명을 성경적으로 잘 수행해야 한다는 의미가 있었다. 그러나 더프 당시의 신학교 내에 동료 교수들 중에는 선교학을 일반 신학과목들과 별개의 선교사 후보생들만을 위한 특별과정으로 생각하여 더프의 생각에 반대하는 사람들도 있었다.[56]

더프와 동일한 생각을 가진 사람이 독일에 있었다. 그는 구스타브 바넥(Gustav Warneck, 1834-1910)으로서 독일 루터교회 내의 선교지도자로서 목회를 하면서 1874년에 구라파 최초의 선교 전문지인 『일반 선교 계간지』(Allgemeine Missions Zeitschrift)를 간행하였고 1879년에는 삭손 지역 선교협의회를 결성하고 거기에 대표로 있었다. 바넥은 1896년 은퇴 이후에 할레 대학의 선교학 교수로 초빙을 받고 1908년까지 선교학을 가르쳤다. 그의 취임시 강연 제목은 "신학분야 속에서 선교학의 합당한 권

---

55) Alexander Duff, "Letter from Alexander Duff, being a statement of Reasons for decling the Proposed Permanent Recall from India to Scotland(1849), quoted in Myklebyst, pp. 198-199. cf. Andrew F. Walls, "Missiological Education in Historical Perspective", in <u>Missiological Education form the 21st Century</u>, J. Dudley Wooberry, Charles Van Engen, Edgar J. Elliston, eds.(Maryknoll: Orbis, 1996), pp. 12-13.
56) Walls, op. cit., pp. 14-17.

리"(Missions Right to Citizenship in the Organism of Theological Science)"였다. 바넥은 그의 선교학적 연구 업적으로 인하여 오늘날 근대 선교학의 아버지라고 불리운다. 그는 그의 저서들인 『대학의 선교연구』(Das Studium der Mission auf der Universitat)와 『현대 선교와 문화』(Moderne Mission und Kultur) 그리고 『개신교 선교 역사 개괄』(Abriss einer Geschite der Protestantischer Missionen)과 『복음주의 선교이론』(Evangelische Missionslehre) 등에서 오늘날 선교학에 관련된 제 분야들을 논하고 있다.

그는 『대학의 선교연구』에서 선교학을 독자적인 학문분야로서 연구할 것을 주장하는데 더프의 의견과 거의 같다. 그는 다문화적이고 다종교적인 세상 속에서 기독교의 자기 정체성 확립과 복음전파의 필요성을 인식시키기 위하여 모든 신학생들에게 선교학이 필수적으로 가르쳐져야 한다고 주장한다.

그의 『복음주의 선교이론』은 그의 선교사상을 요약해 집대성하였는데 전체가 세 부로 나누어진다. 제1부에서는 선교의 신학적 근거를 논했는데, 기독론적 측면의 구원사관 입장에서 기독교의 절대성을 강조하고 예수 그리스도의 구원의 최종성과 보편성을 논하고 이에 근거해 선교의 당위성을 역설하였다. 그는 교회가 존재해야 할 이유로서 선교를 수행할 것을 본질적인 것으로 여겼는데 교회의 선교대상은 지구상의 모든 종족이며 종족 가운데 종족교회(Volkskirche)를 세움으로써 궁극적으로 기독교화를 도모해야 한다고 주장하였다.

제2부에서는 개신교회가 선교를 수행하기 위해서 전문적인 선교기구를 설립하고 선교를 조직적으로 수행해야 할 것을 주장하였다. 그는 팀선교의 중요성을 피력하였고 총체적인 선교를 수행하도록 제언했으며 의료 선교사와 여성 선교사의 필요성을 논하였다. 제3부에서는 선교의 실제적인 문제들을 다루었는데 당시의 다양한 선교지역들의 특성을 개괄적으로 논하고 선교의 효율성을 극대화하기 위해서 "선교지역 분할정책"

(Comity)을 제시하였다.⁵⁷⁾

그의 저서인 『현대선교와 문화』에서는 선교와 문화의 상관성을 심층 깊게 다루었다. 제1부에서는 문화를 정의함에 있어서 성경적 가치관의 변혁이요 기독교화의 열매라고 이상적으로 평가한다. 제2부에서는 선교의 결과로서 현지인의 삶 속에 물질적이고 지적이며 도덕적인 성경적 가치관의 변화가 일어나는데 이것을 기독교적 문화의 열매라고 정의한다. 제3부에서는 서구의 이기주의나 세속주의 요소가 소위 문명화라는 명목으로 현지인들에게 침투해 들어오는 것을 경계하고 현지인의 삶 속에서 일어나는 성경적 문화변혁을 주장한다.⁵⁸⁾

이 책의 전반적인 내용은 서구문화를 가장 기독교화된 문화라고 하는 전제가 있으나 서구문화 자체가 이상적인 성경적 문화는 아니라고 하는 분명한 인식이 있었다. 이런 점에서 서구 문화의 비성경적 요소들을 선교 현지에 인식하는 것을 경계하고 현지인의 문화 속에서 성경적 가치관의 변화가 일어나야 한다는 것을 주장한다. 이것은 오늘날 현대 선교학에서 여전히 신학적으로 논쟁이 많은 이슈인데 그는 선교와 문화의 기본적 관계를 정확히 파악하고 있고 무엇보다 현지인의 삶 속에서 일어나는 성격적 문화 변혁이 선교의 우선적 목표가 되어야 함을 인식하고 있었다.

그의 저서인 『개신교 선교 역사 개괄』은 서론에서 간략하게 구속사적 관점에서 기독론적 구원의 최종성과 보편성을 논하고 이것이 교회의 사도적 선교사명으로 초대 교회에서부터 종교개혁 이전까지 나타났다는 것을 언급한다. 7쪽으로 된 분량에서 그의 구속사적 관점의 선교사관을 교

---

57) Gustav Warneck, <u>Evangelische Missionslehre, Erste und Zweite Auflage</u> (Gotha: Friedrich Andreas Perthes, 1903). cf Verkuyl, op. cit., pp. 26-28.

58) Gustav Warneck, <u>Modern Missions and Culture</u>, Thomas Smith, ed. (Edinburgh: James Gemmell, 1888), pp. 1-352.

회론적 측면에서 논하고 있는 것이다. 본론으로 들어가서 '개혁의 시대'라는 제목으로 종교개혁가들의 선교사상과 선교활동을 추적하나 전반적으로 개혁가들에게 선교가 결여되어 있다고 평가한다. 독일의 루터파 교회 내의 폰 벨츠와 같은 선교의 선각자를 소개하나 루터교회도 선교가 결여되어 있다고 한다.

그러나 그는 독일의 경건주의와 모라비안 선교 운동이 개신교 선교의 효시라고 평가한다. 이후 19세기의 개신교 선교 발흥의 배경을 설명하고 당대의 현존하는 교회병행 선교단체들의 기원과 활동상황을 상세히 소개한다. 결론으로 당시의 복음주의 교회의 선교활동을 소개하고 이에 대한 적절한 평가를 시도한다.[59] 이렇듯이 더프에 의해 제기되어진 선교학의 연구 방향성이 구스타브 바넥에 의해서 구체적으로 실천되어진 것이다.

바넥은 그의 『복음주의 선교이론』에서 구속사적 관점의 기독론적 선교의 성서신학을 연구하고 『개신교 선교 역사』에서는 그의 선교사관을 피력하고 그에 따른 개신교회의 선교 역사를 그 당대까지 평가하였다. 또한 『현대선교와 문화』에서는 오늘날 대두되는 선교의 대상으로서 문화와 세계관의 문제를 나름대로 심층 깊게 접근하였다. 그는 교회와 선교기관의 관계성을 논했고 선교목표를 제시했으며 선교지의 현황을 조사하고 그에 따른 다양한 선교방법을 제언했다. 실로 현대 선교학의 주요 신학적 범주들이 그에 의해 논의되어지고 연구 기반이 닦여지게 된 것이다. 이런 점에서 그를 근대 선교학의 아버지라고 평가하는 것은 실로 당연한 일이다.

미국에서는 1888년 D. L. 무디의 영향력하에서 "학생자원선교기구" (Student Volunteer Mission)가 결성되었다. 학생자원선교기구는 1887년 "세계선교 평론"(Missionary Review of the World)이라는 선

---

[59] Gustav Warneck, <u>Outline of A History of Protestant Missions</u>(New York: Fleming H. Revell Co., 1901), pp. 1-349.

교 전문지를 만들어서 미국 교회 내에 선교 열의를 확산시키고 있었던 장로교 목사 A. T. 피어슨의 제안을 받아서 "이 시대에 세계를 복음화하자"(The Evangelization of the World in this Generation)라는 표어를 내걸고 각 대학교와 신학교 내에 선교 운동을 확산시켰다. 학생자원선교기구를 후원하는 목사 중에 아도니람 저드슨 고든은 1893년에 『선교에 있어서 성령』(The Holy spirit in Missions)이라는 책을 써서 당시 태동하고 있던 "신앙선교운동"(Faith Mission Movement)에 신학적 기반을 제공해 주었다.60) 고든은 1889년 보스턴 선교훈련소를 창설했는데 이것이 고든 콘웰 신학교의 전신이 되는 것이다.

미국에서의 선교 운동의 활성화는 선교학의 발전에 있어서 도약을 가져왔다. 1891년에는 중동에서 미국성서공회 선교사로 활동하던 에드윈 브리스가 최초로 『선교 백과사전』(Encyclopedia of Missions)을 편집해 출판하였다. 1900년 뉴욕에서 "에큐메닉 선교대회"(The Equmenical Missionary Conference)가 열렸을 때 미국 내에 네 개의 신학교에서 선교학 교수직이 개설되어 있었다.61) 1910년 에딘버그 세계선교대회가 회집되었을 때 미국에는 10개의 신학교 내에 선교학 교수직이 개설되어

---

60) 이런 점에서 미국의 교회사가들은 그를 신앙 선교의 아버지라고 평가하고 있다. See D. L. Robert, "The Crisis of Missions: Premillennial Mission Theory and the Origins of Independent Evangelical Missions", in <u>Earthen Vessels: American Evangelicals and Foreign Missions, 1880-1980</u>, J. A. Carpenter & W. R. Shenk, eds. (Grand Rapids: Eerdmans, 1990), p. 33.

61) 네 개의 신학교는 Episcopal Theological Seminary(Cambridge, Massachusetts), Omaha(Presbyterian) Theological Seminary, Southern Baptist Theological Seminary, Yale Divinity School 등이다. See W. H. T. Gairdner, Edisburgh 1910: <u>An Account and Interpretation of the World Missionary Conference</u> (Edinburgh, 1910), p. 227.

있었다. 1911년에는 미국 최초의 하트포드 선교대학원이 창설되고 이것은 1913년 케네디 선교대학원으로 명칭이 바뀌어졌다.[62]

당시 미국의 신학교 내에서 선교학의 교과서로 쓰여지던 책들은 로버트 스피어와 윌리암 오웬 카버의 책들이었다. 로버트 스피어(Robert Speer, 1867-1947)는 프린스톤 신학교 출신으로 학생자원선교기구의 간사로 활동하다가 1891년부터 1937년까지 미국장로교 외지선교부 총무로서 사역하였다. 그는 외지 선교부 총무로 있으면서 1896년 선교지인 한국을 한 달여 방문하기도 했다. 그는 선교에 관한 67권의 책을 저술했는데 대표적인 저서로서 『선교원리와 실천』(Missionary Principles and Practice)과 『인간 바울에 관한 연구』(Studies of the Man Paul) 등이 있다.

당시 선교학의 교과서처럼 쓰여진 책은 『선교원리와 실천』이다. 그는 이 책에서 선교사의 정의를 시도하고 있고 기독교 선교의 목표가 불신 세계에 예수 그리스도의 복음을 전파하여 그리스도의 몸된 교회를 세우는 일임을 분명히 밝히고 있다. 현지에 토착 교회를 세우되 이 교회는 헨리 벤과 루프스 앤더슨이 제창했던 자전(Self-extending), 자급(Self-maintaining), 자치(Self-directing)의 교회가 되어야 한다고 주장한다.[63] 그는 선교의 최우선적인 이 목표가 기독교 선교에 있어서 조금도 위축되거나 희미해져서는 안 된다고 주장한다.

또한 그는 선교학(Science of Missions)의 필요성을 역설하면서 세 가지 이유를 제시하는데 첫째는 삼위 하나님이 선교의 주체로서 온 세상

---

62) Generald H. Anderson, "American Protestants in Pursuit of Mission: 1886-1986", in <u>Missiology: An Ecumenical Introduction</u>, F. J. Verstraelen, A. Camps, L. A. Hoedemaker, M. R. Spindler, eds. (Grand Rapids: Eerdmans, 1995), p. 390.

63) Robert Speer, <u>Missionary Principles and Practice</u> (New York: Fleming H. Revell Co., 1902), pp. 39-40.

이 그의 선교 영역이요 교회는 이를 인식해야 한다는 것이다. 둘째는 교회가 선교를 통해 하나님 나라를 확장함에 있어서 야기되는 모든 문제들을 검토하고 해결점을 찾아야 할 필요성이 있다는 것이다. 셋째는 교회의 선교사역 수행에 원리적인 면이 있다는 것이다.

그는 이러한 선교학의 필요성에 대한 제언에 반대되는 의견들을 네 가지로 요약하고 있는데 첫째는 교회가 이미 선교사역을 활발하게 하고 있으므로 구태여 학문적으로 연구할 필요가 없다는 의견이 있다. 둘째는 교회의 선교사역이란 실천적 문제이지 이론연구가 필요 없다는 것이다. 셋째는 국내에서도 다양한 사역 철학과 방법이 있는데 구태여 외지의 선교방법을 연구할 이유가 없다는 것이다. 넷째는 셋째 의견과 연결되는데 선교를 위한 통일적인 원리는 불가능하다는 것이다. [64]

스피어는 이런 반대 의견들의 문제점을 지적하면서 선교학 연구의 세 가지 방향성을 제언한다. 첫째는 선교의 목표 연구로서 복음선포, 자급, 자치, 자전의 토착교회 설립 그리고 하나님 나라 확장 등이다. 둘째는 선교의 수단 연구로서 성령께 의존하는 영적 수단의 중요성이다. 셋째는 선교의 방법 연구로서 선교기구, 전도, 교육, 의료선교의 총체적인 선교이다. 그는 특히 교육과 의료선교의 구체적인 방법들을 언급하면서 교육과 의료선교의 결실이 반드시 하나님 백성의 공동체를 형성하는 것으로 나타나야 하고 궁극적으로는 현지 교회가 교육과 의료선교를 이양받아서 그 기구들을 통해 효율적인 하나님 나라의 증인이 되게 해야 한다고 주장한다. [65]

그는 바울 선교 연구를 통해서 성경적인 선교유형을 제시하려고 노력하는데 이것은 롤란드 알렌(Roland Allen)에 의해 더욱 정교히 발전되어 연구되어졌다. [66] 스피어는 이 책에서 선교의 실제적인 부분들을 언급

---

64) Ibid., pp. 43-49.
65) Ibid., pp. 49-68.
66) cf. Ibid., pp. 259-276, Robert Speer, Studies of the Man Paul (New

하고 있는데 그것은 기도와 선교, 성령과 선교, 여성 선교사, 교회의 선교자원, 선교사의 자질 등이다. 그는 특히 타종교와의 관계에 있어서 두 가지 입장을 경계하고 있는데 그것은 보편구원설과 운명주의자들의 이론이다. 보편구원설의 입장은 기독교 선교를 거부하고 구원의 상대성을 주장한다. 운명주의자(Fatalist)들의 입장도 기독교 선교를 거부하는데 그것은 이방인들의 멸망은 기정 사실이라는 태도이다. 스피어는 보편구원론자들은 하나님의 사랑을 왜곡했고 운명론자들은 하나님의 의지를 오해했다고 말하며 그리스도가 재림하시기 전까지 기독교 선교는 중단없이 수행되어져야 한다고 주장한다.[67]

19세기에서 20세기로 시대가 전환되는 과정에서 로버트 스피어의 선교학적 연구는 양 시대를 서로 연결시키는 통합적 선교발전을 이루었고 그의 영향력은 현대 선교학에 있어 복음주의 선교학의 기반을 닦아 놓았다. 스피어는 구스타브 바넥의 선교학적 통찰력을 적극 인정하고 이것을 받아들였고 19세기 영국의 "교회 선교회"(Church Missionary Society)의 총무로 있었던 헨리 벤(Henry venn, 1796-1873)과 미국의 최초 선교기구인 "미국 외지 선교회"(American Board of Commissions for Foreign Mission)의 총무로 있었던 루프스 앤더슨(Rufus Anderson, 1796-1880)의 토착교회의 삼자 원리인 자급, 자치, 자전의 교회설립을 선교의 목표로서 정리하였다.[68] 루프스 앤더슨이 앤도버 신학교에서 강의할 때 스피어가 그의 강의를 들었고, 스피어는 한국 장로교 선교부의

---

York: Fleming H. Revell Co., 1900), Roland Allen, <u>Missionary Methods: St. Paul's or Ours?</u> (Grand Rapids: Eerdmans, 1962).
67) Speer, Missionary Principles and Practice, p. 58.
68) 그는 특히 루프슨 앤더슨의 이론에 영향을 받았는데 그것은 토착 교회의 자전에 있어서 현지 교회가 요청할 때 선교사는 계속 선교 협력을 해야 한다는 이론이다. 그러나 벤은 토착 교회가 설립된 이후에 되도록 **빠른 시일 내에** 선교

북장로교 선교사들이 네비우스 선교 정책을 공식적인 한국 선교 정책으로 채택했을 때 이를 적극 후원하고 지지했을 뿐 아니라 그 자신이 이 일에 동기 부여가 된 것이다.[69]

스피어가 선교학(Science of Missions)이라는 용어를 사용한 것이 그대로 화란의 선교학자인 요한네스 바빙크에게 전수되었는데 그는 바넥과 스피어의 뒤를 이어서 선교에 학문이라는 의미의 'Science'라는 말을 부쳤다. 바빙크는 헨드릭 크래머(Hendrik Kraemer, 1888-1965)와 쌍벽을 이루는 화란의 대표적인 복음주의적 개혁주의 선교신학자이다. 크레머가 바르트 신학의 영향을 나타낼 때 바빙크는 전형적인 개혁주의 신앙과 신학을 고수하는 선교학자로서 오늘날 현대 선교학의 신학범주를 구분하는 데 결정적인 역할을 하였다.[70] 그는 화란 개혁파 교회의 인도네

---

사의 철수하는 'Euthanasia'를 주장했다. cf. Max Warren, To Apply the Gospel: Selections from the Writings of Henry Venn(Grand Rapids: Eerdmans, 1971), R. Pierce Beaver, To Advance the Gospel: Selections from the Writings of Rufus Anderson(Grand Rapids: Eerdmans, 1967).

69) 네비우스 정책은 바로 헨리 벤과 루프스 앤더슨의 토착 교회 삼자 원리이다. 네비우스는 벤과 앤더슨과는 다르게 현지 문화의 중요성을 인식하고 바넥처럼 현지인의 삶 속에 문화 변혁을 통한 교회 설립을 주장했다. 스피어는 그의 보고서를 통해서 한국의 북장로교 선교사들이 네비우스 선교정책을 그들의 선교정책으로 받아들인 것에 대해서 이를 적극 지지하고 또한 그 내용을 소개하고 있다. See Robert Speer, Report on the Mission in Korea of the Presbyterian Board of Foreign Missions(New York: The Board of Foreign Missions of the PC USA, 1897), pp. 10-31.

70) 핸드릭 크래머에게 있어 바르트 신학의 경향은 그의 대표적 저서인 "The Christian Message in a Non-Christian World"에서 나타나는데 여기서 그는 Biblical Realism과 Radical Discontinuity의 이론을 제시하고 있다. See Hendrik Kraemer, The Christian Message in a Non-Christian World(Grand Rapids: Kregal Pub., 1956).

시아 선교사로 활동했고 은퇴 이후에 자유대학의 선교학 교수로서 여러 책들을 저술하였다. 그의 대표적인 저서들로서 『선교학 개론』(An Introduction to the Science of Missions)과 『비기독교 세계에 대한 기독교의 충격』(The Impact of Christianity on the Non-Christian World) 그리고 『절과 모스크 사이의 교회』(The Church between Temple and Mosque) 등이 있다.

그는 특히 『선교학 개론』에서 선교학이 과학적 학문 분야가 될 수 있는 당위성을 논하고 있으며 오늘날 선교학의 기초가 되는 세 가지 영역을 구분하고 있다. 그에 의하면 선교학은 선교이론 즉, 신학적인 분야가 있고 교회역사를 선교적인 측면에서 조망하는 선교 역사 그리고 엘렝틱스 등으로 나누어진다는 것이다. 엘렝틱스는 요한복음 16:8에 근거한 성경 용어로서 '부끄럽게 하다'와 '정죄하다'의 의미를 가지고 있는데 이것은 선교의 대상이 되는 문화의 핵심을 종교로 보고 종교에 의거한 문화, 세계관을 파악하여 하나님의 말씀을 적절하게 증거함으로써 성령의 역사에 의하여 문화를 변혁하고 교회를 설립하며 조직 교회로 성장시키자는 타문화권 상황하에서의 교회 설립과 관련된 분야이다.[71]

이렇듯이 이 시기에 선교학이라는 용어가 신학적으로 정립되었다. 그것은 구스타브 바넥의 '선교이론'(Missionslehre)이라는 독일어 용어에서 로버트 스피어에 의해 '선교학'(Science of Missions)이라는 영어 용어로 전환되었고 이것은 그대로 요한네스 바빙크에 의해 받아들여진 것이다. 미국의 선교학계는 1972년 영어권에서 선교학(Science)이라는 용

---

71) Johannes H. Bavinck, <u>The Introduction to the Science of Missions</u> (Philadelphia: PRPC, 1960). cf. Johannes H. Bavinck, <u>The Impact of Christianity on the Non-Christian World</u> (Grand Rapids: Eerdmans, 19), Johannes Bavinck, <u>The Church Between the Temple and the Mosque</u> (Grand Rapids: Eerdmans, 1966).

어를 학문의 의미가 담겨 있는 보다 전문적인 'Missiology'로 명하고 '선교학 협의회'를 조직하였다.

## 2. 선교학의 신학적 정립

필자는 연대기적 상호비교와 역사적 원인규명의 방법을 통해서 선교학의 발전과정을 고찰하였다. 오늘날 현대 선교학의 신학내용과 범주들은 역사를 통해 형성되어진 계승력 있고 유기적인 학문의 연계성과 통합성을 나타내면서 더욱 정교하게 발전되어 가고 있다.

지금까지 선교학의 역사적 발전과정을 고찰했는데 그에 근거해서 선교학의 신학적 정의를 내려 보자. 선교학이란 삼위 하나님께서 그의 구속 계시인 성경 66권을 통해서 구원받은 그의 백성인 교회에게 이 세상 속에서 모든 종족들과 모든 문화권 속에서 총체적인 복음(Wholistic Gospel)을 전달케 함으로 그의 나라를 확장하는 일에 관련된 모든 학문의 영역을 의미한다.[72] 이 정의에 의하면 선교학은 다른 신학분야와 구별되는 몇 가지 특징을 가지고 있는데 그것은 교회적인 사역이며 종족들과 문화들이 신학연구의 대상이 되며 복음전파와 관계된 것과 우주적인 범위의 종말론적인 하나님 나라의 신학을 지향한다는 것이다.

찰스 반 엥겐(Charles Van Engen)은 선교학을 정의함에 있어서 삼 중적인 특성을 논하고 있다. 그것은 성경 텍스트와 신앙의 공동체 그리고 선교의 대상이 되는 선교적 상황이 있다는 것이다. 그에 의하면 선교학이란 성경 계시 원리에 의거해 하나님의 백성들이 이 세상 속에서 끊

---

[72] 총체적인 복음이란 복음의 전인성을 의미한다. 이 용어가 로잔느 세계복음화대회(1974)와 로잔느 II대회(1989)에서 동일하게 사용되어졌다.

임없이 하나님의 나라를 확장하는 총체적인 과정에 속한 학문으로 선교학이 성립되기 위해서는 성경적으로 적절하고(biblically relevant) 어느 특정 문화권에 속하지 않은 보편적 교회를 지향해야 하며 세상 속에서 항상 하나님 나라의 변혁이 일어나야 한다는 것이다.[73]

바로 이런 정의에 근거해서 선교학의 다중적 특성(Multidiscipline Nature)이 나타나는데 이것은 기존의 신학 분야와 상호 연결되어지고 동시에 선교학만의 독특한 학문적 전제가 모든 영역 속에 나타나게 된다. 선교학은 신학적이면서 목표는 항상 변혁의 열매를 기대하는 실천적인 성향을 가지고 있는 것이다.

이제 필자는 선교학을 크게 세 분야로 나누어서 그 내용을 소개하려 한다.

### 1) 신학적인 범주가 있다.

이것은 성경 66권이 선교에 대해서 무엇을 말씀하고 있는지를 규명하는 일이다. 신학자체가 성경계시에 근거해서 그 출발점을 갖고 계시에 의해서 조정되어야 하기에 선교학의 연구가 성경에서 출발됨은 지극히 당연하다. 선교의 성서신학 연구가 있다. 이것은 성서신학의 모든 학문적 방법들이 동원되어 성경 속에서 선교의미를 파악하는 일이다. 성경은 선교의 원리, 방법, 목표, 방향성, 수단들에 대해서 통일적인 지침을 나다내고 있다.

선교의 교의신학적인 연구가 있다. 필자가 이해하는 교의신학적 연구

---

[73] 그의 정의는 근본적으로 필자와 유사하다. See Charles Van Engen, <u>Mission on the Way</u>(Grand Rapids: Baker, 1996), pp. 17-31.

란 교회가 역사를 통해서 다양한 상황 속에서 성경의 계시 의미를 탐구하고 정리한 것으로 성경을 중심으로 한 조직적이고 통일적인 유기체적 신학 이해인 것이다. 선교의 교의신학적 연구는 교회역사 속에서의 다양한 교리적 신학 이해가 선교와 어떻게 연관되며 선교에 어떤 역할을 했는지를 규명하며 교리의 궁극적 목표가 추상적 이론에 있는 것이 아니라 선교적 실천에 있음을 입증하는 일이다. 이 분야에 관련된 것으로 현대 신학과 선교와의 관련성을 연구하는 분야가 있고 특정 종파신학과 그에 따른 선교의 특성을 연구하는 분야도 있다.

### 2) 역사적인 범주가 있다.

교회가 역사 속에서 어떻게 선교의 사명을 감당했는지를 규명하는 학문이다. 기존하는 다양한 사관 속에서 선교사관을 정립한다. 교회의 본질을 정의하고 교회와 선교기구의 관계성을 규명한다. 예를 들어서 케네스 스코트 라토렛은 교회병행 선교 단체를 중시하는 부흥사관을 가지고 있고 스티븐 닐은 교회 중심의 연합사관을 가지고 있다.[74] 교회가 선교사역을 수행함에 있어서 지리적인 확장, 종족들, 전달매체, 섭리성, 선교 방법과 전략, 신학 이해(Theological Breakthrough), 영적 원동력

---

74) 선교학에 있어서 사관에 따라 크게 두 파로 나누어지는데, 라토렛 학파가 있고 닐 학파가 있다. 라토렛 학파에는 랄프 윈터, 폴 피어슨 등이 속하고 닐 학파에는 샤프와 비버 등이 이에 속한다. cf. Kenneth Scott Latourette, A History of Christianity, vol. I and II(New York: Harper, 1953), A History of the Expansion of Christianity, Vol. I-vii(Grand Rapids: Zondervan, 1970), Stephen Neill, A History of christian Missions (New York: Penguin, 1964).

(Spiritual Dynamics), 선교구조, 교회특성, 지도력 그리고 복음화의 과정을 총체적으로 연구한다. 이것은 개별적인 것이 아니고 상호 연관되어 있는 유기체적 특성을 지니고 있으며 궁극적으로 오늘의 교회로 하여금 선교사역을 올바르게 수행하도록 역사적 통찰력과 방향성을 제시해 주는 것이다.

선교 역사학에 있어서 교회 부흥의 신학적 의미를 고찰하며 부흥과 선교를 상호 연관시켜 연구하는 '부흥역사'(History of the Revivals)가 있다.[75] 또한 현대 선교학의 형성을 선교 운동의 역사적 발전과정을 통해 이해하는 "복음주의 및 에큐메닉 선교학 발전사"가 있다.

### 3) 타문화권 교회 설립 및 교회 성장 범주가 있다.

이 분야는 선교의 대상이 되는 세상에 관련된 것으로 선교상황, 선교방법, 선교결과 등이 모두 포함된다. 특히 현대 선교학의 경향으로서 선교의 대상을 정의할 때 타문화, 타종족만으로 제한하지 않고 모국문화 즉 예루살렘과 유다도 포함되어서 교회가 있는 곳에서 교회 없는 곳으로 (From church to Non-Church) 신앙이 있는 곳에서 불신앙으로(from Faith to Non-Faith) 선교대상을 전 세상(Whole World)과 오대양 육대주로 광의적인 접근을 하고 있다. 이것은 성경적으로 사마리아와 땅 끝을 의미하는 타문화권 안에서의 복음전파가 선교이고 예루살렘과 유다에서의 복음진파는 전도라고 성경이 구별하고 있지 않다는 점에서 타당하다.

---

75) 이에 대표적인 학자로 Edwin Orr가 있다. 그의 Evangelical Awakening Series들을 보라.

지금까지의 선교와 전도의 구분은 데이비드 부쉬나 제임스 쉬어러가 지적했듯이 식민지 시대의 소위 서구 기독교 국가에서 식민지 나라들로 복음을 전파하는 것을 선교라 하고 국내에서의 복음 전파를 전도로 사용한 것에서 기원된다. 여기에는 반드시 지정학적인 경계선을 넘어가는 것이 전제가 되는데 이 개념을 가지고 현대 선교 개념을 이해하려 하면 문제가 발생한다. 예를 들어 어느 특정한 나라 안에 수많은 종족들과 문화와 언어들이 있을 수 있으며 이것은 지정학적인 경계선을 넘어가지 않아도 엄연히 선교의 대상이 되는 것이다. 따라서 이런 점에서 국내에서 문화와 종족과 언어를 뛰어넘는 선교사역이 수행될 수 있는 것이다.[76] 또한 반세기 이상 단절된 북한 땅의 사람들이 같은 동족이고 언어가 소통한다고 할지라도 이념과 생활문화가 다르고 복음에 유리되어 있기에 저들을 대상으로 한 복음전파 사역도 엄연히 선교사역이 되는 것이다. 현대 선교학에 있어 선교 개념은 이렇듯이 그 범위에 있어서 광의적이고 총체적이지만 선교 개념이 모호하지 않으며 분명한 신학적 정의와 이론 정립이 되어 있다.[77]

이런 선교 개념의 이해를 가지고 이 세 번째 범주에 관련된 선교학의 제 분야들을 접근해야 한다. 먼저 교회설립(Church Planting)에 관련된 분야로 개인전도학 혹은 전도학, 제자양육 및 훈련학, 타문화권 교회설립, 타문화권 전달학(Cross-Cultural Communication), 선교인류학 혹은 문화인류학(Cultural Anthropology), 지도자 선택 및 훈련(Leadership Selection & Leadership Training) 등이 있다. 또한 이 범주에 해당되는 것으로 도날드 맥가브란과 풀러 선교대학원의 교회성장

---

76) 실제로 이런 의미로 각 나라의 선교사 수효를 헤아리고 있다. 예를 들어 인도의 오천 명 선교사 파송은 적어도 90% 이상이 인도 국내에서의 선교사역인 것이다.
77) 필자의 목적이 선교개념을 논의하려는 것이 아니기에 여기서 멈춘다.

학파가 선교학의 분야로 발전시킨 교회성장학이 있다. 오늘날 이 범주에 속한 것으로 선교 금지지역이나 제한지역에서 선교의 돌파구를 열기 위한 전략선교의 일환으로 개발선교학이 연구되기도 한다.

이 범주에 속하지만 선교학의 총체적 이해 없이 접근할 수 없는 타종교에 대한 선교학이 있고 다양한 문화적 상황 속에서 성경적인 토착교회를 세우는 상황화신학의 분야가 있다. 상황화신학은 특히 성경해석학의 전문적인 훈련이 필요하고 선교학의 총체적인 상당한 지식이 요구된다.

필자는 선교학의 범주를 크게 세 가지로 구분하였지만 모든 분야들이 상호 긴밀히 유기체적으로 연관되어 있기에 다른 범주를 무시하고 어느 특정 분야만 연구하게 되면 선교학을 제대로 이해할 수 없다는 것을 밝힌다. 따라서 오늘날 구미의 선교학계는 선교의 전문적인 학위들(M. Div. in Cross-cultural Ministry, MA in Missiology, TH. M in Missiology, Dr. Missiology, PH.D)을 수여하기 전에 오랜 세월에 걸쳐서 단계적으로 선교학의 모든 과목들을 기본적으로 배우게 하는 것이다.

# II. 현대 선교학에 영향을 미치고 있는 제 학자들

　현대 선교학 분야에서 활동하고 있는 선교학자들의 신학적 경향과 연구방향을 이해하는 일은 오늘날의 선교학이 어느 위치에 있는가를 분별하는 일로서 선교학의 동향과 현주소를 파악하게 한다. 이들 중에 어떤 분들은 이미 소천하였으나 그들의 영향이 여전히 지대하기에 선별하여 살펴보려 한다. 지역적으로 크게 세 부분으로 나누어 살펴보는데 구라파와 미주 지역과 세계 삼분의 이 지역이다. 구라파 쪽에서 활동하고 있는 선교학자들을 살펴보는 데에 화란의 요한네스 버카일의 인물 선정을 참조하였으나 그 내용은 필자의 독자적인 신학적 판단과 저들의 저서를 중심으로 한 자율적인 평가임을 명시한다.[1] 각 신학자들을 선정하는 데 있어서는 선교학에 특징적인 영향을 준 신학적 요소들을 중심으로 선별하였으며, 여기에 중첩이 되는 선교학자들은 중요한 분이더라도 부수적으로 언급하거나 생략하였다. 이분들은 살펴보는 데에 있어서 저들의 삶을

---

1) 버카일은 19세기와 20세기에 걸친 선교학자들을 추적했으나 필자는 20세기를 중심으로 살펴볼 것이며 현대 선교학에 주요하게 영향을 미친 인물에 초점을 맞출 것이다. See Johanness Verkuyl, <u>Comtemporary Missiology</u> (Grand Rapids: Eerdmans, 1978), pp. 26-71.

간략하게 조명하며 신학사상 형성에 있어서 무슨 요인들이 영향을 미쳤는지를 살피며 저들의 대표적인 저서들을 중심으로 저들의 선교학을 평가하려 한다. 이러한 시도는 잘못하면 각 신학자들의 신학적 깊이와 의도를 가볍게 취급하는 우려를 낳게 하며 주관적 경향을 띠게 될 수 있다. 그러나 오늘날 급속히 변화하는 학문의 세계에는 독자들로 하여금 선교학의 전체적인 흐름을 이해시키며 또한 선교학자들의 신학을 분별할 수 있는 구체적인 자료들을 제공하게 됨으로 현대 선교학을 총체적으로 파악하게 하는 어쩔 수 없는 최선의 방법이다.

## I. 구라파의 선교학자들

### 1) 레슬리 뉴비긴(Lesslie Newbigin, 1909-1998)

그는 장로교 가정에서 태어나 스코틀랜드의 기독학생회(SCM)의 지역서기로 활동하였고 캠브리지의 웨스트민스터 대학에서 신학을 공부하였다. 스코틀랜드 교회의 남인도 선교사로 파송을 받아서 1947년부터 1959년까지 마두라 지역의 주교로서 활동하였다. 그는 1959년 국제선교협의회(IMC)의 마지막 총무로 재직하였고 국제선교협의회가 1961년 세계교회협의회(WCC)의 세계선교와 전도분과로 통합되자 첫 국장으로 활약하였다. 선교지에서 은퇴 이후에 그는 영국의 셀리 오우크 대학에서 선교학 교수로서 활동하였고 1978년 연합개혁교단의 총회장이 되기도 하였다.

그의 대표적 저서로는 1963년도에 출간된 『삼위일체의 신앙과 오늘의 선교』(Trinitarian Faith and Today's Mission)와 1978년에 출판된

『개방된 비밀: 선교학 서론』(The Open Secret: An Introduction to the Theology of Mission)과 1989년에 나온『다원주의 사회 속에서의 복음』(Gospel in a Pluralist Society)이 있다. 그의 첫 번째 책은 종래의 기독론적이고 교회론적 측면에서만 선교의 성서신학을 연구하는 경향에서 삼위일체적 관점에서 선교를 연구하였다는 데에 그 의의가 있다. 그는 선교에 있어 하나님의 주권을 강조하며 교회의 연합과 일치를 통한 총체적인 복음을 전 세상을 향해서 전할 것을 주장하고 있다.[2]

두 번째 책에서는 첫 번째 저서에서 다루었던 삼위일체 측면의 선교학의 기반 위에서 총체적인 선교 개념을 구체적으로 영혼 구원과 사회정의 구현 그리고 현세에서의 하나님 나라의 현존과 미래의 종말론적인 하나님 나라의 완성 사이의 양자 관계의 균형성으로 정의하려는 시도가 있었다.[3] 뉴비긴은 세계교회협의회의 '하나님의 선교사상'의 위험성을 지적하면서 동시에 복음주의 선교학의 폐쇄성의 위험성을 지적하고 있다. 그는 특히 타종교인들과의 관계에 있어서 그리스도의 십자가 아래서의 기독교인들의 자기 겸손과 철저한 겸비함 속에서 그러나 자기 정체성을 가지고 열린 마음으로 복음을 전할 것을 촉구하고 있다. 그에 의하면 타종교인들의 변화는 삼위 하나님의 역사 가운데 기독교인들을 도구로 사용하여 이루어질 것이기 때문이다.[4]

그의 세 번째 저서에서는 다원주의를 각기 다른 세계관의 반영이라고 정의하는데 기독교를 이런 다원주의 관점에서 볼 수 없음을 천명하며 기독교 계시의 유일성과 독특성 그리고 보편성을 강조하고 있다.[5] 그러면

---

[2] Lesslie Newbigin, Trinitarian Faith and Today's Mission (Philadelphia: John Knox Press, 1963), pp. 31-51
[3] Lesslie Newbigin, The Open Secret : An Introduction to the Theology of Mission(Grand Rapids : Eerdmans, 1995), pp. 66-120.
[4] Ibid., pp. 160-189.
[5] Lesslie Newbigin, Gospel in a Pluralist Society(Grand Rapids:

서 교회의 말씀과 행위와 그리스도 안에서의 새로운 인간성의 공동체를 통한 총체적인 선교를 주장한다. 그는 타종교인과의 관계에 있어서 종래의 극단적인 배타주의와 포괄주의 그리고 다원주의를 동시에 거부한다. 그러면서 타종교인들 가운데 역사하는 하나님의 주권을 지나치게 의식하는 가운데서 복음의 접촉이 이루어지지 않은 타종교인들에게서 구원의 가능성이 전혀 없다고 단언할 수 없다는 그의 개방적인 면모를 나타낸다.[6] 이것이 레슬리 뉴비긴이 가진 어쩔 수 없는 에큐메니스트로서의 한계인 것이다.

### 2) 막스 워렌(Max Warren, 1904-1977)

워렌은 인도에 선교사로 간 아일랜드 장로교인 부부에게서 태어났다. 그는 어린 시절 인도에서 교육을 받았으며 캠브리지 대학에서 수학하였다. 그는 1927년에 교회선교회의 파송을 받아서 나이제리아에 선교사로 갔고 거기서 병 때문에 오래 있지 못하고 곧 본국으로 귀환하게 되었다. 그는 젊은 나이에 교회선교회의 총무가 되었고 영국을 대표하는 세계적인 선교 지도자로 활동하였다.

그의 대표적인 저서는 1967년도에 나온 『사회역사와 기독교 선교』(Social History and Christian Mission)가 있고 1974년도에 출판된 『꽉 찬 화폭: 생애의 약간의 경험들』(Crowded Canvas: Some Experiences of a Lifetime)과 1976년도에 나온 『나는 대위임령을 믿

---

Eerdmans, 1994), pp. 52-115
6) Ibid., pp. 171-183.

는다』(I Believe in the Great Commission)가 있다. 두 번째 책에서 1961년 3차 세계교회협의회 대회시에 국제선교협의회 기구가 해산되고 세계교회협의회의 한 분과인 세계선교와 전도분과로 통합된 것에 대한 워렌 자신의 우려와 반대한 이유들을 회고하고 있다. 그는 선교기구의 자발성을 중요시 여기며 만일 이 자발적인 선교기구의 특성을 무시하고 제도적인 교회기구에 선교기구를 편입한다면 그것은 오히려 선교의 전문성과 열정을 상실시키는 결과를 가져오게 될 것을 우려하고 있다.[7]

그는 또한 2차 세계교회협의회의 에반스톤 대회시에 '그리스도의 현존' 개념을 주장했는데 이것은 복음의 적대적인 상황에서도 교회는 그리스도의 선재적 은총이 모든 문화권과 타종교 안에 이미 역사하고 있음을 알아서 사랑의 행위를 통한 그리스도인의 현존 속에서 이미 역사하고 계시는 그리스도를 증거하고 불신자들로 하여금 이것을 깨닫게 함으로 선교를 수행할 수 있다는 개념이다. 이 개념은 1959년부터 세계교회협의회를 통해서 그리스도의 현존을 주제로 한 일련의 연구논문들이 발표되기에 이르렀는데 이렇게 나온 대표적인 연구저서들 가운데 다음과 같은 세 권이 있다. 이것은 케네스 크랙의 『모스크에서의 샌들: 그리스도인의 현존과 이슬람』(Sandal at the Mosque)과 레이몬드 햄머의 『일본의 종교적 열심: 신구 신앙체들 가운데 그리스도인의 현존』(Japan's Religious Ferment: Christian Presence amid Faiths Old and New)과 존 테일러의 『원시 비전: 아프리카 종교 가운데 그리스도인의 현존』(The Primal Vision: Christian Presence amid African Religion) 등이 있다.

이러한 워렌의 그리스도의 현존개념은 워렌 자신에게 있어서는 복음

---

7) Max Warren, <u>Crowded Canvas: Some Experiences of a Life-Time</u> (London: Hodder and stoughton, 1974), pp. 156-160.

선포를 전제로 한 복음의 접촉점으로서의 선재적 은총개념이었지만 세계 교회협의회의 신학자들에게 있어서 이 개념은 하나님의 선교사상과 연합이 되어서 기독론적인 보편구원설의 방향으로 발전됨으로 복음선포를 불필요한 것으로 보게 되었다.[8]

## 3) 스티븐 찰스 닐(Steven Charles Neil, 1900-1984)

스티븐 닐은 평생 50여 권의 저서를 낸 신학자요 선교 역사학자이며 세계적인 선교지도자이다. 그는 캠브리지의 트리니티 대학을 우수한 성적으로 졸업하였고 대학시절에 복음주의 진영의 캠브리지 국제학생연맹(CICCU)의 지도자로 활약하였으며 동시에 세계교회협의회 산하인 대학학생기독교운동(SCM)의 회장으로 선출되기도 하였다. 그의 가족은 교회선교회의 회원이기도 하면서 그의 아저씨 중의 하나는 교회선교회에서 갈라져 나온 좀더 복음주의 노선을 표방하는 성경 교회인 선교회(BCMS)의 창설자이기도 하였다. 그는 교회선교회의 파송을 받아서 남인도의 티네벨리 지역의 선교사로 파송을 받았고 거기서 성공회 교회의 주교로서 22년을 활동하였다. 그는 선교사로 은퇴한 후에 1962년부터 1967년까지 함부르크 대학에 선교와 에큐메닉 신학 담당 교수로 활동하였고 1969년부터 1973년까지는 나이로비 대학에서 철학과 종교학을 가르쳤다. 그는 1948년부터 1973년까지 세계교회협의회의 협동 총무로서

---

8) 워렌의 복음 선포에 대한 확신은 그의 "대위임령을 믿는다"에 분명히 나타나고 있다. 그러나 위험한 점은 타종교인들에 대한 하나님의 선재적 은총을 지나치게 낙관적으로 보는 경향이 나타나고 있다는 점이다. See Max Warren, I Believe in the Great Commission (Grand Rapids: Eerdmans, 1976.)

활동하기도 하였다. 그의 대표적인 저서로는 크게 세 권이 있는데 1961년도에 출판된 『기독교 신앙과 다른 신앙들』(Christian Faith and Other Faiths)과 1964년도에 나온 『기독교 선교 역사』(A History of Christian Missions)와 1984년도에 나온 『인도에서의 기독교 역사』(A History of Christianity in India)가 있다. 첫 책은 타종교에 있어서 기독교인의 정체성이 무엇인가의 질문으로부터 시작해서 종교의 의미를 우연성과 목적성과 사건성으로 정의한다. 그에게 있어서 기독교는 그리스도의 삶을 중심으로 한 하나님의 계시의 구체적인 사건성이요 구원의 목적성을 가진 계시의 현현이다. 그는 교회가 복음을 땅 끝까지 전해야 할 사명이 있음을 전제하면서 그러나 그리스도 안에 하나님의 풍성함과 주권을 소홀히 여기지 말고 타종교를 대함에 있어서 열린 마음의 겸손과 사랑으로 하나님의 역사를 기대해야 한다고 말한다.[9] 그는 이런 관점에서 유대교로부터 시작해서 이슬람과 힌두교와 불교와 물활론과 심지어는 마르크스주의까지 살펴보며 제도주의화된 교회의 영향력을 경계하면서 토착 교회의 성립과 교회의 일치와 연합을 통한 세상에서의 하나님 나라의 증인이 될 것을 촉구하고 있다.[10]

공저한 또 한 권의 저서인 『에큐메닉 운동의 역사』와 그의 『기독교 선교 역사』는 제도권적 교회의 연합과 일치가 얼마나 중요한 것인가의 관점을 가지고 교회가 분열하는 정당치 못한 이유와 그로 인한 상처를 기술하며 선교 역사를 통해서 교회의 연합과 일치가 하나님의 나라 확장에 얼마나 큰 기여를 하였는지를 입증하려 하고 있다. 결국 그는 세계교회협의회의 운동을 바람직한 것으로 보며 미래에 대한 낙관을 가지고 있다.[11] 이러한 스티븐 닐의 관점은 교회 연합과 일치운동에 대해 지나친

---

9) Steven Neill, <u>Christian Faith and Other Faiths</u>(London: Oxford University Press, 1961), pp. 7-19.
10) Ibid., pp. 20-232.
11) cf. Ruth Rouse and Steven Charles Neill, <u>A History of the</u>

집착성으로 인하여 그의 『기독교 신앙과 다른 신앙들』에서 거부하고 경계하였던 잘못된 보편주의적 구원론의 신학을 옹호하며 이를 토대로 타종교인들과의 대화신학까지 주장하는 세계교회협의회의 실체를 보지 못하는 우를 범하고 있다.

### 4) 한스 요켄 마굴(Hans J. Margull)

마굴은 함부르크 대학의 선교학 교수로 재직하면서 세계교회협의회의 세계선교와 전도분과의 전도분과 총무로서 활동하였다. 그는 특히 세계교회협의회의 전도개념을 하나님의 선교 개념과 연관하여 정립한 것으로 알려졌는데 그에 의하면 전도란 세상을 향한 하나님의 선교에의 참여이요 종말론적인 교회공동체의 행동을 통한 희망의 변혁이다.[12] 마굴에게서 전통적인 복음선교의 내용이 결여된 것은 아니지만 그는 전도를 하나님의 선교에의 참여로 규정하고 이것을 행동을 통한 희망(Hope in Action)으로 정의함으로 후에 세계교회협의회의 전도 내용이 바로 하나님의 선교 개념에 입각한 사회 변혁이요 사회 정의 구현이요 인간성 회복이라는 인본주의적 수평주의 차원의 전도개념을 낳는데 기여를 하였다. 그의 대표적인 저서는 바로 이러한 선교와 전도개념이 내포된 『행동으로서의 희망』(Hope in Action)이 있다.

---

Ecumenical Movement 1517-1948 (Philadelphia: The Westminster Press, 1967), pp. 1-7, 697-740, Steven Neill, A History of Christian Missions (Middlesex: Penguin Books, 1964), pp. 510-558.

12) Hans J. Margull, Hope in Action: The Church's Task in the World, Eugene Peters, trans. (Philadelphia: Muhlenberg Press, 1962), pp. 279-280.

## 5) 칼 하텐스타인(Karl Hartenstein, 1894-1952)

하텐스타인은 튀빙겐 대학에서 수학하였고 젊은 나이에 바젤선교회의 국장으로 임명이 되었다. 그는 이런 직위에 있었기에 장기간의 선교여행을 다녀왔는데 인도에 두 번에 걸쳐서 약 4년을 머물렀고 중국과 아프리카를 방문하였다. 그는 1938년부터 국제선교협의회의 대회들을 참여해 왔고 신학적으로 영향을 미쳐왔다. 그는 일생토록 요한 알브레히트 벵겔의 경건주의 신학의 영향을 받아왔는데 초기에는 칼 바르트의 영향을 통해서 선교에 하나님의 주권을 강조해 왔고 선교는 하나님의 구속 사역에 참여하는 것인데 근본적으로는 어떠한 인간의 영역도 상관이 없다는 극단적인 발언을 하기도 하였다. 따라서 교회가 선교사역을 수행하지만 이것은 언제든지 위기 중에 있으며 항상 하나님의 뜻을 구해야 한다는 주장을 하였다.[13]

그러나 이런 바르트의 영향이 극복되는데 그것은 바르트의 계시관이 실상 인간의 역사 속에서 이루어지는 하나님의 구속사역을 무용하게 만들며 항상 초시간의 영역에 머물러 있다는 자각에서였다. 그는 오스카 쿨만의 영향을 받았는데 선교란 그리스도의 승천과 재림 사이의 하나님의 구속사역을 이루는 유일한 하나님의 수단이요 교회는 본질적으로 선교의 사명을 감당해야 한다는 주장을 하였다.[14]

그러면서 그는 교회의 선교 목표를 하나님의 나라로 규정하며 교회와

---

13) Karl Hartenstein, "Die trinitarische Verkundigung in der Welt Religionen", in Die Deutsche Evangilische Heidenmission (Selbstverlag de Missions konferenz, 1939), p. 6.
14) Karl Hartenstin, "Zur Neubesinnung uber das Wesen der Mission", in Die Deutsche Evangelische Weltmission(Hamburg: Verlag der deutschen evang. Missionshilfe, 1951), p. 18.

하나님의 나라를 동일시하는 것을 거부한다. 그에게 바르트의 영향이 여전히 남아 있는데 이것은 하나님의 선교의 정의에 잘 나타나고 있다. 그는 하나님께서 선교의 주재자이심을 강조하며 하나님의 선교는 그의 영의 역사를 통해서 이루어지는데 이것은 교회의 선교사역과 전혀 상관이 없이도 이루어질 수 있다고 한다.15)

하나님의 선교는 종말론적으로 교회를 연합케 한다고 한다. 이런 점에서 그는 세계교회협의회의 연합 운동을 고무적으로 생각하였다. 그는 타종교에 대한 복음주의 선교학의 확립을 강조하면서 타종교를 대하는 데 있어서 두 가지의 역설적인 요소들을 고려해야 한다고 말한다. 그것은 타종교 속에 죄성과 하나님을 반역하는 사탄적인 역사이요 또한 하나님의 선재적 은총이다. 그는 양자의 요소를 부인할 수 없고 교회는 자신이 절대적인 진리를 소유했다고는 생각하지 말고 다만 자신의 사명에 충실하고 타종교에 대한 하나님의 역사를 부인하지 말고 다만 복음을 겸손하게 인내심을 가지고 증거해야 한다고 말한다.16) 이런 그의 진술 속에서 칼 바르트의 영향을 여전히 받고 있는 하텐스타인의 신학의 면모를 엿볼 수 있다. 그의 대표적인 저서로는 1928년도에 출간된 『칼 바르트의 신학이 선교에 대해서 무엇을 말하고 있는가?』(Was hat die Theologie Karl Barth's der Mission zu sagen?)와 1933년도에 나온 『신학적 문제로서의 선교』(Die Mission als Theologisches Problem) 등이 있다.

---

15) Ibid., pp. 24.
16) Karl Hartenstein, "Die Kirche und die Religionen", Evangelische Missions-Zeitschrift 1(1940), p. 16.

## 6) 월터 후라이탁(Walter Freytag, 1899-1959)

그는 독일 모라비안 교회에 속한 부모님에게서 태어나 어려서부터 경건주의 신학의 영향을 받았다. 그는 튀빙겐과 함부르크 대학에서 공부를 하였고 함부르크 대학에서 박사 학위를 받았다. 후라이탁은 함부르크 대학과 키엘 대학에서 선교학 교수로서 활동하였고 1928년부터 독일 교회의 대표로 국제선교협의회의 대회들에 참여해 왔다. 그는 1958년에는 국제선교협의회의 부회장으로 활약하기도 하였다. 후라이탁은 세계 역사의 전환기에서 위기의 시대를 극복해 갈 수 있는 새로운 선교학을 제창하였는데 그것은 신앙의 눈으로 인간 삶의 모든 영역에서 일하고 계시는 하나님을 구체적인 역사적 사건 배후에서 인식하고 교회는 항상 그리스도의 종말론적 주 되심을 인정하고 선교 사명을 준수해야 한다는 것이다. 그에게 있어 교회의 선교는 하나님의 종말론적 행위에 참여하는 것이요 전 세상에서 일하시는 하나님의 외적 책임을 나누는 것이다.[17] 이러한 후라이탁의 선교관은 하나님의 선교사상에 부합하는 요소가 있고 교회의 선교는 하나님의 선교에 한 부분이요 하나님의 선교는 그보다 더 큰 전 세상을 향하신 사역임을 은연중에 강조하고 있다. 그는 세속 역사 속에서도 궁극적으로 하나님의 선교가 수행됨으로 교회의 선교가 하나님의 선교와 역사의 종말 즉 그리스도의 재림시에 만나게 될 것이라는 주장을 함으로 판넨버그의 보편구원설의 영향을 강하게 나타내고 있다.[18] 그의

---

17) Walter Freytag, "Changes in the Patterns of Western Missions", in <u>The Ghana Assembly of the International Missionary Council</u>, R.K. Orchard, ed (London: Edinburgh House Press, 1958), pp. 138-147.

18) Walter Freytag, <u>Reden und Aufsatze</u>, J. Hermelink and H.J. Nargull, eds. (Munich: Chr. Kaiser Verlag, 1961).

대표적인 저서로는 1952년에 출판된 『세계선교의 새 시기』(Die neue Stunde der Weltmission)가 있고 1956년의 『종교적 의문과 성경적 대답』(Das Ratsel der Religionen und diebiblische Antwort) 등이 있다.

후라이탁 계열로 맨푸레드 린쯔가 있는데 린쯔는 후라이탁의 선교 개념을 좀더 하나님의 선교 개념에 부합되게 발전시켰다. 그는 선교를 정의하기를 세상 속에서 이루어지는 하나님의 선교사역에 한 동반자로 하나님께서 교회를 사용하시는 것이요 모든 피조 세계를 새롭게 하시는 하나님의 역사에 구체적으로 참여함으로 실제적인 희망을 나타내는 것이라고 하였다. 그는 이러한 하나님의 역사가 세속 역사 속에서도 활발히 이루어짐으로 교회 선교사역과 세속 역사 속에서 이루어지는 하나님의 역사는 궁극적으로 하나로 만나게 될 것이라는 진술을 함으로 후라이탁과 동일한 판넨버그의 영향을 나타내고 있다.[19]

## 7) 피터 바이엘하우스(Peter Beyerhaus, 1929- )

바이엘하우스는 히틀러를 반대한 혐의로 감옥에 수감된 적이 있는 양친 밑에서 신앙적인 성장을 하였고 스웨덴의 웁살라 대학에서 공부를 하였다. 그는 독일 교회의 파송으로 남아프리카의 트란스바알과 나탈 지역에서 원주민인 흑인들을 대상으로 교회 개척과 가르치는 사역에 종사하였다. 그는 튀빙겐 대학의 초청을 받고 신교와 에큐메닉 연구소의 소장이며 교수로서 활동하게 되었다. 그는 세계교회협의회가 1968년 4차 웁

---

19) See Manfred Linz, <u>Anwalt der Welt: zur Theologie der Mission</u> (Stuttgart: Kreuz Verlag, 1964).

살라 대회에서 선교를 노골적으로 정의한 '인간화가 곧 선교'라는 표어에 큰 충격을 받게 되고 1970년 독일을 중심으로 15명의 복음주의 신학자들을 규합하여 전통적인 복음선교를 선언문 형식으로 대내외에 재천명하기에 이르렀다.

그의 대표적인 저서는 헨리 레훼버와 공저한 『책임적 교회와 외지선교』(The Responsible Church and the Foreign Mission)가 있고 1970년에 발표한 푸랑크프르트 선언문을 풀이한 『선교는 어느 길로 가느냐? 인간화이냐 구속이냐』(Missions: Which Way? Humanization or Redemption) 등이 있다. 첫 번째 책에서는 종래의 헨리 벤과 루푸스 앤더슨 그리고 롤랄드 알렌의 토착교회 이론의 문제점을 지적하고 서구의 세속적 세계관이 작용하고 있음을 비판하고 있다.[20] 그는 진정한 토착교회를 성경적 자의식을 가지고 자신의 주변 환경에 뿌리를 내리고 성경적 원리로 주변 환경을 변화시켜 나가는 책임성 있는 교회라고 정의하고 있다.[21]

두 번째 책은 1970년에 발표한 푸랑크프르트 선언문을 풀이해 놓은 책이다. 그는 전통적인 선교의 목표로서 복음선포와 이방인의 개종 그리고 교회 설립과 하나님의 영광을 위한 선교의 목표는 절대 타협되거나 변질될 수 없는 내용임을 천명한다. 그는 세계교회협의회가 이런 전통적인 선교 개념을 얼마나 왜곡시키고 있는지를 하나하나 그 사례를 들어서 설명하며 인간화가 아닌 복음화의 길로 돌아올 것을 촉구하고 있다.[22]

---

20) Peter Beyerhaus and Henry Lefever, <u>The Responsible Church and the Foreign Mission</u>(Grand Rapids: Eerdmans, 1964), pp. 25-44.
21) Ibid., pp. 107-150.
22) See Peter Beyerhaus, <u>Missions: Which Way? Humanization or Redemption</u>(Grand Rapids: Zondervan, 1976).

## 8) 헨드릭 크레머(Hendrik Kraemer, 1888-1965)

크레머는 어린 나이에 부모를 잃고 고아원에서 자랐으나 신앙적으로 잘 성장하였고 일찍이 선교사로 헌신하였다. 그는 라이덴 대학에서 동방 언어와 이슬람 그리고 종교 연구로 박사 학위를 받았고 화란 성서 공회의 파송을 받아서 인도네시아의 자바섬에 가서 자바 성경을 번역하는 일을 도왔고 가르치는 사역에 종사하였다. 그는 15년간을 선교사로 일하였고 라이든 대학에서 10년간을 비교종교학을 가르치는 교수로 일하였다. 그는 제네바의 보쉬에 있는 에큐메닉 연구소의 첫 소장으로 일하였고 뉴욕에 있는 유니온 신학교에서 2년여를 가르치기도 하였다. 그는 인도네시아에서 일하면서 원주민 교회의 두 가지 위험성을 보았는데 그것은 서구화에 종속되어 자기 정체성을 상실하는 것이요 또 다른 위험성은 지나친 토착화로 인하여 성경적인 교회의 정체성을 상실하는 일이다. 그는 이 양자의 위험성을 피할 것을 역설하면서 진정한 성경적 토착화는 현지 문화에 뿌리를 내려서 현지 문화 형태와 언어로 복음을 표현하지만 복음이 변질됨 없이 오히려 복음이 토착 문화를 변화시킴으로 본질적인 차원이 다른 그리스도인의 삶을 구현하는 일이라고 하였다.[23] 결국 이런 개념은 적응화의 모델을 낳게 되는데 그는 이 개념을 그의 저서를 통해서 더욱 정교히 발전시키고 있다.

그의 대표적인 저서로는 1938년에 출판된 『비기독교 세계 속에서의 기독교의 메시지』(The Christian Message in a Non-Christian World)와 1956년도에 나온 『종교와 기독교 신앙』(Religion and the Christian Faith)과 그리고 1958년도에 출판된 『평신도의 신학』

---

23) Hendrik Kraemer, <u>From Mission Field to Indepedndent Church</u> (London: SCM Press, 1958), p. 130.

(Theology of the Laity)과 1960년도에 나온 『세계 문화와 세계 종교들, 다가오는 대화』(World Cultures and World Religions, the Coming Dialogue) 등이 있다. 그의 첫 번째 책은 바르트의 영향을 보여주는 듯한 위기 신학적인 표현이 있다. 그는 타종교에 있어서 계시의 존재나 유용성을 전혀 인정하고 있지 않는 듯한 과격한 단절(Radical Discontinuity)이라는 표현을 쓰나 실상은 바르트와 다르게 타문화권과 종교 속에 계시의 섬광이요 그리스도의 빛으로서 하나님의 보통은총의 역사가 있음을 인정하고 있다.[24] 다만 그에게 있어 이런 보통은총은 그 자체로서는 전혀 쓸모가 없고 오직 구원에 있어서 유일무이한 하나님의 계시인 성경에 비추어서야 그 용도를 찾을 수 있기에 그는 이것을 가리켜서 성경적 실재주의(Biblical Realism)라고 표현하고 있다. 즉 성경적 실재를 통하여 보통은총은 비로소 복음의 접촉점이 될 수 있는 합(Synthesis)의 역할을 할 수 있다는 것이다.[25] 이렇듯이 그는 성경의 규범성과 권위를 토착화나 타종교와의 대화에 최종적인 표준으로 삼고 이것을 절대 양보하지 않아야 하지만 타종교인들을 대하는 그리스도인의 자세에 있어서는 저들의 실상을 이해하는 동정적 접근으로 나아가야 한다고 주장한다. 그는 이것을 복음주의적 접근이라고 하는데 복음 선포와 문화적 적응과 섬김의 접근이라고 하는 것이다.[26] 그의 두 번째 책은 그의 첫 번째 책에서 제기되었던 문제들을 신학적으로 규명하고 있다.[27] 타종교에 있어서 전통적인 신학자들의 일반계시나 자연계시라는 용어조차도 거부감을 표시하며, 하나님의 구원에 있어서 그 일반계시나 자연계

---

24) Hendrik Kraemer, <u>The Christian Message in Non-christian World</u> (Grand Rapids : Kregel, 1956), pp. 82-125.
25) Ibid., pp. 125-130.
26) Ibid., pp. 302-307.
27) Hendrik

시의 무기력과 무용성을 철저히 주장하고 있다. 이런 점에서 첫 번째 책에서 제기되었던 그의 성경적 실재주의의 입장이 변치 않고 계속되고 있는 것이다.[28]

## 9) 요한 헤르만 바빙크(Johan H. Bavinck, 1895-1964)

바빙크의 가정은 복음주의적 화란 개혁교회의 전통을 따르는 집안이었다. 그의 아저씨 중 하나는 교의 신학자로 알려진 헤르만 바빙크이다. 그는 아브라함 카이퍼가 세운 자유 대학에서 공부하였으며 학창시절에 화란 학생 기독교 운동에 속해 활동하였다. 그는 독일에 가서 어랑겐 대학에서 중세 신비주의자인 수소를 연구하여 박사 학위를 받았다. 바빙크는 화란 개혁교회의 파송을 받아서 인도네시아 수마트라 섬의 메단에 화란 교회를 돌보기 위해서 선교사로 갔다. 잠시 본국에 돌아왔다가 중부 자바의 솔로시에서 원주민인 모슬렘 교도들에게 선교하였으며 그는 거기서 신비주의적으로 토착화된 이슬람을 연구하였는데 이슬람에 박식한 그를 가리켜서 원주민들이 피부가 하얀 자바인이라고 불렀다. 본국에서 그를 요청해서 바빙크는 캄펜 신학교와 자유 대학의 선교학 교수로서 활동하였다. 그는 화란 개혁교회의 선교사 훈련원을 세우기도 하였는데 이곳은 헨드릭 크레머 선교센터가 되었다.[29]

---

28) Ibid., pp. 340-365.
29) J. van den Berg, "Johan Herman Bavinck 1895-1964", in Mission Legacies, Gerald H. Anderson, Robert T. Coote, Norman A. Horner, James M. Phillips, eds. (Maryknoll: New York, 1994), pp. 428-431.

그의 대표적인 저서로서는 1948년에 나온 『비기독교 세계에 대한 기독교의 충격』(The Impact of Christianity on the Non-christian World)과 1960년에 출판된 『선교학 서론』(An Introduction to the Science of Missions)과 1966년도에 나온 『절과 모스크 사이에 교회』(The Church between Temple and Mosque)가 있다. 그의 첫 번째 책에서 바빙크는 크레머가 일반계시나 자연계시를 인정하긴 하지만 아주 부정적인데 회의를 느끼며 타문화와 타종교 가운데 나타나는 하나님의 보통은총이 없다면 하나님을 알 만한 것이 전혀 없기에 선교의 교량 역할을 하는 어떤 것도 존재할 수 없음으로 선교가 불가능하게 된다는 점을 분명히 하고 있다.[30] 따라서 그는 타종교의 실재를 깊이 인식하여 저들의 잘못되고 병들은 부분을 진리의 말씀인 성경으로 데리고 와서 성경이 저들을 변혁시키도록 촉구하고 있다.[31]

그의 두 번째 책은 선교학의 고전적인 교과서라고 할 수 있는 책이다. 그는 이 책에서 선교학이 과학적 학문 분야가 될 수 있는 당위성을 논하며 오늘날 선교학의 기초가 되는 세 가지 영역을 구분하고 있다. 그것은 선교이론을 다루는 신학적인 분야와 선교 역사 분야와 타종교를 문화의 핵심으로 보아서 타종교를 선교의 주요 대상으로 하여 연구하는 '엘렝틱스'(Elentics)가 있다는 것이다.[32] 엘렝틱스는 요한복음 16:8에 근거한 성경 용어로서 '부끄럽게 하다'와 '정죄하다'의 의미를 지니고 있다. 이것은 선교의 대상이 되는 문화의 핵심을 종교로 보고 종교에 의거한 문

---

30) Johan H. Bavinck, <u>The Impact of Christianity on the Non-Christian World</u> (Grand Rapids : Eerdmans, 1948), pp. 95-122.
31) Ibid., pp. 125-140.
32) Johan H. Bavinck, <u>An Introduction to the Science of Missions</u>, David H. Freeman, trans. (Phillipsburg: Presbyterian and Reformed Publishing C., 1979), pp. ⅹⅶ-ⅹⅹⅰ.

화, 세계관을 연구하여 그에 따라 하나님의 말씀을 적절히 증거함으로 성령의 역사에 의하여 문화를 변혁하고 토착교회를 설립하며 이것을 성숙한 하나님의 교회로 성장시키자는 타문화권하에서의 교회 설립과 관련된 분야이다.[33] 엘렝틱스에 있어서 관건은 원주민 지도자의 역할이며 변혁의 주체가 성령님이시라는 자각이다. 이것은 선교학에 있어서 성령론을 구체적으로 선교신학에 적용시킨 경우이다.

## 10) 요한네스 호켄다이크(Johannes H. Hoekendijk)

그는 화란의 우트레히트 대학에서 독일의 선교학을 비판하는 논문을 써서 그 명성이 알려지게 되었다. 그에게 있어 독일의 구스타브 바넥이나 부르노 구트만의 종족 중심적인 교회관은 비성경적인 것으로서 그는 지역 단위의 사회구조를 반영하는 교회가 성경적인 교회 모습이라고 하였다.[34] 그는 교회가 세상 속의 사도적 교회로서 모든 교인들이 그리스도인의 변혁된 삶을 통해서 하나님의 선교를 수행하는 샬롬의 변화를 가져올 것을 주장하였다. 그에게 있어 샬롬이란 하나님의 정의와 평화가 지상에서 구현되어지는 상태를 의미하는데 이것은 교회만을 통해서 이루어지는 것이 아니라 타종교인이나 불신자라도 샬롬의 변화에 부합하는 삶을 살아갈 때는 저희들도 하나님의 선교의 도구가 되어진다는 것이다.[35] 따라서 그의 이런 사상은 성경적인 구속적 측면에서의 샬롬이 아

---

33) Ibid., pp. 221-272.
34) Johannes C. Hoekendijk, Kirche und Volk in der Deutschen Missionswissenschaft(Munich: Chr. Kaiser Verlag, 1964).
35) Johannes H. Hoekendijk, The Church inside Out(London: SCM

니라 사회 변혁과 인간성의 회복을 가져오는 수평적이고 인본주의적 사상이 되는 것이다. 그의 이런 사상은 1952년 윌링겐에서 열린 국제선교협의회의 대회 시에 나타났고 이것은 하나님의 선교 사상으로 알려져서 오늘날 세계교회협의회의 선교학의 기반이 되었다. 호켄다이크의 대표적인 저서는 그의 박사 학위 논문으로 쓰여진『독일 선교학에 있어서 교회와 민족』(Kirche und Volk in der deutschen Missionswissen-schaft)과 1967년도에 출판된『안에서 밖으로 나아가는 교회』(The Church Inside Out)가 있다.

## 11) 요한네스 버카일(Johannes Verkuyl)

그는 바빙크의 뒤를 계승하여 화란 자유 대학의 선교학 교수로서 활동하였고 화란 선교협의회의 총무를 역임하기도 하였다. 인도네시아에서 선교사로 활약하였고 특히 인도네시아 독립의 아버지라고 불리는 수카르노와 절친한 친구이면서 화란의 식민지로 있는 인도네시아를 화란으로부터 독립시키는 일에 있어서 적극적인 지원을 한 행동파 선교학자이기도 한다. 그의 대표적인 저서는 1978년에 출판된『현대 선교학 서론』(Contemporary Missiology: An Introduction)과 1985년에 나온『모슬렘에게 복음을 전함』(Met Moslims in Gespret over het Evangelie)이 있다. 그의「현대 선교학 서론」은 제목 그대로 광범위한 선교의 주제를 다루는 교과서적인 책으로서 선교학의 역사적 발전사를 인물을 중심으로 살펴보고 성경에서의 선교의 동기를 네 가지 주제로 살펴보고 있다. 그에 의하면 신·구약 아울러서 보편적인 동기, 구출과 해방의 동기, 선

---

Press, 1967), pp. 47-84.

교적 동기 그리고 대립의 동기가 있다는 것이다.[36] 그는 특히 유대인 선교에 대한 선교신학적 연구를 시도하고 있다. 그에 의하면 그리스도의 재림의 날이 가까이 올수록 종말의 한 징조로서 유대인들 중에 예수 믿는 사람들이 많아질 것이라는 예측이다.[37] 이것은 세대주의의 종말관과 구별이 되는 전형적인 개혁주의 종말관의 반영이다. 그의 선교학은 전통적인 개혁주의 신학의 틀 위에서 이루어지는데 문제시 되는 것은 세계교회협의회의 교회 일치 운동을 지나치게 긍정적으로 본다는 것과 이에 관련된 신학자들을 평가하는 데 있어서 상당히 호의적인 태도를 견지하고 있다는 사실이다. 이런 점에서 그의 성경신학은 가리워지고 하나님의 선교 측면의 사회 행동을 옹호하는 조정주의적 태도가 강하게 나타나고 있다.

## 2. 미주 대륙의 선교신학자들

### 1) 케네스 스코트 라토렛(Kenneth Scott Latourette, 1884-1968)

라토렛은 물질적으로 풍족하면서도 경건한 침례교 가정에서 성장했고 침례교에 속한 린필드 대학에서 자연과학을 전공하였다. 그는 대학시절에 학생자원 선교운동에 가입하였고 이를 계기로 예일 대학에 가서 역사를 전공하고 예일에 있는 중국 선교부에 가입하면서 역사학으로 박사 학위를 받았다. 그는 학생자원 선교운동에 속하여 대학가를 순회하면서 신

---

36) Johannes Verkuyl, Comtemporary Missiology: An Introduction (Grand Rapids: Eerdmans, 1978), pp. 89-114.
37) Ibid., pp. 152-155.

교 운동을 확산시키는 지도자로 활동하였다. 예일 선교부의 파송을 받아서 후난 성의 성도인 장사에서 선교활동을 하는 중에 아메바성 이질에 걸려 이로 인해 평생 건강을 상실하는 비운을 겪었지만 그를 학자로서 쓰시려는 하나님의 섭리가 또한 배후에 있었다. 그는 선교지에서 20개월을 채 못 있고 본국으로 귀환하였으나 본국에서 건강을 회복하고 나서 포트랜드의 리드 대학과 오하이오 주의 그랜빌레에 있는 침례교 대학과 그리고는 최종적으로 16년간을 머무른 예일 대학의 선교와 동양 역사 담당 교수로 활동을 하였다. 그는 존 모트의 뒤를 이은 학생자원 선교운동의 마지막 세계적인 지도자로서 학생자원 선교운동이 사회복음주의 운동과 신학의 좌경화로 급속히 쇠퇴해지는 것을 목도하면서 역사 속에서 변함없이 그의 백성들을 통해서 그의 뜻을 이루시는 하나님의 손길을 증거하는 일에 그의 생애를 다 바쳤고 이런 점에서 하나님은 그를 위대하게 사용하셨다.

라토렛은 엄청난 다작가인데 그가 그렇게 많은 저서를 낼 수 있었던 것은 평생 독신으로 살았고 글쓰는 일에 몰두할 수 있었던 학교에 있었기 때문이었다. 그는 독특한 역사관을 가지고 기독교 선교 역사를 조망하였는데 오늘날까지 많은 후배 선교 역사학자들에게 영향을 미치고 있다. 그의 대표적인 저서를 살펴보면 1929년도에 출판한 『중국에서의 기독교 선교 역사』(A History of Christian Missions in China)와 1937년과 1945년에 걸쳐 나온 『기독교 확장사(A History of the Expansion of Christianity) 7권』이 있고 1953년도에 나온 『기독교 역사 2권』(A History of Christianity, 2 vols.)이 있다. 두 번째 책인 확장사는 교회의 선교 역사에 관련된 저서로서 독특한 선교사관을 가지고 있다. 그는 구속사가 역사의 주축임을 전제하고 하나님께서 그의 구속의 뜻을 성취함에 있어서 제도적인 교회보다 우선적으로 하나님께 특별히 부름받은 영적으로 각성되어 있고 선교의 사명을 받은 소수의 선각자 그룹에 의하여 선교 운동이 확산되어지고 결국은 제도권적인 교회도 선교에의 각성으로 변혁을 일으키는 촉매제가 된다는 것이다.[38] 그의 선교관은 이러한 교회병행 선교단체와 제도적인 교회가 서로 연합하고 일치하여 세계 복음화의 사명을 감당하게 될 때 그것을 바람직한 교회의 선교 모습으로 결론을 내린다. 라토렛은 이러한 소수의 선각자들의 운동을 영적인 갱생과 각성과 연관시켜 교회 역사를 살펴보는데 이것은 일종의 부흥사관이 되는 것이다. 이러한 라토렛의 사관은 선교 역사를 분석하고 평가하는 데도 그대로 사용이 되는데 로마교회의 반동종교개혁을 일종의 로마교회 자체의 내연적 갱생운동으로 보는 것과 수도원 선교운동을 바로 이러한 차원에서 긍정적으로 해석하는 일이다.[39] 그는 복음의 총체적인 영향력을 중요시 여기는데 실상 복음의 능력과 서구의 세속적인 가치관을 그대로 일원화시켜 해석하는 경향을 가지고 있다. 이러한 라토렛의 영향은 그대로 랄프 윈터에게 영향을 주어서 그는 하나님의 구속의 두 구조를 중요시 여기며 오른손적인 역사를 실상 교회병행 선교기구인 소달리티의 역사요 왼손의 역사를 제도권적 교회의 모달리티의 역사라고 평가하고 있다.[40]

또한 그는 선교 역사에 있어서 독특한 사관을 가지고 있는데 그것은 선교 역사를 통해서 대위임령의 명령대로 종족들을 중심으로 복음이 확

---

38) cf. Kenneth Scott Latourette, A History of Christianity: Beginnings to 1500, vol. 1(New York: Harper & Row, 1975), pp. 224-235, Kenneth scott Latourette, Christianity through the Ages(New York :Harper & Ros, 1975), pp. 923-926.
39) Kenneth Scott Latourette, A History of Christianity: Reformation to the Present, vol. ii(New York: Harper & Row, 1975), pp. 923-926.
40) cf. Ralph Winter, "The Two Structure of God's Redemptive Mission", in Missiology: An International Review(January), pp. 121-139.

산됨으로 선교가 진행되어 왔다는 선교 역사에 대한 해석이다.[41] 랄프 윈터는 이러한 사관 위에 미전도 종족 개념을 발굴하여 오늘날 복음주의 교회의 세계적 선교 운동으로 확산하고 있는 것이다. 라토렛의 영향은 오늘날 미국의 선교 역사학자들에게 그대로 나타나는데 랄프 윈터를 비롯해서 폴 피어슨 그리고 로버트 피어스 비버 등을 라토렛 학파라고 불러도 된다.

## 2) 도날드 앤더슨 맥가브란(Donald McGavran, 1897-1990)

맥가브란은 삼 대째 선교사의 가정에서 태어나 인도에서 오십여 년간을 활동하면서 인도 선교 현장의 사례와 경험을 통하여 현대 선교의 문제점을 인식하기 시작하였다. 그는 버틀러 대학을 졸업하고 예일 대학에서 신학을 공부하였다. 그는 그리스도 제자 교회에 속한 선교사로서 인도에서 사역하는 중에 콜롬비아 대학에서 철학 박사 학위를 받았다. 선교지에 있으면서 그동안의 경험을 종합하여 1955년에 『하나님의 교량』(The Bridge of God)이라는 저서를 내었고 그 책에서 전통적인 선교 방법인 선교기지 중심의 개인주의적 전도 방법을 비판하고 사람들의 삶의 근저인 문화 속에 들어가서 문화 변혁의 메커니즘을 인식하여 문화

---

41) 이러한 종족 중심의 사관을 가지고 그는 선교역사를 10시기로 나누며 각 시기마다 주류 종족들의 전환기적 복음화를 중심으로 선교역사를 접근한다. See Ralph Winter, "The Kingdom Strikes Back: The Ten Epochs of Redemtive History", in <u>Perspectives on the World Christian Movement</u>, Ralph D. Winter & Steven C. Hawthorne(Pasadena: William Carey Linrary, 1981), pp. 137-155.

속의 사람들의 공동체를 변화시켜 그리스도께로 인도한다는 사람들의 운동(People Movement)을 주장하였다.[42] 그러나 그의 많은 창의적이고 혁신적인 선교 전략과 방법들은 별로 교회 지도자들에게 각광을 받지 못하였다. 그는 선교지를 떠나 미국의 북서 기독교 대학의 교수 및 교회 성장 연구소 국장으로 취임하여 활동을 하였고 1965년 풀러 신학교의 선교 대학원 초대 원장으로 부임하여 그곳에서 그의 선교학 이론을 정교히 발전시키기 시작하였다. 이것은 '교회 성장학' 이론으로 선교계에 알려지기 시작하였고 전세계 선교학계에 지대한 영향력을 미쳤다.

그의 대표적인 저서는 1955년도에 나온 『하나님의 교량』과 1959년도의 『어떻게 교회는 자라는가: 선교의 새로운 개척지들』(How Churches Grow: The New Frontiers of Mission)과 1970년에 출판된 그의 대작인 『교회 성장을 이해함』(Understanding Church Growth)과 1983년에 그의 풀러 신학교 동료인 아더 글라서와 공저한 『현대 선교학』(Contemporary Theologies of Mission)과 1988년도에 나온 『효과적인 전도: 신학 명령』(Effective Evangelism: A Theological Mandate) 등이 있다. 이 외에도 많은 책들이 있지만 특별히 위에 언급한 책들이 중요하다고 여겨지기에 여기에 소개하였다. 그의 대작인 『교회 성장을 이해함』에 그의 선교학사상의 핵심이 다 나타났는데 그는 이 골간을 거의 변동 없이 그대로 고수하면서 다만 외부의 비판에 개방적인 마음을 가지고 대하면서 조금씩 그의 신학의 문제들을 수정해 나가는 실용적인 면모를 보이기도 하였다. 그는 이 책에서 선교에 있어 무지(Fog)로 인한 선교 실패가 많이 있음을 지적하고 사회학적이고 인류학적인 통찰들을 적극 사용하여 불필요한 선교의 장애들을 최소화하고 효율적인

---

42) Donald McGavran, The Bridges of God (New York: Friendship Press, 1981), pp. 1-16

선교를 수행할 것을 촉구한다.[43] 대개 이런 요인들은 문화와 사회 구조와 사회 변동이론에 대한 무지로부터 비롯된다. 그는 선교를 마태복음 28장의 대위임령과 연관하여 제자화의 개념으로 해석을 하는데 이것은 교회가 복음을 전함으로 교인들을 제자가 되도록 하게 하며 다른 사람을 그리스도에게로 인도할 수 있는 책임성 있는 교인이 되게 한다는 것이다. 이것이 지역 교회와 연관해서 선교적 성장이 일어나는 교회의 모습으로 해석되는 것이다.

그는 사람들 가운데 일어나는 문화 변동의 결과로서 사람들의 운동을 중요시하고 이를 선교 전략화하여 선교의 과정을 세 단계로 구분하는데 초기의 현존과 이후 단계로서의 복음 선포와 설득의 선교이다. 세 번째 단계인 설득의 단계는 그리스도 안에서 원주민 교인들을 완전케 하는 성숙화의 단계인 것이다. 그는 이 과정을 제자화의 개념과 직접 연관하여 세 단계의 제자화 과정을 주장하며 이를 또한 크게 둘로 나누어서 제자화와 완전케 함으로 구분하였다.[44] 그는 복음의 수용성을 중요시하여 선교 자원의 재배치를 주장하며 전략적인 선교의 추수신학을 강조하였다.[45] 여기서 문제가 되는 것은 사회변동이론이나 문화변혁이론에 의해 선교지를 분석하여 복음의 수용성을 결정하고 이를 하나님의 예비하심으로 해석하는 것은 사회학이나 인류학이 신학보다 우선하는 위험한 실용주의적 사상이 내포되어 있다는 것이다. 복음의 수용성을 무시할 수 없지만 성령의 인도하심과 하나님의 뜻을 분별함이 우선이며 모든 것이 사회과학적 방법으로 측정되어질 수 없는 것이다. 그는 교회의 양적 성장

---

43) Donald A. Mcgavran, <u>Understanding Church Growth</u>(Grand Rapids: Eerdmans, 1986), pp. 76-120.
44) cf. Donald McGavran, <u>How Churches Grow</u>(New York: Friendship Press, 1981), pp. 18-29, McGavran, op.cit., pp. 165-185.
45) Ibid., pp. 23-40, 245-265.

이 질적 성장의 외적 증거라고 하며 생명력 있는 유기체적 하나님의 교회는 양적으로 성장해야 한다는 주장을 한다. 따라서 교회가 양적으로 성장치 못하는 것은 영적으로 질적인 문제가 있는 것이며 원인을 규명해서 이를 치유하여 교회의 양적 성장을 도모해야 한다는 주장을 한다. 이 원인 규명을 위해서 교회는 모든 사회학적 통계분석을 사용하게 되는데 수적 결과인 통계는 교회의 문제를 어느 정도 드러내고 이를 극복하기 위한 구체적인 신앙에 입각한 양적 성장 목표를 설정해야 한다고 한다.[46] 그는 사람들의 단위를 동질단위로 이해하여 동질단위 중심의 선교전략과 이를 교회 구조 안에도 반영하여 양육과 훈련 그리고 전도의 도구로 활성화할 것을 주장한다.[47] 그의 이런 동질단위 개념은 그의 후계자가 되는 피터 와그너에 의하여 지역 교회 성장과 연관하여 더욱 이론적으로 정교화되어졌다.

숫자적인 성장을 영적 성장의 외적 표증으로 보는 것은 지극히 물량주의화된 서구인의 세속적 가치관을 나타낸다. 물론 질적 성장이 종종 양적 성장을 가져오지만 성경이 말하는 성장개념은 하나님 나라의 성장이요 전인적이며 총체적인 성장이지 양적 성장만이 이런 성경적 성장을 측정하는 기준이 될 수 없다. 그의 이런 지극히 통속적인 서구인의 가치관을 보여주는 위험스러운 경향은 많은 신학자들에 의해서 비판을 받았다. 그러나 이런 약점이 있음에도 불구하고 맥가브란의 현대 선교학에의 공헌은 조금도 손상이 되지 않는다. 그는 세계교회협의회가 전통적인 복음선교를 부정하고 인본주의화된 선교의 개념으로 잘못되게 나아갈 때 분연히 일어나서 저들의 잘못을 지적하고 대위임령의 성경적 선교로 돌아갈 것을 촉구하며 지역 교회를 중심으로 한 선교의 중요성을 강조하였다. 또한 선교학에 있어서 응용 분야로 사용되어지는 사회학과 인류학과

---

46) Ibid., pp. 412-457.
47) Ibid., pp. 94-120, 223-244.

전달이론을 정교히 발전시켜 이를 선교학에 응용한 공헌이 있다. 적절하게 신학적인 성찰을 통해서 이들 학문들이 사용되면 이것은 선교학의 특성을 더욱 빛내는 유용한 도구로 사용이 될 것이다.

맥가브란과 풀러 신학교의 선교 대학원 동료 교수들을 가리켜서 교회 성장학이 풀러에서 시작됐기에 소위 풀러의 교회 성장학파라고 불렀다. 실상 그의 동료 교수들은 맥가브란의 여러 선교적인 이론과 통찰 등을 각기 나름대로의 주관을 가지고 때론 건설적인 비평을 하며 이를 더욱 신학적으로 성숙케 하고 발전시킨 경향이 있었다. 그러나 이전에 오랫동안 풀러에 있었던 폴 히버트와 현재에도 풀러에 있는 아더 글라서, 딘스 길리란드 그리고 찰스 반 엥겐 등을 교회 성장학파라고 부르기에는 무리가 있다.

오히려 문자 그대로 맥가브란의 뒤를 이은 후계자인 피터 와그너와 영국 출신인 에디 깁스 그리고 맥가브란의 동료로서 선교 대학원을 함께 섬겼던 선교 인류학자인 알란 티펫 등은 교회 성장학자라고 불러도 될 것이다. 풀러 신학교에서 맥가브란의 후계자가 된 사람은 볼리비아 선교사 출신인 피터 와그너인데 1990년부터 그의 교회 성장신학이 교회 성장의 영적인 면을 강조하기 시작했으며 영적 지도 그리기나 지역 악마개념 그리고 영적 전쟁을 교회 성장의 가장 중요한 부분으로 여기며 이를 집중으로 연구하는 경향이 있다.[48] 그는 이를 본인이 직접 실천하기 위해서 콜로라도 스프링스에 세계 기도 센터를 세우고 그의 이런 사상을 미국뿐 아니라 전세계에 확산시키고 있다.

---

48) cf. C. Peter Wagner, <u>Territorial Spirits</u>(Chichester: Sovereign World, 1991), C. Peter Wagner, <u>Engaging the Enemy</u>(Ventura: Regal, 1991), C. Peter Wagner, <u>Prayer Shield</u>(Ventura: Reahl, 1992), C. Peter Wagner, <u>Warfare Prayer</u>(Ventura: Regal, 1992), C. Peter Wagner, <u>Breaking Strongholds in Your City</u>(Ventura: Regal, 1993).

### 3) 허버트 케인(J. Herbert Kane, 1910-1988)

　허버트 케인은 무디 성경학교 출신으로서 중국에서 15년 동안 선교사역을 감당하였고 그 모교인 배링톤 대학에서 선교학을 강의하다가 시카고의 트리니티 복음주의 신학교의 선교학 교수로서 오랫동안 봉직하다가 은퇴하였다. 그는 선교의 광범위한 주제를 가지고 글을 썼는데 다작가이며 복음주의 선교학을 확립하는 데 공헌을 하였다. 그의 대표적인 저서로서는 1976년도에 나온 『성경적 전망으로서의 기독교 선교』(Christian Missions in Biblical Perspective)와 1978년에 나온 『기독교 세계선교의 간략사』(A Concise History of the Christian World Mission)와 『기독교 선교를 이해함』(Understanding Christian Mission) 등이 있다.

　첫 번째 책은 선교의 성서신학적이고 교의신학적인 내용을 다룬 책이다. 그는 구약과 신약에서 선교의 메시지를 찾는데 구약에서는 선교에 있어 하나님의 주권을 강조하며 이스라엘의 선교사명을 구심력적인 것으로 정의한다.[49] 신약은 예수 그리스도의 삶을 중심으로 그의 공생애의 메시아로서의 사역이 선교에 어떤 메시지를 주는가를 추적한다. 그는 대위임령에 초점을 맞추는데 이것이 불변의 선교의 명령임을 상기시킨다.[50] 사도행전에서는 사도들이 선교의 사명을 감당하는데 있어서 그들의 증거의 내용, 특성, 범위, 방편, 증거의 결과 등이 무엇인지를 살핀다.[51] 사도 바울을 연구함에 있어서 그의 선교 전략이 무엇인가를 그의

---

49) J. Herbert Kane, <u>Christian Missions in Biblical Perspective</u>(Grand Rapids: Baker, 1976), pp. 17-33.
50) Ibid., pp. 45-49.
51) Ibid., pp. 50-71.

선교사로서의 삶을 중심으로 살핀다.[52] 그는 삼위일체의 하나님이 선교에 있어서 각기 어떤 역할과 기능을 하시는지를 교의신학적으로 추적하여 이를 선교에 구체적으로 적용시킨다.[53] 그는 대위임령을 중심으로 선교 명령을 논하는데 여기에는 삼위일체적 관점과 잃어버린 영혼의 울부짖음이 기반이 된다.[54] 그는 선교의 역사적 측면을 부활과 승천과 오순절 성령강림과 그리스도의 재림의 네 부분으로 나누고 각기의 구속사적 상황이 선교에 어떤 메시지를 주는가를 논한다.[55] 또한 그는 선교에 방해되는 세력이 무엇인가를 논하며 이를 어떻게 극복하며 하나님께서 교회에 선교의 어떤 수단과 능력을 주셨는지를 논한다. 이런 허버트 케인의 논조는 그의 다른 저서들에서도 동일히 반복된다. 특히 그의 『기독교 선교를 이해함』에서 선교사의 자질과 선교의 실제적인 면을 논하는 가운데 신학적인 문제를 다루고 있다. 여기서 그는 선교에 있어 하나님의 주권을 강조하며 삼위일체 하나님께서 선교에 어떻게 역사하시는지를 논하며 선교명령의 기반을 진술하고 이방인의 운명을 논하고 있다.[56] 그의 『간략사』는 크게 두 부분으로 나누어져 있는데 라토렛의 방법을 그대로 사용하고 있다. 그것은 선교 역사를 기독교의 확장사로 본다는 것이고 그런 점에서 첫 부분은 기독교의 확장 측면을 로마교회까지 포함해서 다루고 있으며 두 번째 부분은 19세기와 20세기의 개신교 선교의 각 지역별 선교 현황을 다루고 있다. 특히 선교의 회고에서 서구 선교의 과오와 공적이 무엇인가를 성찰하며 선교 전망 부분에서 선교에 계속적인 여러 난제가 있지만 기독교 선교는 사상 유례 없는 새로운 기회를 맞이하고

---

52) Ibid., pp. 72-84.
53) Ibid., pp. 95-140.
54) Ibid., pp. 141-153.
55) Ibid., pp. 197-264.
56) Ibid., pp. 85-137.

있다는 낙관주의적 평가를 하고 있다.[57] 그의 선교신학적인 공적은 삼위일체의 하나님께서 선교의 주체이심을 깊이 인식하고 이를 성경신학적이고 교의신학적으로 연구하여 선교와 연관시키려고 노력했다는 점이다. 그는 또한 여기서 언급되지 않은 다른 저서들에서도 마찬가지이지만 선교의 실제적인 측면 즉 선교사의 자질, 훈련, 문화 충격, 선교지 적응, 선교 방법들에 대해서 많은 연구를 함으로 선교에 실제적인 도움을 주고 있다.[58] 그러나 선교학자로서 케인의 학문적 연구는 그 내용이 깊지 못하며 피상적이고 학적이기보다 실제적인 면에 앞서 있다는 데 그 한계점이 있다.

### 4) 조지 피터스(George W. Peters, -1992)

피터스는 독일에서 태어나 중·고등학교는 구소련에서 마치고 최종 학위는 선교학으로 하트포드 재단의 케네디 선교 대학원에서 철학박사 학위를 받았다. 그는 미국과 캐나다에 있는 여러 신학교에서 선교학을 가르쳤는데 최종적으로 미국 세대주의 신학의 중심지인 달라스 신학교에서 선교학 교수로서 은퇴시까지 활동을 하였다. 그는 세대주의 신학을 가진 선교학자로서 미국의 복음주의 진영의 선교학계에 큰 영향을 미쳤는데 특히 선교의 성서신학 분야와 교회 성장에 대한 신학적 성찰 등이 그러하다. 그의 대표적인 저서로서는 1970년에 출판된 『침투전도』

---

57) J. Herbert Kane, <u>A Concise History of the Christian World Mission</u> (Grand Rapids: Baker, 1989), pp. 161-194.
58) 예를 들어서 선교 현지에서의 선교사의 삶과 사역에 관한 제목의 책이 있다. See H. Herbert Kane, <u>Life and Work on the Mission Field</u> (Grand Rapids: Baker, 1980).

(Saturation Evangelism)와 1972년도에 나온 『선교의 성서신학』(A Biblical Theology of Mission)과 1981년도에 출간된 『교회 성장신학』(A Theology of Church Growth) 등이 있다. 그의 『침투전도』에서는 남미의 케네스 스트라찬에 의해 남미 전역에 보급된 '심층전도'의 방법과 결과 그리고 그 의의를 기술하고 있다. 그에 의하면 심층전도는 지역 교회가 서로 연합하여 일정한 기간을 정해 놓고 모든 교인들이 동력화되어서 전도에 참여하는 것으로 지역 교회의 연합과 모든 교인들에게 전도에 대한 책임감을 심어 주는 등 여러 유익한 결과가 있었다는 것이다. 그러나 기대한 것만큼 실제적인 교회의 양적 성장은 없었다고 진술한다.[59]

그의 『선교의 성서신학』은 성경의 핵심을 구속사적 측면의 기독론적인 것으로 보아서 먼저 구속의 신학적 의미가 무엇인지를 규명하며 구속의 실현이 예수 그리스도를 통해서 이루어졌는데 예수 그리스도가 성경 전체를 통해서 하나님의 계시의 핵심이요 그분의 사역 자체가 하나님의 통치회복과 우주적인 구속을 내포하고 있다는 사실을 기술하고 있다.[60] 그는 구약에서 이스라엘의 선교사명은 그리스도가 아직 오시지 않았기에 그를 예표하고 그를 기다리는 구심력적인 선교의 사명이 있었음을 언급한다. 그는 신약에서 각 복음서가 예수의 사역을 선교적인 측면에서 어떻게 묘사하고 있는지를 규명하며 이것을 기반으로 삼위일체 하나님께서 선교에 어떻게 상호작용하시는지를 논하고 있다.[61] 구약에서의 선교 메시지를 찾는데 원복음에서부터 출발하여 하나님의 통치회복이라는 차원에서 왕국 신학적 측면으로 구약을 조망하며 이스라엘 민족이 가진 구속

---

59) George W. Peters, Saturation Evangelism (Grand Rapids: Zondervan, 1970), pp. 70-72
60) George W. Peters, A Biblical Theology of Missions (Chicago: Moody Bible Institute, 1972), pp. 15-31.
61) Ibid., pp. 55-82.

사의 독특한 위치를 분석하고 저들의 선교 특징이 구심력적이었다는 사실을 기술한다. 그는 구약의 선교 메시지를 구심력적인 보편주의 (Universality)로 보아서 이것을 각 선지서의 내용에서 찾아내어 이를 입증하고 있다.[62] 그는 신약을 구약과 구별하여 선교의 책이라고 하는데 이것은 예수 그리스도가 오셨다는 것을 전제로 한 원심력적인 선교의 사명을 의미한다. 그는 사도들의 선교 동기와 선교 이해를 살피고 바울의 메시지를 선교적 측면에서 분석한다.[63] 그는 선교의 과제를 논하면서 이것을 대위임령과 직접 연관시키고 선교 과제에 문화 명령이라는 것은 용어도 그런 내용이 없다고 단언한다.[64] 그는 선교과제를 수행하는 하나님의 지상도구가 교회임을 명시하고 교회는 단순한 조직이 아니라 그리스도의 몸이요 하나님 나라의 대리인으로서 생명을 가진 유기체라고 정의한다. 그는 교회가 선교사명을 수행하는 데 있어서 대위임령에서 분석한 내용을 반복하며 사회 봉사와 사회 정의 실현 등의 즉 문화적 명령과 관계된 제 영역들은 교회적 차원의 선교사역이 아니라 교인들 개개인의 신앙적 행위를 통해 참여해야 할 영역이라고 말한다.[65]

그는 또한 교회와 선교회간의 관계성을 규명하는 데 있어서 선교회의 존재가 성경에 있는 것은 아니지만 역사를 통해 제도적 교회가 선교의 사명을 감당하지 못할 때 섭리적으로 하나님께서 선교회를 허락하셨다는 해석을 하며 선교회에서 하는 선교사역과 교회와의 관계를 통해서 선교회의 합법성이 존재한다는 주장을 한다. 그러면서 선교회는 항구적인 존재는 될 수 없다는 그의 입장을 피력한다.[66] 피터슨은 선교의 과정을 구

---

62) Ibid., pp. 83-130.
63) Ibid., pp. 131-156.
64) Ibid., pp. 168-198.
65) Ibid., pp. 209-210.
66) Ibid., pp. 226-241.

분함에 복음화(Evangelization)와 기독교화(Christianization)와 사회화(Socialization)와 문명화(Civilization)로 나눈다.[67] 이것은 은연중에 기독교 선교가 서구화의 시작이요 선교는 문명화를 가져온다는 발상을 나타낸다. 기독교화와 사회화의 의미는 성경적 토착화와 하나님 나라의 변혁이 사회 속에서 일어난다는 의미로 해석이 되지만 용어 자체가 서구의 세속적 가치관이 내포된 것이기에 거부감을 준다. 그는 종교개혁가들의 선교학에 대해서 아주 부정적이며 특히 칼빈주의의 예정론에 대해서 선교학을 형성치 못하게 하는 위험스러운 사상이라는 입장을 가지고 있다.[68] 이것은 종교개혁가들의 신학에 대해서 몇 사람의 경우를 들은 지극히 단편적인 지식에서 나온 오류이며 더욱이 칼빈주의 예정론에 대한 평가는 피상적인 한 면의 부정적인 사례를 근거로 한 지극히 편협적인 무지에서 나온 잘못된 이해이다. 그의 문화명령에 대한 부정은 성경을 지극히 문자적으로 접근하여 성경의 총체적이고 신학적인 메시지를 놓치는 전형적인 세대주의 신학자의 한계를 나타낸다. 이것은 선교회의 존재를 성경에서 찾아볼 수 없다는 그런 해석에서도 마찬가지로 나타난다.

이렇듯이 피터스의 신학적 약점이 있음에도 불구하고 그의 『선교의 성서신학』은 구속사적 측면의 기독교론을 기반으로 삼위일체 하나님의 선교의 역할과 기능을 선교적인 면에서 규명하며 대위임령을 선교의 핵심으로 놓고 지역 교회의 선교가 중요함을 일깨운 역작이었다. 특히 그의 세 번째 저서는 교회성장운동의 신학적 취약함을 인식하고 이를 성서신학적 측면에서 성경이 말하는 교회의 본질과 존재 의의를 하나님 나라의 개념과 연관하여 규명한 책이다. 그는 교회의 성장을 크게 세 가지로 구분하여 하나님께 대한 수직적인 성장과 교회의 내적 성장 그리고 세상을

---

67) Ibid., pp. 11-12.
68) Ibid., pp. 25-26, 147-148.

향한 교회의 외적 성장으로 나누었다.[69] 이것은 교회 성장운동의 신학적인 기반을 놓는 데에 큰 기여를 한 것이다.

### 5) 로버트 피어스 비버(R. Pierce Beaver, 1906-1987)

비버는 개혁교회 출신으로서 오벌린 대학을 마치고 코넬 대학에서 북미에서의 사회와 교회와의 관계성을 고찰하는 논문을 써서 철학박사 학위를 얻었다. 그는 개혁교회의 파송을 받아서 후난성 남쪽에 있는 중부 중국 유니온 신학교에서 교수 선교사로 사역을 하였다. 일본의 침략으로 인하여 가족이 서로 헤어지게 되고 그 후 약 2년 동안을 가족과 헤어져서 중국에 있었다. 그는 미국으로 귀환한 후에 뉴욕에 있는 선교연구 도서관(Missionary Research Library)의 관장으로 재직하면서 MRL의 계간지의 편집장으로 미국 교회에게 최신의 선교정보와 선교이론을 제공하고 미국 교회의 선교를 진일보케 하는 공헌을 하였다. 그는 시카고 대학의 신학부의 선교학 교수로 초빙을 받고 선교 역사 교수로 있으면서 특히 미국 교회의 초기 선교의 전문가로 알려지게 되었다. 시카고 대학에서 은퇴한 이후에는 해외 사역 연구센터(Overseas Ministries Study Center)의 관장으로 사역을 하였다.

그의 대표적인 저서는 1962년도에 나온 『개신교 세계선교에 있어서 에큐메닉의 시작: 선교지역 담당제 중심으로』(Ecumenical Beginnings in Protestant World Mission: A History of Comity)와 1968년도에 출판된 『모든 것을 압도하는 사랑』(All Loves Excelling)과 그가 편집한

---

[69] George W. Peters, <u>A Theology of Church Growth</u> (Grand Rapids: Zondervan, 1981), pp. 184-293.

책으로서 1977년도에 나온 『200주년을 조망하는 미국 선교』(American Missions in Bicentennial Perspective) 등이 있다.

그의 첫 번째 책은 19세기 개신교 선교가 수행되어짐에 있어서 본국과 선교현지에서 선교 연합의 필요성으로서 선교 기구들의 연합모임의 역사를 소개하고 이것이 각 선교지에서 어떻게 선교지역 담당제로 결실을 맺었는지를 기술하고 있다.[70]

그의 두 번째 저서는 19세기 말에 미국의 여성도들이 선교에 불이 붙어서 선교사로 나가려는데 있어서 어려웠던 점을 기술하고 어떻게 독자적인 선교기구가 교단이나 초교파적 차원에서 형성이 되었는지를 소개하고 있다. 그는 여성들의 전문사역이 주로 가정사역과 여성 지도자를 키우는 사역이었음을 여러 실례를 통해서 소개하며 그들의 사역이 서구 선교에 큰 기반이 되었음을 언급하고 있다. 1980년대에 개정된 책을 내면서 70년대의 여성 선교의 현황을 고찰하며 신앙 선교 단체에 독신 여성들의 선교 문호가 일반 교단 선교기구보다 더 넓게 열려 있음을 소개하고 로마교회가 여성들만의 전문 선교기구를 여전히 보유하며 선교사역에 활용하고 있다는 사실을 언급한다. 그는 19세기 말에 형성되어 개신교 선교에 큰 공헌을 하다가 해체되어 기존의 선교기구에 흡수되어 버린 전문적인 여성 선교기구가 창설이 되어 개신교 선교에 공헌을 할 것을 간절히 바라고 있다.[71]

---

70) R. Pierce Beaver, <u>Ecumenical Beginnings in Protestant World Mission: A History of Comity</u>(New York: Thomas Nelson & sons, 1962).

71) R. Pierce Beaver, <u>American Protestant Women in World Mission</u> (Grand Rapids: Eerdmans, 1980), pp. 211-218.

## 6) 유진 나이다(Eugene A. Nida, 1914- )

그는 성경 번역 학자로서 연합 성서 공회와 미국 성서 공회의 성경 번역 자문위원으로서 오랫동안 활동을 하고 있다. 그는 특히 세계 성경 번역학계에 그의 『역동적인 등가 번역 모델』(Dynamic Equivalence Translation Model)로서 유명하다.

그는 성경 번역에 대한 이론뿐 아니라 선교인류학과 타문화권 전달학에 전문적인 경험과 지식이 있고 이를 그의 저서를 통해서 소개함으로 세계 선교학계에 공헌하고 있다. 그의 대표적인 저서는 1954년도에 출판된 『관습과 문화』(Customs and Cultures)와 1960년도에 나온 『메시지와 선교』(Message and Mission)와 1964년에 나온 『번역학을 향함』(Toward a Science of Translating)과 1981년도에 나온 윌리암 레이번과 공저한 『문화권을 가로지르는 의미: 성경번역에 관한 연구』(Meanings Cross Cultures: A Study on Bible Translating) 등이 있다.

그의 『관습과 문화』는 선교인류학에 관계된 교과서적인 책이다. 문화의 본질과 특성 그리고 문화구조를 세부적으로 여러 가지 구체적인 사례를 들어가며 기술하고 있고 특히 성경적 문화관을 성경적 상대주의, 즉 성경은 어느 특정한 문화를 옹호하지 않는다는 측면의 정의를 내리고 있다.[72] 그는 이런 입장에서 문화 중립주의를 표방하고 그리스도의 주재권 아래 모든 문화가 종속되어서 성경적 문화변혁이 일어남으로 토착교회가 설립이 된다는 주장을 하고 있다. 유진 나이다의 역동적 등가 번역의 모델과 문화 중립주의의 입장은 풀러 신학교에서 인류학과 전달학을 가르치는 찰스 크라프트에게 상당한 영향을 주었다. 그는 역동적 등가 번역

---

72) Eugene A. Nida, <u>Customs and Cultures</u>(Pasadena: William Carey Library, 1984), pp. 48-53.

의 모델을 그의 선교학의 모델로 발전시켰는데 이것을 기독교 종족 신학(Christian Ethnotheology)이라고 부르고 있다.[73] 크라프트에게 있어서 위험한 것은 문화 중립주의자가 일반적으로 가지고 있는 문화에 대한 지나친 낙관주의적 경향이다. 그는 그의 대작인 『문화 속의 기독교』에서 바르트적인 역동적 성경관을 말하고 있다. 성경 계시는 구원에 있어서 영감으로 된 하나님의 말씀이지만 오류가 없다는 사실을 인정하지 않고 문화의 영향력이 있을 수 있다는 암시를 주고 있다.[74] 그러면서 그는 하나님께 영감된 성경의 계시 도구로 사용된 문화는 그리 큰 문제가 없다는 모순적인 진술을 또한 하고 있다. 그는 일반계시의 영역하에서도 제한되어 있지만 복음을 직접 접촉하지 않아도 하나님께 참으로 헌신된 삶을 살아가는 사람은 하나님께서 구원하실 수 있다는 주장을 하고 있다.[75] 그는 이런 선교 인류학의 신학 모델뿐 아니라 영적 전쟁 분야에 상당한 관심을 가지고 있다. 피터 와그너의 지역 악마 개념이나 전략적인 영적 전쟁 개념에서 나온 영적 지도 그리기 등에 직접적인 영향을 미치고 있다. 특히 그는 영적 전쟁개념을 내적 치유의 문제로 발전시켰는데 위험한 것은 모든 삶의 문제를 영적으로 본다는 것이요 이것은 일종의 귀신들림의 현상이라고 생각하는 그의 초자연주의 사고방식이다. 그의 내적 치유의 방법 가운데 힘의 치유는 바로 이런 사상에서 나오는 것이다.[76]

---

73) Charles H. Kraft, <u>Christianity in Culture</u>(Maryknoll: New York, 1984), pp. 291-312.
74) Ibid., pp. 198-215.
75) Ibid., pp. 253-257.
76) cf. Charles H. Kraft, <u>Christianity with Power</u>(Ann Arbor: Servant Pub., 1989), pp. 147-163, Charles H. Kraft, <u>Defeating Dark Angels</u>(Ann Arbor : Servant Pub., 1992), Charles H. Kraft, <u>Deep Wounds: Deep Healing</u>(Ann Arbor: Servant Pub., 1993).

## 7) 제럴드 앤더슨(Gerald H. Anderson, 1930- )

그는 학부시절에 경영학을 전공했으나 목회자로서의 하나님의 부르심을 느끼고 보스턴 대학 신학부에서 신학을 공부하고 풀브라이트 장학생으로 선정이 되어 구라파의 여러 대학에서 공부한 이후에 보스턴 대학에서 교회역사로 철학박사 학위를 받았다. 그는 미국 감리교회의 파송을 받아서 필리핀의 마닐라에 소재하고 있는 유니온 신학교에서 교회역사와 에큐메닉 과목을 담당하는 교수로서 10여 년을 활동하였다. 그는 선교사로 은퇴 후에 미국의 스카리트 대학의 학장으로 3년을 있었고 후에 비버의 뒤를 이어 뉴저지 주에 있는 해외사역연구센터의 소장으로 지금까지 사역을 담당하고 있다. 그는 주로 에큐메닉 진영과 복음주의 진영 사이에 조정적인 역할을 하는 조정주의 신학자로서 활동을 하고 있는데 몇 편의 그의 논문을 통해서 그의 신학 성향을 보면 복음주의 입장을 견지하고 있음을 알 수 있다.

지금까지 그의 저서는 논문들을 빼고는 주로 편집자로서 책들을 발행하여 왔다. 그의 세계선교학계의 공헌은 비버의 뒤를 이어서 해외사역연구센터의 계간지인 『국제 선교 정보 회보』(International Bulletin of Missionary Research)를 발간하여 다양한 선교학자들의 글을 수록함으로 최신의 선교이론을 소개하고 또한 편집자로서 에큐메닉 진영과 복음주의 진영 사이의 신학적인 간격을 좁히려고 지금까지 노력하고 있다. 그의 대표적인 저서는 주로 편집된 책인데 1961년에 출판된 『기독교 선교학』(The Theology of the Christian Mission)과 1971년에 스티븐 닐과 존 굿윈과 공동 편집한 『기독교 세계선교의 간략 사전』(Concise Dictionary of the Christian World Mission)과 1974년부터 1981년까지 나온 토마스 스트란스키와 공동 편집한 『선교동향』(Mission Trends) 5권이 있고 1990년에 나온 필립스와 쿠테와 공동 편집한 『1990년도의 선교』(Mission in the 1990's) 등이 있다.

그의 『기독교 선교학』에서는 선교의 성서적 기초, 역사적 고찰, 기독교와 타종교 그리고 일반 선교이론 등을 언급하고 있는데 문서비평학을 자유롭게 사용하는 존 라이트와 오스카 쿨만 그리고 칼 바르트의 선교 논문을 소개하며 하나님의 선교사상에 입각하여 타종교에 구원의 가능성을 인정하는 폴 드바난단과 부켓 등의 논문을 소개하고 있다. 그는 또한 복음주의 진영의 선교신학자로서 헨드릭 크레머와 헤롤드 린드셀의 글을 소개하고 있기도 하다.[77] 『선교 동향』 5권은 특정한 주제를 정해놓고 복음주의 진영과 에큐메닉 진영의 선교학자들이 각자 그들의 신학적 입장을 기술하는 것으로서 양자의 신학적 입장을 이해하고 그 차이점을 분명히 하는 데 도움이 된다.[78]

### 8) 아더 글라서(Arthur F. Glasser)

글라서는 독일계 형제교회의 뿌리를 가진 집안에서 태어났다. 그는 코

---

[77] See Gerald H. Anderson, ed., The Theology of the Christian Mission(New York: Mcgraw-Hill, 1961)

[78] 1권에서는 선교의 개념을 논하며 2권에서는 전도의 신학적 내용을 논하며 타종교인과 이데올로기를 가진 사람들에 대해 전도문제를 논하고 있다. 3권에서는 상황화신학을 논하는데 남미와 아프리카와 아시아의 신학자들의 글을 소개하고 있다. 4권에서는 선교와 해방의 문제를 다루고 있는데 흑인과 여성과 미국에서의 소수종족으로서의 아시아계와 인디언 원주민 그리고 스페인 계열의 문제를 다루고 있다. 5권에서는 선교와 종교다원주의의 문제를 다루는데 대화의 의미와 각 종교에 대한 실제적인 대화의 내용에 대한 논문들이 수록되어 있다. See Gerald H. Anderson & Thomas F. Stransky, eds., Mission Trends, No. 1-5. (Grand Rapids: Eerdmans, 1974-81).

넬 대학에서 이공계열을 전공했고 신학을 공부하기 위해서 웨스트민스터 신학교에서 갈라져 나온 페이스 신학교에 가서 신학을 공부하였다. 이곳에서 그는 전통적인 보수주의 신학을 확립하였고 평생에 그의 신학의 기본 바탕이 되었다. 그는 2차 세계대전시에 미해군의 군목으로 종군하여 남태평양의 격전지에서 군인들을 위한 사역을 잘 감당하였고 제대 이후에 허드슨 테일러가 세운 중국내지선교회의 선교사로서 중국에 가서 남부지역의 소수 종족교회를 섬겼다. 일본의 침략이 노골화되어지는 과정에서 결국 6년 만에 선교지를 떠나게 되었고 북미주의 중국내지선교회가 이름을 해외선교회로 바꾸었는데 거기의 대표로 임명을 받았다. 그는 15년 동안 북미 대표로서 미국 교회 내에서 초교파적인 선교활동을 펼쳤고 그의 지도력 가운데 해외선교회는 크게 성장하였다. 그는 북미 대표로 있으면서 또한 필라델피아에 소재한 웨스트민스터 신학교에서 선교학을 오랫동안 가르쳤다. 그는 계속 공부를 해야 할 필요성을 느끼고 뉴욕의 유니온 신학교와 콜롬비아 대학과 유대인 신학교에서 중국과 유대인 선교에 관한 전문적인 공부를 하였다. 그는 1970년도에 풀러 신학교 선교대학원의 교수로서 초빙을 받고 지금까지 풀러 신학교를 중심으로 세계 복음주의 진영뿐 아니라 에큐메닉 진영에도 큰 신학적 영향력을 미치고 있다. 풀러 신학교에서 그는 선교의 성서신학을 주요 과목으로 가르치고 에큐메닉 운동과 호전적 상황하에서의 기독교 선교 그리고 유대인 선교에 관한 과목들을 가르치고 있다.

 그의 단독 저서는 별로 많지 않으나 선교 전문 학술지와 수많은 선교대회에서 발표한 많은 논문들이 있다. 그의 단행본 저서를 중심으로 그의 대표적인 책들을 살펴보자. 1961년에 출판된 『위기 속의 선교: 선교전략을 재고려함』(Missions in Crisis: Rethinking Missionary Strategy)과 1976년에 풀러의 동료 교수들과 공저한 『세계 복음화에 있어서 중요한 국면들』(Crucial Dimensions in World Evangelization)과 1983년에 맥가브란과 공저한 『현대 선교학』(Comtenporary

Theologies of Mission)과 1990년에 나온 『기독교와 유대교』 (Christianity and Judaism) 등이 있다. 두 번째 책으로 풀러의 동료 교수들과 공저한 『중요한 국면들』에서는 제1부의 첫 네 장의 논문이 있는데 선교의 과제를 마태복음 28장에 나와 있는 대위임령으로 보고 그 핵심을 교회를 설립하는 일로서 제자 삼는 사역과 연관을 시킨다. 즉 제자를 삼는 일의 시작이 교회 설립부터 시작된다는 것이다. 제자 삼는 일의 시작은 바로 전도자의 일을 함으로 이루어진다고 하면서 이것을 사도행전 26:18의 말씀과 연결시킨다. 즉 전도자의 일을 하기 위해서는 먼저 선교의 대상이 되는 사람들의 삶을 파악하고 저들의 어두움에 적절하게 복음의 빛을 비추임으로 사탄에게 매여 있는 상태에서 하나님께로 돌아오는 역사가 일어나고 하나님의 자녀로 그의 나라의 유업을 받기에 부족함이 없는 신앙으로 성장해 간다는 것이다. 하나님께로 돌아오는 순간에 하나님의 백성의 공동체에 가입하는 세례의 관문이 필요함을 그는 지적한다. 교회를 통한 영적 성장의 중요성을 가리키며 이것이 또한 하나님 나라의 성장이 되어야 한다고 한다. 그는 바울의 선교전략을 논하면서 바울 사도의 동역팀이 하나님께로부터 세움을 받고 선교에 중요한 역할을 했음을 지적하고 있다. 그에 의하면 바로 바울의 선교 동역팀이 교회를 섬기는 교회 병행 선교단체의 기원이며 이 양자는 세계 복음화의 사명을 감당하기 위해서 하나님께 세움을 받은 신적 기구이기에 서로 공생관계를 유지해야 한다고 말한다.

맥가브란과 공저한 세 번째 책에서는 서론까지 포함에서 전부 7편의 그의 논문들을 수록하고 있다. 첫 번째 논문은 "성경의 총체적인 선교 기초"라는 제목으로 되어 있는데 비록 짧은 논문이지만 그가 풀러 신학교에서 가르치는 성경의 성서신학의 핵심이 담겨 있다. 그는 성경의 성서신학을 연구하는 데 있어서 선교에 관련된 단편적인 구절들을 중심으로 성경을 연구하는 것을 경계하고 있다. 그에 의하면 성경은 다양성 속에서도 통일성이 있고 특히 하나님 나라의 주제는 신·구약을 서로 연결시키는 핵심적인 통일적 주제이다. 구약에서는 창조와 보존과 통치 그리고 선택과 구속에 있어서 하나님의 주재권을 강조한다. 만물의 주재자가 되시는 하나님께서 그의 구속의 뜻을 이루시기 위해서 이스라엘을 선택하셨는데 이스라엘은 그의 종의 공동체가 된다. 구약은 이스라엘을 통한 하나님의 역사를 방해하는 세력이 있음을 말씀한다. 이 세력은 하나님의 통치 그 자체를 부정하고 그의 통치권을 회복하시려는 하나님의 역사에 끊임없이 도전한다. 구약에 있어 여호와의 전쟁 개념은 바로 적대 세력에 대한 하나님의 심판을 의미한다.

구약에 있어서 하나님이 주권자가 되신다는 개념은 신약에 있어서 예수 그리스도를 주님으로 부른다는 사실과 의미가 같다. 즉 예수 그리스도가 그의 공생애의 복음사역을 통해서 하나님의 주재권을 회복하시고 이를 증거하시는 주님이 되신 것이다. 그리스도가 주님 되심은 구약처럼 이를 인정하고 그를 통한 하나님의 역사를 이룰 종의 공동체가 필요한데 신약에서는 통치권 회복이라는 측면을 강조하기 위해서 왕의 공동체가 되는 것이다. 왕의 공동체는 바로 그리스도의 몸된 교회이며 교회는 그리스도를 통한 하나님의 구원하심을 선포하고 증거한다. 그런데 구약에서 하나님의 종의 공동체를 훼방하고 그의 통치권에 대적하는 세력이 있었듯이 동일한 세력이 교회를 대적하고 교회의 선교사역을 방해한다. 그러나 이를 통한 고난은 교회를 통하신 하나님의 역사를 방해하지 못하고 교회는 궁극적인 하나님의 승리에 참여하게 된다.

그가 강조하는 하나님의 나라는 신·구약에 있어서 동일히 그리스도의 초림과 승천 그리고 재림을 내포하는 종말론적 사건이요 그리스도를 통해 이루어지는 현세적인 사건이다.[79] 이렇듯이 그의 선교학이 하나님 나

---

79) Arthur F. Glasser, "The Whole-Bible Basis of Mission", in <u>Contemporary Theologies of Mission</u>(Grand Rapids: Baker, 1983), pp. 30-46.

라에 뿌리를 내리고 있기에 그는 복음주의와 에큐메닉 진영의 양자의 신학적 간격을 좁혀 보려고 평생을 노력하였다.

그에게 있어 복음주의 교회 지도자들은 영혼 구원만을 강조하는 내세 신학적이고 배타적인 성향에서 벗어나서 하나님 나라의 총체성과 전인성을 확신해야 할 것이요 에큐메닉 진영의 지도자들은 하나님 나라의 가장 기본적인 명제, 즉 예수 그리스도의 공생애의 메시아로서의 사역을 통한 하나님 나라의 영적 통치가 우선적으로 선행되어야 한다는 사실을 인정해야 할 것이다. 이런 점에서 그는 에큐메닉 진영이 점점 배교의 길로 나아갈 때에 이것을 안타깝게 여기면서 저희들을 외면하지 않고 저들의 각종 대회에 참석하여 예수 그리스도를 통한 하나님의 구원역사는 불변의 메시지요 그를 통해 하나님의 나라가 회복됨을 조금도 지치지 아니하고 계속 외쳐왔다.[80]

이런 점에서 그는 실로 배교의 시대에 구약의 하나님의 선지자와 같은 역할을 감당한 신실한 모델적인 하나님의 종인 것이다. 아더 글라서의 하나님 나라의 선교의 성서신학적 연구는 멕시코에서 선교사로 사역했으며 미국 개혁교회의 총회장을 역임한 찰스 반 엥겐에 의해서 계속 풀러신학교에서 계승되고 있는데 반 엥겐은 전형적인 복음주의적 개혁주의 신학자로서 창의적이고 독자적인 선교학을 연구하고 있다.

---

80) 그의 현대 선교학의 남은 논문에서 주로 이 주제를 다루고 있다. 특히 방콕에서 열렸던 세계교회선교협의회의 세계 선교와 전도분과 대회시에 그는 구원을 인간 해방으로 정의하려는 시도에 맞서서 "피 흘리시는 어린 양이시며 또한 부활하신 승리의 주님을 바라보라"고 하며 또한 "우리의 전할 유일한 메시지는 예수 그리스도이며 여기에 더하거나 덜 할 수가 없고 그리스도만이 오늘의 구원이 되신다"고 외쳤다. cf. Ibid., pp. 82-99, 150-166, Arthur F. Glasser, "Salvation-Yesterday, Tomorrow and Today", in Evangelical Missions Quarterly 9 (July, 1973), pp. 147-149.

## 9) 데이비드 헤셀그래이브(David J. Hesselgrave)

트리니티 신학교를 졸업하고 12년 동안 일본에 선교사로 있었다. 그는 미네소타 대학에서 문화인류학으로 철학박사 학위를 받았다. 그의 모교인 트리니티 복음주의 신학교의 세계선교와 전도 대학원의 원장으로 초빙을 받고 교수로 사역하다가 은퇴하였는데 지금까지 선교 인류학, 타문화권하에서의 교회개척 등의 분야에 지대한 영향을 미치고 있다. 그의 대표적인 저서들을 보면 1980년에 나온 『역동적인 종교운동: 세상에서 급속하게 변하는 종교 운동의 사례연구"(Dynamic Religious Movements: Case Studies in Rapidly Growing Religious Movements Around the World)와 『교차문화 상황에서 교회를 설립하는 것: 국내 및 국외 선교 지침서』(Planting Churches Cross-Culturally: A Guide for Home and Foreign Missions)와 1984년에 출판한 『교차문화권에서 상담하는 것』(Counseling Cross-Culturally)과 1989년에 나온 에드워드 롬멘과 공저한 『상황화: 의미, 방법 그리고 모델들』(Contextualization: Meanings, Methods, and Models) 등이 있다. 문화인류학을 전공한 학자답게 그는 인류학적인 통찰을 가지고 선교학을 연구하였는데 그에게 있어 선교는 문화권을 교차하는 가운데 이루어지는 전달의 과정이었다. 그는 효율적이고 정확한 복음 메시지 전달을 위해서 '세계관'의 연구를 중요시 여겼는데 세계관은 문화의 핵심으로서 종교형태에 절정으로 나타나는 것이다. 이런 이해의 바탕 위에서 세계관이 어떻게 문화의 하위구조, 즉 각 하위 문화영역에 영향을 미치고 있는지를 살피고 바빙크의 엘렝틱스의 방법을 쫓아서 복음으로 세계관을 변화시키는 방법을 제시하고 있다.[81] 그의 책 『교차문화 상황에서

---

81) See David J. Hesselgrave, Communicating Christ Cross-culturally

교회를 설립하는 것』에서는 바울의 선교사로서의 삶을 연구하여 '바울의 선교 동심원'의 모델을 제시하고 이것을 국내 및 국외 상황에서의 교회 설립과정에 구체적으로 적용하고 있다.[82] 그는 개인적으로 요한 바빙크의 선교이론인 엘렝틱스의 모델에 크게 영향을 받았다.[83]

## 10) 하비 콘(Harvie M. Conn, -1999)

그는 제네바 대학을 졸업하고 웨스트민스터 신학교에서 신학 석사 (Th. M) 학위까지 마친 이후에 미국 정통 장로교회 소속으로 한국에서 10여 년을 신학교에서 교수 사역과 영등포의 사창가 지역에서 불우한 여성들을 위한 특수 사역을 하였다. 미국에 돌아간 이후에 웨스트민스터의 선교학 교수로 있으면서 도시선교센터를 세웠으며 도시선교의 전문적인 학술지인『도시선교』를 계간지로 만들어 그의 동료인 로저 그린웨이와 함께 지금까지 발간하고 있다. 그는 템플 대학에서 3년여를 문화인류학을 연구하였으며 그의 모교인 제네바 대학에서 명예 철학박사 학위를 받았다. 그는 도시선교의 전문가로 알려지고 있으며 미국의 선교학계에 지대한 영향력을 미치고 있다. 그는 많은 논문과 저서를 내었으나 여기서는

---

(Grand Rapids: Zondervan, 1991).

82) See David J. Hesselgrave, Planting Churches Cross-Culturally : A Guide for Home and Foreign Missions(Grand Rapids : Baker, 1980), pp. 52-63

83) 그의 선교 인류학이 바빙크의 엘렝틱스에 영향을 받았다는 증거로 그 자신이 필자에게 직접한 말이 있으며 다음과 같은 논문이 있다. See David J. Hesselgrave, "Missionary Elentics and Guilt and Shame", in Missionlogy: An International Review, vol. xi, no. 4(October, 1983).

그의 단행본 저서를 중심으로 그의 대표적인 저서들을 소개하고자 한다.

1982년도에 나온 『전도: 정의를 행하고 은총을 설교하자』(Doing Justice and Preaching Grace)와 1984년도에 출판된 『영원한 말씀과 변화하는 세계』(Eternal World and Changing Worlds)와 1987년에 나온 『도시선교를 위한 명확한 비전』(A Clarified Vision for Urban Mission)과 1994년도에 출판된 『미국의 도시와 복음주의 교회』(The American City and The Evangelical Church)와 1997년에 그가 편집한 책으로 『도시교회를 설립하고 성장케 하는 것』(Planting and Growing Urban Churches) 등이 있다. 1982년도에 나온 그의 저서는 그의 선교학의 핵심이 담겨 있는 중요한 책이다. 그는 성경 전체를 언약신학적 관점에서 살펴보는데 언약의 주체자로서의 하나님의 주권을 강조하고 그에 따라 언약의 대상이 되는 언약 공동체와 그들이 준수하고 수행해야 할 언약 책임과 언약 증인의 삶을 구별한다. 그에게 있어 언약 증거는 하나님의 말씀을 입으로 선포하고 행위로서 증거하는 삶이다. 그의 언약 책임은 하나님의 백성으로서 그의 율례와 법도에 부합하는, 즉 그리스도인 다운 삶을 살아가는 것이요 하나님의 통치권을 삶의 모든 영역에서 구현하는 일이다. 즉 이것은 은혜를 선포하며 하나님의 정의를 실천하는 삶이요 전도명령과 문화명령을 동시에 수행하는 그리스도인의 균형 있는 삶이다. 그는 이렇듯이 언약신학적 관점에서 복음주의자와 해방신학자들의 한쪽으로 치우친 신학적 경향을 경계하고 복음주의자는 하나님의 은혜에는 강하나 정의 면은 약하고 해방신학자들은 정의에는 강하나 은총을 부인하는 성향이 있음을 지적하고 언약신학적 관점에서 양자가 성경으로 돌아와야 한다는 주장이다.[84]

그의 두 번째 책인 『영원한 말씀』은 인류학의 제 이론들이 어떻게 신

---

84) See Harvie M. Conn, Evangelism: Doing Justice and Preaching Grace(Grand Rapids: Zondervan, 1982).

학에 영향을 주었으며 그 결과 선교학의 내용이 어떻게 달라졌는가를 일종의 패러다임적 접근을 통해 분석을 한다. 그는 최근의 인류학의 세계관 이론과 문화 상징주의 관점에서 바른 신학의 모델을 찾는데 그것은 결국 언약 신학적 관점으로 귀착이 되고 거기서 그의 바람직한 선교학의 모델을 찾는다.[85] 그의 도시선교에 관한 신학적 입장은 수많은 다양한 주제의 전문적인 그의 논문들을 활용해야 규명이 된다. 그러나 위에서 소개된 단행본의 책들 속에 부분적으로 도시선교에 관한 그의 신학적 입장이 나타나고 있는데 이것은 결국 그의 언약신학적 관점의 반영이요 전형적인 개혁주의의 문화 변혁 모델이다.[86] 하비 콘의 동료이며 지금은 칼빈 신학교의 선교학 교수인 로저 그린웨이가 있는데 그는 하나님 나라의 신학적 관점에서 도시선교를 연구한다. 이 두 분은 미국의 개혁주의 교회에 속해 있으면서 도시선교학에 지대한 영향을 미치고 있다.

## 11) 폴 히버트(Paul G. Hiebert)

히버트는 선교사의 자녀로 인도에서 태어나서 유년시절을 인도에서 보내고 또한 그 자신 2세 선교사로서 인도에서 6년간을 사역하였다. 그는 미네소타 대학에서 인류학을 전공하고 일반 대학에서 문화인류학을 가르치다가 1977년에 풀러 선교 대학원의 교수로 초빙을 받고 민속 종교와

---

85) See Harvie M. Conn, Eternal Word and Changing Worlds(Grand Rapids: Zondervan, 1984), pp. 315-338.
86) cf. Harvie M. Conn, A Clarified Vision for Urban Misson(Grand Rapids: Zondervan, 1987), pp. 26-32, Harvie M. Conn, The American City and the Evangelical Church(Grand Rapids: Baker, 1994), pp. 188-197.

상징인류학 그리고 도시인류학 등을 가르쳤다. 1990년대에 시카고의 트리니티 복음주의 신학교의 세계선교와 전도 대학원의 데이비드 헤셀그래이브의 후계자로 초빙을 받고 지금까지 그곳의 교수요 원장으로 사역을 하고 있다. 그는 선교 인류학에 아주 중요한 많은 논문들을 썼는데 그의 단행본의 저서들을 중심으로 그의 대표적인 책들을 살펴보자.

1976년에 나온 문화인류학의 대학 교재로 만들어진 『문화인류학』(Cultural Anthropology)과 1985년에 출판된 『선교사들을 위한 인류학적 통찰』(Anthropological Insights for Missionaries)과 1987년에 나온 그의 아내와 공저한 『선교에 있어 사례 연구』(Case Studies in Missions)와 1994년에 출판된 『선교문제에 관한 인류학적 성찰』(Anthropological Reflections on Missiological Issues)과 1995년에 나온 『도성인신의 사역』(Incarnational Ministry) 등이 있다. 첫 번째 나온 책인 문화인류학은 일반 문화기능주의나 구조주의 입장에서 쓰여진 책과 다르게 문화상징주의 입장에서 세계관을 중심으로 한 인류학 교재로서 선교신학자가 쓴 일반 대학 교재용의 책으로서 의의가 있다.[87] 그의 두 번째 책은 인류학의 성경적 근거를 성찰하고 이것이 어떻게 선교학과 연관이 되는지를 살피며 복음과 문화의 관계를 규명하며 그의 문화상징주의 입장에 근거한 세계관의 이론과 비판적 상황화의 모델을 교차문화 상황 속의 선교변혁의 모델로서 제시하고 있다.[88]

1994년과 1995년에 나온 책은 여기 저기에서 발표된 그의 논문들을 발췌해 수록한 것으로서 1994년도의 책에는 그의 비판적 상황화의 모델이 가진 한계를 보다 선교적으로 극복하려는 시도로서 메타신학이 발표

---

87) See Paul G. Hiebert, Cultural Anthropology (Grand Rapies: Baker, 1976).

88) Paul G. Hiebert, Anthropological Insights for Missionaries (Grand Rapids: Baker, 1985).

되기도 하였다.[89] 또한 미국의 복음주의 진영에서 물의가 많이 야기되는 피터 와그너와 찰스 크라프트식의 영적 전쟁의 여러 중요한 이슈들을 성경적으로 바르게 성찰하고 위험성을 지적하며 지상에서 일어나는 영적 전쟁은 통치권의 영역 문제가 아니라 인간의 마음의 영역 즉 세계관의 영역에서 일어나는 것임을 분명히 하고 있다.[90] 1995년도의 책은 문화구조 즉 사회구조를 가장 기본적인 단위인 가족으로부터 시작해서 부족, 농경사회 구조, 도시사회 구조 등으로 구분하여 세밀하게 그 특성들을 분석하고 어떻게 각 사회구조 속에서 복음을 효과적으로 전달하여 교회를 세울 것인지를 논하고 있다.[91]

## 12) 올란도 코스타스(Orlando E. Costas, 1942-1987)

코스타스는 마흔 중반이 안 되어 소천하였지만 그의 선교학의 영향력은 지대하다. 그는 수많은 책들과 논문들을 썼는데 스페인어권에서 사역하였기에 스페인어로 된 저서들이 많이 있다. 그는 푸에르토리코에서 태어나 밥 존스 대학을 마치고 트리니티 복음주의 신학교와 가렛 신학교에서 신학을 공부하였다. 그는 화란의 자유대학에서 선교학으로 철학박사 학위를 받았다. 코스타스는 남미의 복음주의 선교학자들을 대변하는 듯한 눈부신 활동을 하였는데 남미의 목회자 연구센터를 세웠고 남미 신학 동지회 창설에 결정적인 역할을 하였으며 미국의 동침례교 신학교의 히스페

---

89) Paul G. Hiebert, <u>Anthropological Reflections on Missiological Issues</u> (Grand Rapids: Baker, 1994), pp. 53-103.
90) Ibid., pp. 203-215.
91) Paul G. Hiebert and Eloise Hiebert Meneses, <u>Incarnational Ministry</u> (Grand Rapids: Baker, 1995).

닉 목회 연구소를 창설하고 앤도버 뉴톤 신학교의 학장으로 있었다.

그의 대표적인 저서들 중 단행본과 영어로 된 것을 중심으로 살펴보면 1973년도에 나온 『풍요 속의 세계선교』(Mission Out of Affluence)와 1974년도에 나온 『교회와 선교: 제 삼 세계로부터의 모든 것을 뒤흔드는 비판』(The Church and Its Mission: A Shattering Critique from the Third World)과 1976년도에 나온 그의 박사 학위 논문을 책으로 간행한 『현대 남미의 전환기에 선 신학 주류 개신 교단의 선교학, 1969-1974』(Theology of the Crossroads in Comtemporary Latin America: Missiology in Mainline Protestantism, 1969-1974)와 1979년에 나온 『선교의 신실성: 교회의 내적 삶과 증거』(The Integrity of Mission: The Inner Life and Outreach of the Church)와 1982년에 출판된 『성문 밖의 그리스도: 기독교 국가관을 뛰어넘는 선교』(Christ Outside the Gate: Mission Beyond Christendom)와 1989년에 나온 『해방케 하는 소식: 상황전도 신학』(Liberating News: A Theology of Contextual Evangelization) 등이 있다. 그의 신학의 특징은 남미적 상황에서의 구조적인 사회, 정치, 경제의 종속적인 비인간화의 상황 속에서 물질적으로 풍요롭고 신앙의 자유가 있는 서구의 교회와는 다르게 남미의 교회가 처해 있는 상황을 예리하게 직시하고 교회 중심의 선교를 논하되 총체적이고 전인적인 교회의 선교, 즉 하나님 나라의 선교를 각자 교회의 상황 속에서 실천해 나가자는 토착적인 교회 중심의 선교를 논한다.

그의 책 『선교의 신실성』에서 그는 대위임령의 예수님의 선교명령의 의미가 무엇인지를 교회 중심적 관점에서 논하고 이를 교회의 선교에 직접 적용시킨다. 대위임령의 핵심은 그에 의하면 제자화와 "모든 것을 가르쳐 지키게 하라"는 말씀이다. 제자화를 선교에의 동력화로 해석하면서 이것을 구체적으로 교회상황에 적용시킨다. 동력화는 교인들의 내적 성장을 통해서 이루어지는데 넓이 성장, 깊이 성장 그리고 높이 성장이 있다. 선교는 이런 과정을 통해서 하나님의 자녀로서의 전인적인 해방의 열매를 맛보게 되며 하나님 나라의 현재적 축복을 체험하게 한다.[92] 그의 책 『성문 밖의 그리스도』는 그의 선교학의 핵심이 담겨 있는 중요한 책이다. 그는 이 책에서 제 삼 세계의 상황 속에 처해 있는 교회가 그 상황의 문제를 교회중심의 하나님 나라의 선교적 모델로서 극복해야 함을 역설한다. 여기서 성육화된 복음주의적 상황화신학의 중요성을 논한다.[93] 또한 그는 교회성장의 필요성을 인정하면서 이를 성경신학적으로 규명하는 시도를 한다. 그에 의하면 교회성장은 다차원적인 성장인데 하나님 나라에 부합되는가를 항상 교회가 처해 있는 상황 속에서 반영하는 성장(Reflective Growth)과 교회의 유기체적 성장(Organic Growth)과 화육적 성장(Incarnational Growth)이 있다.[94] 이것은 즉 그의 책 『선교의 신실성』에서 논한 교회의 넓이와 깊이와 높이의 성장이 되는 것이다. 코스타스의 이런 신학적 경향은 그의 동료이며 후계자가 되는 사무엘 에스코바르에 의해서 계속 계승되어가고 있으며 좀더 신학적으로 보수적인 남미의 르네파딜라에 의해서도 동일하게 나타나고 있다.

### 13) 에밀리오 카스트로(Emilio Castro)

그는 우루과이에서 태어났으며 복음주의 감리교단의 총회장을 역임하였다. 그는 남미의 대표적인 세계교회협의회를 대변하는 세계적인 에큐

---

92) See Orlando E. Costas, The Integrity of Mission (New York: Harper & Row, 1979).
93) Orlando E. Costas, 『성문 밖의 그리스도』, 김승환 역(서울: 한국신학 연구소, 1990), pp. 25-51.
94) Ibid., pp. 92-115.

메닉 진영의 지도자로서 11년 동안 세계교회협의회의 세계선교와 전도분과 위원장을 하였으면 은퇴시까지 세계교회협의회의 총무를 역임하였다. 그는 스페인 말로 된 많은 논문과 저서를 내었으나 여기서는 영어로 되어졌고 단행본으로 쓰여진 그의 저서들을 중심으로 그의 신학사상을 살펴보자. 그의 대표적인 저서는 1975년에 나온 『혁명의 와중에서』 (Amidst Revolution)와 1985년에 출판된 『선교의 자유: 하나님의 왕국 전망, 에큐메닉의 질의』(Freedom in Mission: The Perspective of the Kingdom of God, an Ecumenical Inquiry)와 1992년에 출판된 『연합을 위한 열정: 에큐메닉의 희망과 도전에 관한 에세이들』(A Passion for Unity: Essays on Ecumenical Hopes and Challenges) 등이 있다.

카스트로의 선교학은 철저하게 하나님의 선교학에 기반된 삼위일체의 하나님의 우주적인 보편성과 포괄적인 하나님의 왕국개념 그리고 예수 그리스도를 사회변혁의 모델로 보는 해방신학적 기독론 등 오늘의 에큐메닉 선교학의 많은 부분을 대변하고 있다.[95] 그는 하나님의 왕국을 교회가 유일하게 대변한다고 보지 않고 사회정의와 인간성의 회복과 해방을 위해서 투쟁하는 타종교인들과 모든 사회변혁기구들의 배후에서 삼위 하나님이 역사하시며 결국 이것은 하나님의 구원 역사인 선교를 이룬다고 하였다.[96] 그는 특히 예수 그리스도를 인간해방의 모델이요 케리그마로 보고 인간해방을 위해 일하는 모든 사람들의 배후에 예수 그리스도가

---

95) 그의 이런 신학적 경향이 잘 나타나고 있는 그의 저서는 『선교에의 자유』이다. cf. Emilio Castro, <u>Freedom in Mission: The Perspective of the Kingdom. An Ecumenical Inquiry</u>(Geneva: WCC, 1985).

96) See Emilio Castro, "Themes in Thiology of Mission Arising out of San Antonio and Canberra", in <u>The Good News of the Kingdom</u>, Charles Van Engen, Dean S. Gilliland, Paul Pierson, eds. (Maryknoll: New York, 1993), pp. 127-136.

현존하고 계신다는 소위 해방신학적인 우주론적 기독론을 주장하고 있다.[97] 카스트로와 동일한 신학적 경향을 가지고 남미와 세계교회협의회에서 활동하는 사람 중에 하나는 필립 포터가 있다.

## 3. 세계 삼분의 이 지역의 선교학자들

### 1) 데이비드 부쉬(David J. Bosch, 1929-1992)

데이비드 부쉬는 전형적인 남아프리카 공화국의 화란 계열의 백인으로서 파란만장한 삶을 살아간 선교학자이며 남아프리카를 대변하는 교회의 지도자이다. 그는 프레토리아 사범대학을 졸업하였는데 거기서 학생 기독교 연합회 임원으로 활약하였다. 임원으로 활동하면서 흑인차별정책에 대한 회의를 가지기 시작하였고 이것이 잘못됐다는 사실을 깨닫기 시작하였다. 그는 바젤 대학에 가서 오스카 쿨만 밑에서 신약을 공부하였고 거기서 신약학으로 철학박사 학위를 받았다. 부쉬는 남아프리카로 돌아와서 트란스카이와 맥윌레니 지역에서 소수 종족인 쑈사 부족을 위해서 선교사로 9년 동안을 사역했다. 선교사로 사역하면서 그는 흑인 동역자들의 뛰어난 영성과 겸손 등을 배웠는데 이것은 그의 삶을 변화시키는 계기가 되었다.[98] 부쉬가 백인들이 지배하는 남아프리카 공화국의 흑인

---

97) Emilio Castro, "To Confess Jesus Christ Today", in International Review of Mission, vol. L x x ix, pp. 55-57.
98) Frans Vertraelev, "Africa in David Bosch's Missilolgy: Survey and Appraisal", in Mission in Bold Humanity, W. Saayman and K. Kritzinger, eds. (Maryknoll: Orbis Books, 1996), pp. 9-10.

차별정책을 지지하는 화란개혁교회에 속해 있으면서 흑인차별정책을 공공연히 반대하자 그는 화란개혁교회 안에서 결국 나올 수밖에 없었고 남아프리카 대학의 선교학 교수로 초빙을 받고 그곳에서 사고사로 소천하기까지 사역을 하였다.

부쉬는 남아프리카 대학을 중심으로 그의 선교학사상을 아프리카에만 확산시킬 뿐 아니라 유럽과 영어권에 확산시키기 시작하였다. 그는 남아프리카 선교협의회를 창립했을 뿐 아니라 선교전문지를 만들기도 하였고 소천하기 직전에는 남아프리카 기독교 지도자 협의회의 대표로 있기도 하였다. 그는 수많은 논문들과 책을 남아프리카어와 독일어와 영어로 저술하기도 하였는데 여기서는 그의 영어로 된 단행본의 저서를 중심으로 그의 사상을 살펴보자. 1980년에 출판된 『세상을 향한 증거: 신학적 전망으로서의 기독교 선교』(Witness to the World: The Christian Mission in Theological Perspective)와 1991년에 출판된 그의 대작인 『변혁하는 선교: 선교학에 패러다임의 변화들』(Transforming Mission: Paradigm Shifts in Theology of Mission) 등이 있다.

그의 첫 번째 책은 선교의 개념을 정리하고 선교학의 내용이 무엇인가를 논하며 선교의 양극화 현상을 다룬다.[99] 그는 선교의 성서신학을 논함에 있어서 성경 전체의 통일성을 하나님의 나라로 보되 그 나라는 하나님의 사랑이 동인이 됨을 강조한다. 이런 점에서 구약에서도 이스라엘을 선택하시고 요나를 앗수리아의 수도인 니느웨로 보내신 데는 하나님의 사랑이 작용한 선교적 메시지라는 것이다. 신약에 있어서 예수님의 공생애의 메시아 사역도 이 사랑 가운데서 이루어졌다.[100] 그는 성경의 계시 역사를 중요시 여긴다. 하나님의 구속계시는 역사를 통해서 구체적으로 성취되고 증거되어진다. 성경 전체의 선교의 핵심적인 메시지를 대

---

99) 데이비드 부쉬, 『선교학』, 전재옥 역(서울: 두란노, 1992), pp. 13-54.
100) Ibid, pp. 57-73.

위임령에서 찾는다. 구약에서의 선교 특징을 구심력적이요 신약에서의 선교 특징을 원심력적이라고 이원론적으로 접근하는 것을 거부하고 그는 계시의 역사성과 점진적인 계시를 논하면서도 성경 전체를 어느 한편으로 치우치지 않고 균형 있게 바라볼 것을 요청하고 있다.[101] 그는 교회의 선교 역사를 조망하는 데 있어서 그동안 선교 역사학자들이 무시하거나 부정하였던 종교개혁가들의 내재적인 선교학사상을 설득력 있게 입증하고 있다. 특히 칼빈의 '그리스도의 왕국'(Regnum Christi) 사상을 적절하게 개혁신학의 선교적 토대로서 설명하고 있다.[102] 그는 에큐메닉의 선교학과 복음주의 진영의 선교학을 논하면서 특유의 조정주의적 태도로서 양자의 문제점을 드러내고 서로가 겸손하게 상호 배울 것을 촉구하고 있다. 특히 에큐메닉 선교학의 보편구원설적이고 예수 그리스도를 역사적인 하나님의 아들로서가 아닌 상징적이거나 철학적인 인물로 접근하는 것을 거부하고 계시의 역사성을 인정할 것을 촉구하고 복음선포의 중요성을 논한다.[103]

그가 자동차 사고로 소천하기 직전에 나온 그의 대작으로 알려져 있는 『변혁하는 선교』는 크게 세 부분으로 나누어져 있는데 소위 패러다임적 접근을 사용하여 선교학을 확립하였다. 선교의 성서신학을 다룸에 있어서 하나님 나라의 통일성을 더욱 분명히 하였고 특히 각 복음서의 각기 다른 강조점의 선교 메시지를 규명하려 시도하였다.[104] 궁극적으로 발견된 것은 그가 전자의 책에서 논하였던 내용들과 거의 부합이 된다. 선교 역사를 조망함에 있어서 패러다임의 방법을 사용하여 교회역사를 조망한

---

101) Ibid, pp. 75-105.
102) Ibid, pp. 147-153.
103) Ibid, pp. 253-262.
104) David J. Bosch, <u>Transforming Mission</u>(Maryknoll:New York, 1991), pp. 15-178.

한스 큉의 사례를 설명하며 그도 동일한 패러다임적 접근을 한다.[105) 여기서 한스 큉과 다른 것은 신앙공동체의 신앙의 내용의 변천 측면으로 초점을 맞춘 것이 아니라 선교 이해의 변천 측면에 초점을 맞추어서 전체의 선교 역사를 조망한다. 그에게 있어서 최종적인 패러다임의 변천은 에큐메닉 진영의 선교학의 패러다임인데 13가지의 주제를 중심으로 각 주제가 의미하는 바가 무엇인지를 신학적으로 성찰하며 문제점을 드러내고 나름대로의 그의 의견을 제시한다.[106)

데이비드 부쉬는 조직적인 선교학자이며 오늘날 에큐메닉과 복음주의 진영의 선교학의 내용이 무엇이며 논쟁점이 무엇인지를 정확하게 파악하고 있는 선교학의 자타가 공인하는 석학이다. 그러나 그의 성경관은 『비판적 해석학』(Critical Hermeneutics)의 입장에서 나타났듯이 바르트의 역동적 영감설에 가까우며 그런 점에서 패러다임적 접근을 선호하는 것 같다.[107)

또한 그는 에큐메닉의 선교학의 문제점을 정확히 인식하고 그것을 지적하면서도 단편적인 지적에 머무르고 에큐메닉 자체를 부정할 수 없는 에큐메니스트로서의 면모를 보이고 있다. 그의 에큐메닉 선교학의 문제점에 대한 지적이 에큐메닉 진영에서 별로 영향력이 없고 공허하게 들리는 느낌을 주며 에큐메닉의 전체 신학구조가 가지는 소위 그가 사용한 에큐메닉 신학의 패러다임이 바로 문제의 근원이라는 사실을 그는 미처 인식하고 있지 못한다.

---

105) Ibid., pp. 181-189.
106) Ibid., pp. 368-510.
107) Ibid., pp. 23-24.

## 2) 폴 데이비드 데바난단(Paul D. Devanandan, 1901-1962)

그는 인도의 니잠 대학과 마드라스 대학에서 공부를 하였고 미국의 예일 대학교에서 힌두교를 연구하여 철학박사 학위를 얻었다. 그는 인도로 돌아와서 뱅갈로에 있는 유니온 신학교에서 교수로 사역하였고 YMCA의 총무로 활동하기도 하였다. 그는 1956년에 『기독교 종교 사회 연구소』(Christian Institute for the Study of Religion and Society)를 창설하였다. 이 연구소는 그의 사후에 그의 후계자라 할 수 있는 토마스(M.M. Thomas)에 의해 계승되었다. 그는 인도교회를 대변하여 세계교회협의회에 지도자적인 인물로서 참여하여 활동하였는데 특히 에큐메닉의 종교신학에 영향을 주고 있다. 특히 그의 신학의 후계자라 할 수 있는 토마스와 사마르칸은 세계교회협의회의 주요 지도자로서 에큐메닉의 종교신학에 계속적인 영향을 미치고 있다.

데바난단의 대표적인 저서는 1959년에 나온 『복음과 소생하는 힌두교』(The Gospel and Reascent Hinduism)와 1961년에 출판된 『힌두교에 있어서 기독교의 관심』(Christian Concern in Hinduism) 등이 있다. 버카일은 데바난단의 신학을 평가하면서 그가 그리스도의 복음의 우주성을 논했지만 혼합주의나 복음의 무관심으로 굴러 떨어지지 않았다고 하였다.[108] 그러나 그의 책 『힌두교에 있어서 기독교의 관심』은 소위 신힌두교라고 불리우는 로이의 사마지(Samaji) 운동이나 라마크리수나의 비베카난다 운동 뒤에서 신힌두교 운동을 벌이는 사람들이 받은 기독교의 영향을 열거하면서 만물의 창조주가 되시고 진리의 근원이 되시는 예수 그리스도의 보편적인 우주적 임재의 표상이라고 보는 것이다.[109]

---

108) Verkuyl, op. cit., pp. 77-78.
109) Paul D. Devanandan, Christian Concern in Hinduism(Bangalore: CISRS, 1961), pp. 119-120.

그는 기독교의 정체성과 복음의 유일성을 분명하게 강조하며 힌두교와 구분하고 있지만 후기 바르트가 그리스도의 십자가 아래서 궁극적으로 모든 것이 화해되고 통일된다는 이중적인 예정론의 입장을 가진 것처럼 동일한 입장을 나타내고 있다. 이 말은 힌두교 속에서 우주적인 주님으로 임재하시는 기독교의 주님을 통해서 힌두교인들도 궁극적으로 구원받게 된다는 보편구원설의 결론에 이르게 된다. 데바난단은 이런 우주론적 기독론의 보편구원설적 입장은 그대로 그의 후계자가 되는 토마스와 사마르칸에게 영향을 주는데 토마스는 사회변혁의 모델로서의 그리스도를 강조하고 사마르칸은 종교적 실재로서의 그리스도를 강조한다.

## 3. 한국의 선교학

필자는 특정한 선교학자들을 언급하기보다 필자가 보는 한국 선교학의 현주소를 간략하게 논하려 한다. 한국의 선교학은 크게 네 가지의 특징을 지니고 있다. 첫째는 외국의 선교학자들의 대표적인 저서가 번역되어 그들의 선교사상이 그대로 한국교회에 소개되고 있는 것이다. 여기에는 허버트 케인, 조지 피터스, 요한 바빙크, 솔타우, 존 영, 데이비드 부쉬, 레슬리 뉴비긴, 찰스 반 엥겐, 칼 부라튼 등등의 많은 선교학자들의 저서가 있다. 여기에 선교학의 특정 전문 분야에 관한 번역서들을 포함시키면 더욱 많아질 것이다.

두 번째는 외국의 선교학자들의 이론과 글을 거의 옮기다시피 하여 모자이크 식으로 조합하여 한국교회에 외국 선교학자들의 선교사상을 대변하여 그대로 소개하는 경우이다. 이 경우의 공헌은 세계적인 저명한 선교학자들의 사상을 꽃밭에서 꽃을 채취하듯이 모아서 한국교회에 소개하는 데 의의가 있다.

세 번째는 선교의 경험을 가지고 선교의 실제적인 면이나 한국교회의 선교를 논하며 한국교회의 실제적인 선교에 통찰력과 방향성을 제시하는 경우이다.

네 번째는 나름대로의 신학적인 주관과 학문적인 자율성을 가지고 외국의 선교학자들의 이론이나 글도 신학적으로 재성찰하며 한국교회 상황에서의 창의적이고 한국교회의 선교에 기여할 수 있는 선교학을 구축하려는 시도이다.

필자는 한국교회에 네 번째 경우에 속하는 선교학자들이 점점 많아지고 있다는 사실에 한국교회의 선교학의 미래에 대해서 소망을 갖는다. 그렇다고 다른 부분의 공헌에 대해서 과소 평가하는 것은 아니다. 이 모든 선교학적 연구가 서로 결속이 되어서 한국교회의 선교학을 새롭게 하고 계속해서 발전시키는 것이다.

## 4. 결어

지금까지 현대 선교학 분야에서 영향을 주고 있는 제 선교학자들을 지리적으로 세 부분으로 나누어 그들의 삶을 조명하며 그들의 저서를 중심으로 선교사상을 평가하였다. 아쉬운 것은 세계 삼분의 이 지역의 선교학자들을 많이 소개하지 못한 점이다. 이것은 선교학자들의 수효가 그리 많지도 않지만 주로 종교신학 분야에 관련된 분들이 많기에 이것은 따로 종교에 대한 선교학을 논함에 있어서 많은 분들이 언급될 것이기에 생략을 하였다. 필자가 미처 언급하고 있지 못한 선교학자들 가운데서도 세계선교학계에 공헌하고 있는 분들이 적지 않으나 지면의 제한상 그 분들을 모두 언급하지 못하였다. 예를 들어서 미국을 중심으로 활동하는 윌버트 셍크나 제임스 쉬어러 그리고 교차 문화 상황에서의 전달학의 저명한 학자인 제임스 엥겔과 비거 소가르드 등이다. 언젠가 개정판이 나가게 될 때 이분들뿐만 아니라 필자의 무지로 인하여 미처 소개하지 못한 학자들을 찾아내어서 소개할 것이다.

여기에 실린 각 선교학자들에 대한 소개는 단순한 선교지식을 소개하려는 데 그 목적이 있지 않다. 앞으로 한국의 선교학이 발전하여 세계선교학계에 학문적으로도 공헌할 수 있는 그런 날이 오기를 바라며 그러기 위해서는 현재의 선교학자들을 분별하고 그들의 선교사상을 우선적으로 파악해야 되기에 미력한 시도이지만 최선을 다한 것이다. 또한 한국교회의 선교지도자들이 해외의 선교학자들의 글을 접하게 될 때 나름대로 분별할 수 있는 기준을 제공하기 위해서이다.

# Ⅲ. 현대 선교학에 있어서의 선교 개념

　선교학의 신학적 입장에 따라 선교 용어의 의미가 제각기 다르게 해석되어지고 있다. 심지어는 복음주의 진영에서도 선교 용어는 통일적인 의미로 사용되어지지 않고 크게 두 가지 입장으로 나누어져 있다. 현대 선교학은 신학의 양극화 현상으로 말미암아 복음주의 진영과 에큐메닉의 선교 개념이 서로 상이한 입장을 가지고 있는데 이 양자의 간격을 좁히려는 시도가 계속 되어오고 있으나 결과는 그리 신통치 못하다. 미국에서는 복음주의 진영 안에서의 선교 개념의 차이로 인하여 미국 선교학회가 종전의 선교학회와 그에서 갈라진 복음주의 선교학회로 나누어졌다. 한국교회는 복음주의 진영 안에서의 선교 개념의 미묘한 차이를 아직 구별을 하고 있지 못함으로 선교라는 용어를 사용할 때 다소 혼란이 있다. 필자는 선교 용어의 성경적 근거를 살펴보고 선교 개념이 교회역사를 통해서 어떻게 발전이 되었는지를 간략하게 살펴볼 것이다. 또한 복음주의 진영과 에큐메닉 진영의 선교 개념이 왜 서로 상이점을 보이기 시작했는지를 규명하며 오늘날 복음주의 진영 안에서의 선교 개념이 어떤 신학적 입장의 차이로 인하여 갈라졌는지를 살펴볼 것이다. 결론적으로 한국교회 입장에서는 어떤 선교 개념을 받아들여야 할지를 선교현장의 사례와 더불어 고찰하여 필자의 선교 개념에 대한 입장을 제시할 것이다.

## I. 선교 용어의 성경적 근거

선교라는 용어는 그 기원이 성경에서 시작이 되었다. 대다수의 선교학자들이 공통적으로 인정하는 것은 요한복음 20:21의 예수님의 '보낸다'의 어원인 '아포스텔로'(αποστελλω)와 마태복음 28:19에 나오는 '가서'의 어원인 '펨포'(πεμπω)의 뜻이 상호결합이 되어서 선교라는 용어 의미를 결정 짓게 되었다는 것이다. '보낸다'의 어원인 '아포스텔로'는 로마교회가 수도원 선교기구를 통해서 타문화권의 불신종족들에게 복음을 전하기 위해서 수도사들을 파송할 때 이 용어를 라틴어로 번역을 하여 'Missio'라는 용어를 사용하여 '보냄을 받은 자'라는 의미로 사용을 하였다.[1] 여기에는 로마교회를 유일한 사도적 교회로 보는 신학적 입장이 반영이 되어서 사도라는 단어에서 유래된 동사형인 '아포스텔로'를 사도적 교회에서 파송을 받은 자라는 의미를 결부시켜 사용한 것이다. 후대의 개신교회는 사도적 교회가 로마교회라고 보지 않고 사도적 신앙고백과 사도들에게서 기반된 성경 66권의 기록된 계시의 말씀을 사도적 교회의 기반으로 보는 것이다.[2] 이런 의미에서 사도적 교회의 보냄을 받은 자라는 의미에서 'Missio'라는 말을 계속해서 사용했고 여기에다가 선교의 역동성과 선교의 목표를 강조하기 위해서 주님이 주신 대위임령

---

1) cf. J. Verkuyl, <u>Contemporary Missiology</u> (Grand Rapids: Eerdmans, 1978), p. 2, David J. Bosch, <u>Transforming Mission</u> (Maryknoll: Orbes, 1991), p. 1.
2) 사도적 교회라는 말을 선교와 연관해서 그 의미를 새롭게 해석한 사람은 아브라함 카이퍼이다. 요한 바빙크는 이것을 정확하게 파악해서 카이퍼에게 사도적 교회가 무엇을 의미하는지를 잘 설명하고 있다. See J. H. Bavinck, <u>An Introduction to the Science of Missions</u> (Phillipsburg: Presbyterian and Reformed Pubilshing Col., 1979), p. xvi-xvii.

의 선교명령에서 '가라'는 '펨포'의 의미를 결부시켜 선교라는 용어를 사용한 것이다.

라틴어 용어인 'Missio'는 여러 파생어를 가지고 있는데 'Mitto, Mittere, Missio, Missions' 등으로 사용이 되어졌고 이것은 결국 영어의 'Mission', 즉 선교라는 말로 사용이 된 것이다. 17세기의 영국의 청교도 지도자인 리차드 백스터와 영국에서 화란으로 파송된 청교도 선교사라 할 수 있는 윌리암 에임스는 마태복음 28장에 나타난 대위임령의 말씀을 통해서 두 가지의 교회사역을 논한다. 대위임령에는 '가라'라는 말씀과 '지키게 하라'라는 말씀이 있는데 '가라'라는 말씀은 타문화권에서 이방 종족들에게 복음을 전함으로 교회를 설립하는 비고정된 사역이요 '지키게 하라'는 말씀은 지역 교회가 세워져서 목회자가 지역 교회를 목양하는 고정된 사역이라는 것이다. 그에 의하면 비고정된 사역이 없으면 고정된 사역이 존재할 수 없으므로 교회의 비고정된 사역 즉 선교사역은 교회의 본질적인 사명이 되는 것이다.[3] 선교 역사를 통해서 이러한 에임스와 백스터의 대위임령을 통한 비고정된 사역 즉 선교사역의 신학적인 성찰은 17세기와 18세기 초의 영국 식민지령이었던 미국 동부의 13개 주를 대상으로 한 조직적인 선교 운동을 영국과 미국의 개혁교회 안에서 일으켰는데 대표적인 인물로서 인디언 선교의 아버지라고 불리는 존 엘리오트와 조나단 에드워드 등이 있다.

이렇듯이 개신교회에 있어서 선교용어는 '보냄을 받은 자'와 '가라'라는 의미가 결합이 되어서 사용이 되어졌고 이에 따른 선교의 개념이 정립이 되었다. 대체적으로 선교는 크게 두 가지 입장으로 정의되었는데 광의적이요 포괄적인 것과 실제적이요 협의적인 것이다. 광의적인 입장

---

3) See William Ames, The Marrow of Theology, John D. Eusden, ed. (Boston: Pilgrim Press, 1968), pp. 183-196, Richard Baxter, The Practical Works of Richard Baxter, vol. 1. (london:np, 1888), p. 641.

에서의 선교는 선교의 주체로서의 삼위 하나님의 주재권을 강조하면서 전 세상을 향한 하나님의 백성들의 말씀과 행위로 이루어지는 복음증거의 삶이라는 의미로 해석한다.[4] 이러한 선교 의미는 교회의 모든 성도들이 선교의 사명이 있는 것이요 그들의 삶의 현장이 선교지가 된다. 또한 선교의 대상은 윌리암 캐리가 정의했듯이 '그리스도가 없는 모든 사람들의 마음'이 된다. 실제적이요 협의적인 선교 의미는 교회의 파송을 받아 타문화권의 불신종족들에게로 가서 복음을 선포하고 가르쳐서 하나님의 교회를 설립하고 그 교회로 하여금 그리스도 안에 장성한 분량으로 성장케 하여서 선교의 책임을 다하는 교회로 세움을 통해서 하나님께 영광을 돌린다는 것으로 사용이 된다.[5] 이 실제적인 의미의 선교정의가 보편적

---

[4] 이러한 광의적인 의미의 선교 정의는 복음주의 진영에서 존 스토트에 의해서 이루어졌고 조정주의 입장으로는 레슬리 뉴비긴이 가장 대표적인 경우이다. See John R. W. Stott, "The Biblical Basis of Evangelism,": in Let the Earth Hear His Voice, J. D. Douglas, ed. (Minneapolis: World Wide Pub., 1975), pp. 66-68, Lesslie Newbihin, The Open Secret(Grand Rapids: Eerdmans, 1995), pp. 19-29.

[5] 이 실제적인 선교정의는 17세기에 활약한 화란의 보에티우스에 의해 이루어졌는데 그는 선교를 세 가지로 정의하였고 이것은 지금까지 보편적으로 받아들여지고 있다. 그의 정의는 교회가 복음을 전파함으로 이방인을 개종시킴과 교회를 설립하는 일과 그로 인해 하나님께 영광을 돌리고 그의 은총을 나타내는 일이다. 20세기에 와서 맥가브란이 중심이 된 교회성장학파는 선교의 개념을 대위임령과 연결하여 복음선포와 제자삼음과 교회설립으로 구분하고 와그너는 이것을 좀더 발전시켜 제자삼음의 개념에다가 현지 교회의 선교적 성장, 즉 왕국적 성장의 개념을 포함시켰다. See J. A. Jongeneel, "Voetius, Zendingstheologie, de eerste comprehensieve protestanse zendingstheologie", in De Onbekende Voetius, J. Van Oort, ed. (Kampen:Kok., 1989), pp. 117-147, Donald A. McGavran, Understanding Church Growth(Grand Rapids: Eerdmans, 1986), pp. 26, 92, 피터 와그너, 『기독교 선교전략』, 전호진 역(서울: 생명의말씀사,

으로 교회의 선교정의를 논할 때 사용이 되어졌다.

여기서 필자가 생각하는 것은 양자의 의미가 서로 균형 있게 선교 개념으로 사용이 되어지는 것이다. 즉 선교란 삼위 하나님의 부름을 받은 그의 백성들이 자신의 삶의 현장에서 삼위 하나님의 말씀을 입술과 행위로서 증거함으로 그의 주재권을 증거하는 것이요 또한 그의 백성의 공동체인 교회를 통해서 파송을 받으므로 교차문화 상황 속에서 불신 종족들에게 복음을 전함으로 그의 교회를 설립하고 교회를 그리스도의 말씀과 성령의 역사하심 속에서 세움으로 세상 속에서 하나님의 주권을 증거하고 선교의 사명을 다하게 하는 것이다(요 20:21; 마 28:16-20; 행 1:8).

## 2. 선교와 전도

선교와 전도의 의미를 규명하는 데 있어서 두 가지 측면이 있는데 그것은 지리적인 측면과 성경적이고 신학적인 측면이다. 먼저 지리적인 측면에서 선교와 전도가 어떻게 사용이 되었는지를 살펴보자. 데이비드 부쉬는 서구 교회·역사에 있어서 선교와 전도가 어떤 의미로 사용되었는지를 잘 설명하고 있다. 서구 교회는 20세기 초엽까지만 하더라도 선교의 의미를 서구 지역에서 비서구 지역으로 복음을 전하는 일이요 전도는 서구 교회 내의 명목 신자나 이웃 불신자들에 대한 복음 증거의 운동으로 해석하였다.[6] 그런데 이러한 구분이 1928년 예루살렘 국제선교협의회 대회에서 미국측 대표로 참석했던 루푸스 존스에 의해서 의문시되어졌고 그는 서구의 세속주의를 일종의 인본주의적 종교로 보아서 서구 지역도

---

1981), pp. 176-178.
6) 데이비드 부쉬, 『선교학』, 전재옥 역(서울: 두란노, 1992), pp. 24-26.

선교의 대상이 되어야 한다고 주장하였다.[7] 예루살렘 대회에서 선교와 전도개념의 코페르니쿠스적 인식전환은 그 후 계속해서 오대양 육대륙에서의 선교 개념으로 바뀌어져 왔고 이것은 지금까지 보편적인 선교 개념으로 사용되고 있다.

선교와 전도에 대한 성경적이고 신학적인 측면은 선교는 하나님의 주재권과 그분의 구속 의지와 그리고 구원의 대상이 되는 전 세상을 내포하는 포괄적인 의미로 사용을 하며 전도는 그 기원이 성경의 '유앙겔리온'으로서 기쁜 소식을 의미한다. 즉 '유앙겔리온'($\epsilon\grave{v}\alpha\gamma\gamma\acute{\epsilon}\lambda\iota o\nu$)은 항상 '기쁜 소식을 전한다' 혹은 '복음을 전한다'는 의미로 사용되는데 여기에 사용되는 용어는 '유앙겔리조'이다(마 11:5; 행 8:25; 롬 10:15). 데이비드 헤셀그래이브는 전도의 용어가 성경에서 '복음을 전한다'는 의미에서 유래되었기에 지금까지 선교의 실제적이고 협의적인 의미와 부합되는 뜻으로 사용되었음을 지적하고 있다.[8]

존 스토트도 마찬가지로 이런 의미로 전도를 사용하는데 그는 전도의 세 가지 특성을 논하고 있다. 그것은 성경이 전도라는 용어를 사용할 때 첫째는 결과를 논하지 아니했고 둘째는 방법적인 면을 논하지 않았고 세 번째는 복음 메시지 측면만 논했다는 것이다. 여기서의 복음 메시지는 크게 네 가지로 구분되는데 첫째는 복음적 사건 즉 예수 그리스도의 초림과 십자가의 죽으심과 부활과 승천과 승귀이며(행 2:23; 행 5:30; 갈 3:10; 행 2:32-33) 둘째는 복음적 증거로서 선지자들과 사도들의 증언 즉 성경의 증거이며(행 2:25; 3:18; 고전 15:3-4) 셋째는 복음적 약속으로서 죄사함과 성령의 강림과 그의 자녀됨이다(행 2:38). 네 번째는 복

---

7) William Richey Hogg, Ecumenical Foundations(New York: Harper & Brothers, 1952), p. 247.
8) David J. Hesselgrave, Planting Churches Cross-Culturally(Grand Rapids: Baker, 1980), pp. 31-33.

음적 요구로서 회개하라는 것이다(행 3:19; 10:43).[9] 이러한 존 스토트의 전도에 대한 성경적 이해는 전도의 주체로서의 하나님의 주재권을 강조하려는 의도가 있다. 이런 점에서 그는 전도에 대한 인간의 책임을 별로 강조하지 못했다.

칼 크로밍가는 전도에 대한 성경적 기초를 논하면서 사도행전과 바울서신에 나타난 초대 교회의 전도방법에 대해서 구체적인 사례를 들어가며 이를 입증하려 시도하고 있다(행 6:7; 9:31; 11:24; 16:5; 살전 1:8).[10] 맥가브란은 전도에 있어서 교회와 교인들의 책임성을 강조하기 위해서 제자화 세 번째 단계를 논했고 완전케 함이라는 용어를 사용하였다.[11] 전도에 있어 삼위 하나님의 주재권을 강조하며 복음 메시지의 중요성을 우선적으로 논하는 것은 합당하나 전도에 대한 교회들의 언약적 의무 그리고 최선을 다해서 말씀을 전함으로 그의 백성들을 말씀 안에서 온전하게 세우는 사역의 중요성을 간과해서는 안 된다. 물론 복음으로 말미암아 나타나는 결과는 전적으로 하나님의 역사이지만 하나님께서 그의 교회와 그의 언약 백성을 사용하셔서 그의 일을 이루신다는 사실을 기억해야 한다. 이런 점에서 선교는 하나님의 선교인 'Missiones Dei'가 되지만 동시에 인간을 사용하시는 선교로서 'Missio Hominum'이 되며 동시에 그것은 교회의 선교 즉 'Missio Ecclesiarum'이 되는 것이다.

오늘날 복음주의 진영의 선교학자들은 선교와 전도의 의미를 특별히 구분하지 않고 전도의 의미가 선교에 포함된 것으로 알아서 상호 교차하

---

9) John R. W. Stott, "The Biblical Basis of Evangelism", in Mission Trends No. 2: Evangelization, Gerald H. Anderson and Thomas F. Stransky, eds.(Grand Rapids: Eerdmans, 1978), pp. 9-13.

10) Carl G. Kromminga, Bringing God's News to Neighbors(Nutley: Presbyterian and Reformed Pub., 1977), pp. 7-14.

11) Donald Mcgavran, The Bridges of God(New York: Friendship Press, 1981), pp. 13-16.

여 자유롭게 사용하고 있다. 그러나 에큐메닉 진영은 하나님의 선교 개념을 그들의 선교학의 기반으로 삼게 됨으로 선교를 지나치게 포괄적으로 보편주의적 차원에서 사용함으로 실상 전도를 논하지만 전도의 의미가 다르며 성경적인 전도의 의미는 포함되어 있지 않다.

복음주의 진영의 선교 학자 중에 랄프 윈터는 선교 개념을 전도라는 용어로 사용하는데 그는 전도의 네 단계를 논한다. 첫 번째 전도의 단계는 '전도 0'(Evangelism 0)라고 부르는데 교회의 내적 성장으로 회심 성장이라고도 한다. 그는 이 단계에서는 교회의 영적인 성장, 즉 교회가 영적으로 각성되어 있고 성숙한 모습으로 성장하는 것이 이루어진다고 한다. 두 번째 단계는 '전도 1'(Evangelism 1)인데 이 단계에서는 교회의 구조적인 성장과 지 교회를 세우는 민족 복음화 차원의 선교가 이루어진다고 한다. 그는 이런 성장을 가리켜서 팽창 성장과 확장 성장이라고 한다. 세 번째 단계는 '전도 2'(Evangelism 2)인데 이 단계는 모국 문화권을 뛰어넘는 교차 문화 상황에서 이루어지는 복음증거의 운동으로서 유사문화 상황 속에서 이루어지는 선교이다. 즉 이 단계서부터 본격적으로 타문화권에서 외국인에게 복음을 전하는 사역이 이루어진다. 네 번째 단계는 '전도 3'(Evangelism 3)인데 이 단계도 타문화권에서 외국인에게 복음을 전하는 단계로서 완전히 이질적인 문화권에서 복음을 전하는 사역이다.[12] 종래의 타문화권 측면의 선교 개념을 가지고 선교를 논한다면 '전도 2'와 '전도 3'이 바로 선교상황이 되는 것이다.

데이비드 헤셀그래이브는 선교와 전도 용어를 동시에 사용하여 선교 개념을 정립하고 있다. 즉 그에 의하면 '선교적 전도 1'(Mission-

---

12) Ralph D. Winter, "Seeing the Task Graphically", in Crucial Dimensions in World Evangelization, Arthur F. Glasser, Paul G. Hiebert, C. Peter Wagner, Ralph D. Winter(Pasadena: William Carey Library, 1976), pp. 91-104.

Evangelism 1)과 '선교적 전도 2' (Mission-Evangelism 2)와 '선교적 전도 3' (Mission-Evangelism 3)이 있다. 그의 선교적 전도 1은 같은 동족에게 복음을 전하는 상황이요 선교적 전도 2는 유사 문화권의 사람들에게 복음 전하는 것이요 선교적 전도 3은 완전히 이질 문화권의 사람들에게 복음 전하는 것이다. 헤셀그래이브는 여기서 지리적인 구별은 전혀 의미가 없다고 말을 한다.[13] 그런데 선교적 전도 1의 단계를 선교학자들은 또한 세부적으로 나누어서 '국내선교 1' (Home-Mission 1)과 '국내선교 2' (Home-Mission 2)와 '국내선교 3' (Home-Mission 3)의 단계로 구분을 한다. 국내선교 1은 모국에서 동족에게 복음 전하는 상황이요 국내선교 2는 모국에서 유사 문화권의 사람들에게 복음 전하는 상황이요 국내선교 3은 모국에서 완전히 이질적인 문화권의 사람들에게 복음 전하는 상황이다. 또한 외국에 있는 동족에게 복음 전하는 상황을 구별하여 '외지선교 1' (Foreign Mission 1)이라고 하는데 이것은 디아스포라 선교사를 가리킨다.[14]

한국의 경제수준이 나아지면서 1990년대부터 유사문화권 지역의 중국에서 많은 조선족들과 중국인들이 근로자로 입국하였으며 또한 이질적인 문화권의 아프리카나 동남아시아 심지어는 서남아시아권의 사람들이 한국으로 몰려오기 시작하였다. 이것은 국내선교 2와 3의 사역이 요청되는 상황으로서 한국교회는 국내에서도 전략적인 선교사역을 수행할 수 있는 좋은 기회를 맞이하고 있다. 특히 복음을 자유롭게 전할 수 없는 선교가 제한되고 금지되는 지역에서 온 사람들은 한국교회의 전략적인 선교의

---

13) Hesselgrave, op. cit., pp. 33-41.
14) Marlin l. Melson and Chaeok Chun, "An Open Letter to Directors of Asian Mission Societies", in <u>Readings in Third World Missions</u>, Marlin L. Nelson, ed. (Pasadena:William Carey Library, 1978), pp. 234-247.

대상으로서 저들을 효과적으로 전도하고 양육하여 훈련시킴으로 세계 복음화에 직접적으로 기여할 수 있는 기회가 주어진 것이다. 한국교회는 이 기회를 적극 활용해야 하고 이러한 전략적인 국내 선교 2와 3의 사역에 헌신하는 많은 일꾼들을 키워야 한다.

외지 선교 1의 단계에서는 디아스포라된 동족들을 위해 현지에 한인교회를 세우고 저들을 섬길 때 내적 성장뿐 아니라 궁극적으로 선교적 성장, 하나님 나라의 교량역할을 하는 성장이 이루어져야 한다. 이것은 현지에서 자라는 2세와 3세를 훈련시킴으로 저들 가운데 선교의 사명을 감당하는 열매가 맺어진다. 이것은 현지를 복음화하는 데 있어서 직·간접적으로 하나님께 사용되어지는 선교의 중요한 사명이다. 선교와 전도의 모든 단계는 이렇듯이 서로 필요하며 어느 하나도 소홀히 될 수 없는 전체적인 하나님의 선교의 도구이요 과정이 되는 것이다. 전통적으로 개혁주의 교회 진영에서는 선교라는 용어를 쓰기보다 전도라는 용어에 선교의 의미를 포함시켰다. 미국 칼빈 신학교의 학장을 역임했던 카이퍼(R.B. Kuiper)는 그의 대표적인 저서인 『하나님이 중심이 된 전도』(God-Centered Evangelism)에서 선교를 외국에서의 복음증거이요 전도는 국내에서의 복음증거라는 것이 성경적인 근거가 없음을 분명히 지적하면서 전도라는 용어로서 선교의 개념을 설명하고 있다.[15] 또한 청교도 신학을 전공하고 캐나다를 중심으로 전세계에 개혁주의 청교도 신학을 확산시키고 있는 패커는 그의 명저인 『전도와 하나님의 주권』(Evangelism and the Sovereignty of God)에서 카이퍼와 동일한 의미로서 전도에 선교의 개념을 포함시켜 사용하고 있다.[16]

---

15) R.B. 카이퍼, 『복음전도신학』, 김득용 역(서울: 총신대학 출판사, 1981), pp. 3-4.
16) See J.I. Packer, Evangelism and the Sovereignty of God(Downer's Grove: Intervarsity Press, 1961).

이렇듯이 선교와 전도의 용어 의미가 상호 어떻게 사용되어지는가를 살펴보았다. 여기서 지리적인 구분은 이미 오래 전에 선교학에서는 의미가 없다. 다만 문화권을 뛰어넘는 사역의 중요성을 강조한다. 왜냐 하면 오늘날 세계 복음화를 위해서 가장 시급하고 필요로 하는 것이 타문화권에서의 불신 종족들에게 복음 전하는 사역이기 때문이다. 그러나 국내에서의 사역을 전도로 생각하고 국외에서의 사역을 선교라고 인식하여 선교는 반드시 외국에 나아가야만 가능하다는 생각과 선교는 특별한 사람, 즉 교회의 파송을 받고 외국에 나아가 원주민들에게 복음 전하는 사역자만을 가리킨다는 이원론적인 생각은 오히려 선교의 사명을 특수화시키고 교회의 본질적 사역에서 변두리 사역으로 전락시킬 위험성이 있다. 따라서 선교와 전도를 이해할 때 교회의 선교사명이 광의적이고 실제적인 선교사명으로 인식하여 이 모든 과정이 교회의 선교를 가능케 한다는 총체적인 차원에서 선교를 이해해야 한다. 이런 점에서 선교는 일반적이며 또한 특수한 사명이요 광의적이며 또한 협의적인 복음증거의 사역으로서 균형 있게 어느 한쪽으로 치우치지 말고 총체적인 복음(Whole Gospel)을 온 세상(Whole World)에 전 교회(Whole Church)가 증거해야 한다. 바로 이런 의미에서 로잔느 언약문은 세계 복음화를 성취하기 위해서 전 교회(Whole Church)가 총체적인 복음(Whole Gospel)을 온 세상(Whole World)에 전해야 한다고 진술한다[17]

## 3. 전통적인 선교 개념에 대한 도전

　교회역사를 통해볼 때 선교의 주된 강조점은 교회설립이었다. 초기 교

---

17) **Let the Earth hear His Voice**, p. 5.

부시대의 문서로서 『디다케』는 교회의 세례와 성찬예식에 관한 지침을 내리면서 순회 전도자에 대해서 언급하며 어떻게 저들을 분별하고 영접할 것인지를 가르치고 있다.[18] 1세기 말에 알렉산드리아의 클레멘트는 고린도에 있는 교인들에게 편지하면서 저들의 착한 행실과 인내함으로 복음의 빛을 모든 사람들에게 비춰서 많은 사람들을 주께 돌아오게 해야 된다고 말하면서 교회 공동체의 중요성을 반복해서 언급한다.[19]

3세기의 역사학자로서 교부시대의 교회역사를 추적한 최초의 교회역사학자라고 할 수 있는 유세비우스는 순회전도자들의 활동을 통해서 로마 제국 산하의 모든 지역에 복음이 전파되고 그 결과로서 교회가 설립되었다는 사실을 기술하고 있다.[20] 선교에 있어서 교회설립의 중요성을 강조함은 로마교회의 교회관과 병행하여 더욱 강조되고 강화되었다. 특히 종교개혁이 일어난 후에 반동종교개혁운동인 이그나티우스 로욜라의 예수회 선교 운동은 복음전파를 통한 교회설립과 교회의 확장을 제일 중요한 선교의 목표로 세웠다.[21] 당시의 예수회에 속한 선교지도자들 가운데 개신교를 비판하여 말할 때 선교를 수행하지 않는 교회는 진정한 하나님의 교회가 아니라는 말을 하였다. 화란의 제2의 종교개혁운동 지도자이며 영국의 청교도 선교사라고 할 수 없는 에임스에게 영향을 받은 보에티우스는 당대의 예수회 선교학자들의 신학적인 도전에 상당한 자극

---

18) J.B. Lightfoot, trans. & ed. The Apostolic Fathers (Grand Rapids: Baker, 1965), pp. 123-129.
19) Ibid., pp. 13-41.
20) Eusebius, "The Evangelist that were still Eminent that Time", in The Church History of Eusebius, vol. 1, A Select Library of Nicene and Post-Nicene Fathers of the Christian Church, Arthur Cushman Mcgiffert, trans, & ed. (Grand Rapids: Eerdmans, 1952), p. 169.
21) Andre Seumois, Theologie Missionaire 1 (Rome:OMI, 1973), p. 18.

을 받았고 그는 교회의 선교를 정의하기를 이교도 개종과 교회설립 그리고 하나님의 영광이라 하였다. 로마교회는 소위 베드로의 후계자로 불리는 교황을 중심으로 한 가시적이고 제도적인 교회중심의 선교를 주장했으나 개신교회는 구원받은 택자가 중심이 된 가시적인 교회 안의 불가시적 교회를 우선하는 교회설립의 선교를 주장하였다. 어쨌든 양자는 교회설립이 선교의 가장 중요한 목표이었다. 이러한 교회설립을 중심으로 한 선교는 하나님 나라의 신학이 선교의 목표를 단순히 교회설립으로만 머무르게 안하고 교회공동체를 중심으로 한 삶의 모든 영역에서의 하나님의 통치권과 주재권을 증거하고 회복하는 차원에까지 선교영역을 확장시켰으나 교회설립의 목표는 조금도 희미해지거나 부정되지 아니했다.

그런데 이러한 전통적인 선교 개념이 1925년 스톡홀름에서 열린 '생활과 사역'(Life and Work) 회의에서 당시 유행하던 사회복음주의의 영향으로 도전을 받기 시작하였다. 그 회의에서 전통적인 선교 개념의 문제점이 지적되고 교회설립과 영혼구원의 선교는 경제와 산업 문제 그리고 사회윤리와 교육분야에 이르기까지 확장되어져야 한다는 것이었다.[22] 물론 여기서 교회설립의 선교가 부정된 것은 아니었다. 다만 전통적인 선교 개념으로 당시의 산업화와 기술 사회의 여러 문제들을 해결할 수 없다는 자각과 선교의 폭을 넓혀야 한다는 인식이 있었다. 이러한 선교 개념의 주장은 1928년의 예루살렘에서 열린 국제선교협의회 대회에서 열띤 논쟁을 불러 일으켰고 전도와 사회적 행동의 구분이 아닌 통합으로서의 포괄적인 선교를 발표하기에 이르렀다.[23] 1938년 인도의 마드라스

---

22) William Richey Hogg, Ecumenical Foundations (New York: Harper & Brothers, 1952), p. 250.
23) IMC, "Vol. 8. Addresses on General Subjects", in The Jerusalem Meeting of the International Missionary Council, March 24-April 8, 1928 (London: IMC, 1928), p. 16.

에서 열린 국제선교협의회 대회에서 존 모트는 확대전도(Larger Evangelism) 개념을 소개하였는데 이것은 선교란 단순히 영혼구원이나 교회설립에 그치는 것이 아니라 경제적인 부조리, 문화의 낙후성, 정치적인 불의에 대항하는 총제적인 복음증거 운동으로 나타나야 한다는 것이었다.[24] 모트의 이런 주장은 신학적으로 복음의 본질을 부인하거나 회심을 지향하는 교회 중심의 선교를 부정한 것은 아니었지만 선교의 범위와 목표를 상당히 넓혔고 만일 영혼구원과 교회설립의 내용이 빠진다면 이것은 단지 인본주의적 사상에 불과할 위험성이 내재되어 있었다.

국제선교협의회의 올드햄과 같은 일부 지도자들과 세계교회협의회의 맥케이 같은 지도자들은 당시 유행하던 사회복음주의 신학과 도드의 실현된 종말론의 신학에서 나오는 윤리신학의 케리그마 그리고 후기 바르트의 종교사회학적 신학에 깊이 영향을 받고 있었다. 이런 가운데 1952년 윌링겐에서 열린 국제선교협의회 대회에서 화란의 선교학자인 호켄다이크에 의해서 "왜 전통적인 선교이냐?"(Why Missions?)라는 주제 강연 속에서 하나님의 선교(Missio Dei)라는 새로운 선교 개념이 등장하게 되었다. 이 하나님의 선교 개념에서 호켄다이크는 전통적인 선교의 과정으로서 하나님께서 교회를 하나님 나라의 대리인으로 삼아서 복음을 전하게 하심으로 세상 속에서 그의 나라를 확산시켜 나간다는 것을 부정하였다. 그에 의하면 교회는 사도적인 교회로서 세상을 섬기기 위해 존재하는 것이요 세상 속에서 하나님의 샬롬을 성취하는 도구로서 그 존재 의의가 있다. 즉 교회는 세상보다 앞서 있는 것이 아니라 세상을 섬기므로 세상을 변화시키는 하나님의 샬롬의 역사에 한 도구에 불과한 것이다.[25] 이런

---

24) Hogg, op. cit., p. 281.
25) J.C. Hoekendijk, "The Church in Missionary Thinking", in <u>International Review of Mission</u>, Vol. 41, No. 163, 1952, pp. 324-336.

점에서 세상을 변혁하는데 헌신하는 인본주의적이고 박애주의적 목적을 가진 제 사회기구나 심지어는 타종교에도 하나님의 샬롬의 역사는 내포되어 있다고 주장한다. 이것은 전통적인 선교의 목표로서 회심이나 교회 설립을 불필요하게 만들었고 인간의 삶의 현장에서 소위 인간애적이고 사회구조 변혁을 추구하는 제 행동들을 하나님의 샬롬의 역사로 보아서 결국 선교무용론을 낳게 되었고 보편구원설의 입장을 가질 수밖에 없는 것이다. 당시에는 이런 하나님의 선교 개념은 온건한 복음주의 입장을 가진 레슬리 뉴비긴이나 칼 하텐스타인에 의해서 비판이 되고 거부되었으나 1963년 멕시코 시에서 열린 세계교회협의회의 세계선교와 전도 분과대회에서 호켄다이크의 하나님의 선교 개념으로 완전히 기울어졌고 이것은 대회가 끝난 이후에 발행되어진 『타자를 위한 교회: 회중의 선교적 구조』(The Church for Others: The Missionary Structure of the Congregation)라는 책 속에 잘 반영되어졌다. 이 책에서 호켄다이크는 전통적인 교회의 회중 구조를 조악한 근본주의 개념의 산물로 보고 교회는 세상을 향해 가는 구조가 되어서 세상 속에서 도시갱생 프로그램이나 지역 사회 개발 등 세속 프로그램에 적극 참여하여 하나님의 선교를 수행할 것을 촉구하였다.[26]

결국 이러한 하나님의 선교 개념은 1968년 스웨덴의 웁살라에서 선교를 정의하기를 그리스도를 모델로 한 새로운 인간성에의 참여인데 실상 그리스도의 모델의 신학적 내용이 하나님의 선교 사상과 부합이 됨으로 곧 선교는 인간화(Humanization)가 되고 말았다.[27] 1973년 태국의 방콕에서 열린 세계교회협의회 산하 세계선교와 전도 분과대회는 선교를

---

26) WCC, The Church for Others and The Church for the World (Geneva: WCC, 1968), pp. 19-23.
27) Norman Goodall, ed., Official Report of the Fourth Assembly of the World Council of Churches, Uppsala, July 4-20, 1968 (Geneva: WCC, 1968), pp. 423-426.

정의하기를 하나님의 선교사상에 입각해서 여기에다가 해방의 주제를 포함시켜 선교를 경제 정의구현과 정치적인 속박으로부터의 해방 그리고 인간소외에 대한 결속 등으로 규정하였다.[28] 이런 하나님의 선교사상은 세계교회협의회의 대회시마다 조금씩 신학적인 강조점이 다르지만 오늘날 세계교회협의회의 선교학의 기반으로 자리를 잡았고 이것은 개종을 말하고 회심의 중요성을 논한다 할지라도 그 이면에는 복음주의 진영의 선교 개념과 다르게 하나님의 선교사상이 작용하기에 그 신학적 내용이 다르다는 것을 인식해야 한다.[29]

## 4. 총체적인 선교 개념의 등장

세계교회협의회 산하의 레슬리 뉴비긴이나 비쎄트 후프트 그리고 칼 하텐스타인 등은 전통적인 교회설립을 중심한 선교를 부인하지 않았고 이것을 선교의 중요한 목표로 여겼다. 이분들은 하나님의 선교학 사상을 가진 호켄다이크나 에밀리오 카스트로 그리고 사마르타 등과는 구분이 되어야 한다. 이분들의 입장은 인도의 마드라스 대회에서 확대 전도 개념을 발표한 존 모트의 입장과 거의 동일하다. 1975년 영국의 대표적인 복음주의 신학자인 존 스토트는 『현대 세계선교 속에서의 기독교 선교』 (Christian Mission in the Modern World)라는 그의 책에서 전통적인 선교 개념으로서의 선교 'Missions'와 세계교회협의회의 온건한 복음주의 입장에선 신학자들의 선교 개념인 삼위일체 하나님의 선교, 즉 'Missio'의 개념 대신에 총체적인 선교인 'Holistic Mission'을 주장하

---

28) WCC, Bangkok Assembly 1973 (Geneva: WCC, 1973), pp. 88-89.
29) 필자는 이 문제를 에큐메닉의 선교학을 논할 때에 좀더 자세하게 다룰 것이다.

였다. 영어의 'Holistic'이라는 말은 유기체적인 의미가 있는데 이것은 선교사명에 있어서 전도적인 명령과 문화적인 명령, 즉 사회적인 책임이 서로 구별될 수 있는 것이 아니라 상호 유기체적으로 결속되어 있다는 의미가 있다. 스토트는 왕국 신학적 측면에서 선교를 교회의 세상을 향한 빛과 소금의 사명으로 보았고 이것은 전도적인 명령과 문화적인 명령의 동등한 비중으로서의 총체적인 선교를 의미하였다.[30]

이러한 그의 입장은 1974년 로잔느 세계 복음화 대회에서의 그의 입장과 대조되는 견해이었다. 로잔느 대회에서는 스토트는 복음전도를 우선으로 하지만 문화명령을 선교의 본질로 보는 선교 개념을 확립하는 데 결정적인 역할을 하였다. 로잔느 언약문은 전도와 사회적 책임을 한 주제로 다루면서 전도와 사회적 책임은 나눌 수 없는 기독교인의 의무이요 말씀과 행위의 관계로 규정하였다.[31] 스토트의 총체적인 선교 개념은 복음주의 교회진영 안에서도 큰 반향을 일으켰고 특히 남미 교회를 대변하는 올란도 코스타스와 르네 파딜라 그리고 사무엘 에스코바르는 이것을 적극 환영하였다. 그러나 독일의 튜빙겐 대학의 선교학 교수인 피터 바이엘하우스는 이런 스토트의 견해를 그리이스 역사 속에 나오는 트로이 성의 목마의 함정으로 보았고 결국 세계교회협의회의 선교 개념인 하나님의 선교의 영향으로 굴러 떨어지는 것은 아닌지 우려하였다.[32]

미국 달라스 신학교의 선교학 교수인 조지 피터스도 그의 대표적 저서인 『선교의 성서신학』에서 문화적 명령이라는 말은 성경에 없으며 선교의 목표는 복음전도를 통한 교회설립이 우선되어야 한다고 스토트의 입

---

30) John R. W. Stott, <u>Christian Mision in the Modern World</u>(Downers Grove: Inter Varsity Press, 1975), p. 23.
31) <u>Let the Earth hear His Voice</u>, pp. 4-5.
32) Peter Beyerhaus, "Forword", in <u>The Battle for World Evangelization</u>(Wheaton:Tyndale, 1978), p. 11.

장을 반박하였다.³³⁾ 그러나 하비 콘은 언약신학의 관점에서 언약증거와 언약책임을 양분할 수 없는 교회의 선교사명이라 보고 총체적인 입장에서의 스토트의 선교 개념을 받아들이고 있다.³⁴⁾ 사무엘 에스코바르와 존 드라이버도 『기독교 선교와 사회정의』(Christian Mission and Social Justice)라는 그들의 저서 속에서 멘노나이트 신학에 있어서 복음에 대한 전적인 헌신과 성경 속에 나타난 가난한 자들에 대한 하나님의 관심은 결국 선교를 총체적인 입장으로 보아야 한다는 주장을 한다.³⁵⁾ 세계복음주의 친교회의 총무였던 월드론 스코트는 그의 책인 『정의를 드러냄』(Bring Forth Justice)에서 선교의 개념을 세 부분으로 나누어 설명하는데 이것은 대위임령에서 비롯되었고 그 내용은 복음선포와 제자삼음과 사회정의 구현이라는 것이다. 그도 역시 총체적인 선교 개념을 옹호하고 있다.³⁶⁾

로잔느 복음화 대회가 끝난 이후에 1982년 미시간 그랜드 래피드에서 로잔느 산하의 신학 및 교육분과 위원회와 세계 복음주의 친교회의 윤리 및 사회분과가 후원하는 『전도와 사회적 책임간의 관계에 대한 협의회』(Consultation on the Relationship between Evangelism and Social Responsibility)가 열렸다. 여기서 복음전도와 사회적 책임은 서

---

33) George W. Peters, A Biblical Theology of Missions (Chicago: Moody Bible Institute, 1972), pp. 209-210.
34) See Harvie M. Conn, Eternal Word and Changing Worlds (Grand Rapids: Zondervan, 1984), pp. 229-235.
35) 그는 서론에서 현대 선교학에서 논쟁거리가 되는 전도와 사회적인 책임에 대한 문제를 지적하고 역사적이며 성경적인 차원에서의 총체적인 입장의 그의 선교관을 입증하려고 노력한다. See Samuel Escobar and John Driver, Christian Mission and Social Justice (Scottdale: Herald Press, 1978), pp. 11-35.
36) Waldron Scott, Bring Forth Justice (Grand Rapids: Eerdmans, 1980), pp. vi-xviii.

로 분리할 수 없는 마치 결혼관계와 같은 선교의 동반자가 된다고 하였다. 전도와 사회적 책임간의 세 가지 관계모델을 제시하는데 첫째는 사회적 활동은 전도의 결과라는 입장과, 둘째는 사회적 활동은 전도의 교량역할을 한다는 것과, 셋째는 첫째와 둘째의 입장을 인정하면서도 하나를 더 보완하여 사회적 활동은 전도의 동반자가 된다는 것이다. 이 협의회에서는 보완된 동반자의 관계를 옹호하였고 1974년 로잔느 복음화 대회에서의 전도의 사회적 책임보다 우선한다는 입장을 재천명하면서도 하나님의 구원의 전인성을 강조하였다.[37]

1983년에 세계 복음주의 친교회가 주관하고 로잔느의 전략분과 위원회가 후원하는 휘튼에서의 "인간의 필요에 부응하는 교회에 관한 협의회"(Consultation on the Church in Response to Human Need)가 열렸다. 이 협의회에서 논의된 바는 하나님의 주재권을 강조하였으며 그의 통치가 예수 그리스도 안에서 영혼뿐 아니라 모든 피조 세계의 영역에 미친다는 사실을 지적하고 교회는 하나님 나라의 현재의 성취와 도전과 고난을 통과하고 또한 미래의 그리스도의 재림과 함께 완성되어질 종말론적인 하나님의 나라를 대망하기도 하는데 이 양자가 서로 균형을 맞추어야 한다고 하였다. 그러면서 교회의 선교는 하나님의 주재권을 확신하면서 그의 변혁케 하시는 역사 속에서 현재의 모든 상황을 변화시키되 이것은 사회, 문화 등 삶의 모든 영역에서 이루어져야 한다고 주장한다.[38] 이 대회의 교회의 선교관은 왕국 신학적 입장에서의 복음의 전인성과 포괄성을 강조하는 총체적인 선교의 입장이었다. 이런 일련의 복음

---

37) Grand Rapids Rport, "Evangelism and Social Responsibility: An Evangelical Commitment", in <u>Lausanne Occasional Papers No. 21</u>, A Joint Publication of the LCWE & the WEF, 1982, pp. 19-25.
38) V. Samuel and C. Sugden, eds., "The Church in Response to Human Need", in <u>The Wheaton 1983 Consultation</u>(Grand Rapids: Eerdmans, 1987), pp. 254-265.

주의 진영 안의 총체적인 선교에 대한 신학적 정립은 결국 1989년 로잔느 두 번째 복음화 대회가 필리핀의 마닐라에서 열렸을 때 마닐라 선언문에서 '검증된 복음'(The Authentic Gospel)이라는 용어를 등장하게 만들었다. 이 뜻은 전도적 명령이 기능적인 측면에서 우선권이 있으나 신학적으로는 복음은 말씀과 행위로서 증거되어져야 하고 복음은 구체적으로 선한 행실도 포함되기에 이것은 분리할 수 없는 총체적인 복음이며 그 영역 안에 전도와 사회적인 책임의 동등한 자리 매김이 있다는 것이다.[39] 이렇듯이 서구의 복음주의 진영의 선교학자들은 1974년의 로잔느 복음화 대회시의 선교 개념을 받아들이느냐 아니면 1989년의 로잔느 두 번째 대회시의 총체적인 선교 개념을 받아들이느냐에 따라서 크게 둘로 양분되어 있는 것이다. 이러한 선교 개념의 차이는 결국 선교현장에서 선교 전략이나 선교정책을 결정하는 데도 영향을 미치게 된다. 그러면 개혁주의 신학의 전통 속에서 전도명령과 문화적 명령이 어떤 상관관계를 갖는지 선교신학적으로 조명해 보자.

## 5. 전도명령과 문화명령

존 칼빈은 그의 『기독교강요』에서 인간의 자연적인 재능이나 의지, 이성 등이 범죄 이후의 타락한 인간에게 완전히 거두어진 것이 아니고 무지로 둘러싸여 있지만 남아 있다고 말하고 있다. 또한 사회질서 유지를 위한 제 제도들과 인간의 예술, 과학능력은 성령의 일반 역시로서 하나

---

39) LCWE, "The Manila Manifesto", in <u>New Directions in Mission & Evangelization 1</u>, James A. Scherer & Stephen B. Bevans, eds. (Maryknoll: Orbis, 1992), p. 297.

님의 보통은총이라고 규정하고 있다. 이러한 보통은총을 인간에게 허락한 것은 그들이 죄로 인하여 완전히 멸망하거나 금수 같은 상태로 빠지지 않도록 하기 위함이라고 정의한다.[40] 여기에서 칼빈은 보통은총 안에 있는 인간의 재능, 예술, 과학 등은 결국 죄의 영향력하에서 하나님의 창조의 질서대로 기능하지 못하고 하나님의 영광을 온전히 드러내지 못한 채 왜곡되거나 변질될 수밖에 없다고 단언하였다.[41] 따라서 인간 삶의 모든 영역에 특별은총으로서의 성령의 구속적 사역이 필요하며 이러한 성령의 특별한 역사 속에 모든 것이 새롭게 시작되어야 한다고 주장한다.[42] 이러한 칼빈의 입장은 결국 정치, 경제, 문화의 모든 영역에서 성령의 구속적 사역을 요청하게 되고 그것은 논리적으로 전도 명령이 기반이 된 그 위에서의 문화적 명령의 수행으로 나타나게 된다.

칼빈의 『시민정부에 관한 소고』(A Treatise on Civil Government)에서도 나타났듯이 정치영역에서의 정권의 합법성도 우선적으로 하나님의 정의에 대한 순종이라는 자발적인 믿음의 행위 속에서 시민의 권리를 인식해야 한다고 말하고 있다.[43] 이러한 칼빈의 입장은 아브라함 카이퍼에 의해서 보다 적극적으로 발전되었는데 카이퍼는 인간 삶의 총체적인 영역에서의 하나님의 주권을 인식하고 각 영역에서의 하나님의 주권을 적극적으로 선포하는 영역 주권의 원리를 주장하였다.[44] 그러나 카이퍼

---

40) John Calvin, <u>Institutes of the Christian Religion 1</u>, John T. Mcneill, ed. (Philadephia: Westminster Press, 1967), pp. 270-277.
41) Ibid., pp. 277-284.
42) Ibid., pp. 284-289.
43) John Calvin, "On Civil Government", in <u>Calvin: On God and Political Duty</u>, John T. Mcneill, ed. (Indianapolis: Bobbs-Merrill Com., 1977), pp. 45-49.
44) Abraham Kuyper, <u>Lectures on Calvinism</u> (Grand Rapids: Eerdmans, 1983), pp. 95-97.

에게 있어서 영역 주권의 원리는 복음선포를 무의미하게 하지 않는다. 그는 인간 삶의 모든 영역에 죄와 사탄의 역사가 있음을 철저히 인식하고 이를 '반정립'(Anti-Thesis)이라 불렀으며 성령의 구속적 사역 즉 복음선포를 통한 하나님의 구속적 역사가 선행되지 않으면 영역 주권은 이루어지지 않음을 철저히 인식하였다.[45]

이러한 전통적인 개혁신학에 있어서 성령의 구속적인 사역, 즉 복음선포를 통한 하나님의 특별은총을 우선하는 전도명령의 문화명령에 대한 우위는 벌카우워나 헤르만 도이에베르트에게 있어서는 받아들여지지 않고 있다. 벌카우워는 그리스도로 말미암아 구원받았다는 이신득의의 의미는 성화에 대한 은총과 함께 나타나는 것이므로 그리스도인의 삶에 있어서 서로 구분되는 것은 아니라고 한다. 벌카우워는 여기서 더 나아가 그리스도인의 삶에 있어서 의로운 삶의 열매가 없다면 그리스도인의 믿음은 헛것이라는 믿음과 행함의 상호 연관성(Corelationship)의 그의 유명한 이론을 주장한다.[46] 벌카우워는 이러한 상호 연관성의 이론을 성경을 해석하는 데도 적용시키는데 삶에 실천이 없는 말씀은 그의 이론에 의하면 더 이상 말씀이 될 수 없는 것이다.[47] 이것은 전도명령과 문화명령을 함께 결속되어 있는 유기체적인 것으로 보는 총체적인 선교 개념에 가깝다고 할 것이다. 도이에베르트는 하나님이 창조하신 피조 세계가 그의 우주 법에 의해 통치되는데 15개의 영역으로 되어 있으며 각 영역은 상호 결속되었고 그러면서 각자의 고유 영역 주권을 소유하고 있음을 말한다. 그는 자연의 영역과 인간의 영역 그리고 신앙의 영역을 하나의 통

---

45) Ibid., pp. 121-125.
46) G.C. Berkouwer, <u>Faith and Sanctification</u>, Johm Vriend, trans. (Grand Rapids: Eerdmans, 1952), pp. 27-28.
47) G.C. Berkouwer, <u>Holy Scripture</u>, Jack B. Rogers, trans. and ed. (Grand Rapids: Eerdmans, 1975), pp. 44-45.

합된 체계로 보면서 신앙의 영역이 모든 영역의 기반이 된다고 말한다.[48] 여기서 도이에베르트는 통합된 신앙이 중심된 세계관을 논하는데 이것은 너무 거시적이고 포괄적이기에 일원론적인 구조를 나타내며 유기체적 특징을 가지게 된다. 그의 영역 주권의 이론은 아브라함 카이퍼와 유사하나 차이점은 일원적인 통합된 체계를 강조하느라고 카이퍼가 지적한 반정립의 문제를 언급하지 않았으며 또한 지나치게 각 영역의 기능과 역할을 낙관적으로 본다는 점이다. 이것은 총체적인 선교관에 부합되는 이론인 것이다. 여기서 필자는 칼빈과 카이퍼의 입장이 성경적인 견해에 부합한다고 생각한다. 복음전도가 선행되지 않는 문화적인 명령수행은 아무리 복음전도를 인정하고 두 차원을 동시에 취급한다고 하여도 문화영역이 성령의 구속적인 사역을 먼저 요구하고 있기에 비성경적인 일이 되는 것이다. 바울 사도는 로마서 8:20-21에서 다음과 같이 말하고 있다.

"피조물이 허무한데 굴복하는 것은 자기 뜻이 아니요 오직 굴복케 하시는 이로 말미암음이라 그 바라는 것은 피조물도 썩어짐의 종노릇한 데서 해방되어 하나님의 자녀들의 영광의 자유에 이르는 것이니라"

여기서 '굴복하는'과 '굴복케 하시는'은 원어로 보면 'ὑπετάγη'와 'ὑποτάξαντα'인데 이것은 원동사가 되는 'ὑποτάσσω'의 수동태와 능동태로서 모두가 과거형이다. 이 말은 이미 어쩔 수 없이 죄와 사탄의 영향력 아래서 하나님의 진노 가운데 있는 그래서 그의 구속을 바랄 수밖에 없는 피조 세계의 상태를 의미한다. '굴복하는' 상태에서 피조물이 영광의 자유에 이르도록 해방되는 역사가 있을 것임을 말씀한다. 여기서

---

48) Herman Dooyeweerd, <u>In the Twilight of Western Thought</u> (Philadelphia: presbyterian and Reformed Publishing Co., 1960), pp. 6-7.

'해방되어'의 원어로 쓰여진 시제는 원동사인 'ἐλευθερόω'의 미래형으로 'ἐλευθερωθήσεται'이다. 이것은 이미 굴복되어진 피조세계가 원어의 의미 그대로 성령의 구속적인 사역에 의해서 계속해서 해방될 뿐 아니라 그리스도의 재림을 통해서 온전히 해방될 것이라는 하나님의 약속이다.

이렇듯이 성령의 구속적 사역으로서의 전도명령이 문화명령보다 우선권이 있지만 문화명령이 중요하지 않은 것이 아니다. 로잔느 언약문은 문화명령을 선교의 본질적인 사명으로 보았고 말씀과 행위의 관계로 보았다. 전도명령 수행은 교회공동체를 통한 말씀의 선포로 나타날 것인데 이것은 교회 안과 밖에서 공히 나타나야 하며 입술의 증언으로만 나타나는 것이 아니라 행함으로도 선포되어야 하는 것이다. 이런 입장에서 인간 삶의 제 영역에서 하나님의 주재권을 더욱 분명하게 증거하고 피조세계가 하나님의 영광의 도구라는 사실을 입증해야 할 것이다. 만일 말씀을 증거한다고 하면서 행함이 없다고 하면 그것은 성경적인 말씀 선포가 아니요 인간 삶의 제 영역을 하나님의 다스림 속에 있는 영역으로 증거하지 않는다면 그것은 성경적인 설교가 아닌 것이다. 따라서 이런 의미에서 선교는 교회를 통한 하나님의 말씀 선포의 중요성이 있으며 이것은 총체적인 삶의 현장에서 하나님 나라의 관점에서의 주 되신 삼위 하나님의 주재권을 확립하고 증거하며 삼위 하나님이 마땅히 받으셔야 할 그의 영광을 돌려드리는 일이어야 한다.

## 6. 선교현장과 선교 개념

금일의 한국교회 선교현장에서 전도와 사회적 책임이라는 두 영역에서 혼란이 일어나고 있다. 선교지의 상황이 모든 면에서 낙후되어 있기에 학교 설립이나 병원 건축 등을 시도하게 된다. 아시아와 아프리카 그리고 최근에 문이 열리고 있는 북방 지역의 선교지 상황이 여기에 해당이 될 것이다.

선교사의 눈앞에 당장 굶주리고 헐벗은 선교지의 사람들이 있다고 하면 이들을 구제하려는 계획이 우러나오지 않을 수 없다. 또한 아시아와 아프리카의 교회가 선교 역사는 대체적으로 한국교회보다 길다고 하지만 자급자족을 하지 못하기에 선교사의 재정적 지원이 요청된다. 바로 이런 환경에서 총체적인 선교 개념은 상당히 매력을 줄 것이고 이런 입장에서 선교전략을 수립하는 것이 바람직하게 보일 수도 있다. 그러나 여기서 분명히 기억해야 할 것은 1900년도의 한국교회의 상황은 모든 면에서 현재의 아시아와 아프리카 그리고 북방 지역의 선교지 상황보다 열악하고 더 어려웠다는 사실이다. 경제적으로 극히 빈곤하고 정치적으로 나라의 주권을 상실하고 신앙적으로도 유아기적 상황에서 한국교회의 선교는 이루어졌다.

필자는 1993년부터 약 3년간에 걸쳐서 태국 목회자 훈련원의 강의 요청을 받고 태국을 계속하여 방문하였다. 태국 목회자들에 대한 필자의 강의 핵심은 현재의 태국교회가 인구 6천만에 목회가 수효가 1천여 명이 못되고 신자수효가 10만 명을 넘지 못하는 열악한 상황이라도 초창기의 한국교회 상황보다는 훨씬 낫다는 점을 상기시켜 주는 것이었다. 선교 역사가 160년이나 되지만 지금까지 서구 선교기관의 재정적인 도움에 의존하고 스스로의 힘으로 일어나기를 포기한다면 그것은 성경적인 교회의 모습은 아니다. 오늘날 많은 아시아와 아프리카의 교회가 이런 형편에 놓여 있는 것이다. 과거 서구 교회가 수백년 동안 선교하였지만 문화 우월 의식에 의한 일방적인 선교로 말미암아 지도력 배양에 실패하고 문명화를 기독교화의 첩경이라고 보고 온갖 사회 복지 시설과 교육시설 등을 지었지만 그것이 인간 심령을 변화시키지 못하고 물질적인 문화생활의 향상은 가져왔지만 그리스도는 거부하는 결과를 초래하였다. 이런 점에서 한국 장로교회에서 실시되었던 네비우스 선교정책은 토착교회의 자급, 자치, 자전의 능력을 최대한 배양하고 토착교회의 지도력을 키우는 데 있어 선교의 총력을 기울였다. 당시 한국에서 활동하는 미국 선교사들을 관할하던 극동지역 담당 선교총무였던 로버트 스피어는 문화적 명령에 해당하는 구제, 병원설립, 학교건축 등을 무시하지 않았다. 그러나 이런 문화적 명령을 수행하는 데 있어서 무엇보다 중요시한 것은 토착교회의 자율적 생존 능력 바탕 위에서 균형을 맞추면서 토착교회와의 협력 속에서 궁극적으로는 교회가 그 책임을 온전히 맡을 수 있도록 하는 목표에서 실시하였다. 병자를 치료하여도 그것으로 끝나는 것이 아니라 병원에 원목과 전도 팀이 있어서 환자를 복음으로 변화시키고 퇴원한 후에는 그 환자의 가정, 마을을 방문하여 바로 거기서 교회가 시작되어지게 하는 선교를 수행한 것이다.[49]

현금의 아시아나 아프리카의 여러 선교지에서 현지 교회 지도자들과의 협력 없이 토착교회를 성경적인 교회로 성장시키려는 선교 목표 없이 단기간 내에 이루어지는 물량적이고 외형적인 선교 프로젝트 위주의 선교는 짧은 시간 동안에 이루어지는 가견적 결과에 대한 자기 과시나 자랑은 될 수 있을지 모르나 진정한 선교는 이루어지는 것이 아니다. 이러한 경향은 선교 현지에 대한 선교학적인 통찰력의 결여로 올 수도 있지만 요한네스 버카일이 지적한 잘못된 선교 동기 중 하나로 말미암을 수도 있다.[50] 중국에서의 북한 월경자들을 돕는 사역도 마찬가지이다. 한국교

---

49) Robert Speer, <u>Report on the Mission in Korea of the Presbyterian Board of Foreign Missions</u>(New York: The Board of Foreign Missions of the PC USA, 1897), pp. 24-28.
50) 버카일은 네 가지의 잘못된 선교동기들을 지적하는데 첫째는 제국주의적 동기가 있고, 둘째는 문화적 동기가 있으며 셋째는 상업적 동기와 넷째는 교회적 제국주의의 동기가 있다는 것이다. 이 경우에 있어서는 문화적 동기나 교회적 제국주의 동기가 해당이 될 수 있을 것이다. See. Verkuyl, op. cit., pp.

회를 통해서 많은 재정 재원을 받으므로 교회를 건축하거나 어떤 시설을 지어 운영하는 조선족 교회는 바로 그 교회 건축물이나 시설에 대한 중국 정부의 불이익이 있을까봐 이것을 두려워하여 수만 명의 절박하게 도움을 요청하는 북한인들을 제대로 돕지 못하고 다만 형식적으로 흉내만 내는 경향이 있다. 그러나 북한과 접경 지역의 모든 면에서 낙후되고 경제적으로도 가난한 상황 속에 있는 조선족 교회들이 오히려 북한 월경자들을 돕는 데 앞장서고 있다. 저들은 정식 교회당 건물도 아닌 가정집을 예배 처소로 개조하여 예배를 들이는 열악한 상황에 있고 북한인들을 돕다가 중국 정부에 발각이 되면 엄청난 벌금을 물게 되지만 이것을 두려워 아니하고 북한인들을 돕는 사역을 하나님께서 주신 사명인 줄 알고 최선을 다해 감당하는 것이다. 여기서 선교는 물질적인 부요함이나 문화적인 삶의 풍요로움이 선교하는 조건이 아니라는 사실을 분명히 보여준다. 무엇보다 중요한 것은 하나님의 말씀에 대한 순종이요 자기를 부인하고 그리스도의 십자가를 지는 자세이요 사랑을 실천하는 말씀과 행위가 일치하는 삶이다. 이러한 하나님의 백성의 공동체가 세워지지 않았는데 문화적 삶의 향상이 있다면 그것은 곧 세속화의 함정으로 빠지게 된다. 이런 점에서 한국교회는 전통적인 선교 개념으로서의 교회설립을 중요시하되 이미 세워진 선교현지교회가 신학적으로 취약하고 영적으로 병들었을 때 하나님의 교회를 바로 세우고 저들을 섬기는 교회 중심의 선교가 이루어져야 할 것이다.

또한 아시아의 20억이나 되는 불신 종족들에 대하여 전략적인 선교를 수행하되 궁극적인 목표를 교회설립을 통한 하나님 나라의 확장이라는 점을 분명히 하고 이 선교목표가 상실되거나 위축되거나 흐려지지 않는 방향에서 선교를 수행해야 할 것이다. 국내에서의 사회적 책임에 관한 교회의 한계와 사역의 범위는 어디까지가 되어야 할지 신학적인 논란이

168-175.

계속되고 있다. 총체적인 선교를 옹호하는 입장의 선교학자들은 대체로 구조적인 사회악에 대하여 교회는 조직적으로 대처하고 이것을 해결하기 위한 구체적인 사회적 행동(Social Action)을 해야 한다고 주장한다. 그러나 전통적인 선교 개념을 가진 선교학자들은 대체로 사회적 행동에 대하여 불가하다는 입장이다. 그 이유로 제시되는 것이 교회는 사회변혁을 추구하는 사회변혁기구가 아니기에 정체성의 혼란이 있게 된다는 점과 사회행동은 결과를 목적으로 한 행위이기에 교회는 사회변혁을 추구하는 결과 지향의 조직체가 아니라는 것이다.51) 그러나 필자는 이 양자 사이에서 중간적인 입장을 취한다. 교회는 사회변혁기구가 아니기에 사회적 행동을 직접 할 수 없지만 그러나 구조적인 사회악에 대하여 다만 봉사 차원에서의 일방적인 섬김으로 그 사명을 다하는 것이 아니다.

교회는 교인들을 훈련시켜 하나님의 말씀의 가치관에 붙들린 바 되게 하고 그 성경적 세계관을 자신들의 삶의 현장에서 하나님께서 주신 각자의 재능과 은사에 따라 구현하도록 계속적인 동기부여와 격려를 해야 한다. 교회는 불의한 세상에 대하여 선지자적인 사명을 다할 뿐 아니라 교인들을 통해 하나님의 주재권을 인간 삶의 모든 영역에서 구현하도록 저들을 지원하고 격려해야 한다. 즉 칼빈이 말한 바처럼 신율적인 삶을 살아가는 것이요 카이퍼가 말한 영영 주권의 삶을 살아가는 것이요 반틸이 말한 왕국의 변혁적 삶을 살아가는 것이다. 이런 점에서 교회는 교회가 처한 특수 상황 속에서 가장 문제가 되고 인간을 비인간화시키는 모든 불의한 세력과 구조에 대하여 교인들을 통해 성경적인 방법으로 이것들이 해결되도록 저들을 돕고 격려하는 구체적인 교회병행 선교기구를 만들 수 있고 이것을 통해서 교회는 하나님의 의로우신 주재권을 증거할

---

51) 피터 와그너가 이런 입장을 잘 나타내고 있다. See C. Peter Wagner, <u>Church Growth and the Whole Gospel</u>(New York: Harper & Row, 1981), pp. 110-129.

수 있다.

## 6. 결어

지금까지 선교의 용어가 성경에서 어떻게 유래가 됐고 이것이 역사적으로 어떻게 선교 개념을 나타내는 용어로서 자리를 잡게 되었는지를 살펴보았다. 선교와 전도의 성경적인 의미를 규명했으며 역사적으로 이것이 어떻게 사용이 되었고 현금의 선교학에 있어서 선교 개념을 나타내는 용어로서 선교와 전도가 어떻게 사용이 되는지를 살펴보았다.

필자는 선교 개념에 있어서 선교학의 양극화 현상을 논했고 복음주의 교회진영 안에서 논란이 되고 있는 총체적인 선교 개념을 성찰했다. 이미 본 소고에서 언급했지만 필자의 입장은 1974년도의 로잔느 언약문에 나타난 선교 개념 이해이다. 선교에 있어서 전도적 명령을 우선으로 한 그러나 문화적 명령을 단지 전도적 명령에 대한 부수물이나 열매로 보지 않는다. 문화적 명령도 선교의 본질적인 명령인 것이다. 이것은 말씀과 행위의 문제요 신앙과 삶의 문제이다. 그러나 전도적 명령과 문화적 명령을 동등하게 중요하게 여기며 우선권을 논하지 않고 총체적인 개념으로 이해하는 것은 선교현장에서 선교전략과 방법에 있어서 큰 차이가 있게 된다. 잘못하면 제도주의나 세속주의의 올무에 빠질 위험성이 있다. 이런 점에서 총체적인 선교 개념을 가지고 선교하는 것을 필자는 우려하고 있다.

국내 상황에서의 교회의 사회적 책임 즉 문화적 명령을 어떻게 수행하는가의 문제를 언급하였다. 문화적 명령이 교회 선교사명의 본질적인 것이라면 다만 부수물에 그치지 않는다고 하면 보다 적극적인 교회의 대처가 있어야 할 것이다. 이런 점에서 필자는 여러 개혁신학자들의 모델을 언급했으며 필자의 의견을 제시하였다. 한국교회는 교회의 선교사역에 있어서 선교 개념을 성경적인 신학적으로 바로 이해하고 혼란없이 국내든 국외든지 최선을 다해서 선교사명을 수행해야 할 것이다.

# Ⅳ. 선교의 성서신학 연구

　선교학에 있어 가장 근간이 되는 학문 영역은 선교의 성서신학적 연구이다. 선교의 성서신학적 이해없이 실용적인 선교방법론이나 현장을 중심한 선교학의 제 신학적 이론들은 상대주의나 실용주의의 오류에 빠질 위험성이 있다.[1] 이런 관점에서 최근의 몇 선교학자들은 선교의 성서신학의 중요성을 논하고 있으며 바로 그 토대 위에서 선교학의 다양한 학문영역들을 고찰하고 있다.[2] 필자는 한국교회 내에서 적절한 신학적 기준없이 무분별하게 선교의 제 이론들이 소개되고 있는 것을 안타깝게 여

---

1) 성경의 기반이 없는 인류학적이고 사회학적 이론의 선교이론 반영은 과거 교회성장학 이론이 비판을 받았던 동일한 문제에 부딪히게 된다. See Robert L. Ramseyer, "Anthropological Perspectives on Church Growth Theory", in The Challerge of Church Growth, Shenk, ed. (Scottdale: Herald Press, 1973), pp. 65-77.
2) See Charles van Engen, "The Relation of Bible and Mission in Mission Theology", in The Good News of the Kingdom, Engen, Gilliland, Pierson, ed." (Maryknoll: Orbis, 1993), pp. 27-29, David J. Bosch, "Reflections on Biblical Models of Mission", in Toward the 21st Century in Christian Mission, J.M. Phillips, R.T. Coote, ed. (Grand Rapids: Eerdmans, 1993), pp. 175-176.

기고 있다.[3] 필자는 이 소고에서 연대기적 측면의 선교의 성서신학의 제 접근방법들을 논하고 유형론적 특징을 중심으로 성서신학의 모델들을 구분해 보고자 한다.[4] 필자가 이 소고에서 목표하는 바는 현재의 다양한 선교의 성서신학적 이론들을 적절히 신학적으로 평가하여서 바르게 분별하는 것이며 개혁주의 관점에서의 선교의 성서신학적 모델을 올바르게 정립해 보는 것이다.

## I. 연대기적 고찰

### 1) 16세기부터 20세기 초까지의 기독론적 접근 방법

19세기의 독일의 루터란 교회 성서신학자인 빌헬름 헹스텐버그(Ernst Wilhelm Henstenberg)가 그의 명저인 『구약의 기독론』(Christology of Old Testament)에서 기독론적 측면으로 구약성경을 연구하였듯이 16세기 종교개혁자들의 성경을 통한 선교이해는 구속사적 측면의 기독론적 관점에서의 접근이었다. 칼빈은 그의 『기독교강요』와 주석을 통해서 그의 선교사상을 나타낼 때에 구약에서의 메시아 예언과 관련된 구절들

---

3) 예를 들면 퀘이커 계열의 친구 교단 목사인 존 윔버의 힘의 전도개념에 입각한 포도원교회 운동이다. 왜곡된 왕국의 신학 개념과 성령론이 신학적으로 문제가 있음에도 적절한 신학적 분별 없이 옹호되고 있는 경향이 있다.
4) 연대적 측면의 연구방법은 시간과 공간의 인과론적 연관성을 잘 나타내며 문체의 핵심을 질서 있게 접근하게 해 준다. 유형론은 단순화의 위험성이 있으나 논지를 명확하게 보여주는 장점이 있다. See Stephen Isaac, Handbook in Research and Evaluation (San Diego: Gdits, 1987), pp. 44-45.

의 보편주의적 특성을 지적하고 있으며 신약에 있어서 메시아의 오심으로 성취되어지는 하나님의 나라를 '그리스도의 왕국' (Regnum Christi)으로 부르고 이것을 전 창조세계를 실질적으로 포괄하는 통치영역으로서 우주적이며 보편적인 왕국(Regunum Oeconomicum or Regnum Universale)으로 부르고 있다.[5] 칼빈은 그리스도의 왕국의 보편성과 우주성을 교회에서 주어진 선교사명으로 이해하였으며 종말론적인 표적으로서 교회의 전 지구적인 확산을 굳게 믿고 있었다.[6]

루터는 성경이해에 있어서 구약의 메시아 중심적인 하나님의 약속들과 이것이 예수 그리스도를 통하여 구체적으로 성취되어진 바를 성경의 핵심으로 보았으며 그리스도의 왕국이 보편성과 우주성으로 교회를 통해 성취되어짐을 칼빈처럼 확신하고 있었다.[7] 루터는 그리스도의 왕국개념에 있어서 칼빈과는 다르게 이원론적인 신학경향을 가지고 있었고 교회 성례전을 중심한 하나님 나라의 소극적인 방어적 성향을 가지고 있었다.[8] 종교개혁가들 중 교의신학자(Dogmatic Theologian)라고 불리는 멜랑크톤(Melanchthon)도 성경 속에서 그리스도 중심의 하나님의 자기계시를 복음이라고 보았으며 이 복음이 구약에서 아담, 에녹, 아브라함,

---

5) See Comm on Matt 6:10; Luke 17:20; John 12:31, 13:31; Rome 8:20; 2 Peter 3:10; Psalm 46:3-5; Dan. 7:27; Isa. 26:19, 61:6, 62:3.
6) See David E. Holwerda, "Eschatology and History", in Readings in Calvin's Theology, D.K. Mckim, ed(Grand Rapids: Baker, 1984), pp. 336-337, 339.
7) Bertram Lee Woolf, ed and trans, "The Spirit of the Protestant Reformation", The Reformation Writings of Martin Luther, Vol II(Lond: Lutteruorth Press, 1956), pp. 278-283
8) See J.J. Schindee, trans., "Secular Authority: To What Extent It should be obeyed", Works of Martin Luther, Vol. III(philadelphia: A.J. Holman Co., 1930), pp. 228-273.

셈족, 열국으로 나타났고 예수 그리스도의 오심으로 사도들과 교회를 통하여 전세계에 확산되어지는 것으로 성경을 해석하고 있었다.[9]

16세기에 성경의 선교 이해는 이렇듯이 기독론적 측면의 접근으로 선교 메시지가 이해되어졌는데 이것은 1793년 근대 선교의 아버지라고 불리우는 윌리암 캐리에게도 그대로 나타나고 있다. 윌리암 캐리는 당시의 선교하지 않는 영국 개신교회를 향해 선교의 당위성을 역설하기 위하여 마태복음 28:16-20을 중심으로 한 대위임령을 근거로 그의 유명한 선교의 소논문을 작성하였다. 그 소논문의 내용은 구약에 메시아와 관련된 하나님의 약속들을 언급하고 메시아가 오심으로 복음이 완성되어져서 이것이 전세계에 모든 이방민족들에게 전파되어져야 한다는 선교의 당위성을 역설한 것이다.[10] 그는 특히 마태복음 28:16-20의 말씀이 종교개혁가들 중에서 베자와 멜랑크톤에게서 찾아보듯이 사도들 시대에 사도들을 통해서 이미 성취되어진 말씀으로 보지 않고 교회를 통해서 계속 수행되어야 할 선교적 사명으로 해석하였다.[11] 이러한 윌리암 캐리의 대위임령에 대한 선교적 해석과 당시의 교통 수단의 발달과 산업 혁명으로 인한 식민지 시대의 도래와 세계 2/3지역의 재발견, 또한 구미교회의 세계적

---

9) See Gustav Warneck, <u>Outline of a History of Protestant Missions</u>, G. Robson, ed. (New York: F.H. Revall Co., 1901), pp. 17-18.
10) See William Carey, "An Inquiry into the Obligation of Christions to use Means for the Conversion of the Heathens" in <u>Perspectives on the World Christian Moverment</u>, Ralph D. Winter, Stephen C. Hawthorne, eds(Pasadena: William Carey Library, 1981), pp. 227-230.
11) Warneck은 Beza와 Saravia 사이에 대위임령의 해석문제를 놓고 논쟁이 벌어진 것을 진술하는데 Beza는 대위임령이 사도들에게만 해당된 것으로 주장하였다. Saravia는 감독제를 옹호키 위하여 감독을 통한 합법적 선교계승을 주장하였다. See Warneck, op.cit., pp. 20-23.

인 부흥은 당대의 개신교회로 하여금 선교에 불을 붙게 하는 계기가 되었다.

19세기에 활약하던 근대 선교학의 아버지라고 불리우던 구스타브 바넥은 윌리암 캐리와 비슷하게 대위임령을 선교의 핵심적인 메시지로 보고 교회가 이 선교의 사명을 중추적으로 감당할 것을 주장하면서 선교의 목표를 제자 삼는 것(Matheteuein)으로 하여 기독교화(Christianization)의 선교를 주장하였다.[12] 이렇듯이 기독론을 중심한 성경의 선교 메시지 이해는 19세기부터 20세기 초까지의 선교의 성서신학적 근거였고 바로 이 토대 위에서 선교의 신학적 당위성이 논의되었다. 20세기 초에 이슬람 선교의 큰 발자취를 남긴 사무엘 쳄머(Samuel Zwemer)는 당시의 이런 시대적 선교의 성서신학적 특징을 나타내듯이 그의 명저인 『온 천하에』(Into all the World)라는 책 속에서 메시아에 대한 구약 예언의 성취 측면에서의 최종성(Finality)과 메시아를 통한 하나님 나라의 보편성(Universality)을 대위임령과 연관하여 교회를 통한 선교의 중요성으로 논하고 있다.[13]

1910년 개신교회의 역사에 있어서 중요한 전환기라고 할 수 있는 세계선교대회가 스코틀랜드의 에딘버그에서 열렸는데 선교의 성서신학적 토대는 기독론을 중심한 대위임령에 놓여 있었고 이것은 1928년 예루살렘 국제선교대회에서 '기독교의 메시지'(The Christian Message)로 나타났다.[14] 기독교의 메시지는 예수 그리스도의 복음이 선교의 동기요 선교

---

12) Warneck에게 있어 제자삼는 것을 통한 기독교화의 의미는 민족교회(Volks Kirche)를 세우는 것을 의미한다. See Gustav Warneck Evangelische Missionslehre, Vol. III(Gotha: perthes, 1902), p. 214
13) See Samual M. Zwemer, Into all the World (Grand Rapids: Zondervan, 1942), pp. 28-68.
14) See Rodger C. Bossham, Mission Theology(Pesadena: William Carey Library, 1979), p. 20.

의 목적이 된다는 데에 그 핵심이 있다.[15]

## 2) 20세기 중엽부터 등장하기 시작한 삼위일체론적 접근 방법

　기독론을 중심으로 한 선교의 성서신학적 접근 방법은 점차로 삼위일체론적 관점에서의 성서의 접근 방법으로 바뀌어져 갔다. 영국의 대표적인 선교학자인 레슬리 뉴비긴은 20세기 초까지 선교의 성서신학적 접근이 구속사적 관점의 기독론 중심인 것을 비판하고 삼위일체론적 관점에서 선교의 성서신학을 연구할 것을 주장하였다.[16] 그는 구속사에 있어서 삼위 하나님의 성경적인 자기 계시를 균형있게 다룰 것을 요구하고 성부 하나님의 창조주로서의 사역과 성자 하나님의 구원 사역을 역사 속에서 완성하심과 구원을 구체적으로 적용하시며 실천하시는 성령 하나님의 사역을 총체적으로 조화있게 접근할 때 선교의 메시지가 성경적인 균형을 유지하게 된다고 하였다.[17] 이러한 삼위일체론적 선교의 성서신학의 접근은 독일의 신학자인 조지 비세돔(George F. Vicedom)의 '하나님의 선교'(Missio Dei) 사상에서 찾아보게 되는데 그는 창조와 구속에 있어서 하나님의 주권성을 철저히 인식하면서 이것을 하나님의 통치를 의미하는 왕국개념으로 발전시켜서 왕국의 통치를 구원사적으로 완성하시는 예수 그리스도와 성령의 역할을 논하고 있다.[18] 비세돔과 같이 하나님의

---

15) Ibid.
16) See Leslie Newbigin, <u>Trintiarian Faith and Force in Missions</u> (Richmond: John Knox Press, 1964), pp. 20-30.
17) Ibid., pp. 31-34.
18) See George F. Vicedom, 「하나님의 선교」, 박근원 역(서울: 대한기독교 출판사, 1980).

선교라는 용어를 1952년 윌링겐 국제선교대회에서 화란의 선교학자인 요한네스 호켄다이크(Johannes C. Hoekendijk)가 사용하였으나 그 의미는 비세돔과 전혀 다른 것이다. 그는 하나님의 주권성과 통치 영역을 포괄적으로 보편화하여서 교회 밖의 세상 속에서의 하나님의 구원 사역의 가능성을 인정하였으며 교회는 이러한 하나님의 포괄적 선교사역의 한 부분으로 사용됨을 주장하였다.[19] 호켄다이크의 하나님의 선교 개념은 보편적인 인간성의 완성을 위한 모든 노력들을 하나님의 선교사역으로 보고 교회는 이 사역에 한 부분으로서 세상 속에서 이루어지는 하나님의 통치에 겸손하게 순종할 것을 주장한다.[20]

삼위일체론적 선교의 성서신학 접근은 미국의 선교학자인 허버트 칸에게서도 찾아보게 되는데 그는 구약에 있어서 하나님의 선교적 역할을 창조주, 보존자, 통치자, 구속자 측면에서 포괄적으로 이해하고 있고 이스라엘의 선택의 의미와 구약적 선교의 특징을 구심력적으로 해석하고 있다.[21] 신약에 있어서 예수 그리스도의 성육신의 의미를 구약에 있어 메시아에 대한 하나님의 약속 성취로 보고 이 약속 안에 이방인도 포함된 보편적인 복음의 메시지가 있으며 이것이 그리스도의 공생애 기간 중에 점진적으로 나타나다가 부활 이후에 대위임명령으로 절정에 이르렀다고 한다.[22] 허버트 칸은 대위임령을 통해서 선교의 종말론적인 특징을 논하며 이것이 교회를 통한 사역임을 지적하고 있다. 교회는 선교의 사명을 성령의 내재와 능력 속에서 감당하게 되는데 허버트 칸은 특히 선교에

---

19) See Johannes C. Hoekendijk, The Churh Inside Out(Philadalphia: Westminster, 1966), pp. 152-170. cf. Bassham, op. cit., pp. 68-69.
20) Ibid., pp. 146-151.
21) See J. Herbert Kane, Chistian Missions in Biblical Perspective (Grand Rapids: Baker, 1976), pp. 17-33.
22) Ibid., pp. 34-49.

있어서 삼위 하나님의 주권성을 강조하고 있다.[23] 에큐메닉 진영의 대표적인 선교학자이며 다수 온건한 복음주의 노선에 서 있는 제럴드 앤더슨(Gerald H. Anderson)은 20세기 선교학의 큰 발견으로서 삼위일체론적 관점에서의 선교의 성서신학 연구를 지적하고 있다. 그는 선교의 삼위일체론적 이해야말로 뉴비긴이 진술한 바처럼 선교학의 균형 있는 발전을 가져온다고 믿고 있는 것이다.[24]

### 3) 20세기 중엽 이후부터 등장하기 시작한 교회론적 관점에서의 접근 방법

1938년 인도 마드라스에서 열렸던 국제선교대회는 선교에 있어 교회의 역할을 재발견(Discovering the Church)하자는 논제를 가지고 토론하였다.[25] 점차적으로 세계 2/3 교회가 조직 교회로서 성장하기 시작하였고 범세계적인 교회 협력과 선교에 있어서 교회의 역할 등이 논의되었다.[26] 제1차 WCC 대회가 암스텔담에서 열렸을 때 신학적 주제는 교회론이 중심이었고 하나님의 질서 속에 보편적 교회의 연합과 협력, 공동의 증인 등이 중요한 논제였다.[27] WCC는 교회론을 중심한 선교의 성서신학을 확립하기 위해서 화란의 선교학자인 요한네스 블라우(Johannes

---

23) Ibid., pp. 97-140
24) Gerald H. Anderson, ed., The Theology of the Christian Mission (New York: McGraw-Hill Book Co., 1961), pp. 3-16.
25) William Richey Hogg, Ecumenical Foundations(New York: Harpers & Brothers, 1951), pp. 297-300.
26) Bassham, op. cit., p. 25.
27) Ibid., p. 30.

Blauw)에게 연구를 의뢰하였는데 그는 결과로서 『교회의 선교적 본질』 (The Missionary Nature of the Church)이라는 책을 내놓았다. 블라우는 영국의 로우리(H. H. Rowley)의 영향을 받아서 구약에 이스라엘 민족이 하나님께 선택을 받은 것은 봉사를 위한 것인데 구약 시대에 이스라엘의 봉사는 보편주의(Universality)를 내포한 구심력적(Centrepetal)인 것이라고 한다.[28] 블라우의 이런 사상은 이사야 40-55장에 메시아 예언과 관련된 선교적 메시지들을 미래적인 것으로 본다. 고난받는 종은 메시아를 지칭하는 개인적인 의미이기도 하며 동시에 집합체로서 이스라엘 민족을 의미하는데 이스라엘 민족의 고난스러운 삶이 궁극적으로 열방을 하나님께로 모으는 선교적인 결실로 나타난다는 것이다.[29] 이런 블라우의 사상은 불란서의 성서신학자인 마틴 아카드(R. Martin Achard)와 동일한 견해인데 아카드는 구약성경 속에 이스라엘 민족을 향한 원심력적인 선교의 의미를 인정하지 않고 있다.[30]

아카드는 이사야서에 나타난 선교의 메시지를 메시아와 연관하여 미래적인 것으로 보며 고난의 종이 이스라엘 민족 자체의 역사이기도 하면서 보편주의가 궁극적으로 메시아의 오심으로 원심적인 선교의 결실로 나타남을 주장하고 있다.[31] 블라우에게 있어서 메시아의 오심은 구약 예언의 성취이면서 동시에 구심력적인 보편주의가 원심력적인 보편주의로 전환

---

28) 이에 관련 구절들로 블라우는 창 1-11; 출 19:5-6; 시 67, 96, 100, 117편 등을 열거하고 구심력적인 것을 나타내는 구절로서 사 2:2-5 등을 들고 있다. 요한네스 블라우, 『교회의 선교적 본질』, 한국복음주의 선교학회 역(서울: 예장총회출판국, 1988), pp. 24-28. cf. H. H. Rowley, <u>The Biblical Doctrine of Selection</u>(Cicago: A. R. Allenson, 1952) p. 52.

29) Ibid., pp. 35-48.

30) Robert Martin Achard, <u>A Light to the Nations</u>(Edinburgh: Oliver & Boyd, 1962), pp. 1-7.

31) Ibid., pp. 8-31.

되는 기점이 된다. 블라우는 그리스도의 공생애 기간 중에 보편주의적 선교의 메시지가 나타났으며, 이스라엘에 대한 하나님의 약속이 메시아의 오심으로 성취되어졌다는 측면에서 구약적인 구심력적 선교 특징을 그대로 지니고 있음을 주장한다.[32] 부활 이후에 대위임령을 통하여 교회의 선교적 사명이 땅 끝까지 이르는 원심력적인 특징을 지니게 된 것이다.[33] 세대주의 선교학자인 조지 피터스(George W. Peters)도 블라우와 동일하게 구약적 선교 특징을 구심력적인 보편주의로 보고 원심력적인 선교 메시지가 있음을 인정하지 않고 있다.[34] 그러나 신약성경은 선교의 책이요 선교학의 책이라고 주장한다.[35] 피터스도 블라우와 같이 대위임령을 원심력적 선교의 전환기라 보고 이후에 성령의 임재 속에 교회가 선교의 사명을 원심력적으로 감당케 됨을 말한다.[36] 아카드, 블라우와 피터스는 교회의 원심력적 선교사역 수행이 궁극적으로 구약성경의 보편주의적 선교 메시지의 완성이요 이것은 바로 종말론적 사역임을 주장한다.[37]

## 4) 20세기 중반부 이후부터 등장하기 시작한 하나님 나라 관점에서의 접근 방법

WCC는 1975년 제5차 나이로비 대회 때까지 교회론을 중심으로 한

---

32) 블라우, op. cit., pp. 75-80.
33) Ibid., pp. 93-105.
34) George W. Peters, A Biblical Theology of Missions (Chicago: Moody Bible Press, 1978), pp. 23-25.
35) Ibid., p. 131.
36) Ibid., pp. 172-176.
37) See Martin Achard, op. cit., pp. 71-75, 블라우, op. cit., pp. 141-152, Peters, op. cit., pp. 199-214.

선교의 성서신학을 주로 다루었다. 그들은 교회의 연합을 중시하면서 이것이 바로 세상에 대한 선교 메시지임을 늘상 주장해 왔다.[38]

1980년 WCC 세계선교와 전도분과 대회가 멜버른에서 개최되었을 때 총주제는 "당신의 왕국이여 임하소서"(Your Kingdom come)였다. 이후에 WCC 산하의 많은 신학자들이 에큐메니적 하나님의 선교 사상을 기반으로 하여 하나님 나라에 대한 성서신학적 연구를 해왔다.[39] 복음주의 진영에서의 하나님 나라 관점에서의 선교의 성서신학적 연구는 소위 왕국신학자들로 불리우는 일군의 신학자들의 영향을 받았다.[40] 저들은 성경 계시의 통일적인 주제를 하나님의 나라로 간주하고 예수 그리스도의 구원 사역을 하나님 나라와 직접 연관시키고 있다.[41] 하나님 나라 관

---

38) WCC는 요한복음 17:23의 말씀을 교회연합의 근거로 삼아서 그것이 곧 세상에 대한 강력한 선교 메시지임을 주장한다. 그러나 하나님의 말씀이 변질이 되고 그것이 심하게 왜곡될 때에는 인위적인 연합은 가능할지 모르지만 진정한 연합은 이루어질 수 없다. cf. Wesley L. Duewel, "Christian Unity: the Biblical Basis and Practical Outgrowth", in New Horizons in World Mission, David Hesselgrave, ed(Grand Rapids: Baker 1979), pp. 265-286.
39) 여기에 대표적인 신학자로 보편역사관(Universal History)을 가진 Welfhart Pannonberg가 있다. See Wolfhart Pannenberg, Jesus, God and Man(Philadelphia: Westminster, 1982), p. 33.
40) See cf. George Eldon Ladd, The Gospel of the Kingdom(Grand Rapid: Eerdmans, 1959), The Presence of the Future, Jesus and the Kingdom(Waco: Word Book, 1984), John Bright, The Kingdom of God(Nashville: Abindon, 1953), Herman Ridderbos, The Coming of the Kingdom(Philadelphia: Pres. & Reformed., 1962), Donald B. Kraybill, The Upside down Kingdom(Scottdale: Herald press, 1978).
41) 나라개념은 통치영역을 의미하는 것으로 하나님의 주권을 의미하며 그리스도의 구원사역이 하나님의 통치권을 회복하시는 의미가 있다.

점에서 선교의 성서신학을 접근하는 학자들은 화란 자유대학의 선교학 교수인 요한네스 버카일(Johannes Verkuyl)과 남아프리카의 대표적 선교학자인 데이비드 부쉬(David Bosch)와 미국의 풀러신학교의 선교학 교수인 아더 글라서(Arther Glasser) 그리고 자유 감리교 계통의 하워드 스나이더(Howard Snyder)가 있다.[42]

아시아에서는 현재 아시아신학협의회(Asian Theological Association)의 실행 총무로 있는 켄 그나나칸(Ken Gnanakan)이 있다.[43] 요한네스 버카일은 하나님 나라 관점에서 선교의 성서신학을 접근하는 데 지대한 영향력을 미쳤다. 그는 선교에 있어 하나님의 주권을 철저히 인식하면서 구약성경을 연구하는 데 있어 네 가지의 선교 주제를 진술하고 있다.

첫 번째의 보편적인 주제(Universal Motif)는 창조주로서의 하나님의 주권 가운데서 시작이 되는데 하나님은 만유의 주재자이시며 이스라엘의 선택은 열방을 위한 것임을 말한다.

그는 심판의 메시지도 궁극적으로 보편적인 주제 가운데서 이루어지며 이것은 하나님의 뜻을 이루는 도구로 사용됨을 말한다. 두 번째의 구출과 해방의 주제(Motif of Rescue and liberation)는 보편적인 주제를 기반으로 한 하나님의 구속 사역이시다. 하나님은 보편적인 주제를 성취하는 데 사용하는 도구로서의 이스라엘의 구속자이실 뿐 아니라 열방의 구원자가 되신다. 그는 이사야 40-55장에 나와 있는 메시아와 관련된 종

---

42) See Johannes Verkuyl, Contemporary Missiology(Grand Rapids: Eerdmans, 1978), David Bosch, Witness to the World(Atlanta: John Knox Press, 1980), Arther Glasser, Kingdom and Mission (Pasadena: Fuller, 1989), Howard a. Snyder, The Community of the King(Downers Grove: IVP, 1977).
43) Ken Gnanakan, Kingdom Concerns(Downers Grove: IVP, 1993).

의 노래를 지적하여 종으로서의 이스라엘과 종으로 오시는 메시아를 통하여 하나님께서 구출과 해방을 성취하시는 데 이것은 전인적인 구속 사역임을 강조하고 있다.

세 번째로서 선교적인 주제(The Missionary Motif)가 있다. 선교적인 주제는 보편적인 주제와 구출과 해방의 주제에 본질적으로 내포되어 있는 필수적인 요소이다. 이스라엘을 선택하심은 열방을 위한 선교적 도구로 사용하심이며 구약에는 단지 소극적으로 구심력적인 선교 특징만 있는 것이 아니라 멜기세덱, 룻, 욥, 요나와 그 외 다른 많은 사례들을 통하여 발견하듯이 원심력적인 선교 특징도 있는 것이다. 네 번째는 대립의 주제(Motif of Antagonism)가 있다.

위에서 언급된 네 가지 주제들은 끊임없이 도전을 받고 위협되어진다. 버카일은 이것을 영적인 전쟁으로 보는데 종말론적인 측면에서 하나님의 뜻이 성취되어지고 모든 대립의 세력들은 심판을 받게 될 것이다.[44] 버카일은 구약에 나타난 하나님 나라 관점의 네 가지 주제들을 신약성경을 접근하는 데 있어서 그 바탕으로 삼고 있다. 예수 그리스도의 오심은 보편적인 주제를 성취하시는 하나님 나라의 도래이며 그리스도의 사역을 통한 하나님 나라의 성취는 종으로서의 섬기시는 사역을 통해서 이루어지는데 이것은 전인적인 구원을 가져온다. 그리스도의 공생애 기간 중에 이방인들을 향한 선교 메시지는 이스라엘 민족을 향하신 하나님의 약속 성취로서 메시아의 자기 증언의 구심력적인 한계를 가지고 있었으나 부활 이후에 대위임령을 기점으로 원심력적인 선교 메시지를 교회에게 수여하였다.[45]

교회는 복음을 전하는 데 있어서 핍박과 고난이 있으나 성령의 능력으

---

44) Verkuyl, op. cit, pp. 89-96.
45) 버카일은 이에 관련구절들로 마 10장; 막 10:45, 14:24 등을 열거하고 있다. Ibid., pp. 103-113.

로서 하나님 나라의 증인이 되며 하나님 나라의 완성에 참여하게 될 것이다.[46] 이러한 버카일의 하나님 나라 관점에서의 선교의 성서신학적 접근은 아더 글라서에게 큰 영향을 미쳤다. 글라서는 버카일의 성서신학적 틀 위에서 조지 래드(George Ladd)와 존 브라이트(John Bright) 그리고 헤르만 리델보스(Herman Riddervos)의 왕국 신학 사상에 영향을 받아서 그의 선교의 성서신학을 전개해 나가고 있다. 글라서는 선교의 성서신학 접근에 있어서 20세기 초엽까지 기독론적 측면으로만 연구되어진 것을 비판하고 성경을 보다 포괄적으로 다양하게 접근할 수 있는 하나님 나라의 통합적 접근을 주장한다. 창조주로서의 하나님은 주권자가 되셔서 피조 세계를 보존하시고 통치하시는 왕이시다. 그는 선택과 구속에 있어서도 주권자가 되신다. 피조 세계는 왕이 되신 하나님께 순종하고 그에게 합당한 영광을 돌려 드려야 한다. 하나님의 형상으로 지음받은 인간은 개개인이 하나님께 순종하고 헌신해야 하는데 하나님은 그의 주권적 통치를 회복하기를 위해서 종의 공동체를 형성하신다. 바로 이 종의 공동체가 이스라엘 선택에 대한 하나님의 뜻이 되시는 것이다. 그런데 하나님의 통치는 끊임없이 훼방되어지고 방해되어진다. 구약에 있어서 여호와의 전쟁 개념은 바로 적대 세력에 대한 하나님의 심판을 의미한다.

구약의 하나님의 주권 개념은 신약에 있어서 예수 그리스도가 주님이 되신다는 사실과 동일한 의미를 가지고 있다. 그리스도의 주님 되심은 개개인에게 언약적 헌신을 요구한다. 이 언약적 헌신은 왕의 공동체, 즉 그리스도의 몸 된 교회를 통해서 이루어진다. 교회는 선교 사역을 수행함에 있어서 끊임없이 훼방되어지고 핍박을 받으므로 고난을 통과해야 한다. 그러나 고난은 교회를 통하신 하나님의 의지를 방해하지 못하고

---

46) 버카일은 바울의 경우를 이에 대한 이상적인 사례라고 본다. Ibid, pp. 113-114.

궁극적인 승리를 가져오게 된다. 구약이나 신약에 있어서 하나님의 나라는 결과적으로 미래에 완성되어진다.[47] 데이비드 부쉬는 하나님의 긍휼히 여기시는 사랑의 성품을 선교의 가장 중요한 동인이라고 본다. 하나님은 그의 사랑 안에서 요나를 니느웨로 보내셨고 죄로 인해 썩어짐의 종 노릇하는 모든 피조 세계를 선교의 대상으로 삼으신다. 구약에 있어 이스라엘을 선택하시고 하나님의 백성으로 삼아 주신 것도 사랑이 동인이요 이 사랑 가운데서 열국을 섬기는 제사장적 나라가 되게 하신다. 이렇듯이 선교의 동인이 사랑인데 신약에 있어서 예수 그리스도의 오심은 바로 하나님의 사랑의 절정이요 구원의 은총이 되는 것이다. 교회는 사랑 가운데서 섬김의 공동체로서 전세계를 향하여 구원의 복음을 증거해야 한다.[48] 켄 그나나칸은 창조, 보존, 섭리, 구속에 있어서 하나님이 주권자가 되심을 철저히 인식하고 구약에 있어 선교는 주권자가 되신 하나님께서 온 피조 세계와 인류를 구속하시기 위해서 이스라엘을 선택하시고 역사 가운데서 메시아 되신 예수 그리스도를 보내심으로 그의 우주적 구원을 약속하신다는 것이다.[49]

신약은 예수 그리스도가 하나님 나라의 표적이요 완성자로서 그의 죽으심과 부활, 재림이 하나님 나라를 실현시키는 복음이요 이것이 교회의 성례와 선포를 통해서 증거됨으로 전 피조 세계와 인간을 구원하시는 하나님 나라의 완성을 가져온다는 것이다.[50] 찰스 반 엥겐(Charles Van Engen)은 하나님 나라 관점에서의 선교의 성서신학을 요약하여 네 가지

---

47) Arther Glasser, "The Whole Bible Basis of Mission", in Contemporary Theologies of Mission (Grand Rapids: Baker, 1983), pp. 30-46.
48) David Bosch, Toward the 21st Century in Christian Mission, op. cit, pp. 180-192.
49) Gnanakan, op. cit., pp. 55-112.
50) Ibid., pp. 113-135.

의 큰 주제로 나눈다. 첫째는 하나님의 주권성을 강조하는 측면에서의 하나님의 선교(Missio Dei)요 둘째는 인간을 도구로 삼으셔서 그의 뜻을 이루신다는 측면에서 인간의 선교(Missio Hominum)요 셋째는 하나님의 선교는 개인적인 헌신을 통해서만 이루어지는 것이 아니라 하나님의 백성들의 연합과 협력을 통해서 성취되어진다는 점에서 교회의 선교 (Missiones Ecclesiarum)요 넷째는 선교 대상이 전 피조 세계와 인간의 총체적 삶을 포함한다는 의미에서 전 우주적 통치의 선교(Missio Politica Oecumenica)라는 것이다.[51]

### 5) 20세기 후반기에 새롭게 대두되기 시작한 언약신학적 관점에서의 선교의 성서신학적 접근

언약신학의 주제는 부분적이지만 어거스틴과 칼빈에게서 다루어졌고 개혁주의 교회의 조직신학자인 찰스 핫지와 루이스 벌코우프에게서도 연구되어졌다.[52] 1950년대 이후 존 머레이가 언약신학의 주제를 본격적으로 연구하였고 그 이후에는 윌리암 둠브렐(William J. Dumbrell), 팔머 로벗손(O. Palmer Robertson), 메레디스 크라인(Meredith Klino), 토마스 맥코미스키(Thomas E. McComiskey), 월터 카이저(Walter Kaiser) 등이 언약신학을 성서신학의 근간으로 삼아 연구하였

---

51) Charles van Engen, <u>Biblical Foundations of Misson</u> (Pasadena: Fuller, 1990), p. 211.
52) See Charles Hodge, <u>Systematic Theology</u>, Vol. III (Grand Rapids: Baker, 1977), pp. 117-376, Louise Berkhof, <u>Systematic Theology</u> (Grand Rapids: Eerdmans, 1976), pp. 262-301.

다.[53] 1971년도에 리차드 드 뤼더(Richard De Ridder)가 언약신학을 주제로 선교의 성서신학을 접근하였고 하비 콘은 그의 신학의 틀로서 언약신학을 채택하여 선교학을 발전시키고 있다.[54] 구약에 있어 언약은 과거 개혁주의 전통에 있어서 행위언약과 은혜언약으로 구분하여 시작하였으나 행위언약 자체가 은혜 속에서 이루어지는 것이요 은혜언약 자체가 행위를 포함하기에 일반적으로 지금은 창조언약과 구속언약으로 나누고 있다.[55]

창조언약은 인간이 범죄하기 이전의 피조 세계를 향하신 하나님의 축복의 약속이요 그의 의지의 작정이시다. 창조언약은 범위에 있어 보편적이고 우주적이며 문화명령과 하나님을 경외하는 측면의 전도적 명령도 아울러 내포하고 있다.[56] 범죄한 이후에 전 피조 세계가 죄의 침투와 사탄의 영향력으로 인하여 신음하고 고통을 당하고 있으며 하나님의 진노

---

53) See John Murray, The Covement of Grace(Grand Rapids: Eerdmans 1954), W.J. Dumbrell, Covenant and Creation(Thomas Nelson Pub., 1984), Thomas E. Mcomiskey, The Covennats of Promise(Grand Rapids: Baker, 1985), Walter Kaiser, Toward of Old Testament Theology(Grand Rapids: Zondervan, 1978).
54) See Richard De Ridder, Discipling the Nations(Grand Rapids: Baker, 1979), O. Palmer Robertson, The Christ of the Covnants (Grand Rapids: Baker, 1980), Meredith G. Kline, By Oath Consigned (Grand Rapids: Eerdmans, 1968), Treaty of the Greak King(Grand Rapids: Eerdmans, 1963), Harvie M. Conn, "God's Plan for Church Growth", in Theological Perspectives on Church Growth(Phillipsburg: Pres. and Ref. Pub., 1976), Evangelism: Doing Justice and Preaching Grace(Grand Rapids: Zondervan, 1982).
55) See Robertson, op. cit., pp. 60-69.
56) Ibid., pp. 73-93.

의 대상이 되었다. 그러나 하나님은 그의 창조의 언약을 취소하신 것이 아니라 구속 언약을 통해서 창조 언약을 회복하시고 완성하신다. 여기에 창조 언약의 불연속성이 구속 언약 안에서 연속성으로 나타나는 것이다. 하나님은 구속 언약을 창세기 3:15에서 나타내셨고 이후 구속 언약을 이루시기 위해서 아브라함을 택하시고 한 민족을 이루게 하셔서 구약 시대의 언약 백성을 준비하셨다. 언약 백성은 하비 콘이 주장하듯이 구속 언약을 이루기 위한 도구로서 전 피조 세계와 열방에 대한 언약 책임과 언약의 증인이 되어야 하는 것이다.[57]

드 뤼더는 구약의 언약 백성이 구속 언약을 이루기 위한 언약 책임을 다하지 못하였을 때 하나님의 징계를 받아서 열국에 흩어졌고 거기서 열방에 대한 언약 책임을 깨닫고 언약 증인이 되는 중간기의 선교 운동이 일어났다고 보는 것이다.[58]

하나님은 섭리적으로 중간기의 선교 운동 즉 이방인을 향한 개종 운동의 결과로 회당과 70인경을 예비하셔서 예수 그리스도의 오심으로 인한 새 언약의 우주적인 토대를 마련하였다.[59] 예수 그리스도는 구약의 구속 언약 속에 예표되었듯이 십자가에서 몸이 찢기시고 피를 흘리심으로 구속 언약의 내용을 성취하셨고, 부활하심으로 구속 언약의 효용성을 증거하셨고, 재림하심으로 구속 언약을 완성하실 것이다. 그리스도로 말미암는 구속 언약은 구약 시대에는 오실 메시아를 대망하면서 주류적인 방법이 구심력적인 하나님의 백성들의 제사장적 사역으로 이루어졌으나 원심

---

57) 여기서 언약책임과 언약증인은 말씀과 행위가 일치하는 삶 자체를 의미한다. Harvie M. corn, "Contextualization: Where do we begin?" in <u>Evangelicals and liberation</u>, Carl Armerding, ed(New Jerssy: Pres. and Ref. Pub. 1977), pp. 111-113.
58) De Ridder, op. cit., pp. 75-77.
59) Ibid., pp. 77-127.

력적인 이방인에게 나아가는 경우가 전혀 없는 것이 아니다. 원심력적인 선교 특징을 보여 주는 것으로 아브라함, 요셉, 요나, 흩어진 유대인들의 개종 운동 등이 있다.

예수 그리스도가 초림하시기까지 구약의 구속 언약은 옛 언약으로 불려지고 있으며 이것은 예수 그리스도로 말미암아 이루어지는 새 언약의 그림자이며 모형이며 예표가 되는 것이다. 옛 언약의 실체요 완성자로서의 예수 그리스도가 오신 이후에 하나님의 기업으로서의 선교 사명은 원심력적 방법이 주류를 이루게 되며 그것은 선지자 이사야가 예언하듯이 이방의 빛(사 42:6)이 되며 그의 정권은 스가랴가 예견하듯이 "유브라데 강에서 땅끝까지 이르게"(슥 9:10) 되는 것이다. 이렇듯이 구속 언약은 아브라함, 모세, 다윗 언약으로 나타날 때 상호 유기적으로 연관이 되어 있으며 점진적인 성취와 변함이 없는 영원한 언약으로 하나님에 의해서 완성이 되어진다.

새 언약은 예레미야 31:31, 34에 나와 있듯이 성령으로 말미암는 내적 중생의 역사와 복음의 세계적 확산 등을 언급하고 있다. 새 언약의 시작이요 완성자가 되시는 예수 그리스도를 통하여 대위임령이 주어졌다. 드 뤼더는 대위임령을 언약신학적 관점에서 성경 전체를 관통하는 선교의 명령으로 해석하며 새 언약의 언약 공동체인 교회에게 주신 명령이라고 본다.[60] 교회는 성령의 임재와 능력 속에서 언약책임과 언약의 증인의 사명을 감당함으로 창조언약과 구속언약의 연속성이 줄이 되며 전세계를 향하신 하나님의 본래의 뜻을 이루는 도구로 사용이 되는 것이다.

필자는 지금까지 연대기적 측면에서 다섯 가지의 가장 대표적인 선교

---

60) 드 뤼더는 대위임명을 언약신학적 관점에서 분석하는데 일종의 왕의 취임식과 왕권의 선포, 그에 따른 왕의 임직 등으로 구분하고 교회는 왕의 통치영역에 있는 종의 공동체로서 왕의 명령을 수행해야 한다는 것이다. See Ibid., pp. 169-224.

의 성서신학 접근 방법들을 살펴보았다. 이 접근 방법들을 토대로 하여 필자는 결론적으로 여섯 가지의 선교의 성서신학의 신학적 유형들을 제시하려고 하는데 거기에 필자의 개혁주의 신학의 관점하에서의 선교의 성서신학의 신학적 유형이 포함되어 있는 것이다.

## 3. 신학적 유형 고찰

### 1) 특정 주제를 중심으로 하여 성경 전체를 거기에 맞추려는 유형

이것은 반 엥겐이 지적하는 바와 같이 특정 주제를 억지로 성경 전체에 맞추어 해석하려는 무모한 시도를 의미한다.[61] 과거에 기독론적 관점에서 선교의 성서신학을 접근할 때 구약의 메시아에 관련된 하나님의 약속들이 메시아가 오심으로 신약에 있어서 성취되어졌다는 점을 극단적으로 강조하기 위하여 대위임령의 선교 명령이 사도 시대의 사도들을 통해서 이미 다 이루어졌다는 잘못된 해석이 있어 왔다.[62]

교회론적 관점에서 선교의 성서신학을 접근할 때 구약에서는 구심력적 선교이요 원심력적인 선교는 없고 신약은 마치 원심력적인 선교만 있는 것처럼 도식적으로 성경을 해석하는 것은 이원주의적 올무에 걸리기 쉽고 성경의 다양성을 강조하나 통일성은 손상을 주는 것이다.[63] 이렇듯이

---

61) Charles Van Engen, The Good News of the Kingdom, op. cit., pp. 27-29.
62) 이것은 이미 살펴보았지만 Beza, Melanchthon의 경우에 그런 사상을 가지고 있었다.
63) 교회론적인 선교의 성서신학연구에서 살펴보았지만 상당히 많은 수의 선교학

성경의 한 특정 주제를 지나치게 강조하거나 성경 전체의 진리의 풍요로움과 충족함을 인식치 못하는 것은 선교의 성서신학 접근에 있어서 삼가야 할 것이다.

## 2) 위로부터(From Above)의 양보할 수 없는 고압적 자세를 가지고 종단의 전통이나 비성경적인 인식을 강조하는 유형

과거에 로마 카톨릭은 부자유스러운 성경 해석과 잘못된 성경 해석을 전통이라는 명목하에서 인위적인 규례나 의식을 만들고 그것을 강제적으로 수행케 하는 성향이 있었다. 제2바티칸 공의회 이전까지만 하더라도 개신교회를 교회로서 인정치 않았고 이단시하였으며 선교는 베드로의 후계자가 되는 교황이 수장이 된 로마교회를 통해서만 이루어진다고 주장하였다. 성경을 해석하는 데 있어 인간의 전통이나 인본주의적 가치관이 성경 진리를 왜곡되이 하여 성경보다 우선하는 잘못을 저질러서는 안 된다. 선교의 성서신학을 접근하는 데 있어서 부차적인 문제가 절대화되어서 성경 전체의 다양하고 풍요롭고 충족한 계시 진리를 손상시켜서는 안 된다.

---

자들이 이런 입장을 가지고 있다. 그러한 하나님의 나라 혹은 언약신학적 측면에서 성서신학을 연구하는 사람들은 구약에 있어서도 원심력적인 선교특징이 있음을 인정하고 있다.

## 3) 아래로부터(From Below)의 해석학적 원주(Hermeneutical Circle)의 신학 유형

WCC는 1963년 멕시코에서 개최된 세계선교와 전도분과 대회에서부터 성경관의 변질을 노골적으로 나타내기 시작하여서 1971년 벨기에의 루베인에서 열린 신앙과 질서(Faith and Order) 위원회에서 WCC의 성경관을 피력하였다. 그것은 세 가지 요점을 가지고 있는데 성경의 절대 권위를 인정할 수 없다는 것과 역사비평적(Historical-Critical) 성서 연구 방법이 성서의 문제점을 드러내고 소위 신해석학파(New Hermeneutic)의 케리그마틱(Kerygmatic) 접근을 이룩했으므로 성경의 영감설을 인정치 못하겠다는 것과 고대 본문과 현대 상황이 거리감이 있으므로 소위 실존주의적 상황신학을 성서신학으로 수행하겠다는 것이다.[64] 이런 입장을 가진 신학자들에게 있어서 성경은 더 이상 하나님의 계시의 말씀이 아니며 수많은 파편적이고 단편적인 사상과 세계관의 혼합물이며 다양성은 있으나 통일성을 찾아보기 힘든 것이다. 신해석학파의 케제만(Kasemann)은 발전주의 측면에서 보다 성숙하고 통합적인 신학적 연결 고리들을 발견할 수 있다고 주장하나 여전히 인간의 경험, 이성, 합리성 등의 토대 위에서 성경을 접근하는 해석학적 원주의 틀을 가지고 있으며 아래로부터의 신학유형인 것이다. WCC의 소위 하나님의 선교 개념은 창조주로서의 하나님과 구속주로서의 하나님을 구분하지 않고 보편화시키며 원죄로 인한 인간의 타락을 인정치 않고 윤리적이고 인본주의적 인간 완성을 선교의 목표요 이상이라고 본다. 이런 점에서 보편구원설을 인정하며 타종교를 신앙체라 부르고 소위 틸리히적인 역동론적 모

---

64) David Hesselgrave & Edward Rommen, Contextualization (Grand Rapids: Baker, 1989), pp. 28-31.

형론(Dynamic Typology)을 근거로 "살아 있는 신앙체를 가진 종교인들과의 대화"를 주장하는 것이다.[65]

## 4) 역동적 영감설(Dynamic Inspiration)에 근거한 조정주의적 (Conciliar) 신학 유형

성경의 영감(The Inerrancy of the Bible)은 믿으나 성경의 무오 (The Infallability of the Bible)는 믿지 않는 소위 신복음주의적 신학 유형이다. 성경이 성령의 영감으로 기록된 계시의 말씀으로서 구원을 역동적으로 충족하게 이루시나 성경 자체가 무오한 하나님의 말씀이 아니라는 전제이다. 이 전제는 하나님께서 성경 저자를 유기적인 계시 도구로 삼으실 때 기록된 계시의 말씀을 오류 없이 전달하도록 그렇게 보호하시거나 간섭하지 않으셨다는 것이다. 따라서 이 전제는 성경 저자가 하나님의 계시도구로 사용되어질 때에 당대의 세계관, 문화, 사회적 가치관이 얼마든지 영향을 줄 수 있다는 가능성을 인정한다. 이런 점에서 데이비드 부쉬는 구약성경에 이스라엘을 중심으로 열국이 모인다는 의미의 구절들을 당대의 이스라엘 중심적인 인종주의의 산물이라고 본다.[66] 따라서 부쉬는 성경 의미를 정확히 해석하기 위해서 비평적 해석(Critical

---

65) Tillich의 역동적 모형론은 하나님을 존재의 기반으로 보고 모든 종교 가운데 하나님이 상징체계 속에 역동적으로 내재해 계신다는 이론이다. See Paul Tillich, Theology of Culture(New York: Oxford University Press, 1959), Christianity and the Encounter of World Religions(New York: Columbia University Press, 1963).
66) David Bosch, Transforming Mission(MaryKnoll: Orbis, 1991), pp. 19-20.

Hermeneutics) 방법을 도입할 것을 주장한다.[67] 이런 유형의 선교의 성서신학 접근은 적극적으로 성경의 고등비평(Higher Criticism) 방법을 받아들이며 통일적이긴 하나 다소 산만한 유형의 패턴이나 패러다임 혹은 주제(Motif)를 중심으로 한 성서신학 접근을 한다. 궁극적으로 성경을 정확무오한 하나님의 영감된 계시의 말씀으로 이 입장은 받아들이지 않기에 선교의 성서신학을 접근하는 데 있어 성경 진리의 유기적이고 통일적인 메시지를 왜곡시키거나 손상시킬 위험성이 언제나 상주해 있는 것이다.

### 5) 복음주의적 로잔느의 신학 유형

1974년 스위스의 로잔느에서 열린 세계복음화대회는 성경의 무오와 영감설을 확증하고 성경은 그리스도인의 신앙과 행위에 정확무오한 규범이 됨을 천명하였다.[68] 로잔느 언약으로 선포된 선언문은 성경해석에 있어 어느 특정 문화권의 신학유형을 이상화하지 않고 성경의 초문화성을 견지하면서 성경이 모든 다양한 문화 속에서 해석이 되고 연구되어질 때 이것은 성경 진리의 풍요로움을 나타내는 하나님의 다면적 지혜로 나타난다고 하였다.[69] 로잔느 대회는 선교의 성서신학을 접근하는 데 있어서 총체적인 다면적 접근을 허용하며 그것이 성경 진리의 보배로움과 풍요함을 나타낸다고 천명하였으나 대체적으로 삼위일체적 관점에서의 하나

---

67) Ibid., pp. 23-24.
68) J.D. Douglas, Let the Earth Hear His Voice (Minneapolis: World Wide Pub., 1975), p. 3.
69) Ibid., pp. 6-7.

님 나라의 접근이었다.[70] 이런 점에서 선교에 있어 삼위 하나님의 역할과 주권을 인식하며 복음의 핵심을 진술하고 전도와 사회적 책임을 다루는 데 있어서 그것을 분리하지 않고 왕국신학적 측면에서 접근하고 있다. 대체적으로 복음주의적 선교학자들은 로잔느 언약의 신학유형의 선교의 성서신학적 접근을 시도하고 있다.

### 6) 개혁주의 신학의 관점에서의 해석학적 나선형의 모델을 중심으로 한 다면적 전망의 신학 유형

성경을 접근하는 데 있어 연대기적 고찰을 통해 살펴보았지만 다양한 접근 방법이 있다. 번 포이쓰레스(Vern Poythless)는 성경을 하나의 전망으로만 접근하는 것은 성경 계시의 풍요로움과 보배로움을 보지 못하는 결과를 가져온다고 진술한다. 이런 관점에서 그에 의하면 성경을 다면적 전망(Multi-Perspectives)을 가지고 접근할 때 이것들이 서로 충돌하거나 모순되지 않고 오히려 성경진리를 더 풍요롭고 부요하게 하는 데 사용되어진다고 한다.[71] 존 프레임(John Frame)은 성경이 인식론적 차원에서 객관적 진리로 받아들여지는 것은 다양한 상황 속에서 하나님의 말씀이 변질됨이 없이 상호작용하여서 바로 해석되어지는 것이라고 한다.[72] 하비 콘은 성경 계시의 이러한 역동성을 어느 특정한 문화권하

---

70) 로잔느 언약의 시작이 삼위일체적 관점이고 이것이 통치권과 연관되는 왕국개념을 내포하고 있다.

71) Vern s. Poythress, "Structuralism and Biblical Studies", <u>Journal of the Evangelical Theological Society 21</u>(September, 1978), pp. 221-237.

72) John M. Flame, <u>Van Til: The Theologian</u>(Pillipsburg: Pilgim,

에 고정되거나 갇혀 있는 것으로 보지 않고 다양한 문화권 속에서 살아 있는 하나님의 말씀으로 신앙고백되어지고 나선형의 오름처럼 성경진리로 귀착됨을 의미한다고 말한다.[73]

이렇듯이 규범적 하나님의 말씀이 인간의 총체적 삶의 현장에 관련을 맺고 어떠한 상황 속에서도 변질이 되지 않고 오히려 성경진리의 부요함을 나타내며 상호 조화되고 말씀으로 귀착이 될 때 그것을 해석학적 나선형(Hermeneutical Spirals)의 다면적 전망이라고 말한다. 이러한 다면적 전망에는 기독론적, 삼위일체론적, 교회론적, 언약신학론적 그리고 왕국신학적 선교의 성서신학 접근이 가능하고 이것은 상호 모순되거나 갈등을 야기하지 않는다. 필자는 바로 이러한 해석학적 나선형에 의거한 다면적 전망을 선교의 성서신학적 옳은 접근 방법이라고 결말을 짓는다.

---

1976), p. 25.
73) Harvie M. Corn, "Normativity, Relevance, and Relativism", in <u>Inerrancy and Hermeneutic</u>, H. M. Corn, ed (Grand Rapids: Baker, 1988), pp. 185-209.

# V. 오순절주의가 현대 선교학에 미친 영향

역사가들은 대체적으로 오순절주의 성령운동의 기원을 18세기 중엽에 일어난 웨슬레이 형제들의 교회부흥 운동으로부터 본다.[1] 존 웨슬레이는 자신의 극적인 올더스게이트 가(Aldersgate Street)에서의 경험을 성령의 두 번째 축복(The Second Blessing of the Holy Spirit)으로 신학화(Theologizing)하였는데 그는 이것을 사역을 위한 초자연적 능력을 기름부음받는 것과 거룩함의 완전성(Perfection of the Holiness)에 이르는 길로 규정하였다.[2]

이러한 웨슬레이의 성령론은 영국의 복음주의자들에게 영향을 주어서

---

1) 이런 입장은 오순절주의 역사학자들로부터도 찾아볼 수 있다. Charles Conn, <u>Pillars of Pentecost</u>(Cleveland: Pathway Press, 1956), p. 29와 William Menzies, "The New-Wesleyan Charismatic Origins", in <u>Aspects of Pentecostal-Charismatic Origins</u>, ed., Vinson Synan (Plainfield: Logos International, 1975), pp. 83-98을 보라.

2) 여기에 대해서는 웨슬레이가 직접 저술한 성령과 능력(<u>The Holy Spirit and Power</u>) 속에 신생, 성령의 첫 열매, 은사들, 성령의 증거와 완전성 등의 제목으로 잘 다루어져 있다. The Wesley, <u>The Holy Spirit and Power</u> (Plainfield: Logos International, 1977), pp. 38-146을 보라.

케스윅 사경운동으로 발전이 되었는데 그들은 성결의 중요성을 강조하며 성령의 극적인 체험을 중시하였다.[3] 파울루스 샤프(Palus Scharpff)는 케스윅 운동의 지도자로서 마이어(F. B. Meyer)와 앤드류 머레이(Andrew Murray) 등을 들고 있다.[4] 앤드류 머레이는 중생시에 성령의 역사와 성령세례로서의 극적인 경험을 구분하고 있으므로 오늘날 오순절주의 성령론의 시조가 되고 있다.[5] 현대의 오순절주의 운동의 직접적인 시발점은 캔사스 주 토페카에 베델 성경학교에서 일어났던 찰스 파람(Charles F. Parham)의 방언 말함(Speaking in Tongues) 운동이다.[6]

이 운동은 1906년부터 1910년까지 윌리암 세이모어(William J. Seymour)를 중심으로 캘리포니아 주 아주사 거리에서의 대규모 방언 말함의 운동으로 확산이 되었는데 후에 오순절주의 운동의 기반이 되었다.[7] 미국의 오순절 주의는 성령세례를 칭의, 성화 이후의 세 번째 단계로서 보는 하나님의 교회(The Church of God), 오순절 성결교회(Pentecostal Holiness Church), 그리스도 안에 하나님 교회(The Church of God in Christ) 교단들과 성화는 칭의와 더불어 그리스도의

---

3) Paulus Scharpff, History of Evangelism(Grand Rapids: Eerdmans, 1966), pp. 197-198.
4) Ibid., p. 198.
5) Andrew Murray, The Spirit of Christ(Minneapolis: Bethany Fellowship, 1979), pp. 211-221.
6) Stanley M. Burgess and Gary B. McGee, ed., Dictionany of Pertecostal and Charismatic Movements(Grand Rapids: Zondervan, 1988), pp. 2-3.
7) cf. Ibid., p. 3, Cecil M. Robeck, "The Decade(1973-1982) in Pentecostal Charismatic Literature: A Bibliographic Essay", in Theology, News and Notes, March, 1983, p. 24.

갈보리 십자가에서의 완성된 사역(The Finished Work)으로 보고 성령 세례를 두 번째 단계로서 보는 윌리암 두란(William Durham)에 의해 시작된 하나님의 성회(The Assemblies of God)와 포스퀘어 복음 (Foursquare Gospel) 교단 등이 있다.[8] 이들 교회들은 성령세례의 단계에 대한 입장은 다르지만 공통된 특징으로서 성령세례를 중생과 구분하는 것과 성령세례의 나타나는 첫 증거(The Initial Evidence)로서 반드시 방언 말함을 주장하고 있는 것에 고전적인 오순절주의자들로 불려지고 있다.[9]

오순절주의 운동의 두 번째 큰 부류로서 신오순절주의(Neo-Pentecostalism) 혹은 카리마스틱(은사주의) 운동(Charismatic Movement) 등이 있다. 이 운동의 시조는 캘리포니아 주 밴 너이스에서 사역하고 있던 성공회 신부인 데니스 베네트(Dennis Bennett)에게서 시작이 되는데 특징은 고전적 오순절주의자와는 다르게 성령세례의 증거로서 방언 말함만을 요구하지 않고 다양한 성령의 은사들을 인정하고 있다는 점이다.[10] 이 두 번째 부류의 오순절주의자들은 초교파적인 성격을 띠고 있는데 공통된 특징은 성령세례를 성령의 두 번째 축복으로서 중생과는 다

---

8) Vinson Synan, The Spirit Said Grow(Monrovia: MARC, 1992), pp. 7-8.
9) cf. Guy P. Duffield and Nathaniel Van Cleave, Foundations of Pentecostal Theology(San Dimas: Life Bible College, 1987), pp. 320-323, John Thomas Nickol, The Pentecostals(Plainfield: Logos International, 1971), p. 4.
10) cf. Synan, op. cit., p. 8, Harold D. Hunter, Spirit-Baptism: A Pentecostal Alternative(Lanham: University Press of Americal, 1983), p. 8. Dennis Bennett "The Gifts of the Holy Spirit", in The Charismatic Movement, ed., Michael Hamilton(Grand Rapids: Eerdmans, 1975), pp. 15-32.

른 체험으로 구분하고 있는 것이다.

필자는 개혁주의 교회 내에 마틴 로이드 존스(Martyn Lloyd Jones)처럼 성령의 두 번째 경험을 성령 내재의 확신이나 사역을 위한 능력을 부여받는 성령세례의 사건으로 보고 중생과 별도의 구원의 서정으로 보는 견해를 오순절주의의 두 번째 부류와 유사함을 지적하고 싶다.[11] 이런 점에서 필자는 막스 터너(Max Turner)의 예수님의 요단강에서의 세례 사건 이전의 성령의 역사와 세례 사건 이후의 성령의 역사와, 오순절 성령 강림 이전의 제자들에게 역사하셨던 성령과 오순절 성령 강림 이후의 성령의 역사를 이중적으로 구분하여 전자는 중생을 포함한 회심의 초기 단계의 성령의 역사요 후자는 사역을 위해 기름부음받는 은사 부여로서의 성령의 역사로서 성령의 사역을 이중적으로 패턴화하여 이것을 성경의 기준으로 구분하고 있는 것을 로이드 존스적인 접근 방법으로 보는 것이다.[12]

오순절주의의 세 번째 큰 부류로서 기적과 이사를 수반하는 성령의 제3의 물결(The Third Wave of the Holy Spirit) 운동이 있다. 피터 와

---

11) 미카엘 이튼은 마틴 로이드 존스의 성령세례의 입장을 영국의 청교도 신학자들인 리차드 십스, 윌리암 퍼긴슨, 토마스 굳윈, 존 오웬 등의 성령론으로부터 거슬러 올라가는데 로이드 존스의 문제점은 성령의 두 번째 경험을 성령세례로 규정한 것과 이것의 당위성을 구원의 확증(Assurance of the Salvation)으로 본 것이다. Michael A. Eaton, Baptism with the Spirit (Leicester: Inter-Varsity, Press, 1989), pp. 60-195.
12) 터너는 예수님의 성령역사를 이중적으로 구분하나 회심의 초기단계로서가 아닌 옛 언약의 과정으로 구분하고 세례 이후의 성령역사를 새 언약의 완성자로서의 선지자적 사역을 위한 기름부음으로 본다. 그러나 분명한 것은 터너는 성령의 역사를 이중적으로 패턴화하여서 접근하고 있는 것이다. 막스 터너, "누가의 전망에서 본 예수와 성령"과 "사도행전에서의 성령세례문제", in 『그리스도인과 성령』, 이한수와 막스터너(서울: 총신대학출판부, 1991), pp. 11-133.

그녀는 신앙을 네 단계로 나누어서 구원을 일으키는 신앙과 거룩케 하는 신앙, 그리고 적극적 사고를 낳게 하는 신앙과 사차원의 단계가 있다고 한다.[13] 와그너는 사차원의 신앙 단계에서 성령의 제3의 물결로서 세계적인 현상으로서 힘의 전도(Power Evangelism)가 수행된다고 한다.[14] 힘의 전도 개념은 사차원의 신앙 수준을 가진 성도들이 표적과 기사를 통하여 능력 있게 하나님의 나라를 확장한다는 것으로 윔버(John Wimber)에 의하면 하나님의 왕국의 현재적 표적이요 성령의 외적 은사로써 표적과 기사가 강조되며 특히 힘의 치유를 주장한다.[15] 오순절주의의 세 번째 부류로 성령의 제3의 물결 운동은 성령세례에 대한 입장은 다양하나 공통적인 것은 성령의 외적 은사로서의 표적과 기사를 강조하며 그것을 신앙의 최고 단계인 사차원의 신앙으로 구분하고 있다는 점이다.[16]

이러한 오순절주의의 세 가지 물결로서 고전적, 카리스마틱 신오순절, 성령의 제3의 물결 운동 등은 실질적인 면에 있어서 세계 개신교회 성장에 큰 비율을 차지하고 있다. 에드워드 푸손(Edward Pousson)은 데이비드 바렛의 연구 결과에 근거하여 1990년대의 고전적 오순절주의자들의 수효를 대략 2억으로 보며 카리스마틱 신오순절주의자들을 1억 4천 정도로 보고 성령의 제3의 물결 운동에 속한 사람을 삼천 삼백만 정도로 간주하고 있다.[17]

---

13) Peter Wagner, Spiritual Power and Church Growth(Altamonte Springs: Strang Communications Company, 1986), pp. 32-35.
14) Peter Wagner, The Third Wave of the Holy Spirit(Ann Arbor: Servant Publications, 1988), pp. 87-100.
15) John Wimber, Power Evangelism(San Francisco: Harper & Row, 1986), pp. 1-14, 65-90.
16) 와그너의 경우는 성령의 두 번째 경험으로써 성령세례를 인정치 않고 성령충만의 반복적 경험을 주장한다. Wagner, op. cit., p. 36.
17) Edward K. Pousson, Spreading the Flame(Grand Rapids: Zondervan, 1992), pp. 34-36.

이러한 통계치의 정확성을 논하기 앞서서 분명한 것은 오순절주의 운동의 폭발적인 성장과 세계적인 확산이다. 필자는 오순절주의자들이 이러한 성장과 확산을 오순절주의 성령론에 근거한 선교의 당위적 열매로 보고 선교학화하는 것을 주목하고 있다. 필자는 이 책에서 오순절주의 성령론이 구체적으로 어떻게 선교학에 영향을 미치고 있는지 신학적인 평가를 하고 그에 따른 개혁주의 관점에서의 신학적 대안을 논하려고 한다.

# I. 오순절주의 성령론이 선교학에 미친 제 영향들

### 1) 성령의 두 번째 체험이 영적 은사를 부여하고 선교의 동력원이 된다는 이론

고전적인 오순절주의와 신오순절주의에 속한 신학자들은 성령의 두 번째 체험을 성령세례로 규정하고 이것을 은사 수여와 선교의 능력을 힘입는 것으로 간주하고 있다. 토마스 홀드크로프트(L. Thomas Holdcroft)는 성령세례로 인한 힘의 수여가 사도들로 하여금 선교사명을 가능케 하였다고 주장한다.[18] 고전적 오순절주의자들로서 가이 두필드(Guy P. Duffield)와 나다니엘 밴 클리브(Nathaniel M. Van Cleave)는 성령세례의 결과가 은사를 수여하고 증인이 될 수 있는 보다 위대한 능력을 부여한다고 말하고 있다.[19]

---

18) L. Thomas Holdcroft, <u>The Holy Spirit: A Pentecostal Interpretation</u> (Spring Field: Gospel Publishing House, 1979). p. 124.
19) Duffield and Van Cleave, op. cit., pp. 320-323.

로이드 존스도 성령세례는 성령의 인치는 역사로서 구원의 확신을 가져올 뿐만 아니라 증인이 될 수 있는 능력을 공급한다고 진술하고 있다.[20] 여기서 제기되는 문제는 성령세례로서의 성령의 두 번째 경험이 과연 성경적인가 하는 점과 그 이후에 증인이 될 수 있는 능력을 힘입게 되는가 하는 점이다. 이런 점에서 프레드릭 부루너(Frederick Dale Bruner)는 사도행전 1:4-5의 말씀과 오순절 성령 강림의 사건을 오순절주의자들이 말하는 성령의 이중적 구조로 보지 않고 제임스 던(James Dunn)과 마찬가지로 기독론적 측면에서 예수 그리스도로 말미암는 새 언약의 표징이요 새로운 존재의 시작이라고 보는 것이다.[21]

사도행전 8:4, 24 이하에 빌립 집사로 인한 사마리아 사람들의 물세례와 베드로와 요한에 의한 성령 임함의 이중적 사건을 부루너는 오순절주의 신학자들처럼 성령의 이중 경험으로서의 성령세례로 보지 않고 사도들을 통한 교회의 통일성과 연속성의 특별한 하나님의 섭리적 사건으로 해석하는 것이다.[22] 이런 입장은 미카엘 그린(Michael Green)에게서도 찾아볼 수 있는데, 그는 특히 성례신학자들의 위험성을 지적하는 교훈적 사건으로 받아들이고 있다.[23] 사도행전 19장에 에베소 지역에 있는 제자들이 요한의 세례는 받았지만 성령은 받지 못했는데 바울을 통해 성령을 받은 사건을 성령세례의 증거라고 오순절주의 신학자들은 말하고 있

---

20) D. M. Lloyd-Jones, Sons of God (Edinburgh: Banner of Truth, 1973), pp. 304-305.
21) Frederick Dale Bruner, A Theology of the Holy Spirit (Grand Rapids: Eerdmans, 1976), pp. 155-165. James D. G. Dunn, Baptism in the Holy Spirit (London: SCM press, 1970), pp. 40-43.
22) Bruner, Ibid., pp. 173-181.
23) Mickael Green, I Believe in the Holy Spirit (Grand Rapids: Eerdmans, 1985), pp. 136-139.

다.²⁴⁾ 그러나 부루너는 요한의 세례라는 말과 오절의 주 예수의 이름으로 세례받는 것을 주목하여 이것은 성령의 두 번째 경험으로서의 성령세례의 사건이 아니고 구원의 첫 관문으로서의 사건으로 해석하는 것이다.²⁵⁾

필자는 회심의 첫 관문으로서의 중생과 성령의 두 번째 사역으로서의 성령세례를 구분하는 것을 비성경적이라고 생각한다. 필자가 이해하는 바로 의식적이든 무의식적이든지 중생의 관문을 통과하는 것은 회심의 시작이요 성령 내재의 사건으로 본다. 오순절주의자들이 말하는 성령세례는 성령 충만의 반복적 사건 속에 다양한 성령 충만의 양상으로 해석되어져야 하고 중생 자체가 성령세례의 시작이 되는 것이다. 아더 핑크(Arthur W. Pink)는 성령의 사역을 중생을 포함한 연속적인 사역으로 내재성을 강조하며 구원의 확신과 인침의 표증, 증거의 능력을 논하고 있다.²⁶⁾ 제임스 팩커(James Packer)는 성령의 주된 사역을 성도를 거룩게 함으로 보며 칭의를 중시하는 어거스틴적인 사실주의적 성결관과 웨슬레이적인 경험적 성결관과 이 둘 사이에 절충을 취하는 케스윅적 성결관을 종합화하여 그리스도인의 삶 속에서의 성령의 역사로 말미암는 거룩한 삶의 실제적 열매를 중요하게 여긴다.²⁷⁾ 이런 측면에서 그는 은혜와 거룩함의 열매 없는 은사주의 운동을 경계하며 성령세례가 아닌 성령으로 말미암는 진정한 부흥을 주장하는데 부흥의 의미를 하나님의 존전의식, 교제회복 등으로 말하고 있다.²⁸⁾

---

24) Burgess and McGee, op. cit., p. 43.
25) Bruner, op. cit., pp. 207-214.
26) Arthur W. Pink, The Holy Spirit (Grand Rapids: Baker, 1986), pp. 42-180.
27) James I. Packer, Keep in Step with The Spirit (Old Tappan: F.H. Revell company, 1984), pp. 94-169.
28) Ibid., pp. 200-234.

아브라함 카이퍼(Abraham Kuyper)는 중생 이후의 성령의 이중적 사역을 인정하지 않고 온전한 구원으로 인도하는 은총(Saving Grace)이 성화의 열매를 맺게 되는 것을 주장한다.[29] 그는 중생을 가능케 하는 구원의 은총(The Grace of the Salvation)과 이후의 구원하는 은총(Saving Grace)을 구분하여 구원하는 은총이 그리스도의 몸으로의 교회에 작용하여 영적 은사들(Spiritual Gifts)을 수여함을 진술하고 있다.[30] 이런 측면에서 성령의 역사는 오순절의 단회적 사건 속에서 신약교회를 탄생시켰고 교회에 강림하셨으며 개인의 중생 및 성화를 일으키시고 교회적으로는 하나님의 은총의 선물(Charismata)로써 영적 은사들을 부여하셔서 교회의 선교적 사명을 가능케 하는 것이다.

### 2) 성령의 외적 은사로서 힘의 충돌개념을 이해하는 입장

힘의 충돌(Power Encounter)이라는 용어는 선교학자인 알란 티펫(Alan Tippett)에 의해 사용되어졌는데 그 의미는 물활론적 세계관에 살고 있는 사람들에게 하나님의 실재가 극적으로 나타남으로 저들이 전통적으로 믿고 있던 종교적 가치체계를 압도하여 사람들로 하여금 하나님께 대한 수용성 있는 마음을 예비케 한다는 것이다. 티펫은 세계 2/3 지역이 대개가 물활론적 세계관을 가진 것을 주목하여 선교학에 있어 힘의 충돌의 신학을 주장한다.[31] 와그너는 티펫이 말한 물활론적 세계관을

---

29) Abraham Kuyper, The Work of the Holy Spirit(Grand Rapids: Eerdmans, 1941), pp. 315-321.
30) Ibid., pp. 179-189.
31) 힘의 충돌개념을 최초로 소개한 티펫의 책은 Solomon Islands Christianity

폴 히버트의 중간 영역의 세계관으로 이해하고 있고 폴 히버트는 성경을 중심으로 한 삼위 하나님의 절대적이며 초문화적인 고등 영역과 피조물로서의 천사와 타락한 사탄과 그의 추종자들인 귀신들이 속해 있는 비절대적이며 초문화적인 중간 영역, 사람들이 살고 있는 자연적이며 문화적인 영역을 나누었다.[32] 와그너는 중간 영역에 살고 있는 사람들은 초자연적 존재인 귀신의 실재를 믿고 있으며 초문화와 문화 영역이 구분이 안 되는 삶을 살고 있다고 한다. 와그너는 중간 영역의 세계관이 압도적인 세계 2/3 지역에서 힘의 충돌이 자주 일어난다고 한다. 그 이유로는 모든 생활이 초자연적 존재와 연관되어 있으므로 사탄의 실재가 강하게 나타나고 있는데 복음이 선포됨으로 하나님의 능력이 사탄의 정체를 드러낸다는 것이다. 와그너는 하나님의 능력의 현현을 성령의 외적 은사로서 표적과 기사로 보고 있다. 이런 점에서 성령의 외적 은사를 인정하고 적극 주장하는 오순절주의 계통의 교회들이 세계 2/3 지역에서 급성장하는 요인이 되고 있다는 것이다.[33]

이러한 와그너의 주장은 오순절주의 선교학자인 폴 포머빌레(Paul Pomerville)에게 적극 받아들여지고 있는데 그는 특히 개신교 주류 교단들에서 성령의 특별 계시의 역사를 성령의 객관적 사역으로서 성경이 정경됨에 지나치게 국한시킴으로써 신학 속에 선교의 동력원을 상실했다고

---

(London: Lutterworth Press, 1967)이며 힘의 충돌의 신학을 주장한 것은 Introduciton to Missiology(Pasadena: William Carey Library, 1987), pp. 82-85이다.
32) Paul Hiebert, "The Flaw of the Excluded Middle" in Missiology: An International Review Vol. 10, No. I, January, 1982, pp. 35-47.
33) Wagner, op. cit., pp. 30-35. Cf. Peter Wagner, ed., Signs & Wonders Today (Altamonte Springs: Creation House, 1987), pp. 151-155, Pousson, op. cit., pp. 157-158.

주장한다. 그는 오순절주의 선교학의 공헌이 성령의 특별 계시의 역사를 역동적으로 이해함으로 성령의 외적 은사를 인정하고 하나님의 능력에 실재를 나타내는 데 있다고 말하고 있다.[34] 와그너와 포머빌레의 공통점은 하나님의 능력을 성령의 외적 은사로서의 표적과 기사에 두고 있다는 점이다. 여기서 제기되는 문제는 신학적으로 성령의 외적 은사가 무엇을 의미하느냐와 그것이 표적과 기사를 타나내는 것이 과연 성경적인가 하는 점이다. 또한 선교학적으로 힘의 충돌이 이러한 하나님의 능력의 외적 표증으로만 나타나는가 하는 점이다.

일반적으로 개혁교회에서는 성령의 외적 은사로서의 표적과 기사를 인정하지 않는다. 다만 예외적인 것으로 하나님의 비상한 섭리 속에 기도의 응답을 통한 특별한 경우의 기적은 예외적인 것이다. 찰스 핫지는 그의 조직신학에서 표적과 기사로서의 기적(Miracles)을 성경이 정경되는 데 있어 사도들과 선지자들에게만 주신 특별한 권한이요 은총으로 정의한다.[35] 이런 관점에서 벤자민 워필드도 표적과 기사를 일으키는 성령의 은사들(Charismata)은 사도들에게 주신 사도적 교회의 표징이요 그것은 사도 시대로 마감(Cessation)이 되었다고 주장한다.[36] 안토니 훼케마 (Anthony A. Hoekema)도 워필드의 입장을 따르고 있는데 그에 의하면 성령의 은사란 성령의 열매(The Fruit of the Spirit)와 연관이 된 은사인 것이다.[37]

---

34) Paul A. Pomerville, The Third Force in Missions (Peabody: Hendrickson, 1985), pp. 79-127.
35) Charles Hodge, Systematic Theology, Vol. I (Grand Rapids: Eerdmans, 1977), pp. 617-636.
36) Benjamin B. Warfield, Miracles: Yesterday and Today (Grand Rapids: Eerdmans, 1953), pp. 3-31.
37) Anthony A. Hoekema, Holy Spirit Baptism (Grand Rapids: Eerdmans, 1972), pp. 55-78.

리차드 게핀(Richard B. Gaffin)은 동일한 입장을 가지고 있는데 성령의 은사를 말씀 중심의 은사들(Word-Charismata)과 행위 중심의 은사들(Deed-Charismata)로 나누어 교회의 직분과 연관시키고 성령의 열매를 강조하는 것이다.[38] 세대주의 신학자인 존 월보드(John F. Walvoord)는 성령의 은사들을 사도시대에만 해당된 것으로 보고 오직 성령의 내재성만 인정하여 사랑 가운데 이루어지는 성도의 순종적인 삶만 중요하게 여긴다.[39] 노만 가이슬러(Norman Geisler)도 동일한 입장을 가지고 있는데 그는 기적을 광의적으로 해석하여 중생, 의료기구를 통한 치료, 기도의 응답 등을 본질적으로 하나님으로부터 말미암는다는 점에서 기적으로 부르고 있다.[40] 필자는 여기서 보다 근본적인 질문을 제기하는데 그것은 성령의 외적 은사가 사도적인 표적과 기사로서 사도시대에 마감을 하였는가 하는 점이다. 대개 성령의 외적 은사는 성령세례 이론과 병행하여 나오게 된다.

최근에 적지 않은 개혁주의 신학자들 가운데서 성령세례와는 관계 없이 교회론(Ecclesiology)과 연관해서 성령의 외적 은사들을 교회적인 은사들(Charismata)로 인정해야 한다는 주장이 제기되고 있다. 아브라함 카이퍼는 오순절날 임한 성령의 부어주심(Outpouring)이 단회적(Once for All and Forever)이지만 그에 근거해서 오늘날도 성령이 오순절날과는 다르게 약하지만 부어주심(Outpouring)이 계속된다고 주장한다.[41]

---

38) Richard B. Gaffin, Perspectives on Pentecost(Phillipsbing: Presbyterian and Reformed Pulishing Company, 1979), pp. 51-54.
39) John F. Walvoord, The Holy Spirit(Grand Rapids: Zondervan, 1975), pp. 173-188.
40) Norman Geisler, Signs and Wonders(Wheaton: Tyndale House, 1988), pp. 127-145.
41) Kuyper, op. cit., pp. 125-126.

그는 이것을 개인의 중생과 성화에 연결시킬 뿐 아니라 교회에 주신 영적 은사들(Charismata)에게도 연관지어 은사들을 두 가지로 구분하고 있는데 정상적(Ordinary) 은사들과 비상한(Extraordinary) 은사들이다. 카이퍼에 의하면 오늘날 교회에서는 비상한 은사들이 대체적으로 활동을 하지 않는다는 것이다.[42]

여기서 주목할 것은 워필드처럼 중단(Cessation)이 아니라 비활동(Inactive)이라고 말한다는 점이다. 이것은 오순절날 임하신 성령께서 교회에 성령의 은사들을 수여하시는데 말씀을 중심한 믿음, 사랑, 거룩함의 정상적 은사들은 활발하게 나타나지만 성령의 외적 은사들은 개연성은 있지만 자주 나타나지는 않고 숨어 있다는 의미와 같은 것이다. 이런 점에서 그는 사도적 은사들을 교회의 공식적 은사들(Official Gifts)로서 따로 구분하고 있는 것이다. 팩커는 성령의 은사들을 카이퍼처럼 정상적인 것과 비상한 것으로 구분하지 않고 통합적인 것으로 보는데 그는 영적 은사들을 인정하고 있으며 은사들의 목적을 교회의 머리 되신 그리스도를 증거함에 있다고 조심스럽게 주장한다.[43] 이런 점에서 그는 오순절주의 성령론에 있어 성령의 외적 은사들을 인정하는 것을 부인하지 않고 있으나 위험성을 예리하게 지적하고 있으며 성령의 은사 체험이 본질적으로 복음주의 교회의 경험과 같다고 말하는 것이다.[44]

---

42) Kuyper의 비상한 은사들이란 지혜, 지식, 영분별, 방언 말함과 신유 등이다. Ibid., pp. 184-189.
43) Packer, op. cit., pp. 81-85.
44) Packer가 보는 오순절주의 성령론의 긍정적인 부분은 그리스도 중심적인 것(Christ Centeredness), 성령으로 덧입혀진 삶(Spirit-Enpowered Living), 출구를 찾은 감정표현(Motion Finding Expression), 기쁨(Joyfulness), 예배에 모든 교인들의 역동적 참여(Every-Heart Involvement in the Worship of God), 몸된 교회에 전교인들의 사역참여(Every-Member Ministry in the Body of Christ), 선교적 열정

필라델피아 제10장로 교회의 목사이며 유명한 개혁주의 신학자인 몽고메리 보이스(J. Montgomery Boice)는 교회에 주어진 영적 은사들을 에베소서 4:11, 고린도전서 12:8, 10; 12:28, 30, 로마서 12:6, 8, 베드로전서 4:11 이하에서 19개를 확인하고 있다. 그에 의하면 교회의 초석을 놓은 사도적 직분으로 사도직과 선지자직이 있는데 이것은 사도시대의 직분이다. 그 이외에는 교회의 현재적 직분과 연관시키고 있으며 특히 표적과 기사에 속한 성령의 외적 은사들 즉 신유, 방언 말함, 영분별 등은 고린도전서 14:39 말씀에 의거해서 중단된 것으로 금해서는 안 되고 성경적인 원리대로 사용되어야 한다고 주장한다.[45] 이렇게 성령의 외적 은사들을 인정하면서도 그는 또한 조심스럽게 기적은 자주 일어나지 않는데 자주 일어남을 기대해서는 안 된다고 말하고 있다.

데이비드 웰즈(David F. Wells)도 몽고메리 보이스와 동일하게 성령의 외적 은사들을 부인해서는 안 된다고 주장한다. 그러면서 그는 성령의 외적 은사가 평범하게 일어나지 않고 하나님의 경륜 가운데서 복음에 적대적인 상황, 하나님의 백성이 핍박받는 상황에서 예외적으로 자주 일어나는데 그것은 영적인 힘의 충돌(Spiritual Power Encounter)로서 하나님의 능력의 실재를 나타내심으로 복음을 입증하시고 그의 고난받는

---

(Missionary Zeal), 소그룹 사역(Small Group Ministry), 교회구조에 대한 태도(Attitude toward Church Structures), 공동체적 삶(Communal Living), 관대한 기부(Generous Giving) 등이다. 그러나 위험한 점으로는 엘리티즘(Elitism), 분파주의(Sectarianism), 감정주의(Emotionalism), 반지성주의(Anti-Intellectualism), 계시주의(Illuminism), 은사집착주의(Charismania), 지나친 초자연주의(Super-Supernaturalism), 행복주의(Eudaemonism), 마귀에 대한 강박관념(Demon Obsession), 고착주의(Conformism) 등이 있다. Ibid., pp. 170-199.

45) James Mentgomery Boice, <u>God & History</u> (Downers Grove: InterVarsity Press, 1981), pp. 113-137.

백성을 위로하시며 능력 있게 하시는 의미가 있다고 말한다.[46] 필자는 성령의 객관적 역사가 선지자들과 사도들을 통하여 기록된 계시의 말씀인 성경 66권을 완성하였다고 믿는다. 지금까지 개혁주의 신학의 전통 위에서 기록된 계시의 말씀인 성경 66권을 구체적으로 인간의 삶에 적용시키는 성령의 역사를 성령의 주관적 역사(The Subjective Work of the Holy Spirit)로 불렀다.[47] 이러한 성령의 주관적 역사는 기록된 계시의 말씀을 통해서 나타나는데 중생, 성화, 영화의 열매를 맺는다. 필자는 성령께서 말씀을 바탕으로 주관적 역사의 과정 가운데서 교회를 세우시고 교회에 영적 은사들을 부여하신다고 믿는다.

성령의 주관적 역사를 서구 세계관의 개인주의적 카타시안적 반영이듯이 지나치게 개인화, 내면화시키는 것은 위험하다. 하나님의 백성들의 영적 유기체 공동체로서 교회가 성령의 주관적 역사의 산물인 것을 잊어서는 안 된다. 성령께서는 말씀의 토대 위에 세워진 교회가 선교적 사명을 감당하기에 부족함이 없는 충만한 임재로서 내재하시며 영적 은사들을 수여하시는 것이다.

다만 팩커, 보이스, 웰즈가 지적하듯이 성령의 외적 은사는 평범한 상황 속에서는 자주 나타나지는 않지만 그 개연성을 부인할 수 없으며 또한 저들이 지적한 대로 평범한 상황 속에서 성령의 외적 은사가 흔하게 일어날 수 있다는 신학적 전제는 성령 우상주의, 기복·번영 신학, 신비주의적 체험 신앙의 올무에 걸릴 확률이 높은 것이다. 필자는 웰즈가 제시하듯이 선교지 상황, 복음이 심하게 왜곡되고 거부되어지는 상황, 신

---

46) David F. Wells, God the Evangelist-How the Holy Spirit Works to Bring Men and Women to Faith(Grand Rapids: Eerdmans, 1987), pp. 79-91.
47) Geerhardus Vos, Biblical Theology(Grand Rapids: Eerdmans, 1971), pp. 20-23.

자들이 핍박받고 몹시 고난당하는 상황 속에서 교회에 주어진 성령의 외적 은사로서 표적과 기사가 하나님의 경륜 가운데 나타날 수 있음을 적극 인정해야 한다고 생각한다. 바로 이것이 힘의 충돌에 대한 적절한 신학적 이해가 될 것이다. 그러나 여기에 주의해야 할 것이 있는데 그것은 팩커나 웰즈가 강조하듯이 성령 사역의 궁극적 목표는 사랑 가운데서 성별되어지는 전인적인 영적 성장인 것이다.

그리스도의 장성한 분량에 자라남이 없는 성령의 은사는 아무런 소용이 없는 것이요 성경적인 은사 모습이 아닌 것이다. 이런 점에서 오늘날 세계 2/3 지역의 오순절주의 교회가 초기에는 급속히 활기 있게 성장하다 적지 않은 수효의 교회와 지도자들이 지나치게 체험을 중시하고 물량적인 가견적 결과를 기대하다가 신비주의나 인본주의의 올무에 걸려 잘못된 방향으로 나가는 주원인이 되었던 것이다. 무엇보다 하나님의 말씀 안에서의 전인적인 성장과 신학의 균형과 성숙이 요구되는 것이다.

### 3) 사차원의 신앙 세계에서의 표적과 기사를 수반하는 힘의 전도(Power Evangelism)개념을 이해하는 입장

와그너의 믿음의 수준에 대한 네 단계의 구분은 성경적인 믿음의 정의가 아니다. 삼차원의 믿음을 적극적인 사고의 수준으로 보는 것과 사차원의 단계를 표적과 기사로 구분하는 것은 전혀 성경적인 근거가 없다. 믿음은 하나님의 은총의 선물로서 본체론적 측면의 발전적 성장에 이르게 된다. 와그너의 믿음의 수준에 대한 구분은 각 단계로서 정체적이고 별개일 수 있으며 또한 상향 발전할 가능성도 있다. 이것은 믿음의 동질성과 연속성에 대한 분열적이고 파괴적인 정신을 심으며 단계의 구분에 따른 신도들간의 위화감과 계층의식을 조장하여 영적 엘리트주의나 열등

의식을 낮게 된다. 와그너는 왕국의 영적 표적으로서 기적을 주요 기능으로 보고 있다.[48]

기적은 표적과 기사(Signs and Wonders)로서 소위 사차원의 신앙 세계에서 나타나게 된다. 여기서 주목할 것은 표적과 기사가 사차원의 믿음의 최고 단계에서 일어나는 힘의 전도의 도구로서 하나님의 능력의 최고 표현이라는 신학적 전제이다. 이러한 전제는 하나님의 능력을 계층화하여서 경험적이고 가견적인 결과를 이상화하는 물량주의적이고 경험신학적인 올무에 빠지게 된다. 하나님의 능력이 외형적인 형태로 나타나는 것이 가장 바람직하다는 신학적 전제는 또한 성경적인 힘의 정의에 있어서 불균형적이며 극단적이고 성경을 넘어서는 주관적인 이해이다. 성경은 힘을 논하는 데 있어서 다중적이고 다양한 의미를 말씀하고 있다. 개인적이며 구조적이기도 하고 내면적이며 초월적이기도 하고 하나님께 속한 능력 개념이 어떤 구절에서는 사탄적인 영역을 가리키는 말씀이 되기도 한다.

즉 권위로 해석되는 'Exousia'가 에베소서 2:2에서는 공중의 권세 잡은 사탄의 영역으로 사용되기도 한다. 일반적으로 성경 속에서 사용되는 힘에 관계된 용어들은 Aion, Arche, Archon, Dunamis, Exoisia, Thronos, Kosmokratr, Kuriotes, Pneumatikon 등이 있고 관련 성경 구절들로는 마태복음 24:29; 마가복음 13:25; 누가복음 12:11, 20:20, 21:26; 로마서 8:38, 13:1-13; 고린도전서 2:6, 8, 15:24; 에베소서 1:21, 2:2, 3:9, 6:12; 골로새서 1:16, 26, 2:10, 15; 디도서 3:1; 베드로전서 3:22; 유다서 6 등이 있다. 월터 바우어(Walter Bauer), 윌

---

48) 와그너는 눅 4:18-19에 근거해서 왕국의 이중 표적을 논하는데 사회적 표적과 영적 표적이 있다. 표적과 기사가 수반되는 힘의 전도는 와그너에 의하면 왕국의 영적 표적이 되는 것이다. Peter Wagner, <u>Church Growth and the Whole Gospel</u> (San Francisco: Harper & Row, 1981), pp. 15-23.

리암 안트(William f. Arndt), 월버 깅그리치(Wilbur gingrich), 요한네스 로우(Johannes Louw), 유진 니이다(Eugene A. Nida), 모튼·제덴(Mouton & gedden), 저하드 키텔(Gerhard Kittel)의 성경 헬라어 사전을 찾아보게 되면 힘이 의미가 다양하게 다중적으로 사용되고 있음을 알 수 있다.[49] 그런데 공통적으로 대두되는 힘의 근본 원리는 하나님의 주권을 인정하며 하나님의 주재자 되심이 인간 삶과 모든 피조 세계의 영역 속에서 인정되고 확산되어져야 한다는 관계성의 원리를 내포하고 있는 것이다.[50] 힘의 전도개념이 힘의 의미를 외형적이고 물질적이며 경험적인 것으로 국한시키는 것과는 다르게 성경의 힘의 의미는 보다 다양하며 포괄적이고 총체적인 것이다.

따라서 성경적인 힘의 개념을 정리해 보면 초월적이면서 내재적이고 개인적이면서 구조적이고 궁극적인 원리는 하나님과의 관계성 위에서의 성숙을 지향하는 준거점이 되어야 한다는 것이다. 이런 측면에서 아더글라서는 힘의 전도 개념에 있어서 물질주의적이고 경험적인 힘의 의미를 비판, 경계하고 하나님과의 관계성의 원리 위에서의 하나님의 말씀을

---

49) cf. Walter Bauer, William F. Arndt & Wilbwr Gingrich, <u>A Greek English Lexicon Christian Literature</u>(Chicago: Univ. of Chicago pr., 1957), Johannes Louw & Eugene A. Nida, eds, <u>Greek-English Lexicon of the New Testament Based on Sematic Domains</u>(New York: United Bible Societes, 1988), Mouton & Gedden, <u>A Greek Concordance to the New Testament, Gerhard Kittel, ed., Theological Dictinary of the New Testament</u> 10 Volums(Grand Rapids: Eerdmans, 1964-76.)
50) 키텔은 힘의 신학적 의미를 이런 점에서 잘 정리해 나타내고 있다. Kittel, Ibid., pp. 186-191, 238-240.
51) Arthur Glasser, <u>Kingdom and Mission: New Testament Section</u> (Pasadena: Fuller Theological Seminany, 1988), pp. 160-162.

통한 무형의 힘의 능력을 강조하고 있는 것이다.[51] 힘의 전도 개념에 있어서 표적과 기사를 강조하면서 동시에 영적 세계의 지역 악마(Territorial Spirit)를 추방하는 것을 통한 교회성장을 힘의 전도라고 주장한다.[52] 지역 악마 개념과 연관된 성경 구절로서 다니엘 10:13-14; 마태복음 12:29; 에베소서 6:12; 고린도후서 4:3-4 등이 있다. 와그너는 각 지역마다 그 지역을 관장하는 악마가 있는데 이것을 인식하고 그 정체를 밝힌 후에 악령추방을 시도할 것을 주장한다.[53] 그렇게 되면 지역의 교회성장이 경이적으로 확장될 것을 여러 사례를 통하여 입증하려 하고 있다.[54]

선교하는 젊은이(Youth with a Mission)로 불리우는 선교단체의 미국 서남지역 책임자로 있는 존 도슨(John Dawson)은 도시선교의 방법론으로 도시를 지배하는 정사와 권세를 인식하고 악령추방을 위해 먼저

---

52) Peter Wagner, "Territorial Spirits and World Missions, in Evangelical Missions Quarterly Vol. 25, No. 3, pp. 278-288. Cf. Peter Wagner & Douglas Pennoyer, eds., Wrestling With Dark Angels: Toward a Deeper Understanding of the Supernatural Forces in Spiritual Warfare (Ventura: Regal Books, 1990).
53) 와그너의 지역 악마 개념에 영향을 준 선교학자 중 하나인 트리니티 복음주의 신학교의 Timothy Warner는 사탄이 지구상의 모든 지정학적 단위 내에 악마들을 배정하고 있다고 한다. Timothy Warner, "Power Encounter in Evangelism", in Trinity World Forum 10(Winter, 1985).
54) 와그너는 이런 실례 중 하나로서 아르헨티나에서 사역하고 있는 Omar Cabrera의 경우를 들고 있는데 그는 늘상 새로운 지역을 개척하려 할 때 2-3일간의 자신을 돌아보며 성령의 도우시는 손길을 기다리고 그 이후에 개척지역의 악마의 정체를 인식하기 위해서 5-8일간의 기도하는 시간을 가지고 악마의 세력을 무너뜨린 후에 사역을 성공적으로 수행한다는 것이다. Peter Wagner, How to have a Healing Ministry without Making Your Church Sick (Ventura: Regal Books, 1988), p. 199.

도시의 죄를 깨닫고 그 죄를 나의 죄인 것으로 간주하여 겸손하게 하나님께 자복하며 선으로 악을 이길 것을 주장한다.[55] 이러한 악령추방을 통한 힘의 전도 개념이 선교전략으로 필리핀 마닐라에서 열렸던 로잔느 Ⅱ 대회에서 영적 전쟁의 방식(Spiritual Warfare Track) 분과로서 모여 토론이 되었다.

필자는 지역 악마 개념이 과연 성경적인 원리가 될 수 있는가의 신학적인 규명이 있어야 한다고 생각한다. 성경은 악마의 존재를 분명히 말씀하시며 함축적으로 악마가 사탄의 지도력하에서 일정한 조직을 갖추고 질서 있게 활동하고 있음을 말씀하고 있다.

그러나 악마가 사탄으로부터 어느 특정 지역을 할당받아서 활동하고 있다는 주장은 성경의 진술을 뛰어넘는 주관적이고 경험을 성경보다 더욱 의뢰하는 위험한 사상인 것이다. 힘의 전도를 주장하는 사람들은 선교 대상 지역에 악령을 추방하는 과정을 마치게 되면 교회 성장과 선교가 성공적으로 이루어질 것을 믿고 있다. 따라서 전도를 위해 교인들을 훈련시키거나 전도 대상과 프로그램을 연구하고 선교를 위한 전략적 방법 강구는 부차적인 것이고 무엇보다 중요한 것은 악령 추방이 되는 것이다. 이러한 신학적 이해는 성경적인 성숙과 보통은총과 특별은총의 성경적 균형을 상실하여 초자연주의 세계관의 신비주의 올무에 빠질 위험이 있다.

성경은 지역 악마의 영향력을 제거하는 것이 유일한 복음선교의 첩경이라고 말씀하지 않는다. 근원적인 사탄의 세력이 죄와 더불어 악마적 활동, 개인적인 악행, 구조적인 악, 종교·문화·사상·세계관 속에 복합적이고 총체적으로 작용하여 복음 선교의 장애기 되는 것이다. 이것을

---

55) John Dawson, Taking Our Cities for God: How to Break Spiritual Strongholds (Lake Mary: Creation House, 1989), pp. 19, 27-28.

지나치게 단순화시켜서 영적 세계에 속한 지역 악마를 추방하는 길만이 교회 성장의 지름길이 될 수 있다는 신학적 이해는 몽고메리 보이스가 지적하듯이 복음 선포·양육·훈련을 통한 하나님의 말씀의 능력을 경감시키고 경험이나 주관적인 영적 세계만을 추구케 하는 사이비 운동으로 전락할 위험성이 있는 것이다.[56]

카슨(D. A. Carson)은 바울에 의해 사용된 힘의 의미를 정의하기를 오늘날 힘의 전도를 주장하는 사람들이 표적과 기사를 유일한 최고의 힘의 표현으로 보는 것과 다르게 바울에게 있어서 힘은 하나님의 말씀 안에서의 성도의 전인적인 성장을 가져와서 그리스도의 장성한 분량에 이르도록 하는 것과 그에 따른 성도의 견인, 시련 속의 인내, 믿음, 소망, 사랑이라는 것이다.[57]

필자가 일본과 동남아시아의 몇 나라들의 교회 안에서 목격하고 있는 힘의 전도 운동의 부작용은 현지 교회로 하여금 교회 성장과 선교를 위한 총체적이고 전인적인 말씀 안에서의 훈련과 기도가 선행되어야 하겠는데 오직 지역 악마를 추방하기 위한 지나친 초자연주의 세계관의 경험적이고 신비주의적인 올무에 빠져서 불건전하고 사이비한 방향으로 나감으로 오히려 선교에 장애거리가 되고 있다는 사실이다.

---

56) James M. Boice, "A Better Way: The Power of the Word and Spirit", in <u>Power Religion</u>, ed., Michael Scott Horton(Vereeniging: Christian Art Publishers, 1992), pp. 119-136.
57) Carson은 특히 롬 8:31-39; 고전 1-4; 고후 10-13; 엡 3:14-21의 주경적 작업을 통해 이것을 주장하고 있다. D. A Carson, "The Purpose of Signs and Wonders in the New Testament", in <u>Power Religion</u>, Ibid., pp. 89-118.

## 2. 개혁주의 관점에서의 성령론과 선교의 상호 관계성

### 1) 성령은 선교의 영으로서 선교는 교회의 본질이다.

고든 콘웰 신학교의 창시자며 19세기 미국 복음주의 선교 지도자들 중 하나인 아도니람 고오든(Adoniram Judson Gordon)은 요한복음 14:16-20, 15:26, 16:7-15의 말씀에 근거해서 성령의 사역을 그리스도 중심적(Christocentric)이라고 논하며 성령께서 교회로 하여금 그리스도를 증거케 함으로 그 사역을 이루신다고 말하고 있다.[58] 이런 관점에서 미카엘 그린(Michael Green)은 마태복음 28:18-20의 대위임령이 교회를 통해 구체적으로 성취되어지는 것은 성령의 역사를 통해 이루어진다고 말한다.[59] 해리 보어(Harry Boer)는 대위임령이 초대 교회의 선교 동인이기보다 오순절날 성령 강림의 사건이 교회로 하여금 선교를 수행하게 했다고 주장한다.[60] 보어는 사도들이 대위임령의 선교 메시지를 정확히 이해하지 못하고 실천하고 있지 않는 중에 오순절날 성령이 강림하심으로 선교의 영이신 성령의 역사하심을 통해서 비로소 선교 사명을 깨닫고 선교를 수행할 수 있었다는 것이다. 데이비드 왓슨(David Watson)은 사복음서와 바울의 서신들 속에 나타난 선교 명령은 직접적

---

58) Adoniram Judson Gordon, The Holy Spirit in Missions (London: Hodder and Stoghton, 1905), pp. 7-32.
59) Michael Green, I Believe in the Holy Spirit (Grand Rapids: Eerdmans, 1975), pp. 58-60.
60) Harry Boer, Pentecost and Misions (Grand Rapids: Eerdmans, 1961), pp. 15-47.

인 성령의 역사하심과 즉각 연관되어 있다고 주장한다.[61] 이런 측면에서 헨드리쿠스 벌코우프(Hendrikus Berkhof)는 선교에 있어 성령의 역할이 신학적으로 소홀히 연구되어져 왔다고 말하면서 요한복음 20:21-22을 근거로 해서 부활의 주님이 신약 교회를 탄생시키기 전에 성령 강림을 약속하셨고 바로 이 바탕 위에 교회가 선교의 사명을 수행하게 된다는 점을 들어서 선교의 영으로서의 성령과 선교는 교회의 본질적 사역임을 말한다.[62]

칼빈도 교회가 복음 전파의 사명을 감당할 수 있는 것은 그리스도의 영의 임재하심과 중재하심을 통해서 가능하다고 말씀하고 있다.[63] 이렇듯이 성령께서는 선교의 영으로서 교회를 탄생시키시고 교회의 복음 전파와 성례전 수행을 통해서 개개인으로 하여금 예수가 주님이 되심을 알게 하심으로(고전 12:3) 교회의 지체가 되게 하시고 은사(Charisma)를 수여하심으로 성도를 온전케 하며 그리스도의 몸을 세우며 선교 사명을 하나님의 능력 속에서 감당케 하는 것이다. 미카엘 그린은 성령과 선교의 관계를 논하면서 선교의 주체가 시종일관 성령이심을 주장하며 성령이 성도 개인과 교회적으로 복음 전파자, 파송지역, 메시지의 능력, 선교 대상, 칭의, 성화, 연합 등에 역사하심을 논하고 있다.[64]

필자는 성령으로 말미암아 칼빈이 논한 바 있는 은총의 수단들을 통해

---

61) David Watson, I Believe in the Church (London: Hodder and Stoughton, 1989), pp. 172-174
62) Handrikus Berkhof, The Doctrine of the Holy Spirit (Richmond: John Knox Press, 1964), pp. 30-34.
63) Wendel은 Kolfhaus의 연구를 바탕으로 Calvin은 하나님과 사람들 사이에 그리스도가 중보자이듯이 그리스도와 사람들 사이에 성령이 중보적 역할을 하심으로 칭의와 그리스도의 몸으로서의 교회 지체됨이 이루어짐을 믿었다고 말한다. Francois Wendel, Calvin (London: Collins, 1973), pp. 39-240.
64) Green, op. cit., pp. 64-126.

서 개개인이 구원받으며 성령께서 구원받은 하나님의 자녀들을 불러 모아서 교회의 지체가 되게 하심으로 그리스도를 머리로 한 영적인 유기체적 공동체인 교회가 형성이 되며 성령께서 교회에 영적 은사들을 직분과 더불어 수여하심으로 교회가 선교적 사명을 감당케 하심을 확신한다. 성령은 선교의 영이시기에 교회는 국내든 국외든지 선교 사명을 수행하는 일에 최선을 다해야 한다. 교회가 선교를 부분적이거나 일종의 목회적 장식물로 생각한다면 그것은 성령의 사역을 거스르는 일이요 교회의 본질을 상실하는 일이기에 위기가 찾아오게 되는 것이다.

### 2) 성령으로 말미암는 교회 부흥은 선교의 열매를 가져온다.

조나단 에드워드(Jonathan Edwards)는 하나님께서 그의 구속 역사를 이루시는 데 있어서 교회에 성령의 쏟아 부어 주심(The Outpouring of the Holy Spirit)을 통해 교회 부흥(Church Revival)을 일으키심으로 행하신다고 말한다.[65] 에드워드는 후천년설의 종말관을 가지고 그 당시의 시대에 일련의 성령으로 말미암는 교회 부흥이 계속 일어나 적그리스도와 사탄의 왕국이 무너지게 됨으로 천년왕국이 임하게 될 것을 믿고 있었다. 교회 부흥은 교인들로 하여금 영적으로 새로워지게 함으로 복음을 능력 있게 증거하게 하고 그리스도의 왕국을 확장하는 열정을 주며 불신자의 영혼들을 구원하는 열매가 맺어진다고 한다.[66] 에드워드는 당

---

65) Stephen J. Stein, ed., <u>Apocalyptic Writings</u>, Vol. 5 in <u>The Works of Jonathan Edwards</u>(New Haven & London: Yale University Press, 1977), pp. 378-431.
66) Serene E. Dwight, ed., <u>The Works of President Edwards</u>, 10 Vols. (New York: S. Converse, 1829), pp. 304-307.

시의 부흥주의(Revivalism)와 진정한 부흥을 구분하기 위해서 부흥주의는 근본적으로 자아사랑이 기반이 된 고양된 감정 표현과 허황된 영적 몰아이지만 진정한 부흥은 하나님의 영광과 은혜를 찬양하는 그리스도 중심적이며 겸손, 온유, 사죄의 분위기, 공의를 사모함과 구령의 열정 등의 열매를 맺는다고 한다.

그는 교회 부흥시에 나타나는 잘못된 종교적 감정(Religious Affection)의 양상을 12개로 지적하며 또한 진정한 감정의 양상을 하나님께 대한 경외, 소망, 죄에 대한 미움, 선한 행위에 대한 사모함, 구원의 감격, 즐거움, 감사, 구령의 열정, 거룩함 등으로 구분한다.[67] 에드워드는 이러한 부흥이 성령의 쏟아 부어 주심을 통해 교회에 계속해서 나타남으로 교회가 선교의 사명을 능력 있게 감당하여 천년왕국이 임하게 될 것을 믿고 스가랴 8:20-22의 말씀을 기반으로 전세계적인 비상한 기도의 연합 운동인 기도합주회(Concerts of Prayer)를 개최할 것을 주장하였다.[68]

에드워드와는 다르게 역사적 전천년설의 종말관을 가진 18세기 초의 뉴잉글랜드의 청교도 지도자인 코튼 마테르(Cotton Mather)는 교회 부흥을 통한 복음의 세계적 확장을 위해 에드워드와 동일하게 전세계적인 기도 운동을 벌일 것을 독일의 경건주의 선교 운동의 지도자들과 영국의

---

67) John E. Smith, ed., Religious Affections, Vol. 2 in The Works of Jonathan Edwards (New Haven & London: Yale University Press, 1959), pp. 1-4.

68) 이러한 에드워드의 요청은 영국의 Northamptonshire의 침례교 협회에 속한 John Sutcliff, John Ryland, Andrew Fuller, William Carey 등에게 영향을 주어 매달 첫 월요일에 부흥과 하나님 나라의 확장을 위해 기도회를 가지게 하였다. Stein, op. cit., pp. 308-318. Cf. R.E. Davies, I Will Pour out my Spirit (Tunbridge Wells: Monarch, 1992), p. 41.

청교도 지도자들에게 호소하였다.[69] 리차드 러브레이스(Richard F. Lovelace)는 근대 부흥 신학의 원조를 조나단 에드워드로 본다.[70] 에드워드가 의미하는 성령의 쏟아 부어 주심(The Outpouring of the Holy Spirit)은 오순절날 성령 강림의 단회적 사건에 기반되어진 비상한 성령 충만의 내용을 의미한다. 이런 뜻으로 팩커도 부흥을 정의하기를 하나님의 백성들을 새롭게 하고 불신자들을 구원하기 위한 성령의 쏟아 부어 주심(The Outpouring of the Holy Spirit)이라고 한다.[71] 부흥신학자로 유명한 에드윈 오르(J. Edwin Orr)도 부흥을 성령의 쏟아 부어주심으로 정의하는데 그는 이 의미를 인간의 간섭을 배제한 전적인 하나님의 주권적 행위로 보는 것이다.[72] 이런 의미에서 개혁주의 청교도 전통의 한 부분에서 제기되어진 부흥의 의미는 알미니안 신학 속에서의 찰스 피니(Charles Finney)가 주장하는 프로그램화되어질 수 있는 신인동역적인 부흥의 의미와는 전적으로 다른 것이다.[73]

팩커는 하나님께서 부흥을 그의 교회에 허락하시는 주요 이유 네 가지를 들고 있는데 그것은 영적으로 죽어 있는 교회를 갱신시키고, 교회의

---

69) R. Pierce Beaver, "Eschatology in American Missions", in <u>Basileia: Walter Freytag Zum</u> 60. Geburtstag, ed., H. J. Margull, stuttgart, 1959, p. 63. cf. Richard F. Lovelace, <u>The American Pietism of Cotton Mather: Origins of American Evangelicalism</u>(Grand Rapids: Christian University Press, 1979), pp. 265-272.

70) Richard F. Lovelace, <u>Dynamics of Spiritual Life</u>(Downers Grove: Intervarsity Press, 1979), p. 12

71) J. I. Packer, "Renewal and Revival", in <u>Renewal</u>, LXII, pp. 14-17.

72) J. Edwin Orr, <u>The Outpouring of the Spirit in Revival and Awakening and its Issue in Church Growth</u>(Pasadena: Fuller Theological Seminary, 1984), p. 4.

73) Charles G. Finney, <u>Revival Lectures</u>(Oberlin: Goodrich, 1868), pp. 9-21.

본질을 망각하여 하나님의 진노의 대상이 돼버린 교회를 긍휼히 여기심과, 그의 백성들의 굳은 심령을 진리로 새롭게 하심과, 특별한 하나님의 주권적 경륜 가운데 이루어지는 일이라는 것이다.[74] 러브레이스는 조나단 에드워드의 부흥 신학의 바탕 위에서 부흥은 전적으로 하나님의 주권적 행위이지만 부흥이 일어날 수 있는 예비적 과정들이 있는데 가장 특징적인 것으로 하나님의 존전의식과 죄에 대한 민감함으로 인한 회개와 기도 운동이 종종 선행된다고 한다.[75] 폴 히버트는 교회가 성령으로 말미암는 영적 유기체이지만 동시에 지상 교회로서 사람들이 모여 이루어지는 제도적 특성이 있는데 교회 역사를 통해 볼 때 영적 유기체적 특성은 희미해지고 제도주의적인 성향만이 강하게 나타날 때 갱생(Renewal or Revitalization) 운동이 일어나곤 하였다고 한다.[76] 이러한 갱생의 몸부림은 부흥신학자들에 의하면 어느 특정 개인을 중심으로 한 기도회, 성경 공부 모임, 전도·선교 운동으로 시작되어서 하나님의 경륜 가운데서 성령의 쏟아 부어 주시는 부흥과 연관됨으로 전 교회적인 변혁과 사회 윤리 향상 및 세계적인 선교 운동으로 나타난다는 것이다.[77]

---

74) Packer, <u>Keep in Step with the Spirit</u>, op. cit., pp. 255-258.
75) Lovelace op. cit., pp. 81-94. Cf. Walter C. Kaiser, <u>Quest for Renewal</u> (Chicago: Moody Press, 1986), pp. 147-150.
76) Paul Hiebert, "Missions and the Renewal of the Church", in <u>Exploring Church Growth</u>, ed., William R. Shenk (Grand Rapids: Eerdmans, 1983), pp. 159-161.
77) 이런 접근방법으로는 갱생을 부흥의 전단계로 보며 인위적인 요소가 있음을 전제한다. 그러나 부흥은 하나님의 전적인 주권적 행위이며 갱생이 반드시 부흥을 가져오지는 않는다고 한다. 이런 부흥의 이해를 가진 일군의 신학자들은 필자가 이미 언급한 바 있는 오르, 러브레이스, 팩커 이 외에도 다음과 같은 학자들과 이에 관련된 저서들이 있다. C.E. Autrey, <u>Revivals of the Old Testament</u> (Grand Rapids: Zondervan, 1960), Ernest Baker, <u>The Revivals of the Bible</u> (Capetown: Miller, 1906) Phillip R. Newell,

종교사회학자인 윌리암 맥러프린(William McLoughlin)은 신학적인 의미와는 상관없이 갱생과 부흥을 구분하지 않고 인류학자인 앤토니 월리스(Anthony F.C. Wallace)의 모델을 좇아서 교회 역사에 나타나는 부흥의 의미를 문화적 이탈(Cultural Distortion), 개개인의 가치관의 공허로 인한 스트레스, 종교 규범의 상실, 교회의 관료·제도주의화로 인한 일종의 구조적인 반동적 개혁·갱신 운동으로 보는 것이다.[78] 필자는 이러한 맥러프린의 사회학적 접근이 한 부분에 있어 타당한 면이 있으나 부흥 자체의 영적이고 신학적인 의미를 전혀 고려하지 않는 성경적인 부흥 의미를 왜곡하고 파괴하는 위험한 사상임을 지적하게 된다. 러브레이스는 부흥의 결과를 개인적인 측면과 집합적인 측면으로 구분하여 논하고 있다. 그에 의하면 개인적인 측면은 부흥이 일어나면 칭의, 성화, 성령의 내재, 영적 권위에 대한 깊은 자각과 성장이 있으며 집합적인 측면 즉 교회적인 면에 있어서는 강력한 선교 운동, 능력 있는 기도 운동, 유기체적 공동체 의식과 문화를 성경적으로 변화시키는 역동적인 신학발전이 있게 된다는 것이다.[79]

필자는 한국교회 역사에 있어서 교회 부흥이 계속해서 있어 왔음을 확신한다. 특히 대부분의 교회사가들이 공통적으로 인정하고 있는 1907년

---

Renewal on God's Terms(Chicago: Moody Press, 1959), Walter Kaiser, Quest for Renewal(Chicago: Moody Press, 1986).

[78] 맥러프린이나 월리스에게 있어서 이러한 부흥은 교회에만 일어나는 일이 아니라 모든 종교기구에서 다 일어나게 된다. 특히 월리스는 토착 민속 종교 가운데서 이러한 메시아적 부흥 토착종교 운동이 일어난다고 한다. William G. Mcloughlin, Revival, Awakenings, and Reform(Chicago: The University of Chicago Press, 1978), pp. 2-7, Anthony F.C Wallace "Revitaliation Movements", in American Anthropologist, LXIII, No. 8, 1956, pp. 264-281.

[79] Richard Lovelace, Renewal as a Way of Life(Downers Grove: Intervarsity Press, 1985), pp. 131-194.

도 평양 장대현 교회를 중심으로 해서 일어난 부흥은 한국교회의 대표적인 부흥의 실례인 것이다.[80]

1907년의 부흥은 1903년 원산에서 의료선교사로 사역하던 하디(R.A. Hardie)의 개인적인 영적 변혁과 그로 인한 기도·성경 공부 운동 또한 연초에 모이는 선교사들과 한국교회 지도자들의 사경회에서의 성경 공부, 기도회와 깊은 성도의 교제 등을 통한 하나님의 주권적 경륜 가운데서 이루어진 성령의 비상한 충만, 즉 쏟아 부어 주심의 역사였다.[81] 1907년도의 부흥은 부흥신학자들이 정의하고 있는 하나님의 존전의식과 깊은 죄의식 또한 성경을 사모하는 열정과 기도회 등이 함께 작용하여 하나님의 섭리 속에서 그의 주권적인 행위로 나타나게 된 것이다.[82] 부흥의 결

---

80) cf. 김영제 『한국교회사』(서울: 개혁주의신행협회, 1992), pp. 110-118, 민경배, 『한국기독교회사』(서울: 대한기독교서회, 1987), pp. 250-254, 이영헌, 『한국기독교사』(서울: 컨콜디아사, 1985), pp. 121-122.

81) 이 당시 부흥의 주역들로 Hardie뿐 아니라 선교사로는 W.N, Blair와 Graham Lee가 있고 한국교회 지도자로서는 길선주 장로가 있었다. 부흥에 참여한 선교사뿐 아니라 선교사이며 후대 한국교회사를 썼던 Rhodes도 1907년도의 부흥을 참된 부흥으로 규정하고 있는 것이다. cf. William N. Blair, Gold in Korea (Topeka: H.M Ives and sons, 1957), p. 68, Graham Lee, "How the Spirit Came to Pyeongyang", in Korea Mission Field, Vol. 3, No.3(March, 1907), pp. 33-37 J.S Galel, Korea in Transition (Nashville: South Smiths. Lamar, 1909)., p. 201, Harry A. Rhodes, ed., History of the Korea Mission PC USA 1884-1934 (Seoul: The Chosen Mission Presbyterian Church, 1934), pp. 280-292.

82) Hardie의 영적 자각과 성경공부 운동, 길선주 장로의 1905년도부터의 장대현 교회에서의 새벽 기도회 시작과 1907년 1월 장대현 교회 사경회시에 길선주 장로의 깊은 죄의식과 회개 등이 부흥과 함께 연관되어짐을 주목하라. 그러나 부흥이 일어나던 해에 한국선교사로 있었던 Walter Eerdman 같은 이는 1907년 한국교회를 방문해 부흥을 평가한 예일 대학의 Ladd 교수를 좇아

과도 러브레이스가 구분하고 있는 개인적이며 교회적인 열매가 나타났다.

백낙준은 1907년도의 한국교회 부흥이 네 가지 결과를 낳았다고 하는데 첫째는 개신교회가 한국 문화 토양 위에 뿌리를 내린 것과 둘째는 한국인의 열등 의식과 선교사들의 교만을 부서뜨린 것과 셋째는 새벽 기도회, 수요 성경공부 모임, 철야기도, 산기도 등의 한국교회의 독특한 영적 습관이 정착된 것과 네 번째로 광범위한 전도의 영적 동기 부여가 이루어졌다는 것이다.[83] 필자는 한국교회 내에 부흥의 의미에 대한 두 가지

---

서 1905년의 일본과의 보호조약 이후 낙심한 한국교회 지도자들과 성도들을 고무시키기 위한 일종의 인위적인 선교사들의 정치적 운동으로 부흥을 왜곡되이 평가하고 있다. 이러한 Eerdman의 비평적 평가는 후대에 와서 이장식, 서광선 등에게 그대로 영향을 미치고 있다. cf. L. H. Underwood, <u>Underwood of Korea</u>(New York: F. H. Revell Company, 1918), p. 224, G. T. B. Davies, <u>The Missionary</u>, Vol. 43, No. 5, 1910, pp. 212-213, Walter Eerdman, "Feb. 8, 1908" in <u>PC USA BFM Mission Correspondence and Reports</u>, Calender V. 22, 1897-1911, 1969, p. 11, 이장식,『한국교회의 어제와 오늘』(서울: 대한기독교 출판사, 1986), pp. 183-191, 서광선,『한국기독교의 새인식』(서울: 대한기독교출판사, 1985), pp. 34-35, 67-79.

83) 특히 백낙준의 네 번째의 결과 지적은 1907년 이기풍 목사를 제주도 선교목사로 파송한 것과 만주 이민자들을 위한 전도목사, 권서인, 전도자, 권서부인들을 파송한 것과 1913년 한국 최초의 타문화권 선교사로 세 사람의 목사들을 중국 산동에 파송한 것과 직접 연관이 되어진다. 만주와 산동에 전도목사, 선교사들을 파송하는데 1907년 부흥의 주역이었던 길선주 목사가 당시 총회의 전도국장으로 있으면서 주도적인 역할을 한 것을 주목하라. Paik Lak-Geoon George, <u>The History of Protestant Mission in Korea</u> 1832-1910(Pyeng-Yang: Union Christan College Press, 1929), pp. 383-396. cf. 길진경,『영계 길선주』(서울: 종로서적, 1980), p. 243.

의 혼란이 있음을 지적하지 않을 수 없다. 첫째는 샤머니즘의 세계관과 교묘히 혼합되어진 기복신앙적이며 찰스 피니적 알미니안 신학이 바탕되어진 프로그램화될 수 있는 부흥의 잘못된 개념이요, 둘째는 부흥 자체를 인정하지 않고 모든 부흥의 의미를 부흥주의로 규정하여 무조건 부흥을 부정적으로 보려하는 경직되고 고답적인 교조주의적 경향이다. 필자는 성경적인 부흥, 참된 부흥은 교회 역사를 통해 계속해서 있어 왔고 부흥은 교회를 새롭게 하며 세상 속에서 능력 있게 복음을 증거하게 하며 개인과 사회를 갱생하며 선교의 동력원이 됨을 다시 한 번 지적하게 된다.

### 3) 성령의 일반 역사로서의 보통은총은 선교의 예비적 토양을 마련한다.

찰스 핫지(Charles Hodge)는 인간을 포함해 하나님이 창조하신 피조세계를 성령께서 창조의 영으로서 통치하시고 섭리하신다고 말한다.[84] 루이스 벌코우프는 이러한 성령의 역사를 일반 역사로서 부르며 개혁주의 신학자들은 이것을 보통은총(Common Grace)으로 규정한다.[85] 신학적으로 보통은총에 대해 최초로 언급한 사람은 어거스틴이지만 이것을 체계 있게 신학화한 사람은 존 칼빈이다. 칼빈은 보통은총을 인간 타락 이후에도 하나님께서 계속적으로 부여하시는 은총(Continual Bestowal of His Grace)으로 보았으며 이것은 하나님이 창조하신 만물 가운데 하나님

---

84) Charles Hodge, Systematic Theology, Vol. II(London: James Clarke & CO LTD, 1960), pp. 665-667.
85) Louis Berkhof, Systematic Theology(Grand Rapids: Eerdmans, 1976), p. 436.

을 알 만한 것으로 나타나며 그의 계속적인 통치를 의미한다고 말한다.

칼빈에 의하면 보통은총은 타락한 인간으로 하여금 제한적이지만 금수처럼 되어서 자멸하는 것을 방지하는 죄를 억제하며 선행을 고무하는 기능이 있다고 한다. 그러나 보통은총이 죄를 도말하며 구원의 하나님에게 부패한 인간을 인도할 수 없는 것은 인간의 죄성이 보통은총을 왜곡하고 누르며 결국은 우상숭배로 이끌어가기 때문이다.[86] 핫지는 성령의 일반역사로서의 보통은총이 종교적인 삶을 낳는다고 말한다. 그러나 아브라함 카이퍼가 반정립(Anti-Thesis)의 원리로 설명한 것처럼 종교적인 삶도 결국은 칼빈이 지적하고 있는 죄의 영향력과 사탄의 역사에 의해서 우상숭배로 전락하고 만다.[87] 따라서 핫지는 보통은총으로 구원받을 수가 없기에 구원을 위한 효과적인 은총(Efficacious Grace)이 필요하다고 말하는데 이것을 개혁주의 신학자들은 성령의 특별은총(Special Grace) 혹은 특별계시로 부르는 것이다.[88]

코넬리우스 반틸(Cornelius Vantil)은 화란계의 개혁주의 교회 (Christian Reformed Church) 역사 속에서 보통은총을 전면 부인한 헤르만 혹세마(Herman Hoeksema)와 헨리 단호프(Henry Danhof)의 이론을 소개하고 있다. 이 두 신학자들은 하나님의 택자 이외에는 어느 누구에게도 하나님은 은총을 베푸시지 않고 소위 보통은총이라고 부르는 자연계시는 하나님의 창조 섭리에 포함된다는 것이다.[89] 반틸에 의하면 1929년 화란계의 기독교 개혁 교회(Christian Reformed

---

86) John Calvin, <u>Institutes of the Christian Religion I. ed,. John T. Mcneill</u>(Philadelphia: Westminster Press, 1967), pp. 51-69.
87) Hodge, op. cit., pp. 673-675, and Abraham Kuyper, <u>Lectures on Calvinism</u>(Grand Rapids: Eerdmans, 1983), pp. 121-125.
88) Hodge, Ibid., pp. 675-689. cf. L. Berkhof, op. cit., pp. 436-440.
89) Cornelius Vantil, <u>Common Grace and The Gospel</u>(Philadelphia: Presbyterian and Reformed Publishing Company, 1974), p. 18.

Church)는 위의 두 신학자들의 견해를 잘못된 것으로 비평하고 보통은 총에 대한 세 가지 신학적 근거들을 관련 성경구절들을 통해서 발표하였다. 그 첫 번째 근거는 하나님의 보통은총은 택자에게만 해당되는 것이 아니라 모든 사람들에게 해당되는데 이에 대한 성경구절들로서 시편 145:19; 에스겔 33:11, 18:23; 마태복음 5:44; 누가복음 6:35-36; 사도행전 14:16-17; 디모데전서 4:10; 로마서 2:4 등이 있다는 것이다. 두 번째 근거는 개개인 및 사회 속에서 죄를 억제하는 은총이 있는데 관련 구절들로서 창세기 6:3; 시편 81:11-12; 사도행전 7:42; 로마서 1:24, 26, 28; 데살로니가후서 2:6-7 등이 있다는 것이다.

세 번째는 비중생자(The Unregenerated)들을 통해서도 시민적 의가 수행되어지는데 성경구절로는 열왕기하 14:3; 역대하 25:2, 14-16, 20, 27; 누가복음 6:33; 로마서 2:14, 10:5 등이 있다는 것이다.[90] 이러한 보통은총에 대한 개혁주의 신학 전통의 역사는 일찍이 16-17세기의 영국 청교도 지도자들 중 대표적 인물인 리차드 십스(Richard Sibbes)에게 미국 원주민인 인디언 선교를 하는 데 있어서 인디언들 가운데 선재하는 하나님의 보통은총을 선교의 접촉점으로 삼아 선교해야 한다는 주장을 하게 만든다. 십스는 복음에 대한 인간의 응답은 하나님의 예비적 은총을 무시하지 않는다는 것이다.[91] 화란의 개혁주의 교회 선교학자인 요한네스 바빙크(Johannes Bavinck)는 보통은총을 하나님을 알 만한 것으

---

90) Ibid., pp. 19-22.
91) 당시 서구교회 지도자들 중 적지 않은 수효가 과격한 정치 지도자들과 함께 인디언들을 금수보다 못하게 여겨 인디언 말살정책을 폈는데 십스의 보통은총에 대한 신학적 주장은 선교에 큰 영향을 미쳤다. 십스의 영향을 받은 사람으로 리차드 백스터와 존 엘리오트가 있는 것이다. Richard Sibbes, The Complete Works of Richard Sibbes, ed., Alexander B. Grosart, Edinburgh, 1862, V. p. 419, VI. pp. 522-523, VII. p. 404.

로서의 증거로 보며 이 증거 없이는 선교가 이루어질 수 없고 보통은총을 선교의 접촉점으로 삼아야 한다고 주장한다.[92]

바빙크는 칼빈이나 카이퍼가 논한 보통은총의 반정립의 원리 위에서 그의 유명한 엘렝틱스(Elentics)의 선교 모델을 제시한다. 엘렝틱스는 보통은총, 주로 바빙크에게 있어 문화와 그 핵심이 되는 종교로 나타나는데 그것은 죄와 사탄의 역사로 왜곡되고 거짓되게 변조되는 바 그 거짓된 부분을 성령의 검, 하나님의 말씀으로 밝히 드러내어 성경적인 변혁을 일으키자는 것이다.[93] 바빙크는 바로 이런 관점에서 종교들 속에서 다섯 가지의 자력점을 보며 그것을 선교의 접촉점으로 삼아 선교적 변혁을 일으킬 것을 주장한다.[94] 이렇듯이 개혁주의 신학전통 속에 보통은총에 대한 신학적 이해는 선교를 위한 하나님의 선재적 은총이 성령의 일반역사로서 존재하고 있다는 사실이다.

필자는 여기서 두 가지의 보통은총에 대한 신학적 이해를 분명히 하려 한다. 그것은 첫 번째로 특별은총의 복음을 듣지 못하고 보통은총의 보

---

92) Johannes H. Bavinck, <u>The Introducion to the Science of Missions</u> (Philadelphia: The Presbyterian and Reformed Publishing Company, 1960), p. 227.
93) 엘렝틱스는 요 16:8에 나오는 Elengchein에서 유래된 것으로서 성령으로 말미암는 죄의 정죄, 죄인식을 의미한다. 바빙크는 문화의 근본을 종교로 보고 선교적 변혁을 일으키기 위해 종교를 이해하기 위한 제 종교학의 분야들, 종교현상학의 학문적 도구들을 사용해 종교의 거짓된 부분들을 파악하여 그에 따른 하나님의 말씀을 통한 충돌을 일으키므로 성령의 역사를 통해 성경적인 변혁을 일으키는 것을 엘렝틱스라고 정의한다. Ibid., p. 226.
94) 다섯 가지의 자력점은 우주적인 관계(Cosmic Relationship) 종교적인 규범(Religious Norm), 인간존재의 수수께끼(Riddle of their Existence), 구원의 갈망(Human Craving for Salvation), 실재인식(Reality) 등을 의미한다. Johannes Bavinck, <u>The Church between the Temple and the Mosque</u> (Grand Rapids: Eerdmans, 1966), pp. 32-33.

편 영역 안에 있는 사람들은 보통은총의 존재 자체가 저들에게 핫지가 말한 바처럼 충분한 하나님의 심판의 근거가 되며 아무런 변명의 여지가 없다는 것이다.[95] 두 번째로는 보통은총이 선교의 접촉점이 될 수 있지만 보통은총 그 자체 안에서 구원의 가능성을 인정하려는 그 어떠한 신학적인 시도도 반정립 원리에 대한 성경 진리의 도전이요 인간의 전적 부패에 대한 거부이기에 개혁주의 신학 안에서는 용납이 될 수 없다는 사실이다. 교회는 보통은총을 통한 선교의 접촉점이 하나님의 손길 가운데서 마련되어 있다는 사실을 확신하고 선교의 담대함과 책임감을 느껴야 할 것이다.

---

95) Hodge, op. cit., p. 672.

# Ⅵ. 선교 역사 개관

 구스타브 바넥이 종교개혁 이후로 19세기까지의 개신교의 선교 역사를 학문적으로 성찰한 것이 선교 역사 연구에 한 출발점을 놓았다. 그는 주로 개혁가들의 신학 사상과 선교와의 상관성을 추적했고 일어난 사건에 초점을 맞추어서 개신교회의 선교를 연구하였다.[1] 그는 대위임령의 말씀을 선교의 핵심으로 보았는데 종족이 복음화되어지는 것을 가장 중요하게 여겼다.[2] 20세기의 선교 역사 학자인 라토렛은 구속사를 역사의 주축으로 보면서 하나님께 특별히 부름받은 영적으로 각성되어 있고 선교의 사명에 깨어 있는 소수의 선각자들의 선교 운동, 즉 교회병행 선교 기구들의 활동을 통하여 제도권적 교회가 도전을 받고 영적으로 각성하여 선교에 참여하게 된다는 그의 독특한 부흥사관의 관점으로 선교 역사를 조망하였다.[3] 라토렛에게 있어 가장 이상적인 교회 선교의 모습은 교

---

1) See Gustav Warneck, <u>Outline of a History of Protestant Missions</u> (New York: Fleming H. Revell Company, 1901), pp. 1-349.
2) Gustav Warneck, <u>Evangelische Missionslehre, Erste und Zweite Auflage</u>(Gotha: Friedrich Andreas Perthes, 1903), pp. 26-28.
3) 라토렛은 이러한 소수의 영적으로 각성된 무리를 가리켜서 두 번째로 성찰되어

회병행 선교기구와 제도권적 교회가 서로 연합하고 협력하여 선교 사명을 감당하는 일이다.[4] 그러나 스티븐 닐은 하나님의 구속사에 그분의 가장 중요한 도구로 사용되는 것은 교회이요 교회는 하나님 나라의 대리인으로서 서로 연합하고 하나가 되어서 선교의 사명을 감당하는 것을 가장 이상적인 교회 선교의 모습으로 보았다.[5] 그는 교회병행 선교기구를 교회 선교의 부수적이고 일종의 도구적 관점에서 보았지 라토렛처럼 구속사의 주축으로 보지는 아니했다. 오늘날 선교 역사 연구는 이 두 분의 선교 역사관이 양대 산맥을 이루면서 교회병행 선교기구와 제도권적 교회 중에 어디에다가 더 비중을 두면서 선교 역사를 연구하는지 여기에 따라 조금씩 선교 역사를 연구하는 데 있어 강조점과 해석의 양상이 달라지고 있다. 필자는 라토렛보다는 스티븐 닐의 입장에 가깝다. 그러나 라토렛의 선교 역사 연구를 통해서 너무 많은 통찰력과 지혜를 얻었기에 라토렛에게서 받은 영향이 지대함을 고백한다. 스티븐 닐보다는 교회병행 선교기구에 대해서 필자는 더욱 긍정적이고 적극적이다. 교회병행 선교기

---

진 내연적 모임이라고 정의하며 이들을 통해서 제도권적 교회가 변화되어진다는 사상을 가지고 있다. See Kenneth Scott Latourette, A History of Christianity Vol. 2: Reformation to the Present(New York: Harper & Row, 1975), pp. 1460-1474, cf. Kenneth Scott Latourette, Christianity through the Ages(New York: Harper & Row, 1965), pp. 305-309.

4) Latourette, A History of Christianity Vol. 2, pp. 1501-1506.

5) 이러한 스티븐 닐의 사상이 가장 잘 나타나고 있는 것은 그의 저서인 『교회와 기독교 연합』이며 이것을 실제적인 역사적 실례로서 입증하려고 시도한 것은 인도의 남인도 그리스도의 연합 교회의 경우이다. See Stephen Neill, The Church and Christian Union(London: Oxford University Press, 1961), Stephen Neill, A History of Christianity in India: vol. 2, 1707-1858(Cambridge: Cambridge University Press, 1985).

구는 단순히 교회 선교의 도구 이상이다. 하나님께서 바울 사도의 선교단을 통해서 이미 예시하셨듯이 교회의 선교 사명 수행을 위해서 하나님께서 교회병행 선교기구를 세우셨고 이 기구는 교회는 아니지만 교회 병행 기구로서 선교의 사명을 수행하기 위해 하나님께 특별히 세움을 받은 신적 기구이다.[6] 알 비 카이퍼나 조지 피터스가 생각하는 것처럼 제도권적 교회가 선교의 사명을 제대로 수행하지 못할 때 하나님께서 일시적으로 또는 잠정적으로 세우신 비정상적인 정상이 아니다.[7] 교회병행 선교기구는 주님이 다시 오시는 그 날까지 교회의 선교를 위해서 하나님께 세움을 받은 선교를 위한 봉사 기구이다. 그러나 라토렛이나 랄프 윈터처럼 하나님의 구속사의 가장 핵심 되는 주축을 교회병행 선교기구로는 보지는 않는다.

윈터는 제도권적 교회를 모달리티(Modality)로 부르며 교회병행 선교기구를 소달리티(Sodality)로 부른다. 그에게 있어 소달리티와 모달리티는 하나님의 구속사의 오른손과 왼손과 같은 역할을 하는 신적 도구로서 대등하며 어떤 의미로 소달리티의 우선적인 활동으로 모달리티가 움직여 나가기에 바로 그 점에서 소달리티가 윈터에게 있어서 가장 핵심 되는 하나님의 구속사의 도구가 되는 것이다.[8] 윈터는 이런 관점에다가 선교

---

6) cf. Edward F. Murphy, "The Missionary Society is an Apostolic Team", in Missiology, vol. 4, no. 1(January, 1976), pp. 103-118, Charles J. Mellis, <u>Committed Communities</u>(Pasadena: William Carey Library, 1976), pp. 13-17.
7) 알. 비. 카이퍼, 『복음전도신학』(God's Centered Evangelism), 김득룡 역 (서울: 총신대학출판부, 1981), pp. 301-302, George W. Peters, <u>A Biblical Theology of Missions</u>(Chicago: Moody Bible Institute, 1972), pp. 226-241.
8) Ralph Winter, "The Two Structure of God's Redemptive Mission", in <u>Missiology: An International Review</u>(January, 1974), pp. 121-139.

역사를 조망할 때 종족 중심의 사관을 가지고 선교 역사를 해석한다.[9] 필자는 스티븐 닐의 제도권적 교회를 중심으로 한 선교 사관의 입장에서 그러나 교회병행 선교기구의 역할을 중요시하면서 선교 역사를 간략하게 조망하려 한다. 선교 역사를 살펴보는데 있어서 폴 피어슨이 사용하고 있는 연구방법과 필자의 관점에서 덧붙인 9가지의 방법으로 선교 역사를 살펴보려 한다.[10] 그 9가지의 연구방법은 다음과 같다. 첫 번째는 환경적 요소들이다. 이것은 복음이 전파되는 과정에서의 하나님의 카이로스적 요소들을 살펴보고 그 의의를 성찰하는 일이다. 두 번째는 신학적 요인들로서 당대의 신학 사상들이 선교에 어떤 영향을 주었는지 그 상관성을 살피는 일이다. 여기에는 긍정적이고 부정적인 양면을 살펴본다. 세 번째는 영적 원동력으로서 교회의 어떤 영적 요소들이 선교에 영향을 미치었는지를 살피는데 라토렛의 부흥 사관에서 많은 통찰력을 얻는다. 네 번째는 선교 매체로서 복음이 구체적으로 당대의 어떤 수단들을 통해서 전파되었는지 그 영향이 어떠했는지를 살펴본다. 다섯 번째는 선교 구조

---

9) 윈터는 이런 종족 중심의 사관을 가지고 구속사를 10개의 시기로 나누어 각 중요한 종족들이 어떻게 복음화되어 선교가 계속해서 확장되고 있는지를 살핀다. See Ralph Winter, "The Kingdom Strikes Back: The Ten Epochs of Redemtive History", in <u>Perspectives on the World Christian Movement</u>, Ralph D. Winter & Steven C. Hawthorne(Pasadena: William Carey Library, 1981), pp. 137-155.

10) 폴 피어슨은 풀러 신학교의 선교 역사를 가르치는 교수로서 라토렛의 영향을 받고 있는 선교 역사 학자이다. 그는 선교 역사를 8가지 관점에서 조망하는데 필자와 다른 것은 종족, 종족 그룹, 계층을 따로 살펴보지 않고 토착화 대신에 지도력의 발전 과정을 살펴본다. 피어슨은 또한 라토렛 학파답게 교회 병행 선교 기구와 모달리티 교회를 대등한 공생 관계로 본다. 이런 점이 필자와 다르지만 연구 방법에 있어서 피어슨에게 학문적인 도움을 받았음을 기술한다. See, Paul E. Pierson, <u>Historical Development of the Christian Movement</u>(Pasadena: Fuller Theological Seminary, 1985).

로서 교회와 교회병행 선교기구가 선교에 어떤 역할을 했으며 그 특성이 어떠했는지를 살핀다. 여섯 번째는 지리적인 확장으로서 복음의 지리적인 확산을 중심으로 살핀다. 일곱 번째는 종족과 종족 그룹과 사회계층의 복음화를 살핀다. 종족 그룹이란 같은 종족 계열이지만 지리적인 간격이나 어떤 역사적 요인에 의해 조금씩 다른 문화와 언어를 형성하고 있는 것으로서 때론 이질적인 문화와 언어를 가지고 있기도 한다. 계층의 차이에 따라 때론 서로 교류하고 의사소통이 단절되어 있기에 복음이 전파될 수 없는 상황이 있는데 이때 계층간의 복음화는 필요하며 결국 선교는 계층의 평준화를 낳게 되고 사회구조를 변화시키는 결과를 낳게 된다. 종족과 종족 그룹과 계층의 복음화에 대한 역사 연구는 랄프 윈터의 종족 중심적인 역사 연구와 최근의 선교 인류학의 연구에서 그 통찰력을 얻었다. 여덟 번째는 하나님께서 사용하신 중요 인물들이다. 이것은 선교 역사에 있어서 지도력과 연관된 부분으로서 선교에 있어 핵심적인 역할을 한 지도자들을 중심으로 살펴본다. 이 부분에 있어 현대 선교학의 지도력의 학문적 연구방법이 사용되어지고 거기서 많은 통찰력을 얻었다. 아홉 번째는 토착화의 과정이다. 복음이 전파되고 선교 현지에 원주민 교회가 세워지면은 그 교회는 성경적인 교회로서 성장해야 한다. 교회 성장학에 있어서 성장에 대한 신학적인 연구가 다양하게 심도 깊게 이루어졌다. 필자는 교회성장학과 상황화신학의 최근 연구의 결과들을 토대로 현지 교회의 토착화 과정을 성찰하고 교회 조직뿐 아니라 신학에 있어서 어떤 결과가 나타났는지를 살펴볼 것이다. 이런 아홉 가지의 연구방법들을 사용하여 선교 역사를 조망할 것인데 이것은 데이비드 부쉬의 패러다임의 방법을 통한 선교 역사 연구방법과는 근본적으로 다르다. 부쉬는 로마 카톨릭 신학자인 한스 큉의 패러다임을 통한 역사 연구에 영향을 받고 선교 역사를 패러다임의 방법을 통해서 조망한다.[11] 그에게

---

11) 부쉬는 한스 큉이 기독교 역사를 사상사적 관점의 패러다임의 이론에 의해서

있어 패러다임은 교회 공동체의 신학 사상적인 변천 과정이요 그에 따른 선교 행위의 어떤 결과이다. 이것은 필자의 연구방법에 있어서 신학적인 요인과 영적 요소들의 연구 내용에 주로 해당되는 것이다. 그에게 있어서의 강점은 신학 사상과 선교 행위의 상관관계를 학문적으로 규명한 일이다. 그러나 한편으로 사상사를 중심으로 지나치게 기울어 있기에 선교 역사를 전체적으로 균형 있게 바라보는 데 상당한 한계가 있다. 여기서 필자가 성찰하는 선교 역사는 이미 제목이 말해 주듯이 개괄적인 것이다. 총론이 가진 한계와 지면의 제한성으로 인하여 필자는 선교 역사를 아주 개괄적으로 살펴보려 한다. 먼저 선교 사관을 카이로스(Kairos)와 눈(Nun)의 차원으로 정립을 하고 그에 따른 선교 역사관을 정의하려 한다. 이러한 선교 역사관 위에서 이미 필자가 언급한 아홉 가지의 방법을 통해서 선교 역사 전체를 20세기 중엽까지만 간략하게 조망하려 한다.

# I. 선교 역사관

지금까지 역사 연구에 있어 크게 세 가지의 방향으로 역사가 연구되어

---

6가지로 나눈 것을 참조하여 그의 선교 역사의 패러다임을 추적한다. 그는 크게 4시기로 구분하여 선교의 패러다임의 변천을 추적하는데 초대 동방교회의 패러다임과 중세 전체를 로마교회의 패러다임으로 전제하고 선교의 패러다임의 변화를 연구한 것과 종교 개혁 이후의 교회의 선교적 패러다임과 계몽 시대와 인문주의의 소위 인본주의적 시대의 패러다임을 지금의 후기 현대주의와도 연관하여 선교의 패러다임의 변천을 연구한다. See David J. Bosch, Transforming Mission(Maryknoll: Orbis, 1991), pp. 181-189. cf. Hans Kung, Paradigm Change in Theology(New York: Crossroad, 1984). p. 25.

져 왔다. 첫 번째는 순환론의 입장으로서 자연주의적 사상이 영향을 미쳤으며 대개의 고대 역사가들과 고대 철학의 세계관이었다. 순환론 사상의 특징은 해 아래 새것이 없다는 전도서의 말씀처럼 어느 특정한 시공간 속에서 이루어진 사건은 과거의 인과응보적인 결과이거나 또한 반복되어지는 유사한 사건의 연속이라는 관점에서 역사를 조망한다. 이것은 고대 인도와 그리스와 중국의 역사관이었으며 주로 윤회적인 관점에서의 인간의 삶을 바라보는 관점이다.[12]

두 번째는 직선적인 사관으로서 대개의 역사 학자들은 기독교의 히브리적인 사관에 직접적인 영향을 받았다고 인정한다.[13] 직선적인 사관은 역사의 주체를 누구냐로 보는가에 따라서 크게 두 가지 방향으로 나누어진다. 역사의 주체를 인간으로 본다면 인간의 이성이나 인간이 가진 잠재적인 능력이 미래를 결정짓게 될 것이라는 관점으로 역사를 조망한다. 이런 입장은 16세기에 발아한 인문주의적 관점이거나 인간의 이성이나 정신력을 앞세우는 독일의 레싱을 필두로 한 관념주의 사관이거나 생태학적인 진보주의 사관에 입각한 발전주의 이론이나 실용주의 사관 등이 여기에 속한다.[14] 또한 독일의 튀빙겐을 중심으로 발전한 종교사학파의

---

12) 베빙톤은 순환론의 사관을 이런 관점에서 구체적인 실례를 들어가며 잘 설명하고 있다. See D.W. Bebbington, Patterns in History (Downers Grove: Inter-varsity Press, 1979), pp. 21-42.
13) 콜링우드가 직선론의 역사관에 기독교가 미친 영향을 잘 기술하고 있다. R.G. Collingwood, 『역사학의 이상』, 이상현 역(서울: 백녹 출판사, 1976), pp. 80-90.
14) 이 입장은 크게 두 가지로 나누어지는데 첫째는 플라톤이 말한 이데아의 구현처럼 절대적인 정신세계와 연관된 인간의 관념적 세계가 인간으로 하여금 보다 온전하고 발전된 삶을 살도록 인도한다는 것이다. 이런 입장을 가진 학자로서 레싱과 헤겔, 헤르더 그리고 칸트가 여기에 속한다. 다른 하나는 인간의 이성 능력과 인간 지식과 경험의 축적은 인간으로 하여금 자연주의적이고 생태학적 차원에서 인간을 더욱 발전시키고 온전케 한다는 것으로 진화론적 가

입장이기도 한다.[15] 그러나 역사의 주체를 하나님으로 본다면 역사는 신의 뜻이 이루어지는 무대이며 그분이 역사 속에서 섭리하시고 통치하시며 역사는 그분의 의지에 의해서 종국을 고하게 될 것이다. 이 사관은 전통적인 기독교와 유대교와 이슬람교의 입장이다. 기독교의 역사관이 차이점이 있다면 그것은 그리스도를 중심으로 한 구속사적 관점이다.[16]

세 번째는 절충주의적인 역사관이다. 이것은 헤겔에서부터 시작이 되어 스펜서와 토인비에 의해 정교하게 연구되어졌다. 역사는 어떤 절대적인 정신이나 가치관에 의해 움직여지지만 일직선적인 것은 아니고 시공간 속에서 끊임없이 상호 작용하는 도전과 응전의 과정을 통해서 열성은 도태되어지고 우성은 더욱 개발이 되며 인간의 사상도 성숙해짐으로 궁극적으로 발전되어진다는 일종의 순환적 상승의 역사관이다.[17] 마르크스

---

설 위에 서 있는데 다윈, 헉슬레이, 흄, 콩트 등이 여기에 속한다. 현대의 역사학파(Historicism)는 이 양자의 입장의 장점만을 취하여 소위 학문적이고 객관적인 측면의 실제 자료들을 최대한 모으는 것과 또한 역사 학자의 실제 자료에 근거한 해석학적 과정에 의한 역사 해석을 하는 것으로서 역사를 연구한다.

15) 여기에 대표적인 인물은 에른스트 트뢸취가 있다.
16) 예수 그리스도를 역사의 중심축으로 보는 기독교의 구속사적 역사관이 다른 직선적 역사관과 다르다는 것을 논하는 기독교 역사 학자로서 베빙톤, 버터필드, 몽고메리 등이 있다. cf. Bebbington, op.cit., pp. 168-188, Herbert Butterfield, Christianity and History(London: G.Bell and Sons, 1949), pp.113-129, John Warwick Montgomery, Where is History Going?(Grand Rapids: Zondervan, 1969), pp. 182-197.
17) 여기에 대표적인 현대 역사 학자로서 토인비가 있다. 그는 인간 정신과 자연적 실제 상황을 끊임없이 도전과 응전이라는 명제를 가지고 순환론적 상승주의 입장으로 역사를 해석하는데 그의 역사의 이상적인 목표는 종교적 이상이 실현되는 보편적 평화의 시대로서 결국 관념이 삶의 실제를 지배하는 것을 본다. 이런 사상이 담겨 있는 그의 대표적인 저서는 『역사의 연구』와 『시련에 선 문명』 등이 있다.

주의도 이 관점에 속하지만은 인간의 정신보다는 물질적인 외부 환경적 조건이 인간의 미래를 결정한다고 생각한 점에 차이가 있다.[18] 기독교 역사관은 이 범주에 있어서 두 번째의 영역에 속할 것이다. 기독교 역사관에 있어서 핵심은 그리스도를 통한 하나님의 구속의 의지이요 그의 구속 행위가 역사를 통해서 실현되어진다는 구속사적 관점에서의 역사 이해이다. 이런 관점에서 오스카 쿨만이 구분하였듯이 구약과 신약의 역사는 예수 그리스도를 중심으로 통합이 되고 그분을 통해서 완성이 되어진다.[19] 이런 구속사적 관점을 기반으로 선교 사관의 의미를 살펴보자. 몽고메리 보이스는 성경에 나타난 두 가지의 시간 관념을 소개한다. 첫째는 카이로스로서 원어는 καιρούς'이고 관련된 성경 구절들로는 마 26:18, 요 2:4, 7:30, 8:20, 행 1:7, 벧전 1:11 등이 있다.[20] 이 카이로

---

18) 마르크스주의 역사관의 대표적인 책으로 윌리암 셔와 멜빈 레이더의 책이 있다. cf. William H. Shaw, Marx's Theory of History(London: Hutchinson, 1978), Melvin Rader, Marx's Interpretation of History (Oxford: O.U.P., 1979).

19) 쿨만은 이런 입장에서 역사를 구속사로 보며 이것을 독일어로 'Heilsgeschichte'라고 부른다. 그는 구속사의 중심 축을 예수 그리스도로 보는데 그를 중심으로 역사는 BC와 AD로 구분이 된다. 쿨만에게 있어 예수 그리스도의 역사성은 아무런 의미도 없다. 그는 신적 역사를 이해하는 데 있어서 기능적 기독론의 입장을 가지고 역사를 조망한다. 필자는 예수 그리스도의 역사성을 무시한 그의 기능적 기독론이 뿌리 없는 나무와도 같다고 생각한다. 이것은 실제로 기독교의 역사관을 이해하는 데 있어서 가장 중요한 기반을 무너뜨리는 일과 같다. See Oscar Cullman, Christ and Time(London: SCM, 1951), pp. 121-174. cf. Oscar Cullman, Salvation in History (London: SCM, 1967), p. 15, Oscar Cullman, The Christology of the New Testament(London: SCM, 1963), pp. 326-327.

20) James Montgomery Boice, God and History(Downer's Grove: Intervarsity Press, 1981), pp. 22-23.

스는 역사 속에서 하나님의 뜻이 구속사적 관점에서 의미 있게 진행되어지는 것으로서 오스카 쿨만에 의하면 그리스도를 중심으로 한 구심력적이며 원심력적인 사건들이다. 초림의 그리스도를 중심으로 한 구심력적인 역사가 구약의 카이로스의 특징이라면 신약의 카이로스는 이미 오신 예수 그리스도를 중심으로 한 그분의 재림을 바라보는 원심력적인 카이로스이다. 쿨만은 대표적인 카이로스의 사건들로서 그리스도가 탄생하기 직전의 세 가지 상황을 언급하는데 그것은 헬레니즘과 로마 문명이 세계적인 문명으로 등장한 것과 두 번째는 로마 제국 전역에 흩어져 살고 있는 디아스포라된 유대인들과 세 번째는 가치관의 혼란으로 인한 시대정신의 쇠약 등이다.[21] 그는 이 세 가지 요소가 그리스도가 탄생하시는데 있어서 하나님의 예비하신 바 된 카이로스의 손길이라고 본다.

보이스는 또한 눈의 개념을 소개하고 있다. 눈의 원어는 'νῦν'이고 눈과 관련된 성경 구절은 요 2:8, 행 7:4, 벧전 2:10 등이 있다. 눈의 의미는 실존적인 측면에서 그리스도를 만나게 됨으로 그리스도를 통해서 변화되어지고 하나님의 뜻이 구체적으로 그리스도 안에서 완성되어 간다는 의미가 있다. 즉 이것은 신학적으로 중생 이후의 모든 하나님의 역사를 의미하며 교회 공동체의 역사이다.[22] 이렇듯이 하나님의 구속 역사가 예비적으로 준비되어 나타나는 과정의 카이로스와 예수 그리스도와의 만남을 통해서 그분의 구속이 구체적으로 실현되어지는 눈의 과정이 서로 역사 속에서 상호 작용함으로 그의 재림의 날인 테로스(Telos)를 향해 나아간다는 사관이다.[23] 여기서 교회의 선교란 하나님이 예비하신 바 된 카이로스의 손길을 모든 역사적 상황 속에서 항상 발견하며 깨닫고 그것을 통하여 하나님의 눈의 도구로 사용되는 것이다. 즉 일반 역사를 통해

---

21) Cullman, Christ and Time, op. cit., pp. 108-109.
22) Boice, op. cit., p. 24.
23) Ibid., pp. 46-51.

서도 역사의 주체로서의 하나님께서 예비하신 그의 카이로스의 손길을 보며 복음을 선포하고 증거함으로 그의 눈의 도구가 되어서 궁극적으로 그리스도의 재림을 예비하는 테로스의 도구가 되는 것이다. 즉 교회의 선교는 카이로스를 적극 활용하며 눈의 도구가 되어서 하나님의 테로스를 이루는 핵심적인 방편이 되는 것이다.

헨드릭쿠스 벌코우프는 교회의 선교 사역을 정의하기를 그리스도의 승귀와 재림 사이의 중간 기간에 있어서 역사의 중심을 이루는 것이 교회의 선교 사역인데 선교는 인간으로 하여금 자연 세계의 세력들에 종속되는 노예적 상황으로 인간을 그냥 놔두든지 그리스도 안에서 하나님의 자녀 되는 참 자유인으로 인간을 만들든지 이 양자를 결정짓는 아주 중요한 국면이라고 하였다.[24] 필자는 이런 카이로스와 눈을 중심으로 한 교회 중심의 선교 사관을 가지고 선교 역사를 조망하려 한다.

## 2. 각 시대별 선교 역사

### 1) AD 1세기부터 5세기까지

이 시기는 초대 교회에서부터 교부 시대 그리고 서로마 제국이 멸망할 때까지의 교회의 선교 역사를 의미한다. AD 5백년으로 이 시기의 끝을 잡은 것은 기독교를 국교로 받아들인 서로마가 AD 476년에 멸망한 것과 서로마가 대변한 서방 기독교의 흐름이 그대로 프랑크 왕국의 크로비스

---

24) Hendrikus Berkhof, Christ the Meaning of History (London: SCM, 1966), pp. 81-98.

에 의해 그가 로마교회 출신인 한 공주를 아내로 맞이한 것을 기점으로 AD 496년에 계속되어진 역사의 전환기적 사건에 초점을 맞추었기 때문이다.

## 가. 환경적 요소들(Environmental Factors )

(1) 헬레니즘 문화와 로마 제국의 등장이다.

예수님께서 탄생하시기 전후의 로마 제국은 아우구스투스의 통치하에 후대의 역사 학자들이 평가하고 있는 팍스 로마나(Pax Romana)가 시작되는 시기였다.[25] 로마 제국은 국가적으로 번영했고 제국의 통치 지역에 거미줄처럼 로마와 연결된 거대한 도로가 개발이 되었다. 원래 이 도로들은 군사적인 용도로써 개발이 되었지만 국제적인 상업로가 돼버렸고 도시들의 발전을 촉진시키는 요인이 되었다. 로마 제국의 안정된 통치로 인하여 상당히 광범위한 여행과 물자의 교류와 정보들이 교환되었다. 여기서 주목할 것은 당시 대다수의 로마 제국 산하의 도시 지역의 사람들에게 그리스어가 통용이 되었고 특히 상업어로 사용이 되어졌다는 것이다. 로마 제국의 수도가 위치한 이탈리아를 중심으로 제국의 서쪽 지역은 점차적으로 라틴어가 통용이 되었지만 그러나 상류층과 지도자 계층에서는 역시 고급 그리스어가 사교 언어로서 통용이 되었고 학자들의 학문적인 언어였다.[26] 사도 바울이 그리스어를 자유롭게 구사할 수 있었다는 것은 당시 로마 제국 산하의 도시의 지배 계층에게 호의를 얻는 큰 장점이었으며 그는 또한 당시의 지도자 계층의 세계관을 정확히 이해하고

---

25) Kenneth Scott Latourette, A History of Christianity Vol. 1 Beginnings to 1500(New York: Harper and Row, 1975), p. 21.
26) Ibid., pp. 21-22.

있었으며 이로 인해 복음을 효과적으로 능력 있게 증거할 수 있었다.[27] 하나님께서 중간기의 기간 중에 헬레니즘 문화의 중심지인 알렉산드리아에서 구약을 그리스어로 미리 번역케 하셨고 또한 신약을 그리스어로서 기록케 하신 것은 복음이 빠른 시일 내에 로마 제국 산하의 전 지역에 확산이 되도록 하신 카이로스의 섭리가 있는 것이다.[28]

(2) 시대 정신의 쇠약과 신비주의적 밀교의 등장이다.

헬레니즘 문화 속의 종교적 세계관이란 다신교적이었으며 신은 인간의 삶의 반영물로서 인간과 신이 구별이 없는 세계관이었다. 로마 제국이 고대 그리스 도시국가들을 정복하고 강력한 군사력으로 중앙집권적인 체제 안에서 각 지역들을 통치해 나갈 때 기존의 종교적 세계관에 대한 회의가 사람들에게 있었으며 그렇다고 황제 숭배를 중심으로 연합이 되지도 못하였다.[29] 이런 가운데 각종 신비주의적인 밀교들이 성행했는데 그 중에 대표적인 것은 디오니수스(Dionysus)를 중심으로 한 밀의 종교와

---

[27] 행 21:37에 로마의 천부장은 바울이 헬라말을 할 수 있는지를 물었다. 미카엘 그린은 당시의 상류 계층의 문화어로서 고급 헬라어가 쓰여졌는데 바울이 헬라말을 자유롭게 할 수 있었다는 것은 그 당시의 지배 계층에게 호의를 얻고 복음을 전할 수 있는 문을 열었음을 지적하고 있다. See Michael Green, Acts for Today(London: Hodder & Stoughton, 1993), p. 15. cf. William M. Ramsay, The Teaching of St. Paul in Terms of the Present Day(Grand Rapids: Baker, 1979), pp. 31-39.

[28] 칼빈 신학교의 선교학 교수였던 라차드 드 리더는 70인경이 당시의 문화 언어인 헬라어로 이미 번역된 것과 또한 일반 서민들이 사용하는 상업어로서 코이네 헬라어로 신약성경이 기록된 것은 복음을 헬레니즘 문화권에서 전파하게 하시는 하나님의 섭리의 손길임을 언급하고 있다. See Richard R. De Ridder, Discipling the Nations(Grand Rapids: Baker, 1979), pp. 83-87.

[29] Green, op. cit., pp. 15-17.

아티스(Attis)와 연관된 밀교와 아테네에서 발생한 페르세포네의 끊임없는 재생을 의식으로 표현하는 엘레우스(Eleusinian) 밀의 종교와 페르시아 기원의 신인 미트라(Mithra)를 신봉하는 비밀 회원 가입의식을 통해 종교를 은밀하게 확산시켜 나가는 밀교가 있었다. 이들 밀교들은 각종 이교 의식과 혼합이 되고 점성술과도 연관이 되어 당시 기층 서민들의 대중 종교로서 상당한 영향력을 미치고 있었다.[30] 이런 가치관의 공허와 신비주의적 대중 종교를 추구하는 사람들에게 복음이 전파되어졌을 때 복음은 능력 있는 하나님의 말씀으로 그들에게 호소력 있게 전달되어졌고 때론 기사와 표적을 통하여 하나님의 임재가 극적으로 나타나며 사탄의 모든 어두움이 극적으로 드러나는 거룩한 하나님의 능력의 현현이 자주 일어났다. 이것은 지금도 종종 호전적이고 선교 개척적인 상황에서 나타나는 현상이다.

(3) 국제주의(Cosmopolitan)적 상황과 디아스포라된 유대인들의 로마 제국 산하의 모든 지역에 확산된 것이다.

로마 제국의 통치 지역들은 총독과 때론 제국이 세운 현지 대리인들을 통해 통치되어졌다. 각종 인종들과 물자들이 교류되는 상업의 중심 지역에 도시들이 형성되었고 도시 안에는 국제적인 상황이 조성되어 있었다.[31] 유대인들은 디아스포라되어서 제국의 모든 도시 지역에 분산되어

---

30) Kenneth Scott Latourette, <u>A History of the Expansion of Christianity Vol. 1: The First Five Centuries</u>(Grand Rapids: Zondervan, 1970), pp. 21-31.
31) 사도 바울이 바로 이러한 국제적인 로마 제국 산하의 도시들을 중심으로 그의 선교 사역을 전략적으로 수행한 것을 주목하라. 바울의 파송 본부인 수리아 안디옥 교회가 위치한 지역과 그의 1차에서 3차까지의 방문 지역들이 바로 이러한 국제적인 특성을 지니고 있었다(행 13:1-3, 4-28; 16:1-21; 28:14).

있었고 주로 상업에 종사하였고 강력한 공동체를 형성하고 있었다. 그들은 자신들의 종교적 전통과 문화를 유지하기 위해서 회당을 건축하였고 심지어는 이방인들에게도 그들의 종교적인 영향력을 조직적으로 확대해 나가기도 하였다.[32] 사도 바울이 그의 선교단과 더불어 집중으로 복음을 전한 곳이 각처에 있는 유대인 회당이었으며 회당 속에 하나님을 경외하는 이방인들과 개종자들과 헬라파 유대인들이 복음에 대해서 수용성이 있었고 그들을 중심으로 교회가 시작이 되었다. 이것은 섭리적인 하나님의 카이로스의 손길이었다.

(4) 연속적인 핍박을 통한 교회의 정화와 제국의 정치적인 불안정이다.
1세기부터 4세기 초에 로마 제국의 황제들에게서 대략 10여 차례의 계속되는 핍박이 있었다. 그 중 대표적인 것은 1세기의 네로와 3세기 중엽의 데시우스와 4세기 초의 디오클레티안의 핍박이었다.[33] 이런 연속적인 핍박 속에서도 안디옥의 이그나티우스나 폴리갑 그리고 오리겐과 저스틴

---

See D.B. Saddington, "Roman Government, Administration of Cities", in New International Dictionary of Biblical Archaeology, E.M. Blaiklock and R.K. Harrison, eds.(Grand Rapids: Zondervan, 1983), pp. 388-390. cf. David B. Barrett, World Class Cities and World Evangelization(Birmingham: New Hope, 1985), p. 40.

32) 이 당시 각처에 흩어진 유대인들이 회당을 중심으로 해서 문서나 때론 조직적인 프로그램을 통해서 자신들이 살고 있는 주변의 이방인들에게 여호와 하나님을 증거한 것을 개종 운동이라고 부른다. See De Ridder, op.cit., pp. 110-119. cf. John Peterson, Missionary Methords of Early Judaism in the Early Roman Empire(Chicago: Chicago Divinity School, 1946), pp. 161-165.

33) Latourette, op.cit., pp. 81-91.

마터 등의 지도력과 기독교에 대한 효과적인 변증 등은 당시의 지배 계층뿐 아니라 서민들에게 큰 도전이 되었고 교회는 핍박 속에서 비록 도처에 흩어져 비밀스럽게 예배드리며 명맥을 유지하였지만 위축되지 않았으며 계속해서 산불처럼 확산이 되었다.[34]

콘스탄틴이 그의 군대에 의해 그의 아버지인 콘스탄티누스 클로루스의 후계자로서 아우구스투스로 추대되었을 때 경쟁자들이 있었고 황제의 자리에 오르기 위한 장기간의 전쟁이 있었다. 그의 아버지는 기독교에 호감이 있었고 콘스탄틴 주변에 기독교인들이 있었으며 그에게도 기독교의 영향이 있었는데 막센티우스와의 결전에서 십자가를 상징하는 군기를 만들게 하여 전쟁을 했을 때 승리하는 체험을 하였다.[35] 그는 이때의 그의

---

34) 2세기 초에 활약했던 안디옥의 감독인 이그나티우스는 서머나에서 서신을 썼는데 에베소서, 매그네시아, 트라리아, 로마의 교회 교인들에게 십자가의 고난을 두려워하지 말고 서로 그리스도의 사랑 가운데 연합해 있을 것을 권면하고 있다. 그는 로마의 교인들에게 보낸 서신에서는 순교를 이미 각오한 모습을 나타내고 있다. 폴리갑은 2세기 중엽에 서머나의 감독으로 활약했는데 빌립보의 교인들을 위로하고 그리스도 안에서 강할 것을 권면하고 있다. 오리겐은 3세기 초에 알렉산드리아를 중심으로 활약했는데 기독교를 비난한 셀수스에 대항하여 변증서를 썼다. 그는 거기서 기독교의 도덕적 우월성과 어떤 세력도 막을 수 없는 신적 기구로서의 교회의 확장에 대해서 언급하고 있다. 2세기 중엽에 활동했던 저스틴 마터는 이방 종교와 기독교가 무엇이 다른가를 명확하게 설명하고 있고 로고스 사상에 의거해서 그리스도를 당대의 그리스의 지성인들에게 증거하고 있다. See J.B. Lightfoot, The Apostolic Fathers(Grand Rapids: Baker, 1965), pp. 63-79, 95-99, Francis M. Dubose, ed., Classics of Christian Missions(Nashville: Broadman Press, 1979), pp. 285-288, Henry Bettenson, ed., The Early Christian Fathers(Oxford: Oxford University Press, 1969), pp. 58-64.

35) J. Stevenson, ed., A New Eusebius(London: SPCK, 1982), pp. 297-300.

체험을 유세비우스에게 이야기함으로 후대의 기록으로 남게 하였다. 이로 인하여 기독교는 콘스탄틴이 로마 황제로 등극함을 계기로 잠시 핍박도 있었지만 그것은 일시적인 것이었고 평화의 시기를 맞이하게 되었다. 콘스탄틴은 317년에 기독교를 국교로 받아들임으로 핍박의 시기는 지나가고 새로운 기독교의 시대가 열려지게 되었다.

⑸ 북방 흉노족들의 계속적인 침입과 로마 제국의 쇠퇴와 기독교의 확산이 있었다.

로마 제국의 멸망사를 쓴 에드워드 기본은 로마 제국이 멸망하게 된 결정적인 요인 중 하나로서 교회가 비생산적인 재화를 많이 소유하고 지배 계층으로 군림한 것이었다고 한다.[36] 이것은 전혀 근거가 없는 말은 아니지만 그의 기독교에 대한 편견을 잘 나타내고 있다. 당시 교회의 지도자들 가운데 로마 제국의 도덕적인 타락과 일반 서민들의 사치와 방종에 대하여 임박한 하나님의 진노를 경고한 암브로스와 어거스틴 같은 지도자가 있었고 대(大) 그레고리는 오히려 북방 흉노족들의 침입에 대하여 하나님의 심판의 메시지로 생각하였고 저들을 복음화하는 것이 교회에 주어진 사명이라고 생각하였다.[37] 결국 서로마는 정치적으로 멸망하

---

36) Richard A. Todd, "The Fall of The Roman Empire", in Eerdmans Handbook to the History of Christianity, Tim Dowley, ed. (Grand Rapids: Eerdmans, 1988), p. 184.
37) 어거스틴은 로마의 멸망을 기독교인들에게 책임지워 로마의 옛 제신 숭배를 복권시키려는 자들에게 그의 『신의 도성』에서 엄중히 경고하고 있고 로마와 하나님의 나라를 동일시 여기지 않고 로마도 그의 죄로 인하여 하나님의 심판을 받고 연단을 받는다는 왕국 중심의 그의 유명한 기독교 역사관을 피력하고 있다. See Augustine, The City of God, Gerald Walsh, Demetrius Zema, Grace Monahan, trans., (Garden City: Doubleday & Com., 1958), pp. 39-65, Todd, op.cit., p.185.

였어도 침입해 들어온 고트족, 비트 고트족, 반달족, 버간디족, 롬바르드족은 아리안 기독교의 영향이 있었으나 이것을 궁극적으로 극복하고 기독교의 영향 아래 들어오게 되었다.

## 나. 신학적 요인들(Theological Breakthrough)

(1) 선지자들과 사도들로부터 전수되어 온 복음의 유산에 대한 공통의 확신과 신앙고백이 있었다.

3세기 초에는 성경 66권이 하나님에 의해 기록된 계시의 말씀으로 당시 교회의 지도자들에게 공통적으로 받아들여졌고 초대 교회로부터 내려온 신앙의 규율이 있어서 2세기 말과 3세기 초에는 공통적으로 교회에 의해 권위 있는 교회에 대한 지침으로 받아들여졌다. 이 신앙의 규율은 오리겐과 이레니우스에 의해서도 그 존재가 언급되었는데 세례에 관한 지침과 특히 초신자들에 대한 가르침이 조직적으로 성경에 의거해서 정리되어 있었다.[38] 이렇듯이 이 시대의 교회는 사도들로부터 저들에게 전해진 복음의 유산에 대한 확신이 있었고 이것을 가감 없이 받아들이고 전수하였으며 또한 복음을 전파하는 데 열심을 내었다.

---

38) 데이비드 라이트는 2세기와 3세기 초에 교회들이 공통적으로 받아들였던 '신앙의 규율'(Rule of Faith)이 있었음을 언급하고 그것을 오리겐과 이레니우스가 각각 그들의 글 속에 언급하였음을 나타내고 있다. See David F. Wright, "What the First Christians Believed", in Eerdmans Handbook to the History of Christianity, pp. 96-116. cf. Bettenson, op.cit., pp. 65-102, 185-262.

(2) 복음의 전인 구원적 온전성이다.

당시 유행하던 밀교는 대개가 영혼 구원이나 혹은 극단적으로 현세의 육체적인 쾌락만 좇게 하는 특성이 있었다. 또한 당시의 지성인들의 이데올로기로서 스토익 주의나 에피큐리안니즘도 마찬가지로 비슷한 양상을 띠고 있었다. 그러나 예수 그리스도로 말미암는 하나님의 구원 역사는 영혼뿐 아니라 육체도 구원하는 전인적인 구원이었으며, 당시 그리스도인의 내세에 대한 소망과 현세의 삶에 대한 도덕적인 고상함과 생활의 순결성과 성실성 등은 당대의 사람들에게 복음의 능력에 대한 생생한 표징이었고 전인 구원에 대한 매력이었다. 이것이 복음이 각계 각층에게 확산되는 큰 요인이 되었다.[39]

(3) 초대 교회 때부터 각종 이단들에 대한 단호하고 효과적인 대처가 있었다.

사도 바울은 갈라디아서 1:7 초두에서 다른 복음은 없다고 단호하게 말씀하고 계신다. 그는 초대 교회시에 이미 발호하기 시작한 헬라 사상에 영향을 받은 그노시스파(Gnosist)들에 대하여 경고를 발하며 예수 그리스도가 육체로 오심을 부인하고 그의 신성을 믿지 아니하는 이단 사설에 대하여 정확하게 지적하고 있다(골 2:8-9).

이 시대의 이단으로 영향을 미친 것은 2세기 초의 마시온파(Marcionist)와 2세기 후반부에 등장한 몬타누스(Montanist) 운동이 있었다. 마시온은 그노시스파의 일종으로 구약과 신약의 신을 구분하며 그리스도의 환영설을 주장하였다. 몬타누스 운동은 일종의 광신적인 성령 운동인데 자신을 위로자가 되시는 성령과 동일시하였고 임박한 그리스도의 재

---

39) cf. Latourette, The First Five Centuries, pp. 12-14, Michael Green, Evangelism in the Early Church(Grand Rapids: Eerdmans, 1985), pp. 178-193.

림을 수차례 예고하였다.

4세기 초에는 알렉산드리아에서 아리우스가 등장해 예수를 하나님의 아들로 받아들이지 않고 그를 특별한 피조물로 여기는 이단적인 기독론을 확산시켰다. 이러한 교회의 정체성과 복음의 생명력을 위협하는 이단 사설들에 대하여 교회는 단호하게 대처하였고 특히 콘스탄틴이 소집한 325년의 니케아 교회회의는 아리우스주의를 이단으로 정죄하고 삼위일체의 교리를 확립하였다.[40]

### 다. 영적인 원동력(Spiritual Dynamics)

(1) 사도 공동체의 예수 그리스도에 대한 직접적인 체험과 성령의 역사가 있었다.

예수님께서 사도 공동체를 직접 세우셨으므로 저들을 통한 복음의 전수는 권위가 있었고 능력이 있었다. 이방인의 사도로 부름받은 바울은 먼저 사도 공동체에게 그 부르심을 확정받아야 했고 그는 이 과정을 통과한 이후에 비로소 공식적인 교회의 인준을 받으며 활동할 수 있었다(행 9:26-27). 또한 사도 공동체에게 사도 됨의 표징으로서 비상한 성령의 역사가 있었으며(행 4:33) 저들은 사도 공동체의 권위를 가지고 교회의 분쟁을 해결했으며 이단들을 물리치고 복음을 능력 있게 전함으로 주의 교회의 기반을 굳건히 세울 수 있었다.

---

40) Bettenson은 그리스도의 신성을 부인하고 그를 피조물로 여기는 이단적 기독론의 형태에 대한 교부들의 반박과 니케아 교회 회의를 통하여 삼위일체 교리를 확증한 일차 자료들을 편집해 보여 주고 있다. 예를 들어 도세티즘에 대한 이그나티우스의 언급과 이레니우스의 그노시스파에 대한 반박과 또한 마시온파에 대한 이단성 지적과 니케아 종교회의의 결정에 대한 내용 등이다. See, Henry Bettenson, ed., Documents of the ChristianChurch (London: Oxford University Press, 1963), pp. 35-42.

(2) 성령 강림으로 탄생한 초대 교회 공동체와 성령의 역사하심이 있었다.

예수님의 약속대로 성령이 강림하셨고 신약 교회를 탄생시켰다(행 1-2장). 신약 교회는 성령의 임재와 능력 속에서 교회의 생존을 위협하는 안팎의 위협들을 극복하면서 복음을 힘 있게 증거하였다(행 4장). 성령은 개인의 중생과 성화와 영화의 열매를 맺게 하실 뿐 아니라 교회 공동체에게 그리스도의 몸 된 교회를 섬기며 성도를 온전케 하도록 은사와 직분을 주시며 땅 끝까지 복음의 증인이 될 수 있는 비상한 그분의 능력을 쏟아 부어 주셨다(고전 12:3; 갈 5:16; 엡 4:7-12; 행 1:8). 교회를 향한 이런 성령의 역사는 주님이 오시는 그날까지 계속될 것인데 선교 역사를 통해서 교회가 영적으로 화석화되고 위기 가운데 있을 때 성령은 종종 교회를 영적으로 각성시키시고 부흥케 하셔서 선교의 사명을 감당케 하셨다.

또한 교회가 감당할 수 없는 핍박과 교회의 생존을 위협하는 도전 속에서 성령은 교회를 위로하시고 교회가 그런 혹독한 상황하에서도 복음을 증거할 수 있도록 배후에서 역사하심으로 생존케 하셨다(마 10:20).

### 라. 선교 매체(Transfer Means)

(1) 핍박과 흩어짐을 통해서 교회는 복음을 편만하게 많은 지역에 전파할 수 있었다.

사도행전 8:1-3은 이런 초대 교회의 모습을 잘 보여 주고 있다. 사마리아 교회도 수리아 안디옥 교회도 핍박 중에 흩어진 교인들을 통해 복음이 전파됨으로 세워지게 되었고 교인들이 도처에 흩어짐으로 복음이 빠르게 확산될 수 있었다.

3세기 초에 순교한 터툴리안은 교회가 아무리 핍박을 받을지라도 오히

려 핍박이 교회를 더욱 전세계에 확산하는 계기가 될 것이라는 놀라운 진술을 하고 있다.⁴¹⁾

(2) 순교가 복음 전파의 한 통로가 되었다.

스데반의 순교가 바울에게 깊은 감명을 주었듯이 초대 교회 성도들의 순교는 당시의 로마 제국 산하의 사람들에게 깊은 감명을 주었고 그리스도인들의 충성과 헌신은 그들의 마음을 움직이기에 충분한 감화력이 있었다. 2세기 중엽에 서머나 교회가 폴리갑의 순교 사건을 기록한 서신을 당시 교회들에게 전달하였는데 그 내용 안에 순교가 복음 전파의 강력한 수단이 되었다는 사실을 엿볼 수 있다.⁴²⁾

(3) 이 시대 교회의 전도 방법으로서 개인 전도와 노방 전도 그리고 가정 전도와 서신 전도가 있었다.

초대 교회시부터 교회는 개인 전도와 노방 전도를 실시하였고 또한 각 가정을 방문하여 인가 구원을 시도함으로 가정에서부터 교회가 시작이 되었다. 초신자임에 틀림이 없으며 아직도 복음 진리에 대하여 확실한 지식을 갖고 있지 못한 데오빌로에게 누가는 두 개의 서신을 보냄으로

---

41) Tertullian, "We are but of yesterday, and we have filled every place among you", in The Anti-Nicene Fathers, Vol. Ⅲ, pp. 3-15.
42) 서머나 교회는 그 교회의 감독이었던 폴리갑이 어떻게 순교하였는지를 자세하게 묘사하고 있다. 그가 화형당할 때 주님이 그로 하여금 담대하도록 말씀하신 것을 언급하고 있고 폴리갑이 황제를 숭배하고 그리스도를 모욕하라는 말에 주님이 86년 사는 동안 폴리갑을 배반치 않으셨는데 그도 주를 배반할 수 없다는 말을 하며 장렬하게 순교한 것을 묘사하고 있다. 이러한 성도들의 순교를 통해서 교인들이 낙심하는 것이 아니라 오히려 하나님께 영광을 돌리며 순교가 복음 전파의 강력한 수단으로 하나님께 사용되고 있음을 나타내고 있다. See Lightfoot, op.cit., pp. 109-117.

저를 복음의 근본적 내용과 교회 공동체의 역사로 인도하였다. 2세기에 콰드라투스(Quadratus), 아리스티데스(Aristides), 저스틴 마터(Justin Martyr), 아테나고라스(Athenagoras) 등과 3세기의 오리겐(Origen)과 터툴리안(Tertullian) 등은 그들의 서신들을 통하여 복음을 대적하는 유대인들과 그리스 철학자들과 로마의 관원들에게 복음을 변증했을 뿐 아니라 효과적으로 복음의 진수와 그리스도인들의 거룩한 구별된 삶을 나타냄으로 복음을 능력 있게 증거하였다.

(4) 순회 전도자들을 통한 복음의 확산이다.

요한삼서는 초대 교회 때에 이미 복음 전파를 위해 순회하며 활동하는 순회 전도자가 있음을 말씀하고 있다. 종종 이들은 교회의 임명을 받고 특정 지역을 순회하며 복음을 전파하는 사역을 하였는데 교회 개척과 교역자가 없는 교회들을 돌보는 일에 종사하였다. 성경은 포괄적 의미로서 이들을 광의적인 의미의 사도로 호칭하고 있는데 이것은 순회 전도자라는 의미 이외에 다른 아무 의미도 아니었다(행 13:3; 롬 16:7). 12사도의 가르침으로 불리는 『디다케』도 이 순회 전도자의 역할에 대하여 말하고 있으며 또한 거짓 순회 전도자의 피해를 경계하여 저들을 구별할 수 있는 기준을 말하고 있다.[43]

(5) 복음이 로마 제국의 상업로와 해상로를 통하여 신속하게 확산되었다.

바울의 3차에 걸친 선교 여행이 바로 이런 로마 제국의 상업로를 중심으로 전략적으로 수행되었으며 로마 제국의 중요 도시 전역에 2세기 중엽에는 교회가 없는 곳이 없었다. 이러한 선교 통로는 로마 제국 전역에 교회를 확산시키는 결정적인 역할을 하였으며 결국 로마가 기독교를 국

---

43) Bettenson, The Early Christian Fathers, pp. 51-52.

교로 받아들일 정도로 영향력 있게 확장이 되었다. 터툴리안은 이런 상업로와 해상로를 통하여 복음이 편만하게 확산된 것에 대하여 충분한 암시를 주고 있다.[44]

## 마. 선교 구조(Mission Structure)

이 당시의 교회의 선교 구조의 효시는 바울의 선교팀이다. 바울은 현지 교회를 세우고 현지에 두 가지 종류의 동역자들을 세웠는데 지역 교회를 섬기는 장로와 그의 선교팀의 동역자가 되는 사람들이다(행 14:23; 15:40; 17:15; 18:18; 19:22; 20:17; 딤후 3장). 지역 교회를 섬기는 장로를 감독이라 호칭하기도 하였는데(행 20:28) 이들은 오늘날 교회의 치리와 말씀을 전하는 목사, 장로의 효시가 된다. 바울의 선교팀은 바울과 함께 선교 여행을 다니면서 지역 교회에 고정되어 사역하지 않고 기동성 있게 사역하였다. 바울은 실라와 디모데를 에베소로 보내기도 하였고 마게도니아에 내려오도록 하게도 하여 그의 사역을 돕도록 하였다. 바울은 또한 아굴라와 브리스길라와 함께 2차 선교여행을 함께 떠나기도 하였고 저들을 에베소에 남겨 놓기도 하였다. 이러한 바울의 선교팀의 동역자가 없었다고 하면 바울은 선교 사역을 잘 감당할 수 없었을 것이다. 바울의 선교팀의 특징은 자원적인 헌신으로 이루어졌으며 교회를 섬기는 사역을 하였고 지역 교회를 통해서 배출이 되었으며 기동성 있게 선교의 사명을 감당하였다. 저들은 광범위한 지역을 순회하였으며 각 지역에 대한 전문성과 동질 단위의 특징을 가지고 있었다.

이러한 바울의 선교팀의 전통은 그대로 후대 교회에 계승되어서 순회 전도자들이 구성되었고 때로는 저들은 팀을 이루어서 교회 개척 사역과

---

44) Tertullian, op. cit., pp. 3-15.

연약한 교회를 돌보는 선교사의 사역을 감당하였다. 이들을 가리켜서 광의적인 의미의 사도로 부르기도 하였는데 이 의미는 문자 그대로 선교사라고 하는 뜻인 것이다.

### 바. 지리적인 확장(Geographical Expansion)

로마제국 산하의 통치 지역들에는 교회가 확산되지 않은 곳이 없었는데 그 지역들은 북아프리카, 소아시아, 근동, 이베리아 반도, 발칸 지역, 라인강 유역, 스위스 일부, 남부 불란서와 남부 독일, 아르메니아, 아일랜드와 페르시아의 에뎃사 지역 등에 교회가 있었다.[45]

### 사. 종족, 종족 그룹, 계층(People, People Group, Class)

초대 교회의 종족 분포로는 우선 유대인들과 그리스인들과 로마인들과 소아시아 지역의 사람들이 있었다. 또한 복음은 북아프리카 지역으로 확산이 되어 그 지역의 종족들을 복음화하였고 남부 독일과 불란서에 걸쳐 있는 골족(Gaul)과 버간디족들에게도 복음이 전파되었다. 또한 발칸 반도 유역과 남부 유럽까지 진출한 훈족과 고트족과 투르크족들에게도 복음이 전파되었고 로마의 식민지인 영국의 앵글로 색슨족에게도 미약하지만 복음이 전파되었고 후에 신성 로마 제국으로 등장하게 되는 프랭크족들에게도 복음이 전파되었다. 종족 그룹으로는 유대인들 중에도 히브리파 유대인과 헬라파 유대인이 있었으며 히브리파 유대인은 아람어를

---

[45] 이 시기의 지리적인 확장에 대해서 라토렛은 따로 자세히 기술하고 있다. See Latourette, op. cit., pp. 65-113.

사용하였고 헬라파 유대인은 헬라어를 공용어로 사용하였다. 또한 고트족과 비시 고트족은 같은 종족 계열이지만 지리적인 분포 지역에 따라 갈라지게 되었고 언어와 문화에 있어서 차이가 있었다. 이렇듯이 이 시대의 복음 전파는 다양한 종족들뿐 아니라 종족 그룹에 이르기까지 복음이 편만하게 증거되어졌고 교회는 복음을 전할 수 있는 기회를 외부적 환경의 여건에 개의치 않고 최선을 다해서 복음을 전략적으로 능력 있게 증거하였다.[46] 교회의 선교 대상은 사회 계층적으로 각계 각층이었으며 계층의 차별을 두지 않았으나 바울이 고린도전서 1:26-31에서 충분히 암시하고 있는 바처럼 저소득 계층이 복음에 가장 수용적이었으며 교회가 제도권하에 편입이 되자 점차적으로 상류 계층 위주의 선교가 수행이 되었다.[47]

### 아. 중요 인물들(Key Persons)

(1) 복음 그 자체이시며 선교의 원동력이 되시는 예수 그리스도와 그

---

[46] 이 시기에 있어서 교회가 종족과 종족 그룹에게 효과적으로 복음을 전하여 로마 제국 산하의 모든 지역에 교회를 확산시킨 것을 구체적인 자료에 의해 디모데 몸스마는 나타내고 있다. Timothy M. Monsma, "Family, Clan, and Tribe in the City", in Discipling the City, Roger S. Greenway, ed. (Grand Rapids: Baker, 1986), pp. 151-174.

[47] 하르낙은 기독교의 첫 3세기 시기의 확장을 연구하면서 기독교 확장의 가장 큰 요소는 모든 교회의 성도들이 자발적으로 각계 각층에게 역동적으로 복음을 전한 것이었다고 결론을 내리고 있다. 그는 또한 복음이 로마인들에게 확산되면서 로마교회 안에 많은 상류 계층이 포함되기 시작했음을 지적하고 있다. See Adolf Harnack, The Expansion of Christianity in the First Three Centuries, Vol. II (New York: G.P. Putnams Sons, 1905), pp. 383, 455-456.

분의 부름을 통해 직접 세움을 받은 사도 공동체와 이방인의 사도인 바울이 있다.

예수님은 하나님의 선교사로서 그분 자신이 선교의 내용이 되시며 선교의 원동력이시며 선교의 완성자가 되신다. 사도의 권위는 예수 그리스도에게서 나오며 그분의 말씀으로부터 나온다. 사도의 권위를 제도적인 전승이나 교권으로 제한하는 것은 잘못된 일이다.

(2) 그레고리 타우머터거스(Gregory Thaumaturgos)인데 그는 3세기 중엽에 본도의 주교로서 본도 지역 복음화에 결정적인 역할을 하였다.

그가 본도 지역에 처음 부임하였을 때 그리스도인들은 불과 17명에 불과하였지만 그가 본도의 교회 주교로서 30여 년의 사역을 마치고 은퇴하였을 때에는 이교도인들이 17명밖에 남지 않았다고 알려지고 있다. 그는 본도 지역의 주민들이 옛 풍습을 버리지 못하고 토착 신들을 섬기는 것을 보고 오히려 순교자의 순교일을 지키도록 하여 이 풍습을 없애는 데는 성공하였으나 성인 숭배의 위험성이 내재되어 있었다.[48]

(3) 계몽자 그레고리(Gregory the Illuminator)로서 그는 아르메니아 복음화의 아버지라고 불려지고 있다.

그가 기독교인이 된 것은 3세기 말엽에 가이사랴에 있을 때였고 그는 자신이 받아들인 기독교를 아르메니아의 왕인 트라트(Tradt)에게 전하려고 노력했는데 왕은 페르시아의 세력을 견제할 목적으로 기독교 왕국의 후원을 받기 위해서 정략적인 목적으로 기독교를 받아들였다. 그레고리는 아르메니아의 첫 주교가 되어서 정력적으로 일했는데 귀신의 전각들을 교회당으로 만들었고 심지어는 옛 신들을 섬기던 이방 종교의 지도자들을 재훈련시켜서 교회의 성직 계층으로 전환시켰다. 이때에 아르메

---

48) Latourette, op. cit., pp. 89-90.

니안 주민들은 집단 개종을 하였는데 복음화 초기 과정에 너무 지나친 적용화의 선교를 함으로 복음의 수용성은 있었으나 복음의 정체성을 상실케 만들었고 혼합주의적 기독교가 될 위험성이 있었다.[49]

(4) 투루즈의 마틴(Martin of Tours)으로서 그는 남부 불란서의 골과 투루즈 지역을 복음화하는데 결정적인 기여를 하였다.

그는 4세기에 활동하였는데 군인 출신으로서 어느 날 한 거지에게 자신의 외투를 주었는데 그날 밤 꿈에 예수님이 나타나셔서 그 외투를 받은 것은 예수님 자신이었다는 말씀을 하셨다. 이후로 마틴은 성직자가 되기로 결심을 하였고 자신의 교구는 대다수가 여전히 이방 종교인인 원주민들이었는데 이들에게 복음을 전하는 데 열심을 다하였다. 그는 귀신의 실재와 영향력을 믿었고 그래서 낯선 지역에 복음을 전할 때 먼저 그 지역의 귀신의 사당으로 가서 귀신 추방의 의식을 하고 십자가를 세운 이후에 복음을 전하였고 그의 생애에 많은 기적이 있었다고 알려지고 있다.[50]

(5) 클로비스(Clovis)로서 그는 프랭크(Frank)족을 대량으로 개종시킨 정치 지도자이었다.

그의 아내는 버간디 지역의 공주로서 로마교회의 신자이었다. 그가 개종하게 된 이유로 그의 아내의 영향과 또한 당시에 활약하던 선교사들의 영향이 있었던 걸로 생각하는데 그는 개종하자마자 그의 모든 백성들을 집단으로 기독교로 개종케 하였고 성직자들을 초청하여 교육을 시키도록 하였다. 그가 다스리던 프랑크 왕국이 궁극적으로 구라파의 지배 왕국이 되고 신성 로마 제국이 되어 교회를 옹호하는 정치적인 세력이 되었으며

---

49) Ibid., pp. 105-106.
50) Ibid., pp. 201-202.

이슬람의 구라파 침공을 저지하는 세력이 된 것은 하나님의 카이로스적 손길이었다.[51]

(6) 울필라스(Ulfilas)로서 그는 아리안주의자이었다.

그는 4세기 초의 고트족 사람으로 알려지고 있는데 갑바도기아에서 포로로 잡혀 온 기독교인을 통해 전도를 받았는데 그것은 불행하게도 아리안주의의 사상이었다. 그는 고트족의 언어로 성경을 번역하고 고트족을 아리안주의로 개종을 시키는 데 결정적인 역할을 하였다. 그가 번역한 고트족 성경은 뛰어난 번역으로서 문자적인 번역에 충실하되 고트족의 관용어를 최대한 살리는 번역이었다. 그의 성경 번역은 고트족이 기독교를 받아들이는 데 결정적인 역할을 하였고 결국은 고트족 복음화에 기여를 하였다.[52]

(7) 어거스틴으로서 그는 4세기 말과 5세기 초에 활동하던 북아프리카 힙포의 감독이었다.

어거스틴은 단성론자인 도나티스트들과의 신학적 논쟁으로도 유명하지만 그의 저서 『하나님의 도성』(De Civitate Dei)으로 더 잘 알려져 있다. 알라릭이 이끄는 고트족이 410년에 로마를 침공해 약탈을 자행했을 때, 어떤 이교도들이 로마의 그런 참변을 로마가 본래의 로마 신들을 버리고 기독교의 신을 받아들인 결과로 말미암았다는 말을 퍼트렸다. 또한 로마 제국을 하나님의 나라와 동일시 여긴 일부 기독교 지도자들이 로마 제국의 몰락 앞에서 어찌할 줄을 모르자 그는 『하나님의 도성』이라는 책을 쓰게 된 것이다. 여기서 그는 인간 역사에 있어서 처음부터 두 개의

---

51) Ibid., pp. 206-208.
52) Ibid., pp. 213-214. cf. Stephen Neill, A History of Christian Missions(Aylesbury: Hazell Watson & Viney Ltd., 1975), p. 55.

도성이 존재함을 말하고 자기애에 이끌림을 받는 땅의 도성은 날이 갈수록 쇠퇴해지지만 그에 비례해서 하나님의 사랑에 이끌림을 받는 신의 도성은 계속 번창하게 되어 결국 하나님의 나라에 온전히 흡수되게 될 것을 말하였다. 그는 특정 문화권의 교회를 하나님의 도성과 동일시하는 것을 거부하고 하나님의 도성은 교회가 대변하지만 교회가 곧 하나님의 도성이 아님을 분명히 하였다. 어거스틴의 신의 도성은 기독교 역사관을 정립하였으며 역사의 변혁기에 종말론적인 구속 사관을 가지고 교회가 선교의 사명을 계속해서 감당할 수 있는 동기부여를 하였다.

### 자. 토착화(Indigenization)

(1) 로마 제국 산하의 일반 서민들과 지성인들의 언어로 사용이 되던 그리스어로 신약성경이 기록되었다는 데 성경적인 토착화의 모범이 있다.

이것은 하나님의 도성인신의 원리로서 그분의 계시가 사람들이 이해할 수 있는 언어를 매개체로 하여 전달이 되었다는 사실이다. 이미 선교 학자들에 의해 연구된 것으로 성경의 계시 도구로 사용된 그리스어는 그 용어나 표현이나 의미에 있어서 모든 이교적인 의미를 배제하고 하나님의 계시 의미를 충족하게 담아서 혼합주의의 위험 없이 성공적으로 사용이 되었다. 이것은 기록된 계시의 말씀인 성경 자체가 자증하는 것으로서 가

---

53) 비써트 후푸트는 70인경에 이미 구약을 번역할 때 사용이 되었던 헬라어의 중요한 성경 용어가 동일하게 신약성경을 기록할 때도 사용이 되었는데 두 경우 다 성경의 계시 의미를 변질시킴이 없이 혼합주의의 어떤 위험도 피하는 통일성 있는 계시 의미를 나타 내었다고 말하고 있다. 여기에 관련된 용어로 구원을 의미하는 'Soter'와 하나님을 호칭하는 'Theos'와 찬양을 의미하는 'Doxa'와 묵상을 의미하는 'Mithra'와 기쁜 소식인 복음을 의미하는 'Evangelion'과 하나님의 사랑을 지칭하는 'Agapao' 등이 있다. See W. A

장 확실한 증거가 된다. 여기서 성경적 토착화의 모델을 찾을 수 있다.[53]

(2) 로마 제국의 라틴 문화권하에서의 제도적인 토착화이다.

교회가 로마의 군사 조직인 행정제도를 그대로 받아들여 대도시 지역에 주교 관구를 설치하고 대주교를 임명하며 그 다음 규모의 도시와 소도시들에 주교와 성직자들을 배치하여 일종의 위계적 조직을 세워 나갔다. 여기에다가 로마 제국이 기독교를 국교로 임명한 이후에 정부로부터 특별한 혜택을 받아 많은 재산을 소유하게 되었고 세속 권력을 부여받는 지경에까지 이르게 되었다. 이런 제도적인 토착화는 로마교회가 세속화되고 교권이 부패되는데 일조를 하였다. 그러나 또한 교회를 안정되게 조직화시키는 데 기여하기도 하였다.

이 시기를 마무리하는 결어로서 라토렛의 성찰을 소개하려 한다. 라토렛은 이 시대에 있어서 기독교가 많은 경쟁자들 가운데서 세계적 종교로 성장할 수 있었던 제 요인들을 다음과 같이 기술하고 있다.

첫 번째는 복음의 능력과 성령의 역사가 있었다는 사실이다. 두 번째는 기독교의 도덕적 우월성으로 타종교의 추종을 불허했다는 것이다.

세 번째는 당시의 사람들의 전인적인 필요성을 복음이 능히 충족시켜 줄 수 있었다는 것이다. 네 번째는 복음의 불변성과 성경적 토착화(Intransigent and Flexible)가 이루어졌다.

다섯 번째는 교회의 각계 각층에 대한 포용성(Inclusiveness)이다. 여섯 번째는 당시 로마 사회의 단일 조직체 (Single Visible Fellowship)로서 교회 같은 범세계적인 기구가 없었다는 사실이다.

일곱 번째는 사회의 해체화 현상(Disintegration of Society)이 일어남

---

Vissert Hooft, <u>No Other Name</u>(Philadelphia: The Westminster Press, 1963), pp. 62-74.

으로 복음이 로마 사회를 침투해 들어가는 데 수용성이 있었다는 것이다. 여덟 번째는 콘스탄틴의 정치적 지원이 있었는데 이것이 기독교를 로마의 국가 종교로 인정받게 하는 결정적인 계기가 되었다는 것이다.[54]

## 2) AD 5세기부터 10세기까지

이 시기는 9세기에 프랑크 왕국의 카롤링거 왕조의 샤를마뉴(Charlemagne)의 등장과 더불어 신성 로마 제국의 호칭이 붙여지고 북부 유럽이 기독교화되어지는 과정의 시기이다. 그래서 서구라파가 온전히 기독교의 영향하에 있게 되면서 10세기 초에 클러니(Cluny)의 새로운 수도원 운동이 등장하는 전환기적 시기이다.

### 가. 환경적 요소들

(1) 로마교회가 제도권하의 세속적 특혜를 누림으로 타락하기 시작하였고 로마의 관료적 행정 기구와 문화를 그대로 받아들임으로서 부패의 온상이 되어 버렸다는 사실이다.[55]

이때에 교회 안에서 자신의 모습을 성찰하며 평신도들이 중심이 되어 금욕적인 생활을 하며 성경을 연구하고 교회 갱생과 개혁을 추구하는 세력이 있었는데 이것이 수도원 운동으로 활발하게 나타났고 서방의 수도

---

54) Latourette, op. cit., pp. 161-166.
55) Latourette, A History of Christianity Vol.1 Beginnings to 1500, pp. 269-277.

원 운동으로 제일 유명한 것은 누르시아의 베네딕트 수도원 운동이었다. 수도원 운동은 초기에는 강한 금욕주의적 성향을 띠고 자기 구원에 몰두하였으나 교회 갱생의 세력이 되어 이 시기에 선교의 촉매제와 실제적인 도구로 사용되었다.[56] 대표적인 것이 패트릭(Patric)이 창설한 아일랜드를 중심으로 한 캘틱(Celtic) 수도원 선교운동이 있고 6세기 말에 영국 선교를 본격적으로 시작한 베네틱트 수도사 출신으로 로마교회의 감독이 된 '대(大) 그레고리'(Gregory the Great)가 있다.

(2) 북아프리카의 이집트, 수단, 에디오피아 그리고 시리아 등지에 단성론자(Monophysites)들의 신학적 영향이 증대하고 이것은 지역적인 종교적 특성이 돼 버렸다는 사실이다.[57]

이것은 또한 근동 지역에서의 경교(Nestorianism)의 발전으로 확대가 되었다. 경교는 이 시기에 페르시아의 아뎃사를 본부로 하여 근동과 발칸 반도 유역 그리고 인도와 중앙아시아와 중국의 당나라에 이르기까지 그 선교의 세력이 미치었고 영향력이 적어도 3세기 이상 지속이 되었다.[58]

---

56) 라토렛은 초기 수도원 운동의 위험성을 지적하면서 동시에 5세기부터 새롭게 시작된 수도원 운동에 대해서 긍정적인 생각을 가지고 있으며 또한 당시 교회의 부흥이 수도원 운동과 밀접한 관련이 있음을 나타내고 있다. See Ibid., pp. 221-235.
57) 라토렛은 이런 특징이 지역적이고 문화적인 특성과도 연관이 있음을 지적하고 있다. See Kenneth Scott Latourette, A History of the Expansion of Christianity Vol. 2 The The Thousand Years of Uncertainty (Grand Rapids: Zondervan, 1978), pp. 10-13.
58) 경교의 선교 역사에 관한 대표적인 자료는 존 스티워트의 저서가 있다. See John Stewart, The Nestorian Missionary Enterprise: A Church on Fire (Edinburgh: Clarke, 1923).

(3) 남부 불란서와 독일의 일부 지역에 아리안 주의의 유산이 남아 있었고 이 세력은 로마교회의 선교에 대항하였다. 특히 비시 고트족의 왕인 레오비길드가 스페인의 일부 지역을 통치하게 되자 그는 로마교회 교인들을 핍박하였는데 결국 로마교회로 개종을 하였다. [59]

(4) 로마교회를 후원하는 페핀(Pepin), 찰스 마르텔(Charles Martel) 샤를마뉴의 프랑크 왕국의 영향력으로 정치적인 요인에 의하여 서구라파의 소왕국들 가운데서 집단 개종이 자주 일어났다.

또한 샤를마뉴는 수도원을 세우고 교구를 개혁하였으며 십일조 제도를 자기 관할 지역에 정착시켰다. 이러한 정치적인 후원은 서구라파를 기독교화하는 데 상당한 역할을 하였다. [60]

(5) AD 622년에 시작이 된 이슬람교가 불과 한 세기도 지나지 않아서 로마 제국 영토의 절반을 점령하였고 그 세력이 서방세계로 향하기 시작했다는 것이다.

이슬람은 북아프리카와 근동 지역을 점령했고 소아시아 지역을 넘보았으며 비잔틴 제국을 위협하고 이베리아 반도를 넘어서 서구라파를 위협하였으나 732년 찰스 마르텔이 지휘하는 프랑크 왕국의 군대에 의해서 저지를 당함으로 서구라파의 기독교 세력이 보전될 수 있었다. 이슬람의 등장은 중세 초기의 점차적으로 타락해 가는 교회에 대한 하나님의 경고였으며 임박한 그의 심판의 손길이었다.

---

59) Latourette, op. cit., p. 28.
60) Ibid., pp. 100-106.

## 나. 신학적 요인들

(1) AD 7세기 이후에 대(大) 그레고리는 서방 교회의 교황이 된 이후에 자신을 베드로의 후계자(Seed of Peter)로서 그리스도의 대리인이라는 로마교회의 교황권을 확립하려고 애를 썼다.[61]

또한 8세기 중엽에 나타난 위조 문서로서 콘스탄틴의 헌서 및 이시도르의 모조 교서 등은 교황권을 확립하는 용도로서 교황청에 의해 사용이 되었다.[62] 이것은 전통적인 "교회 밖에는 구원이 없다"(Extra Ecclesiam nom sit Salus)는 사상과 연결이 되어 제도권적 교회의 인준을 받지 않는 어떤 선교적 활동도 불가능하게 만들었으며 로마교회는 교회병행 선교기구로서 수도원 선교기구를 인준하고 이를 적극 활용하였다.[63]

(2) 수도원적 경건주의와 자력적 공덕 신학의 등장이다.

수도원 운동의 내면적이고 자기 성찰적인 금욕적 경향은 결국 구원에 있어서도 공덕을 이루는 과정으로서의 선교를 수행하게 하였고 이런 경향은 켈틱 수도사들과 후대의 수도원 운동에도 동일히 나타나는 위험한 경향이었다. 이것은 선교를 통한 구원의 완성을 가져온다는 그런 의미가 내포되어 있었다.[64]

---

61) Latourette, <u>A History of Christianity Vol. 1. Beginninga to 1500</u>, pp. 337-341.
62) Ibid., pp. 341-342.
63) 데이비드 부쉬는 로마교회가 가진 교회관이 그들의 선교 신학에 영향을 주기에 제도권적 교회 밖에서는 선교가 있을 수 없고 결국 로마교회의 선교는 제도권적 교회의 자기 구현의 위험성이 있음을 지적하고 있다. See David J. Bosch, <u>Transforming Mission</u>(Maryknoll: New York, 1991), pp. 217-219.
64) 부쉬는 중세 로마교회의 선교 신학의 한 패러다임으로 이런 수도원의 공덕 사

(3) 단성론자, 경교, 아리안주의의 신학적 도전이 계속 있었다.

이들의 공통점은 서방 지역과 다르게 인종적으로 문화적으로 동방 지역의 사람들이었으며 그리스도의 신성을 부인하는 그리스도를 피조물로 보는 이단적 기독론을 가지고 있었다. 아리안주의는 쉽게 극복이 되었으나 단성론은 지금도 이집트의 콥틱 교회와 근동 지역의 고대 앗수리아 교회 그리고 시리아 교회 등에서 그대로 발견이 된다.

단성론을 가진 이들 교회들은 아랍 사람들의 이슬람 세력하에서 자기 생존을 하는데 바빴고 또한 로고스 사상을 가지고 혼합주의적 사상 가운데 이슬람과 공존을 하면서 생존을 하였다. 여기에 선교신학이 자리를 잡을 여지가 전혀 없었다. 그러나 네스토리우스에 의해 시작이 된 경교는 언약신학 사상을 가졌는데 하나님의 언약 당사자로서 세상에 대한 언약 책임이 있는데 이것은 복음을 전파함으로 감당할 수 있다는 일종의 선교 사상이었다.[65] 그러나 경교는 단성론자들과 마찬가지의 기독론을 가지고 있었으며 우주론적 기독론으로서 보편적 로고스 사상을 가지고 중국에서 지나친 적용화의 선교를 하다가 결국 경교의 흔적만 남기고 역사의 뒤안길로 사라지고 말았다.[66]

---

상에 의거한 선교가 캘틱 선교 운동뿐 아니라 전 수도원 선교운동에 부분적으로 나타나고 있음을 지적하고 있다. Ibid., p. 233.

[65] 아티야는 언약 공동체로서의 경교의 자의식이 경교 선교 사상의 핵심이라고 진술하고 있다. See A.S. Atiya, A History of Eastern Christianity (London: Methuen & Co. Ltd, 1968), p. 100.

[66] 에뎃사에 바다이산은 오리겐처럼 우주론적 로고스 사상을 가지고 있었는데 이것이 경교의 기독론과 결합이 되어 선교 현지에서 로고스되신 그리스도를 타종교와 문화 속에서도 인정한다는 혼합주의적 기독론으로까지 발전이 되었다. 결국 복음의 정체성 상실로 이어져 경교의 선교는 위험한 양상을 띠고 있었다. See H.J.W. Drijvers, Bardaisan of Edessa (Assen: Van Gorcum, 1965), pp. 85-224. cf. Bosch, op. cit., p. 204.

### 다. 영적 원동력

(1) 중세 초기에 일어난 수도원 운동은 금욕주의적이고 내부지향적인 경향이 있었으나 수도원에서의 영적 자각과 말씀 연구를 통한 깨달음 등은 영적인 원동력이 되어서 기존의 교회를 갱생하는 개혁 운동을 벌이게 하며 선교의 사명을 감당케 하는 주요 도구로 사용이 되었다.

캘틱 선교 운동의 창시자인 패트릭이 수도원에서 훈련을 받았고 영국 선교 운동을 시작하였던 대(大) 그레고리가 베네딕트 수도사 출신이라는 것은 이것을 입증해 준다.

(2) 제도권적인 교회에서는 이상적인 그리스도인의 공동체를 찾을 수 없음으로 말씀과 삶의 일치를 추구하는 이상적 그리스도인의 공동체를 수도원 공동체 생활을 통해서 이루려고 하는 시도가 있었다.[67]

이것은 특히 아일랜드를 중심으로 한 캘틱 수도원 선교운동에서 현저히 나타났는데 캘틱 선교사들은 수도원을 어디에서나 세웠으며 수도원장이 때론 교구의 주교이었으며 선교의 목표는 교회 설립이라기보다 수도원 공동체를 세우는 것이었다. 이것은 초기에는 강력한 결속력을 가진 수도원 공동체를 세움으로 자급 자족하며 그리스도인의 삶을 구현하는데 장점이 있고 선교의 기동성이 있었으나 지상 교회에서 완전성을 추구하는 경향은 점차적으로 폐쇄적인 집단으로 발전이 되었고 교회 설립이 아닌 공동체 추구는 조직 교회를 중심으로 한 선교가 아니기에 점차적으로 영국 선교 운동에 흡수돼 버리고 말았다.[68]

---

67) Latourette, <u>The Thousand Years of Uncertainty</u>, p. 227.
68) 부쉬는 캘틱의 수도원 중심적인 선교와 로마교회가 중심이 된 교회 중심의 선교를 상호 비교하면서 동일한 결론을 내리고 있다. Bosch, op. cit., pp. 235-236.

(3) 중세 초기의 수도원 운동의 열매로서 캘틱 선교사들과 영국 선교 운동의 선교사들은 기도와 금식을 통한 영성 개발을 하였고 하나님의 능력을 극적으로 나타내는 힘의 충돌(Power Encounter)의 선교 전략을 자주 사용하였다.[69]

이것이 패트릭, 콜롬바, 보니페이스, 안스카 등의 삶에서 그대로 나타나고 있는 것이다. 힘의 충돌이란 인위적으로 수행될 수 있는 사역이 아니지만 종종 현지 원주민들이 가진 중간 영역의 세계관으로 인하여 사탄이 집합적으로 현지인들을 사로잡고 있을 때 선교사가 복음을 전하게 되면 사탄의 숨은 정체가 극적으로 드러나고 하나님의 임재가 초자연적인 방법으로 나타남으로 그분의 임재를 경험적으로 느낄 수 있게 되는 경우이다.[70] 이것은 종종 집합적인 종교적 세계관으로 인하여 집단 개종 운

---

69) 부루스는 캘틱 선교운동의 시발자가 되는 패트릭이 드루이드족을 상대로 할 때 바로 이런 힘의 충돌의 선교 방법을 사용했다고 지적한다. See F. F. Bruce, The Spreading Flame(Grand Rapids: Eerdmans, 1982), pp. 376-377.
70) 중간 영역의 세계관이란 히버트에 의하면 하나님에 대한 신 인식은 있지만 그분의 초월성을 지나치게 의식하는 가운데 영적인 존재이지만 피조물인 중간 존재들인 천사, 귀신들, 조상 신들, 선령들이 인간의 삶에 실제적인 영향을 미친다는 사상이다. 이런 세계관은 실제로 귀신의 존재를 인정하고 귀신을 이용하려는 시도가 이루어지는데 그것을 매개체로 해서 일종의 집합적인 귀신들림의 현상이 일어날 수 있다. 복음 전도자가 이런 중간 영역의 세계관에 살고 있는 사람들에게 복음을 전할 때 하나님의 임재가 극적으로 나타날 수 있다는 것이다. 이것을 바로 선교학에서는 힘의 충돌이라고 부른다. 여기서 조심할 점은 집합적인 귀신들림의 현상은 종교적인 세계관을 매개체로 한 것이지 절대 공간을 직접 매개로 한 것이 아니며 힘의 충돌 자체가 복음의 수용성을 가져올 수 있지만 진리 충돌은 아니며 더욱이 회심을 의미하는 것이 아니라는 점이다. See Paul Hiebert, Anthropological Reflections on Missiological Issues(Grand Rapids: Baker, 1994), pp. 189-201.

동을 낳지만 복음의 수용성이 형성되는 정도이지 중생의 역사가 일어나 기독교인이 된 것이 아니기에 계속해서 말씀으로 양육하며 훈련하는 과정이 필요하다.[71] 이 과정을 생략하면 기독교의 이름은 지니고 있는지 모르지만 이교적인 기독교가 될 위험성이 있다. 바로 이런 위험성이 그대로 서구라파의 기독교화의 이면에 내재되어 있었던 것이다.[72]

### 라. 선교 매체

(1) 당시 서구라파의 통상로가 주로 복음 전파의 주요 통로가 되었다.
(2) 수도원 부지를 지역 정치 지도자에게 기증받아서 수도원 공동체를 형성하여 자급, 자치, 자전의 선교를 수행하였다.[73]
(3) 프랑크 왕국의 찰스 마르텔과 샤를마뉴가 사용한 방법으로 전쟁을 수단으로 대량 개종을 유도하였다.[74]

---

71) 힘의 충돌의 과정에서 복음의 수용성이 생김으로 이것은 집합적인 세계관을 가진 공동체의 사람들에게서 복음에 대한 집단적인 수용 운동이 나타날 수 있다. 이것을 맥가브란은 복음화의 절호의 기회로 보고 이 기회를 강조하는 의미에서 소위 제자화 1단계의 이론을 내 세운 것이다. See Donald McGavran, The Bridges of God(New York: Friendship Press, 1981), pp. 8-15.
72) 만일 진리 충돌의 과정이 생략이 되고 중생의 확신이 없음에도 의식적인 세례를 주고 이름뿐인 교인으로 교회 제도권하에 편입을 시키면 얼마 안 되어 로마교회의 선교 현장에서 항상 보듯이 기독교 이교주의가 나타나게 되는 것이다.
73) Latourette, op. cit., p. 18.
74) 부쉬는 중세기간의 로마교회의 선교 신학의 한 패러다임으로 간접적이고 직접적인 선교를 위한 전쟁관을 언급한다. 간접적인 전쟁의 경우는 어떤 벌칙을 강제로 줌으로 기독교로 개종하게 하는 것이요 직접적인 전쟁이란 물리적인

(4) 스칸디나비아 반도의 바이킹의 침략으로 아일랜드와 스코틀랜드 그리고 영국 해안가 지역의 수도원들이 약탈을 당하고 수도사들과 기독교인들이 포로로 잡혀가서 노예생활을 하는 가운데 복음이 전파되었다.

특히 여성들이 잡혀가서 바이킹족들과 결혼하게 되고 그들의 영향으로 많은 바이킹들이 복음을 처음으로 접하게 되고 예수를 믿게 된 경우가 있었다.[75]


### 마. 선교 구조

로마교회의 비준이 없이는 선교가 불가능한 시대에 제도권하의 교회가 소달리티로서의 교회병행 선교기구를 인준하고 이것을 제도권 교회의 선교에 참여시킴으로 선교를 수행한 선교 구조였다. 5세기 말에 패트릭에 의해 시작된 캘틱 수도원 선교운동은 로마 교황의 비준을 받고 선교를 본격적으로 시행할 수 있었으나 상당히 토착화된 특징을 가지고 있었으며 어느 정도의 자율성을 가지고 선교를 수행하였다. 이 경우에는 교회병행 선교기구를 통한 선교이었지만 로마교회의 인준을 받은 경우이었고 자율적인 선교를 수행하였지만 6세기 말에 본격적인 로마교회가 중심이 된 영국 선교운동이 시작되었을 때 이 운동에 완전히 흡수되어 버리고 말았다. 대(大)그레고리 교황이 AD 596년에 선교사 어거스틴을 필두로 한 40여 명의 선교단을 영국에 파송했을 때 이것은 제도권적 교회가 직접 선교기구를 조직

---

수단을 사용해서 상대방을 예수 믿게 하는 것이다. 간접적인 전쟁의 수단 사용을 옹호한 사람은 대(大) 그레고리인 그레고리 1세 교황이고 직접적인 수단으로 전쟁 사용을 옹호한 사람은 루카의 안셀름(Anselm of Lucca)이라는 것이다. See Bosch, op. cit., 222-256.

75) Winter, op. cit., pp. 147-148.

해 선교를 수행한 모달리티 중심의 선교 구조이었다.[76] 또한 9세기 중엽에 동방 교회의 수장인 비잔틴 제국의 왕인 미카엘 3세가 모라비안 왕자인 라스티스라브(Rastislav)의 요청을 받고 슬라브족의 기독교화를 위해서 콘스탄틴(Constantine)과 메쏘디우스(Methodius)를 선교사로 파송한 것은 모달리티가 중심이 된 선교이었다.[77]

### 바. 지리적인 확장

당시 서로마교회는 서유럽, 이탈리아, 스페인, 아일랜드, 스코틀랜드, 웨일즈, 잉글랜드, 프리지아, 남부 독일 라인강 유역, 스칸디나비아, 중앙 유럽의 동부 독일, 체코슬로바키아, 폴란드 지역 등에 확산이 되어 있었다.[78]

동로마교회는 소아시아와 발칸 반도 지역과 러시아 등에 교회가 확산되어 있었다.[79]

### 사. 종족, 종족 그룹, 계층

서로마교회와 동로마교회의 지리적인 확장을 살펴보았는데 바로 그 지역들에 살고 있던 아일랜드인(Irish), 픽트족(Picts), 드루이드족

---

76) J. Herbert Kane, <u>A Concise History of the Christian World Mission</u> (Grand Rapids: Baker, 1989), p. 40.
77) Latourette, op. cit., p. 159.
78) 라토렛은 이 시기의 로마교회의 지리적인 확장을 서부 유럽과 동부 유럽으로 구분하여 살펴보고 있다. See Latourette, op. cit., pp. 22-149, 150-222.
79) Ibid., pp. 223-262.

(Druids), 롬바르디안족(Lombardians), 브리튼족(Britons), 프리지안족(Frisians), 튜톤족(Teutonians), 아바르족(Avars), 불가리아족(Bulgars), 마가르족(Magyars), 몽고족(Mongols), 투르크족(Turks), 웬드족(Wends), 핀란드족(Finns), 랩족(Lapps), 레트족(Letts), 프러시안족(Prussians), 라투니안족(Lithunians), 모라비안족(Moravians), 중국인들, 슬라브족(Slavs), 코사크족(Kazaks) 등에게 복음이 전파되어졌고 교회가 세워졌다. 종족 그룹으로는 튜톤족과 프리지안족과 프러시안족이 게르만 종족 계열이고 마가르족과 몽고족은 몽고족 계열이고 모라비안족과 슬라브족은 같은 슬라브 계열의 종족 그룹들이었다.

당시 교회의 선교 대상은 주로 전략적인 측면에서의 상류 계층의 복음화를 통한 저소득 계층의 대량 개종을 시도하였는데 이것은 이 당시 정치적인 상황의 반영이었다.

### 아. 중요 인물들

(1) 패트릭

그는 16살 때 아일랜드의 해적에게 잡혀 북아일랜드로 끌려가서 6년 동안 있다가 탈출하여 골에 머무르면서 수도원 생활을 하였다. 집에 돌아와 있는 중에 환상과 비전을 통해 아일랜드인의 도움을 요청하는 부르짖음의 소리를 듣게 되고 곧 아일랜드에 선교사로 가서 수도원을 세우고 선교팀을 구성해 활발한 선교 활동을 펼쳤나(432). 그를 통해 캘틱 수도원 선교운동이 시작된 것이다. 그의 생애에 약 10만여 명의 사람들에게 세례를 준 것으로 되어 있다.[80]

---

80) Neill, op. cit., pp. 56-57.

### (2) 콜롬바(Columba)

그는 아일랜드 출신 2세대의 선교사이다. 나이가 42살이 되었을 때 12명의 인원으로 된 선교팀을 이끌고 스코틀랜드의 한 섬인 아이오나(Iona)에 가서 수도원을 세우고 그곳을 본부로 하여 스코틀랜드에 있는 픽트족들과 스코트족들을 복음화하는 일에 혼신의 힘을 기울였고 수많은 수도원들을 세웠다.[81]

### (3) 대(大) 그레고리(그레고리 1세 교황이라고도 불림)

그는 정부 관료로도 일했고 시실리에 들어가서 베네딕트 수도원에 속해 있으면서 여러 수도원을 세우기도 하였다. 그는 로마 교황의 사절로서 콘스탄티노플에 가서 7년을 머무르기도 하였다. 그가 수도사 출신으로서는 처음으로 로마의 교황이 됐는데 로마교회의 신학적이고 조직적인 기틀을 놓은 사람으로 알려지고 있다.[82] 그레고리는 앵글로 색슨족의 선교에 대해서 관심이 많았는데 596년에 어거스틴을 단장으로 한 40여 명의 선교팀을 영국의 캔터베리로 파송을 하여 로마교회가 주도하는 영국 선교 운동을 시작하게 하였다. 그와 어거스틴이 서신교류를 한 『교류집』(Responsiones)이 당시 선교 방법과 선교신학을 잘 보여 주고 있다.[83]

### (4) 윌리브로드(Willibrord)

그는 영국의 노툼부리아에서 태어나 캘틱 수도원에서 교육을 받고 11명의 동료와 함께 선교팀을 만들고 영국 선교사로서 프리지아에 가서 45년간을 사역하였다.

---

81) Ibid., pp. 69-70.
82) Latourette, A History of Christianity Vol.1 Beginnings to 1500, pp. 337-342.
83) Neill, op. cit., pp. 67-69.

그는 로마 교황으로부터 프리지아의 대주교로 임명을 받았는데(695) 그의 헌신적인 사역을 통해서 프리지안들을 기독교화하는 데 결정적인 역할을 함으로 그를 가리켜서 프리지안의 사도라고 부른다.[84]

(5) 보니페이스(Boniface)

그는 영국에서 태어나 일찍이 수도원에서 교육을 받았고 소수의 동료와 함께 선교팀을 만들어 프리지아에 가서 윌리브로드를 3여 년 동안 도왔다. 기독교에 반대하는 프리지안 왕의 핍박이 거세 지자 그는 로마로 가서 그레고리 2세 교황을 만나 독일 선교사로 임명을 받고 독일의 헤세와 투링기아에서 10여 년을 성공적인 사역을 하였다. 그는 로마에 수차례 가서 교황을 만나 독일 지역에 로마교회를 세울 수 있는 권한을 부여받고 교황의 대리인으로 임명되기도 하였다(739). 그는 독일을 중심으로 활동을 하면서 캘틱 수도원들을 로마교회로 흡수시키고 독일 전역에 로마교회의 기틀을 닦아 놓았다. 그의 선교 방법은 광범위한 지역을 순회하면서 직접 설교하고 성경을 번역하고 교회를 세우며 담대한 힘의 충돌의 선교를 여러 번 시도하였다. 헤세에서는 가이스마르라는 곳에 가서 그곳 원주민들이 천둥의 신이라 부르며 숭배하는 오래된 고목 상수리나무를 도끼로 찍어 네 토막을 내었는데 그에게 아무 일도 일어나지 않자 원주민들이 하나님의 능력에 크게 놀라 집단으로 개종 운동이 일어나기도 하였다. 이런 일은 보니페이스의 생애에서 흔한 일이었다. 그는 프리지아인들에 대한 선교의 부담을 떨쳐 버리지 못하고 그의 생애 말년에 그들을 위해 선교하다가 프리지안인들의 습격을 받고 순교의 재물이 되었다. 그를 가리켜서 독일의 사도라고 부르기도 한다.[85]

---

84) Ibid., pp. 73-74.
85) Latourette, The Thousand Years of Uncertainty, pp. 85-99.

(6) 안스카(Anskar)

안스카는 불란서에서 태어나 베네딕트 수도원에서 교육을 받았다.

그는 코비 수도원의 동료들과 함께 덴마크의 헤랄드 왕의 초빙을 받고 프랑크 왕국의 경건한 루이스의 후원을 받으며 덴마크에 가서 사역을 했으나 헤랄드 왕이 폐위를 당하자 스웨덴에 가서 2년여를 사역하였다. 그는 스웨덴에서 성공적인 사역을 하였는데 이후 함부르크와 브레멘의 대주교로 임명을 받고(831) 함부르크를 중심으로 덴마크뿐만 아니라 스칸디나비아의 복음화를 위해서 수고하였는데 그를 가리켜서 북구라파의 사도라고 부른다. 그는 깊은 영성의 소유자로서 금식과 기도하는 생활을 끊임없이 하였고 늘상 하나님의 인도하심을 세밀하게 구하는 그런 사람이었다.[86]

(7) 알로펜(Alopen)

그는 경교의 첫 중국 선교사로서 당나라의 장안에 가서(635) 당시 당태종의 총애를 받으며 교회를 세우고 경교가 중국에서 3백여 년을 활동할 수 있는 기틀을 놓은 인물이다. 경교는 명나라가 등장하기까지 번성하였는데 그 후에 명나라 시대가 되자 몹시 핍박을 받고 겨우 주변에 남아 잔존하였다. 경교는 지나친 토착화와 현지인을 키우지 않는 선교사 주도의 선교를 하다가 결국 깊이 뿌리 내리지 못하고 복음의 생명력이 상실되어 정치적인 상황이 변하자 도태되고 말았다.

(8) 콘스탄틴(Constantine)과 메쏘디우스(Methodius) 형제

그들은 그리스의 데살로니가 출신으로 알려지고 있다. 콘스탄틴은 후에 시릴(Cyril)로 불려지기도 했는데 그는 학자로서 이름이 알려졌고 러시아의 코사크 모슬렘인들을 전도할 목적으로 러시아에 가서 성공적인 사

---

86) Ibid., pp. 113-118.

역을 하기도 하였다. 이렇듯이 모라비아의 슬라브족 선교사로 가기 전에 그들은 이미 선교사의 성공적인 경험을 가진 숙련가 선교사이었다. 콘스탄틴은 학자로서의 재능을 발휘해 일반 서민들이 사용하고 있는 남부 슬라브 언어체를 문어체로 만드는 작업을 하였고 이를 성공적으로 함으로 성경뿐 아니라 기타의 경건 서적을 출판해 보급함으로 슬라브족을 기독교화하는 토대를 닦았다. 그가 만든 슬라브 문자는 그의 후대의 이름을 따서 시릴 문자로 부르는데 오늘날 슬라브족의 문어체가 된 것이다.[87]

### 자. 토착화

영국 선교 운동의 토착화 지침은 대(大) 그레고리 교황과 선교사 어거스틴이 주고 받은 서신 집으로서 『Responsiones』에 잘 나타나고 있다. 그레고리는 어거스틴에게 귀신의 전각을 정화식을 한 이후에 교회로 바꾸고 죽은 자의 유골을 숭상하는 풍속을 죽은 선교사의 유골을 교회단 제단 밑에 보관해 놓으므로 이를 극복하게 하는 등 지나친 적용화의 선교를 함으로 초기에는 복음의 수용성이 있어 기독교화를 도모하는 데 용이했는지 모르지만, 후대에 성자 유품 숭배 사상과 성자의 중보 사상을 로마교회에 가져오는 혼합주의의 함정에 빠졌다.[88]

서로마교회의 선교는 중앙 집권화된 제도권하의 교회 조직을 확산시키는 것으로서 특히 영국 선교 운동을 통하여 이것이 잘 나타났고 보니페이스가 이런 로마교회의 선교 패턴에 기초를 놓았다.

---

87) Ibid., pp. 159-162.
88) Robert McCulloch, "Gregorian Adaptation in the Augustinian Mission to England", in <u>Missiology: An International Review</u>, Vol. 6, No. 3, July, 1978, pp. 326-330.

## 3) AD 10세기부터 14세기 중엽까지

이 시기의 끝을 14세기 중엽으로 잡은 것은 구라파의 대부분이 기독교의 영향력 아래 들어온 것과 중국에서 징기스칸의 몽고족이 일어나서 중앙아시아와 러시아 그리고 페르시아와 메소포타미아의 새로운 지배자로 등장한 역사의 전환기적 시기이기 때문이다. 또한 오토만 투르크의 세력이 강성해져서 비잔틴 제국을 넘보고 근동 지역을 점령함으로 십자군 전쟁이 시작되었던 시기이기도 하다.

### 가. 환경적 요소들

(1) 게르만족의 왕으로서 오토 1세(Otto 1)가 신성 로마 제국의 새로운 황제로 등장하면서(962) 북구라파와 동구라파 지역을 기독교화하는데 강력한 정치적인 지원 세력으로 작용하였다.[89]

(2) 오토만 투르크의 위협하에 있던 비잔틴 제국의 왕이 도움을 요청하고 예루살렘 성지를 이교도인 모슬렘들로부터 탈환한다는 명목하에 교황 우르반 2세가 서구라파의 기독교 진영에서 군대를 일으킬 것을 요청했을 때 1096년 첫 십자군 전쟁이 시작되었다.[90]

이후 십자군 전쟁은 6차례나 13세기 말까지 계속되었다. 처음에는 순수한 종교적 동인으로 시작했으나 곧 여러 서구라파의 나라들이 참여하면서 세속적인 이권과 구라파의 한계를 벗어나서 원자재를 확보하고 새

---

89) Latourette, A History of Christianity Vol.1 Beginnings to 1500, pp. 382-383.
90) Ibid., p. 410.

로운 상업로를 개척하려는 중상주의적 동기로 인하여 그 본래의 순수성은 완전히 사라지고 말았다. 심지어는 4차의 십자군 전쟁은 베니스의 야욕과 참여한 나라들의 이권이 서로 맞아서 처음 십자군 전쟁을 요청했던 동방 기독교의 유일한 보루인 비잔틴 제국의 수도 콘스탄티노플을 공격하여 약탈을 자행함으로 비잔틴 제국이 오토만 투르크에게 완전히 멸망 당하는 계기를 만들었고 십자군 전쟁은 완전히 수치스러운 양육 강식의 전쟁이 되었다.[91] 십자군 전쟁은 서구라파의 사람들로 하여금 보다 넓은 세계를 바라보게 하며 상업의 국제화를 촉진시키는 계기가 되었고 절대 군주 체제를 등장시키기도 하였다. 그러나 선교적인 면에서는 모슬렘인들에게 서구라파의 기독교인들은 아주 야만적이고 도덕적으로도 형편이 없는 종교적으로도 열등한 나라의 사람들이라는 인식을 심어 놓아서 후대의 이슬람 선교에 지금까지도 장애가 되고 있다.[92] 이러한 십자군 전쟁의 결과는 중세 후기의 타락한 교회와 나라 지도자들에 대한 하나님의 심판이었으며 자신을 새롭게 성찰케 하는 중세 후기의 수도원 부흥 운동의 시발점이 되기도 하였다.

(3) 로마교회의 교황과 신성 로마 제국의 황제가 서로 권력을 누가 잡는가의 다툼으로 교황권의 세력이 점차적으로 약해지던 때이었다.

권력 싸움에서 패배한 교황으로 보니페이스 7세가 있다.[93] 교황권을 확립하려는 시도가 로마교회의 개혁 운동과 함께 시작이 되었는데 여기

---

91) Ibid., pp. 411-412.
92) 케네스 크랙은 지금도 모슬렘 사람들에게 십자군 전쟁의 상처가 남아 있어서 이것이 서방 기독교 세계의 선교에 큰 장애가 되고 있음을 성찰하고 십자군 전쟁의 세속적인 이권을 위한 약육강식의 동기를 냉철히 자성하고 있다. See Kenneth Cragg, The Call of the Minaret(Maryknoll: New York, 1985), pp. 238-242.
93) Latourette, op. cit., p. 465.

에 대표적인 교황들은 레오 9세, 그레고리 7세, 인노센트 3세 등이 있다. 이렇듯이 로마교회를 개혁하며 세속 권력의 위협하에서 교황권의 자율성을 확립하려는 시도가 있었지만 로마교회의 지도력은 더욱 부패해져 갔고 세속 권력과의 다툼에서 점차적으로 패배하기 시작했다.[94]

(4) 이미 살펴보았지만 비잔틴제국이 점차적으로 쇠약해지고 투르크 및 이방민족들의 계속적인 침공이 있었다.

### 나. 신학적 요인들

(1) 로마교회의 교황권 확립은 선교에 순리와 역리로 작용하였다.
순리적인 측면은 견고하고 안정된 세계적 교회 조직을 통해서 지속적인 선교가 가능함으로 구라파를 기독교화하는데 결정적인 역할을 하였다는 점이다.[95] 역리적인 요인은 중앙 집권화된 로마교회의 선교는 말씀 중심의 선교가 아닌 조직 위주의 선교이기에 이교적 그리스도인들을 많이 배출하였다는 점이다.

(2) 교회론에 있어서 신약 교회의 원형을 추구하는 운동이 중세 후기 수도원 운동에서 일어났다.
이것은 평신도들의 역할을 적극 활용하였으며 청빈과 대규모의 조직적

---

94) Ibid., pp. 467-488.
95) 순리적인 측면으로서의 로마교회의 교황권 확립과 그로 인한 제도권적 로마교회의 선교가 구라파를 기독교화하였기에 다시 로마교회의 종교적 세계관 속에서 세속화된 구라파를 재기독교화하자고 주장하는 대표적인 역사 학자는 크리스토포 도슨이다. See Christopher Dawson, The Historic Reality of Christian Culture(New York: Harper & Row, 1965), pp. 47-59.

인 선교 운동을 일으켰다. 여기에 대표적인 수도원 운동으로서 프란시스의 탁발승 수도원 운동이 있다.[96]

(3) 비잔틴 제국의 동로마교회의 신비적이고 묵상적인 금욕주의의 성향은 공덕신학과 예전신학을 발전시켰다.[97] 이것은 오토만 투르크 치하에서 더욱 패쇄적이고 방어적으로 발전되어 갔다. 여기에 대표적으로 영향을 미친 것은 14세기에 활동한 데살로니가의 대주교인 팔라마스(Palamas)였다.[98]

### 다. 영적 원동력

(1) 중세 후기 수도원 운동의 '초대 교회의 모습'으로 돌아가자는 교회 갱생 운동은 청빈과 기도와 구령의 열정에 의하여 선교의 영적 동력원이 되었다.

프란시스가 창립한 프란시스 수도원 운동으로 모슬렘을 복음화하기 위하여 근동과 북아프리카에 많은 선교사들이 파송을 받아 갔고 멀리 중앙아시아와 중국에 이르기까지 선교사들이 나아갔다. 이와 성격은 다소 다르지만 도미니크에 의해 창립이 된 도미니크 수도원 운동도 동일한 영적 원동력에 의해 선교의 주요 도구가 되었다.[99]

---

96) Latourette, op. cit., pp. 427-429.
97) Ibid., pp. 569-570.
98) 팔라마스는 은둔적 정숙주의 운동을 비잔틴 동방 교회 안에 확산시켰다. 이것은 외부에 대한 선교적 관심이 결여되어 있고 오직 자기 자신의 구원을 추구하는 일종의 금욕주의적 운동이다. Ibid., pp. 570-571.
99) 도미닉이 1218년에 로마에서 프란시스를 만났을 때 그는 이미 프란시스의 열렬한 찬양자였다. 이렇듯이 프란시스 수도원운동과 도미닉 수도원운동은 서로

(2) 후기 수도원 운동의 특징으로서 그리스도의 사랑과 청빈을 주장하며 자기를 희생하여 빈자를 구제하려는 운동은 일종의 영적 원동력이 되어서 도시 빈민 선교에 앞장을 서게 하였다. 이것이 중세 후기에 페스트가 유행했을 때 도시 빈민가에서 환자들을 돌보다가 제일 많이 희생당한 사람들이 바로 이들 수도사들이었다는 사실이 그것을 나타내고 있다.[100]

### 라. 선교 매체

(1) 신성 로마 제국의 오토 1세가 일으킨 전쟁이나 십자군 전쟁의 주요 통로들이 복음을 전하는 선교의 통로가 되었다는 사실이다.

(2) 수도사들의 광범위한 순회 전도 여행을 통해서 선교가 이루어졌다는 사실이다.

(3) 부분적이었지만 당시 대학에서 선교학을 연구하고 선교사 훈련을 시도하였다는 사실이다.

교황 호노리우스 4세(Honorius)가 파리 대학에서 학생들에게 이슬람에 대해서 가르치게 함으로 선교 인재를 양성하려는 시도를 하였고 토마스 아퀴나스는 이를 이론적으로 뒷받침하는 학문적 활동을 하였고 레이몬드 룰은 직접 선교 대학원을 세우기도 하였다.[101]

---

긴밀한 연관 관계를 가졌으며 중세 후기 수도원 선교운동의 양대 산맥이 되었다. 차이점이 있다면 프란시스 수도사들은 주를 위해 순교하는 것을 가장 큰 사랑의 행위로 여겨 순교를 장려했지만 도미닉 수도사들은 그 점에 있어서 상당히 조심스러웠다. See Latourette, The Thousand Years of Uncertainty, pp. 324-325.
100) Ibid., p. 341.
101) Ibid., pp. 319-320, 322.

## 마. 선교 구조

중세 후기의 교회병행 선교기구로서의 수도원 선교운동이 제도권 교회에 의해서 수용이 되고 선교에 적극 사용되어졌다. 이때의 대표적인 수도원 선교기구로서 프란시스 탁발승 수도원 운동과 도미니크의 수도원 운동이 있다. 프란시스 수도원 운동은 1210년에 인노센트 3세의 허락을 받아 로마교회의 감독을 받아가면서 조직을 확대해 나갔고 클라라 (Clara)라는 여성을 받아들임으로서 여성 수도원 종단을 따로 조직하여 활동케 하였다.[102] 도미니크 수도원 운동은 창설자인 도미니크가 전세계를 향한 선교의 사명을 느끼고 창설하였기에 수도원 헌장에 온 세상을 향한 복음 전파의 사명을 감당하기 위하여 도미니크 종단이 존재한다는 진술을 넣게 하였다.[103] 이 수도원 운동은 1215년 인노센트 3세에 의해서 인준을 받았고 프란시스 수도회와 더불어 로마교회 선교 세력의 양대 산맥을 지금까지 형성하고 있다.[104]

## 바. 지리적인 확장

서로마교회는 구라파 전역을 기독교화하였고 프란시스 수도회의 선교사들은 북아프리카와 근동 지역에 흩어져서 복음을 모슬렘인들에게 전하였고 또한 중앙 아시아와 중국을 점령한 몽고족들에게 복음을 전함으로 상당한 결실이 있었다. 프란시스 수도회의 선교사인 몬테코비노의 존은

---

102) Latourette, A History of Christianity Vol. 1 Beginnings to 1500, pp. 429-436.
103) Ibid., p. 321.
104) Latourette, A History of Christianity Vol. 1 Beginnings to 1500, pp. 437-439.

교황의 친서를 가지고 쿠빌라이칸을 접견하려고 원나라의 수도인 캄바럭(Cambaluc)에 갔으나 쿠비라이칸은 죽었고 그의 후계자가 교황의 친서를 받았다. 존은 캄바럭에 머무르면서 활동하였는데 초기에 경교 선교사들의 방해가 집요하였다. 그러나 그는 현지 언어로 신약과 시편을 번역하였고 두 개의 교회를 세우고 그의 사역을 통해서 약 6천여 명의 현지인들에게 세례를 주었다고 알려지고 있다.[105]

### 사. 종족, 종족 그룹, 계층

이 당시 수도회 선교기구들의 활약으로 새롭게 복음이 전파된 종족들은 케라이트족(Keraits), 리투아니족(Lithuanians), 중앙아시아의 온구트족(Onguts), 위구르족(Uighurs) 그리고 몽고족들이다.

이 시대의 로마교회의 선교는 당시의 정치적인 상황이 그러기도 했지만 상류 계층 복음화를 통한 일반 하류 계층의 복음화을 시도하였다.

### 아. 중요 인물들

(1) 아씨시의 프란시스(Francis of Assisi)

그는 부유한 가정에서 태어나 자기에게 상속된 모든 재산을 팔아 가난한 자들에게 주고 자신은 예수님이 하신 말씀대로 지팡이나 양식이나 전대도 없이 여러 지역을 순회하며 빈자들을 돌보고 복음을 전하는 그런 생활을 하였다. 그는 나환자들과 함께 생활을 하고 여러 쇠락한 교회당 건물들을 보수하였으며 마태복음 10:7-15까지의 말씀을 근거로 하여 무

---

105) Latourette, The Thousand Years of Uncertainty, pp. 329-332.

소유, 청빈, 사랑의 섬김 등 몇 가지 규율을 세워 놓고 그를 따르는 11명의 동료들과 함께 로마로 가서 인노센트 3세 교황의 인준을 얻어 수도원 종단을 창설하여 중세 후기 수도원 선교운동의 선구자가 되었다.[106] 그는 도시 빈민들의 비참한 생활에 대하여 저들을 그리스도의 사랑으로 섬겨야 한다는 사명감을 느꼈고 자신과 뜻을 같이 하는 사람들을 남녀 구별 없이 받아들여 강력한 도시 빈민 선교를 수행하였다. 또한 그는 모슬렘인들에게 무력을 통하여 저들을 순응시키려는 십자군 전쟁의 시도를 반대하고 이집트에 가서(1219) 2년을 머무르며 왕이며 최고의 이슬람 지도자인 술탄에게 복음을 전하기 위해서 애를 썼는데 술탄이 프란시스를 존경하였다고 전해져 온다.[107] 그의 사후 프란시스 수도회는 많은 재산과 조직을 그대로 유지하자는 파와 프란시스의 초기 정신을 그대로 이어 받아 무소유의 선교를 주장하는 영적인 사람들(Spiritualist)과의 갈등이 있었는데 영적인 사람들의 세력이 점점 약해져 갔다.[108] 프란시스의 영향으로 중세 후기에 수백 명의 젊은 선교사들이 온 세상을 다니며 무소유의 선교를 기동성 있게 수행하였다.

(2) 레이몬드 룰(Raymond Lull)

룰은 부유한 귀족 집안의 자제로 자라서 아라곤의 제임스 왕의 궁전에서 일하기도 하였다. 나이가 30살이 되었을 때 극적인 종교적 체험을 하였고 프란시스 수도사가 되어서 이슬람 선교에 불이 붙었다. 그는 무력의 방법으로 이슬람을 다스리는 것을 반대하고 그리스도의 사랑의 방법

---

106) J. Harold Ellens, "The Franciscans: A Study in Mission", in <u>Missiology: An International Review</u>, Vol. 3, No. 4, October, 1975, pp. 487-490.
107) Ibid., p. 321.
108) Ibid., pp. 492-493.

으로 선교를 할 것을 그의 저서 『사랑의 나무』에서 주장하였다. 그는 파리 대학과 몽펠리 대학에서 이슬람과 동방 언어와 선교 방법에 대하여 강의를 하였고 그 당시 각 대학에 선교를 위해서 동방 언어들을 배워야 한다는 주장을 하고 그 자신이 직접 이슬람 선교를 위한 선교사 훈련을 위해서 미라바(Miramar) 대학을 마조리카 섬에 세우기도 하였다. 그는 그의 나이 55살 때인 1291년에 이슬람 선교를 위해서 북아프리카의 튀니스에 갔고 바로 추방된 이후에 또 재차 방문하여 2년여를 머무르면서 복음을 전하였다. 그는 1315년 80살의 나이에 북아프리카로 재차 가서 노상에서 복음을 전하다가 그의 소원대로 장렬하게 돌에 맞아서 순교를 하였다. [109]

(3) 몬테코비노의 존(John of Montecorvino)

몬테코비노의 존의 활동에 대해서는 이미 언급을 하였다. 원나라의 수도인 캄바럭은 지금의 북경인데 그는 오랫동안 홀로 일하였으나 1307년 교황 클레멘트 5세가 여러 성직자들을 보내고 그를 그 지역의 대주교로 임명함으로 원이 명나라에 의해서 멸망하기까지 중국 전역에서 선교 기지를 설치하고 선교를 활발하게 수행하였다. [110]

(4) 토마스 아퀴나스( Thomas Aquinas)

그는 도미니크 수도사 출신으로서 파리 대학에서 박사 학위를 받은 당대의 석학이었다. 아퀴나스도 무력의 방법을 통해서 모슬렘인들을 굴복시키는 것을 반대하고 그의 유명한 선교 이론인 '성취이론'(Fulfillment)을 그의 저서인 『이교도에 대한 변증집』(Summa Contra Gentile)에서 주장하였다. 그는 아리스토텔레스의 이론을 그의 학문의

---

109) Latourette, op. cit., pp. 321-323.
110) Ibid., p. 332.

틀로 이용하여 하나님께서 주신 자연계시의 절정이 인간의 이성에서 나타난다고 주장하였다. 따라서 모슬렘인들에게도 그들의 이성에 호소하여 복음을 전하면 얼마든지 그들도 복음을 받아들이게 될 것이라는 일종의 성취이론을 주장하였다.[111] 후대에 그의 이론은 예수회 선교사들에 의하여 더욱 정교하게 발전이 되었고 로마교회는 이것을 성취이론으로 1963-1967년에 열린 바티칸 제이 공의회에서 그들의 선교 모델로 공식적으로 채택하였다.[112]

### 자. 토착화

이 당시의 로마교회의 선교는 여전히 중세 초기와 다를 바 없이 중앙집권적인 제도권적 교회 중심의 선교이었다. 주목할 것은 아퀴나스에 의하여 로마교회의 토미스틱 신학이 확립되고 바로 그 기반 위에서 로마교회의 선교 모델인 성취이론이 발전되었다는 것이다. 이 성취이론은 일종의 적용화 모델의 연장선인데 적용화 모델보다는 성경 계시에 대하여 더욱 비중을 둔다는 차이점이 있다.

동로마교회의 토착화는 사색적이며 금욕적인 성향을 가진 현지 문화의 특징을 나타내는 수도원 중심의 선교이었고 이런 것이 그대로 현지 교회의 토착화 과정에 나타났다.

---

111) Thomas Aquinas, "Summa Contra Gentiles", in <u>On the Truth of the Catholic Faith</u>, 5 Vols. A.C. Pegis, Trans. (Garden City, 1957).

112) 로마교회는 신앙과 이성의 관계성에 대한 토마스 아퀴나스의 모델을 기반으로 모든 지도자들을 키운다는 교육 원리를 말하고 있는데 이것은 그대로 선교 신학의 모델로도 사용이 되는 것이다. See Austin P. Flannery, ed., <u>Documents of Vatican II</u> (Grand Rapids: Eerdmans, 1984), p. 735.

결론적으로 이 시대에 근동 아시아와 중앙아시아에서의 기독교의 쇠퇴 요인을 라토렛이 다섯 가지로 열거하고 있는 점을 살펴보자.

첫째로 중앙아시아로부터의 유목 침입자들이 모슬렘으로 개종하였다는 사실인데 대표적인 종족으로 셀주크 계열인 투르크족(Seljuq Turks)이 있다. 둘째로 근동 페르시아 지역의 침입자인 몽고족들이 이슬람으로 개종했다는 점이다.

셋째는 몽고 제국인 원이 망하고 명나라가 등장하자 기독교를 대대적으로 박해하고 서방 기독교 세계와 연결이 되는 비단길인 교통로를 단절시켰다는 점이다. 넷째는 소아시아 지역에서 오토만 투르크가 강력한 이슬람 옹호국이 되어 버렸다는 사실이다.

다섯째는 중세 구라파에서 발생한 흑사병이 도시 빈민 선교를 수행하는 수도사들을 희생시킴으로 수도원의 선교 운동에 심각한 타격을 주었다는 것이다.[113]

이러한 라토렛의 지적은 오늘날 우리들에게 강력한 도전이 된다. 중앙아시아와 근동은 원래 기독교가 성행하였고 몽고족에게도 일찍이 경교의 선교가 성공적으로 수행이 되었다. 그러나 중세 후기의 교회가 세속 권력에 야합하고 교회 지도자들이 심각하게 부패하고 십자군 전쟁의 실제가 보여 주듯이 이권을 위해 야만적으로 움직이던 시대이었다. 비록 후기 수도원 운동의 교회 갱생과 선교에의 몸부림이 있었지만은 제도권적 교회의 부패가 너무나 심각하였다. 또한 중앙아시아와 근동 지역의 기독교가 이미 살펴보았지만 단성론의 영향이 있는 교회이었으며 경교도 마찬가지의 성향을 가진 교회이었다. 잘못된 신학 그리고 혼합주의적인 기독교는 결국 교회의 생명력이 없음으로 선교의 사명을 제대로 감당하지 못하고 이슬람의 세력에 그 배턴을 넘겨주고 만 것이다. 이것을 누가 다시 주님이 오시기 전까지 회복을 할 것인가!

---

113) Latourette, op. cit., pp. 338-342.

## 4) AD 14세기 중엽부터 16세기까지

이 시기의 끝을 16세기로 잡은 것은 중세의 한 시대가 마무리되고 로마교회 내에서 종교개혁 운동이 일어남으로 새로운 시대가 열리는 전환기적 시기이기 때문이다. 14세기 이후에 인문주의와 르네상스 운동이 본격적으로 발아하기 시작하였고 비잔틴 제국이 무너짐으로 동방 기독교의 세력이 소아시아에서 러시아로 넘어가는 시기이었다. 또한 로마교회 자체 내에서 성경적인 개혁을 향한 몸부림이 계속 있어 왔다.

### 가. 환경적 요소들

(1) 술레이만(Suleiman)의 터키 제국이 비잔틴 제국을 멸망시켰고 (1453) 소아시아와 근동과 발칸 반도 지역을 점령하여 이슬람화를 시도하였다는 사실이다.[114]

이때에 소아시아는 완전히 이슬람 지역이 되었고 발칸 반도 지역에서 유일하게 알바니아 지역의 많은 기독교인들이 이슬람으로 넘어가고 말았다. 이때의 상처가 지금까지 남아 있어 코소보 사태를 야기하기도 하였다.

(2) 몽고족인 티무르가 중앙 아시아의 그의 수도인 사마르칸드에서 중앙 아시아와 서부 아시아의 대개의 지역을 정복하였고 이슬람화를 시도

---

114) Latourette, <u>A History of Christianity Vol. 1 Beginnings to 1500</u>, p. 602.

하였다는 것이다.[115]

이로 인해 인도에 이슬람이 자리를 잡게 되었고 중앙 아시아는 지금까지 이슬람의 세력권으로 남게 되었다.

(3) 로마교회 교황청의 세속 권력에 대한 굴종과 교황권의 분열의 심화이다.

로마교회의 교황청이 1309년에 불란서의 아비뇽으로 옮겨졌는데 당시 교황인 클레멘트 5세는 불란서의 왕인 필립 4세에게 굴종하였다. 또한 그레고리 11세의 계승자 문제로 인하여 교황권이 분열되었는데 두 사람의 교황이 각기 로마와 아비뇽의 교황청에 머물러 로마교회가 양분되어 서로 세력을 다투었다. 우르반 6세는 로마의 교황청에 있었고 클레멘트 7세는 아비뇽의 교황청에 있으면서 불란서의 세력을 뒤에 업었다.[116]

(4) 교황청의 도덕적 타락의 심화와 교권의 계속적인 분열이 있었다.

니콜라스 5세, 칼리스투스 3세, 파이우스 2세, 식스투스 4세, 인노센트 8세 등은 교황으로서 전혀 자격이 없을 뿐만 아니라 온갖 부도덕한 일을 자행한 범죄자들이었다.[117] 세 번째와 네 번째 요인들은 서로 연관이 되는데 이런 로마교회의 타락이 계속되었기에 종교개혁이 일어나게 된 결정적인 계기가 된 것이다.

(5) 모스크바의 대공인 이반 3세가 비잔틴 제국의 마지막 황제의 인척이 되는 공주와 결혼함으로서 동로마교회의 후계자가 됨을 천명하고 모스크바를 제 삼의 로마라고 호칭하며 모스크바를 중심으로 러시아 정교

---

115) Ibid., pp. 601-602.
116) Ibid., p. 627.
117) Ibid., pp. 636-640.

회를 확립시켰다.[118]

(6) 르네상스 운동의 인문주의자들이 성경의 권위와 교회의 영적 권세에 대해서 노골적인 도전을 시도한 것인데 대표적인 인문주의자는 페트라아크(Petrarch)였다.[119]

### 나. 신학적 요인들

(1) 중세 후기의 기독교 신비주의 운동의 발현과 이를 통한 영성 회복의 움직임이 있었다.

이러한 신비주의 운동을 벌인 사람으로서 씨에나의 캐더린(Catherine of Siena), 에크하르트(Eckhart), 타울러(Tauler), 수소(Suso), 공생 형제 자매단(The Brothers and Sisters of the Common Life) 및 토마스 아 켐피스(Thomas A Kempis) 등이 있었다.[120] 이러한 신비주의 운동은 명상과 고행을 통한 하나님과의 합일이라는 불건전한 사이비 운동으로 발전하기도 하고 극단적인 도덕 폐기론의 위험한 양상이 나타나기도 하였다.[121] 그러나 토마스 아 켐피스의 저서인 『그리스도를 본받아』

---

118) Ibid., pp. 615-616.
119) Ibid., pp. 604-605.
120) Ibid., pp. 642-645.
121) 라토렛은 이 시기에 일어나 이러한 신비주의적 영성개발 운동이 자신의 내면을 성찰케 하며 하나님을 더욱 의지하게 하는 영적인 각성 측면도 있지만 위험한 점이 더욱 많은 것을 지적하는데 바로 이런 양상들이 실제로 나타났다고 한다. 윌리스톤 워커는 라토렛보다 더욱 부정적인데 특히 하나님과의 합일을 시도함은 모든 신비주의적 사상의 종착역인 범신론의 함정에 빠지게 됨을 지적하고 있다. See Ibid., p. 650, Williston Walker, A History of

(Imitatio Christi)에 나타난 경건한 신비주의적 경향은 그 시대뿐 아니라 후대의 교회 지도자들에게 영적인 큰 도전을 주었고 교회를 새롭게 하는 영적 도전이 됨으로 선교의 한 동기부여가 되기도 하였다.

(2) 기독교 인문주의자들의 소위 도덕적이고 이성적인 기독교와 온건한 교회 개혁 운동이 있었다.
여기에 대표적인 사람들로서 피코 델라 미란돌라(Pico della Mirandola), 존 콜렛(John Colet) 그리고 에라스무스(Erasmus) 등이 있었다.[122]
이들 기독교 인문주의자들은 성서의 학문적 연구에 기여를 했지만 또한 인간의 이성과 소위 윤리적이고 실존적인 차원의 케리그마를 추구하는 고전적 자유주의 신학의 길을 열어 놓았다.

(3) 옥스퍼드의 존 위클리프는 그 시대의 로마교회의 잘못된 신학과 신앙 행태를 비판하고 오직 성경주의(Biblicalism)와 불가시적 교회의 우선성과 구원자에 대한 하나님의 선택의 우위성 등을 주장하였다.[123]
그의 추종자들은 심한 핍박을 받았으나 조직적인 선교 운동과 자국어로 된 성경 보급은 개혁의 기반을 놓았고 새로운 선교의 시대를 여는 초석을 놓았다.[124] 또한 존 후스보다 온건하며 체제 안에서의 개혁을 힘쓰다가 순교한 보헤미아의 존 후스가 있다.

---

the Christian Church(New York: Charles Scribner's Sons, 1970), p. 255.
122) Latourette, op. cit., pp. 659-662.
123) Ibid., pp. 662-664.
124) Ibid., pp. 665-666.

### 다. 영적 원동력

(1) 위클리프나 후스의 성경 주의와 자국어로의 성경 번역은 성경 진리를 깨닫는 영적 각성의 계기가 되었고 이것은 궁극적으로 선교의 동기 부여가 되었다.

(2) 러시아에서의 수도원을 중심으로 한 교회 갱생 운동과 이상적 그리스도인의 삶의 추구와 무소유자들의 선교 운동은 영적 원동력이 되어 러시아를 기독교화하는데 큰 역할을 하였다.[125]

### 라. 선교 매체

(1) 상업로가 복음전파의 통로가 되었다.

위클리프를 추종하는 '가난한 떠돌아다니는 설교자'라고 불리는 '롤러드파'(Lollards)는 특히 이 상업로를 이용하여 유럽 전역을 다니면서 자비량하며 개혁사상을 확산시켰다.

(2) 인쇄술의 발달로 인한 성경 보급과 기독교 인문주의자들의 개혁 사상이 담겨 있는 문서들이 출판되어 구라파의 전역에 보급되었다.

### 마. 선교 구조

제도권적 로마교회가 영적으로 쇠퇴하고 지도력이 부패하며 기존의 교회병행 선교기구인 수도원들이 제대로 역할을 하지 못하고 오히려 교황의 교권 옹호 세력으로 전락해 갈 때 새로운 교회병행 선교기구의 형성

---

125) Ibid., pp. 616-620.

이 있었으나 신비주의적 경향이 강함으로 주로 은둔적 영성 개발에 치중하였다.
　교회병행 선교기구로서 롤러드파가 있었으나 제도권적 로마교회의 인준을 받지 못하고 계속하여 이 기간 내내 핍박을 받았다. 러시아 정교회는 이 기간에 교회병행 선교기구로서 크고 작은 수도원 운동을 적극 활용하여 러시아를 기독교화하는데 사용하였다.

### 바. 지리적인 확장

　이 시대의 특징은 러시아 정교회의 활발한 선교 사역을 제외하고는 오히려 기독교 지역을 계속해서 이슬람에게 상실당하는 지리적인 손실을 가져왔다.

### 사. 종족, 종족 그룹, 계층

　지리적인 손실과 함께 많은 종족들이 기독교에서 이슬람으로 집단으로 옮겨가기도 했는데 이것은 몽고와 오토만 투르크의 정치적인 압력으로 인한 현상이었다. 근동 지역과 소아시아와 발칸 반도와 중앙 아시아의 지역들이 이런 피해를 많이 입었다.[126]
　이 당시 러시아 정교회의 수도원 선교운동의 특징은 일반 하층 계층의 사람들에게 접근하여 그들과 함께 삶을 나누는 공동체를 형성하여 그들을 복음화하는 방법을 사용하였다.

---

126) Ibid., pp. 601-602.

## 아. 중요 인물들

### (1) 존 위클리프

존 위클리프는 옥스퍼드 대학 출신으로 그 학교에서 교수 생활을 하였다. 그는 당시의 로마교회의 신학과 신앙 행태가 성경에 어긋나는 것임을 깨닫고 설교자로서 이런 잘못들을 공개적으로 비판하였으며 여러 책자들을 출판하였다. 그는 교황이 베드로의 후계자이며 공식 결정에 있어서 오류가 없다는 로마교회의 주장을 허구라고 비난했으며 연옥설과 성자 숭배사상과 면죄부 판매 등을 거부하였다. 교황이 그를 정죄했으나 그를 멈출 수는 없었으며 그는 롤러드파를 결성하여 그가 번역한 성경과 소책자 등을 구라파에 보급하는 데 열심을 내었다. 그의 사후에 롤러드파는 로마교회의 무서운 핍박을 받았으나 종교개혁이 일어나기까지 소멸되지 않았다.[127]

### (2) 존 후스

존 후스는 보헤미아 출신으로 프라하 대학에서 학위를 얻고 거기서 교수 생활을 하였다.

후스는 보헤미아에서 개혁 세력의 지도자가 되었고 위클리프의 서적들을 보급하는 데 앞장을 섰다. 그는 체제 안에 있으면서 개혁을 하려는 온건한 입장을 가지고 있었으나 정치적인 상황의 악화로 파문을 당하게 되었고 화형을 당해 1415년 순교하였다. 그러나 그의 사후에 그를 추종하

---

[127] 윌리스톤 워커는 위클리프가 당대의 개혁 사상을 가진 석학임에는 틀림이 없으나 그의 개혁 운동이 종교 개혁을 일으킨 루터에게 준 영향은 거의 없을 것이라는 진단을 하고 있다. 이것은 종교 개혁의 기반이었다고 평가하는 라토렛보다 훨씬 소극적인 평가이다. See Walker, op. cit., pp. 268-270, 274.

는 사람들이 그를 민족의 영웅으로 만들었으며 그의 개혁 운동을 계속 받들어 계승하였다.[128]

### (3) 토마스 아 켐피스

그는 공생 형제단에 속해 교육을 받았고 성 아그네스 산정에 있는 수도원으로 들어가 거기서 평생을 지내며 성경 연구와 집필과 수도사로서의 수행에 전념하였다. 그의 대표적인 개인 경건 서적으로 『그리스도를 본받아』가 유명한데 이것은 로마교회뿐 아니라 후대의 개신교회에도 개인 경건생활을 힘쓰는 사람들에게 경건생활의 중요한 지침이 되고 있다.[129]

### (4) 러시아의 세르기우스

그는 14세기에 활동하던 사람으로 이 당시 그의 새로운 형태의 수도원 생활을 통해서 후대의 러시아 정교회의 수도원 생활에 대한 한 모델을 제시했는데 그는 러시아 정교회의 영성을 형성한 인물로 추앙을 받고 있다. 그의 수도원은 모든 것을 스스로의 노동을 통해서 자급 자족했으며 주변의 영적으로 무지하고 경제적으로도 어려운 삶을 살아가는 사람들을 적극적으로 도왔으며 저들의 영적 상담자가 되고 종교적 선생이 되었다. 그는 그리스도의 겸손을 본받는 삶을 강조했으며 항상 사랑 가운데서 행할 것을 가르쳤다. 그의 수도원은 수도사로서의 개인 수행을 강조하기도 했지만 주변의 사람들을 사랑으로 섬기고 돕는 사역을 강조하였다. 이러한 형태의 수도원은 결국 러시아 전역에 확산이 되어 러시아 서민들과 함께 저들의 희로애락을 나누는 구심점이 되었다.[130]

---

128) Ibid., pp. 666-669.
129) Ibid., p. 649.
130) 러시아 정교회 신부인 쉬메만은 이러한 세르기우스의 서민들과 함께 희로애

## 자. 토착화

당시의 영적 쇠퇴와 교회의 타락은 일반 대중들 가운데 기독교 이교주의의 여러 형태로 나타나게 되었다. 결국 이것은 그동안의 토착화 과정에 지나친 적용화로 인하여 원래부터 가지고 있던 옛 종교 세계관의 반영이었다. 이런 형태의 행위들로서는 죽은 성자의 유품을 신성시하여 숭배하는 것이나 옛 우상 전각의 장소에서 기독교의 이름을 빌린 이교적 축제를 거행하는 것이나 여신을 숭배하던 장소에서 이름을 마리아로 바꾸어 마리아를 신적 존재로 숭배하는 것 등 그 형태가 다양하게 나타났다. 또한 로마교회 내의 교권을 잡은 지도자들 가운데서도 기독교 마술주의가 성행하기도 하였다.[131]

러시아 정교회의 수도원을 중심으로 한 선교 운동은 일반 대중들의 삶 가운데 큰 영향을 미쳤으며 실천적이고 체험적인 그리스도인의 삶을 강조하는 계기가 되었고 이것은 러시아 그리스도인의 영성을 형성하였다.

---

락을 같이 하는 수도원 모델이 러시아 수도원의 이상적 모델이요 러시아의 영성이라고 하는데 오늘날 러시아 정교회는 세르기우스의 수도원 모델을 상실하고 있는 것 같다고 평가하고 있다. See Alexander Schmemann, <u>The Historical Road of Eastern Orthodoxy</u>, Lydia w. Kesich, trans. (Crestwood: ST Vladimirs Seminary Press, 1992), pp. 306-308.

131) 캐롤린 마샬은 중세 후기의 가장 성행하던 기독교 이교주의의 형태로는 여신 숭배가 전환되어 나타난 마리아 숭배와 죽은 사람의 유골을 신성시하던 옛 풍습이 소위 성자라고 불리우는 사람들에 대한 유품과 유골을 신성시하는 것과 교회가 이를 이용하여 사람들을 끌어 모으는 성직자들의 마술적 행위 등을 지적하고 있다. See Caroline T. Marshall, "Popular Religion", in <u>Eerdmans Handbook to the History of Christianity</u>, pp. 296-297.

## 5) AD 16세기부터 18세기 중엽까지

이 시기의 끝을 18세기 중엽으로 잡은 것은 로마교회의 한 시대가 끝나고 개신교회의 선교 시대가 본격적으로 시작이 되는 전환기적 시기임을 의미하고 단순히 서구라파의 식민지 지역만을 대상으로 한 제도권 교회의 선교가 아니라 부흥의 시작을 통한 본격적인 선교의 시대가 열리는 시기이기에 이를 근거로 하였다. 이 시기는 개신교회가 탄생하던 때이요 해외 선교는 로마교회가 독점하던 시기이고 개신교회는 급속히 성장하여 구라파를 재복음화하던 때였다.

### 가. 환경적 요소들

(1) 마틴 루터에 의한 종교개혁 운동이 일어나서 이것이 개신교회를 탄생시키고(1529) 개혁 운동을 전 구라파에 확산시켰다.

(2) 절대 군주제의 등장과 교회에 대한 왕권 강화의 시도가 빈번하게 이루어졌다.
불란서에서는 프란시스 1세가 레오 10세 교황으로부터 전통적으로 교황에게 권한이 있던 교직 임명권을 빼앗아서 본인이 임명하였고 스페인의 찰스 5세는 알렉산더 6세로부터 교직 임명권을 받았다.[132] 영국의 헨리 8세는 교회에 대한 수장령을 확립하였고(1530) 러시아의 이반 4세는

---

132) Kenneth Scott Latourette, A History of The Expansion of Christianity Vol. 3 Three Centuries of Advance(Grand Rapids: Zondervan, 1978), p. 6.

소위 제3의 로마를 표방하면서 짜르(Tsar)로서 교회와 국가의 최고 수반으로서 1547년에 등극하였다. 이것은 세속 권력이 교권을 장악하던 시기임을 보여준다.[133]

(3) 화폐 경제가 시작되고 근대적인 의미의 도시가 형성되면서 주식회사가 등장하고 신흥 자본주의 세력인 부르주아 계층이 나타나기 시작하였다.[134] 이 계층이 개신교회가 구라파에서 뿌리를 내리고 성장하는 데 또한 기여하였다.[135]

(4) 루터에 의한 종교개혁의 여파는 로마교회에도 나타나 각지에서 로마교회 자체의 개혁 운동이 일어났는데 이것은 교회병행 선교기구로서의 새로운 수도원 선교운동으로 나타났다.[136]

---

133) Kenneth Scott Latourette, A History of Christianity Vol. Ⅱ Reformation to the Present (New York: Harper & Row, 1975), pp. 904-905.
134) Ibid., p. 694.
135) 라토렛은 막스 베버의 이론과 동일한 견해를 말한다. 16세기의 개신교의 등장은 당시 신흥 부르주아 계층에게 환영을 받았고 특히 칼빈주의의 직업에 대한 소명 의식은 이들의 직업관을 건전하게 형성하는 데 큰 기여를 했다는 것이다. 또한 화란의 개혁 교회와 영국의 청교도인들에 대한 주 후원이 바로 이 중류 부르주아 계층에게서 이루어졌다는 것이다. Ibid., pp. 979-980.
136) 라토렛은 교회를 새롭게 하는 자체갱생 운동으로서 종교개혁 운동과 로마교회의 개혁 운동은 본래 한 운동의 두 가지 다른 국면이라고 말한다. 다만 차이점이 있다면 로마교회의 개혁 운동은 기존의 로마교회의 전통과 교리를 인정하는 가운데 이루어 진 개혁 운동이요 종교개혁 운동은 그 전통과 교리가 잘못되었기에 이것을 수정하자는 시도 가운데 결국 로마교회와 결별하게 된 개혁이다. 워커도 로마교회가 종교개혁 운동의 자극을 통해서 일종의 내연적 갱생 운동이 일어났기에 이것을 로마교회의 부흥이라고 부른다. 그러나 로마

그런데 이 개혁 운동의 특징은 로마교회를 부인하는 것이 아니라 오히려 로마교회에 더욱 충성하는 것을 전제로 한 그런 개혁 운동이었다. 프랑스의 이그나티우스 로욜라의 예수회 운동은 소위 '영적 훈련'(The Spiritual Excises)이라는 운동을 벌였고 스페인의 맨발의 칼멜 수도회(The Discalced Carmelites)는 중세 후기의 프란시스 탁발승 수도사처럼 가난과 청빈을 부르짖으며 도시 빈민 구제에 힘썼다. 이탈리아의 신성한 사랑의 수도회(The Oratory of Divine Love)는 로마교회의 도덕적 개혁을 추구하는 목적으로 창설되었는데 회원 중에 지오반니 피에트로 카라파(Giovanni Pietro Caraffa)는 후에 교황 바오로 4세가 되어 로마교회 개혁에 박차를 가하고 이 수도회 운동에서 테아틴 종단(The Theatines)이 나왔는데 이들은 상류 계층의 복음화와 사제들의 개혁을 추구하였다.

또한 이 수도회에서 나온 바나바이트 종단(The Barnabites)은 테아틴 종단과는 대조적으로 가난과 순결 그리고 충성과 공직 무소유 등을 부르짖으며 일반 서민 계층의 복음화와 선교를 주장하였다. 이 외에도 에밀리아니가 창설한 소마스키 종단(The Somaschi)은 거리의 여자들의 재활 교육과 불우한 여성들을 돕는 선교 운동을 벌였고 하나님의 성 요한의 형제 자선단(The Brothers Hospitallers of St. John of God)은 거리의 행로 병자들과 빈민들을 돌보는 사역을 하였고, 프란시스파의 한 지류로서 규율 준수를 더욱 주장하는 카푸친 종단(The Capuchines)과 메리치(Merici)에 의해서 시작이 되어 여성교육과 빈민구제에 힘쓴 우르수린 종단(The Ursulines) 등이 있었다.[137] 여기서 주목할 것은 이

---

교회의 개혁 운동은 궁극적으로 종교개혁을 핍박하고 말살하는 로마교회의 전위 세력으로 사용되었기에 이것은 반동의 개혁 운동이 되는 것이다. 또한 그러면서 로마교회의 개혁 운동은 자체 내에서 강력한 선교 운동으로 나타났다. See Ibid., pp. 697-699, Walker, op.cit., pp. 374-375.
137) Ibid., pp. 854-859.

러한 로마교회의 개혁을 추구하는 가운데 창설된 신흥 수도원선교운동이 바로 이 시대의 로마교회의 해외 선교를 감당하는 주축으로서도 역할을 했다는 것이다.

(5) 구라파에서 카톨릭과 개신교 세력간에 종교적인 이유로 계속적인 전쟁이 일어남으로 양대 세력간의 분할이 자연스럽게 이루어졌다는 사실이다. 1530년 샤를로 5세에 대항해서 개신교 군주들이 쉬말칼덴에서 방위 연맹을 조직하고 전쟁을 하였다. 이것은 보헤미아의 왕으로 예수회 신자인 페르디난드가 왕으로 뽑혔으나 개신교도들은 이것을 인정치 않고 선 제후인 프레드릭 5세를 그들의 왕으로 뽑은 결과이었다. 이에 스페인도 참여하는 국제 전쟁이 30년 동안 일어났는데 최종적으로 스웨덴의 구스타부스 아돌푸스가 참여함으로 카톨릭 군대를 패배시켰다. 이를 통해서 1648년에 웨스트팔리아 강화 조약이 맺어지고 카톨릭과 개신교간에 경계가 확정되었다. 대체적으로 북부 독일과 북서 유럽은 개신교 루터파 지역이 되었고 남부 독일과 남부 유럽은 로마교회의 지역이 되었다.[138]

(6) 이 시기는 서부 유럽 기독교 국가들의 지리적 확장과 그로 인한 식민지 시대이었다.

포르투칼의 세력권 역으로는 아프리카의 서해안과 동해안 주변 지역들, 아시아의 남동 해안가 지역들, 브라질이었고 스페인의 세력권 역으로 북미 지역, 서인도 제도로서 멕시코, 페루와 아시아권으로 필리핀이었다. 그리고 18세기 불란서의 세력권 역으로 서인도 제도, 북미, 인도, 인도차이나이었다. 17세기의 네덜란드, 영국, 덴마크, 독일 등의 개신교 국가들의 세력권 역으로 인도, 실론, 말레이 군도 등이었다.[139] 바로 이

---

138) Ibid., pp. 884-889.
139) Latourette, Three Centuries of Advance, pp. 40-45.

런 식민 지역에서 로마교회나 개신교회의 선교가 이 시기에 이루어졌고 이것은 또한 지금까지 복음에 저항하는 요인이 되기도 한다.

(7) 서부 유럽의 노예 경제 구조와 식민지에서의 원자재 개발과 상품 생산을 위한 노동력 확보를 위해서 종족들을 대량으로 이주시켰다.
이것은 동남 아시아와 구미에서 소수 종족이 원래의 주민인 다수의 종족들 가운데서 긴장의 요인이 되고 있고 때론 경제적인 격차와 문화적인 차이 그리고 종교적 갈등으로 인하여 종족 분규의 요인이 되고 있다. 또한 이런 상황들이 유입되어 온 소수의 종족들을 복음에 수용성이 있게 함으로 저들 가운데 많은 기독교인들이 생기는 요인이 되기도 하였다.

(8) 이 시기에 서부 유럽 사람들의 미국 대륙의 이주가 시작이 되었고 이로 인해 미국에 기독교가 뿌리를 내리는 계기가 되었으며 하나님은 섭리적으로 19세기의 후발 주자로 선교를 위해 역사할 미국 교회를 예비하고 계셨다.[140]

### 나. 신학적 요인들

(1) 교회와 국가의 관계성에 대한 신학적 이해가 선교 방법에 영향을

---

[140] 루터가 종교개혁 운동을 시작하고 동시에 미국이 서구에 소개되어 유럽 사람들이 미국에 이주하며 미국이 영국령이 된 것은 우연한 일이 아니라 미국을 개신교의 요람으로 만들려는 하나님의 섭리가 있음에 틀림이 없다고 말하고 있다. 미국의 대표적인 교회사가인 스위트도 이것을 인정하고 있다. See, William W. Sweet, The Story of Religion in America(Grand Rapids: Baker, 1983), p. 8.

미쳤다.[141)]

여기에는 두 가지 신학적 이해가 있는데 먼저는 교회와 국가를 상호 일치시키려는 시도이다. 로마교회는 포르투칼, 스페인, 프랑스의 식민정책에 공식적으로 선교사를 파송하도록 법령을 제정케 하는데 이것을 1534년 'Equum Reputamus' 교서로 확정하였다.[142)] 이에 스페인의 찰스 5세, 필립 2세 그리고 포르투칼의 요한 3세와 프랑스의 루이 14세 등은 로마교회의 선교를 적극 제도적으로 뒷받침하였다. 세속권이 교권보다 우세한 상황 속에서 교황청은 교황 대리 제도(Vicar Apostolic)를 선교 현지에 허용함으로 현지의 교회가 식민 당국자들의 이해와 일치되도록 하는 데 있어서 어느 정도의 자율권을 주었다.[143)]

개신교회는 영국의 헨리 8세의 수장령에 의해서 세속권이 교권을 장악하는 체제의 영국 국교회에 의해서 미국 식민지의 13개 주의 선교가 이루어질 때 각 주의 헌장에 선교적 책임을 명시하도록 하였다. 1606년의 첫 번째 버지니아 주의 헌장은 제임스 1세의 명령을 좇아서 "하나님께 대한 참된 지식과 예배에 대해서 무지하고 비참한 흑암 속에 사는 사람들에게 기독교 전파를 목적으로"라는 말이 명시되어 있었다. 1609년의 제2헌장은 "개종을 위해 활동하고 그것을 기대한다"라는 말이 명시되었다.[144)] 또한 국교회의 식민지하에서의 활동을 보장하기 위해서 1649년에

---

141) 부쉬는 중세의 로마교회의 패러다임으로 교회와 국가와의 관계성에 대한 신학을 논했는데 이것은 교회가 국가의 수장이 되는 신학이었다. 이러한 로마교회의 교회론이 바로 이 시기에 있어서 교황권이 선교의 주도권을 가지고 선교하는 구조로 나타났다. 그러나 실제로 선교 현장의 식민지 세력의 왕권이 로마교회의 교권보다 앞서는 때가 많았기에 이러한 로마교회의 선교 구조는 항상 도전을 받았다. See Bosch, op.cit., pp. 220-222.
142) Latourette, Three Centuries of Advance, p. 40
143) Ibid., p. 38.
144) Ibid., p. 44.

"뉴잉글랜드 지역에서의 복음 전파를 위한 대표회"(The President and Society for the Propagation of the Gospel in New England)를 만들고 존 엘리오트가 이 선교회를 통해서 많은 지원을 받기도 하였다. 영국의 찰스 2세는 "미국의 뉴잉글랜드와 주변 지역에 복음전파를 위한 선교회"(The Company for the Propagation of the Gospel in New England and the Parts Adjacent in America)를 만들게 하기도 하였다.[145] 이런 형태의 선교는 식민지 시대의 특별한 상황 속에서 세속권이 교권을 장악하는 시대의 산물이었다.

교회와 국가에 대한 또 다른 신학적 이해로 교회와 국가를 분리하는 입장이 있었다. 개신교회는 일반적으로 정교 분립을 원칙으로 하고 교회가 주도하는 선교를 수행하였다. 선교기구에 대한 신학적인 입장에 따라 교단 중심의 선교기구를 통해서 선교하든지 아니면 교회병행 선교기구를 인정하면서 선교하는 경우로 크게 둘로 나누어진다.

(2) 마틴 루터의 종교개혁 사상이 후대의 개신교 선교에 어떻게 작용했는지를 살펴보자.

그의 개혁 사상을 요약하면 이신득의, 만인 제사장, 성경의 권위, 평신도들의 성경 해석 권리와 의무 등이다. 그의 저서들을 통해서 그의 신학 사상을 간략하게 살펴보자. 첫 번째 책은 『선행에 관한 설교』(Sermon on Good Works)로서 로마교회의 공덕 사상을 배격하고 믿음으로 말미암는 하나님의 은혜로서의 의로움과 그리스도인의 삶의 실천을 강조하였다.[146] 두 번째 책은 『독일 귀족에게 고함』(The Address to the German Nobility)으로서 만인 제사장 원리를 강조하고 성직자의 위계적 교회 구조를 비판하였다. 교황만이 교회의 대변자가 되며 교회 회의를

---

145) Ibid., pp. 44-45.
146) Latourette, op. cit., pp. 710-711.

소집할 수 있다는 것을 부인하고 왕권도 할 수 있으며 목사는 회중에 의해서 선출되어야 한다고 주장하였다.147) 세 번째 책은 『교회의 바벨론 포로』(The Babylonian Captivity of the Church)로서 교황청이 바벨론 왕국임을 명시하고 평신도들에게 성찬식을 베풀 때 컵을 받지 못하게 함을 비판하였다. 그는 성찬시에 양체 공존설(Consubstantiation)의 사상을 주장하고 믿음과 감사의 태도로 참여해야 함을 강조하였다. 그는 침례를 선호한다고 하였으며 유아 세례를 인정하였다.148) 네 번째 책은 『기독인의 자유』(The Freedom of the Christian Man)로서 복음에 의한 자유인으로 그리스도인은 교권에 종속된 것이 아니라 자발적인 헌신을 통한 종의 모습을 지닌다고 하였다.149) 이미 언급했지만 루터의 개혁 사상은 개신교회를 탄생시켰고 로마교회와는 대조적인 개신교회만의 특징을 가진 선교기구를 탄생케 하는 기반이 되었다. 그의 이신득의의 성경적 진리의 깨달음은 공덕 신학의 바탕 위에서 이루어지던 잘못된 선교 동기를 극복할 수 있게 하였다.150) 모든 교인들은 세상에서 제사장적 사명이 있

---

147) Martin Luther, "To the Christian Nobility of the German Nation", in <u>Three Treatises</u>, Charles M. Jacobs, trans. (Philadelphia: Fortress Press, 1966), pp. 7-112.
148) Martin Luther, "The Babylonian Captivity of the Church", in <u>Three Treatises</u>, A. T. W. Steinhauser, trans., pp. 123-260.
149) Martin Luther, "The Freedom of a Christian", in <u>Three Treatises</u>, W. A. Lambert, trans., pp. 277-316.
150) 부쉬는 종교 개혁가들의 개혁 신학이 어떠한 개신교의 선교 신학의 기반이 되었는지를 다섯 가지의 주제로서 살펴보는데 그 중 세 개는 이신득의의 주제와 연관되어 있다. 그는 공덕신학의 위험성을 피하게 한 면을 말하면서 동시에 오직 믿음과 하나님의 은총을 말하며 인간의 전적인 무능력과 타락을 말할 때 잘못하면 선교의 무책임을 초래하고 선교 책임을 오직 하나님께만 돌리려는 위험한 양상이 개신교에 나타날 수 있음을 지적하고 있다. 이것은 전혀 근거가 없는 말은 아니지만 개신교의 교회론이 이 문제를 충분히 극복

으며 성경을 하나님의 성령의 조명 속에서 스스로 깨닫고 행할 수 있다는 사상은 교인들의 선교적 책임을 일깨웠으며 말씀 중심의 선교가 가능할 수 있도록 하였다.[151] 또한 성직자 중심의 위계적 교회 구조가 성경적이 아님을 밝힌 것은 모든 교인들이 선교에 책임이 있고 선교에 참여하는 개신교회의 모습을 나타내었다. 그리스도인의 모습을 자발적인 헌신을 통한 종의 모습이라고 한 것은 개신교회에 있어서 선교에의 참여는 강제적이거나 제도적인 여건에 의해서 이루어지는 것이 아니라 하나님의 은혜에 대한 감격과 성도들의 자발적이고 자원적인 헌신을 통해서 이루어진다는 것을 잘 나타내었다.

(3) 존 칼빈의 개혁 사상으로서 그의 신학이 후대의 개신교회의 선교에 어떻게 영향을 미치고 있는지를 살펴보자.

그의 신학 사상의 핵심은 창조주가 되시며 주권자가 되신 하나님, 인간의 전적 타락과 부패, 하나님의 불가항력적 은혜와 그의 선택(이중 예정론 혹은 예지 예정론), 이신득의, 만인 선지자직, 교회의 복음 선포를 통한 그리스도의 왕국 확장, 인간 직업의 사명성, 신률주의적 국가 등등이다. 그의 『기독교강요』의 내용을 중심으로 살펴보자. 그의 『기독교강요』는 1534년 초판이 나왔고 마지막 판은 1559년에 나왔다. 내용은 사도신경의 순서대로 책이 기술되어 있는데 내용을 요약해서 살펴보면 다음

---

할 수 있게 해 준다. See Bosch, op. cit., pp. 241-242.
151) 부쉬는 이것을 동일히 인정하면서 동시에 개인의 제사장적 사명을 강조하고 성경 해석의 권리를 인정하는 것을 과도하게 강조하다가 잘못하면 교회 공동체의 역할이 무시될 수 있는 위험성이 나타날 수 있다고 말한다. 이것도 역시 교회론에 관련된 문제인데 루터처럼 지역 교회의 중요성과 종교 개혁가들에게 공통적으로 나타나고 있는 바처럼 선택된 자의 보편 교회를 강조하면서 그에 따른 가시적 교회의 중요성을 충분히 논한다면 이런 문제는 극복될 것이다. See Ibid., pp. 242-243.

과 같다. 율법의 진정한 의미를 하나님에 관한 지식과 인간 지식으로 구분하고 율법으로 구원받는 것이 아니라 그리스도 안에 있는 하나님의 사랑으로 구원받음을 천명하며 십계명의 진정한 의미를 설명하고 있다. 바로 이 바탕 위에서 구원은 율법을 지킴으로 받는 것이 아니라 예수 그리스도를 믿는 믿음으로 말미암는데 이것은 하나님의 성령의 역사이요 은혜라는 사실을 진술하고 있다.[152] 그는 또한 사도 신경의 내용을 크게 네 가지로 구분하여 신자들의 믿음의 도리를 말씀하는데 우주의 창조주가 되시고 보존자가 되시며 통치자이신 하나님과 성육신하신 성자 하나님 예수 그리스도를 통한 하나님의 구속의 내용이 무엇인가를 상세히 설명하며 성부와 성자의 구속적 활동의 바탕 위에서 성도 개개인에게 교회에게 임하시는 성령님의 역사와 거룩한 공 교회로서의 말씀과 성례와 치리가 준수되는 불가시적 우주적 교회의 중요성을 논하고 있다.[153]

또한 기도의 의미를 정의하며 주기도문의 내용을 여섯 가지로 나누어 그 뜻을 하나 하나 설명하며 규칙적인 기도의 중요성을 강조한다.[154] 그는 진정한 성례와 로마교회에서 행하는 거짓된 성례를 구별하며 성례의 언약적 표징을 논하며 성만찬을 행할 때 믿는 자들에게 역사하시는 성령님의 역사하심을 통해서 그리스도의 임재와 그로 말미암는 구원의 확증의 축복을 논한다.[155] 그리스도인의 자유는 하나님의 말씀 안에서의 자유이며 이것은 생활을 통해서 열매 맺는 삶으로 나타나야 한다. 또한 그리스도인의 자유는 율법적인 규범이나 제약을 통해 이루어지는 것이 아니라 성령 안에서의 자발적인 말씀의 순종을 통한 자유함이다. 교회의 권

---

152) 존 칼빈, 『기독교강요』(1536년 초판), 양낙홍 역(서울: 크리스챤 다이제스트, 1994), pp. 69-112.
153) Ibid., pp. 113-153
154) Ibid., pp. 154-185.
155) Ibid., pp. 186-324.

세는 전통이나 제도에 있는 것이 아니라 영적 권세이며 하나님의 말씀을 얼마나 진실하게 선포하며 가르치며 이를 실천에 옮기느냐에 달려 있다. 교회는 또한 국가와의 관계에 있어서 신율적인 통치가 이루어지는 국가가 되도록 최선의 노력을 경주해야 한다.156) 칼빈의 신학에 있어서 특별히 강조되는 것은 하나님의 주재권이다. 구원에 있어서 그리고 그의 선택에 있어서 하나님은 주재권을 가지시고 일하시며 교회는 순종함으로 그의 성령의 역사하심을 쫓아 그의 구속의 뜻을 이루는 거룩한 도구로 사용이 된다.157) 여기에 선교에 있어 삼위 하나님께서 주도권을 가지시고 일하신다는 하나님 중심의 선교신학이 내포되어 있으며, 또한 동시에 이것은 성령의 역사하심을 쫓아 교회가 순종하여 그의 복음을 온 세상에 선포함으로 선교가 이루어진다는 칼빈주의 선교신학을 형성한다.158) 이러한 칼빈주의 선교신학에는 하나님의 주권과 성령의 역할과 교회의 사

---

156) Ibid., pp. 325-403.
157) 이안 머레이는 칼빈의 하나님의 주도권 신학에 그리스도의 중보자의 우주적인 역할이 있음을 언급한다. 즉 승귀의 주님이 왕 중의 왕으로서 그의 백성들을 온 세상에서 불러모으신다는 것이다. 이 불러모으시는 역사를 칼빈은 그리스도의 왕국이라고 표현했으며 이 왕국 확장의 주도권은 삼위 하나님이신데 특히 성령 하나님께서 그의 교회를 통해 역사하심으로 그의 교회는 온 세상에 성령의 역사하심을 쫓아 복음의 말씀을 선포함으로 그의 왕국을 확산하게 된다는 것이다. 여기에 관련된 칼빈에 의해 주석된 구절들로서 롬 14:9; 요 17:2; 마 28:18; 시 22:27-28; 단 2:34; 사 11:4; 시 2:9; 미 7장 등이 있고 주기도문의 강해가 있다는 것이다. See Iain Murray, The Puritan Hope(London: Billing & Sons Ltd., 1971), pp. 87-90.
158) 부쉬는 화란의 칼빈주의 개혁 교회 신학자인 보에티우스가 선교를 정의함에 최종적인 정의를 하나님의 영광과 하나님의 은총의 구현이라고 한 것은 바로 칼빈의 하나님 중심의 신학의 반영이라고 하며 이것은 오늘날 복음적인 하나님의 선교 사상과 같다고 평가하고 있다. See Bosch, op.cit., pp. 256-257.

명이 적절하게 성경적인 균형을 이루게 되는 것이다. 칼빈은 참된 교회의 표식을 중요하게 여겼으며 또한 불가시적 교회의 우주적 보편성에 대한 확신을 가지고 있었다. 이것은 개신교회에 있어서 교회 중심의 선교의 중요성을 일깨웠으며 교회의 연합과 일치를 통한 선교의 사명을 강조하는 신학이었다. 그 연합의 기초는 참된 교회의 표식으로서 말씀과 성례와 치리가 적절히 성경적으로 준수되는 바탕 위에서였다.[159] 칼빈은 누구보다도 기도의 중요성을 강조하였으며 선교에 있어 하나님의 뜻을 구하는 바른 기도의 모범을 나타내었다.[160] 칼빈은 개신교회의 선교에 있어 무엇보다 말씀 선포의 중요성을 일깨웠으며 말씀 중심의 선교를 수행하도록 그의 신학적 영향을 나타내었고 그리스도인들이 선교에 참여할 때

---

159) 웬델은 칼빈의 교회 연합에 대한 그의 신학적 기초를 논하고 있다. 보편적인 불가시적 교회는 지상에서의 가시적인 교회의 연합을 요청한다. 그러나 칼빈은 무조건적인 교회 연합을 주장하지 않는다. 교회가 처해 있는 문화적 특징이나 관습에 있어서 차이가 있을 수 있으나 근본적인 교리의 일치 없이는 진정한 연합이 이루어질 수 없음을 그는 강조한다. 이런 점에서 칼빈주의 선교 신학은 교회의 연합과 일치를 중요시하나 이것이 복음 진리를 손상시키는 연합이 될 때 단호히 그것을 배격한다. See Francois Weldel, Calvin(New York: Harper & Row, 1963), pp. 310-311.

160) 칼빈의 기도 정의는 "하나님의 약속을 믿고 그 약속에 의거하여 간구하는 것"이다. 즉 그의 뜻이 하늘에서 이루어진 것처럼 땅에서도 이루어지는 일이다. 이러한 칼빈의 기도 정의가 구체적으로 선교 운동으로 나타난 것은 조나단 에드워드를 통해서이다. 조나단 에드워드는 주의 교회를 통하여 복음이 세계적으로 확산될 수 있도록 그래서 주의 재림이 예비될 수 있도록 주의 교회의 부흥과 온 세상을 향한 복음 전파를 위해서 당대의 구미의 교회 지도자들에게 기도합주회 운동을 할 것을 요청하고 이를 실행하였다. See Jonathan Edwards, "The Visible Union of God's People", in The Great Awakening, Alan Heimert and Perry Miller, eds. (Indianapolis: The Bobbs-Merrill Co., 1967), pp. 563-573.

성령의 역사하심을 쫓는 자발적인 순종을 강조하였다.161) 또한 그는 직업의 사명성을 강조함으로 직장에서 또는 선교 현장에서 직업을 통해 하나님께 영광을 돌리고 그의 뜻을 쫓는 삶을 살 수 있도록 그리스도인들을 격려하는 신학이었다. 그는 교회의 말씀 선포가 온 땅 위에 그리스도의 왕국을 편만하게 확장하며 그리스도의 재림을 예비하는 사역이라 말함으로 교회를 하나님 나라의 대리인으로 봤으며 교회의 선교 사명이 종말론적인 사역임을 일깨워 주었다.162)

(3) 16-18세기의 칼빈주의의 연장선으로서 영미의 청교도 사상이 개신교회의 선교에 미친 영향이다.

---

161) 칼빈의 말씀 중심의 신학은 칼빈주의 선교 신학에 있어서 교회를 통한 복음 선포의 중요성을 강조하게 된다. 영국의 청교도 지도자인 리차드 백스터는 하나님께서 인간을 구원하시는 데 있어서 죄인이 스스로의 힘으로 하나님께 나아 올 수 없기에 하나님께서는 교회에게 복음 선포의 수단을 주셔서 죄인들에게 복음을 전하게 하심으로 개종이 일어나고 하나님께로 나아오는 역사가 일어난다고 하였다. 이에 교회의 선교 사명의 중요성을 강조한 것이다. See Sydney H. Rooy, The Theology of Missions in the Puritan Tradition(Grand Rapids: Eerdmans, 1965), pp. 69-70.

162) 칼빈은 교회의 복음 선포를 통해서 온 세상에 그리스도의 왕국(Regnum Christi)이 확산될 것을 말하였다. 이러한 칼빈의 왕국 중심의 신학은 칼빈주의 선교 신학에 있어서 종말론적인 선교 신학을 확립하게 하였으며 교회의 복음 선포의 범위를 단순히 교회 설립으로 끝나는 것이 아니라 그리스도로 말미암는 하나님의 통치권의 회복이요 완성과 연관이 됨으로 온 세상과 인간의 모든 삶의 영역으로 선교 영역을 확산시켰다. 바로 이러한 칼빈의 왕국 신학의 영향을 시드니 로이와 찰스 채니 그리고 부쉬와 머레이가 지적하고 있다. cf. Ibid., pp. 60-65, Charles L. Chaney, "The Missionary Dynamic in the Theology of John Calvin", in The Reformed Review, Vol.17, 1964, pp. 24-36, Bosch, op.cit., p. 256, Murray, pp. 204-206.

칼빈주의 신학을 가지고 교회 정치 구조는 장로교 대의 정치를 표방하였다. 신학적인 특징은 하나님의 언약 백성으로서의 언약적 책임을 다하는 삶과 그로 말미암는 하나님의 존전 의식과 그에 따른 거룩한 신앙인의 삶을 강조하였다.[163] 목회자의 그리스도를 닮는 목양적 삶의 중요성을 논하고 규칙적인 경건 훈련과 가정 예배의 중요성을 논하였다.[164] 특히 미국의 뉴잉글랜드 지역에 정착한 청교도인들은 구원을 확증하는 일에 있어서 신생의 체험을 강조하는 경향이 있었다.[165] 또한 교회를 부흥케 하시는 성령의 역사를 믿었고 그로 말미암아 온 세상에 복음의 증인이 될 수 있도록 비상한 능력을 교회에 불어넣으신다는 확신을 가지고 있었다.[166] 청교도 지도자들로는 토마스 카터라이트, 로버트 브라운, 존 오

---

163) Latourette, A History of Christianity Vol. Ⅱ Reformation to the Present, pp. 813-815.
164) cf. Leland Ryken, Worldly Saints(Grand Rapids: Zondervan, 1990), pp. 137-154.
165) 부쉬는 청교도 신학에 있어서 구원의 확증은 그리스도의 사랑을 체험하는 것으로 나타나며 이 사랑은 모든 잃어 버린 영혼에 대한 선교의 열정으로 나타난다고 하였다. 라토렛은 이 시기의 개신교회가 경험한 일련의 교회 부흥이 개신교회로 하여금 중생의 체험을 강조하며 구령 운동을 강조하는 복음주의 운동으로 나타났다고 하였다. See Bosch, op.cit., p. 258, Latourette, op.cit., pp. 1018-1019.
166) 이런 부흥 사관을 가진 대표적인 청교도 신학자는 조나단 에드워드이며 또한 코튼 마테르도 부흥 신학을 가지고 있었는데 차이점은 에드워드의 종말론은 후천년설의 입장이며 마테르는 전천년설의 입장을 가졌다는 것이다. 에드워드는 하나님께서 교회로 하여금 선교의 사명을 감당케 하도록 비상한 성령의 충만을 교회에 허락하셔서 역사하신다고 믿었다. See Stephen J. Stein, ed., The Works of Jonathan Edwards: Apocalyptic Writings, Vol.5. (New Haven & London: Yale University Press, 1977), pp.378-431, Richard F. Lovelace, The American Pietism of Cotton Mather: Origins of American Evangelicalism(Grand Rapids:

웬, 리차드 백스터, 리차드 십스, 존 번연, 존 밀턴, 윌리암 아메스, 코튼 마테르, 조나단 에드워드 등이 있다. 이 시대에 있어서 청교도 신학은 개신교회의 선교에 직접적인 영향을 미쳤다. 특히 하나님의 존전 의식을 통한 개인의 경건 강조와 세상에 대한 언약 백성으로서의 책임 그리고 성령의 역사하심을 힘입어 부흥을 체험하며 온 세상에 복음을 전해야 한다는 사명 의식 등은 청교도인들로 하여금 선교에 앞장서는 계기가 되게 하였다.

(4) 재침례파의 신학 사상이 선교에 어떤 영향을 미쳤는지를 살펴보자.

재침례파는 토마스 뮌쩌로부터 시작해서 다양한 가지를 가지고 있으나 크게 형제단 계열과 멤노나이트 계열로 나눌 수 있다. 이들의 공통된 특징은 유아 세례를 거부하고 성찬 의식을 단순화하여 집행할 것을 주장하며 철저한 그리스도인의 헌신된 삶을 요구하였다. 그들의 교회관은 성숙한 신자들의 공동체로서의 이상적인 교회를 지향하며 세상에 대해서 부정적이며 대위임령의 선교 명령이 교회의 모든 회원에 유효하다고 믿고 있었다. 그들은 신생의 체험을 중요시 여겼으며 중생 이후의 의지적인 성별의 삶을 강조하였다. 초기 지도자로 콘라드 그레벨(Conrad Grebel), 한스 후트(Hans Hut), 마펙(Pilgram Marpeck), 멘노 시몬즈(Menno Simons) 등이 있다.[167] 이들의 특징은 당시의 일부 개혁자들과 다르게 대위임령의 유효성을 믿었으며 선교의 사명을 감당하기 위해서 헌신적인 삶을 강조하며 항상 이상적인 그리스도인의 공동체를 추구하였다는 것이다.[168] 이들은 자기들만의 공동체를 형성하여 그 공동체를

---

Christian University Press, 1979), pp. 265-272.
167) Latourette, op. cit., pp. 778-782.
168) 재침례교인들은 그리스도의 지상에서의 최종 명령으로서 대위임령이 여전히 그들에게 유효함을 믿었을 뿐 아니라 그 명령대로 사는 것이 진정한 교회의

중심으로 구라파와 미국에까지 자신들의 세력을 확장하였으며 또한 인디언 원주민들에게 선교하기 위해서 선교회를 조직하기도 하였다. 선교에 있어 이들이 가진 신학의 문제점은 캘틱 수도원 선교운동에서 발견된 것과 동일한데 그것은 지상에서 교회를 설립하기보다 너무 이상적인 그리스도인의 공동체를 추구하였으며 구원관에 있어서 그리스도의 구속 사역을 의지의 성별로 보고 전적인 타락을 인정하지 않는 것이 고행적이고 금욕적인 수행를 통한 구원의 확증으로 나타나는 경향이 있다. 그러므로 개신교의 수도원적 선교신학이라고 부를 수 있다.

(5) 로마교회의 트렌트 공의회가 그들의 선교신학에 미친 영향이다.

1545-1563년의 기간에 걸쳐서 개신교에 대항하여 카톨릭의 정체성을 확립하며 카톨릭 자체의 개혁을 위해서 공의회를 열었다. 이 공의회의 교서는 개신교에 대해서 적대적인 성향을 나타내고 있으며 1970년도까지 카톨릭의 교리적 입장에 주도적 영향을 주었다. 내용을 간략히 살펴보면 로마교회의 성경관을 피력하는데 여기에는 외경이 포함되며 교황이 중심된 로마교회만이 성경을 해석할 수 있다고 하며 7가지 성사는 '실제적 은총'(Exopere Operaton)으로서 성도의 구원에 필수적인 요소이며

---

모습이라고 생각했다. 또한 원죄를 해석함에 의지의 타락이라고 보았지 전적인 타락이라고 생각하지 않았으며 따라서 의지가 없는 유아는 타락의 영향이 없기에 원죄와 상관이 없다고 믿었다. 그리스도의 구속사역은 의지를 성별케 하는 역사로 나타나는데 이것은 지상에서 성별된 그리스도인의 이상적 삶을 구현케 할 수 있다고 봄으로서 헌신된 삶을 강조했으며 이것은 선교에의 순종으로 나타났다. See, Franklin H. Littel, "The Anabaptist Theplogy of Missin," in Anabaptism and Mission, ed. (Scottdale: Herald Press, 1984), pp. 13-23, Conelius J. Dyck, "The Anabaptist Understanding of the Good News", in Anabaptism and Mission, pp. 24-39.

연옥과 화체설을 주장하며 성찬 예배시 컵을 평신도에게 주는 것을 거부하며 성자의 공덕을 통한 중보의 효용성을 믿으며 유품의 신성함을 천명하였다.[169] 이러한 트렌트 공의회의 입장은 종전의 로마교회의 신학적 입장을 더욱 강화시킨 것으로서 로마교회의 선교 세력에 그대로 전수되어 선교지에서 활동하게 했으며 개신교회의 선교와는 아주 대조적인 이질적인 선교를 하게 하였다. 또한 그동안 적용화와 성취 신학적 입장의 선교가 선교지에서 혼합주의적 위험성을 낳았는데 이것을 더욱 심화시키는 결과를 가져왔다.

### 다. 영적 원동력

(1) 종교개혁가들의 성경관과 만인 제사장론과 선지자론 그리고 보편적인 불가시적 교회의 중요성 강조는 후대에 개신교회로 하여금 모든 교인들이 선교의 책임성을 느끼며 선교에 참여토록 하는 동기가 되었고 개신교회의 특징을 나타내는 자발적인 선교기구를 만들게 하였다.

(2) 반동 종교개혁으로서의 카톨릭의 개혁 운동은 일부 교회 지도자들과 평신도들 가운데서 영적 각성을 가져왔고 기존의 침체되어 있는 교회병행 선교기구를 새롭게 재정비하는 계기가 되었고 또한 새로운 교회병행 선교기구를 만들기도 하였다.

예를 들어 예수회의 창설자가 되는 이그나티우스 로욜라는 토마스 아 켐피스의 영향을 깊이 받았는데 자신의 영성 훈련과 예수회 회원들의 영성 훈련을 위해서 4주 동안의 과정인 영적 훈련을 실시하였다. 그는 1534년 파리 대학교에서 프란시스 자비에르를 포함해 7명의 동료들과 함

---

169) Latourette, op. cit., pp. 866-871.

께 예수회를 창립하였고 가난과 순결과 복종을 모토로 "어떤 나라에서든지 영혼의 잘됨과 신앙의 전파를 위해서 헌신한다"는 군대식의 수도원 조직을 만들었는데 1540년에 교황의 승인을 받았고 로마교회의 중추적인 선교 세력으로 18세기 말까지 활약하였다.[170]

(3) 영미의 청교도 지도자들의 하나님의 존전 의식과 경건 훈련의 강조 또한 언약 백성으로서의 교회와 국가와 세상에 대한 책임 의식 등은 그리스도인의 영성 회복과 세상에 대한 선교적 사명을 깨닫게 하였고 신생의 체험과 교회 부흥을 통한 종말론적인 선교 사명의 완성 등의 강조는 청교도인들로 하여금 미국의 영국 식민지인 13개 주에서 인디언 원주민 선교에 앞장을 서게 하였다.

이러한 청교도인들의 영적 각성은 미국에서는 조나단 에드워드를 중심으로 한 대각성 운동을 일으켰고 화란에서는 영국의 아메스를 통한 화란 개혁 교회 지도자들의 제2의 종교개혁이라 불리는 청교도적 경건주의 운동을 일으켰다.[171]

(4) 영국의 국교회 안에서의 웨슬레이 형제들과 조지 휫필드의 영적 각성과 조직적인 선교 운동은 궁극적으로 웨슬레이 형제들을 통한 개신교의 한 교단인 감리교회를 탄생시켰고 조지 휫필드의 영향은 칼빈주의 메쏘니스트파의 교단과 클라팜 당파를 형성하여 영국의 사회변혁에 앞장서게 하였고 "교회 선교회"(Church Missionary society)를 창립하여 해외 선교에 참여하는 계기를 만들었다.[172]

---

170) Ibid., pp. 844-845, 847.
171) Paulus Scharpff, History of Evangelism (Grand Rapids: Eerdmans, 1966), pp. 23-24.
172) Ibid., pp. 73-82, 86-87.

웨슬레이 형제들에게서 주목할 것은 알미니안 신학이 감리교의 선교신학에 영향을 미친 것과 웨슬레이가 체험한 성령의 역사를 성령의 두 번째 축복으로 규정하고 이것을 구원의 확증과 선교의 증인이 되는 능력으로 해석하여 근대 오순절 운동의 길을 열어 놓은 점이다.[173]

(5) 독일의 루터파 목사인 필립 스페너는 개혁의 산실이었던 스트라스부르그와 제네바에서 공부하였고 프랑크푸르트에서 목회 사역을 할 때 주중에 그의 집에서 성경 공부와 기도와 주일 설교에 대한 내용을 가지고 소그룹의 모임을 가졌는데 이것을 '경건한 자들의 무리'(Collegia Pietatis)라고 사람들이 불렀는데 여기서 경건주의 운동의 시작이 되었다.

그는 1675년에 『마음의 염원』(Pia Desideria)이라는 책을 통해서 신앙인의 삶에 영적 훈련과 성장을 위한 여섯 가지의 방법을 소개하였는데 그 내용을 요약하면 소그룹으로 성경을 공부하는 것과 만인 제사장의 원리에 의거해서 다른 사람을 가르치는 일과 사랑의 봉사를 통한 그리스도교의 실천과 종교 논쟁에 있어서 친절하고 화목한 태도를 견지하는 일과 개인적 회심의 강조와 대학의 신학 교육의 개선과 설교의 방법과 형태의 개혁 등이다.[174] 이러한 그의 주장은 실상 재세례파의 신학 사상과 거의 유사한데 재세례파와 마찬가지로 대위임령의 유효성을 믿었으며 아우구스트 헤르만 프랑케는 할레 대학을 중심으로 경건주의 선교 운동을 일으켰고 진젠도르프는 그의 영지인 헤른후트에서 모라비안인들과 함께 모라비안 경건주의 선교 운동을 일으켰다.[175]

---

173) 김성태, 『세계 선교 전략사』(서울: 생명의 말씀사, 1994), pp. 123-124.
174) Latourette, op. cit., p. 895
175) Ibid., pp. 896-897.

### 라. 선교 매체

(1) 인쇄술의 발달로 인한 현지어로 된 성경과 개혁 사상이 담긴 서적들의 보급이 원활하게 이루어졌다.

성경이 번역된 언어들로는 영어, 독일어, 덴마크어, 노르웨이어, 화란어, 불어, 아르메니안어, 타밀어, 말레이어, 인디언어인 알곤퀴어(Algonquin) 등이 있다.

(2) 상업로를 통한 복음의 확산이다.

독일 상인들을 통해 개혁 사상이 북구라파에 확산되고 영국과 화란의 동인도 회사에 의해서 고용된 종군 목사들이 원주민들에게 선교하였다.[176]

(3) 해상로를 통한 복음의 확산이다.

포르투칼과 스페인의 식민 지역들이 주로 해상로를 통해 해안가에 위치하고 있었고 로마교회의 정책에 의거하여 그곳에 로마교회의 선교가 이루어졌다.[177]

(4) 대학의 선교 교육을 통한 선교 지식의 확산이다.

1627년에 교황 우르반 8세(Urban 8)는 "신앙의 확산을 위한 우르반 대학"(Collegium Urbanum de Propaganda Fide)을 세웠고 예수회는 선교 인재를 양성하고 원주민 지도자를 훈련시킬 목적으로 로마 대학을 세웠는데 이것이 후에 그레고리안 대학이 되었다.[178]

(5) 식민 당국자들에 의한 식민 통치의 일환으로 현지 원주민들에게 개종을 요구하였다.

---

176) Scharpff, op. cit., pp. 11-13.
177) Latourette, Three Centuries of Advance, p. 26.
178) Ibid., p. 34.

## 마. 선교 구조

　로마교회의 경우는 기존의 교회병행 선교기구의 재정비와 신흥 교회병행 선교기구가 만들어졌다. 또한 특이한 것은 로마교회 자체가 모달리티에 직접적으로 속한 교회병행 선교기구인 소달리티를 만들었다는 것이다.

　개신교회의 경우는 모달리티인 제도권적 교회가 식민 지역에서의 자국인들과 원주민들의 선교를 위해서 모달리티에 속한 적은 규모의 소달리티 선교기구를 만들었다. 그러나 18세기 초에 이르러 전문적인 소달리티 선교기구가 등장했는데 특징은 모달리티와 상관이 없이 자원적이고 자발적으로 발족했다는 것이다.

　이 시기의 로마교회의 재정비된 소달리티 선교기구로는 이탈리아에서 발생한 프란시스칸 종단의 한 지류로서 카푸친과 스페인의 개혁 카멜 수도회와 맨발의 프란시스칸 종단(The Discalced Franciscans)과 신 베네딕트회(New Benedictine Houses) 등이 있다. 또한 로마교회의 신흥 소달리티 선교기구로는 테아틴, 바나바이트, 소마스키, 우르수린, 예수회 등이 있다.[179]

　로마교회의 모달리티에 직접 속한 소달리티 선교기구로는 1622년에 로마 교황청이 창설한 "신앙 전파를 위한 거룩한 공회"(Sacra Congregatio de Propaganda Fide)가 있는데 1649년에 이 선교기구 산하에 46개의 소달리티 선교기구와 300여 명의 선교사가 있었다. 1663년에는 선교사 파송과 원주민 성직자 훈련을 위해서 '파리 외방 선교회'(La Societe des Missions Etrangeres of Paris)를 만들었다.[180]

　개신교회의 경우에는 모달리티에 직접 속한 소규모 소달리티 선교기구

---

179) Ibid., pp. 16-20.
180) Ibid., pp. 33-36.

로서 1622년에 라이든 대학 내에 화란의 동인도 회사의 종군 목사들을 위한 선교 훈련원을 세웠는데 1632년까지 존속하였고 1649년에 영국의 국교회는 미국의 뉴잉글랜드 지역에서의 자국인과 인디언 원주민 선교를 위해서 "뉴잉글랜드 복음 전파를 위한 대표회"를 세웠는데 이 기구를 통해서 존 엘리오트의 인디언 선교에 재정 지원을 받기도 하였다.

1661년 찰스 2세는 동일한 목적으로 주변 지역까지 포함한 선교기구인 "미국의 뉴잉글랜드와 주변 지역에 복음 전파를 위한 선교회"를 세웠고 뉴잉글랜드 지역의 첫 총독인 로버트 보일레는 인디언 원주민 선교를 위해서 "이교도들 가운데 기독교 전파회"(Propagation of the Christian Religion among Infidels)를 세웠다.[181] 1699년에 영국의 국교회는 영국령 식민지의 원주민들에게 기독교를 전파하고 왕의 충성된 신민을 만들기 위한 목적으로 "기독교 지식 확산회"(The Society for Promoting Christian Knowledge)를 세우고 1701년에는 토마스 브레이가 중심이 되어 세운 "외국 지역에서의 복음 전파회"(The Society for the Propagation of the Gospel in Foreign Parts)가 발족이 되었다.

1709년에는 스코틀랜드에서 자국의 고원지대 사람들과 인디언 원주민 선교를 위해서 "기독교 지식 확산"(Propagating Christian Knowledge)를 세웠다.[182] 또한 개신교회의 모달리티와 연관이 없는 순수한 자원적인 소달리티 선교기구로서 1664년에 독일에서 이방인들의 개종을 위한 전문적인 선교구를 만들고 선교사를 훈련시키기 위한 대학으로 "신앙 전파 대학"(Collegium de Propaganda Fide)을 세울 것을 주장한 유스티니안 폰 벨츠(Justinianus von Weltz)가 "그리스도의 형제애"(The Brotherhood of Christ) 선교회를 만들고 화란령인 가이아

---

181) Ibid., pp. 43-45.
182) Ibid., pp. 48-49.

나로 가서 선교했으나 후원의 부족함과 병으로 사망하였다.[183] 1700년대에 경건주의자 프랑케가 할레 대학을 중심으로 할레 선교회를 만들어서 덴마크의 왕 프레드릭 4세의 후원을 받아서 바돌로매우스 지겐발그(Bartholomaus Ziegenbalg), 하인리히 프루차우(Heinrich Plutschau), 크리스티안 푸리드릭 쉬바르쯔(Christian Friedrick Schwartz) 등을 인도의 덴마크령인 트랜크위바르(Tranquebar)로 파송하였다. 이러한 경건주의 선교 운동은 경건주의자인 진젠도르프와 연관되어서 모라비안 형제단(Unitas Fratrum)이 만들어지고 세계적인 선교기구로서 활약을 하게 되었다.[184]

### 바. 지리적인 확장

로마교회는 이미 환경적 요소들 항목에서 살펴보았듯이 로마교회의 정치적 후원 세력인 포르투칼과 스페인의 식민 지역이 바로 로마교회의 확장 지역이며 프랑스의 식민 지역도 마찬가지이다. 그러면 구체적으로 각 지역에서의 로마교회의 확장을 살펴보면 다음과 같다.

(1) 아프리카 지역
이 지역은 동서 해안가에 위치한 나라들을 중심으로 해서 포르투칼 후원의 예수회, 카푸친, 맨발의 칼멜 수도회의 선교사들이 활동하였다. 나라별로는 콩고, 앙골라, 몸바사, 모잠비크 등이 있다. 이 지역에 예수회 선교사들의 활약으로 두 군데에 현지 지도자들의 훈련을 위한 신학교가

---

183) Ibid., p. 46.
184) Ibid., pp. 46-48.

있었으나 현지인의 훈련은 지극히 미비하였다.[185]

### (2) 인도 지역

교황 요한 3세가 포르투칼 왕에게 4명의 선교사를 요청하였는데 이에 프란시스 자비에르를 포함해서 4명의 예수회 선교사가 고아(Goa)를 중심으로 활동하였다. 예수회 선교사들은 고아와 코친에 현지 원주민 지도자 양성을 위해서 대학을 세우기도 하였다. 자비에르는 하층 계급인 해변에서 진주잡이 하는 파라바스(Paravas) 종족을 중심으로 선교를 하여 집단 개종 운동이 일어남으로 약 20,000여 명에게 세례를 주기도 하였다. 자비에르와는 대조적으로 로버트 드 노빌리(Robert de Nobili)는 최상류층인 브라만 계층에게 집중적으로 선교를 하였다. 그는 로마교회의 라자(Rajah)라고 자신을 호칭하면서 산스크립트어를 자유롭게 구사하며 브라만인들의 예배 의식인 말라바(Malabar)를 적극 수용하여서 브라만 계층에게 성공적으로 선교하였다. 이 말라바 의식은 로마교회의 다른 선교기구의 거부감을 불러일으키며 논쟁이 많다가 결국 1774년에 로마 교황청에 의해서 금지되었다. 특이한 것은 몽고족의 후예인 무갈 제국의 아크바르(Akbar) 왕이 예수회의 선교를 적극 후원하였다는 사실이다(1556-1605).[186]

### (3) 실론 지역

1530년경에 프란시스칸 선교사들이 정착해서 활동을 하였다. 1543년 마나르(Manar) 섬의 원주민들이 야푸나(Jaffna) 왕의 압제하에서 예수회 선교사들을 통해 포르투칼의 보호를 받기 위해서 인도에 있던 예수회

---

185) Lautourette, A History of Christianity Vol. II Reformation to the Present, pp. 926-928.
186) Ibid., pp. 928-933.

선교사들을 초청하였다. 이때 자비에르가 들어와서 잠시 사역을 하였다. 토호 세력들의 계속적인 핍박이 있었으나 현지인들의 대량 개종이 계속되었고 현지 왕들이 또한 개종을 함으로 집단 개종 운동이 활발하게 일어났다. 예를 들어서 1551년의 트린코마리(Trincomalee) 왕의 개종과 코테(Kotte) 왕의 개종 등은 백성들의 대량 개종을 일으켰다. 로마교회의 선교기구로서 예수회, 프란시스칸, 도미니칸, 어거스티니안 종단들이 활동하였다. 특별히 갈레(Galle), 네곰보(Negombo), 야푸나(Jaffna) 등의 지역들에 기독교인들이 많았다.[187] 실론에서의 로마교회 선교의 문제점은 사회, 정치적인 이유로 인한 피상적인 개종과 현지인들이 자신의 이름을 포르투칼식으로 부를 정도로 지나친 포루투칼화로 인한 정체성의 상실과 대량 개종 이후의 양육과 훈련이 결여되어 있음으로 기독교 이교주의가 나타날 수 있는 상당한 위험성이 있었다.

(4) 동인도 제도와 말레이 군도 지역

포르투칼은 향료가 유인 요소가 되어서 말라카를 점령하고 예수회 선교사들을 그곳에 정착시켰다. 프란시스 자비에르가 말라카를 중심으로 활동하였다. 1569년에 현지인 신도들이 8만여 명 있었다고 알려졌는데 그러나 실론 지역과 동일한 문제점들을 내포하고 있었다.[188]

(5) 일본 지역

일본에 기독교가 전파되던 초기는 라토렛에 의하면 세 가지 이유로서 복음에 수용성이 있었다고 한다. 그것은 지배적인 종교가 없고(불교의 약화) 영주들간의 전쟁으로 인하여 외세에 개방적이 되었고 사회 변화의 요망이 높았다고 한다. 이런 이유들로 인해서 초기에 영주들인 다카야마

---

187) Latourette, Three Centries of Advance, pp. 285-289.
188) Latourette, op. cit., pp. 934-935.

(Takayama), 우콘(Ukon), 나가사키(Nagasaki), 오무라 수미타다(Omura Sumitada) 가족들이 세례를 받았다.[189] 1582년에는 200개 교회에 15만 명의 신자가 있었다고 알려지고 있다. 또한 신학교가 세워지고 현지인 성직자가 양성되기 시작하였다.

그러나 도요또미 히데요시가 절대 군주로 등장하면서 유럽 세력이 로마교회를 앞에 세워서 침략함을 경계함으로 선교사들과 교회를 핍박하기 시작하였다. 이에 기독교인인 영주들과 교인들이 대항하여 전쟁을 일으켰고 일부 교인들은 박해를 피하여 나가사키의 산속에 불교도로 가장하여 비밀 공동체를 형성하다가 19세기 후반에 발견되기도 하였다. 이런 핍박의 와중에서도 교인들은 꾸준히 성장을 계속하였다. 일본에서의 예수회 선교사들의 활약은 자비에르의 방문과 더불어서 발리그나니로 연결이 되는데 토착화를 시도하였고 현지인 교회 지도자의 양성을 중요시 여김으로 성공적인 사역을 하였다.[190]

(6) 중국 지역

자비에르가 일본에서 중국인을 만난 것이 계기가 되어서 중국 선교를 생각하게 되고 그의 계획은 중국을 기독교화하면 일본은 저절로 기독교화될 것이라고 생각하였다. 그러나 자비에르 자신은 중국으로 들어가지 못하였다. 당시 극동지역 담당 책임자인 발리그나니는 중국을 보면서 탄식하기를 바위가 언제 문을 열게 될 것이냐고 한숨을 쉬었다고 한다.

예수회는 결국 16세기 말에 러게리우스(Ruggerius)와 마테오 리치(Matteo Ricci)를 중국으로 보냈는데 마카오에 정착해 있었다. 리치는 리치 자신의 노력과 고관들과의 친교로 인하여 1601년에 북경에 정착하게 되었다. 리치는 예수회원으로 있을 때 중국 선교를 위해서 수학, 천문

---

189) Latourette, Three Centuries of Advance, p. 322.
190) Latourette, op. cit., pp. 936-938.

학, 우주학 등을 연구하여 자연과학에 전문가가 되어 있었고 이런 지식을 활용하여 세계지도를 그리거나 양력에 의한 달력을 만들거나 계기 일식을 정확히 예견하여 중국 지식인층의 호감을 얻었고 결국 이런 것들이 계기가 되어서 북경에 정착하게 되었다. 그는 전형적인 토미스틱 신학이 반영이 된 성취이론을 확립시켰는데 예를 들어서 중국인의 전통적 가치관과 종교관이 내재된 용어나 의식들을 무시하지 않고 이것들을 최대한 활용하는 선교 변혁을 시도한 것이다. 그는 유교 학자들의 의상을 입었고 중국의 고전 책들의 내용을 자유롭게 인용하였고 하나님의 이름에 중국의 전통적 신의 용어들을 그대로 사용하여 상제나 천의 용어로 하나님을 호칭하는 것을 허용하였다. 또한 가정이나 사당에서의 조상의 위패 앞에 절하는 것을 예의범절을 의미하는 미풍양속으로 보고 이것을 허용하였다.

이러한 리치의 방법은 아담 샬에게도 그대로 전수되어서 사용되어졌는데 명나라뿐 아니라 청나라 조정에도 호감을 얻어서 많은 귀족 계층의 인사들이 기독교로 개종하였다. 여기에 유명한 가문으로 추광지(Hsu Kuang-chi) 가문이 있다. 17세기 말에 예수회뿐 아니라 필리핀 지역에서 사역하던 프란시스칸 및 도미니칸 선교사들이 들어왔고 프랑스의 외방 선교회 소속의 선교사들이 들어와서 활동하기 시작하였다.

18세기 초엽에는 강희제의 적극적인 후원을 받아서 중국 전역에 선교기지가 설치되었고 신자 수효가 30여 만에 이르렀다. 그러나 중국인으로서 첫 성직자가 된 사람은 1656년에 마닐라의 도미니칸 소속의 신학교에서 수학하고 돌아온 그레고리 로페즈(Gregory Ropez)이다. 17세기 중엽부터 예수회 선교사들의 선교 방법에 대해서 동료 선교사이지만 선교기구가 다른 프란시스칸과 도미니칸의 선교사들이 로마 교황청에 직접 문제를 제기하였고 결국 교황청은 몇 번의 번복 끝에 예수회로 하여금 상제나 천으로 하나님의 이름을 호칭하는 것을 금지하였고 천주를 사용할 것을 결의하였다. 예수회는 이런 이유들로 인해서 1773년에 중국에서

로마로 철수하게 되었다.[191]

(7) 브라질 지역

이 지역에서의 선교는 예수회, 카푸친, 프란시스칸 등이 담당했는데 그들은 어려운 여건하에서도 억압받고 착취 대상인 원주민들과 노예들을 위해서 사역을 하였다. 포르투칼의 총독인 멘 데 사(Men de Sa)는 원주민들을 보호하고 기독교의 이상을 실천하기 위해서 노예 보호령을 선포하고 노예 판매금지를 시도하였다. 안토니오 비아이라(Antonio Vieira)는 브라질 인디언과 흑인 노예들을 위해서 저들과 함께 기거하면서 선교 사역을 수행하기도 하였다. 그러나 포르투칼의 식민 당국자들은 이를 무시하고 오히려 선교사들을 핍박하였다. 성직자들의 부족과 교인들의 열악한 상태는 로마교회의 선교를 무기력하게 만들었다.[192]

(8) 스페인령의 아메리카 지역으로서 북미 남쪽 해안 지역, 서인도 제도, 멕시코, 페루, 중미 지역

스페인의 정복자인 코테즈(Cortes)는 수십 명의 프란시스칸 선교사들을 본국에서 데리고 와서 원주민들을 강제적으로 집단 개종케 하였다. 이런 식으로 하여 1531년에는 1백만 명의 세례자가 있었다고 한다. 초기에는 선교사들과 스페인 본국에서 온 소수의 백인 계층들이 교회를 이끌어 갔으나 예수회와 프란시스칸 선교사들의 활약과 토착화 정책으로 인하여 17-18세기에 이르러서는 현지 원주민들과 혼혈 종족인 메스티조(Mestizos) 사이에서 성직자들이 배출되기 시작하였다.[193] 초기 선교 방법으로는 어린아이들을 모아서 학교를 세우고 기독교를 가르쳤으며 이

---

191) Latourette, Three Centries of Advance, pp. 336-366.
192) Latourette, op. cit., pp. 949-950.
193) Ibid., pp. 943-945.

아이들을 통해서 어른들을 전도하게 하였고 지도자로 키우기도 하였다. 겐트의 피터(Peter of Ghent) 선교사는 인디언의 종교 의식 때 노래하며 춤추는 것을 보고 기독교의 메시지를 이러한 토착 미디어에 담아서 사용하여 선교의 큰 결실을 얻기도 하였다. 그는 교회 조직에 있어서 출애굽기 18장에 나와 있는 모세의 인솔하에서의 광야 조직을 그대로 이식하여 사용하기도 하였다. 프란시스칸과 예수회 선교사들은 멕시코의 인디언 선교를 위해서 저들의 언어로 사도신경, 주기도문, 아베 마리아, 십계명, 교회의 5계명, 7성사, 일곱 덕성들, 성령의 은사, 영혼의 강점과 경계점, 고백성사 등을 출판하였고 우상 전각들을 무너트렸다. 또한 현지 지도자의 양성을 위하여 멕시코 대학과 현지 신학교들을 쿼레타로(Queretaro), 자카테카스(Zacatecas)에 세웠고 멕시코 반도를 기점으로 계속 북향하여 선교 기지를 확장하였다.[194]

특히 예수회 선교사들은 북미와 중남미(캘리포니아, 텍사스, 플로리다, 베네주엘라, 아마존강, 파라구아이, 우루구아이)에서 예수 믿는 인디언들을 모아서 함께 사는 선교 마을을 형성하였는데 18세기 중엽에는 60개의 마을에서 15만 명의 인디언들이 있었다. 선교 마을에서는 공동체 생활을 하면서 기독교를 가르쳤고 노동을 하였으며 피터의 토착화의 방법을 사용하여 현지인들을 양성하였다.[195] 이때의 예수회 선교사 중 대표적인 사람으로 유세비오 프란시스코 키노(Eusebio Francisco Kino)가 있다. 이 지역에 있어서 주목할 것은 현지 인디언들과 노예들의 권익을 위해서 희생적으로 수고한 선교사들이다. 대표적인 선교사로서 프란시스코 드 빅토리아(Francisco de Vitoria), 바돌로매 드 라스 카사스(Bartolome de Las Casas), 페트로 클레이버(Petro Claver) 등이 있다. 특히 라스 카사스는 평생을 인디언과 노예들의 권익을 위해서 스페

---

194) Lautorette, Three Centuries of Advance, pp. 114-116.
195) Latourette, op. cit., p. 946.

인 본국을 오고 가면서 활동을 하였고 인디언 총보호관으로 임명받기도 하였다. 그는 인디언들을 사랑의 방법과 우정으로 순화시킬 수 있음을 확신하였으며 실제로 이러한 방법으로 니카라구아, 과테말라 인디언들 가운데서 성공적인 사역을 하였다.[196]

이렇듯이 가장 성공적인 사역을 하였던 예수회 선교사들이 그들의 지나친 토착화의 시도와 전통적인 로마교회의 선교 방법을 뛰어 넘는 혁신적인 선교 방법으로 인하여 중국에서와 마찬가지의 문제점에 봉착하였고 결국 1767년 스페인의 모든 식민 지역에서 떠나야 하는 운명에 처하게 되었다. 당시 멕시코에만도 예수회 선교 마을이 103개가 있었고 104여 명의 사제들이 활동하고 있었는데 그들의 급작스러운 철수는 로마교회의 선교를 상당히 뒤로 퇴보시켰다.[197] 그러나 그럼에도 스페인령 아메리카의 기독교화가 성공적으로 수행될 수 있었던 이유로 라토렛은 여섯 가지를 들고 있다. 그것은 찰스 5세, 필립 2세 같은 스페인 본국 왕들의 적극적인 정치적인 후원과 스페인 현지 식민 당국자들의 원주민들의 개종에 대한 후원과 원주민들이 아무런 저항 없이 기독교를 받아들인 것과 원주민들이 자신들의 토착 종교에 식상하여 기독교에 호감을 가진 것과 토착화 과정에서 이교 의식을 기독교에 쉽게 이식한 것과 모범적인 선교사들이 많이 있었다는 것이다.[198] 그러나 이러한 라토렛의 진술에서 또한 로마교회의 선교의 문제점을 그대로 나타내고 있다. 이것은 토착화에서 살펴볼 것이다.

(9) 필리핀 지역

필리핀의 거주자들은 대개가 말레이 종족에 속해 있었다. 16세기 초에 남부 지역에 이슬람이 소개됨으로 모로(Moros)족이 이슬람으로 개종하

---

196) Ibid., pp. 947-949.
197) Latourette, op. cit., p. 125.
198) Ibid., pp. 111-113.

였다. 1521년에 마젤란이 이 섬을 발견하여 서부 유럽에 처음으로 알렸다. 스페인이 점령한 이후에 프란시스칸, 도미니칸, 예수회, 어거스티니안, 하나님의 성 요한 자선단 등의 선교기구가 이 지역에서 활동하였는데 개종은 강제적으로 이루어졌고 집단 개종이 일어났다.[199]

선교사들은 원주민에게 농사법과 관계 농사를 가르쳤고 카카오, 인디언 옥수수, 인디고, 커피, 설탕 등의 재배법을 가르쳤다. 도미니칸 선교사들은 필리핀인들이 노래 부르는 것을 좋아하는 것을 보고 토착 노래에 기독교의 메시지를 담아 가르치기도 하였다. 남미보다는 원주민들의 복지를 위해서 일하는 것이 쉬웠는데 디에고 드 헤라라(Diego de Herrara), 마틴 드 라다(Martin de Rada), 도밍고 드 살라자(Domingo de Salazar) 등의 선교사들이 스페인의 왕에게 호소하면서 원주민들의 복리를 위해서 일했고 노예 매매를 금지케 하였다. 그러나 짧은 시간에 집단적인 대량 개종이 이루어졌고 성직자의 부족과 양육의 결여는 필리핀의 로마교회가 기독교 이교주의(Christo-Paganism)의 모습을 나타나게 하였다. 특히 마젤란이 건네 준 어린 아기 예수상이 원주민들에게 신격화되어 숭상을 받았는데 이것을 후에 로마교회는 묵인하고 동일하게 숭상을 하였다. 이 상은 특히 아이를 낳지 못하는 부녀에게 아이를 낳게 하는 신묘한 힘이 있다고 알려졌다.[200]

(10) 인도차이나 지역

예수회 선교사인 로데스의 알렉산더(Alexander of Rhodes)는 기독교가 적절히 이식되고 토착 지도력에 의해서 교회가 세워지면 선교는 항구적 결실을 맺을 것을 확신하였다. 이에 로마에 가서 교황청에 호소하

---

199) Latourette, A History of Christianity Vol. Ⅱ Reformation to the Present, pp. 935-936.
200) Latourette, op. cit., pp. 307-321.

여 프랑스 파리에서 팔루(Pallu)와 람버트(Lambert)와 함께 교황의 대리인(Vicars Aposolic)으로 통킹과 코친 차이나 지역에 임명을 받고 또한 1663년에 파리 외방 선교회를 창설하였다. 외방 선교회 소속 선교사들이 18세기 말에 코친 차이나, 캄보디아, 시암, 통킹 지역에서 성공적인 사역을 하였다. 18세기 후반부에 코친 차이나의 주교 대리인 피그뉴드 비하이네(Pigneau de Behaine)가 반란군에 의해서 선교지에서 축출되는데 유배 지역에서 코친의 왕을 만나게 되고 프랑스 군대의 도움을 받을 수 있다고 약속을 하였다. 프랑스는 이것을 계기로 메콩 강 입구의 푸로 콘도르 섬을 받게 되었다. 인도차이나 지역에서의 로마교회의 선교는 성공적으로 이루어졌는데 이것은 열심 있는 선교사들이 계속해서 파송되었고 토착 종교의 반발이 거의 없었다고 한다. 이것은 태국과 버어마의 불교의 저항과는 비교가 안 될 정도로 약했다고 한다.[201]

이 시기의 개신교회의 선교 활동을 통한 지리적인 확장을 살펴보자. 개신교회는 17세기 중엽에 이르러 영국, 화란, 덴마크의 식민 지역에서 자국인들과 원주민들을 위해서 부분적인 선교를 시도하였다. 지역으로서는 인도, 실론, 말레이 군도, 북미의 13개 식민 주들이다. 본격적인 해외 선교가 시작된 것은 18세기 초엽부터이며 독일의 경건주의 선교 등으로부터 시작이 된다. 17세기 이전까지는 개신교회는 구라파에만 머물러 있었는데 다양한 교리적 배경의 교단으로 나누어졌다. 그러면 구라파로부터 시작해서 개신교회의 지리적인 분포를 살펴보자.

(1) 구라파에서의 개신교회의 분포
루터 교회는 북서부 유럽과 발틱해 동부 해안 지역에 독일인들 가운데서 확산이 되었다. 스칸디나비아, 아이슬란드, 핀란드 지역으로 북향하

---

201) Ibid., pp. 297-299.

여 루터 교회는 확산이 되었고 덴마크는 프레드릭 1세의 적극적인 지원을 바탕으로 1559년에는 루터 교회가 완전히 정착되었다. 루터는 덴마크 교회를 후원하기 위해서 존 부겐하겐(John Bugenhagen)을 파송하였고 국교회로 발전시켰다. 헝가리와 트랜실바니아 지역에서 루터 교회는 독일인들과 슬라브 계열의 사람들에게로 확산이 되었다. 이 당시 이 지역의 언어들로 성경 및 기타 개혁문서들이 발간되어서 보급되었다. 루터 교회의 신학을 확립한 신앙 고백서로 1530년의 아우구스부르그 신앙 고백서가 있다.[202]

개혁주의 장로 교회는 트랜실바니아 동쪽, 헝가리, 스위스, 라인 협곡을 거쳐서 폴란드, 북해 건너서 스코틀랜드, 북부 아일랜드로 확산이 되었다. 중요 지도자들은 창설자라 할 수 있는 존 칼빈, 쮀빙글리, 파렐, 베자, 녹스, 브레이 등이 있다. 개혁주의 신학을 확립한 신앙 고백서로 1561년의 벨직 고백서가 있고 1562-1563년 사이에 만들어진 제2차 헬베틱 신앙 고백서가 있다. 스코틀랜드에서는 존 낙스의 활약으로 개혁 교회가 정착이 되었는데 그는 화형당한 조지 위샤트의 제자로 프랑스의 노예선의 노예로서 19개월 동안 고생하였으나 위축되지 않고 앤드류 대학을 중심으로 개혁을 확산시켰다. 그는 제네바 대학에서 칼빈의 열렬한 제자가 되었고 평신도 장로제를 정착시켰다.[203]

재침례파의 교회는 스위스 독일어권, 오스트리아, 남동부 독일, 화란, 스칸디나비아, 스트라스부르그 등으로 확산이 되었고 중요 지도자들로는 콘라드 그레벨, 펠릭스 만쯔(Felix Manz), 발타자 허브마이어(Balthasar Hubmaier), 멘논 사이몬 등이 있다.[204]

---

202) Latourette, A History of Christianity Vol. Ⅱ Reformation to the Present, pp. 732-742.
203) Ibid., pp. 745-775.
204) Ibid., pp. 778-786.

영국의 국교회인 성공회는 절대 왕정 체제하에서(헨리 7, 8세) 발전이 되었고 헨리 8세의 수장령과 엘리자베스의 통일령을 거쳐서 1571년 39개 신조로서 국교회의 신학을 확립하였다. 영국에서 주목할 것은 청교도인들의 활약이다. 1569년의 케임브리지 대학교의 토마스 카터라이트는 장로감독제(Classis) 혹은 노회제를 중심으로 하는 장로 교회를 주장하였다. 이때에 켄터베리 대주교로 있던 존 위트기프트가 청교도인들을 핍박하자 로버트 브라우니(Robert Browne)를 중심으로 회중교회가 등장이 되었다. 개혁주의 청교도 신학의 확립은 개혁주의 신앙을 가진 제임스 1세의 적극적인 후원을 통해서 1643년에 회집된 "웨스트민스터 대회" (The Westminster Assembly)를 통해서 나온 웨스트민스터 신앙 고백서로 확립이 되었다.

(2) 인도 지역

17세기 초에 개신교 국가인 화란, 영국, 덴마크 등이 인도에 진출하였다. 1657년에는 영국의 동인도 회사가 인도 지역에 복음을 확산시키려 한다는 입장을 천명하였고 1698년에는 각 지부에 교역자를 파송하고 현지인들에게 기독교 교육을 시키기도 하였다. 18세기 초에 덴마크의 왕인 프레드릭 4세는 궁전 목사인 류트켄을 통해서 할레 선교회와 연결되어 인도의 덴마크령인 트랜크위바르에 두 사람의 선교사를 파송케 하였다. 이 두 사람은 지겐발그와 프루차우로서 현지 언어를 익히고 성경을 번역하며 성공적인 사역을 하였다. 그러나 덴마크 총독의 계속적인 방해와 지원의 빈약함 등은 결국 선교를 중단케 하였으나 곧 쉬바르쯔가 파송이 되었고 선교지를 탄조르로 옮겨서 성공적인 사역을 하였다. 18세기에 이르러 동인도 회사는 초기에 선교를 지원하던 입장을 버리고 선교를 훼방하는 주 세력이 되었다.[205]

---

205) Latourette, op. cit., pp. 276-284.

(3) 실론 지역

1658년 화란이 포르투칼의 세력을 물리치고 실론 사람들을 강제적으로 개종케 하였다. 이 일을 위해서 목사들을 화란에서 데려오고 마을마다 기독교 학교를 세웠다. 이런 식으로 해서 선교가 이루어지자 1722년에는 약 424,392명의 사람들이 개종을 한 것으로 알려져 있고 타밀 종족과 싱할리스 종족이 주류 종족이었다. 그런데 문제점은 화란에서 온 목사들의 숫자가 너무 적고 훈련이 잘 되어 있지 않아서 현지인들의 문화를 무시하고 현지 언어를 몰랐으며 양육과 훈련이 전무하였다는 것이다. 또한 강제적인 선교는 교회를 완전히 피상적으로 만들었다.[206]

(4) 말레이 군도 지역

17세기 초에 화란은 포르투칼의 세력을 물리치고 말레이 군도에 진출하였다. 화란은 다른 지역에서와 마찬가지로 원주민들을 강제적으로 기독교로 개종케 하였는데 현지 지방 당국자들에게 세례받을 사람의 수효를 미리 할당하여 세례받을 숫자를 채우게 하였다. 그러나 성직자의 수효가 부족하고 현지 문화를 무시한 선교는 현지 교회의 수준을 상당히 저하시켰다. 또한 본국에서의 선교 지도도 전문적인 선교기구를 통해서 한 것이 아니라 본국의 노회(Classis)를 통해서 관할케 하였다. 1624년에 바타비아에서 화란인을 대상으로 사역하다 현지 원주민들에게 선교하였던 유르니우스는 동인도에서의 기독교 선교의 두 가지 장벽을 논하였는데 그것은 강력한 이슬람 세력의 존재와 언어 정복의 어려움 등이었다.

성경은 두 가지 종류로 번역된 성경이 발간되었는데, 라틴 알파벳으로 된 말레이 문자로 상류 계층을 위한 성경과 아라비아 문자로 된 성경으로서 일반 서민들을 위한 성경이었다. 그러나 이런 어려운 상황에서도 동인도에서 선교가 가장 활발히 이루어진 곳은 물활론을 숭배하던 지역

---

206) Ibid., pp. 289-292.

들이었다. 18세기 말에 암보이나(Amboina), 세람(Ceram), 반다 섬들(Banda Islands), 티모르(Timor), 태러우(Talaur), 샌지 섬들(Sangi Islands), 바타비아(Batabvia) 등지에 약 이십여 만의 신도들이 있었던 것으로 알려졌다.[207]

(5) 미국에서의 13개 식민 주 지역

17세기 초에 영국의 찰스 1세와 대주교인 러드(Laud)의 조직적인 핍박을 피해서 영국의 청교도인들과 비국교도인들이 대량으로 신대륙인 미국으로 이주하기 시작하였다. 이들은 주로 북미 동부 해안 지역에 정착을 하였는데 하트포트, 코네티커트, 뉴 헤이븐 등으로 뉴잉글랜드 지역으로 불려진 지역이다. 이 지역에서 가장 큰 교회는 청교도인들과 비국교도인들이 서로 통합해서 만든 뉴잉글랜드 조합 교회였다. 이들은 대개가 개혁주의 신학을 가지고 있음으로 해서 후에 장로 교회가 성립되는데 결정적인 역할을 하였다. 이때의 지도자로서 토마스 후커(Thomas Hooker), 데오빌러스 이튼(Theophilus Eaton), 존 데이븐파트(John Davenpart) 등이 있다.[208]

퀘이커교의 창시자인 조지 폭스는 미국에 퀘이커 교도들을 조직적으로 정착시켜 로데 섬(Rhode Island), 뉴 저지(New Jersey), 펜실바니아(Pennsylvania) 등을 개척하였다. 특히 펜실바니아 주는 퀘이커 교도인 윌리암 펜(William Penn)의 이름을 따서 기원되었고 수도인 필라델피아는 퀘이커 교도의 이상인 형제적 사랑의 도시라는 의미를 가졌다. 이곳은 퀘이커 교인들의 이상처럼 종교적 관용과 자유가 있었다.[209] 18세

---

207) Ibid., pp. 303-306.
208) Latourette, A History of Christianity Vol. Ⅱ Reformation to the Present, pp. 953-956.
209) Ibid., pp. 953-954.

기 초에 펜실바니아 주에 독일의 개혁 교회와 스카치 아일랜드(Scotsch-Irish) 신자들이 이주하기 시작하였다. 초기 지도자로서 보엠(J. P. Boehm)이 독일 개혁 교회를 인도하였는데 화란의 암스테르담 노회에 속한 대회(Synod)에 속해 있었다. 이들을 뉴욕에 있는 화란 개혁 교회가 돌보기 시작하였고 1746년 화란에서 미카엘 쉬레터(Michael Schlatter)가 와서 현지에 교회를 세웠다. 개혁 교회는 농장을 세워 자급을 시도하였고 학교를 세워 지도자를 양성하였다. 스카치 아일랜드 계열의 장로교인들은 본국의 찰스 2세와 제임스 2세의 핍박을 피해서 펜실바니아에 이주하였다. 이들은 중·하층의 사람들로서 식민지 전역에 흩어졌는데 초기 지도자로서 프랜시스 매케미(Francis Makemie)가 활동하였는데 첫 노회를 세웠고 후에 4개 노회를 합친 대회를 세웠다.[210]

1684년에 아일랜드인에 의해서 처음으로 침례교회가 펜실바니아에 세워졌다. 이들은 침례교 연합회를 결성하였고 미국 전역에 국내 선교사를 파송하여 교세를 확장하였다.[211] 미국 원주민인 인디언에 대한 선교는 영국의 국교회와 청교도인들에 의해서 시작이 되었다. 이미 살펴보았지만 식민지주의 헌장에 원주민에 대한 선교가 명시되어 있었다.

1641년에 토마스 메이휴(Thomas Mayhew)가 뉴잉글랜드 지역의 섬들을 사서 인디언들을 개종시켜 공동체 생활을 하게 하였다. 메이휴의 선교는 손자인 자카리아(Zachariah)까지 계속되었다. 선교의 결실은 인디언 중에 목사가 배출되었고 그 중에 한 명은 하버드 대학까지 나왔다고 한다. 초기 청교도 지도자인 토마스 후커(Thomas Hoooker)의 영향을 받은 존 엘리오트(John Eliot)는 켐브리지 대학 출신으로 록스베리(Roxbury) 지역에서 사역을 하였다. 그는 언어의 천재로서 인디언 언어로 1661년에 신약을 번역하고 1663년에는 구약을 번역하였다. 이미 언

---

210) Latourette, op. cit., pp. 201-202.
211) Ibid., pp. 203-204.

급했지만 그는 "뉴잉글랜드에 복음 전파 대표회"의 재정적 지원을 받기도 하였다. 1651년에 그는 나틱 지역을 중심으로 인디언 공동체 마을을 형성하였는데 이것을 기도하는 인디언의 마을(Praying Indians)로 불렀고 그 안의 사회구조는 출애굽기 18장의 구조로 하였다. 1674년에는 14개의 기도하는 인디언의 마을에 1,100명의 인디언 교인들이 살고 있었다. 그러나 1675-1676년에 일어난 필립 왕 전쟁에 기도하는 인디언 마을이 제일 피해를 많이 받았다. 특이할 만한 일은 인디언 중에서 동료 인디언 선교를 위해서 헌신한 삼손 오컴(Samson Occom)이 있었고 그는 몬턱스(Montauks)족을 위해 사역하였다.

일리저 휘럭(Eleazer Wheelock)은 코네티커트 주 레바논에 인디언 선교사 후보생을 위한 선교 학교를 세우기도 하였다. 스탁브리지에서 사역하며 조나단 에드워드에게 인디언 선교에 도전을 준 존 서전(John Sergeant)이 있고 에드워드의 사위가 될 뻔한 데이비드 브레이너드(David Brainard)가 스탁브리지, 앨버니, 뉴저지에서 사역하다가 병으로 순직하였다. 그의 일기가 에드워드에 의해 책으로 출판되어서 후대의 많은 젊은이들에게 선교의 도전을 주었다.

18세기 초에 뉴욕에서 버나더스 푸리맨(Bernardus Freeman)이 이로쿠오이스(Iroquois)와 모허크(Mohawks)족 사이에서 사역을 하며 저들의 말로 신·구약성경을 번역하였다. 선교의 결실로서 모허크족의 족장인 요셉 브렌트(Joseph Brent)에 의해서 최초의 모허크 교회가 세워졌다.[212] 대체적으로 인디언 선교는 인디언의 토착 문화의 정체성을 인정하며 선교 변혁을 시도한 것이 아니라 서구 문화의 가치관을 그대로 이식하는 가운데 선교가 수행되었고 불신 인디언 동족들 가운데서 기독교인인 인디언들을 따로 분리하여 공동체 생활을 하게 하였다.

---

212) Ibid., pp. 217-221.

이렇듯이 로마교회와 개신교회의 선교 활동을 각 지역별로 살펴보았는데 이 시기에 있어서 로마교회가 해외 선교에 있어서 개신교회를 훨씬 능가하였다. 이 시대에 있어서 로마교회가 개신교회보다 타문화권 선교에 앞선 이유에 대해서 라토렛은 다음과 같은 여섯 가지 이유를 들고 있다.

첫째로 개신교회는 로마교회의 본거지인 구라파를 재복음화하는 측면에서 구라파 밖의 세계에 대해서 눈을 돌릴 여유가 없었다.

둘째로 루터와 멜랑크톤은 예수 그리스도의 임박한 재림을 믿었고 베자 같은 이는 대위임령의 선교 명령은 사도들에게만 해당되었고 사도 시대에 이미 성취된 것으로 알고 있었던 신학적 관심의 결여이다. 이 말은 전혀 근거가 없는 것은 아니지만 지나친 개혁가들의 신학에 대한 오해이다. 셋째는 독일, 스위스, 프랑스, 화란의 개신교회는 카톨릭과의 싸움에서 생존하느라고 급급하였다. 넷째는 후기 식민지 시대의 개신교 국가들이 초기에는 선교적 관심을 표명하는 것 같았으나 곧 저들의 식민지 통치 이념과 선교가 충돌하게 되자 선교를 적극 훼방하였다.

다섯째는 개신교회는 로마교회와 다르게 교회병행 선교기구인 소달리티를 소유하지 못하였다. 여섯째는 로마교회의 세력인 스페인과 포르투칼이 해상로를 군사적으로 장악하던 17-18세기까지 외부 세계와 접촉하는 데 개신교회는 상당한 제약을 받았다.[213]

## 사. 종족, 종족 그룹, 계층

이 당시 개신교회와 로마 카톨릭의 선교 활동을 통하여 콩고, 앙골라, 몸바사, 모잠비크에 있는 종족들, 파라바스, 타밀, 싱할리, 말라야, 일

---

213) 부쉬도 라토렛이 평가하는 바와 동일한 결론을 내리고 있다. See Ibid., pp. 25-26, Bosch, op.cit., p. 245.

본, 중국, 브라질 인디언, 노예 흑인들, 메스티조, 멕시코 인디언 원주민들, 중미의 인디언들, 샴, 버어마인, 월남인, 미국의 인디언 종족들이 있었다.

로마 카톨릭의 선교는 지배 계층인 상류 계층을 먼저 복음화하고 이후에 일반 서민 계층으로 가서 선교하는 전략이었다. 예외적인 것은 인도에서 자비에르가 사용한 파라바스 종족을 복음화한 경우가 있다. 로마교회의 교회병행 선교기구의 창설자들은 대체로 상류 계층의 귀족 가문 출신이었다.

개신교회의 선교는 주로 일반 서민 계층에게 먼저 복음을 전파하였는데 인구 수효가 많은 서민을 복음화하면 지배 계층도 복음화할 것을 생각한 것이었다. 개신교회의 창설자가 되는 루터, 칼빈, 녹스 등은 집안이 노동자 가정이거나 서민 계층이었다.[214]

## 아. 중요 인물들

(1) 종교개혁을 일으킨 루터

루터는 에카르트 대학을 졸업하고 1505년에 어거스틴 수도원에 입교해서 신앙의 방황을 계속하였다. 종단의 색손 지방 총주교 대리인 스타우피쯔(Staupitz)에 의해서 1507년 사제 임직을 받았다. 그는 구원의 내적 확신이 결여되어 있는 가운데 계속적인 신학 공부를 하였고 오캄과 비엘의 영향을 많이 받았다. 1513-1517년까지 비텐베르그(Wittenberg) 대학에서 시편, 로마서, 갈라디아서를 강의하였다. 1517년에 테젤(Tetzel)이라는 도미니칸 사제가 성 베드로 사원 건립을 명목으로 면죄부를 판매하자 이에 분개하여서 뷔텐베르그 성의 교회 문에 95개 조항을

---

214) Latourette, op. cit., p. 701.

발표함으로 종교개혁의 포문을 열었다. 1518년 교황 레오 10세와 선 제후 프레드릭의 아우구스부르그(Augusburg)에서의 청문회, 1521년 교황의 파문 선고, 1521년 4월 신성 로마 황제인 찰스 5세와 의회의 보름스 청문회에 루터는 소환되었다. 이후 핍박 가운데 바르트부르그(Wartburg) 성에서 1522년 3월까지 머무르면서 12권의 책들과 신약을 독일 말로 번역하였다. 1526년 독일 말로 예배를 인도하고 회중 찬송을 직접 작곡하여 예배시에 부르게 하기도 하였다. 그는 기독교 교육의 중요성을 강조했으며 지역 교회(Landskirchen)를 주장하였다.

루터는 1536년 7월 바젤에서 소천하였다.[215] 루터의 신학 가운데 선교사상이 있는가에 대한 논쟁이 있어 왔는데 그의 성서신학의 구조는 구속사적 측면의 기독론에 기반되어 있으며 그는 예수 그리스도가 역사의 중심이며 역사는 그분의 재림에 의해서 종말을 고할 것이라는 확신을 가지고 있었다.[216] 그분의 재림이 있기 전에 교회는 복음을 온 세상에 전파해야 한다는 사상을 가졌으며 유대인과 이슬람 선교에 대한 관심을 표명하기도 했으며 특히 북구라파의 복음화에 사명을 가지고 이미 살펴보았지만 선교사를 파송하기도 하였다.

---

215) Ibid., pp. 704-723.
216) 루터의 신약 서론의 글을 보면 루터는 신약을 해석하는 데 있어서 구약과 함께 연결하여 구속사적인 기독론의 관점으로 보는 것을 알 수 있다. 그에게 있어 성경은 예수 그리스도의 문을 통해서만 열려지게 되어 있다. 루터는 그리스도를 통해 구원받은 성도가 그리스도의 복음을 사랑 가운데서 모든 사람에게 온 세상에 전해야 할 것을 강조한다. 홀스텐은 루터의 종말론이 교회의 복음 전하는 사명과 연관된 것을 지적하고 이것은 루터에 의하면 교회가 반드시 수행해야 할 교회의 존재론적 사명이라는 것이다. See Martin Luther, op. cit., pp. 14-19, Walter Holsten, "Reformation und Mission," in Archiv Fur Reformationsgeschichte, Vol. 44, 1953, p. 11.

(2) 개혁 교회의 시조가 되는 존 칼빈

칼빈은 교회의 성직자가 되기를 바라는 그의 부모의 뜻을 좇아서 어린 나이에 교회 성직록에 등록하였다. 그는 파리 대학과 오리앙 대학에서 법학을 공부하였고 또한 인문주의를 연구하기도 하여 세네카의 책을 주석하기도 하였다. 그는 1533년에 그의 삶에 있어서 하나님의 주권적인 인도하심을 느꼈고 돌연 회심을 체험하였다. 그는 파리에 있으면서 개혁 의지를 가진 동료들과 교류를 나누었고 로마교회를 개혁하는 운동에 적극 참여하다가 결국 파리에 머무를 수가 없어서 프랑스의 다른 지역으로 갔다가 로마교회와의 관계를 단절하고 스트라스부르그와 바젤에 가서 2년여를 머물렀다.

그는 바젤에서 고난받고 있는 그의 동료들을 위로하기 위해서 그의 유명한 대작인 『기독교강요』를 저술하였다. 그가 제네바에 들렀을 때 그는 윌리암 파렐을 만났고 그의 설득에 의해 제네바에 머무르면서 개혁을 제네바에서 구현할 것을 다짐하였다. 제네바 교회의 중심 인물로서 2년여 동안 개혁 운동을 지휘하다가 저를 반대하는 자유주의 정당이 정권을 잡자 그는 스트라스부르그로 떠날 수밖에 없었다. 거기서 1538-1541년까지 머무르면서 프랑스 종교 난민들을 돌보았고 결혼도 하였으며 그곳 개혁의 지도자인 부처(Bucer)와 깊은 교제를 나누었다. 그는 다시 그를 간절히 요청하는 제네바 사람들의 부름을 받고 제네바에 가서 그곳을 구라파 개혁의 중심지로 개신교회의 로마처럼 만들면서 24년여를 활동하였다.

그는 특히 제네바 대학을 세워서 종교개혁의 지도자들을 양성하여 전 구라파를 개혁의 불 도가니로 만들려는 계획을 가지고 있었고 할 수 있으면 전세계 어디든지 그의 개혁 운동을 확산하며 복음을 전파하려는 의지를 가지고 있었다.[217]

---

217) Walker, op. cit., pp. 348-357.

그의 이런 의지는 1555년에 위그노 계열의 총독이 브라질에 개신교회의 거주지를 만들려는 목적으로 칼빈에게 청하여 세 사람의 선교사를 요청했을 때 그 자신의 봉급에서 이들의 선교비를 지원하면서 브라질로 파송한 것으로 나타난다.[218] 비록 제네바의 선교는 위그노 계열의 총독이 실각하고 카톨릭 총독이 부임하여 선교사들을 노골적으로 핍박하는 가운데 선교지를 철수할 수밖에 없는 상황으로 실패하였지만 그의 선교에의 의지는 분명한 것이었다.

그가 세운 제네바 대학은 처음에는 학술원으로 시작하여 후에 대학으로 발전하였는데, 구라파 전역에서 모여 오는 인재들을 양성하여 전세계에 개혁 운동을 확산시키려는 계획 가운데 세워졌다. 이곳 출신인 스코틀랜드 장로 교회를 세운 존 녹스는 제네바를 가리켜서 사도 시대 이래로 지상에서 존재한 것 중에 가장 완벽한 그리스도의 훈련 학교라고 평했다.

칼빈은 1564년에 하나님의 부르심을 받고 소천하였다. 이렇듯이 칼빈의 생애를 돌아보면 그는 하나님의 일에 있어서 다른 무엇보다도 최선을 다했으며 평생을 하나님의 존전 의식을 가지고 하나님께 순종하는 거룩한 삶을 살려고 노력하였다.

그는 특히 교회가 복음을 전함으로 온 세상에 그리스도의 왕국(Regnum Christi)을 편만하게 인간의 삶의 모든 영역에 확산해야 한다는 선교 의식을 가지고 먼저 제네바에서 최선을 다 했으며 또한 그의 후학들을 통해서 이를 계승케 하려고 노력하였다. 실로 칼빈의 삶은 하나님의 영광만을 추구하여 일생토록 그 자신은 부인하고 하나님의 뜻을 이루기 위해 최선을 다한 모범적인 그리스도인의 삶이었다.

---

218) R. Pierce Beaver, "The Genevan Mission to Brazil", in The Reformed Journal, Vol. 17, No. 6(July, 1967), pp. 14-20.

(3) 재침례교의 주요 지도자라 할 수 있는 멤노 시몬즈

그는 화란의 한 사제로서 활동하다가 미사를 집전하는 중에 미사의 효용성에 대한 회의를 가지기 시작했고 이 문제를 가지고 성경을 연구하면서 당시 개혁가들의 글을 읽기 시작하였다. 그는 유아 세례를 인정하지 않는 결론에 이르게 되고 그의 형제 중 하나가 재침례교파에 속해 있다가 순교당한 일을 계기로 로마교회를 결별하고 1537년에 재침례파에 가입하게 되었다. 그는 당시 토마스 뮌스터가 무력을 통해 농민들의 문제를 해결하려고 하는 것을 반대하고 비폭력의 사랑의 방법으로 행할 것을 주장하였다. 그는 곧 재침례파의 중요한 지도자가 되었고 화란에서 핍박을 받으며 활동하다가 덴마크의 홀스타인의 한 귀족이 그에게 피난처를 제공하자 거처를 그곳으로 옮겨서 덴마크를 중심으로 화란과 독일을 여행하면서 그의 온건한 재침례파의 사상을 광범위하게 확산하기 시작하였다.[219]

시몬즈는 주님이 주신 대위임령의 말씀이 교회의 가장 중요한 사명이라고 주장하면서 그 자신이 복음 전도자의 삶을 살았으며 그리스도인의 헌신된 삶을 통한 이상적인 그리스도인의 공동체 건설을 추구하였다.

(4) 청교도 지도자로서 리차드 백스터

백스터는 대학을 나오지는 않았지만 자수 성가한 사람으로서 영국 교회의 목사가 되고 1640-1660년까지 버밍햄 근교 키더민스터에서 목회를 하였다. 그는 당시 국교도인들과 비국교도인들 사이의 반목과 갈등 속에서 온건하고 합리적인 지도자로서 갈등을 중재하고 모든 일을 원만하게 처리하려 했으나 찰스 2세의 등극과 함께 비국교도인들에 대하여 통일령(An Act of Uniformity)이나 5마일법 등을 통하여 노골적으로 핍박을 받자 영국 교회에서 나올 수밖에 없었다. 그는 일생토록 병약한 가운데

---

219) Latourette, op. cit., pp. 784-785.

많은 책을 썼고 영국뿐 아니라 찰스 2세의 박해를 피해 미국으로 이주해 가는 청교도인들의 지도자였다. 그는 특히 대위임령의 유효성을 믿었으며 미국의 원주민인 인디언 선교에 대한 확신을 가지고 있었으며 존 엘리오트와 긴밀한 서신 교류를 나누며 그를 격려하고 그의 선교에 함께 간접적으로 동참하기도 했다.

백스터는 교회가 선교의 사명을 감당하지 않으면 이교도인들이 하나님께 나올 방편이 없음을 주장하며 하나님께서 교회의 말씀선포를 통해서 이교도인들 가운데 회심을 일으킨다는 주장을 통해 선교의 사명을 고취시켰다. 그의 책인 『비중생자에 대한 하나님의 부르심』(A Call to the Unconverted)은 엘리오트를 통해 초신자인 인디언들의 학습 교재로 번역이 되어 사용되기도 하였다.[220] 백스터는 그의 신학 체계 속에 선교의 사상이 분명하게 담겨 있는데 이것은 실상 칼빈주의자로서 칼빈에게 내재되어 있었던 선교 사상의 발현이었다.

(5) 윌리암 에임스(William Ames)

그는 켐브리지 대학 출신으로서 윌리암 퍼긴슨에게 영향을 받았다. 화란의 브릴 지역의 영국 지사의 목사로서 활동을 하면서 푸레네커 대학의 교수로 11년 정도 사역을 하였다. 그는 저술과 강연으로 많은 화란 개혁 교회의 인재들을 양성하며 화란 내에 개혁 교회 목사들에게 청교도의 경건 생활에 대한 도전을 주었으며 화란에서 제2의 종교개혁이라 불리는 청교도적 경건주의 운동에 결정적인 영향을 주었다. 그는 보에티우스를 도와 화란의 개혁 교회가 도르트 대회를 개최할 때 많은 영향을 미쳤다. 그의 대표적인 저서인 『거룩한 신성의 정수』에서 그는 대위임령의 말씀을 교회에게 주신 지상 명령이라고 하였으며 교회의 두 가지 사역을 논했는데 목양하는 고정적인 사역과 가서 복음을 전하는 비고정적인 선교

---

220) Rooy, op. cit., pp. 69-70.

의 사명이다. [221] 그는 교회의 존재 의의로서 선교의 사명을 논했으며 이런 그의 선교 사상이 도르트 대회에서 반영이 되게 하였다.

(6) 존 엘리오트

그는 켐브리지 대학 출신으로서 비국교도에 속해 있다가 미국의 보스턴으로 갔다. 록스베리 지역에서 교사로 사역을 하면서 앨곤퀸(Algon-quin) 인디언에 대하여 관심을 가지게 되었고 그들을 위한 사역을 시작하였다. 그는 앨곤퀸 언어를 익히고 문어체를 만들어 성경을 번역하면서 개종한 인디언들을 모아서 "기도하는 인디언"(Praying Indians)이라고 불리는 공동체 마을을 형성하여 이를 확산시키기 시작하였다. 그는 개종한 인디언들을 모아서 근대적 교육을 시키고 그리스도인의 모범적 삶을 살도록 하면 그런 공동체를 통해서 백인들에게 인디언 선교의 가능성을 나타내 보이고 인디언들에게는 가능성과 자신감을 심어 주어서 인디언 복음화를 촉진시킬 것을 믿었다. 그는 이런 취지 가운데 인디언 마을을 이상적인 그리스도인의 삶이 구현되는 그런 장소로 만들려고 노력을 하였고 이 마을들을 확산시키려 노력하였는데 1674년에는 15개의 인디언 마을에 3천6백여 명의 인디언들이 있었다고 한다.

그러나 필립 왕의 전쟁으로 기도하는 인디언 마을은 제일 피해를 많이 받았고 그의 사후에는 거의 해체되다시피 되었다. [222] 이렇게 된 이유에는 크게 두 가지가 대두되는데 첫째는 개종한 인디언들을 그들의 삶의 현장에서 유리케 하여 그들의 동족들과 거리가 있게 함으로 오히려 동족들에게 외면을 당한 것과 인디언들에게 근대 교육을 시켰지만 백인 사회가 그들을 외면하고 받아들이지 않은 이유가 있다. 그러나 엘리오트의 인디

---

221) William Ames, The Marrow of Theology, ed., John D. Eusden (Boston: Pilgrim Press, 1968), pp. 183-196.
222) Latourette, Three Centuries of Advance, pp. 218-220.

언에 대한 사랑과 헌신 그리고 그를 통한 열매는 궁극적으로 인디언들을 주께로 인도하는 결정적인 역할을 하였다. 그는 최초의 인디언 종족어인 앨곤퀸어로 성경 전역을 번역한 분으로 알려지고 있고 또한 인디언의 사도로 불려지고 있다.

(7) 웨슬레이 형제들

존 웨슬레이가 형이고 찰스 웨슬레이는 동생으로서 감리교의 창시자들이다. 그들은 옥스퍼드에 있으면서 "거룩한 클럽"(Holy Club)을 조직하여 매주 모여서 기도하고 연구하며 때론 성찬식을 거행하였다. 이때 주변의 동료 학생들이 그들을 가리켜서 방법주의자(Methodist)라고 불렀는데 나중에 이것이 그들의 호칭이 되었으며 교단 이름이 된 것이다. 그들 형제들은 국교회의 "외지에서의 복음 전파회"를 통해서 1735년에 미국 조지아 주로 선교사로 파송이 되었다. 항해 중에 그는 일단의 모라비아 교인들이 폭풍 속에서도 두려워하지 않고 평안하게 있는 것을 보고 큰 감명을 받았다.

동생인 찰스는 건강이 나빠서 1년 만에 영국으로 돌아왔고 형인 존은 실연의 슬픔과 현지인들과의 갈등 등으로 인하여 영국으로 돌아왔다. 영국으로 돌아와서 그는 모라비안 교인들과 교제를 나누기 시작하였는데 1738년에 런던의 알더스게이트(Aldersgate)가의 모라비안 교인들의 집회에 참석하는 중에 가슴이 뜨거워지며 믿음으로 의롭게 되어지는 은혜를 체험하였다. 그는 그의 동생 찰스와 조지 휫필드와 함께 대중 전도 집회를 인도하기 시작하였는데 조지 휫필드의 권유를 받고 노상에서 설교를 하기 시작하였다. 존은 비상한 조직 능력을 가지고 있었는데 회심자들을 8명에서 12명 단위의 클라스(Class)나 밴드(Band)로 모으고 그들을 조직화하여 그 속에서 양육과 훈련 때론 구제 기능까지 하는 세포 단위로 하고 이것을 계속 배가시켜 일종의 회중인 소사이어티(Society)를 형성하였다.

그는 아일랜드, 스코틀랜드 및 영국 전역을 말을 타고 순회 전도 여행을 평생토록 하였는데 대략 2십5만 마일을 여행하였고 4만 번의 설교를 하였다고 알려지고 있다. 그는 본인이 미국을 재차 방문하지 않았지만 미국 선교에 대한 부담감을 가지고 있었고 이로 말미암아 1775년에 토마스 코우크(Thomas Coke)를 미국에 파송하였고 바로 프란시스 애즈배리를 파송하였다. 그의 동생 찰스는 그의 형을 도와 특히 음악으로 부흥 운동을 뒷받침하였는데 그의 음악은 일반 서민들에게 익숙한 대중성 있는 곡조에 부흥의 열기와 하나님의 구원의 은혜를 담아 보급한 것으로 주옥 같은 찬송가를 많이 작곡하고 작사하였다.[223]

웨슬레이는 구원의 은혜를 단순히 지적으로만 아는 것이 아니라 체험해야 한다는 그의 경험을 통한 신학을 발전시켰다. 이것이 성령론과 연결이 되어 성령의 두 번째 체험 즉 축복을 경험해야 한다는 이론으로 정립이 되고 그런 은혜를 받은 사람은 완전성의 씨가 이미 뿌려져 있음으로 완전을 향한 거룩한 삶을 살 수밖에 없다는 이론을 주장하였다. 이것은 오늘날 근대 오순절 신학의 기반이 되는 것이다.[224] 그의 이런 신학은 알미니안 신학과 연결이 되어 감리교의 선교신학에 영향을 미쳤는데 그것은 선한 행위를 강조하는 선교 프로젝트를 중요시 여기는 기반이 된 것이다. 즉 사랑의 행위를 통한 구원의 온전성이 선한 행위의 선교 프로그램을 통해서 입증되는 것이다. 웨슬레이는 온 세상에 복음을 전해야 한다는 뜨거운 열정을 가지고 있었고 대위임령의 유효성을 믿었으며 그 자신이 이것을 실천하는 삶을 살았다.

---

223) Latourette, op. cit., pp. 1023-1029.
224) 현대 오순절 주의 역사 학자들은 공통적으로 웨슬레이가 오순절 주의의 시조라고 말한다. 웨슬레이는 그가 직접 저술한 책에서 그의 이런 성령론의 입장을 잘 나타내고 있다. See Charles Conn, <u>Pillars of Pentecost</u> (Cleveland: Pathway Press, 1956), p. 29, Wesley, <u>The Holy Spirit and Power</u>(Plainfield: Logos International, 1977), pp. 38-146.

(8) 조지 휫필드

휫필드는 웨슬레이 형제들과 함께 부흥 운동을 주도했으며 노방 전도 집회를 그가 먼저 시작했고 미국을 7차례 방문하여 미국 교회의 부흥에 큰 기여를 하였다. 그가 조나단 에드워드가 시무 하는 노덴프톤(Northanpton)을 방문하여 집회를 인도했을 때 에드워드가 시무하는 교회에 큰 부흥이 임했고 이것이 계기가 되어서 1734-1744년간의 대부흥인 "대각성(Great Awakening) 운동"이 시작되었다.[225] 이 부흥 운동에 조나단 에드워드가 주역으로 활약하였다.

휫필드는 그의 칼빈주의 신학으로 인하여 웨슬레이 형제들과 결별하였고 독자적인 노선의 길을 걸어갔는데 그의 영향으로 웨일즈에 칼빈주의 감리교회가 세워졌고 아일랜드와 스코틀랜드의 교회에 많은 영향을 미쳤다. 특히 그를 따르는 사람들이 클라팜(Clapham)회를 조직하였는데 이 회에 속한 사람들 중에 영국의 노예 제도를 근절시키는 데 결정적인 역할을 한 윌리암 윌버퓌스(William Wilberforce)와 교회선교회(Church Missionary Society)의 창설자가 되는 존 벤(John Venn) 등이 있다.[226] 이렇듯이 휫필드는 존 웨슬레이와 다르게 그의 하는 일에 조직화를 시도하지는 않았지만 그가 미친 영향력은 심원하고 한 나라를 변화시키는 부흥의 주역으로 하나님께 사용되었다.

(9) 데이비드 브레이너드(David Brainerd)

그는 예일 대학을 다녔으나 졸업하지 못하고 1742년에 코넥티커트 주의 단베리에서 목회자로 인준을 받고 목사 안수는 1744년 뉴욕 노회에서 받았다. 그는 스코틀랜드의 "기독교 지식 전파회"의 파송을 받고 델라웨

---

225) Sweet, pp. 131-133.
226) Latourette, <u>A History of Christianity Vol. II Reformation to the Present</u>, pp. 1029-1031.

어와 리하잇 강 주변의 인디언들에게 복음을 전하였는데 그는 인디언을 복음화하기 위해서 그들과 똑같이 생활하였다. 인디언들은 처음에는 그를 의심하고 그를 배척했으나 그는 고결한 인격과 깊은 영성으로 인디언들을 감화시키고 많은 개종자들이 생기게 만들었다. 크랜베리 지역에서는 87명이 그에 의해 세례를 받기도 하였다. 그는 인디언들 가운데 살면서 너무나도 열악한 환경에도 몸을 돌보지 않고 헌신적으로 일하였기에 결국 병이 들었고 폐결핵으로 29살의 나이에 소천하였다.

그가 조나단 에드워드의 딸과 약혼을 한 인연으로 에드워드가 그의 장례식을 집행하였고 그의 유지를 받들어 그가 남긴 일기집이 있었는데 이것을 편집하여 구미 세계에 그의 행적을 알렸다. 이 일기집은 『브레이너드의 일기집』으로 출판이 되었다.[227] 브레이너드는 한 영혼이 구원받는 모습에서 하나님의 넘치는 은혜를 발견하였고 이것을 너무나도 기뻐하였으며 죄인을 변화시키시는 그분의 사랑과 능력에 대한 영적 희열을 느꼈고 선교에 있어 하나님의 영광의 광휘를 체험하였다.[228] 인간적으로는 최악의 상황이었지만 복음의 능력으로 인디언들이 변화되어지는 모습을 볼 때 그는 감격하였으며 그의 이런 심정을 그대로 글로 남겼다. 후대에 그의 일기집은 선교에 있어 하나님의 영광이 무엇인가를 깨닫게 하였고 윌리암 케리와 허드슨 테일러를 필두로 많은 선교사들에게 선교사로 자원토록 하게 하는 동기부여의 책으로 하나님께 사용되었다.

(10) 어거스트 헤르만 프랑케(August Hermann Francke)
프랑케는 언어에 재능이 있어서 성경 언어를 깊이 공부하였다. 1688년에 라이프찌히에서 경건주의 운동의 창설지기 되는 스페너를 만났고 이

---

227) Ibid., pp. 161-162.
228) Jonathan Edwards, ed., The Life and Diary of David Brainerd (Chicago: Moody, 1949), pp. 141-146.

것이 그로 하여금 결정적으로 경건주의자가 되게 한 계기가 되었다. 그는 라이프찌히와 에르푸르트 지역에서 강의를 하며 목회를 하다가 1691년에 할레 대학의 그리스어와 동방 언어를 가르치는 교수로 부임하여 주변의 사람들을 모아 놓고 스페너가 주장한 경건주의 운동을 구체적으로 시작하였다. 일 주일에 한 번 정규적으로 모여 성경 공부를 하였고 회심의 체험을 강조했으며 기도회를 인도하였다. 그는 또한 인재를 양성할 목적으로 귀족의 자제들을 모아 가르치는 사립학교를 세워 그의 경건주의 사상을 불어넣었다. 바로 이 학교에서 경건주의 모라비안 선교 운동의 지도자가 되는 진젠도르프가 교육을 받았다. 그는 또한 할레를 중심으로 여러 사역을 감당하는 종합적인 공동체를 형성했고 이곳이 경건주의 운동의 본부가 되게 하였다.

그는 교회에게 주어진 가장 중요한 사명이 대위임령의 말씀에 순종하는 것으로 알아서 선교사를 훈련하는 학교를 세웠고 선교사들을 훈련시키기 시작하였는데 이 학교 출신으로 인도에 선교사로 가서 성공적인 사역을 감당한 지겐발그와 프루차우 그리고 쉬바르쯔와 그린랜드 선교의 아버지라고 불리는 한스 에게데(Hans Egede) 등이 있다.[229]

(11) 니콜라우스 루드윅 진젠도르프(Nickolaus Ludwig Zinzendorf)
진젠도르프는 독일의 색손 주 드레스덴에서 귀족의 자제로 태어나서 스페너와 친분이 있는 양친의 영향으로 10살의 나이에 프랑케가 세운 할레의 사립학교에 가서 6년을 공부하였고 비텐베르그 대학에서 법률을 공부하였다. 그는 할레에 있을 때 프랑케를 통하여 경건주의 운동에 대한 확신을 가지게 되었고 또한 세계선교에 대한 깊은 부담을 가지게 되었다. 집으로 돌아와서 드레스덴에 있는 색손 정부 관리로 일하던 중에 그의 영지에 목공으로 와서 일한 적이 있던 크리스찬 데이비드(Christian

---

229) Latourette, op. cit., pp. 896-897.

David)의 제의를 받게 된다. 보헤미아 지역에 살고 있는 후스를 따르는 모라비안 사람들이 저들을 노골적으로 핍박하는 카톨릭 총독의 압제를 피해 신앙의 자유를 얻기 위해서 피난 올 장소를 물색하고 있다는 것이다. 그는 데이비드의 제의를 흔쾌이 수락하고 모라비안 사람들을 그의 영지에 받아들이기 시작하였다.

이 모라비안 사람들을 중심으로 그는 경건주의 운동을 벌였는데 그들과 규칙적으로 집회를 가지는 중에 큰 은혜를 체험하였고 모라비안의 공동체가 탄생하게 되었다.

그는 스페너의 사상대로 교회 안에 교회를 생각하면서 루터란 교회를 떠나지 않고 일종의 교회병행 선교기구로서 모라비안 공동체를 유지하려고 했으나 색손의 루터란 교회가 이를 인정치 않자 결국 루터란 교회를 나오게 되었고 그의 모라비안 선교 공동체는 후에는 형제 교회(Unitas Fratrum)로 불리는 교단으로 발전이 되었다. 그는 모라비안 선교 공동체를 통해서 북극의 그린랜드로부터 시작해서 구미 전역과 아프리카 등지에 선교사를 파송하였고 이를 감독하고 지도하기 위해서 1736년부터 미국을 필두로 전세계의 모라비안 선교사들의 선교지를 방문하였다. 그는 미국에 1741년부터 1743년까지 있었고 영국은 1749년부터 1755년까지 있었다. 그는 미국의 형제 교회의 책임자로 그의 후계자라고도 할 수 있는 스팡겐버그(Spangenberg)를 임명하였다.[230] 진젠도르프의 선교신학 사상은 경건주의 선교신학의 연장선인데 특히 그는 십자가에서 고난당하신 예수 그리스도의 발자취를 따르는 것이 선교사의 삶이라고 생각하였고 고난의 선교 정신을 강조하였다.[231] 그의 교회관은 제도적인 교회

---

230) cf. Ruth A. Tucker, From Jerusalem to Irian Jaya (Grand Rapids: Zondervan, 1983), pp. 69-74, Scharpff, op. cit., pp. 42-45.

231) John R. Weinliche, Count Zinzendorf (Nashville: Atingdon, 1956), p. 200.

보다 이상적인 그리스도인의 삶의 공동체를 만드는 것으로 보았고 결국 이것이 당시 제도권의 교회와 갈등을 일으키는 한 요인이 되기도 했지만 교단을 형성한 이후에 1747년에는 색손 주에서 그리고 1749년에는 영국 정부의 인준을 받았다. 그가 세운 독일과 화란과 영국과 미국의 모라비안 공동체 교회가 서로 화합하지 못하고 계속 분열되고 다투는 일이 빈번함에 그는 평생 이것을 중재하느라고 고생하였는데 그가 추구한 이상향의 공동체는 결국 이 땅에서 발견하지 못 한 것이다. 그가 세운 모라비안 공동체 교회는 전세계에 선교사를 보내는 일에 있어서 평균 60여 명의 교인들 중 선교사 한 사람을 파송하였고 대개가 열악한 경제 여건 가운데서 자비량하는 희생적인 선교를 하였다.

(12) 유스티니안 폰 벨츠

그는 개신교의 선교의 선각자요 행동가이다. 독일의 루터란 목사로서 당시의 개신교회를 향하여 선교를 촉진하는 포문을 열었는데 그는 이것을 세 권의 소책자를 만들어 교회 지도자들에게 알렸다. 그는 대위임령의 선교의 사명의 유효성과 선교의 시급성과 당시 교회가 영혼을 구하는 일에 무책임함을 성토하고 선교사를 훈련시킬 학교를 세우고 로마교회처럼 선교기구를 만들 것을 주장하였다. 그러나 당시의 교회 지도자들은 그의 주장에 별로 공감하지 않았다. 그는 화란에 가서 화란 교회의 도움을 요청했고 그들의 지원을 받아서 "그리스도의 형제애"라는 선교회를 만들고 화란령 가이아나로 가서 선교를 하였는데 기후에 적응하지 못하고 풍토병에 걸려 얼마 사역하지 못하고 소천하였다.[232] 그의 선교에 관한 주장은 결국 한 세기가 지난 후에 영국의 윌리암 캐리를 통해서 동일한 메시지로 전달이 되어 선교의 꽃을 피우는 계기가 되었다.

---

[232] Latourette, op. cit., p. 46, Elgin Moyer, <u>Wycliffe Biographical Dictionary of the Church</u>(Chicago: Moody Press), p. 427.

(13) 이그나티우스 로욜라

로욜라는 기사로서 팜프로나 요새에서 프랑스와의 전쟁을 치르다가 대포알에 맞아서 치료를 받는 중에 성직자로서의 소명의 길을 걷게 되었다. 그는 바르셀로나 서쪽에 있는 몽세라트의 한 베네딕트 수도원으로 들어가서 고해를 하며 자신의 죄를 참회하는 시간을 가졌다. 그는 만레사의 동굴에서 유숙하며 더욱 철저히 자신을 돌아보고 고행하며 금식을 하며 훈련을 하는 중에 예수회의 신학적 기초라고 할 수 있는『영적 훈련』이라는 소책자를 작성했다. 이 책의 내용은 4주간의 기간을 통해서 영적 지도자의 감독 아래 기도하며 성경을 연구하고 금식과 금욕적인 삶을 통해 자신을 영적으로 새롭게 하여 그리스도에게 절대 순종하는 삶을 살게 한다는 것이었다.

그는 예루살렘을 순례하면서 선교의 사명을 강렬하게 느끼게 되었고 또한 자신이 전혀 준비되지 못했음을 깨달으면서 오랜 세월의 공부를 하는 시간을 가지게 되었다. 그는 알칼라(Alcala)와 살라만카(Salamanca)와 파리 대학교에서 공부를 하고 학위를 얻게 되고 또한 그를 따르는 동료들과 추종자들을 많이 얻게 되었다. 그들 중에는 예수회의 가장 유명한 선교사인 프란시스 자비에르가 있었다.

그들은 1534년 여섯 명이 모여 가난(Poverty)과 순결(Chastity)과 복종(Obedience)의 맹세를 하고 대장 되신 예수님만을 따른다는 의미의 예수회(The Society of Jesus)를 발족하였다. 1540년에 교황 바오로 3세가 예수회를 인준하였다. 예수회는 하나님의 군대라는 의식을 가지고 조직을 위계 질서가 있는 군대 조직처럼 만들었으며 최고 사령관은 교황으로서 교황에게 절대 충성한다는 모토를 가지고 있었다. 그들은 영혼의 잘됨과 신앙 전파를 위해서 로마교회가 그들을 어디로 파송하든지 어디에든 간다는 충성의 맹세를 하였다. 로욜라 생전에 예수회 조직은 1000여 개의 지부가 있었고 12개의 행정 조직과 구(Province)가 있었다.

그는 인도에 그가 가장 신임하고 아끼는 두 동료인 피터 카니시우스

(Peter Canisius)와 프란시스 자비에르를 보냈고 콩고와 에디오피아에 선교사를 보냈다.[233] 그는 로마교회라는 제도권에 안주하여 교황에게 절대 충성을 맹세하며 선교 사역을 수행하였지만 선교에 있어 최선의 것을 드리려고 노력한 사람인 것을 알 수 있다. 예수회의 선교사들이 로마교회의 신학의 범주를 벗어나지 못한 선교신학을 발전시켰으며 선교를 수행하였지만 그들 중에 로욜라처럼 선교에 최선을 다한 분들이 있었음을 발견하게 된다.

(14) 프란시스 자비에르

자비에르는 로욜라처럼 스페인의 바스크 지역의 귀족 가문에서 태어나서 어려서부터 신앙심이 있었고 성직자가 되기 위해서 공부를 하려고 파리 대학교에 가서 공부하는 중에 한 방을 쓰던 로욜라에게 설득이 되어 초창기의 동역자로서 함께 예수회를 창설하였다. 포르투칼의 요한 3세 왕이 인도의 식민 지역에 선교사를 파송하기 위해 예수회에게 도움을 요청했을 때 로욜라는 자비에르를 선정하였고 자비에르는 원래 인도로 가려는 계획 가운데서 기꺼이 이에 응하여 1542년에 인도의 고아에 도착하였다.

그는 이미 살펴보았지만 인도의 하류 계층인 파라바스족에 대한 선교 사역에 크게 성공하였고 세례받기를 요청하는 마쿠안(Macuans)족에게로 가서 약 10,000명에게 세례를 주기도 하였다. 그는 실론과 말레이 군도의 말라카와 몰루카 제도를 순회하며 복음을 전하였고 예수회의 선교 기지를 설치하였으며 인도의 고아 대학을 강화하고 원주민 성직자들을 양성할 목적으로 코친에 대학을 설립하였다.

그가 말라카에 있었을 때 안지로(Anjiro)라는 일본인에게 세례를 주었

---

[233] Latourette, A History of Christianity Vol. II Reformation to the Present, pp. 843-848.

는데 이 일본인을 대동하고 일본의 가고시마에 도착해서 선교 활동을 하였다. 그는 일본 사람들이 그가 선교한 인도와 말레이지아 사람들과 다르게 문화가 훨씬 발전하고 지력이 뛰어 난 것을 알게 되었다. 그는 일본에 오래 있지 못하고 인도로 돌아가서 사역을 하는 중에 일본을 기독교화하기 위해서 먼저 중국을 기독교화해야 한다는 선교 전략을 가지고 중국에 들어 가려고 시도하다가 소천하였다.[234] 자비에르는 평생 선교를 위해서 불철주야 자신을 돌아보지 않고 달려갈 길을 달려간 사람이었다. 그 당시 교통 수단이 발달되지 않은 상황에서 그만큼 그렇게 지구를 반 바퀴 도는 선교 여행을 자주한 사람은 누구도 없었다. 그는 특히 일본에서의 경험을 거울로 예수회 선교사들로 하여금 각 선교 현지의 문화와 풍습에 적절한 선교를 수행하도록 권면하였으며 그 자신이 그것을 실천하려고 노력한 사람이었다.

### 자. 토착화

이 시대에 있어서 로마교회의 토착화를 살펴보려면 먼저 예수회의 선교신학을 이해해야 한다. 예수회가 로마교회 선교의 주축 세력으로서 오늘날 로마교회의 선교의 신학적 기초를 놓았다. 이것은 로버트 노빌레와 마테오 리치와 발리그나니의 선교를 통해서 확립이 되었다. 이것은 적용화의 모델과 직접 연관이 되는 성취이론(Fullfilment Theory)이다. 그러나 대체적으로 로마교회의 선교는 강압적인 분위기 속에서 이루어졌고 토착 문화의 종교적 세계관을 무시한 채 지나친 적용화를 함으로 후에 기독교 이교주의적 형태가 나타났다. 또한 양육과 훈련이 많이 결여되어 있었다. 이에 대해서 라토렛은 남미에서 일어난 기독교 이교 주의의 양

---

234) Ibid., pp. 928-930.

태를 다음과 같은 4가지로 기술하고 있다.

첫째는 기독교 절기 행사 때에 옛 이교 의미가 포함된 춤과 음악이 그대로 사용되었다. 둘째는 이교의 종교적 축제가 마치 기독교 절기인 것처럼 가장하여 나타났다.

셋째는 옛 우상의 이름 앞에 기독교 성자나 천사의 이름을 부치고 옛 풍습 대로 동물 제사를 드렸다. 넷째는 옛 이교사원들이 그대로 마리아나 성인들의 이름으로 봉헌이 되어 일반 서민들에게 옛날 풍습 그대로 사용이 되었다.[235]

이 시기에 있어서 개신교회의 토착화를 살펴보자. 개신교회의 선교는 이 시대에 있어서 식민 당국자들의 식민정책과 연관되어 있기에 강압적인 분위기에서 이루어졌다. 성직자들의 수효 부족과 현지 문화를 무시한 선교는 상당한 문제점을 내포하고 있었다. 미국에서의 인디언 선교는 인디언 교인들을 자신들의 동족들과 차단을 시켜 선교 마을을 형성한 것이 문제였으며 또한 지나치게 서구 문화를 주입하려 하였다. 개신교 교인이 되는 것은 현지인들에게 서구인이 되는 것과 같은 의미를 가지고 있었다.

### 6) AD 18세기 중엽부터 19세기 초까지

이 시기의 끝을 19세기 초로 잡은 것은 로마교회의 세력이 꺾여지고 개신교회가 선교의 새로운 주 세력으로 등장한 것을 의미하는 전환기적 사건들이 연속적으로 일어나던 때이기 때문이다. 특히 개신교회의 제2차 영적 각성 운동이 일어나서 대학의 캠퍼스 내에 자발적인 자원적 선교기구가 결성이 되고 선교 운동이 활성화되어지는 시기이다. 또한 이 시기는

---

235) Latourette, op. cit., p. 119.

예수회가 다시 로마교회의 선교 무대에 재복귀한 때이기도 하다.

### 가. 환경적 요소들

(1) 자연신교가 구미의 지성인들에게 영향을 미치며 또한 교회에도 영향을 미치기 시작하였다.

합리적이고 이성적인 보편 타당한 종교를 추구하는 운동은 교회 내에서 삼위일체를 부인하고 단일신교를 주장하는 유니테리안(Unitarian) 같은 이단을 등장케 하였다. 초기 이신론의 지도자들로 허버트(Herbert), 토랜드(Toland), 버트러(Butler)가 있고 여기에 영향을 받은 교회 지도자들로 크리스찬 울프(Christian Wolff)와 라이마루스(H.S. Reimarus) 등이 있었다. 유니테리안은 요셉 프리스트리(Joseph Priestley)로부터 시작이 되었다. 유니테리안 주의는 보편구원설의 입장을 가지고 있었으며 선교를 반대하고 개종을 부인하였다.[236]

(2) 인문주의와 이신론, 개신교의 영향력은 인간의 자유와 평등을 추구하는 운동을 일으켰다.

미국에서는 1776년에 독립운동이 일어났고 프랑스에서는 1789년에 프랑스 혁명이 일어났다. 미국 독립운동의 지도자로서 3대 대통령이 된 토마스 제퍼슨과 또한 벤자민 프랭크린 등이 있는데 이들은 세속적인 인문주의자들이었다.

(3) 프랑스 공화정의 공포정치와 혼란은 나폴레옹에 의해 쿠테타를 일

---

[236] Latourette, <u>A History of Christianity Vol. Ⅱ Reformation to the Present</u>, pp. 1001-1007.

으키게 하였고 1804년에 세습제의 나폴레옹 제국을 건설케 하였다.

나폴레옹의 등장은 로마교회의 세력을 구미에서뿐 아니라 선교지에서도 약화시켰다. 나폴레옹은 로마교회의 제도권적 선교기구인 "신앙 전파를 위한 공회"(The Congregation for the Propagation of Faith)를 해산시키려 하였다.[237]

(4) 18세기 초의 구미에서 일어난 복음주의적 각성 운동과 대각성 운동은 18세기 말에 미국에서 두 번째 각성 운동을 일으켰고 이것은 교회로 하여금 구령의 열정을 갖게 하여 국내에서뿐 아니라 전세계에서 조직적인 선교 운동을 일으키는 계기가 되었다.[238]

### 나. 신학적 요인들

(1) 이신론 및 낭만주의 영향을 받은 유니테리안 주의와 범신론적 보편주의를 추구하는 보편구원설이 대두하여 선교 무용론을 주장하였다.

유니테리안 주의의 지도자로서 윌리암 채닝(William Channing)이 있고 그들은 1825년에 유니테리안 교회 협의회를 조직하였다. 그들은 인간의 자유의지를 믿었고 죄란 순간의 선택의 문제이지 존재론적인 것은 아니라는 소시니안적 견해를 가졌다. 이로 인해 대체로 보편구원설의 입장을 가졌다. 호세아 밸로우(Hosea Ballou)가 중심이 된 보편구원론자들은 하나님의 편재성을 믿었고 궁극적으로 모든 사람들이 인간성의 완성에 이르게 된다는 보편구원설을 주장하였다. 이들은 1790년과 1793년에 대회를 조직하였고 1803년에는 신조까지 작성하였다. 이런 사상들은

---

237) Ibid., 1010-1013.
238) Ibid., pp. 1018-1022.

선교 운동을 역행하는 조류로서 작용하였다.[239]

(2) 개인의 의식적인 회심 체험과 이로 인한 구령 운동을 강조하는 복음주의적 각성 운동과 대각성 운동은 복음주의자라는 용어로 결속이 되었고 현대 복음주의 선교 운동의 계기가 되었으나 위험한 양상으로도 나타났다.

구원에 있어서 성령의 역사로 말미암는 중생의 극적 체험을 강조하고 모든 사람들에게 복음을 전해야 한다는 선교의 책임 의식 등은 대규모의 복음 전도 집회 및 국외에서의 조직적인 선교 운동을 가져왔다. 영국에서는 복음주의 각성 운동의 시발자라 할 수 있는 웨슬레이 형제들과 조지 휫필드가 있고 독일에서는 경건주의 선교 운동이 있고 미국에서는 대각성 운동과 두 번째 각성 운동이 있었다.

대체로 휫필드와 미국의 청교도 지도자들과 연관된 각성 운동은 신학에 있어서 칼빈주의 신학이었다. 위험한 점은 극적인 체험을 강조하는 경향은 부흥의 차원을 뛰어 넘어서 인위적인 소위 부흥 주의를 조장하는 형태로 나타났고 이것은 경험 신학의 올무에 빠져 결국 자유주의의 온상이 되어 버리는 결과로 나타났다.[240] 이것은 특히 미국 장로 교회의 신학파(New School)에게서 나타났는데 대표적인 사람으로서 조나단 에드워드 2세, 예일 대학의 티모디 드와이트, 오벌린 대학을 세운 찰스 피니 등이 있다.[241]

---

239) Ibid., pp. 1043-1044.
240) 라토렛은 개인의 체험을 강조하는 경험 신앙의 풍조는 극단적으로 발전이 되어 하나님의 주권적 선택과 예정을 무시하고 누구도 하나님을 체험하고 그를 만날 수 있다는 범신론적 보편주의의 함정에 빠지거나 경험이나 이성을 우위로 두는 자유주의 신학의 올무에 빠져 버렸다는 사실을 나타내고 있다. See Ibid., p. 1046.
241) Sweet, op.cit., pp. 259-263.

### 다. 영적 원동력

(1) 영국과 독일에서 일어난 복음주의 각성 운동과 미국의 대각성 운동은 이 시기에 있어서 두 번째 각성 운동을 가져왔고 이것은 평신도들의 만인 제사장적 책임 인식과 사회변혁과 세계적인 선교 운동 등으로 나타났다.

평신도들이 중심이 되어 성경공회가 만들어지고 주일학교 연합 기구가 결성이 되며 조직적인 노예제도 폐지 운동과 각종 선교기구의 결성과 주류 판매 금지 운동과 빈민 및 어린아이들을 위한 복지 운동이 일어났다.

(2) 로마교회 자체 내의 계속적인 갱신 운동이 있었고 이로 인해 신흥 소달리티 선교기구가 등장하기도 하였다.

위험한 점은 로마교회 내의 신비주의적이고 마리아를 신성화하는 운동이 조직화되어서 선교기구로 나타난 점이다.

(3) 러시아 정교회 내에서 일어난 즈돈스키의 티콘(Tikon of Zdonsky)과 사로브의 세라핌(Seraphim of Sarov) 등의 예수 그리스도의 고난에 대한 침묵의 묵상과 그로 인한 생명력 있는 신앙을 강조하는 운동은 슬라브족의 토착적 영성을 형성하였고 시베리아 및 알류우산 열도와 알라스카에 이르기까지 선교를 확산시켰다.[242]

### 라. 선교 매체

(1) 인쇄술의 발달로 인한 각종 선교 문서들의 전세계적인 보급이다.
(2) 서신 교류로 인한 선교 운동의 확산이다.

---

242) Ibid., pp. 1014-1018.

독일의 경건주의 지도자인 프랑케와 미국의 대각성 운동의 주역인 에드워드 그리고 영국의 켐브리지의 청교도 지도자인 찰스 시므온과 미국 동부의 청교도 지도자인 코튼 마테르 등의 서신 교류가 있었다. 특히 조나단 에드워드는 이런 서신 교류를 통해서 그가 제안한 기도 합주회 운동을 활성화시켰다.[243]

(3) 이민으로 인한 복음 선교의 확산이다.

특히 이 시기에 있어서 영국과 독일 등지에서 대규모의 개신교인들이 미국 13개 영국령인 지역들로 이민을 왔다. 이것이 미국에서 인디언 원주민들에게 복음을 전하고 세계를 향한 선교 운동을 활성화시키는 계기가 되었다.

(4) 노방 전도 및 대규모의 대중 전도 집회를 통한 복음의 확산이 있어 왔다.

(5) 선교 배를 사용하여 남태평양 군도의 복음화가 이루어졌다.


### 마. 선교 구조

로마교회의 선교가 심각한 타격을 입고 있었으나 신흥 소달리티 선교 기구가 창설이 되고 예수회가 복권이 되었다(1814).

개신교는 각성 운동의 결실로 자원적인 선교기구가 등장하기 시작하였고 이것은 교단 안이나 교단 밖의 초교파적 차원에서의 선교기구의 활성화로 나타났다.

로마교회의 선교기구로는 1800년에 창설이 된 메델린 소피 바라트

---

[243] Ernst Benz, "Pietist and Puritan Sources of Early Protestant World Missions", in Church History, Vol. ⅹⅹ, No. 2 (June, 1951), pp. 28-55.

(Madeleine Sophie Barat)의 "예수의 성심회"(The Society of the Sacred Heart of Jesus)와 그리고 1802년에 창설된 에드몬드 이그나티우스 라이스(Edmund Ignatius Rice)의 "아일랜드의 기독교 형제단"(The Christian Brothers of Ireland) 등이 있었다.[244]

개신교회의 선교기구로는 세 가지 형태가 존재했는데 하나씩 살펴보자.

첫째는 교단적 배경에서 형성되어진 자원적인 소달리티 선교기구이다. 1792년에 윌리암 캐리에 의해 발족이 된 "침례교 선교회"(The Baptist Missionary Society) 등이 있다. 윌리암 캐리의 영향은 그 이후에 교파적 차원을 뛰어넘는 초교단적 선교기구가 형성되는 데 결정적인 역할을 한다. 캐리는 덴마크령 세람포오에서 사역을 하며 문서 선교에 뛰어난 재능을 보였으며 전문적인 선교기구를 결성할 것을 항상 주장하였고 근대 선교의 아버지라고 불려진다.[245]

둘째는 초교파적 차원에서 형성된 자원적인 소달리티 선교기구이다.

1795년에 영국의 칼빈주의 신학을 가진 회중 교인들을 중심으로 비기독교 세계에 복음을 전파한다는 모토로서 창설이 된 "런던 선교회"(The London Missionary Society)가 있다. 이 선교회는 남태평양 선교를 개척했으며 아프리카 내륙 선교의 길을 연 리빙스턴을 파송하였고 중국과 인도와 동남아시아에 선교사들을 파송하였다. 후에 "연방 선교회"(The Commonwealth Missionary Society)와 연합하여 1966년에 영국 회중 교회 선교회가 되었다. 1796년에 캐리에 의해 자극을 받은 스코틀랜드의 칼빈주의자들이 중심이 된 "스카티쉬 선교회"(The Scottish Missionary Society)가 있고 1797년의 화란 개혁 교회 교인들이 중심이 된 "네덜란드 선교회"(The Netherlands Missionary Society)가 있다. 1799년에는

---

244) Ibid., pp. 1013-1014.
245) Scharpff, p. 87.

휫필드의 영향을 받아 결성이 된 클라팜회의 존 벤이 창설한 "교회 선교회"(The Church Missionary Society)가 있다. 존 벤의 손자인 헨리 벤이 교회 선교회의 총무였을 때 근대 선교의 대중적인 선교 정책인 토착교회의 자급, 자치, 자전의 원칙들이 결정되었다. 특이한 소달리티 선교기구로서 1780년에 로버트 레이크스(Robert Raikes)에 의해 도시 빈민 아이들의 복리와 교육을 위해 시작이 되어 1785년에 전문적인 선교기구로 결성이 된 "주일학교회"(The Sunday School Society)가 있고 1804년에 웨일즈의 칼빈주의 감리교 목사인 토마스 찰스(Thomas Charles)와 클라팜회의 노력으로 창설이 된 "대영성서공회"(The British and Foreign Bible Society)가 있다. 246)

셋째는 소달리티 선교 운동으로 시작이 되었으나 곧 모달리티 자체가 된 경우이다.

독일의 경건주의 선교 운동은 소달리티 선교기구로 시작했으나 이 시기에 있어서 국내뿐 아니라 국외에 선교사를 파송하는 교회적인 조직으로 발전이 되었다. 이렇게 된 이유는 당시의 루터란 교회가 진젠도르프의 모라비안 공동체를 인정치 않고 진젠도르프를 면직했을 뿐 아니라 모라비안들을 쫓아낸 데서 발단이 된다. 이후에 진젠도르프는 베테라비아(Wetteravia)의 헤른하그(Herrnhaag)와 마리엔보른(Marienborn) 등에 모라비안들의 공동체를 형성하였고 화란과 발틱해 주변에 모라비안 공동체를 확산시켰다.

진젠도르프는 1749년에 이전의 'Unitas Fratrum'을 계승하는 "형제 연합 교회"(The Church of the Unity of the Brethren)를 창설하였고 제도적인 교회로서 발전하는 기초를 놓았다. 247) 또한 1740년에 스팡겐버그(A. G. Spangenberg)를 미국에 파송하여 펜실바니아 주 베들레

---

246) Ibid., pp. 1031-1035.
247) Ibid., p. 897.

헴에 본부를 두고 이주자 및 원주민 선교를 수행케 하였다.[248] 모라비안 교회는 원주민인 인디언 선교를 효과적으로 하기 위해서 1787년에 "이교도들에게 복음 전파하는 선교회"(The Society for Propagating the Gospel among Heathen)를 결성하였다. 모라비안 형제 교회의 선교지는 북극의 그린랜드로부터 시작해서 아프리카, 인도, 미국 대륙, 러시아 등에 집중이 되었다.[249]

1810년에 미국의 회중 교인들과 장로 교인들이 중심이 되어 세운 "미국 해외 선교 위원회"(American Board of Commissions for foreign Mission)가 있는데 이 기구의 목적은 이방인 선교를 다방면으로 하자는데 그 목적이 있음을 천명하였다.[250] 이 기구는 이후에 회중 교회와 장로 교회의 독자적인 선교기구로 각기 분리되어 발전이 되었다.

웨슬레이의 복음주의적 각성 운동은 조직화하여 1790년에는 연례 회의를 열기에 이르렀고 신학적으로 영국 국교회의 주교의 신분과 신약의 말씀 전하는 장로의 신분이 본질적으로 같은 것임을 알아서 자체 내에 성직자를 안수하는 일이 이루어졌다.

1784년에 미국 선교를 위해서 두 사람을 성직자로 안수하며 감리사(Superintendent)로 임명하였는데 토마스 코우크와 프란시스 애즈베리 이었다. 이 두 사람은 곧 감독이 되었고 미국에서 "감리교 감독 교회"(The Methodist Episcopal Church)가 되었고 영국에서는 1791년에 "웨슬레이 감리교회"(The Wesleyan Methodist Church)로 발전이 되었다.[251]

---

248) Latourette, Three Centuries of Advance, p. 223.
249) Latourette, op. cit., p. 1047.
250) Ibid.
251) Ibid., pp. 1038-1040.

## 바. 지리적인 확장

(1) 아프리카 지역에서는 로마교회의 세력이 거의 소멸되거나 위축이 되었고 인도 및 실론 기타 몇 군데 지점에서는 개신교회보다 앞서는 성장이 있었다.

(2) 터키 제국의 쇠퇴로 인하여 러시아가 남방으로 진출하게 되었고 이것은 지금의 루마니아 지역에서 러시아 정교회를 확산시키는 계기가 되었다. 러시아 정교회는 이미 살펴보았지만 폴란드 지역, 루테니안, 알류우산 열도, 알라스카 등으로 확산이 되었다.

(3) 개신교회는 계속적인 지리적인 확장이 있었다.

모라비안 형제회의 선교는 북극의 그린랜드, 라브라도 지역, 러시아, 니코바르 섬들, 인도, 실론, 영국령 서인도 제도, 수리남, 중앙 아메리카, 황금해안을 낀 남아프리카, 북미 등으로 확산이 되었다.

웨슬레이의 감리교회의 선교는 주로 북미 지역과 영국령 식민 지역으로 확산이 되었는데 미국에서는 북부 지역에서 크게 성장하였고 성장 요인은 평신도 전도자들을 구역 설교자(Local Preachers), 권사(Exhorters), 순회 전도자(Circuit Riders) 등으로 적극 활용하였고 또한 저들은 자원하여 헌신하여 사역을 하였고 이것을 수용하는 세부 조직인 밴드(Band), 클라스(Class), 소사이어티(Society) 등을 가졌다는 것이다. 저들은 평신도로서 일반 서민들의 애환을 알았고 평민의 언어를 구사하였으며 기동성이 있었다. 또한 감리 교인들은 계절 집회 및 야영 집회 그리고 철야 기도회 등을 운용하였다.[252]

미국의 침례교회는 남부 지역에서 성장하였는데 평신도 전도자들을 활용하였고 대중 전도 집회를 자주 열었으며 농장에 정착하여 일반 서민들에게 호소력 있는 대중 찬송과 비형식적 예배를 적극 활용하여 일반 서

---

252) Ibid., pp. 1039-1040.

민들에게 파고들었다. 침례교회 중에 특별 주의자(Particularist)는 칼빈주의 신학을 가졌고 일반주의자(Generalist)는 아르미니안 신학을 가졌다.²⁵³⁾ 침례 교인들은 영국의 침례 교인들과 연합하여서 캐리의 아들들을 통해서 버어마와 동인도 제도를 선교하였다.²⁵⁴⁾

장로 교회는 특히 뉴잉글랜드 지역에서 크게 성장하였는데 대각성 운동과 두 번째 각성 운동의 특징으로 개인의 회심 체험을 강조하였고 이것은 대규모의 대중 전도 집회를 활성화하는 계기가 되었다. 장로 교인들은 특히 지도자 훈련을 위하여 통나무 대학으로부터 기원이 된 뉴 저지 대학을 1750년에 세웠고 이것은 프린스톤 대학으로 발전이 되었다. 또한 동일한 목적으로 펜실바니아 대학이 세워졌다.²⁵⁵⁾ 교회선교회는 호주 및 뉴질랜드 지역의 원주민인 마오리족을 선교하였고 성공적인 결실을 거두었다.²⁵⁶⁾

1810년에 세워진 미국의 "해외 선교 위원회"는 1812년에 아도니람 저드슨과 루터 라이스 부부를 인도로 파송하였으며 저들은 버어마에 정착하였고 침례에 대한 의견 때문에 침례교회 선교부로 소속을 옮겼다.²⁵⁷⁾

이 시기의 지리적 확장의 결어로서 라토렛이 평가하는 18세기 이후에 개신교 선교가 활성화된 양상의 특징들을 살펴보자.

첫째로 오랜 세월의 침체 이후에 개신교회가 영적으로 각성된 결과로서 선교가 시작이 되었다. 둘째로 북미의 영국령에 모여든 각성된 개신교인들과 그들의 놀라운 선교적 관심이다.

셋째로는 종교개혁의 원리처럼 만인 제사장론과 모든 교인들의 선교적

---

253) Ibid., pp. 1037-1038.
254) Ibid., p. 1034.
255) Latourette, op. cit., pp. 214-215.
256) Latourette, A History of Christianity Vol. Ⅱ Reformation to the Present, p. 1034.
257) Ibid., p. 1047.

책임의식 등은 개신교 특유의 창의적 선교기구를 결성하고 로마교회의 재정 정책과는 다르게 모든 사람들이 재정 후원을 하였다. 넷째로는 초신자들의 확실한 신앙고백 위에서 세례를 주고 집단 개종 운동은 경계하였다.[258]

### 사. 종족, 종족 그룹, 계층

전 시대의 뒤를 이어서 새롭게 추가된 지역은 남태평양 군도의 종족들, 타이티족, 바타비아족, 그린랜드의 에스키모족들, 라브라도족, 호주의 원주민들, 마오리족, 버어마족, 카렌족, 페르시아족, 알류우산 열도와 알라스카 지역의 원주민들 등이다.

개신교회의 선교는 주로 일반 서민 계층에게 집중됐고 교육 및 성경공부를 강조하고 선교의 결과로 신분의 향상을 가져왔다.

### 아. 중요 인물들

(1) 윌리암 캐리

캐리는 가난한 가정에서 태어나서 구두 수선 일을 배워 일을 하면서 성경 언어들을 익히고 프랑스어와 화란어를 공부하였다. 그는 10대에 벌써 6개 국어로 성경을 읽을 수 있었다. 1783년에 침례교회에 가입을 하였고 구두 수선 일을 하면서 교회에서 설교도 하고 가르치는 일도 하면서 특히 선교에의 꿈을 키워 갔다. 그는 쿡 선장의 항해기를 읽었으며 존 엘리오트의 선교사로서의 생애집을 읽고 큰 도전을 받았으며 무엇보다

---

258) Latourette, Three Centuries of Advance, pp. 50-51.

데이비드 브레이너드의 일기집을 읽고 선교사로 헌신하는 마음을 품게 되었다. 그는 몰튼과 리세스터에 있는 침례교회에서 목회를 하면서 선교에 뜻을 같이 하는 동료들을 규합하기 시작하였고 1792년에 『이교도인들에 대한 개종을 위해서 적절한 수단을 사용하는 기독교인들의 의무에 관한 질의』(An Enquiry into the Obligations of Christians to use Means for the Convertion of the Heathens)라는 소책자를 출판하여 당시의 영국 교회를 향하여 선교에의 참여를 강력하게 호소하였다.

캐리는 이 책에서 대위임령을 성경에 있어 선교의 핵심적임 말씀으로 보고 있으며 이 명령이 교회에게 계속 유효성이 있음을 나타낸다. 보다 구체적으로 당시의 선교 현황을 지리적인 분포에 따라 종족들과 인구 수효와 선교사의 유무로 세밀하게 분석을 하여 개신교회가 선교의 사명에 얼마나 무책임한지를 나타내고 있다. 과거의 교회 역사를 살펴볼 때 교회가 선교의 사명에 얼마나 충실했는지를 입증하며 이를 통해 개신교회가 선교의 사명을 시급하게 감당하되 이를 위해서 로마교회처럼 적절한 선교기구의 수단을 사용할 것을 촉구하고 있다. 캐리는 이 소책자를 발간하고 나서 바로 "영국 침례교 선교회"(The English Baptist Missionary Society)를 창설하고 존 토마스(John Thomas)와 함께 인도의 캘커타를 향해 출발하였다.

그가 선교사 파송을 받는 날에 성경 본문을 이사야 44:2-3을 택해서 그는 "하나님으로부터 위대한 일을 기대하고 그를 위해 위대한 일을 시도하라"고 외쳤다. 토마스의 실수로 선교비를 다 잃어버리고 그의 가족은 2년여를 몹시 고생하였는데 이런 어려운 상황 속에서 그의 자녀 중 하나가 병에 걸려 죽었고 그의 아내는 정신적으로 너무나 충격을 받아서 평생을 정신 질환으로 고생을 하는 가정적인 시련을 겪었다. 그는 자비량하기 위해서 1794년부터 1799년까지 인디고 공장의 지배인으로 일을 하면서 또한 인도의 언어들을 익히면서 바로 성경을 번역하는 일을 시작하였다. 1800년에 영국의 동인도 회사의 핍박이 가중 되어오자 캘커타

근교의 덴마크령인 세람포어로 선교 기지를 옮겼고 동역자인 윌리암 워드(William Ward)와 여호수아 마쉬맨(Joshua Marshman)과 함께 세람포어의 삼총사로 불리면서 선교에 박차를 가하였다. 그는 세람포어에서 성경 번역하는 일을 계속하였고 이렇게 번역된 성경들을 출판하기 시작하였고 또한 많은 책자들을 출판하였다. 그는 1800년부터 1831년까지 캘커타의 휘트 윌리암 대학에서 동양 언어 교수로 사역하기도 하였다. 그는 벵갈어, 산스크립트어, 마라디어를 필두로 약 36개의 언어 및 방언으로 된 성경을 번역하여 출판하였고 힌두 서사시인 『라마야나』(Ramayana)를 영어로 번역하여 출판하였다. 당시의 세람포어의 선교 기지는 일종의 개신교회의 아시아의 선교 본부 역할을 하였는데 그는 이곳에서 아시아의 언어들로 된 많은 성경과 아시아의 고전들을 출판하였다. 특히 아시아의 문화, 풍습, 종교에 관한 책들을 영어로 번역하여 출판한 이유는 저들의 세계관을 정확히 파악하여 선교 사역을 효과적으로 능력 있게 하려는 목적이 있었다. 그는 버어마, 동인도 지역들 등지에 선교 기지를 세웠고 1818년에는 인도 교회의 인재를 양성할 목적으로 세람포어 대학을 세우기도 하였다. 그는 또한 인도의 악습인 과부를 불에 태워 죽이는 수티(Suttee) 풍습과 유아 살해에 대항하여 오랜 투쟁을 하였고 결국 인도 정부는 그런 악습들을 금지시키는 법안을 통과시켰다.

그의 선교 원리는 크게 두 가지인데 그는 인도인을 서구 선교사와 다를 바 없는 동등한 동역자로 보았고 두 번째는 인도 교회가 스스로 자급, 자치, 자전의 교회가 되어야 하는 것과 또한 선교도 자비량해야 한다는 것이었다.[259]

캐리의 선교 사역을 간략하게 조망해 보자. 그는 선교회를 만들고 성경 번역과 학교를 세우고 인도 교회를 여러 군데 세웠다. 또한 인도의 나

---

259) A. Christopher Smith, "William Carey 1761-1834," in <u>Mission Legacies</u>(Maryknoll: Orbis, 1994), pp. 245-253.

쁜 사회 풍습을 인도인들이 스스로 금지하도록 사회를 변화시켰으며 주변의 다른 나라들에게까지 선교 기지를 확산시켰다. 선교기구들과 선교사들간의 일치와 연합을 위해 공동의 모임을 가질 것을 주장하였다. 실로 현대 선교의 모든 내용이 그의 선교 사역에 포함되어 있는 것이다. 이런 점에서 그를 근대 선교의 아버지라고 부르는 것이다. 캐리는 그의 부르짖음대로 하나님을 위해 열악한 상황에서도 오직 믿음으로 모든 것을 희생하며 위대한 일을 시도하였고 하나님께서는 그가 기대한 것처럼 위대한 사역의 열매로 그의 헌신적인 삶에 응답을 하셨고 영광을 받으셨다.

(2) 데이비드 리빙스턴(David Livingstone)

리빙스턴은 가난한 가정에서 태어나 어렸을 적부터 자신의 가정을 돕기 위해서 일을 해야 했었다. 그는 10살 때 목화 제조 공장에서 일을 했으며 첫 봉급으로 공부를 하기 위해서 라틴어 문법책을 산 것으로 알려지고 있다. 그는 일하면서 스스로 고학을 했으며 1834년에 영국과 미국의 교회가 중국에 의료 선교사를 파송하기 위해서 사람을 찾고 있는 것을 알고 글라스고우 대학에 입학하여 신학과 의학을 공부하여 선교사로 가기 위해서 준비하였다. 1838년에 런던 선교회의 중국 선교사 후보생으로 중국에 가려 하였으나 아편전쟁이 일어남으로 중국에 가지 못했다.

그때 런던 선교회 소속으로 남아프리카에서 성공적인 사역을 하고 있었던 로버트 모펫(Robert Moffat)이 런던에 잠시 와서 선교 보고를 하는 중에 리빙스턴을 만나게 되었고 그를 권면하여 아프리카의 선교사로 오도록 하였다. 리빙스턴은 1841년에 남아프리카의 케이프 타운에 도착하여 그의 아프리카 선교사로서의 삶을 살게 되었다. 그는 처음에 모펫 선교사의 선교 기지에서 함께 일하였는데 좀더 내지에서 일할 생각으로 흑인 인구가 더욱 많은 마보차(Mabotsa) 지역으로 옮겨 그의 선교 기지를 세웠다. 그쪽 지역에 기근이 찾아오고 이동할 수밖에 없는 상황에서 그는 좀더 내지인 북쪽 지역인 카라하리로 선교 기지를 옮겼다. 그는 그 당시 선교여행을 하는 중에 사자를 만나 평생 수족을 자유롭게 쓸 수 없는 상처를 입기도 하였다. 카라하리에서 모펫 선교사의 딸인 메리와 결혼을 하고 안정된 생활을 하는 중에 아프리카 태생 백인들로서 흑인들을 싫어하던 보어족(Boer)의 습격을 받고 집이 전소하는 어려움을 겪었다. 그는 가족들의 안전을 위해서 저들을 영국으로 보낼 것을 결심하고 영국으로 보냈으며 자신은 이후에 어느 고정된 선교 기지 없이 계속 선교여행 겸 지리적 탐험 여행을 하였다.

그의 선교 여행을 통해서 그는 세기적인 지리적 발견인 은가미(Ngami) 호수를 발견하였고 그로 인해 영국 왕실 지리 협회에서 주는 포상을 받기도 했으며 1855년에는 잠베지 강 유역에서 엄청난 폭포를 발견하였는데 이것을 당시 영국 여왕의 이름을 따서 빅토리아 폭포로 명명하였다. 그가 이렇듯이 지리적 탐험 여행을 선교 여행과 함께한 이유는 새로운 지역을 발견하여 교회로 하여금 선교하도록 통로를 열어 놓는 것과 그 지역을 개발하여 사람들의 경제적 수준을 향상시킴으로 당시 아랍 상인들이 깊숙이 관여하던 노예 무역을 근본적으로 소멸시키자는 계획 때문이었다. 특히 그는 동쪽에서 서쪽 해안 지역으로 아프리카 중앙 내지를 관통하여 그의 이런 계획을 구체화시키려고 시도하였고 또한 영국 정부의 요청을 받아서 나일강의 근원을 알아내려는 시도를 하였다. 1864년에 영국으로 돌아와서 국민적 영웅 대접을 받으며 영국 교회로 하여금 아프리카 선교의 중요성을 알리려고 노력하였다.

그는 자신이 그가 세워 놓은 계획을 그의 생전에 이룰 수 없음을 예지하고 켐브리지 대학에서 강연을 하였을 때 학생들에게 자신의 뒤를 이어서 아프리카 선교를 완수해 줄 것을 요청하였다. 그는 아프리카에 돌아와서 계속 여행을 하였으며 또한 새로운 지리적 발견을 하였는데 그러다가 외부 세계와의 연락이 단절되고 말았다. 그런데 뉴욕 헤랄드 특파원인 헨리 스텐리(Henry M. Stanley)가 그를 발견하였고 그가 필요로 하는 바를 공급하였으며 리빙스턴은 영국으로 함께 귀환할 것을 권면하는 그의 요청을 뿌리치고 계속 탐험여행을 하다가 기도하는 자세로 순직하여 그의 동료 흑인 사역자들이 그의 심장을 아프리카에 묻고 그의 사체를 영국으로 보냈다.

리빙스턴의 선교 계획이 당시 아프리카 상황에서 상당히 현실성이 없고 무모한 것 같았지만 장기적인 차원에서 그의 계획은 옳았고 결국 아프리카는 그의 지리적 발견을 힘입어서 오지의 세계에서 문명 세계로 이끌림을 받게 되고 도처에 선교사들이 들어가서 교회를 설립하게 되고 노예 무역도 단절되게 되었다. 하나님은 그 시대의 아프리카 상황 속에서 그의 종을 예비하시고 특별한 방법으로 그를 영광스럽게 사용하신 것이다. 리빙스턴에게 있어서 무엇보다 주목할 만한 일은 아프리카 현지 원주민들에 대한 그의 신뢰감이다. 그는 아프리카 사람들이 아프리카 복음화를 위해서 가장 잘 준비되어 있다는 확신을 가지고 그들을 아프리카의 선교사로 헌신케 하도록 혼신의 힘을 기울였다.[260] 또한 리빙스턴은 영적 감화력이 있어서 그를 만난 사람들로 하여금 그의 뒤를 따르도록 하는 힘이 있었는데 켐브리지 대학 내에 그의 도전을 통하여 중앙 아프리카 선교를 위한 대학 선교회가 세워졌고 수십 명의 선교사들이 아프리카로 향했으며 그를 최종적으로 만난 스텐리도 선교사로 헌신하여 아프리카에서 성공적인 사역을 하였다.

(3) 로버트 모리슨

모리슨은 어려서부터 중국 선교의 꿈을 키워 왔고 런던에 있으면서 중국학자를 만나 중국 언어를 연구했으며 대영 박물관에 있는 오래 전에 일부 번역된 단편 성경을 연구하기도 하였다. 그는 1807년에 런던 선교회의 파송을 받고 중국의 광주로 들어가려 하였으나 영국의 동인도 회사

---

260) Latourette, op. cit., pp. 1308-1309, Andrew F. Walls, "David Livingstone 1813-1873," in <u>Mission Legacies</u>, pp. 140-147.

가 방해를 하는 바람에 뉴욕으로 가서 미국 상선을 타고 중국으로 들어갔다. 중국에서 생계 유지와 좋은 관계를 유지하기 위한 목적으로 동인도 회사의 통역관으로 활동을 했는데 그는 25년간을 동인도 회사에 소속되어 있으며 선교 활동을 하였다. 그는 말라카에다 중국 선교의 인재를 양성할 목적으로 그의 동료인 윌리암 밀네와 함께 앵글로 중국 대학을 세우기도 하였다. 주로 그의 사역은 미래의 중국 선교를 위해서 선교의 기반을 놓는 일을 하였는데 그것은 문서 선교 사역이었다.

언어에 특별한 재능이 있어 중국어 문법 사전과 중국어 사전 그리고 1821년에는 전 중국어 성경을 번역하기도 하였다. 그의 선교사로서의 실제적인 사역의 열매는 많지 않았다. 그는 평생 10여 명의 중국인들에게 세례를 주었는데 그들 모두는 신실하였으며 끝까지 믿음을 지켰다. 그의 성경 번역 조력자이며 전도자이기도 한 양아화(Liang A-Fa)는 7년 만에 세례를 받은 첫 개종자이고 또한 최초의 중국 개신교 목사가 되었다.[261] 이렇듯이 모리슨은 동인도 회사의 통역관으로 일하였지만 그의 중국 선교의 열정은 순수했으며 당장은 어떤 일을 할 수 없는 상황에서 미래의 중국 선교를 위해서 선교의 기반을 놓는 너무나도 중요한 선교 사역을 감당하였다. 그의 사역의 열매는 심원하여 오늘날 사용하고 있는 중국 성경이 그가 해 놓은 작업의 토대 위에서 이루어져 있고 또한 그 성경이 비록 순교했지만 한국에서 그 성경을 뿌림으로 사역의 결실을 맺게 한 토마스 목사에 의해 사용이 되어졌다.[262] 모리슨 선교사는 선교를 위

---

261) Tucker, pp. 166-171.
262) 토마스 목사가 순교하는 순간에 전달한 한문 성경은 바로 모리슨이 번역한 성경이었다. 하나님께서 이 성경을 사용하여 네 사람을 구원케 하시는 역사를 일으키셨고 모펫의 평양 방문시 선교 기지를 설치할 때 바로 이들이 주축이 될 수 있도록 섭리하셨다. See Harry A. Rhodes, ed., History of The Korean Mission Presbyterian Church USA. 1884-1934(Seoul: Chosen Mission Presbyterian Church, 1934), pp. 70-73.

해서 너무나도 많은 희생을 치렀는데 그의 가족들 모두를 선교지에서 병으로 잃게 되는 아픔을 겪기도 하였다. 오늘날 그의 가족과 그의 무덤이 마카오의 외국인 공동 묘지에 쓸쓸하게 놓여 있지만 그의 정신과 그의 사역의 열매는 중국 선교에 오늘날도 계속되고 있는 것이다.

(4) 아도니람 저드슨(Adoniram Judson)

저드슨은 브라운 대학을 나오고 신학을 공부하기 위해서 앤도버(Andover) 신학교에 갔다. 거기서 윌리암스 대학에서 건초더미 기도 운동의 주역이었던 고든 홀(Gordon Hall)과 루터 라이스(Luther Rice) 그리고 사무엘 뉴웰(Samuel Newell)을 만나고 또한 사무엘 노트(Samuel Nott)를 만났다. 그는 이 학생들과 함께 당시 장로 교회와 회중 교회의 연합회에 해외 선교를 위한 선교기구를 결성할 것을 호소하였고 1810년에 미국 최초의 선교기구로서 "미국 해외 선교 위원회"가 발족이 되었다. 그들은 이 선교기구를 통해서 인도의 캘커타에 선교사로 파송을 받아 갔는데 영국의 동인도 회사의 집요한 방해로 말미암아 저드슨과 라이스와 노트는 버어마로 갔다. 홀과 뉴웰은 봄베이로 가서 거기에 정착하여 선교 사역을 하였다. 저드슨과 라이스가 캘커타에 있을 때 캐리를 만났고 그들은 평상시 세례를 침례로 하는 것이 성경적일 것이라고 생각하고 있었는데 캐리의 설득에 침례를 받고 이것으로 인해 침례교회로 교적을 옮기므로 해외선교 위원회의 도움을 더 이상 받을 수 없었다.

라이스는 미국으로 돌아와서 1814년에 "미국 침례교 해외 선교회"(American Baptist Foreign Mission Society)를 만들고 저드슨을 정식으로 지원하기 시작하였다. 저드슨은 처음에 캐리의 맏아들인 휄릭스 캐리의 집에 머무르며 함께 사역을 하였는데 무엇보다 언어 공부에 전력을 하고 6년 정도 지난 후에 버어마어로 설교를 할 수 있었다. 또한 그때에 처음 버어마인에게 세례를 베풀었다. 그는 좀더 사역을 확대하기 위해서 당시 수도인 아바에 갔는데 영국과 버어마간에 전쟁이 일어남으로 감옥에 약 17개월 정도 갇혀 있었고 이때 그의 아내의 구명 노력은 너무나도 눈물겹고 극적인 일로 알려지고 있다. 그가 감옥에서 나온 지 얼마 안 되어 그의 아내는 그동안의 고생으로 인하여 병이 들어 소천하였다.

저드슨은 1834년에 카렌족들 가운데서 성공적인 사역을 하다 병으로 순직한 조지 보드맨(George Boardman)의 미망인과 재혼을 하고 그들은 카렌족들 가운데서 가장 결실이 많은 성공적인 사역을 하였다. 그 카렌족들 가운데 전도자로 크게 활약을 한 고타뷰(Ko Ta Byu)가 있었는데 그는 예수 믿기 전에 사람들을 30여 명이나 살해를 한 무서운 범죄자이었다. 저드슨은 버어마어 사전을 편찬하고 1834년에는 전 성경을 문어체로 번역을 하여 개척자로서 버어마 교회의 기반을 닦았다. 그는 또한 버어마인들의 공중 집회 장소인 자야트(Zayat)를 활용하여 전도 집회 장소로 만들었고 거기서 또한 교회를 시작하였다. 그의 사역은 말년에 크게 성공하여 약 5십여 만의 예수 믿는 버어마인들을 확보케 되었다. 그는 실로 버어마 교회의 아버지가 된 것이다.[263]

저드슨은 그의 첫 아내가 죽자 정신적으로 너무 타격을 받아서 거의 실성한 사람처럼 되었으나 주변 사람들의 기도와 그의 신앙으로 곧 회복이 되어졌고 선교사로서 더욱 성숙하고 겸손하게 일하는 사역자가 되었다. 즉 고통과 시련은 그에게 타격을 주기보다 더욱 그를 성화시키는 하나님의 은혜로 나타난 것이다.

(5) 헨리 마틴(Henry Martyn)

마틴은 켐브리지 대학 출신으로서 대학 내의 찰스 시므온이 시무하였던 거룩한 삼위일체 교회에서 부교역자로 사역을 하기도 하였다. 그는

---

263) Kenneth Scott Latourette, <u>A History of The Expansion of Christianity Vol. 4 The Great Centry: Europe and the United States</u>(Grand Rapids: Zondervan, 1976), pp. 80-83.

캐리의 글과 브레이너드의 일기집을 읽고 선교에 큰 도전을 받았으며 인도에 선교사로 가기 위해 자신을 준비하였다.

1805년에 동인도 회사로부터 종군 목사의 자격을 얻어 1806년에 인도에 도착하였다. 그는 처음에 세람포어에 있다가 바로 다나포어와 컨포어로 옮겨서 약 4년여를 가르치고 설교하며 학교를 세우기도 하고 노방 전도를 열심히 하기도 하였다. 그러면서 그는 힌디어를 익히고 페르시아어인 우루두어를 배우고 하면서 성경 번역을 하기 시작하였다. 1810년에 신약성경을 힌두스타니(hindustani)어로 번역을 하였다.

건강이 나빠져서 휴식이 요구되고 또한 사역지에서 그의 열심 있는 활동 때문에 약간의 문제가 발생했는데 그는 잠시 사역지를 떠날 수밖에 없었다. 그러나 영국으로 돌아가지 않고 1811년에 타브리즈(Tabriz)에 가서 거기 모슬렘인들에게 복음을 전하고 우루두어로 신약과 시편 번역을 완성하였다. 그는 계속 선교 여행을 했는데 본도의 토카트, 터키를 여행하다 그 동안의 희생적인 사역으로 말미암아 얻은 병인 폐결핵이 재발해서 결국 순직하게 되었다.

그의 삶은 실로 그리스도를 위해서 그리고 그의 지상 명령인 선교를 위해서 그가 그의 일기집에서 표현했듯이 모든 것을 희생하고 헌신한 삶이었다.[264] 그는 사랑하는 애인과의 결혼보다 고생스러운 선교사의 삶을 택했으며 영국으로 돌아가 언어학자로서 대학에서 교수를 하며 편히 살 수 있는 기회가 있었지만 페르시아를 복음화하기 위한 열정으로, 그리고 선교의 기반을 놓기 위해 성경을 번역하는 일을 위해서 모든 것을 희생하고 헌신한 실로 세상이 감당할 수 없는 하나님의 사람이었다. 후대의 이란 사람들의 복음화를 위해 미려한 페르시아어로 성경을 번역해 놓음으로 이란 교회의 기초를 닦아 놓은 분이었다. 비록 31살의 짧은 나이를

---

264) Clinton Bennett, "Henry Martyn 1781-1812," in <u>Mission Legacies</u>, pp. 264-270.

살다가 하나님의 부름을 받았지만 그가 해 놓은 일은 하나님의 크신 사랑의 역사였다.

### 자. 토착화

헨리 벤에 의해 주장이 된 토착화의 원리는 원주민 교회의 자급, 자치, 자전을 의미하는 것으로서 20세기 초까지 개신교회의 대중적인 선교 정책이 되었다. 그러나 후에 제도적인 토착화 원리와 지나친 조직적 자율화를 강조하는 경향과 문화 변혁에 대한 언급이 결여되어 있는 것은 서구적 가치 기준에 근거한 개념이라는 비판을 받기에 이른다. 벤은 또한 선교사가 토착 교회를 세운 이후에 되도록 빠르게 새로운 개척지로 철수해야 한다고 주장했는데 이것을 '유타나시아'(Euthanasia)라고 불렀다. 그러나 그 당시 미국 해외 선교 위원회 총무를 역임했던 루푸스 앤더슨은 원주민 교회 지도자의 요청이 있을 때 선교 협력을 해야 하며 지도자 훈련 같은 경우에 원주민 교회의 연륜이 짧음으로 선교사가 참여해야 한다는 주장을 하였다.

## 7) AD 19세기 초부터 20세기 중엽까지

이 시기의 끝을 20세기 중엽으로 잡은 것은 2차 세계 대전이 끝나고 세계 삼분의 이 지역의 국가들이 식민지 상황에서 완전히 독립 국가들이 되는 것과 교회적으로는 1948년에 암스텔담에서 세계 교회 협의회가 탄생함으로 세계 교회 진영이 크게 둘로 나누어지며 선교신학의 양극화 현상이 일어나는 기점이기 때문이다. 필자는 선교의 양극화 현상이 일어나게 된 역사적 배경에 대해서는 따로 복음주의 교회 진영의 선교 운동의 역사와 세계 교회 협의회 즉 에큐메닉 진영의 역사를 살펴볼 것이기에 여기서는 다루지 않을 것이다.

### 가. 환경적 요소들

(1) 구라파에서 나폴레옹의 등장과 그의 패배는 로마교회 선교의 일시적인 위축과 개신교 선교의 활성화를 가져오는 계기가 되었다.

(2) 구라파의 크리미아 전쟁이나 독불 전쟁 그리고 미국의 남북 전쟁 같은 국부적인 전쟁이 있었으나 대체적으로 1914년까지는 평화 시기였으며 인류의 미래에 대한 낙관주의가 팽배하였다.[265]

(3) 영국에서 일어난 산업 혁명은 인류의 삶에 획기적인 변화를 주었으며 구미에 근대적인 의미의 도시화 현상이 일어나게 되고 이것은 세계적인 현상으로 나타났다.[266]

(4) 인간의 지정의를 중시하며 인간의 삶에 진보주의적 낙관론을 가진 인본주의적 사상이 세계적으로 대두되기 시작하였다.
이것에 영향을 준 사상가로서 찰스 다윈, 줄리안 헉슬레이, 쇼펜하우어, 포이에르바하, 어거스트 콩트, 허버트 스펜서, 토마스 페인, 로버트 잉거솔, 존 듀이 등이 있다.[267]

(5) 유물론적 세계관을 가진 공산주의 사상의 등장과 사회주의 운동이

---

265) Latourette, A History of Christianity Vol. Ⅱ Reformation to the Present, p. 1063.
266) Ibid., p. 1065.
267) Colin Brown, "Reason and Unreason", in Eerdmans Handbook to the History of Christianity, pp. 479-498.

대두되었다.

이것에 영향을 준 학자로서 에른스트 하인리히 헤겔, 칼 마르크스, 프리드리히 엥겔스, 로버트 오웬, 휘리어, 앙리 생 시몬 등이 있다.[268]

(6) 민족 의식의 확산과 국가주의가 등장하기 시작하였다.

구라파에서는 이러한 민족주의의 팽배로 인하여 그리스, 불가리아, 루마니아, 세르비아가 터키의 통치로부터 독립을 획득하였다. 국가주의는 민족주의를 바탕으로 하여 정교 분립을 주장하며 국가로부터 신앙적 요소를 배제하고 중립적 태도를 지향한다.[269]

그런데 국가주의가 건설적인 면으로 작용하기보다 극도의 이기적인 면으로 발전될 때 바로 제국주의가 등장하게 되는 것이고 제국주의는 세계 1, 2차 대전을 일으킨 결정적인 요인이 되는 것이다.

(7) 서구와 북구라파를 기반으로 한 서구 문명과 문화의 세계적 확산과 영향력이 식민지 시대를 통하여 더욱 확산이 되었다.

(8) 19세기 중엽부터 시작이 된 영미의 영향력으로 인한 영어권의 세계적 확산이다.

(9) 18-19세기에도 계속되어진 구미 교회의 부흥 운동과 그로 인한 세계적인 복음주의 선교 운동의 확산과 교회 연합의 움직임이 있었다.

영국에서는 켐브리지 대학을 중심으로 한 찰스 시므온의 영향력과 미국에서는 찰스 피니(1820-1850)와 드와이트 무디(1850-1890)의 영향력이 있었다. 무디의 영향력으로 인하여 1888년 존 모트가 의장이 된 해외 선교를 위한 학생자원선교기구인 "학생자원해외선교운동"(Student Volunteer Movement for Foreign Missions)이 창설되었다. 이 운동은 무디의 영국에서의 영향력을 힘입어서 1892년 학생자원선교연맹을 결성하고 계속해서 스칸디나비아로 확산이 되었다. 이러한 움직임은

---

268) Latourette, op. cit., pp. 1066-1068.
269) Ibid., p. 1068.

1886년 무디의 메사추세스 주 헤르몬 산정에서의 학생 251명을 대상으로 한 사경회와 이전 윌리암스 대학에서의 건초더미 기도 운동과 그로 인한 학생선교 운동과 무디의 일련의 영국 방문의 결실로 이루어진 것이다. 학생자원 선교운동의 주역 중 하나인 로버트 와일더는 윌리암스 운동의 주역 중 하나인 와일더 2세였다.[270] 이러한 복음주의 선교 운동의 확산은 또한 교단이나 초교파적 선교기구를 다양하게 배출하였고 서로간에 연합하는 움직임이 있었다. 이것은 궁극적으로 1910년에 스코틀랜드의 에딘버그 세계선교대회로 꽃을 피웠다.

(10) 19세기 후반부에 있어서 개신교 선교에 미국의 역할이 점차적으로 증대되었다.

예를 들어서 1900년까지도 영국이 선교사 수효나 재정에 있어서 미국보다 다소 앞섰으나 1914년경에는 미국이 영국보다 앞섰을 뿐 아니라 전 세계선교사의 50%가 미국에서 배출되었다.[271]

(11) 1914년 이후에는 민족주의의 발흥과 종족간의 갈등과 새롭게 대두된 제국주의적 야심은 독일과 이탈리아와 일본의 주도로 결국 1, 2차 세계 대전이 일어나는 계기가 되었고 이로서 인류는 인간의 미래에 대한 불안감을 가지게 되었고 허무주의 및 실존주의 사상이 등장하게 되었다.

### 나. 신학적 요인들

(1) 인본주의적 신학의 영향력은 두 가지 방향으로 발전되었는데 인간의 감정 속에서 개인적으로 체험되어지는 신적 의식으로서의 슐라이마허식의 보편주의적 종교관과 인간의 이성이나 소위 관찰되어 검증된 사실

---

270) Ibid., p. 1255, Latourette, op. cit., pp. 95-98.
271) Ibid., pp. 94-95.

만을 근거로 한 합리주의적인 기독교를 추구하는 운동이다.

이러한 움직임은 독일의 튜빙겐 학파의 파울라스(H. E. G. Paulas), 스트라우스(D. F. Strauss), 줄리우스 벨하우젠(Julius Wellhausen), 에른스트 트뢸취(Ernst Troeltsch) 등에게서 나타났고 또한 아돌프 폰 하르낙(Adolph von Harnack)과 사회 복음주의 운동의 시조가 되는 알브레히트 리츨(Albrecht Ritschl) 등에게서 나타났다.[272] 주목할 것은 이러한 신학의 영향력이 대학가의 미래의 지도자가 될 젊은이들에게 확산이 되었을 때 급속하게 구미의 선교의 열의가 냉각되었다는 점이다.[273]

(2) 복음주의 운동의 확산으로 세계적인 복음 전도자들이 활동하게 되었는데 그 중에 찰스 피니와 드와이트 무디가 있다.

그 중에 피니는 그의 부흥관으로 유명한데 그는 부흥이 일어날 수 있도록 사람들이 영적으로 준비되어 부흥을 간구하면 하나님은 항상 부흥을 허락하신다는 알미니안의 신학이 내포된 부흥관을 주장하였다.[274] 이러한 부흥관은 피니의 영향을 통해서 많은 후대의 복음 전도자들에게 전달됨으로 소위 대대적인 부흥 운동을 확산시키는 계기가 되었다. 이러한 피니의 부흥관은 18세기 중엽에 활동했던 조나단 에드워드의 부흥관과 아주 대조되는 이론으로서 에드워드는 부흥을 하나님의 은혜로 말미암는 전적인 그의 주권적인 행위로 보았고 하나님은 그의 교회에 부흥을 허락하심으로서 종말론적인 선교의 사명을 감당케 한다고 하였다. 이러

---

272) Latourette, op. cit., pp. 1119-1134.
273) 스위트는 미국 교회 내에서 점차적으로 사회적인 관심이 높아지면서 시카고 대학의 신학대학원이 신학생들 가운데 사회 복음주의 운동의 본부적 역할을 한 것을 언급하고 있고 사회 복음주의운동이 기독 학생들에게 영향을 주면서 선교운동은 식어진 것을 말하고 있다. See Sweet, op. cit., pp. 355-360.
274) Charles G. Finney, Revival Lectures(Oberlin: Goodrich, 1868), pp. 9-21.

한 교회에 대한 부흥의 확신을 심어 주는 부흥 신학은 19세기의 개신교회를 특징지었고 이것은 실제로 선교의 원동력으로 나타났으며 신앙 선교 운동의 기반을 놓았다.

(3) 개신교회의 영적 각성과 부흥으로 말미암아 종교개혁의 신학적 원리가 선교 운동에 있어서 구체적으로 실천되었는데 그것은 평신도들이 선교 지도자로 활약한 것과 여성들의 선교에 대한 활발한 참여이다.

YMCA와 YWCA 및 그 외의 주요 선교기구의 지도자들이 평신도들이었으며 학생 선교 운동의 주역이며 오늘날 교회 연합의 기초를 놓았던 존 모트가 평신도였다. 이 외에 주목할 만한 평신도 지도자로서 북 장로교 외지선교회 총무를 하였던 로버트 스피어가 있으며 세계 도미니온 운동(The World Dominion Movement)의 창설자가 되는 시드니 제임스 클락(Sidney James Wells Clark)이 있다. 1906년에는 SVM 운동의 15주년을 기념하면서 뉴욕에서 "평신도 선교 운동"(The Laymens Missionary Movement)이 만들어졌으며 이것은 영국, 독일, 스칸디나비아, 화란, 남아프리카, 호주, 뉴질랜드 등지로 확산이 되었다.[275]

여성들이 중심이 되어 창설이 된 선교기구가 1832년 뉴욕에서 등장하였는데 이것은 "여성선교회"(The Female Missionary Society)이다. 1860년에는 미국에서 초교파적인 차원의 "이교도 지역을 향한 비교단 여성연합선교회"(The Undenominational Womans Union Missionary Society for Heathen Lands)가 창설이 되었고 영국에서는 국교회 산하에 "영국 교회 제나나 선교회"(The Church of England Zenana Missionary Society)가 있었다. 또한 1880년의 전세계 선교사 수효의

---

275) Latourette, <u>The Great Centry: Europe and the United States</u>, pp. 99-100.

57%가 여성 선교사이었으며 1929년에는 67%로 늘어났다.[276]

### 다. 영적 원동력

(1) 19세기에도 계속된 구미의 부흥운동은 각 지역에 복음 전도자들을 통한 대대적인 영적 각성 운동을 일으켰고 또한 세계적인 복음 전도자들을 배출하여 이들이 중심이 되어서 세계 각국에 부흥 운동을 확산시키는 계기가 되었다.

미국에서는 1800년도에 켄터키와 테네시 주 지역에 부흥이 있었고, 세계적인 복음 전도자로서 부흥 운동의 주역이었던 찰스 피니는 1820년도에서 1850년까지 활동하였고 영국을 두 번 방문하였으며 부흥에 관한 강의를 통해 부흥 운동을 확산시켰다. 또한 드와이트 무디는 1850년도 이후에 활동하였는데 영국을 1873-75, 81-84, 91-92년도까지 상당히 장기간 머무르는 방문을 하였고 미국뿐 아니라 영국을 중심으로 구라파에 부흥 운동을 확산시키는 데 기여를 하였다. 영국에서는 무디와 협력하여 부흥 운동을 확산시켰던 메트로폴리탄 터버너클(Metropolitan Tabernacle)의 창설자가 되는 찰스 스펄전이 있고 켐브리지 대학 내의 트리니티 교회의 목사였던 찰스 시므온이 있다.

이러한 부흥의 열기는 웨일즈와 스코틀랜드에도 확산이 되었는데 특히 주목할 것은 1830년대 스코틀랜드 부흥 운동의 주역이었던 윌리암 번즈(William C. Burns)가 중국에 선교사로 갔고 그의 고결한 인격과 깊은 영성은 허드슨 테일러에게 상당한 영향을 주었다는 사실이다.[277] 1884년 찰스 시므온의 초청으로 무디가 켐브리지에서 사경회를 인도했을 때 재

---

276) Ibid., p. 98.
277) Kenneth Scott Latourette, <u>A History of Christianity Vol. 6 The</u>

학생 중에 촉망받는 지도자로 각광을 받던 7명의 학생들이 선교사로 나가기로 헌신을 하였다. 그중에 호스트(D.E. Host)는 중국내지선교회의 첫 총무가 되었고 스터드(C.T. Studd)는 "아프리카 선교의 심장"(The Heart of Africa Mission)으로 불리는 선교기구의 창설자가 되었으며 후에 이 기관은 "그리스도를 위한 세계 복음회"(Worldwide Evangelization for Christ)인 WEC 선교기구로 발전이 되었다. 또한 캐셀즈(W.W. Cassels)는 중국 서부 지역의 영국 교회의 주교가 되었다.[278] 이렇듯이 이 시기에 계속적으로 일어난 구미의 부흥은 실제적인 선교의 결실을 가져왔고 부흥을 통해서 은혜받은 사람들 가운데 수천 명의 선교사들을 배출하는 계기가 되었다.

(2) 구미 교회에서 산업 혁명 이후에 대두된 도시화 현상과 그로 인한 도시 병리 현상에 대해서 선교적 차원에서 이를 적극 대처하려는 선교 운동이 일어났다.

이것은 초기에는 국내적 차원에서의 선교 운동이었으나 곧 국제적 조직을 갖춘 세계 도시선교 운동으로 나타나기도 하였다. 예를 들어 19세기 초의 클라팜회에 속한 샤프츠베리경의 활약과 19세기 중엽의 스코틀랜드의 장로교 목사인 토마스 챌머스의 도시빈민 선교사역이다. 챌머스는 그의 교구를 25개 단위로 나누어 가난한 가정들에 대해서 생활 보조를 베풀었으며 빈민 사역을 전담케 하기 위해서 일꾼을 뽑고 훈련시켜 그들로 하여금 빈민 사역을 조직적으로 하게 함으로 후대의 도시선교기구들에게 큰 영향을 미쳤다.[279] 1864년에 윌리암 부스에 의해 런던의 한 빈민가에서 "기독교선교"(The Christian Mission)를 설립하여 도시 빈

---

Great Centry: North Africa and Asia (Grand Rapids: Zondervan, 1978), p. 327.
278) Ibid., p. 330.
279) Latourette, op. cit., pp. 1192-1193.

민 선교를 하던 중에 군대식 조직으로 개편하여 1878년 구세군으로 이름을 바꾸고 이것이 세계적인 도시선교 사역의 특수 교파로 발전이 된 경우도 있다. 부스는 그의 대표적 저서인『가장 어두운 영국에서 벗어나는 길』(In Darkness England and the Way out)에서 당시 빈민들의 가난에 대한 원인을 종합적으로 살피고 그들의 처지를 상세하게 분석하여서, 가난의 근본 원인을 제거하여 빈민들의 삶의 질을 향상시키려는 구체적인 대안책을 제시하고 있다. 그의 대안책으로서 제시된 것 중에 빈민들을 위한 은행 및 신용 기금회가 있고 도시 근교의 마을 공동체를 건설하는 것과 창녀 및 소녀들을 위한 보호소 및 자활 교육 기구 등이 있다.[280]

독일에서는 존 훠크(John Falk)와 데오드레 푸리드너(Theodore Friedner) 목사가 여집사 연맹과 연합하여 여죄수 갱생원을 만들고 빈민들을 위한 병원, 구빈소, 고아원 등을 만드는 도시선교사역을 하였다. 이것은 요한 하인리히 비케른(Johann Heinrich Wichern) 목사와 연결이 되어서 라우헤의 집(Rauhe Haus)이라는 도시선교기구를 만드는 데 기여하였고 이 선교기구는 특히 불우한 청소년들을 위한 종합적인 선교사역 기구로 발전이 되었다.[281] 또한 주목할 것은 이 기구가 기반이 되어서 세계적인 도시선교 사역 기구인 "내류 선교회"(Die Innere Mission)를 창설하게 되었고 이것은 노르웨이와 화란에서 특히 발전하였다. 화란에서는 아브라함 카이퍼가 주요 후원자였다.[282] 미국에서는 도시 빈민 선교 사역을 위해서 뉴욕의 "맥컬리 워터 노상 선교회"(Macualys Water Street Mission)와 시카고의 "퍼시픽 가든 선교회"(Pacific Garden Mission) 등이 창립되었고 이것은 미국 전역으로 확산되었다. 이렇듯이 이 시기에

---

280) Ibid., pp. 1185-1186.
281) ibid., p. 1136.
282) Ibid., p. 1152.

있어서 복음주의 운동의 일환으로 도시선교 사역이 시작되었다는 것은 후대에 큰 도전이 된다.

### 라. 선교 매체

(1) 인쇄 매체를 통한 선교 지식의 세계적인 확산이다.

이 당시 선교를 확산시키는 데 크게 기여한 서적들로서 다음과 같은 것이 있다. 윌리엄 캐리의 『이교도인들의 회심을 위한 그리스도인의 의무에 관한 질의』가 있고 허드슨 테일러의 『중국의 영적 필요와 외침』 (China's Spiritual Need and Claims) 등이 있다. 특이할 만한 일로서 중국 선교 현지에서 문서 선교를 위해서 "기독교와 일반 지식을 보급하는 회"(The Society for the Diffusion of Christian and General Knowledge)가 1891년에 창설되었고 이것은 후에 전문적인 문서선교 기구인 기독교문서선교회(Christian Literature Society)로 발전되었다.[283] 당시에 대영성서공회와 미국성서공회 또는 선교 현지에 세워진 성경공회는 성경 보급에 큰 역할을 하였다. 또한 선교 현지에서 선교사들의 선교 활동과 선교지 상황을 소개하는 계간지 형태의 선교 전문지가 만들어졌고 이것은 선교지를 소개하는 데 큰 역할을 하였다. 대표적인 것으로 중국에서 발행된 『중국의 보관처』(The Chinese Repository)가 있고 한국에서는 『한국 선교 지역』(The Korea Mission Field)이 있다.[284] 또한 구라파에서는 구스타브 바넥에 의해서 독일에서 발행된 선교 전문지인 『일반 선교 계간지』(Allgemeine Missions Zeitschrift)라는 일반 선교 소식지가 있었다. 미국에서는 장로교 목사인 피어슨(A. T.

---

283) Latourette, The Great Century: North Africa and Asia, p. 319.
284) Ibid., p. 301.

Pierson)에 의해서 발행된 『세계선교 평론지』(The Missionary Review of the World)가 있었다.

(2) 성경 판매자들을 통하여 복음이 전파되었다.

이 사람들을 가리켜서 영어로 'Colporteur'라고 하는데 남자 판매원과 구분하여 특히 중국에서 여성 판매원을 성경 부인(Bible Woman)이라 하였고 한국에서는 권서 부인이라고 하였다. 이들의 활동은 단순히 성경 보급에만 그치지 않고 개척 사역의 중요 일꾼으로서 일종의 복음 전도자의 역할을 하였다.285)

(3) 순회 선교 사역을 통한 복음 전파이다.

영국령 식민주인 미국의 13개 주에서 감리교회와 침례교회가 순회 전도자를 적극 활용하였다. 감리교회에 있어서는 이것을 순회하며 당나귀를 타는 사람이라는 의미로 'Circuit Rider'로 불렀고 침례교에서는 순회 전도자(Itinerant Evangelist)로 불렀다. 이러한 사역자는 반드시 성직자들로만 구성된 것이 아니고 평신도들이 자발적인 차원에서 참여하였다.

(4) 상선을 통한 복음 전파이다.

중국의 첫 개신교 선교사인 로버트 모리슨은 1807년 영국 동인도 회사에 소속된 상선을 통해 중국 광주로 가려 하였으나 거부되자 미국을 경유해서 미국 상선으로 중국으로 갔다. 독일에서 출생하였으며 네덜란드 선교회에 소속이 돼 중국에서 활동한 칼 프리드리히 구출라프는 영국의 동인도 회사 소속의 상선에 승선하여 중국의 동부 해안 지역을 선교 여행하였는데 이때에 한국의 서해안 지역에 1832년 도착하여 약 한 달여를 머무르면서 한문 성경을 나누어 주고 전도하기를 힘썼다.286)

---

285) Ibid., p. 351.
286) Karl Gutzlaff, <u>Journal of Three Voyages along the Coast of China, in 1831, 1832 & 1833 with Notices of Siam, Corea and the</u>

(5) 학교를 통한 복음 전파이다.

19세기 기독교 선교의 특징 중에 하나는 교육 선교의 방법으로서 학교를 세워서 이것을 매체로 복음을 확산시키는 방법이었다. 인도에서는 알렉산더 더프, 존 윌슨의 봄베이 대학, 존 앤더슨의 마드라스 기독교 대학 등이 이런 목적으로 서구식 교육을 시키는 학교를 세워 현지인의 복음화를 시도하였고 중국에서는 디모데 리차드가 중국 전역의 18개 성에 최소한 1개의 대학을 세워서 교육을 통해 인재를 양성하고 주민들을 계몽함으로 중국을 기독교화할 것을 주장하였다.[287] 중국의 경우에는 이런 주장들이 구체적으로 실천되어서 1914년경에는 33개의 대학이 이런 목적으로 세워졌다.[288] 학교의 종류는 크게 세 가지로 구분되는데 기술 학교, 일반 학교, 신학 교육 기구 등이다.[289]

### 마. 선교 구조

로마교회는 1815년 이후에 예수회가 선교지로 복권이 되었고 새로운 신흥 선교기구들이 100개 이상 창설이 되었다. 또한 특이할 만한 일은 평신도들의 자발적인 선교 참여가 늘어났고 특히 신비주의적 경향으로 마리아의 무염 수태 및 성모 승천설을 주장하는 선교기구들이 등장하기 시작하였다.[290]

---

Loo-Choo Islands(London: Frederick Westley & A.H. Danis, 1834), pp. 317-356.
287) Latourette, op. cit., pp. 318-319.
288) Ibid., p. 353.
289) Ibid., p. 190.
290) Latourette, A History of Christianity Vol. II Reformation to the Present, pp. 1083-1084.

개신교회는 윌리암 캐리를 기점으로 18세기 말에 꽃을 피우기 시작한 선교기구들의 등장이 교단 및 초교단 차원에서 19세기에도 계속 되었고 이것은 선교 현지에서도 토착 교회가 중심이 된 선교기구를 탄생시키기까지 발전하였다. 또한 특이할 만한 일은 이런 선교기구들이 중심이 되어서 교회 선교 연합의 세계적인 운동을 일으키게 되었다는 사실이다.

이 시기의 로마교회의 선교기구는 세 가지 형태를 띠고 있었다. 이것을 살펴보면 다음과 같다.

첫째는 신흥 소달리티 선교기구이다.

1815년의 "프랑스 선교회"(The Society of Missionaries of France)와 1830년에 인도 선교를 주목적으로 이탈리아에서 창설이 된 "프란시스 살레스 수도회"(The Oblates of ST. Francis de Sales)가 있다. 1835년에 팔로티에 의해 이탈리아에서 창립이 되어 북미와 아프리카에 선교를 한 "경건 선교회"(The Pious Society of Missions)와 1875년에 독일에서 설립된 "신성한 말씀회"(The Society of the Divine Word)와 1911년에 미국에서 창설된 매리놀(Maryknoll)의 "미국 카톨릭 외지 선교회"(The Catholic Foreign Mission Society of America) 등이 있다.[291]

둘째는 마리아와 연관된 소달리티 선교기구이다.

1826년의 "순결한 동정녀 마리아 수도회"(The Oblates of the Immaculate Virgin Mary)와 1836년에 프랑스에서 창설되어 남태평양 제도에서 선교한 "마리아회"(The Society of Mary)가 있다. 팔레스타인 지역에서 유대인과 모슬렘 개종을 위해 선교한 "우리의 시온 성모 자매회"(The Sisterhood of Our Lady of Sion)와 1839년에 창설되어 서인도 제도와 아프리카 선교를 위해 사역한 "마리아 성심회"(The

---

[291] Latourette, <u>The Great Century: Europe and the United States</u>, pp. 53-55.

Society of the Holy Heart of Mary)가 있다. 1860년에 벨지움에서 창설이 되어 내몽고 및 중국선교를 하였던 "마리아의 순결한 마음의 공회"(The Congregation of the Immaculate Heart of Mary)와 1868년에 북아프리카 및 사하라 남쪽 적도 아프리카까지 선교하기 위해 창설된 라비게리(Lavigerie)의 "우리의 아프리카 성모 선교회"(The Society of Missionaries of Our Lady of Africa)가 있는데 이것은 백의 신부단(White Fathers)이라고 불려지기도 했다.[292]

셋째는 기금을 모금하기 위한 특수 선교기구이다.

교황청에서 주도하여 선교 기금을 모으기 위한 특수 선교기구로서 프랑스에서 시작이 된 "신앙 전파회"(The Society for the Propagation of the Faith)가 있고 또한 1838년 바바리아 지역에서 설립이 된 "루드윅 선교회"(Ludwig Missions verein)가 있다.[293]

이 시기의 개신교회의 선교기구는 크게 4가지 형태로 구분이 된다.

첫째는 초교단적 소달리티 선교기구이다.

1816년에 미국뿐 아니라 모든 이방 민족들에게 성경 배포를 목적으로 설립된 "미국성서공회"(American Bible Society)와 1817년에 미국에서 화란 계열의 개혁 교회와 장로 교회들이 연합하여 세워 북미 인디언과 남미에 선교를 한 "연합기독교선교회"(The United Christian Missionary Society)가 있다. 덴마크에서는 1821년에 론네에 의해 세워져 아프리카의 황금 해안 지역과 그린랜드에 선교한 "덴마크 선교회"(Danish Missionary Society)와 선교사 훈련원에서 시작이 된 "바젤 복음주의 선교회"(The Basel Evangelical Missionary Society)와 1824년의 "베를린 선교회"(The Berlin Missionary Society)가 있다.

---

292) Latourette, op. cit., pp. 1083-1086.
293) Latourette, <u>The Great Centry: Europe and the United States</u>, p. 58.

1825년에 문서 선교 사역을 위해 세워진 "미국 전도지 선교회"(American Tract Society)와 1828년에 세워진 "레니쉬 선교회"(the Rhenish Missionary Society)가 있다. 스웨덴에서 1835년에 세워진 "스웨덴 선교회"(Swedish Missionary Society)와 1836년에 복음주의 계열의 루터란 교회들이 세운 협력 선교회 형태의 "복음주의 루터란 선교회"(Evangelical Lutheran Mission)가 있다. 같은 해에 바젤의 군소 선교회들의 연합체로 세워진 "북독일 선교회"(The North German Missionary Society)와 1842년에 노르웨이의 하우게에 의해 세워진 "노르웨이 선교회"(Norwegian Missionary Society)가 있다. 1844년에 세워진 윌리암스의 YMCA, 1846년의 미국 해외 선교위원회에서 갈라져 나온 "미국 선교 친교회"(American Missionary Association)와 1849년에 고스너(Gossner)에 의해 자비량 선교의 개념으로 시작한, 그리고 선교사들의 장기적인 선교 교육에 반대한 선교회로서 "고스너 선교회"(The Gossner Missionary Society)가 있다.

1850년의 YWCA와 1857년에 리빙스턴의 호소로 켐브리지와 옥스퍼드 대학을 중심으로 세워진 "중앙 아프리카를 향한 대학 선교회"(The Universities Mission to Central Africa)와 기원은 다르지만 미국에서 대학 선교회로 세워진 "예일 외지 선교회"(The Yale Foreign Missionary Society)가 있다. 1859년에 핀란드에서 창설이 된 "핀란드 선교회"(The Finnish Missionary Society)와 1860년에 여성 선교기구로서 미국에서 창설이 된 "이교도 지역을 위한 비교단적 여성 연합 선교회"(The Undenominational Womans Union Missionary Society for Heathen Lands)가 있다. 1865년에 허드슨 테일러에 의해서 창설이 된 "중국내지선교회"(China Inland Mission)와 내지선교회의 선교사였다가 인도를 거쳐서 아프리카에서 사역하던 찰스 스터드(Charles T. Studd)가 설립한 "세계 십자군 전도회"(Worldwide Evangelization Crusade)가 있다. 중국내지선교회는 후에 "해외 선교 친교회"(Overseas Missionary Fellowship)로 명칭이 바뀌어졌고 세계 십자군 전도회는 십자군이라는 용어 대신에 그리스도로 바뀌어져서 그리스도 전도회가 되었다. 1874년의 베일리(W.C. Bailey)에 의해 세워져서 인도와 동인도에서 선교 사역을 하였던 "나환자 선교회"(The Mission to Lepers)와 1880년에 미국의 신학교들의 연합 선교기구인 "국제 선교 연맹"(The International Missionary Alliance)이 있었다. 1881년에 청년들의 전도와 교육을 위해 프란시스 클락(Francis E. Clark)에 의해 세워진 "그리스도 청년 절제회"(Young Peoples Society of Christ's Endeavour)와 1882년에 모노드에 의해 세워진 "파리 복음주의 선교회"(Paris Evangelical Missionary Society)가 있다.

1888년의 무디의 영향 속에서 탄생한 "외지 선교를 위한 학생 자원 운동"(Student Volunteer Movement for Foreign Missions)과 1904년에 중앙 아프리카에서의 이슬람 세력의 남진을 막기 위해서 세워진 로버트 빙햄(Robert Bingham)의 "수단 연합 선교"(Sudan United Mission)가 있었다. 이 선교기구는 후에 "수단 내지 선교"(Sudan Interior Mission)에서 지금은 "국제 선교회"(Society for International Missions)로 명칭이 바뀌어졌다.

둘째는 교단 선교기구이다.

1819년에 세워져서 라이베리아와 리오네자이로에서 선교 사역을 한 감리교회의 "미국 감리교 감독 교회의 선교와 성경회"(The Missionary and Bible Society of the Methodist Episcopal Church in America)와 1821년에 세워진 감리교 계열의 "개신교 감독 교회에 의한 국내 및 국외 선교회"(Domestic and Foreign Missionary Society by Protestant Episcopal Church)가 있다. 1837년에 피티스버그의 장로교회에 의해서 세워져 총회 외지 선교부로 발전이 된 "외지 선교부"(Board of Foreign Missions)가 있는데 이것은 구학파(Old School) 계열에 속한 선교기구였다. 1832년의 "미국 침례교 국내 선교회"(The

American Baptist Home Missionary Society)와 1837년의 "미국 복음주의 루터란 외지 선교회"(The Foreign Missionary Society of the Evangelical Lutheran Church in the United States) 등이 있었다.[294]

셋째는 개신교의 선교기구 형태로 선교 현장에서 설립이 된 선교기구가 있었다.

남미에서 1844년에 가디너(Gardiner)에 의해서 설립이 된 "남미 선교회"(The South American Missionary Society)와 1903년에 멕시코에서 차코의 인디언 선교를 위해서 설립이 되어 아르헨티나와 볼리비아까지 확산이 된 "인디언을 위한 산 페드로 선교회"(the San Pedro Mission to the Indians)가 있다. 1907년의 "볼리비아 인디언 선교회"(Bolivian Indian Mission)와 1906년에 솔로몬 군도의 말라 섬에서 창설된 "남해 복음주의 선교회"(The South Sea Evangelical Mission)가 있다.

1905년 인도 교회 지도자들에 의해 설립이 되고 첫 총무로 아자리아(V. Z. Azariah)가 사역한 "인도 민족 선교회"(The National Missionary Society of India)와 아자리아가 창설하는 데 주도적 역할을 한 "티네벨리의 인도 선교회"(The Indian Missionary Society of Tinnevelly)가 있다. 영국 국교회의 영향으로 시리아 교회를 흡수하여 생긴 "마 도마 시리아 기독교 복음주의 연합회"(The Mar Thoma Syrian Christian Evangelistic Association)와 1889년 시작된 "트라반코어와 코친 교회 선교 연합회"(The Travancore and Cochin Church Missionary Association) 등이 있었다.

넷째는 이 시기의 개신교의 독특한 선교기구로서 선교연합기구 및 교회연합기구 등이 있었다.

---

294) Ibid., pp. 73-102.

선교연합기구로서 1855년에 "세계 YMCA 연맹"과 1894년에 "세계 YWCA 협의회"와 1895년에 "세계 기독 청년회 면려회"가 있었다. 같은 해에 세계 기독 학생 연맹과 1907년에 "세계 주일학교 협의회"가 결성이 되었다. 1854년에 알렉산더 더프가 뉴욕을 방문했을 때 "연합 선교 대회"(Union Missionary Convention)가 열렸고 1873년 캐리의 제안이 열매를 맺어서 10년 주기의 전 인도 주재 선교사 협의회가 열렸다.

1877, 1890, 1907년의 중국 선교사 협의회와 1895년에 개최된 "북아메리카 해외 선교 협의회"가 있었다. 1900년도에 뉴욕에서 개최된 "에큐메닉 선교 대회"(The Ecumenical Missionary Conference)와 1902년의 "남부 인도 선교사 협의회" 그리고 1907년의 "일본 연합 선교 협의회"가 있었다. 이러한 연속적인 선교 연합 모임으로 인하여 1910년에 에딘버러에서 개신교 역사상 처음으로 세계적인 규모의 "국제 선교 대회"가 열렸다. 이 모임이 끝난 이후에 후속 모임으로 연속 위원회(Continuation Committee)를 만들어 결국 1922년에 국제 선교 협의회(International Missionary Council)인 IMC를 만들었다.

교회 연합 운동으로서 1846년에 영국의 비국교도 복음주의자들이 설립한 "복음주의 연맹"(The Evangelical Alliance)이 있는데 이것은 구미로 또한 확산이 되었다. 1875년의 세계 개혁 교회 연맹과 1887년에 영국 국교회가 중심이 되어 모인 거교회적인 "람베스 회의"(Lambeth Conference)가 있었고 1901년의 "에큐메니칼 감리교 협의회"와 1905년의 "침례교 세계 연맹" 그리고 1908년의 29개 교단이 참여하여 이루어진 "미국 그리스도 교회들의 연방 대회"(The Federal Council of the Churches of Christ in America)가 있었다. 1908년의 "남인도 연합 교회"와 1907년 상해에서 설립이 된 "중국 기독교 연합회"(The Christian Federation of China) 등이 있었다.[295]

---

295) Ibid., pp. 103-107.

## 바. 지리적인 확장

로마교회는 나폴레옹 제국의 등장으로 잠시 타격을 입었으나 프랑스에서 부르몽 왕조의 복귀로 인하여 힘을 얻었고 이전의 트렌트 공의회의 신학적 입장을 강화하였다. 로마교회 자체 내에서 교황권 지상주의(Ultramontanism)와 교황권 제한주의(Gallicanism)가 서로 논쟁을 벌였으나 결국 교황권 지상주의의 입장이 압도적이었다. 비오 11세(1848-1864)는 여기에다가 성모 무염 수태설을 로마교회 내에서 확정지었다.

로마교회는 19세기 중엽부터 국가주의의 대두 앞에서 교황권을 중심으로 한 세계 공동체로서의 선교를 통한 결속을 강화하였다. 주목할 것은 개신교회와 구라파뿐 아니라 선교 지역에서 서로 공존하였으며 때론 갈등이 있었지만 개신교회의 선교 방법에 영향을 받아서 평신도 지도력을 적극 개발하였으며 집단 대중 개종 운동을 경계하고 현지 토착 지도력을 배양하며 교육을 강화하였다는 사실이다.

개신교회는 19세기에도 계속되어지는 부흥을 통해서 복음주의 교회들의 성장이 계속되었으며 전세계적인 선교 운동을 통해서 교회 연합 운동이 무르익게 되었다. 19세기에 있어서 개신교회는 선교 교회라고 해도 과언이 아닐 정도로 오대양 육대주의 선교를 감당했으며 다양한 선교기구가 탄생했으며 이들은 서로 협력하여 선교 사역을 감당하였다. 19세기에 있어서 전세계 기독교인들의 숫자는 선교의 노력만큼 선교 현지에서 눈에 띄게 늘어나지 않았지만 조직 교회로서의 토착 교회의 성장이 있었으며 이것은 20세기 개신교회의 폭발적인 비서구 지역에서의 성장에 기반이 되었다.

그러면 이 시기에 있어서 신·구교의 지리적인 확장을 지역별로 살펴보자.

(1) 구라파 지역

로마교회는 프랑스, 오스트리아, 벨기에, 이탈리아, 스페인, 포르투칼 등지에서 개신교회보다 앞서는 교세를 가졌으나 국가주의의 대두로 말미암아 이전처럼 정치적인 후원을 받지는 못하였다. 기타 이 외의 지역에서는 종교적인 관용 정책으로 개신교회와 서로 공존하는 처지에 있었다. 로마교회 내에서 특이할 만한 일은 1868년 이탈리아에서 청년들이 중심이 되어서 카톨릭 행동(Catholic Action)이라는 운동을 벌였는데 이것은 교회의 교권직인 사도직에 평신도들이 참여할 수 있다는 것이며 기도와 행동과 희생을 강조하였다. [296]

개신교회는 스칸디나비아 지역인 스웨덴, 노르웨이, 덴마크, 핀란드 지역에서 계속적인 부흥과 성장이 있었다. 스웨덴에서는 가이저(Geijer)가 부흥의 주역이었고 노르웨이에서는 카스파리(Caspari)였으며 덴마크에서는 그룬트비히(Grundtvich)였다. 특히 그룬트비히는 농업 협동 조합 운동을 벌이면서 부흥을 통한 기독교 공동체 건설에 매진하였고 찬송가를 140여 편 작곡하기도 하였다. [297]

독일에서는 튜빙겐의 종교 사학파나 아돌프 폰 하르낙식의 원초적 복음의 케리그마를 추구하는 구자유주의가 교회를 위협하기도 하였으나 스탈(F. J. Stahl)이나 헹스텐버그(E. W. Hengstenberg) 같은 복음주의 루터파 신학자들의 눈부신 활동이 있기도 하였다. [298]

화란에서 네델란드 개혁 교회 안에 자유주의 신학의 세력이 지배적이 되어 가자 1869년에 기독교 개혁 교회가 CRC로 호칭되면서 갈라져 나왔고 아브라함 카이퍼가 주요 지도자였다. 그는 1901년부터 1905년까지

---

296) Latourette, <u>A History of Christianity Vol. Ⅱ Reformation to the Present</u>, pp. 1090-1091.
297) Ibid., pp. 1139-1149.
298) Ibid., pp. 1120-1134.

화란 내각의 수반이었으며 암스텔담의 자유 대학을 세우기도 하였다. 카이퍼는 화란의 식민 지역에 선교의 책임을 느껴서 교회의 선교 활동을 적극 지원하였다.[299]

영국에서는 19세기 중엽에 비국교도 교회들의 괄목할 만한 성장이 있었다. 1851년의 교인들의 통계를 보면 인구의 40%가 교인이었는데 그 중에 국교도가 52%이고 비국교도인들은 44.3% 정도였다. 비국교도인들의 사회계층을 보면 주로 중·하류 계층이었고 농부와 도시 근로자들이 많았다. 비국교도인들의 교세로는 회중 교회, 침례교회, 감리교회가 가장 큰 세력이었다. 회중 교회는 1832년에 영국과 웨일즈 지역의 회중 교회 연맹을 만들었고 침례교회는 1890년대에 영국과 아일랜드의 침례교 연맹을 만들었고 1905년에는 침례교 세계 연맹이 결성되기도 하였다.

감리교회는 "연합 감리교 자유 교회"(United Methodist Free Church)와 "웨슬레이 감리교 연합회"(Wesleyan Methodist Association)로 나누어졌다가 1857년에 "연합 자유 감리교회"로 합쳐졌다. 감리교회는 도시 지역의 빈민 계층에서 성공적인 사역을 하였고 사회복지, 협동 소비 조합, 교육 시설 등의 총체적인 선교 사역을 수행하였다.[300] 장로 교회는 스코틀랜드에서 압도적인 교세를 가졌는데 미국의 청교도 지도자들의 신학적 영향이 인쇄 매체를 통해서 크게 확산되어 있었다. 대표적인 지도자로서 토마스 찰머스(Thomas Chalmers)가 있는데 그는 1843년에 자유 교회를 설립하는 일에 결정적인 역할을 하였고 선교에 열정을 가지고 있었다. 자유 교회는 1900년에 연합 장로교회(1847)와 합하여 스코틀랜드 연합 자유 교회(United Free Church of Scotland)가 되었다. 장로 교회는 아일랜드에서 또한 꾸준히 성장하였는데 전 인구의 25%가 개신 교인들로서 그 중에 국교도인들과 장로 교인

---

299) Ibid., pp. 1149-1152.
300) Ibid., pp. 1178-1184.

들이 각기 50%의 교세를 가지고 있었다.[301] 영국에서의 국교도는 당시 교회의 구조 조정이 이루어져서 복수 교구제, 비거주 주교제가 폐지되었고 복음주의자들의 움직임이 활발하였다. 성공회를 카톨릭과 합병하려는 옥스퍼드 운동이 존 케블(John Keble)과 존 뉴맨(John Newman) 등에 의해서 주도되어 대대적인 세력으로 확산되었는데 이 세력을 꺾기 위해서 국교도와 비국교도인들이 서로 연합하여서 1846년에 복음주의 연맹(Evangelical Alliance)을 결성하기도 하였다.[302]

이 당시 구라파에 있어서 개신교회는 크게 세 가지 부류가 있었는데 역사적 신앙과 신조와 신앙고백을 강조하는 정통파 교회와, 개인의 체험과 성경의 권위를 중요하게 여기는 복음주의적 교회와, 기존의 신앙을 당대의 새롭게 대두되는 소위 과학적이고 학문적인 방법으로 재성찰하고 신학을 연구하려는 교회 등이다. 주목할 일은 세대주의 신학의 원조가 되는 다비(J. N. Darby)가 이 당시에 활약하여 추종자들을 모았다는 사실이다. 또한 신앙 선교의 원조라 할 수 있는 독일계 유대인으로서 영국에 유대인 선교를 위해서 경건주의 형제 교회에서 파송을 받은 조지 뮬러가 있다. 그는 "여러 나라들에 기독교 선교"(Christian Missions in Many Lands)를 설립하여 선교에 열심을 내었다.[303]

(2) 미국 지역

미국은 1800년부터 1900년까지 인구증가가 영국의 8배 정도 빠르게 증가하였다. 특히 미국에서 태어난 사람들의 수효가 압도적으로 늘어나기 시작하였다. 1910년도의 기독교인들의 인구 분포는 전체 인구수의 43.5% 정도가 되었다. 도시 인구는 40% 정도 되었는데 이것은 19세기

---

301) Ibid., pp. 1190-1196.
302) Ibid., pp. 1164-1171.
303) Ibid., p. 1185.

초에 6.9%에 비하면 급속한 도시 성장 비율이었다.[304]

로마교회는 놀라울 정도로 동질 단위의 구조로 구성되었는데 각 지역의 교구는 이런 특성을 지니고 있었다. 그들은 이런 특성을 살려서 동질 단위의 이민자들을 로마교회를 중심으로 문화의 정체성을 유지하며 서로 결속하는 계기로 만들었다. 따라서 교구 부속학교를 만들어서 모국어를 가르치기도 하였다. 1900년 이후에 신학교가 37개 있었으며, 1914년에는 약 1,600여 만의 신도수를 가진 기독교의 단일 종파로는 가장 큰 종파였다. 로마교회는 북동부와 중서부의 도시 지역에서 활발하게 성장하였고 루이지애나와 남서부에서도 그러하였다. 라토렛은 로마교회가 이민자들을 중심으로 내적인 전이 성장은 있었으나 선교적인 개종 성장은 지극히 미비하였다고 평가하고 있다.[305]

개신교회는 전국적인 부흥이 계속되었으며 새로운 개척 지역인 서부 지역에도 빠르게 확산되어 갔다. 이 당시 실증주의와 실용주의의 발흥은 기독교에 불리한 여건을 조성하였으나 개신교회는 회의주의와 소위 과학주의의 도전을 효과 있게 대처하면서 부흥의 열기를 상실하지 않고 계속적인 성장을 하였다. 당시 개신교회 가운데서 가장 빠르게 성장한 교회는 침례교회와 감리교회였고 장로 교회는 가장 유리한 여건 가운데 있었으나 그리 빠르게 성장하지는 못하였다. 장로 교회는 동부 13개 주에서 꾸준히 성장하였고 서부 변경 지역에서도 1826년 화란 개혁 교회와 연합하여서 "미국 국내 선교회"(American Home Missionary Society)를 만들고 성직자를 파송하여 개척 사역을 시도했으나, 주로 교육 선교를 시도하였고 상류 계층의 사람들에게만 제한되게 사역의 결실을 맺었다. 그러나 일반 거친 개척민들에게는 결실이 아주 미미하였다. 그 이유는 평신도 전도자를 충분히 배양하여 활용하지 못했고 성직자 중심의 선교 구조를 가지고 있었기 때문이다. 미국 장로 교회는 신·구학파가 서로 다시 연합한

---

304) Ibid., p. 1230.
305) Ibid., pp. 1234-1242.

이후에도(PC USA) 남부쪽 장로 교회는 구학파가 중심이 되어서 1861년 PC US를 설립하였다. 구학파의 중심지는 프린스톤이었으며 찰스 핫지가 중심 인물이었다. 감리교회와 침례교회는 각기 서부 개척 지역에서 가장 빠르게 성장하는 교회였으며, 감리교회는 북부 지역에서 교세가 있었고 침례교회는 남부 지역에서 있었다. 감리교회는 알미니안 신학을 가지고 선교에 있어서 선행을 장려하는 총체적인 선교 방법을 사용했으며 정교한 교회 조직과 평신도를 적극 활용하는 구조를 가지고 있었다. 침례교회는 대체로 칼빈주의 신학을 가졌으며 지역 교회의 자율성을 강조하고 중앙 조직의 간섭을 최소화하였으며 대의정치 구조를 가지고 있었다. 침례교회는 평신도 전도자를 적극 활용하였으며 문화에 적응성이 있었고 복음주의적 열성을 지니고 있었다. 이 당시 신흥 교단으로서 "그리스도 제자 교회"와 "나사렛 교회" 그리고 "기독교 선교 연맹"이 있었다. 나사렛 교회와 기독교 선교 연맹은 부흥의 산물이었으며 신유와 그리스도의 재림을 강조하면서 선교 중심적인 구조를 가지고 있었다.[306]

인디언 종족들에 대한 국내 선교는 상당히 결실을 맺어서 1914년에는 전 인구의 45%가 기독교화되었으며 그 중에 개신교인들이 50% 이상이 되었다. 이들에 대한 선교는 미국 해외 선교 위원회의 활동이 가장 활발하였다. 선교사들은 희생적으로 인디언들의 권익을 위해서 일했는데, 버지니아 주로부터 남방 조지아 주에 이르기까지 흩어져 살던 채로키족들의 비옥한 땅을 탐내어서 백인들이 그들을 미시시피 강 서편 오클라호마 주로 강제 이주시키려 했을 때, 이일을 적극 반대하였으나 역부족하여 결국 인디언들을 쫓아가면서 저들을 위한 희생적인 섬김의 헌신을 하였다.[307]

흑인들에 대한 선교는 침례교회와 감리교회가 주도적으로 하였고 침례

---

306) Latourette, The Great Century: Europe and the United States, pp. 175-223.
307) Latourette, op. cit., pp. 1248-1250.

교인들이 더 많았는데 그 이유는 보다 서민적이었기 때문이었다. 흑인들로만 이루어진 토착 교회가 형성되기도 하였는데 1816년에 설립된 "아프리카 감리교회"(The African Methodist Church)가 있고 1821년에 세워진 "아프리카 감리교 감독 시온 교회"(The African Methodist Episcopal Zion Church)가 있었다. 1916년의 흑인 교인들의 수효가 4백 6십만 정도였는데 이것은 전 흑인 인구의 44.2%의 비율이었다. 미국의 흑인 교회는 흑인 특유의 문화적 정서를 내재한 아주 역동적인 예배 의식을 발전시켰으며 동질 단위의 강한 유대감과 결속력을 가지고 있었다.[308]

이 당시 미국의 기독교는 전 인구의 거의 과반수를 점유하는 성장 속에서 인간의 평등성과 존엄성을 고양하며 사회의 어두운 부분에 모델적인 변혁을 추구하는 영향력을 미치므로 미국인들의 가치관을 형성하는 데 기반이 되었다.

(3) 캐나다 지역

당시에 캐나다를 영국이 지배하였는데 프랑스 사람들은 주로 퀘벡 주에 살았고 동질단위의 특성이 민족주의와 연관되어서 아주 강했으며 로마교회를 신봉하였다. 당시 로마교회 신자들은 전 인구의 40% 정도가 되었다. 캐나다의 기독교인들의 수효는 전 인구의 95%였다. 그러나 명목상의 신자들이 많았으며 이주해 온 지역과 부모 세대들의 영향을 통한 전이 성장과 생태학적 성장이었다. 영국의 지배를 받으므로 개신교회는 성공회와 장로교와 감리교가 활발하게 진출하였으며 선교기구로는 영국 국교회의 선교기구인 SPGFPS와 SPCK가 활동하였고 1820년대에 교회 선교회가 진출하였다. 장로 교회는 스코틀랜드와 아일랜드에서 진출하였는데 1875년에 캐나다 장로 교회가 설립되었다.[309]

---

308) Ibid., pp. 1250-1253.
309) Kenneth Scott Latourette, A History of the Expansion of

(4) 그린랜드 지역

18세기에 데니쉬 할레 선교회의 한스 에게데를 통한 선교가 19세기에 이르러서는 모라비안 선교사들의 계속적인 사역으로 에스키모인들의 전 기독교화가 이루어졌다. 유명한 선교사로서 이 당시에 사무엘 크라인쉬 미트가 있다.[310]

(5) 서인도 제도 및 중미 지역

당시의 서인도 제도는 영국과 화란과 덴마크 식민 지역으로 분할되어 있었다. 영국령인 서인도 제도는 자메이카를 포함하였는데 로마교회는 아일랜드 계열의 프란시스칸파가 주로 활동하였고 1837년에는 주교 대리제가 신설되었다. 개신교회는 영국과 미국으로부터 유입된 국교회, 침례교, 장로교, 감리교의 활동이 활발하였다. 특이한 것은 1820년대에 영국에서 "영국령 서인도 제도에서 니그로 흑인들을 개종시키고 종교적 교훈과 교육을 시키기 위한 협력회"(The Incorporated Society for the Conversion and Religious Instruction and Educator of the Negro Slaves in the British West Indies)가 설립이 되어서 흑인 노예들을 위한 선교를 시작하였고 성공적인 결실을 맺었다. 1838년에는 노예제도의 폐지가 이루어졌다. 영국의 SPGFP와 SPCK가 활발히 사역을 하였고 1870년에는 현지 교회의 토착화가 이루어졌고 자체 내의 선교기구로서 "자메이카 국내 및 국외 선교회"(The Jamaica Home and Foreign Missionary Society)가 설립이 되기도 하였다. 침례교회는 미국과 영국의 침례교회가 서로 연합하여 선교를 시작하였는데 초기에 핍박을 받기도 하였으나 1842년에는 자메이카 침례교 연합회가 만들어져서 조직 교

---

Christianity Vol. 5 The Great Century: The Americas Australasia and Africa(Grand Rapids: Zondervan, 1978), pp. 3-45.
310) Ibid., pp. 46-48.

회가 되었다. 감리교회는 주로 미국에서 진출해 와서 일반 서민들에게 성공적인 사역을 하였고 교육기관들을 세워서 선교하였다. 1880년에는 자율적인 조직 교회로 성장하였다. 장로 교회는 1800년에 스카티쉬 선교회가 선교를 시작하였고 이것은 1847년에 미국의 연합 장로 교회와 합병을 하였다. 1900년도에는 런던 선교회가 진출하였고 현지에 장로 교회를 뿌리내리게 하는 데 기여를 하였다.[311]

화란령 서인도 지역은 오루바, 보나이레, 베네주엘라 북쪽 해안가에 이르렀는데 개신교회는 주로 상류 계층 사람들이 믿었고 일반 서민 계층은 대개가 흑인들이었는데 그들 대부분은 로마 교인들이었다. 이들의 기원은 스페인 점령 시절로부터이고 선교 사역은 화란계 프란시스칸과 도미니칸들이 활동하였다. 덴마크령 서인도 지역은 영국의 국교회와 독일의 모라비안들의 활동이 활발하였는데 흑인 계층들에게서 사역의 결실이 있었다.[312]

영국령 혼두라스 지역은 스페인의 영향으로 로마교회의 세력이 우세하였고 19세기 말에는 예수회의 활동이 활발하였다. 전 인구의 70% 정도가 로마 교인들이었다. 그러나 흑인들이 대부분인 교인들은 아프리카 토속 신인 오베아(Obeah)를 그대로 신봉하는 혼합주의 경향을 가지고 있었으며 기독교인들로서의 자질이 너무나 낙후하였다. 1914년경에 영국의 국교회가 흑인 노동자들 가운데서 사역을 시작하였으며 이후에 감리교와 침례교가 진출하였다.[313]

영국령 가이아나는 흑인들이 전 인구의 40%이며 인도와 실론의 타밀 종족들이 40%이며 그 이 외는 중국인들과 원주민들이었다. 로마교회는 포르투칼의 영향으로 선교를 시작하였으나 그 세력은 미미하였다. 18세

---

311) Ibid., pp. 50-61.
312) Ibid., pp. 49-50.
313) Ibid., pp. 61-62.

기에 이루어진 화란과 모라비안 선교사들의 뒤를 이어서 19세기에 영국의 SPGFPS, CMS, LMS가 선교를 활발히 하였으며 인도인들 가운데 큰 결실이 있었다. 특이한 것은 미국의 흑인 토착 교회인 "아프리카 감리교 감독 시온 교회"가 진출하였다는 사실이다.[314]

화란령 가이아나는 흑인, 중국인, 인도의 타밀족, 자바인들, 소수의 백인들, 혼혈족인 매론족(Marrons)들이 인구를 구성하고 있었다. 로마교회는 1842년 주교 대리인을 설립하였고 화란계인 '구속파'(Redemptorists)가 활약하였다. 개신교회의 선교는 모라비안의 선교가 활발히 이루어졌는데 인도의 타밀족과 흑인들 가운데서 성공적인 사역을 하였다.[315] 모라비안의 선교는 사업체를 운영하면서 자비량 선교를 하였는데 사업이 확장되면서 20세기에 이르러서 사업과 교회 사역을 완전히 구분하였다. 라토렛은 이 시기에 있어서 이 지역 선교의 특징을 다음과 같이 분석하고 있다.

첫째는 주로 흑인 계층에서 선교가 성공적으로 이루어졌다는 것이다.

둘째는 자메이카와 가이아나에 정착한 인도와 실론의 타밀족들과 자바인들이 기독교 선교에 상당히 저항적이었고 자신들의 종교인 힌두교와 이슬람을 고수하려는 성향을 가졌다는 것이다.

셋째는 개신교회의 선교가 로마교회보다 앞서서 현지 원주민들을 중심으로 한 토착 교회를 설립하였다는 것이다.

넷째는 자유인이 된 흑인 노예 계층을 대상으로 교육 선교를 성공적으로 하였다는 사실이다.

다섯째는 현지의 교인들에게서 이교주의가 완전히 극복되지 못하였고 도덕 수준이 지극히 낮았다는 사실이다.[316]

---

314) Ibid., pp. 62-65.
315) Ibid., pp. 65-67.
316) Ibid., p. 67.

(6) 남미 지역

당시의 남미는 유럽의 지배로부터 벗어나기 시작하였고 본토 태생인 백인들인 크레오레스(Creoles)가 서서히 주도권을 잡아가던 시기였다. 브라질과 쿠바 그리고 푸에르토리코가 독립하였고 도미니칸 공화국이 설립되었다. 로마교회는 17세기부터 주도적인 선교 사역을 하였으나 현지 교회는 여전히 피동적이었고 유럽이 기반이 된 중앙집권적인 제도권적 선교가 이루어져 왔다. 로마교회는 멕시코의 히달고(Hidalgo)와 모레로스(Morelos) 그리고 아르헨티나의 이그나시오 그레라(Ignacio Grela) 등의 본토 성직자들이 스페인의 지배 세력에 대항하여 독립 투쟁을 벌였고 브라질에서도 크레올들이 스페인이 기반이 된 교회의 간섭을 거부하였다.

이러한 결과로 결국 대다수의 선교사들이 본국으로 귀환케 되었고 교회 지도력의 공백이 심각하였다. 또한 대부분의 로마교회 교인들은 현지의 정령 숭배 사상과 흑인들이 아프리카에서 가져온 아프리카 정령숭배와 혼합화되어서 기독교 이교주의의 경향을 가지고 있었다. 이런 상황 속에서 로마교회는 19세기 말에 이르러 선교를 강화하기 시작하였고 1899년에는 스페인의 버거스(Burgos)에 라틴 아메리카를 위한 선교사 훈련과 현지 지도자 훈련을 위한 대학을 세우기도 하였다. 선교기구로는 나사로파(포르투갈, 스페인), 카푸친(이탈리아), 프란시스칸(이탈리아, 독일, 화란), 도미니칸(프랑스), 구속파(오스트리아, 화란), 바나바파(독일), 팔로틴, 신성한 말씀회(이탈리아), 예수회 등이 활동하였다.[317]

남미의 개신교회는 영국과 미국의 이주자들을 중심으로 확산되었고 침례교, 감리교, 장로교의 진출이 활발하였다. 1833-1834년도에 미국 해외 선교 위원회가 진출하였고 영국의 국교회는 알렌 가디너(Allen F. Gardiner)를 통해서 1844년에 남아메리카 선교회를 현지에서 설립하여 흑인들과 인디언 원주민들 가운데서 성공적인 사역을 하였다. 가디너는

---

317) Ibid., pp. 68-101.

아르헨티나와 칠레에서 사역하였고 교회 선교회의 진출을 돕기도 하였다. 그는 볼리비아에서 인디언 원주민 사역을 하다가 아사하여 순직하였다. 유명한 선교사로서 멕시코의 차코 지역에서 인디언 원주민들을 위해 사역하였던 바브룩크 그럽(W. Barbrooke Grubb)이 있는데 그의 선교에 찰스 다윈이 감명을 받고 주기적인 선교 후원자가 되기도 하였다. 이러한 그의 선교는 1903년에 "인디언을 향한 산 페드로 선교회"(The San Pedro Mission to the Indians)를 설립하고 아르헨티나와 볼리비아로 사역이 확장되었다. 우루과이와 아르헨티나 그리고 칠레에서 유럽의 바젤과 바르멘 출신 선교사들이 진출하여 활발히 사역하였고 루터 교회도 진출하였다. 20세기 초에 미국에서 그리스도 제자 교회, 나사렛 교회, 기독교 선교 연맹 등이 진출하였고 현지에 초교파적인 중앙 아메리카 선교회가 설립되기도 하였다. [318]

(7) 호주와 뉴질랜드 지역

호주는 1860년도까지 죄수들과 자유 이민자들로 이루어진 영국의 식민 지역이었고 1901년에 독립 연방 국가가 되었다. 1914년도에 영국의 성공회 교인들이 전 인구의 40% 정도로서 로마교회의 교인들보다 두 배나 많았고 장로 교인들은 전 인구의 13% 정도였다. 감리 교인들도 비슷한 비율이었다. 장로 교회는 1823년에 스코틀랜드에서 파송된 랑(Lang) 선교사에 의해서 시작되었고 감리교회의 선교는 1855년에 영국에서 온 선교사에 의해 시작되었다. [319]

뉴질랜드는 1914년에 인구 1백만 중에 영국 국교도인들이 40% 정도였으며 장로 교회가 25%의 수효를 점유하고 있었다. 원주민은 폴리네시안족의 후예인 마오리족인데 1814년에 사무엘 마스덴이 마오리족 선교

---

318) Ibid., pp. 101-129.
319) Latourette, op.cit., pp. 1294-1297.

를 하였고 교회 선교회가 활약하였으며 1854년에는 마오리족의 전부가 기독교화되었다. 장로교는 스코틀랜드 장로교회의 오타고 사역으로부터 시작이 되었다.[320]

(8) 태평양 군도 지역들

1796년에 헌팅돈 여사의 사목으로 있던 하위스(T. Haweis)가 런던 선교회에 태평양 군도들에 대한 선교의 필요성을 역설하였다. 이에 런던 선교회는 더프호라는 배를 구입하여 30여 명의 선교사들을 파송하였는데 지도자는 제임스 윌슨이었다. 일행 중에는 6인의 부인들과 3인의 아이들이 있었고 안수받은 4명의 성직자들이 있었다. 이들은 타이티 섬에 정착하였는데 너무나도 열악한 상황 속에서 2년 만에 11명이 웨일즈로 철수하였고 2인이 자기 부인을 버리고 현지인을 아내로 맞이했으며 3인은 원주민들에게 잡혀 먹혔다. 이렇듯이 너무나도 많은 시련과 혹독한 상황 속에서, 1808년 내란을 만나 아이미오(Eimeo) 섬으로 피신하였던 현지 원주민의 왕인 포마르(Pomare) 2세가 선교사들과 교류하기 시작했고 세례받기를 요청하기에 이르렀다. 1819년 선교사에 의해 학습을 받은 포마르 왕은 세례를 받았고 그가 통치하던 전지역의 주민들을 상대로 해서 선교사들이 1825년까지 학습을 실시하였고 그 해에 전 주민들의 집단 세례식이 베풀어졌는데 그 광경은 문자 그대로 사도행전 2장의 재현이었다. 1817년부터 1819년까지 저들의 언어가 문어체로 만들어져 성경뿐 아니라 각종 경건 서적들이 출판되기 시작하였다. 존 윌리암스(John Williams)가 런던 선교회의 선교사로 1817년 타히티에 왔는데 그의 활약으로 주변 라이아티아(Raiatea) 섬들의 주민들이 기독교를 받아들였고 주변 섬들로 복음이 확산되었다.[321]

---

320) Ibid., pp. 1297-1298.
321) Ibid., pp. 198-205.

로마교회의 선교는 1838년 프랑스 함대의 진출과 함께 강압적으로 이루어졌는데 프랑스는 타이티 지역을 1880년에 식민지화하였다. 런던 선교회의 선교사들도 1886년에 타이티에서 철수하게 되었는데 그들을 대신하여 파리에서 결성된 복음주의 선교회가 이 지역에서 활동하였다. 이 당시의 개신교인들의 수효는 전 인구의 60% 정도였고 로마 교인들은 25% 정도였다.[322]

마쿠에사스(Marquesas) 제도에 복음이 확산된 것은 런던 선교회와 미국 해외 선교위원회의 활약에 의한 것인데 미국 해외 선교 위원회는 하와이 교회의 선교를 통해서 이 제도에 복음이 전파되도록 전략적인 선교를 실시하였다. 하와이 교회는 이 제도의 선교를 위해서 하와이 복음협회를 만들고 성공적인 사역을 하였으며 프랑스의 식민지가 되자 파리 복음주의 선교회에 사역을 넘겼다.

쿡(Cook) 제도의 선교는 존 윌리암스가 라로통가(Rarotonga)의 가장 큰 섬에 정착하여 사역을 시작했을 때 시작되었고 영국의 런던 선교회와 대영성서공회가 집중적으로 지원하였다. 대영성서공회의 후원을 통해서 1830년에 신약성경이 현지어로 번역되었고 1851년에는 전 성경이 번역되었다. 이후에 지역 교회의 성장이 활발하게 되어 라로통가 섬의 주변 섬들을 복음화하기 위해 원주민 선교사들을 훈련시키기는 선교사 훈련학교를 세우기도 하였다. 이 선교 학교를 통해서 많은 원주민 선교사들이 주변의 뉴 헤브라이드스(New hebrides), 사모아(Samoa), 로얄티(The Loyalty) 제도, 뉴기니아(New Guinea) 등지에 선교사로 파송되었다.[323]

피지(Fiji) 제도는 멜라네시안 계열의 사람들이 살았는데 주변의 다른 종족들보다 문화가 발달하고 농업이 발달했으며 먼 거리를 항해할 수 있

---

322) Ibid., pp. 205-207.
323) Ibid., pp. 207-217.

는 배 건조 기술을 가지고 있었다. 그들은 종족 집단간에 전쟁이 자주 발생했는데 포로들을 잡아먹는 식인의 풍습이 있었고 전문적인 세습제의 종교 성직자의 계층이 있었다.

최초의 선교는 런던 선교회의 두 사람의 선교사가 라켐바(Lakemba) 족에게로 가서 선교 사역을 시작한 것인데 추장의 저항으로 초기 선교에 상당한 어려움이 있었다. 1835년에 전염병이 확산되면서 선교사들의 영웅적인 활약이 있었고 전쟁에서의 패배로 기독교의 하나님에 대한 수용적인 인식이 확산되었다. 1840년에는 신약이 문어체로 번역되었고 1841년에는 오노 이 러(Ono-I-Lau) 제도의 주민들이 집단으로 세례를 받았다. 당시 피지 제도의 왕인 태콤바우(Thakombau)가 1854년에 첫 부인만 남기고 다른 부인들을 내 보내는 가운데서 진정한 회심의 표식을 나타내며 세례를 받았다. 1856년에는 3만여 명의 원주민들이 정규적으로 예배에 참석하였다. 피지 제도의 사람들이 기독교를 받아들임으로 식인 풍속이 폐지되었고 종족간의 전쟁이 근절되었다. 각 마을마다 학교가 세워져서 일반 교육과 종교 교육이 실시되었고 1908년에는 신학교가 세워져서 현지 원주민 성직자들을 양성하기 시작했으며 많은 원주민 선교사들이 배출되어서 주변의 뉴기니아, 뉴브리틴, 솔로몬 군도 등지에 선교를 수행하였다.[324]

라토렛은 피지 제도가 복음화되는 과정에서의 선교 특징을 다섯 가지로 논하고 있다. 첫째는 하나님의 능력의 실제적인 현현이 일종의 힘의 충돌의 경우가 되어 원주민들 가운데서 복음의 수용성을 높였다. 예를 들어서 기근시에 주술사들이 기우제의 기원을 드렸으나 아무런 결과가 없었지만 교인들이 주일날에 기도하자 바로 비가 온 경우이다. 둘째는 의료사역과 신유의 역사가 나타남으로 복음의 수용성을 높였다. 셋째는 한 이교도 제사장이 그의 꿈에 그가 섬기는 신이 기독교의 신에게 꿇어

---

[324] Ibid., pp. 219-222.

엎드려 경배하는 것을 보고 기독교로 개종하기도 하였다. 넷째는 원주민들이 복음을 받아들일 때에 진실한 회개가 있었고 과거의 악행을 회개하는 진정한 참회의 눈물이 있었다. 다섯째는 선교사들이 문어체를 만들어 성경을 번역하여 보급하고 경건 서적을 출판하여 신앙 지식을 확산시키는 가운데 원주민들의 도덕성이 향상되고 건전한 사회 변혁이 일어났다. [325]

뉴헤브라이드스 제도는 피지 동쪽에 위치하고 있는데 여러 섬들로 이루어졌다. 주민들은 멜라네시안 계열이며 종족간의 전쟁이 성행하며 과부 살해 및 식인의 풍습을 가지고 있었다. 최초의 선교는 존 윌리암스에 의해 시작되었고 그는 사모아 원주민 선교사들과 연합하여 사역을 하다가 1839년 에로망가(Erromanga) 섬에서 순교하였다. 1840년 런던 선교회는 사모아 선교사들이 안전한 것을 발견하고 윌리암스의 유지를 받들어서 계속해 선교를 강화하였다. 사모아 선교사들의 순교가 있었고 1848년에는 라로통가의 선교사들이 투입되었다. 그 해에 스코틀랜드 장로교 선교사인 존 제디(John Geddie)가 사모아로 갔다가 아나이티움(Aneityum) 섬에 정착하였다. 그의 활약과 동료 선교사들의 희생적 헌신은 1854년에 전 주민의 50% 정도를 기독교화하였고 1860년에 신약성경이 번역되었고 1872년에는 전 주민들이 기독교인들이 되었다. 특히 에로망가 섬에서 윌리암스를 필두로 5인의 선교사가 순교하였는데 19세기 말에는 기독교 섬으로 불려졌다. 이 제도의 복음화에 있어서 특이할 만한 일은 사모아, 라로통가, 아나이티움 원주민 선교사들의 눈부신 활약이다.

이 제도에서의 선교사 중 제일 유명한 사람은 존 패튼(John G. Paton)인데 그는 1858년 스코틀랜드 장로교 선교사로서 타나(Tanna)에 정착하였다. 그는 영국과 호주의 장로 교회를 중심으로 모금을 해서 전문적인 선교선을 구입했는데 이 배를 데이스프링(Dayspring)이라고

---

325) Ibid., p. 223.

명명했으며 이 제도의 복음화에 결정적인 기여를 하였다. 성공회는 뉴질랜드 지역의 주교인 셀윈(G. A. Selwyn)이 멜라네시안 지역의 주교를 병행하였는데 1855년 패트슨(J. C. Patteson)이 선교사로 파송되었고 1861년에 최초의 멜라네시안 지역의 주교가 되었다.[326]

뉴칼레도니아(New Caledonia)와 로열티 제도에는 멜라네시안과 폴리네시안의 혼혈 종족들이 살고 있었는데 기후가 좋아서 백인들이 많이 정착하였다. 이 지역의 최초의 선교는 통가 원주민 선교사들을 통해서 이루어졌고 1841년에는 런던 선교회가 2인의 선교사를 파송하였다. 이후에 사모아와 라로통가의 원주민 선교사들이 계속해서 투입되었고 성공적인 사역의 결실을 맺었다. 이 제도에 있어서 가장 큰 섬은 솔로몬 군도인데 원주민들이 호전적이고 목을 베는(Headhunting) 풍습이 있었으며 복음에 가장 저항적인 세력이었다.

로마교회의 선교는 17세기부터 시작되었으나 19세기 중엽부터 본격적인 사역을 하였다. 로마교회의 선교 방법 중에 특기한 일은 마리스트(Marist)들이 북쪽 솔로몬 섬들을 방문해서 어린아이들을 부모의 허락을 받고 자신들의 선교 기지가 있는 섬으로 데리고 와서 그들을 신앙적으로 훈련시켜서 학습자, 교사, 보조 사역자 등으로 활용하여 저들을 조직적으로 주변 2시간 반경의 섬들로 순회 선교 여행을 시켰다는 것이다. 영국 국교회 선교사인 패터슨도 솔로몬 군도의 섬들을 자주 방문하여 자신의 선교 기지가 있는 노어휙크(Norfolk) 섬에 어린아이들을 데리고 와서 학교에서 공부를 시키고 교사로서 양성하였다. 이것의 결실이 맺어져서 원주민 아이들이 성장하면서 지역 교회의 지도자로 활약하였고 선교사들은 선교 배를 이용해서 순회하며 이들을 감독하기만 하면 됐다.[327]

뉴기니아 지역의 선교는 1871년에 사무엘 맥화레인(Samuel

---

326) Ibid., pp. 227-232.
327) Ibid., pp. 234-240.

Mcfarlane)이 자신이 사역하던 리푸 섬의 원주민 교회의 지도자들과 교인들에게 뉴기니아 선교를 호소한 결과로 리푸 섬의 원주민 선교사들이 뉴기니아에 정착하면서부터 시작된다. 머레이(A. W. Murray)가 원주민 선교사 훈련원을 세움으로 원주민 선교사들을 통해서 뉴기니아 선교 사역를 수행하였는데 많은 결실이 있었다. 1874년에 나이브(Nive)와 새배지(Savage) 섬에서 오랜 사역의 경험을 가지고 있었던 베테랑 선교사인 러위스(W. G. Lawes)가 뉴기니아에 합류하면서 그는 원주민들의 삶 속에 파고드는 선교의 중요성을 논했으며 원주민 교인들을 불신 원주민들에게 정착시키는 선교 방법을 사용하였다. 특이할 만한 일은 1891년에 조지 브라운이 백인과 원주민들로 구성된 선교 팀을 만들어서 성공적인 사역을 하였다는 것이다. [328]

하와이에서의 선교는 1820년도에 미국의 뉴잉글랜드 지역의 선교사들이 들어와 사역을 하였으며 1840년도에 언어가 문어체로 만들어져서 성경 번역이 시작되었다. 이후에 미국 해외 선교 위원회의 선교사들이 활약하였으며 교육 선교를 강조하였으며 대중 개종 운동이 자주 일어났다. 해외 선교 위원회는 1863년 선교 사역이 거의 완성되었음을 보고 철수하였다. [329]

라토렛은 태평양 군도에서 이루어진 선교 사역의 특징을 다음과 같이 논하고 있다. 첫째는 원주민들의 언어를 문어체로 만들어서 성경 및 경건 서적들을 번역하고 출판하여 보급한 것은 원주민들의 전반적인 삶에 도덕성의 향상을 가져왔다. 둘째는 학교를 세워서 전인 교육과 종교 교육을 시킴으로 원주민들의 삶의 질을 향상시켰다. 셋째는 종족간의 전쟁이나 식인주의의 풍습 등이 근절되고 서로 공존하여 생존하는 화평의 열매를 가져왔다. 넷째는 원주민 교회의 영적 성장이 선교적 성숙에 이르

---

328) Ibid., pp. 240-247.
329) Ibid., pp. 247-248.

도록 성장함으로 태평양 군도를 복음화하는 일에 있어서 현지 원주민 교회가 주도적으로 참여하였다. 다섯째는 현지 문화를 존중하고 문화 속에서 선교 변혁을 일으킴으로 생명력 있는 토착 교회를 설립하였다.[330]

(9) 인도 지역

19세기 초에 인도에서의 로마교회의 선교는 심각한 타격을 받고 있었고 그동안의 피상적인 선교의 결과로 상당히 미신적인 교회 형태로 존립하였다. 포르투칼 세력이 인도에서 몰락하자 이슬람을 신봉하는 무굴 제국이 로마교회를 노골적으로 핍박하기 시작하였고 그동안 로마교회 선교의 거점이었던 고아와 뱅갈 그리고 마드라에서 로마교회의 세력은 거의 사라질 형편에 놓여 있었다. 19세기 중엽부터 로마교회의 선교는 다시 강화되기 시작했으며 예수회가 재진출하였고 새로운 신흥 선교기구들이 들어오기 시작하였다. 특히 인도 남부 지역에 1870년대 엄청난 기근이 찾아와서 많은 사람들이 아사하는 일이 있었는데 이때에 로마교회는 구호와 구제 선교에 힘썼고 이것을 계기로 샤나족(Shanars), 텔루구족(Telugus) 등이 집단으로 개종하는 집단 개종 운동이 일어나기도 하였다. 1861년부터 1911년 사이에 로마교회의 선교 강화로 인하여 약 1백만의 신자가 225만 명으로 늘어나는 급성장이 있었다.[331]

이 당시 로마교회의 선교 방법을 살펴보면 다음과 같다.

첫 번째는 피상적인 선교의 결과로 기독교 이교주의의 모습을 띠고 있는 기존의 신자들을 재훈련시키고 교육하는 심층 성장에 힘을 기울였다.

당시 인도에 재진출한 예수회 선교사들은 주로 이런 심층 성장에 목표를 둔 선교 활동을 하였다. 그러나 역시 선교사들의 수효가 부족해 상당

---

330) Ibid., pp. 261-263.
331) Latourette, The Great Century: North Africa and Asia, pp. 65-89.

한 어려움이 있었고 사역에 한계를 내포하고 있었다. 예를 들어 당시 한 사람의 예수회 선교사가 80개 이상의 마을에 흩어진 3천에서 8천까지의 교인들을 돌아보아야 할 형편이었다.

두 번째는 너무 기존의 신자들을 중심으로 한 심층 성장의 선교 사역만을 수행하자 로마교회는 정책적으로 불신 종족들에게 선교사들이 복음을 전하도록 하였다.

세 번째는 인도의 남부 지역에서 일어난 기근시에 로마교회가 대규모의 구호와 구제 활동을 하자 이것을 계기로 집단 개종 운동이 일어나기도 하였다.

네 번째는 인도의 남서 지역 산악 지대에 살고 있는 물활론의 종교를 가진 산지 종족들에게 조직적인 선교를 하였고 대규모의 집단 개종 운동이 있었는데 대표적인 종족은 마하르족(Mahars)이었다.

다섯 번째는 로마교회는 인도의 카스트 제도를 단순한 사회구조로 해석하여 이것을 교회가 그대로 포용하도록 함으로 그동안의 분쟁을 잠잠케 하였고 인도 교인들로 하여금 카스트 제도로 인한 갈등이 없도록 함으로 로마교회를 받아들이는 데 장애물을 제거하였다. 그러나 카스트 제도가 힌두교의 인과 업보의 윤회 사관에서 나온 세계관의 반영이요 아리안족 계열의 브라만 계층의 기득권 유지를 위한 사회 메커니즘이기에 이것을 그대로 교회 안에서 수용하는 것은, 복음을 기존의 사회 체제에 타협시키는 혼합주의적인 발상이요 결국 복음을 변질케 만드는 일이었다.

여섯 번째는 로마교회가 개신교에게 배운 방법으로서 원주민 학습자(Catechists)들을 양성하여 부족한 선교사들을 대신하여 초신자들을 가르치거나 불신 종족들에게 복음을 전하도록 하였다.

일곱 번째는 선교를 목적으로 기독교 영화를 상영하는 전용 극장을 만들어 일반 서민 계층에게 효과적으로 전도하였다.

여덟 번째는 인도의 각종 언어와 방언으로 기독교 서적들을 출판하였고 이것을 보급하는 데 힘을 썼다. 1920년대에 로마교회에 의해서 약

200종류의 신앙 서적들이 출판되었는데 그 중에 일반 서민들에게 선교할 목적으로 만들어진 선교용의 잡지가 80여 종류나 되었다.

아홉 번째는 영국 통치하에서 정책적으로 서구식 교육을 시키는 학교를 장려하자 1845년에 로마교회의 교구가 있는 전 지역 산하에 카스트의 구분 없이 학교를 세우도록 하였다. 그 중에는 소녀들만을 위한 학교도 있었다.

열 번째는 인도뿐 아니라 전 선교 지역에 원주민 성직자들을 양성할 목적으로 신학교를 세우기 시작하였다. 이렇게 세워진 것이 말레이시아의 페낭, 인도의 맹가로어, 고아 그리고 실론의 캔디 등이 있었다. 이것은 로마교회의 선교 역사를 보면 상당히 늦게 원주민 성직자 양성이 이루어진 것이데 로마교회가 가진 중앙집권적인 가부장적 선교의 한계로 말미암은 어쩔 수 없는 결과이었다.

열한 번째는 인도뿐 아니라 로마교회의 전 선교 지역에서 동일하게 실시한 선교 방법으로서 병원, 과부 구제소, 고아원, 불우 소년·소녀 수용소, 나환자 특수 병동과 수용소 등을 세웠다. 이런 선교 방법은 선교지의 정부나 일반 서민들에게 로마교회에 대한 좋은 이미지를 심었으며 장기적인 차원에서 선교에 상당한 효과가 있었다.

열두 번째는 인도의 초타 나그푸르 지역에서 실시했던 방법으로서 만성적인 가난과 채무에 시달리고 있는 일반 백성들을 위해서 협동 신용 기금을 만들고 빚을 갚도록 도와 주었으며 자활 기술 학교를 세워서 생존할 수 있는 기술을 가르쳐 주고 소규모의 가게라도 창업할 수 있는 신용 기금을 대 줌으로 주민들의 경제 생활에 큰 향상이 있게 하였다.[332]

이렇듯이 간략하게 로마교회의 선교 방법을 살펴보았는데 로마교회가 가진 신학적 특징이나 그 한계성이 그대로 선교 정책이나 방법에 반영되어 나타나고 있다. 이 시기에 있어서 로마교회가 개신교의 선교 방법에

---

332) Ibid., pp. 89-99.

도전을 받았고 많은 방법들을 그대로 도입하여 사용함으로 상당한 결실을 맺었음을 발견하게 된다.

　개신교회의 인도 선교는 이 시기에 영국의 인도 통치와 함께 활성화되었다. 영국은 18세기 중엽부터 동인도 회사를 통해서 인도를 간접적으로 통치했으며 19세기 중엽에는 무굴 제국을 멸망시키고 직접 통치하였다. 18세기 말에 영국의 동인도 회사에 속하여 종군 목사들이 활동하기 시작했는데 본국의 윌리암 윌버훠스와 찰스 시므온이 이를 적극 후원하였고 동인도 회사에 종군 목사들이 배치되도록 정책적으로 노력하였다. 데이비드 브라운은 캘커타에서 고아원을 세우고 힌두교인들에게 복음을 전할 목적으로 학교를 세우기도 하였다.

　클라우디우스 부카난(Claudius Buchanan), 토마스 토마슨(Thomas Thomason), 다니엘 코리(Daniel Corrie) 등은 모두 켐브리지 대학 출신으로서 찰스 시므온의 영향을 받아 인도에 선교사로 왔으며 모두가 복음주의 신학과 신앙을 가진 사람들이었다. 부카난의 설교문이 아도니람 저드슨으로 하여금 선교사로 헌신케 하는 계기가 되었다고 한다. 코리는 마드라스의 첫 성공회 주교가 되었다. 이 당시 인도 선교사로서 가장 유명한 사람은 1793년에 온 윌리암 캐리이다. 그는 근대 선교의 아버지라고 불릴 만큼 눈부신 활동을 하였으며 그의 사역은 실제로 당시의 아시아 선교의 구심력을 이루었다. 캐리에 대해서는 따로 자세하게 살펴볼 것이다. 런던 선교회는 1798년에 나다니엘 휘시스(Nathaniel Forsyth)를 뱅갈 지역에 파송함으로 선교를 시작했으며 1813년에는 인도의 여러 지역에 선교 기지를 두고 활동하였다. 1812년에는 미국 해외 선교 위원회가 선교사를 파송하였다. 1813년 영국 국교회인 성공회는 주교 관구를 캘커타에 설치하여 본격적인 선교 활동을 시작했는데 이때부터 동인도 회사의 헌장에 선교를 적극 지원하라는 조항이 들어갔다.

　첫 주교인 토마스 미들톤(Thomas Fanshaw Middleton)은 캘커타, 봄베이, 마드라스에 중심 거점을 두고 활동했으며 특히 캘커타 주교 대학

(Bishops College)을 세워 전 인도의 영국 성공회의 중심 본부가 되게 하였다. 두 번째 주교는 레지날드 헤버(Reginald Heber)인데 그는 옥스퍼드 대학 출신으로서 선교에 열정이 있으며 한국 찬송가 9장의 "거룩 거룩 거룩"과 273장의 "저 북방 얼음산"의 작사자이다.

1813년 이후에 교회 선교회가 26명의 선교사를 파송하였는데 전략적인 차원에서 11명은 독일에서 온 선교사들이었다. 이들이 중심이 되어 18세기 초엽부터 시작된 독일 경건주의 할레 선교회의 인도 사역을 완전하게 인수하였다. 교회 선교회의 활동 무대는 주로 갠지스 계곡, 뱅갈, 캘커타, 봄베이, 마드라스 등지였으며 선교 대상은 주로 하위 계층인 샤나즈족(Shanars)과 중간 계층인 수드라(Sudras)이었다. 유명한 선교사로서 휀더(Pfander)가 있는데 그는 북쪽 지역인 아그라(Agra)의 모슬렘들을 대상으로 사역하였으며 성공적인 결실을 맺었다. 교회 선교회의 사역 중 특이한 것은 인도 남부 지역에서 성공회와 연합하여 시리안 교회를 재복음화하는 사역을 하여 마 토마(Mar Thoma) 교회로 합류시킨 것이다. 마 토마 교회는 영국 교회가 고대 시리안 교회를 재복음화하여 개신교의 신앙을 전수하여 새롭게 출발시킨 교회이다.

스코틀랜드 장로 교회는 1829년에 알렉산더 더프를 인도에 보내어 선교를 시작하였다. 더프는 당시 스코틀랜드 교회 지도자인 토마스 챌머스의 영향을 받았는데, 그가 인도로 가려고 하던 당시의 구라파 교회의 지도자들은 인도 선교에 대해서 상당히 부정적인 생각들을 가지고 있었다. 더프는 인도에 근대 서구 교육을 소개하면 선교에 긍정적인 열매가 맺어질 것을 확신하였다. 그는 인도의 캘커타에서 활동하였는데 당시의 신힌두교 운동을 주도하던 란 모한 로이(Ram Mohan Roy)와 친밀히 교제하면서 그의 도움을 받아 1830년에 인도의 젊은이들에게 고등 교육을 시킬 목적으로 교육 기관을 세우고 가르치는 일을 시작하였는데 이것이 캘커타 대학이 된 것이다. 그는 두 가지 원칙하에서 학생들을 받았는데 모든 학생들이 반드시 성경 공부반에 참여해야 한다는 것과 모든 과목들이 영어로 진행된다는 것이었다. 그가 영어 수업을 고집한 이유는 언어는 문화의 거울이기에 영어를 모르면 서구 문화를 이해할 수 없고 서구의 발달된 과학 지식을 제대로 배울 수 없다는 생각에서였다. 그의 이런 교육 선교의 방법을 통해서 적지 않은 상류 계층의 사람들이 예수를 믿게 되었다. 1830년에는 미국의 침례교회가 선교사를 보내기 시작하였고 1833년에는 서부 외지 선교회(Western Foreign Missionary Society)가 장로교의 선교를 시작했는데 이 서부 외지 선교회는 1837년에 장로교 외지 선교부로 명칭이 바뀌어졌다.

장로교의 선교는 주로 펀잡 지역에서 이루어졌는데 유명한 선교사로서 1848년에 와서 라호르(Lahore) 대학을 세운 찰스 훠만(Charles W. Forman)이 있다.

특이한 선교기구로서 영국에서 창립된 제나나 선교회(Zenana Missionary Society)가 있는데 이 기구는 인도에서 교회 선교회와 긴밀한 협력 관계를 가지면서 주로 여성 교육과 의료 선교 사역을 하였고 모두가 여성 선교사들이었다.[333]

인도에서의 개신교회의 선교 방법을 살펴보면 다음과 같다.

첫 번째는 선교 기지를 중심으로 순회 전도 활동을 하여 복음을 전파하였다. 순회한 장소로는 공공 시장, 장 마당, 대중 종교 절기 행사장 등인데 주로 본토 전도자들이 활동하였고 선교사들은 기관 사역을 하였다.

두 번째는 학교 교육 기구를 통한 선교 사역이다. 1900년대 인도의 전 고등 교육 기관 중에 약 50% 정도가 개신교의 선교 목적으로 세워졌다. 캘커타 대학을 세운 더프와 마드라스 기독교 대학을 세운 밀러는 특히 서구의 과학 지식을 학교를 통해 전수하면 인도의 복음화가 촉진될 것으로 믿고 교육을 통한 선교를 주장하였다. 학교의 종류에는 산업 학교와 정규 학교와 신학교가 있었다. 이 당시 학교의 기숙사도 학생들에게 기

---

[333] Ibid., pp. 99-189.

독교의 생활 훈련을 시키며 가치관을 심어 주는 좋은 장소였다.

세 번째는 각종 기독교 문서를 발간하는 다양한 종류의 인쇄 매체가 있었다. 대영성서공회, 미국성서공회, 기독교지식확산회, 성경번역회 등이 이 일에 주로 관여하였으며 1914년경에는 24개의 선교 인쇄소가 있었으며 기독교 잡지, 신문, 계간지만도 100여 종류가 있었다.

네 번째는 각종 병원을 세워서 선교 사역을 하였다. 1914년경에 335명의 의료 선교사들이 있었고 간호원 선교사만도 294명이 있었다. 특히 인도에서 활동한 "나환자 선교회"는 인도에서 시작하여 세계적인 선교기구로 발전이 되었다.

다섯 번째는 각양의 구호, 구제 기구를 세워서 선교를 하였다. 홍수와 기근 등 빈번한 자연재해가 인도인들을 고통스럽게 할 때 개신교회는 구빈소, 고아원, 자활 학교 등을 세워 저들의 고통을 덜어 주는 선교를 하였다.

여섯 번째는 불가촉 천민들을 대상으로 하여 선교를 함으로 저들 가운데 집단 개종 운동이 자주 일어났다. 이들을 대상으로 한 선교는 주로 저들의 열악한 생활 환경을 개선해 주고 집단적인 기독교 공동체를 이루게 하여 농장을 운영케 하거나 자활 교육을 시켜 생존할 수 있도록 하였다. 이렇게 하여 성공적인 결실이 맺어진 종족은 사람의 목 베기와 알콜 중독으로 악명이 높던 가로스(Garos)와 가축을 훔치기 위해서 독살을 주로 하던 범죄 계층으로서의 마라스(Malas)가 있었다.

일곱 번째는 여성들을 위한 교육 기구를 세움으로 여성 지도자를 양성하였고 또한 여성 전도자를 양성하였다. 개신교의 선교사들이 세운 여성 교육기관을 통해서 교육을 받고 무지에서 깨어난 여성 기독교 지도자들이 힌두교의 악습에서 해방되어 인도 여성의 권익과 자유를 위해서 노력하였다. 그 대표적인 인물로서 판디타 라마바이(Pandita Ramabai), 춘드라 레라(Chundra Lela), 사무엘 로하타(Samuel Rohator) 등이 있었다.

여덟 번째는 인도 교회의 토착화를 통해서 인도 교회 스스로가 인도를 복음화하며 세계선교에 참여하도록 인도 교회의 뿌리를 내리게 하였다.

영국 교회는 고레(Goreh)와 아자리아(Azariah)와 아브라함이 있었고 장로 교회에는 채터뤼(Kali Charam Chatterjee)와 폴(K.T. Paul)이 있었다. 고레는 성공회의 주교를 역임했으며 아자리아는 남인도 교회의 주교였을 뿐 아니라 인도 최초의 자생적 선교기구인 "인도 민족 선교회" (The National Mission Society of India)를 세웠고 또한 "마 토마 시리아 기독교 복음주의 연합회"(The Mar Thoma Syrian Christian Evangelistic Association)를 세웠다. 폴은 인도 최초의 YMCA의 첫 총무가 되어 활동하였다. 인도 교회의 토착화는 1914년 이후부터 가속화되었다. 인도 교회 내에 외세의 의존에서 벗어나려는 구체적인 움직임이 있었는데 예를 들어 인도의 성직자들이 공적 예복으로서 인도 전통의 바크티(Bhakti)를 입으려고 시도한 것과 찬송을 토착 곡조로 부르려는 운동이 있다.[334]

당시 개신교 선교 방법에 있어서 문제점과 한계는 개신교 선교의 80% 정도가 불가촉 천민들을 대상으로 한 집단 개종 운동에서 결실을 맺었기에 인도 교회의 경제적인 자립도가 상당히 약했고 선교사들에게 의존하려는 경향이 오랫동안 있었다는 점이다. 또한 이들의 이전 종교가 혼합주의 경향이 아주 강한 물활론의 종교이었기에 이것을 완전히 극복하는 데 오랜 세월이 걸렸다는 사실이다. 그러므로 로마교회의 경우 그들의 신학 특성과 교회 구조상 상당한 위험성과 문제점을 그대로 내포하고 있었다. 개신교의 더프나 존 앤더슨 그리고 밀러 등의 선교 방법인 교육을 통해 서구의 근대 과학 지식을 전수함으로 인도를 복음화한다는 계획은 결실도 있었고 이를 통해 많은 인도의 지도자들을 배출하였지만, 서구 교육이 가지고 있는 세속주의적 가치관과, 과학주의와 실용주의 등의 사

---

334) Ibid., pp. 189-211.

상이 아울러 소개됨으로 오히려 인도의 세속화를 촉진시키는 계기가 되었고 인도 교회를 좌경화시키는 요인이 되기도 하였다. 20세기 초에 인도의 개신교 신자 수효는 약 1백만이 되었으며 선교사는 5천5백여 명이 활동하였다.

(10) 필리핀 지역

필리핀은 1898년 스페인과 미국의 전쟁의 결과로 미국이 승리하자 미국이 필리핀을 점령하게 되었고 바로 그때 개신교 선교의 문이 열렸다. 이전에 필리핀은 스페인령으로서 19세기 중엽에는 나자로파, 도미니칸파, 프란시스칸파들이 사역하였고 이들은 여러 곳에 학교를 세워서 원주민 지도자들을 양성하였다. 1870년까지만 해도 소수의 스페인 성직자들이 교회를 이끌어 갔는데 현지 필리핀인들과 메스티조들은 792개의 교구 중에 181개 정도만 교구를 맡아서 사역을 하였다. 이러한 요인들이 불만 요소가 되어서 1890년대에는 원주민 성직자들이 폭동을 일으키기도 하였다.

결국 1899년에는 현지 원주민 성직자인 아귀날도(Aguinaldo)가 필리핀 교회의 수장으로서 그레고리오 아그리파이 라바얀(Gregorio Agripay Labayan)으로 자신을 호칭하였고 로마교회가 이것을 인정치 않자 결국에는 "이글레시아 필리피나"(The Iglesia Filipina Independiente)를 세웠다. 이 필리핀 독립 교회는 개신교회와 긴밀한 연관 관계를 가짐으로 평신도들이 성경을 로마교회의 교인들보다 더 많이 활용하게 되었다. 1918년에 전 필리핀 기독교의 약 15%의 세력을 점유하기도 하였다. 1898년 이후에 이미 언급했지만 개신교 선교가 시작이 되었고 주로 미국에서 선교기구들이 진출하였다.

1900년 뉴욕에서 열린 에큐메닉 선교 대회는 필리핀 지역을 선교 분할하기로 하였으며 이에 따라서 북감리교와 북장로교가 진출하였으며 북장로교회는 두마구이테(Dumaguete)에 실리만(Silliman) 대학을 세우기도 하였다. 1902년에는 미국 해외 선교 위원회가 진출하였고 다바오를 본부 기지로 삼았으며 같은 해에 교회 선교회가 민다나오의 잠보앙가(Zamboanga)를 중심으로 선교 사역을 시작하였다.[335] 1907년에는 장로교와 감리교가 서로 연합하여 연합 신학교를 운영하였으며 결국 이것이 단일 연합 필리핀 교회를 세우는 계기가 되었다.

(11) 동인도 지역

19세기에 보루네오의 북동부 해안은 영국령이었고 티모르 동부는 포르투칼령이었다. 이 외의 모든 지역은 화란이 점령하였다. 화란은 초기에 개신교 선교를 훼방하였으나 19세기 후반부터 식민정책을 원주민들의 복리 우선으로 바꾸었으며 개신교 선교를 적극 지원하였다. 이것은 종전의 식민지 수탈정책인 문화 제도(Culture System)를 1901년 아브라함 카이퍼가 화란의 수상으로 취임했을 때 발표한 윤리 정책(Ethical Policy)으로 바꾸었을 때부터이다.

다양한 화란 선교기구들이 진출하였으며 가장 성공적인 사역이 이루어진 곳은 물활론자들이 많이 있었던 셀레베스와 미나하사 지역이었으며 독일 계열인 레니쉬 선교회는 수마트라 바탁족 가운데서 성공적인 사역을 함으로 토착 교회를 세웠다. 이 시대에 런던 선교회와 미국의 해외선교 위원회가 진출하여 사역을 하였고 자바에 수천 명의 모슬렘족들이 개종하기도 하였다. 1914년에는 약 5십만의 개신교 신자들이 있었는데 이것은 전 인구의 불과 1.25%의 수효이었다. 이후에 동인도의 개신교회는 토착화가 빠르게 진행되었으며 스스로 선교하는 선교적 성장이 있었다.[336]

---

335) Latourette, The Great Century: The Americas Australasia and Africa, pp. 264-274.
336) Ibid., pp. 275-300.

(12) 중국지역

중국은 인도와는 다르게 유교 문화권의 전통 속에서 종족간의 결속력이 강하고 외부인들에 대한 민족적인 자긍심이 높기 때문에 복음에 저항적인 요소가 많았다. 1914년에 인도의 전체 기독교인들의 수효는 3백 5십만 정도 되었는데 중국은 인구가 5배나 더 많음에도 불구하고 기독교인들의 숫자가 그 절반 정도밖에 되지 않았다.

1810년에 마카오만이 포르투칼의 조차지로서 외국인들이 머무를 수 있었고 남부 해안가에 '13개 공장 지대'(Thirteen Factories)가 외국인들에게 개방되었다. 이렇게 외부에 대한 경계가 있었음에도 불구하고 서방 강대국의 세력이 몰려오기 시작하였다. 1839-1842년에 영국과 중국의 계속적인 전쟁이 있었고 1842년 아편 전쟁의 결과로 홍콩이 영국의 조차 지역이 되었으며 5개 항구인 광주, 아모이, 푸조우, 닝포, 상해 등이 외국인에게 개방되었다. 이때까지만 해도 이 항구들 이외에서는 어디서도 종교 활동이 금지되어 있었다. 로마교회는 1846년에 이전 강희제 통치시에 소유하였던 모든 재산들을 법적으로 돌려 받게 되었다. 1860년에 광서 성에 있던 파리 외방 선교회 소속 채프델레인이 처형당하자 이를 계기로 프랑스와 중국간에 전쟁이 일어났고 중국은 전쟁에서 패배한 결과로 서방 세계에 대하여 완전히 문호를 개방하기에 이르렀다. 외국인들의 여행이 자유로워지고 선교 활동이 허용되자 기독교의 선교는 이때를 기점으로 활기를 띠기 시작하였다.

이 당시의 로마교회의 선교방법을 살펴보면 다음과 같다.

첫 번째로 교회병행 선교기구인 수도회 선교사들을 통해 선교가 주로 이루어졌다.

두 번째로 발달된 서구의 과학 문명을 소개함으로 선교의 수용성을 높이려 하였다. 여기에 대표적인 선교사들로 리치, 몰리, 아멘드 데이비드 등이 있다.

세 번째는 1914년 이후에 여러 종류의 교육기관들을 세워 교육 선교를 강화하였다.

　네 번째는 상류 계층을 주 대상으로 한 전략적인 선교를 수행하였다.

　다섯 번째는 병원, 고아원, 구빈원 등을 세워 복음의 수용성을 높이려 하였다. 1870년 중국의 북쪽 지역에 대기근이 들었을 때 활발한 구호, 구제 사역을 함으로 로마교회의 세력을 이곳에 확산시켰다.

　여섯 번째는 원주민 교역자들을 중심으로 순회전도자들을 활용하였다.

　일곱 번째는 각 교구에 인쇄 시설을 설치케 하여 각종 인쇄물들을 출판하여 보급함으로 선교의 수용성을 높였다.

　여덟 번째는 모든 선교 기지마다 원주민 성직자 양성을 위한 예비 과정의 신학교를 설치케 하였고 1912년에는 중국 전역에 12개의 공식 신학교가 있었다. 원주민 성직자를 본격적으로 양성한 것은 1914년 이후부터였다. 로마교회의 중국 선교 역사가 오래되지만 그들의 구조적인 특성상 선교사들이 주도하는 교회 체제였고 원주민 성직자를 양성하는 것은 상당히 오랜 세월을 거친 이후에 나타났는데 중국만 그런 것이 아니고 다른 선교 지역도 마찬가지이다.

　아홉 번째는 지역 회중들 가운데 학습자들을 세워 초신자들을 돌보도록 한 것이다. 이들은 지역 성직자들이 없는 가운데 지역 교회의 지도자 역할을 수행했는데 선교사들을 도와 활동하였다. 1912년경에 약 7,000여 명의 학습자가 있었는데 그 중에 35% 정도가 여성들이었다.

　열 번째는 로마교회의 특성상 선교 재정에 지역 교회의 교인들이 참여하는 구조가 아니라 선교 기금을 위한 교회병행 소달리티 선교기구를 통해 모금함으로 선교가 이루어졌다. 이에 중국 현지에서 선교 재정의 안정성 확보를 위해서 부동산 투자, 건물 임대 등을 하여 재정을 확보하려는 시도를 하였다.[337]

---

337) Latourette, The Great Century: North Africa and Asia, pp. 253-295.

이런 시도는 잘못하면 식민지 시대의 또 다른 형태의 교회 식민지로 보일 수 있는 시도로서 로마교회의 재정적인 측면에서는 도움이 될 수 있었을지 모르나 현지인에게는 교회 제국주의 형태로 보일 수가 있었다.

중국에서 이루어진 로마교회의 선교 방법이 인도에서의 경우와 아주 유사한 것을 발견하게 된다. 로마교회의 선교가 점차 다양성을 띠고 있고 또한 보다 창의적인 접근이 이루어졌다. 그러나 여전히 이미 지적한 대로 현지 원주민 지도자 양성에 있어서 문제가 있었고 선교사의 가부장적 의식이 개신교보다 훨씬 강했으며 교회 제국주의적 오해를 살 부분이 많았고 또한 그런 위험성이 실제로 있었다.

중국에서의 개신교 선교는 런던 선교회가 1804년에 로버트 모리슨을 보냄으로 시작되었다. 모리슨에 대해서는 이미 전 기간의 19세기 초의 중요 인물로 살펴보았다. 모리슨의 동료인 윌리엄 밀네(William Milne)와 윌리엄 메드허스트(William Medhurst)는 중국 선교의 전진 기지로서 말라카, 페낭, 싱가포르, 바타비아 등지에서 활동하며 모리슨과 함께 중국 선교의 기반을 놓는 문서 선교 사역을 성공적으로 수행하였다. 1817년에 런던 선교회가 몽고족인 부리아트족에게 선교사를 보내 사역하였고 선교 기지를 바이칼 호수 근교에 두고 구약과 신약을 몽고 문어체로서 번역하였다. 그러나 1841년에 러시아의 핍박으로 철수할 수밖에 없었다.

1856년에 런던 선교회는 광주, 홍콩, 아모이, 상해에 선교 기지를 두고 본부는 상해로 했으며 책임자는 중국의 고전과 언어에 세계적인 학자로 부각된 제임스 레게(James Legge)이었다. 레게는 은퇴 이후에 옥스퍼드 대학에서의 첫 중국학을 가르치는 교수가 되었다. 상해에서 활동하던 알렉산더 윌리암스(Alexander Williamson)는 "중국을 위한 책과 전도지 선교회"(The Book And Track Society for China)를 만들었는데 이것이 바로 오늘날의 "기독교문서선교회"(Christian Lterature Society)가 되는 것이다. 1860년경에 런던 선교회는 중부와 북부 지역에서 사역을 시작하였고 한코, 우창 등지의 후페족(Hupeh)과 북경과 천진에서 사역하였다. 1870년에 제임스 길모어(James Gilmour)가 유목 민족인 몽고족들과 함께 살면서 그들의 유목 경로를 따라 똑같이 움직이면서 선교를 하였는데 그는 오늘날 몽고 민족의 영적 아버지라고 불린다.338)

1828년에 미국 해외선교 위원회가 엘리야 브리지맨(Elijah Coleman Bridgman)을 광주에 파송했는데 그는 화란 개혁 교회에 속한 사람이었다. 그를 계기로 해서 화란 개혁 교회도 1832년에 아모이에서 선교를 시작하였다. 브리지맨은 1832년에 유명한 중국 선교 잡지인 "중국의 보관처』(The Chinese Repository)를 처음으로 발간하여 중국의 선교 현황을 세계에 알렸을 뿐 아니라 중국의 문화와 역사를 소개하기도 하였다.339) 미국 장로교는 1842년에 진출하였는데 커(Kerr)와 파커(Peter Parker)가 의료 선교사로서 광주에 안과 병원을 세우고 활동하였다.

1856년에 미국 장로교의 선교는 광주, 닝포, 상해 등지에서 이루어졌고 앤드류 하퍼는 광주에 "기독교 대학"을 세우기도 하였다. 유명한 선교사로 한국교회와 밀접한 관계가 있는 존 네비우스가 있다. 그는 양자 강 협곡과 산동 지역에서 활동하였는데 한국교회에 소개되어 선교 정책으로 받아들여진 자급, 자치, 자전의 네비우스 삼자 선교 정책으로 유명하다.340)

영국 장로 교회는 1847년에 스코틀랜드 교회의 부흥의 주역으로 활약하던 윌리암 번스를 파송했는데 처음에 홍콩으로 갔다가 화란 개혁 교회의 선교 본부가 있는 아모이로 옮겨 순회 전도 사역을 통해 활동하였다. 그는 스코틀랜드에서와는 다르게 6년 동안 전혀 결실이 없다가 6년 만에

---

338) Ibid., pp. 295-300.
339) Ibid., pp. 301-302.
340) Ibid., pp. 307-308.

한 사람에게 세례를 주기 시작하여 그의 순회 전도사역에 큰 부흥이 임하게 되었다. 그는 스와토우(Swatow) 선교 사역의 개척자가 되었고 허드슨 테일러에게 그의 순회 전도 사역을 통해서 영적인 면에 큰 도전을 주었다. 341)

영국의 침례교회가 1870년에 디모데 리차드를 산동의 제푸(Chefoo) 지역으로 보냈다. 75년도에는 제푸에서 산동 내지로 선교지를 확장하였고 77년도에는 산서 성이 기근을 만났을 때 구호 선교 활동을 활발히 하였다. 리차드는 인도의 더프와 비슷한 선교 전략을 가졌는데 그것은 중국의 18개 성에 고등 교육기관을 세워 중국의 젊은 인재들에게 서구의 발달된 과학 지식을 전수해 주면 복음의 수용성이 생겨 선교가 용이하게 이루어질 것이라는 생각이었다. 342)

중국에서 가장 유명한 선교사로 이 당시에 한 사람을 꼽으라면 제임스 허드슨 테일러이다. 테일러에 대해서는 나중에 자세히 살펴볼 것이기에 여기서는 생략하고 그의 중국내지선교회의 활약상을 알아보자. 내지선교회는 사무엘상 7:12과 창세기 22:14의 말씀을 토대로 에벤에셀과 여호와 이레의 하나님을 믿고 인간에게 아무것도 요청하지 않고 오직 필요한 것은 하나님께 구한다는 자세로 선교를 하는 당시의 대표적인 신앙 선교 단체이었다. 중국내지선교회는 단독으로 일한 것이 아니라 초기부터 여러 선교회와 협력 선교 사역을 하였는데 주로 구라파 계열의 선교 단체와 사역하였다. 협력 선교를 한 선교회는 "중국을 향한 스웨덴 선교회"(Swedish Mission to China)와 "스웨덴 성결 연합"(Swedish Holiness Union)과 "스칸디나비아 연맹 선교회"(Scandinavian Alliance Mission)와 "독일 중국 선교회"(German China Mission) 등이 있었다.

---

341) Ibid., pp. 310-312.
342) Ibid., pp. 318-319.

허드슨 테일러의 원래 선교 전략은 가능한 되도록 빠르게 복음을 중국 전지역에 전파하기 위해서 각 성의 전략적 도시에 두 사람씩의 선교사를 파송하여 선교 기지를 세우고 주변 지역으로 계속 확산해 나간다는 것이었다. 1865년에 11개 성에 각 2인씩의 선교사들을 파송하여 내몽고까지 포함하여 24명의 선교사를 파송하였다. 1870년에는 13선교 기지에 33명의 선교사가 활동하였고 1881년에는 70여 명, 1886년에는 100명과 1895년에는 중국 전 지역에 260개의 선교 기지가 있었고 641명의 선교사와 462명의 중국인 조력자가 있었다.

특히 주목할 만한 일은 무디가 1884년 영국을 방문하여 찰스 시므온의 협력으로 켐브리지 대학에서 사경회를 가졌을 때 7인의 학생들이 중국내지선교회의 선교사로 헌신하였는데 그들 모두가 장래가 촉망되는 지도자급 학생들로서 전 영국이 떠들썩한 사건이었다. 그들의 삶을 보면 카셀(Cassels)은 후에 중국 서부의 영국 교회 주교가 되었고 호스트(Hoste)는 테일러의 후계자의 역할을 하였는데 내지선교회의 전체 총무가 되었고 스터드(C. T. Studd)는 후에 WEC의 창설자가 되었다. 비극적인 일은 서태후의 조정을 받아 중국에서 외세의 세력을 몰아내려는 일종의 친위 반란 사건인 의화단 사건이 일어난 것이다. 그들은 주로 선교 기지의 선교사들을 공격하였는데 엄청난 피해가 있었고 내지선교회의 선교사만 135명이 순교하였고 선교사의 자녀들이 53명이 순교하였다.

그러나 내지선교회는 이런 슬픔을 딛고 1914년에는 테일러의 유지를 받들어 중국뿐 아니라 세계에서 가장 큰 규모의 소달리티 선교기구로 발전하였고 1934년에는 중국에서만 1,368명의 선교사들이 중국 전역의 오지에 흩어져서 사역을 하였다.[343]

중국의 대학가 캠퍼스 안에서도 학생들을 중심으로 한 선교 활동이 활

---

343) Ibid., pp. 326-338.

발하였고 학생자원 선교운동이 중국 안에 셔우드 에디(Sherwood Eddy)의 방문과 함께 진출하였고 존 모트가 1913년에 중국을 방문하기도 하였다. [344]

중국 교회도 20세기 초에 성장을 하여 토착화의 과정이 활발하게 이루어졌고 연합 교회 운동이 일어났다. 1907년에 중국 전체 교회의 연합 조직인 "중국 기독교 연방"(The Christian Federation of China)이 생겼고 이것은 1913년 모트의 방문과 함께 "중국 연속 위원회"(China Continuation Commitee)가 되었다.

이 시기에 이루어진 개신교회의 선교 방법을 살펴보자.

첫 번째는 서방 국가들이 중국에 공식적으로 진출하기 전에 개신교회는 선교사를 파송하고 저들로 언어와 문화를 익히게 하고 성경 번역을 시도하였다는 사실이다.

두 번째는 중국의 개방과 함께 중국 전 지역에 선교 기지를 세우고 광범위한 종합적 사역을 시작하였다. 순회 전도를 실시하였으며 병원, 학교, 구호, 구제 기구를 세워 선교를 시도하였고 이것은 어려운 삶을 살아가는 일반 중국 서민들에게 좋은 성과가 있었다. 또한 사회 복지 선교로서 소경들을 위한 점자 출판, 특수 장애인 교육 시설, 고아원 등을 세워 선교를 실시하였다.

세 번째는 성경 부인들을 활용하여 성경을 보급케 하였고 성경 부인들은 단순히 성경 판매만 한 것이 아니라 개척 사역을 성공적으로 하였다.

네 번째는 1895년에 개신교가 소유한 인쇄소가 9개가 있었는데 여기서 각양의 기독교 서적들과 성경이 다양한 방언으로 출판되어 중국 전역에 활발하게 보급이 되었다.

다섯 번째는 의료 선교의 활성화이다. 20세기 초에 약 200여 명의 의

---

344) Ibid., pp. 341-343.

료 선교사가 있었고 병원이 100여 개가 있었다. 특별히 아편 중독자들을 수용하는 보호소 겸 치료소가 50여 개 있었다.

여섯 번째는 고등교육을 선교의 수단으로 하여 기독교의 이상을 중국 사회에 소개함으로 중국을 복음화하려는 시도가 있었다. 이런 시도로서 20세기 초에 개신교가 세운 고등 교육기관이 약 600여 개가 되었고 그 중에 33개의 대학이 있었다. 이들 대학들은 오늘날 중국의 대표적인 대학들로 발전되었는데 광주의 링남(Ling Nam) 대학, 상해의 미 감리교가 세운 존 홉킨슨 대학, 1909년에 세워진 남경 대학, 산동 기독대학, 북경 대학, 연경 대학 등이다.

일곱 번째는 중국 교회를 빠른 시일 내에 토착화하여 중국 복음화를 중국 교회에 의해 이루어지도록 하였다.[345] 이러한 목표를 설정해 구체적으로 사역한 선교기구는 중국내지선교회이다. 내지선교회는 중국인들을 동일한 사역의 동반자로 여기고 서로 함께 공동체 사역을 하였으며 되도록 빠른 시일 내에 현지 지도자들을 키워서 사역을 저들에게 위임하여 중국 복음화는 중국인들에 의해서 이루어지도록 시도하였는데 이것은 심원한 결실이 있었다.

필자가 1989년부터 1994년까지 중국 내지를 다니면서 중국의 가정 교회 지도자들에게 물건을 전달하는 단기 선교 사역을 한 적이 있다. 이때 필자는 미리 가정 교회 지도자들을 소개받고 만났는데 필자가 만난 가정 교회 1세대의 지도자들 중 적지 않은 숫자가 중국내지선교회의 사역을 통하여 복음을 받았거나 또는 그 선교회와 관련이 있었다.

교단 선교사로서는 존 네비우스 선교사가 있다. 그에 대해서는 나중에 자세히 살펴볼 것이지만 네비우스는 산동 성에서 사역하면서 처음부터 중국 교회의 자급, 자치, 자전을 목표로 선교사가 일해야 함을 역설했으며 중국 교회가 선교사들에게 의존할 수 있는 위험성의 수위를 넘는 과

---

345) Ibid., pp. 349-355.

도한 선교 프로젝트들을 경계하였다. 그가 우선 목표로 삼은 것은 강력한 그리스도인 공동체이며 그 공동체를 바탕으로 모든 선교 프로젝트들이 운영될 수 있다는 생각을 가졌다.

오늘날 중국 선교 현장을 볼 때 네비우스의 판단이 옳았다는 것을 입증한다. 과거 서구 선교사들이 서구의 발달된 과학 지식을 고등 교육 기구나 병원 등을 세워 전수할 때 중국의 복음화가 쉽게 이루어질 것으로 생각하였으나, 공산화가 된 이후에 중국 교회의 뿌리를 이어가는 것은 가정 교회이든지 삼자 교회이든지 하나님의 백성의 공동체의 뿌리 등이다. 건물이나 시설들은 이미 공산당의 소유물이 되었을지라도 만일 하나님의 백성의 공동체가 문화 혁명의 기간이나 고통스러운 시련의 기간 중에 소멸이 되었다면 오늘날 중국 교회는 존재하지 못했을 것이다. 이런 점에서 1920년대부터 중국 교회 내에서 예배 의식의 중국화와 찬송가를 중국인의 정서에 맞는 곡조로 만들거나 중국 교회 자체의 힘을 통한 중국 복음화를 외쳤다는 것은 실로 하나님의 섭리이다. 1927년에는 "중국 그리스도 교회"(The Church of Christ in China)가 세워졌는데 이것은 장로 교회, 감리교회, 회중 교회, 침례교회 등을 연합한 형태의 단일 연합 교회였고 중국이 1949년 공산화되기까지 중국 교회를 대변하는 가장 큰 개신 교단이었다.

(13) 아프리카 지역

아프리카의 최남단 지역인 마다가스카르에 19세기 초에 런던 선교회가 진출하였고 그들은 말라가시(Malagasy)와 호바(Hova)족들 가운데서 성공적인 사역을 하였다. 호바족의 추장이 유럽 문화에 호감을 가지고 있었고 런던 선교회의 선교사들을 환영하는 가운데 선교사들은 호바족의 언어로 성경과 찬송가를 번역하고 활동을 하는 중에 잠시 핍박이 있어서 철수하기도 했지만 1860년대 새 추장의 등극과 함께 다시 진출하였고 많은 개신교 선교기구들이 진출하였다. 1868년에는 마다가스카르

회중 연합이 창설되었고 이것은 1934년에 마다가스카르 연합 개신교회로 발전되었다. 346)

19세기의 사하라 이남 지역은 주민들이 물활론의 종교를 가졌고 복음에 있어서 상당한 수용성이 있었다. 19세기 중엽부터 런던 선교회의 데이비드 리빙스턴이나 헨리 스탠리 등이 지리적 탐험을 하면서 아프리카를 개척하여 미지의 아프리카를 문명 세계의 아프리카로 바꾸게 됨으로 노예 매매 제도를 근절하고 아프리카를 복음화할 수 있을 것이라고 생각하며 선교 사역을 수행하였다. 장기적인 차원에 있어서는 그들의 소원대로 아프리카는 변화되었지만 서구 열강 세력들이 아프리카에 몰려들기 시작하였고 아프리카를 식민지화하는 일이 이 시기에 일어났다.

1884-1885년 사이에 베를린에서 열린 회의를 기점으로 저들은 아프리카를 분할 통치하기 시작하였다. 개신교 국가들이 통치하는 지역에서는 개신교의 활동이 활발하였고 프랑스, 포르투칼, 벨기에가 통치하는 지역에서는 로마교회의 세력이 강했다. 그러나 1914년도의 통계를 보면 아프리카의 개신 교인들의 수효가 로마 교인들보다 2배 정도 많은 것을 알 수 있다. 개신교 선교사들은 노예 매매가 근절되도록 노력하였으며 학교를 세워 아프리카인들을 교육시켜 저들의 미래를 저들 스스로가 해결할 수 있도록 지도자들을 배출하였다. 특히 라민 싸네가 입증했듯이 선교사들이 수백의 아프리카 언어로 성경을 번역하고 문어체를 만들어 주는 가운데 성경적 세계관이 아프리카인들에게 소개되었고 이로 인해 누구도 측량할 수 없는 깊고 심원한 변화가 저들의 모든 삶의 현장에서 일어난 것이다.

20세기 초엽까지 아프리카에서 기독교가 급성장한 지역은 화란인들과 위그노인들이 일찍이 정착한 남아프리카 지역이었으며 19세기 말에는 앤

---

346) Latourette, A History of Christianity Vol. Ⅱ Reformation to the Present, pp. 1302-1303.

드류 머레이가 남아프리카 교회의 부흥의 주역으로 활동하기도 하였다. 영국령인 나이지리아에서도 기독교의 진출이 활발했는데 주로 남부의 물활론의 종교를 가진 주민들 가운데 큰 선교의 성과가 있었고 20세기 중엽에는 전 인구의 10%가 기독교인들로서 60%가 개신 교인들이었다. 이 지역에서는 스코틀랜드의 장로교, 영국의 감리교, 성공회, 교회 선교회, 수단 내지선교회 등이 활동했는데 특히 수단 내지선교회의 활약은 눈부셨고 나이지리아의 토착 교회인 서부 아프리카의 복음주의 교회를 세우기도 하였다. 우간다에는 1870년대에 기독교의 선교가 시작되었고 교회가 급속히 성장하여 20세기 중엽에는 전 인구의 40%가 기독교인들이었으며 그중 개신교 신자수는 35% 정도가 되었다.

오늘날 아프리카에는 크게 3가지의 문제가 있는데 첫째는 1906년부터 반투족 기독교인들 가운데 시작된 운동으로 서구 교회의 어떤 세력과도 연관관계를 가지지 않고 아프리카인의 정서나 문화를 대변하는 독립 교회 운동이다. 현재 아프리카에는 이런 독립 교회에 속한 교인들이 전 아프리카 신자들의 70% 정도를 차지하고 있는데 신학적으로 건전한 교회들도 있지만 대개는 우려할 정도의 토착화를 시도하는 때론 사이비의 성격을 가진 집단들이 많이 있다는 것이다. 이들을 재복음화하는 선교가 시급히 요청된다.

두 번째는 북아프리카의 근본주의 이슬람이 중동의 이슬람 국가들의 재정 지원을 받아가면서 사하라 이남의 기독교 지역으로 이슬람의 세력을 확장시키려는 시도이다. 이것이 북부 나이지리아의 회교도인들이 정권을 잡았을 때 남쪽의 기독교인들을 노골적으로 핍박하는 요인이 되며 수단 북부의 이슬람 종족들이 종족 전쟁을 일으켜서 남부 수단의 기독교인들을 핍박하고 학살하는 일로 나타나고 있다.

세 번째는 종족들간의 갈등으로 인하여 같은 기독교 종족들이 서로 적대시하고 종족 전쟁을 일으키는 경우이다. 아프리카의 기독교회는 상당한 진전이 있었지만 오늘 이러한 아프리카의 새로운 도전 앞에 교회는 선교의 진열을 새롭게 정비하고 아프리카의 교회와 함께 아프리카 땅에 하나님의 나라가 편만이 임하도록 선교의 사명을 주님 오시는 그 날까지 게을리 해서는 안 될 것이다.

### 사. 종족, 종족 그룹, 계층

이 당시의 선교는 문자 그대로 오대양 육대륙에서의 선교였으며 아프리카의 내지 종족들이 복음화된 것과 중국의 내지에 한족인 종족 그룹들과 소수 종족들 가운데 선교가 이루어진 것이다. 또한 뉴기니아의 오지에 숨어 있던 수많은 산지 종족들에게 복음이 전파되어진 것과 태평양 군도의 오지 구석구석의 종족들에게 복음이 전파되어진 것이다.

또한 이렇게 복음화된 종족들이 동질 단위의 특성을 유지하면서 유사 문화권이나 유사 종족들에게 전략적인 선교를 수행하였다는 것이다. 개신교의 선교는 주로 낮은 계층의 일반 서민들에게 집중했으나 태평양 군도의 복음화시에는 현지의 지배 계층을 복음화함으로 선교 사역에 진전이 있었다.

### 아. 중요 인물들

(1) D.L. 무디(Dwight Lyman Moody)

무디는 어린 시절 가난 때문에 교육을 제대로 받지 못했다. 그는 일자리를 찾아서 그의 아저씨가 운영하는 구두방에 취직하기 위해서 노스필드에서 보스턴으로 갔다.

그는 거기서 구두 판매 업자로서 크게 성공을 거두었으며 다니던 교회의 주일학교 선생인 에드워드 킴볼의 끈질긴 전도와 가르침으로 인해 회심의 체험을 하였다. 1856년에 그는 시카고로 가서 자신의 가게를 내었으며 구두 판매 업자로 크게 성공을 거두었다.

그는 플리마우스 회중 교회를 다녔는데 주일학교를 맡아 봉사하는 중에 주일학교가 크게 부흥하였고 시내 안에 단독 건물을 세내어 자신의 주일학교를 따로 하였는데 1,500여 명이나 모이는 부흥이 있었다. 나이 23살 때에 그는 세속 직업을 버리고 주의 일에 전적으로 헌신하였는데 주일학교 연합회일과 YMCA 사역이었다.

또한 그는 단독으로 시카고 시내 안에 교회를 세웠는데 첫 교회는 불탔고 두 번째 교회는 지금까지 무디를 기념하는 교회당으로 남아 있다. 그는 1879년에 가난한 소녀들을 위해서 노스필드 성경학교를 세웠고 1881년에는 소년들을 위한 헤르몬산 학교를 세웠다. 이 헤르몬산 산정에서 그는 1880년부터 1886년까지 대학생들의 여름 사경회를 항상 인도하였다.

무디는 대중 전도자로서 활동하였는데 미국 전역을 순회하며 큰 부흥을 일으켰을 뿐 아니라 영국을 세 번이나 방문하여 영국 교회뿐 아니라 대학생들에게 부흥을 일으켰고 선교에 헌신하도록 촉진하였다. 특히 1886년에 헤르몬산 산정에서의 여름 사경회는 학생자원 선교운동을 탄생시키는 계기가 되었다.

1886년에 시카고에서 시카고 전도 협회를 세웠고 이것은 후에 무디 성경 학교로 발전이 되어 지금까지 평신도 지도자들을 양성하고 훈련하는데 크게 사용되어지고 있는 것이다. 무디와 동료인 아이라 쌩키(Ira David Sankey)가 있는데 그는 무디와 단짝이 되어서 대중에게 호소력 있는 찬송가를 작사하고 불러 무디의 부흥 집회에서 큰 역할을 하였다.[347]

---

347) Latourette, <u>A History of Christianity Vol. Ⅱ Reformation to the Present</u>, p. 1255.

### (2) 찰스 시므온(Charles Simeon)

시므온은 18세기 말부터 19세기 초엽까지 활동하던 사람으로서 당시의 영국 교회의 복음주의 진영을 대표하는 인물이었다. 그는 켐브리지 대학 출신으로서 영국 교회의 목사가 된 이후에 켐브리지 대학 내의 거룩한 삼위일체 교회의 담임 목사로서 53년간을 시무하였다. 그는 도덕적인 감화력이 있었고 깊은 영성의 소유자였으며 학자의 혀를 가진 사람이었다. 그는 그 당시의 젊은 지성인들에게 지속적인 영적 감화력을 주었으며 그들이 주의 일을 위해서 헌신할 수 있도록 촉매제의 역할을 하였다. 시므온은 또한 선교 운동가로서 1799년에 교회 선교회가 창립되는데 큰 역할을 하였으며 자신의 교회 교구 담당 목사로 있던 헨리 마틴이 선교사로 헌신하는 데 역할을 하였으며 대영성서공회의 창설에도 관여를 하였다. 그는 무디의 영국 방문시에 켐브리지 대학 내에서 집회를 가질 수 있도록 했으며 이로 인해 학생들이 큰 영적 도전을 받으며 선교사로 헌신하는 계기를 만들기도 하였다.[348]

### (3) 존 모트(John Raleigh Mott)

모트는 1888년에 코넬 대학을 졸업하였고 대학 재학시에 YMCA의 지도자로 활동하였으며 1931년에는 미국 YMCA의 총무가 되기도 하였다. 모트는 1886년에 무디가 인도하는 헤르몬산 여름 사경회에 참석하였고 그때 창립된 학생자원 선교운동의 의장이 되었다. 그는 학생자원 선교운동을 전세계에 확산시키는 데 노력하였으며 국제적인 교회의 지도자로 부각되면서 1895-1920년까지는 세계학생 기독교연맹의 총무를 하였으며 1920-1928년까지는 의장이 되었다. 그는 1910년에 에딘버그에서 열린 세계선교 대회의 의장으로 활약했고 그로 인해 창설된 개신교 최초의 국제적인 조직인 국제선교협의회의 의장으로 1928-1946년까지 활동

---

348) John C. Bennett, "Charles Simeon", in <u>Mission Legacies</u>, pp. 3-10.

하였다. 모트의 이러한 전세계 교회의 지도자로서의 활동이 일반 세상에도 인정을 받아서 그는 1946년에 노벨 평화상을 받기도 하였다. 모트는 누구보다도 바쁜 공적인 삶을 살면서도 여러 권의 책을 썼는데 그 책 속에 모트의 사상이 담겨 있다. 그가 학생자원 선교운동을 하면서 쓴 『이 세대에 세계를 복음화함』(The Evangelization of the World in This Generation)이라는 책 속에는 세계 복음화에 대한 모트의 열정과 선교 전략이 담겨 있다. 세계 교회와의 연합과 협력 속에서 서로가 공동의 노력을 기울임으로 빠른 시일 내에 복음이 전파되지 못한 모든 오지 구석 구석에 선교사를 보냄으로 세계를 복음화하자는 것이다. 그는 현지 토착 교회의 역할이 세계 복음화에 있어서 중요함을 인식했으며 현지 교회간에 교회 협의회를 세우기 위해서 일본과 중국을 방문하여 활동하기도 하였다.

모트는 19세기의 경향이었던 부흥의 산물로서의 오직 영혼 구원만을 외치지 않고 그가 1938년의 마드라스 국제 선교 협의회 대회에서 주장했던 확대 전도 개념을 내 놓기도 하였다. 이것은 복음의 영향력이 단지 영혼을 구원하는 것으로 끝나지 않고 인간의 모든 삶의 현장에 미쳐야 한다는 것이다. 모트의 세계적인 활동은 오늘의 교회 연합과 일치 운동의 기반을 놓았으며 복음주의 진영이나 에큐메닉 진영에 있어서 연합 운동의 시조가 되는 것이다.[349] 그런데 여기서 유의해야 할 점이 있다. 그것은 교회 연합과 일치의 운동이 성경적인 원리로서 절대 타당하지만 어떤 기준과 근거에 의해서 연합이 이루어져야 하는지는 별개의 문제로 남아 있다. 만일 기독교의 생명적인 복음의 내용을 조금이라도 경감시키거나 그리스도로 말미암는 복음의 능력을 추상적이거나 철학적으로 이론화시킨다면 아무리 연합의 명분이 그럴 듯해도 이런 토대 위에서의 연합은

---

349) C. Howard Hopkins, "John R. Mott 1865-1955", in <u>Mission Legacies</u>, pp. 79-84.

이루어질 수 없는 것이다.

이런 점에서 평신도로서의 모트의 연합 운동은 애초에 한계가 있었으며 바로 이런 점들 때문에 초기 에큐메닉의 지도자로서 모트의 한계점이 지적되고 있는 것이다.

(4) 아더 피어슨(Arthur Tappan Pierson)

피어슨은 해밀톤 대학과 뉴욕의 유니온 신학교에서 공부를 하였다. 그는 장로교 목사로서 여러 군데의 장로 교회에서 시무하였으며 성공적인 목회를 하였다. 1886년에 헤르몬산에서의 무디의 여름 사경회시에 저녁 선교 집회를 인도하였는데 그때 학생들에게 선교에 큰 도전을 주었으며 이 시대에 세계를 복음화하자는 표어를 제일 먼저 학생들에게 외치게 하였고 학생자원 선교운동이 창설되는 데 결정적인 역할을 하였다. 그는 1888년부터 1911년 그가 소천하기까지 미국 최초의 선교 전문잡지인 『세계선교 평론지』(The Missionary Review of the World)의 편집장으로서 미국뿐 아니라 영어권에 선교 지식을 확산시키며 교회들이 선교에 참여할 수 있도록 활동을 하였다.

그는 영국의 찰스 스펄전이 병이 들어 시무하던 교회에서 설교할 수 없을 때 스펄전 대신에 설교 목사로서 메트로폴리탄 터버너클 교회의 강단을 지키기도 하였다. 1896년에 영국에 있으면서 침례교 목사들의 영향을 통해서 세례보다 침례가 더 성경적일 것이라는 생각을 가지고 교적을 침례교회로 옮겨 그 후부터 침례교회를 중심으로 활동을 하였다. 그는 많은 책을 저술했는데 특히 사도행전의 주석으로 유명하다. 그는 사도행전을 성령 행전으로 부르기도 하였다. 피어슨의 특징은 성경을 해석하는 데 있어서 되도록 문자적인 문맥에 치중하는 경향이 있었고 경건성이 있었다. 그는 특히 선교에 있어서 성령의 역할을 중요시하였으며 당시 부흥 운동의 주역답게 교회의 부흥에 있어서 성령의 역할을 지적하고 이것을 사도행전을 통해서 연구하였으며 세계선교의 사명도 오직 성령의 역사 하심을 쫓아 가능하다는 생각을 가졌는데 종말론에 있어서 세대주의적 경향이 있었다.350) 그의 신학의 세대주의적 경향과 문자적인 성경 해석 그리고 부흥의 열정 등이 그로 하여금 장로 교회에서 침례교회로 옮기게 한 이유가 되는 것이다. 그는 또한 무디와 함께 평신도 교회 지도자를 양성하기 위한 성경 학교 설립 운동을 벌였고 그 일환으로 한국에도 피어슨 성경 학교가 세워졌는데 이것이 오늘날 피어슨 대학(평택 대학)의 전신이 되는 것이다.

(5) 로버트 스피어(Robert Elliott Speer)
스피어는 프린스톤 신학교 출신으로서 신학을 공부하였지만 평생 안수를 받지 않고 활동한 사람이다. 그는 학생자원 선교운동의 지도자로서 서기를 역임하기도 했으며 46년 동안 미국 북장로 교회의 해외 선교부 책임자로서 활약을 하였다. 그는 아시아를 네 번 방문하였는데 1897년도에는 극동을 방문하면서 한국의 선교지를 한 달여 돌아보기도 하였다. 스피어는 북미를 대변하는 외지 선교 연합회의 대표를 지내기도 하였으며 1927년도에는 PC USA 장로 교단의 총회장으로 뽑히기도 하였다.

그는 이런 바쁜 삶을 살면서도 엄청나게 많은 분량의 책을 저술하였는데 거기에는 한동안 미국뿐 아니라 영어권의 선교학 교과서로 쓰여졌던 『선교 원리와 실천』이라는 책도 있다. 스피어의 선교신학은 전형적인 19세기의 대위임령의 신학이며 영혼 구원을 다른 무엇보다도 중요하게 여긴 복음주의적 신학이었다. 그는 특히 헨리 벤과 루프스 앤더슨의 토착화의 원리를 선교 정책가로서 그대로 선교 현장에 적용하도록 하였는데, 이것이 한국에서 북장로 교회 선교사들이 네비우스 선교 정책을 그들의 선교 정책으로 삼아 선교하였을 때 이를 적극 지원하고 고무한 이유가

---

350) Dana L. Robert, "Arthur Tappan Pierson 1837-1911", in <u>Mission Legacies</u>, pp. 28-36.

된 것이다.351)

(6) 존 그레샴 메첸(John Gresham Machen)

메첸은 존스 홉킨스 대학과 프린스톤 대학에서 공부를 하였으며 프린스톤 신학교를 졸업하였다. 그는 신학을 계속 공부하기 위해서 독일의 말벅과 괴팅겐 대학에서 공부하기도 하였다. 그는 1906년부터 1929년까지 프린스톤 신학교에서 신약학과 주경신학 분야를 가르쳤다. 그는 단순히 학자로서 안주하는 생활만 한 것이 아니라 1차 세계 대전이 일어났을 때 1918-1919년까지 프랑스와 미국 군대 내에서 YMCA 활동을 함으로 일종의 선교사의 역할을 수행하였다. 그는 미국 북장로 교회 내에 자유주의 신학을 가진 지도자들의 영향력이 점차적으로 증대되자 이에 대한 우려를 글로써 여러 번 표명하는 가운데 북장로교의 외지 선교 부서의 지도자들이 사회 복음주의나 신정통주의의 신학에 영향을 받기 시작하자 이것을 가장 개탄하여 같은 뜻을 가진 동료들을 규합하여 교단 내에서 1933년에 독립 장로교 선교부를 만들었다. 그는 프린스톤에 있지 못하고 1929년에 따로 웨스트민스터 신학교를 세워서 1936년까지 초대 학장이요 신약학 교수로서 활동을 하였다.

미국 장로 교회의 신학이 용납할 수 없을 정도로 좌경화되고 그의 독립 장로교 선교부를 인정치 않자 드디어 그는 1936년에 북장로 교회를 탈퇴하여 그와 뜻을 같이 하는 지도자들과 함께 독립 장로교 선교부를 기반으로 한 정통 장로 교회(Orthodox Presbyterian Church)를 세워 성경적 개혁 신학을 보수하기 위한 기치를 내 걸었다.352) 메첸의 이런 결

---

351) H. Mckennie Goodpasture, "Robert E. Speer", in Mission Legacies, pp. 563-569.
352) D.G. Hart, "J. Gresham Machen", in Handbook of Evangelical Theologians (Grand Rapids: Baker, 1993), pp. 129-143.

단은 의미심장하며 역사적인 사건이다. 아무리 선교를 위한 교회연합의 명분이 그럴 듯하여도 잘못된 신학의 바탕 위에 연합이 이루어진다면 그 것은 궁극적으로 선교를 망치는 일이요 하나님의 교회를 손상시키는 일임을 그는 너무나도 명백히 알았던 것이다. 이런 점에서 오늘날 세계 교회가 선교신학의 양극화 현상 가운데 복음주의 진영과 에큐메닉 WCC 진영으로 나누어진 것은 이미 메첸이 독립 장로교 선교부를 만들었을 때 예견된 일이었다.

메첸은 당대의 최고의 신학을 섭렵한 석학으로서 자유주의 신학의 핵심을 파악하고 있었으며 그 위험성을 누구보다도 잘 알고 있음으로 이것을 북장로 교회 내에서 지적하고 그 위험성을 강력하게 경계하고 경고한 분이었다. 당시 미국 북장로 교회의 지도자들이 그의 선견지명과 그의 우려를 제대로 이해하지 못하고 그를 편협한 인물로 내몰아서 그를 교단 밖으로 나가게 한 것은 미국 장로 교회의 큰 비극이요 손상이었다.

필자가 이해하는 메첸은 진리의 복음을 사수하며 생명력 있는 신학을 전수하는 일에 혼신의 힘을 기울인 인물이었다. 그는 단순히 방어적이고 패쇄적인 인물로서 신학에 있어서 편협한 학자가 아니었다. 그러나 잘못된 신학과 그 신학이 가져 올 가공할 만한 파괴성에 대해서 누구보다도 민감했으며 그런 신학이 이미 하나님의 교회를 병들게 하자 이것을 수술하려고 몸부린친 실로 하나님의 교회를 사랑한 인물이었다.

오늘날 메첸이 우려한 대로 걷잡을 수 없이 신학의 좌경화로 치달은 미국의 장로 교회가 선교에 힘을 다 상실했을 뿐 아니라 미국 내의 교단의 위세도 형편없이 마이너스 성장을 함으로 3류 교단으로 전락한 것은 메첸의 판단이 옳았음을 입증하고 있다. 이런 점에서 신학의 좌경화가 있기 이전의 구프린스톤 신학교의 워필드와 핫지와 그리고 메첸의 신학을 그대로 한국의 장로 교회에 전수하여 전통적인 성경적 개혁 신학의 토대 위에 한국의 장로 교회가 설 수 있도록 하나님께서 박형룡 박사와 박윤선 박사를 예비해 주셨다는 것은 실로 한국 장로 교회를 향하신 하나님의 은혜요 축복이다. 미국의 북장로 교회가 신학의 좌경화로 인하여 갈라지게 된 것처럼 한국 장로 교회 내에도 이런 자유주의 신학의 선교사들과 외국의 신학교에서 좌경화된 신학을 공부하여 그런 신학의 영향을 한국 장로 교회 내에 퍼뜨리며 한국 장로 교회를 그런 방향으로 이끌어 가려고 맹렬하게 시도했던 사람들을 통해서 한국 장로 교회도 분열되고 갈라졌다.

그러나 메첸이 시도했던 그런 복음 진리에 대한 결단과 주의 교회에 대한 사랑과 헌신은 그대로 한국의 복음적 장로 교회에 이식되어 특별히 세계선교에 있어서 다른 어떤 교회보다도 선교사를 많이 파송하고 국내에서도 제일 큰 교세를 가진 교회로 성장을 한 것은 또한 메첸의 시도가 옳았다는 것을 입증해 주는 실례이다. 다만 역사를 통해 교훈을 받는 것은 메첸은 이 정통 개혁주의 신학을 사수하며 하나님의 교회를 잘못된 신학의 파괴적인 영향력에서 지키려고 노력하였고, 인격과 도덕적인 감화력에 있어서 실로 모두에게 존경을 받는 경건한 하나님의 사람이었으며, 사회와 국가와 세계를 향하여 복음의 전령으로서 복음의 능력을 믿고 선교적인 사명을 감당하는 일에 있어서 다른 누구보다도 앞장서는 분이었다는 것이다. 바로 이것이 그가 독립 외지선교부를 세운 결정적인 이유가 되는 것이다. 선교는 진리의 복음의 토대 위에서만 합당한 것이며 또한 동기부여가 되는 것이기 때문이다.

그런데 미국의 일부 장로 교회가 메첸을 따른다고 하면서 칼빈주의 개혁주의자의 모습이 아닌 또한 메첸의 모습도 아닌 오히려 세대주의나 근본주의의 입장에 가까운 모습을 나타내고 있다. 복음 진리에 대한 방어적인 사고방식이 너무 크기에 복음의 진리의 능력과 그 변혁의 힘을 믿지 못하고 오히려 복음의 능력을 제한시키며 세상에 대한 두려움이 너무 커서 성경적인 신앙과 신학의 변혁케 하는 힘을 믿지 못하고 오히려 소극적이고 패쇄적인 모습을 나타낸다. 그렇게 됨으로 오히려 교회 성장이 위축되고 선교지에서 선교사를 후원할 능력이 없음으로 선교사를 철수시키는 비극적인 일이 일어나는 것은 역사의 아이러니인 것이다. 이것을 한국의 장로 교회는 또한 경계하고 경계해야 할 것이다.

(7) 제임스 허드슨 테일러(James Hudson Taylor)

테일러는 어려서부터 경건한 가정에서 태어나서 신앙적인 영향을 받았으며 그의 어머니가 일찍이 그를 선교사로 서원하여 하나님께 드렸다. 그는 중국에 선교사로 가기 위해서 신학과 의학을 공부했으며 그의 생활을 단련시켰다. 그는 칼 구출라프가 속해 있었던 "중국 복음회"(China Evangelization Society)의 선교사로 1854년에 상해로 파송되어 갔다. 테일러는 상해에 있으면서 수개월 동안 번즈와 함께 내지 전도 여행을 다녔는데 여기서 내지 선교의 가능성에 대해서 큰 도전을 받았다. 그는 중국인의 의복을 입고 변발을 하였으며 1854년부터 1860년까지 양자 강을 거슬러 올라가는 내지 선교 여행을 자주 하였는데 내지의 영적 황무함과 인구의 많음과 또한 복음의 수용성이 있는 것을 보고 큰 도전을 받았다. 그는 1858년에 닝포의 한 병원의 책임자로 있으면서 사역을 하였고 그 당시 선교사의 딸과 결혼을 하였다. 건강에 이상이 생기자 1860년에 영국으로 귀환케 되었고 마무리 짖지 못한 의학 수업을 1862년에 마쳤다. 영국에서 6년 동안 있으면서 그는 닝포 방언으로 신약성경을 번역하였고 중국 복음화에 대한 그의 비전을 보다 구체화하였다.

그는 소책자를 발간했는데 『중국의 영적 필요와 요청』이라는 제목의 책자였다. 그는 여기서 중국 내지의 상황을 자세히 수리적으로 분석하여 얼마나 복음화의 필요성이 절실한지를 소개하였고 구체적인 선교사의 수효까지도 제시하였다. 그는 영국뿐 아니라 미국도 방문하여 중국 내지 선교의 가능성을 피력하고 선교사를 보낼 것을 강력히 요청하고 또한 젊은이들에게 중국 선교사로 나갈 것을 호소하였다. 그의 노력의 결과로 영국의 브라이튼에서 중국내지선교회가 탄생하였고 그의 가족과 함께 16명의 선교사들이 선교지를 향해서 출발하였다. 그는 모든 교회 지도자들에게 존경을 받는 가운데 끝까지 중국 선교를 위해서 혼신의 힘을 기울였고 그의 지도력 가운데서 내지선교회는 초기에는 위기도 있었지만 일취월장 발전하였다. 그는 1905년 후남 성의 수도인 장사에서 소천하였다.[353]

허드슨 테일러는 19세기 중엽까지 모든 선교기구들의 본부가 식민지의 목적 성취를 위해 개발된 해안가의 도시 안에 자리 잡고 있을 때 성경적 선교 정신을 가지고 복음을 듣지 못한 종족들을 향하여 내지로 찾아가서 선교를 했다는 데 그 역사적 의의가 있다. 테일러를 통해서 본격적인 내지 선교의 시대가 열린 것이다. 이런 점에서 랄프 윈터가 그를 선교역사의 두 번째 신기원의 시대의 주인공으로 보는 것은 당연하다.

### (8) 칼 구줄라프(Karl Friedrich August Gustzlaff)

구줄라프는 프러시아의 포메라니아에서 출생하였다. 그는 10대 시절 바젤에 있을 때 선교의 도전을 받고 선교사가 될 것을 결심했으며 베를린의 재닉(Janicke) 선교 훈련원에서 훈련을 받았다. 그는 네덜란드 선교회에 소속되어 1823년 싱가포르에 갔고 1826년에는 바타비아로 갔다. 그는 바타비아에 있으면서 중국어를 공부하기 시작하였다. 1830년에 방콕에 갔을 때 그의 아내가 병으로 순직하였고 그는 네덜란드 선교회와의 관계도 끊어졌다. 방콕에 있으면서 시암 언어로 성경을 번역하는 일을 도왔고 중국 선교의 사명을 감당하기 위해서 1831년에 중국의 마카오와 홍콩에 갔다. 그는 이때 영국 상선 앰허스트호를 타고 천진과 북경을 거쳐서 한국의 서해안 지역을 한 달여 방문하면서 모리슨이 번역한 중국 성경을 나누어 주기도 하였다. 구줄라프는 1834년에 모리슨이 소천하자 모리슨 대신 영국 동인도 회사의 통역관으로 취직이 되었고 아편 전쟁

---

353) Latourette, <u>The Great Century: North Africa and Asia</u>, pp. 327-331.

당시에 통역관으로 일하였다. 그는 1850년에 감숙성을 제외한 18개 성에 중국인 설교자와 성경과 신앙 문서를 배포할 목적으로 유럽의 선교 단체들과 연관하여 활발한 활동을 벌였다. 이러한 그의 사역으로 말미암아 구라파의 선교기구들이 중국에 진출하는 계기가 되기도 하였다. 여기에는 레니쉬 선교회, 바젤 선교회, 베를린 여성 선교회 등이 있다. 구줄라프는 티벳에 선교가 시작되도록 하는 데 동기 부여를 하였고 영국의 런던에 "중국 복음회"(Chinese Evangelization Society)가 창설이 되도록 하는 데 관여하였다. 바로 이 중국 복음화 선교회를 통해서 허드슨 테일러가 선교사로 나간 것이다. 354)

(9) 존 네비우스(John Livingston Nevius)

네비우스는 유니온 대학을 졸업하고 프린스톤 신학교에서 공부를 하던 중에 선교사의 소명을 가지게 되었다. 1853년 프린스톤 신학교를 졸업하고 결혼한 이후에 바로 중국 선교사로 파송되어 절강성의 닝포에서 5년을 사역하였다. 그가 닝포에서 일하던 당시는 태평천국의 난이 일어나 상당히 어려운 시기였다. 그는 일본에도 잠시 머물렀고 산동 성의 퉁조우(Tungchow)에서 중국 학생들에게 신학 개요를 가르치기도 하였다. 그는 소천하기까지 산동성의 제푸(Chefoo)에서 그의 선교사의 모든 경험과 그의 확신이 집약된 네비우스 선교 방법을 가르치며 이것을 직접 실천에 옮겼다. 355) 네비우스 방법이란 19세기의 헨리 벤과 루푸스 앤더슨의 토착화 원리를 중국 상황에 맞게 구현한 것인데 그들보다 뛰어난 점은 선교를 통한 문화 변혁까지 염두에 두고 문화 속에서 복음이 문화를 변화시키면서 정체성 있는 토착 교회를 설립하자는 것이었다. 이렇게

---

354) cf. Tucker, op. cit. pp. 171-173, Latourette, op. cit., pp. 304-306.
355) Everett N. Hunt, Jr., "John Livingston Nevius", in <u>Mission Legacies</u>, pp. 190-196.

되기 위해서 중국 교회는 시작부터 스스로의 힘에 의해서 자급, 자치, 자전해야 하며 그들의 삶의 현장을 떠나서는 안 되고 오히려 주변 환경을 변화시키는 복음의 영향력이 나타나야 하며 그들의 문화 형태가 비성경적인 아닌 단순한 보통은총의 영역 가운데 있을 때 그 문화 형태를 받아들임으로 문화 속에 뿌리를 내리는 선교를 할 것을 주장하였다.

이것은 예를 들면 전통적인 가옥 형태나 지도력의 형태 또는 교육시키는 방법 등에 대한 적용이었다. 이것은 오늘날 선교신학에서 논의되고 있는 상황화신학의 범주에 속한 문화 형태와 의미의 문제이며 상징의 역할과 선교에의 적용성 등의 문제인데 그는 실로 시대를 앞서가는 선교의 선각자였다. 1890년에 네비우스는 언더우드의 초빙을 받고 서울에 갔는데 거기서 2주 동안을 머무르며 그의 네비우스 방법을 세밀히 가르쳤고 이것을 한국에 있는 선교사들은 만장일치로 그들의 선교 정책으로 받아들일 것을 결정하였다. 네비우스 방법이 한국교회 성장에 미친 영향은 엄청난 것이며 그의 방법이 꽃을 피우고 입증되는 실험의 생생한 현장이었다.[356]

### 자. 토착화

로마교회의 선교는 권위주의적이고 중앙집권적이며 주로 전문 성직 계층이나 독신 수도사들에 의해서 선교가 수행되었고 말씀을 우선하여 사람들의 삶을 변화시키기보다 제도권적인 교회를 세우는 일이 우선 순위였다. 19세기 후반부에 이르러 토착 지도자 양성의 중요성을 인식하고

---

356) 필자는 네비우스 선교 정책에 대한 선교학적 의의를 필자의 저서인 『세계 선교 전략사』에서 다루고 있다. cf. 김성태, 『세계 선교 전략사』(서울: 생명의 말씀사, 1994), pp. 226-239.

지도자 훈련을 강화하였으며 개신교 선교에 도전을 받아서 평신도 지도자들을 선교에 적극 참여시키는 경향이 있었다.

　개신교회의 선교는 복음을 전파함에 있어서 지역 교회의 참여를 중요시 여겼으며 자발적인 헌신과 소명 의식을 강조하였다. 선교의 책임은 어느 특정 계층에게 있는 것이 아니라 모든 성도들에게 있으며 평신도의 선교 책임을 강조하였다. 선교의 목표를 토착 교회 설립에 두고 원주민들의 삶의 현장인 문화 변혁까지 포함하여 하나님 나라의 선교 변혁이 강조되기 시작했으며 토착 교회의 선교적 책임을 강조하고 선교에의 참여를 논하는 단계에까지 이르렀다.

# Ⅶ. 복음주의 선교 운동의 현주소

　복음주의(Evangelicalism)라는 말은 개혁주의보다 포괄적이고 일반적인 의미를 가진다. 현대 선교 운동을 이해하는 데 있어서 복음주의 선교 운동의 현주소를 모른다면 선교학의 흐름을 이해할 수 없다. 개혁주의 선교학은 포괄적인 복음주의 선교학의 한 부분에 들어간다. 개혁주의 신학자인 그레샴 메첸(J. Gresham Machen)이 1920년대 일련의 복음주의 신학자들과 함께 '근본주의'(Fundamentalism) 운동을 벌인 것과 그 맥을 같이한다.[1] 이런 관점에서 복음주의에 대한 신학적 정의가 요청된다. 메첸이 근본주의 운동을 벌일 수 있었던 것은 적어도 신학명제에 있어서 '성경의 영감과 무오성'에 근거한 역사적이고 전통적인 신학 교리의 기본적인 일치점이 있었기 때문이다.[2] 이러한 복음주의 운동은 리차드 퀘에베데우이쓰(Richand Quebedeuix)에 의하면 그 기원이 독일

---

1) See C. Allyn Russell, <u>Voices of American Fundamentalism: Seven Biographical Stadies</u>(philadelphia, 1976).
2) Marsden은 이것을 동정녀 탄생, 그리스도의 대속의 죽으심, 부활, 재림 등으로 요약하는데 후대의 현대적 근본주의 이것과 동일하게 맥을 같이 한다고 본다. See George M. Marsden, <u>Fundamentalism and American Culture</u>(Oxford University press, 1980), p. 3-8, 221-230.

의 경건주의 운동과 영국의 웨슬레 형제들의 부흥 운동 및 미국 청교도인들의 대각성 운동에서 비롯된다.[3] 필자는 복음주의 운동을 신학적으로 정의하는 데 있어서 성경관이 핵심이 된다고 본다. 최근에 복음주의를 정의하는 데 있어서 '역동적 영감설'(Dynamic Inspiration)의 입장을 가진 신복음주의적 유형을 복음주의 운동의 범주에 넣는 신학적 경향이 있어 왔다. 여기에는 두 가지 부류가 있는데 첫 번째 부류에 속한 신학자들은 소위 마스덴의 책 제목처럼 근본주의를 개혁한다는 측면에서의 신복음주의 운동을 호의적으로 보아서 복음주의 운동의 범주에 넣는 것이다.[4] 그들에게 있어서 신복음주의는 근본주의의 지나친 호전성과 폐쇄성 또는 사회에 대한 무책임 등에 대한 대안으로서의 건전한 복음주의 운동으로 간주되는 것이다.[5] 그러나 여기에는 치명적인 함정이 있다. 그것은 해롤드 린드셀이 『성경을 위한 전투』(The Battle for the Bible)에서 밝

---

3) Richand Quebedeuix, The Young Evangelicals(New York: Haper and Row Pub., 1974), p. 3.
4) 이런 입장으로 쓰여진 대표적인 책이 Marsden의 『근본주의를 개혁하는』(Reforming Fundamentalism)이다. 이 부류에 속한 학자로서 Donald McKim과 Mark Knoll 그리고 E. R. Sandeen 등이 있다. See George M. Marsden, Reforming Fundamentalism(Grand Rapids: Eerdmans, 1987), Donald K. McKim, What Christians Believe about the Bible(Nelson, 1985).
5) 신복음주의라는 용어자체가 초기에는 이런 의미에서 Ockenga와 Carl Henry에 의해서 사용이 되어졌다. 그러나 후에 Lindsell이 신복음주의 성경관의 변질을 밝혔을 때 신복음주의의 원래 의미는 퇴색되어 버리고 만 것이다. See Carl Henry, The Uneasy Conscience of Modern Fundamentalism (Grand Rapids: Eerdmans, 1947), Harold J. Ockenga, "Theological Education, in Bulletin of Fuller Theological Seminary 4(Octorber-December, 1954), p. 4.

했듯이 성경관의 변질이 내포되어 있는 것이다.[6] 초기에는 건전한 복음주의 운동이었으나 성경관의 변질로 신복음주의는 신정통주의가 되어버리고 만 것이다.[7] 두 번째 부류의 신학자들은 복음주의 운동자체를 포괄적이고 총체적인 것으로 보아서 신복음주의를 복음주의 운동의 유형에 놓는 것이다.[8] 이 부류에 속한 신학자들은 복음주의 용어 자체를 상당히 포괄적이고 광범위하게 정의한다. 저들에게 있어서 '역동적 영감설'의 입장을 가진 신복음주의는 성경의 권위에 대한 절대적인 입장을 가진 초기 근본주의의 복음주의 운동과 별반 다를 바 없는 것이다.

오늘날 복음주의 선교 운동에 있어서 성경관은 중요하다. 세계교회 협의회의 성경관이 급속도로 변질되면서 선교학의 변질이 가속화되었기에 복음주의 선교 운동은 연합모임으로 모일 때마다 성경의 권위에 대하여 늘 명확한 신학적 입장을 천명해 왔다.[9] 이런 관점에서 필자는 도날드 맥가브란이나 아더 글라서가 신복음주의적 성경관을 가진 선교학자들을 조정주의자(Conciliarist)들의 범주에 넣어 세계교회협의회의 입장에 기

---

6) Linsell은 신복음주의 운동의 산실이 되었던 Fuller Theological Seminary가 성경의 무오성을 받아들이지 않는 신학경향을 나타내게 되었을 때 신복음주의 운동은 변질되기 시작했다고 한다. See Harold Lindsell, <u>The Battle for the Bible</u> (Grand Rapids: Zondervan, 1976), pp. 17-27.
7) 신정통주의는 후기 바르트신학의 성경관의 입장으로서 바르트는 그의 저서 "Evangelical Theology"의 "The Word" 편에서 이 입장을 잘 나타내고 있다. See Karl Barth, <u>Evangelical Theology</u> (Grand Rapids: Eerdmans, 1979), pp. 15-25.
8) See Gabriel Facker, <u>The Religious Right and Christian Faith</u> (Grand Rapids: Eerdmans, 1982), pp. 5-7, Donald Bloesch, <u>The Evangelical Renaissance</u> (Grand Rapids: Eerdmans, 1973), pp. 13-18.
9) See Paul G. Schrotenboer, "The Bible in the World Council of Churches", in <u>Calvin Theological Journal</u>, Vol. 12(1977), pp. 144-163.

울어진 것으로 보는 것을 정당하다고 생각한다.[10]

이렇듯이 필자의 복음주의 선교 운동의 범주는 성경관이 좌우하며 여기에는 신복음주의적 성경관이 용납되지 않는다. 연역법적인 표현이지만 복음주의 선교 운동의 역사적 발전과정도 그것을 입증하고 있는 것이다. 필자는 이 장에서 20세기 초에 일어났던 근본주의 운동에서 복음주의적 선교학이 어떻게 천명되었는지를 살피며 복음주의 선교 운동의 시작이라 할 수 있는 1910년의 에딘버그 세계선교대회로부터 1989년의 로잔느 II 세계복음화 대회에 이르기까지 복음주의 선교 운동이 어떻게 발전되어 왔는지를 선교학적 관점에서 그 주요 논제들을 중심으로 살펴보려 한다. 필자는 이 장을 통해서 복음주의 선교 운동의 신학적 입장을 정리하며 그 방향성이 어떻게 될 것인가를 조망하려 한다.

## I. 근본주의 운동에 나타난 선교학

근대적인 의미의 복음주의 운동은 1910년부터 1915년까지의 연속물로 간행되어진 『근본주의자들』(The Fundamentals)이라는 일련의 잡지와 연관된 운동이다. 이 복음주의 운동은 당대의 진화론에 입각한 진보주의적 발전사관과 성경의 고등 비평을 적극 옹호하는 소위 현대주의자들에

---

10) See Donald McGavran, "Theological Assessments of the Ecumenical/Evangelical Schism", in the Conciliar-Evangelical Debate: The Crucial Documents, 1964-1976(Pasadena: William Carey Libray, 1977), pp. 360-365, Arthur F. Glasser, "Conciliar Perspectives", in Contemporary Theologies of Mission(Grand Rapids: Baker, 1985), pp. 82-99.

대항하는 일종의 복음주의자들의 공세적인 공동전선 운동이었다. 이 운동의 특징은 다양한 신학 배경을 가진 복음주의 지도자들이 위기의식을 느끼고 서로 연합하고 협력했다는 것이다. 근본주의자들의 내용을 살펴보면 첫 발행되어진 1권부터 6권까지는 성경관과 교리적인 측면을 다루었고 7권부터 11권까지는 당시의 소위 현대주의 이론들을 비평했으며 12권째에는 전도와 외지선교를 논했다.[11]

필자가 주목하는 것은 12권째 부분의 전도와 선교에 대한 신학적 입장이다. 근본주의 운동에 참석한 사람들이 당대의 복음주의 진영의 교회 지도자이며 선교 지도자요 신학자들이기에 이들의 선교학적 이해는 당시의 복음주의 선교학을 반영하고 있는 것이다. 샌딘은 몇 사람의 논문을 분석하면서 교회가 사회문제에 간섭하는 것을 지양하고 오직 영혼구원에 힘써야 한다는 구령측면의 선교강조를 발견하였다.[12] 1891년부터 1937년까지 미국 북장로교회의 외지선교 총무로 있었으며 1897년에는 한국을 방문한 바도 있었던 로버트 스피어는 "영혼의 구원이야말로 세상을 빈곤과 질병, 불의와 불평등 그리고 부정과 탐욕 및 절망과 두려움으로부터 해방시켜 주는 유일한 길"이라고 천명하였다.[13]

이렇듯이 『근본주의자들』의 12권째 되는 내용에 있어서 선교는 구령측면의 교회설립이 강조되었고 당대의 세대주의적 종말론과 부흥사관에 의거한 종말론의 영향을 받아서 영혼구원의 시급성과 당위성을 논하는 데 선교학의 주 내용이 이루어졌다.

---

11) See Ernest R. Sandeen, The Roots of Fundamentalism: British and American Millenarianism 1800-1930 (Chicago: University of Chicago press, 1970), p. 197.
12) Ibid., pp. 203-207.
13) Marsden, Fundamentalism and American Culture, op. cit., p. 120.

## 2. 복음주의 선교 운동의 발전사

영국과 미국의 청교도인들을 중심으로 한 18세기의 대각성 운동은 미국의 원주민인 인디언들을 향한 선교 운동으로 전환이 된다. 청교도인들의 선교 운동은 영국의 휫필드, 웨슬레이 형제들의 각성운동과 연관이 되어지고 독일의 경건주의 선교 운동과 연결이 되어 함께 세계선교를 위한 기도합주회(Concerts of Prayer) 운동에 참여케 된다.[14] 이렇듯이 18세기에 일어난 일련의 교회부흥은 선교 운동으로 전환이 되었고 19세기에 일어난 두 차례의 복음각성(Evangelical Awakening) 운동과 연관이 되어 학생들을 중심으로 한 조직적인 선교 운동으로 나타나게 된다.[15] D. L. 무디가 중심이 되어 일어난 3차 복음각성 운동은 존 모트(John Mott)를 중심으로 한 학생자원 선교운동(Student Volunteer

---

14) Ernst Benz는 미국 청교도 지도자인 Cotten Mather, Jonathan Edwards와 독일 경건주의 선교운동의 지도자인 Francke가 '기도합주회' 운동을 위해서 서로 서신교류한 내용을 소개하고 있다. 또한 Whitefield는 1730-1741년 사이에 미국을 방문하여 Jonathan Edwards가 사무하던 Northampten 교회에서 '사경회'를 인도했는데 이것을 미국교회사가인 William Sweet는 대각성운동의 시발로 보고 있다. See Ernst Benz, "Pietist and Puritan Sources of Early Protestant World Missions, in Church history, Vol XX, No 2(June, 1951), pp. 28-55, Willian W. Sweet, The Story of Religion in America(Grand Rapids: Baker, 1983), pp. 131-137.

15) cf. Kenneth Scott Latourette, These Sought a Country(New York: Harper and Brothers, 1950), David Howard, "Student Power Missions", in Perspectives on the World Christian Movement, Ralph Winter and Steven Hawthorne, eds. (Pasadena: Willian Carey Library, 1981), pp. 214-216.

Mission Movement)을 일으키고 이러한 일련의 선교 운동은 미국과 구라파에 교단 선교부나 초교파적인 선교기구 및 각종의 선교회를 조직하기에 이른다.[16] 윌리암 호그(William Richey Hogg)는 복음주의 선교 운동의 기원을 이렇듯이 18세기에 일어난 일련의 복음각성운동과 학생들을 중심으로 한 선교 운동 및 윌리암 캐리를 필두로 한 개신교회 내의 각양의 선교기구들이 발족되어진 일들과 연관시키고 있다.[17] 19세기에는 이렇게 세워진 선교기구들이 본국에서나 선교현지에서 선교를 위한 협력과 선교지역에서의 불필요한 사역의 중복이나 선교사들간의 경쟁을 지양하고 선교지역 분할(Comity) 정책을 채택하기 위하여 연속적인 선교협의회 모임을 본국이나 선교지에서 가져왔다.[18] 이러한 일련의 선교협의회 모임들은 1910년 스코틀랜드의 에딘버그에서 개신교회 역사상 최초의 세계선교대회를 개최하기에 이른다. 필자는 에딘버그 세계선교대회를 기점으로 복음주의 선교 운동의 발자취를 살펴보려고 한다.

---

16) Jonathan Edwards의 사위가 될 뻔한 David Brainerd의 유고집이 Edwards를 통해 발간되었고 이것은 William Carey가 선교사로 헌신하는 데 한 동인이 되었다. Carey는 1792년 영국에서 BMS를 창립하고 인도에 선교사로 갔는데 그 이후에 LMS, CMS, BFBS, ABCFM, Basel Mission Society, Berlin 선교회, 덴마크 선교회, 스웨덴 선교회 및 YMCA가 창설되었다. See Howard., op. cit., pp. 216-219.
17) See William Richey Hogg, Ecumenical Foundations (New York: Haper & Brothers, 1952), pp. 1-14.
18) 이러한 선교협의회 모임은 본국에서는 1846(런던), 1854(뉴욕), 1900(뉴욕)에 있어 왔고 선교현지에서는 1855(북인도), 1879(남인도), 1888(상해), 1897(멕시코)에 있어 왔다. See Ibid., pp. 15-97, R. Pierce Beaver, Ecumenical Beginnings in Protestant World Mission (New York: Thomas Nelson & Sons, 1962), pp. 18-41.

## 1) 1910년의 에딘버그 세계선교대회

1910년의 에딘버그 선교대회는 개신교회 역사상 처음으로 개최된 국제적인 선교대회였으나 비서구 지역에서는 17명의 대표만 참석하였다. 당시 에딘버그에서 논의되어진 바는 교회의 본질로서 선교적 사명의 귀중함과(Carrying the Gospel to All the World) 타종교에 대한 교회의 선교적 메시지와(The Missionary Message in Relation to Non-Christian Religions) 선교 지역 분할 정책과 선교지에서의 단일 교회를 세우자는(Cooperation & Promotion of Unity) 것이었다.[19] 교회의 선교적 사명을 논함에 있어서 선교란 어느 특정 계층만 하는 것이 아니라 전교인 모두가 참여해야 할 본질적 사명이라고 선교를 정의한 것은 바람직한 일이다. 또한 타종교에 대한 적극적인 선교 사역의 필요성을 역설하고 타종교 속에서 선교의 접촉점으로서의 보통은총을 인식하고 이를 적극 개발하자고 주장한 것도 선교학적으로 타당하다. 그러나 아더 존스톤(Arthur Johnstone)이 지적하듯이 보통은총을 지나치게 긍정적으로 강조한 것은 보통은총 자체의 반정립(Antithesis)이 약화되어짐으로 보편구원설의 올무에 걸릴 위험성이 있는 것이다.[20] 남인도의 성공회 주교로 사역하는 아자리아(Ajariah)는 서구 선교사들의 부권의식적 선교와 주종관계적 선교를 비난하고 참된 동반자(Parhnership) 관계 속에서 대등한 입장에서의 선교협력을 주장하였다.[21] 중국 회중교인으로 참

---

19) Hogg, op. cit., pp. 101-109.
20) 아더 존스톤, 『세계복음화를 위한 투쟁』, 임홍빈 역(서울: 성광문화사, 1983), pp. 45-48.
21) Rodger C. Bassham, Mission Theology(Pasedena: William Carey Library, 1979), p. 18.

석하였던 쳉칭위(Cheng Ching-Yi)는 선교 현지에서 서구 교회의 교파를 이식하지 말고 단일 교회(United Christian Church)를 세울 것을 주장하였다.[22] 이러한 쳉칭위의 주장은 후에 요한네스 바빙크의 선교 현지에서 단일 교회를 설립하자는 의견과 그 맥을 같이한다.[23] 실제로 에딘버그대회에서의 이런 주장은 비서구 지역의 선교지에서 단일 교회를 세우는 결과를 가져왔다.[24] 그러나 필자가 판단할 때 교리적인 차이를 무시한 단일 교회 설립은 태국이나 필리핀 그리고 서남아시아에서 보듯이 신학의 좌경화를 가져오며, 다양성을 상실한 역동성의 결여는 결국 교회성장의 정체를 초래하는 것이다.

에딘버그 선교대회는 선교협력으로서 선교지역 분할정책(Comity)을 채택하였다. 선교지역 분할정책은 불필요한 선교사간의 경쟁과 선교사역의 중복의 위험성을 피할 수 있게 하는 장점이 있다. 그러나 지역주의(Locality)와 종족중심주의(Ethnocentrism)가 강한 세계 2/3지역에서는 교파분열 정신과 개인주의 정신을 고취시킬 위험성도 있는 것이다. 호그는 에딘버그 선교대회의 약점으로서 로마 카톨릭 교회 지역을 선교대상으로 여기지 않은 것을 지적하고 있다.[25] 이런 경향은 필자가 생각

---

22) Hogg, op. cit., pp. 128-130.
23) 요한네스 바빙크, 『선교학개론』, 전호진 역(서울: 성광문화사, 1980), pp. 207-212.
24) 한국에 있어서도 1905년에 단일 교회를 세우기 위한 목적으로 장로교 선교공의회와 미국 북감리교, 남감리교의 선교부가 연합하여 한국 복음주의 선교 연합 공의회(The General Council of Evangelical Missions in Korea)를 조직하였다. 그러나 시일이 지남에 따라서 각 선교부의 사역시설 확장과 본국 선교부의 반대 등으로 무산되었다. See 백낙준, 『한국개신교사』(1832-1910)(서울: 연세대학교 출판부, 1985), pp. 199-210 민경배, 『한국 기독교회사』(서울: 대한기독교서회, 1987), p. 59.
25) Hogg, op. cit., pp. 132-133.

하건대 소위 서구 기독교 국가의 보편적 기독교 지역이라는 잘못된 인식과 선교란 비서구 지역을 대상으로 한 복음증거 운동이라는 선입관념으로 기인한다.

## 2) 1928년의 예루살렘 국제선교협의회

1921년 모홍크에서 국제선교협의회(International Missionary Conference)인 IMC가 결성이 되었다. 이후에 유럽과 아시아 각 지역에서(중국 상해 1922년, 일본 1922년, 한국 1924년) 국내기독협의회(National Christian Conference)가 발족되었고 연속적인 모임으로 세계적인 연결망을 형성하게 되었다. 국제선교협의회는 세 가지 원칙을 가지고 탄생하였는데 선교정책은 선교회, 후원교회 선교부, 피선교지 교회가 중심이 되어서 결정하고 교리적인 문제는 되도록 거론 안 하며 IMC 회원간의 상호교제와 이해 그리고 협력정신의 영으로서의 하나님으로부터의 은사에 의존한다는 것이었다.[26] 예루살렘 국제선교협의회는 첫 IMC 대회로서 타종교에 대한 '그리스도인의 메시지'(Christian Message)를 주장하였고 전도와 사회활동(Evangelism & Social Action)에 있어서 두 영역을 동시에 중요하게 보는 존 모트와 요셉 올드햄(Joseph H. Oldham)의 입장이 개진되었다.[27] 타종교에 대한 그리스

---

26) Ibid., pp. 202-218.
27) 아더 존스톤은 모트와 올드햄이 당대의 사회복음주의 사상에 영향을 받았다고 평가하나 모트의 경우에는 옳지 않다. 예루살렘 선교협의회는 전도와 사회활동간의 관계성에 있어서 우선성은 논하지 않았으나 존스톤이 보는 것처럼 극단적인 방향으로 나아가지 않았다. 이점에 있어서는 로저 바쌈의 평가가 균형 잡혀 있다. See 아더 존스톤, op. cit., pp. 58-62, Bassham, op. cit.,

도인의 메시지는 예수 그리스도로 요약이 되어지고 예수 그리스도의 복음이 선교의 동기요 예수 그리스도가 선교의 목적이 됨을 천명하였다.[28] 예루살렘 협의회는 그리스도인의 메시지를 타종교에 전파하는 데 있어서 크게 두 가지 입장으로 나누어졌다. 호그에 의하면 바르트 신학의 위기신학(Crisis Theology)의 영향을 받고 있던 화란 개혁주의 선교학자인 헨드릭 크래머(Hendric Kraemer)는 타종교에 있어서 하나님의 계시의 불연속성(Discontinuity)을 주장하고 개종이라는 것은 이전의 종교적 믿음, 행위 등을 완전히 포기하는 것이라고 하였다.[29] 그러나 미국의 하버드 대학 교수로 있었던 윌리암 혹킹(William E. Hocking)은 타종교에도 하나님의 계시의 빛이 있음을 주장하고 일종의 '성취이론'(Fulfillment Theory)을 주장하였다.[30]

예루살렘 IMC 대회는 크래머와 혹킹의 상반된 견해 둘 다를 부적절한 것으로 보고 맨체스터 주교인 윌리암 템플(William Temple)의 절충주의적 입장을 받아들였는데 이것은 오히려 혹킹의 입장에 가까운 것이었다.[31] 크래머는 1938년 『비기독교 세계 속에서의 그리스도인의 메시지』(The Christian Message in a Non-Christian World)라는 그의 저서 속에서 자신의 입장을 성경적 실재주의(Bilblical Realism)로 정의하고 후에 조금 더 개혁주의 입장에 가까운 적응모델(Adaptation Model)을 주장하였다.[32]

---

pp. 21-22.
28) IMC, <u>The Jerusalem Metting of the International Missionary Council</u>, March 24-April 8, 1928, Vol. I, pp. 402-403.
29) Hogg, op. cit., p. 252, pp. 258-260.
30) Ibid., p. 282.
31) Bassham, op. cit., p. 22.
32) 성경적 실재주의란 예수 그리스도 안에 나타난 하나님의 구원계시 이 외에 다른 어떠한 계시도 없기에 성경에 나타난 구원계시를 유일한 하나님의 계시로 보는 것이다. 여기서 기억해야 할 것은 크래머는 바르트의 영향을 받아서 모

그러나 혹킹은 성취이론보다 더욱 과격해져서 1936년 미국 평신도선 교협의회의 위촉을 받아서 선교지를 돌아보고 쓴 『선교를 재고려함』 (Rethinking Mission)이라는 그의 저서에서 전통적인 개종선교를 부정하고 타종교를 일종의 신앙체로 인정하여 그곳에서도 구원의 가능성이 있다고 주장하였다. 그는 종교간의 대화를 통한 화해(Reconciliation)를 제의하기에 이르렀다.[33] 예루살렘 국제선교협의회는 미국측 대표인 루푸스 존스(Rufus Jones)에 의해서 서구의 세속주의도 종교적 이데올로기인 것으로 보아서 서구자체도 선교의 대상이 되어야 한다는 오대양 육대주에서의 선교개념을 낳았다. 이것은 서구를 선교의 대상에서 배제하고 선교란 오직 비서구 지역을 향한 복음증거 운동이라는 소위 기독교국가(Christendom)의 선교개념이 부서지는 코페르니쿠스적 인식의 전환이었다.[34]

이렇듯이 예루살렘 협의회는 비서구 지역 교회의 선교의 동반자 관계를 중요시 여기고 서구도 선교의 대상이 되어야 한다는 선교학적 공헌도 있으나 타종교에 대한 그리스도인의 메시지에 대하여 명확한 신학적 입장을 취하지 못하고 다소 모호한 입장을 나타냄으로 위험한 모습을 띠고 있으며 바르트 신학의 영향력이 침투해 들어오고 있었다.

---

든 성경의 계시를 정확무오한 영감된 계시의 말씀으로 여기지는 않는다. 그런데 이러한 크래머의 입장은 첫 저서에도 나타났듯이 선교에 있어 문화형태에는 적응할 것을 주장하는 바가 후기 저서에 있어서 개혁주의 신학의 전형적인 '보통은총'을 인식하고 접촉점으로 개발해야 할 것을 암시하는 방향으로 전환되었다. See Hendric Kraemer, The Christian Message in a Non-Christian World (Grand Rapids: Kregel, 1938), pp. 284-335. H. Kraemer, Religion and The Christan Faith (Philadelphia: The Westminster Press, 1956).

33) Hogg, op. cit., p. 282.
34) Ibid., p. 247.

## 3) 1938년의 마드라스 국제선교협의회

마드라스 IMC 대회는 교회가 하나님의 선교의 도구라는 인식 속에서 "교회를 발견하자는"(Discovering the Church) 논제를 제기하였고 보편적 교회의식의 중요성과 성육신의 원리가 강조되었다. 또한 존 모트에 의해서 '확대전도'(Larger Evangelism) 개념이 제기되었는데 이것은 후에 그의 저서인 『오늘의 세계를 위한 전도』(Evangelism for the World Today)에서 자세히 논의되어졌다. 모트는 복음이 개인뿐 아니라 사회에도 영향을 미쳐서 인간 삶의 모든 영역에 변화를 가져와야 한다고 주장하였다.[35] 이러한 모트 전도개념은 18세기부터 20세기 초까지의 개인 영혼의 구령측면의 선교 강조에서 진일보한 것이었다. 복음의 영향력은 개개인을 구원하여 하나님의 백성들의 공동체인 교회를 설립할 뿐 아니라 그들의 삶의 현장에서 하나님 나라의 선교적 변혁을 일으키게 한다는 것이다. 마드라스 IMC 대회는 복음을 통한 개인변혁은 곧 사회조직의 선교적 변혁으로 나타난다고 하였다.[36]

필자는 복음전도와 사회변화의 관계성 측면에서 마드라스 대회는 적절한 균형 있는 신학적 정의를 내렸다고 생각한다. 개혁주의 신학은 전통적으로 하나님의 주권과 그의 주재권(Lordship)이 교회 공동체뿐 아니라 모든 피조세계와 인간의 총체적인 삶의 현장에서 증거되고 구현되어져야 한다는 하나님 나라의 신학을 가져왔다. 물론 이러한 왕국신학은 종말론적인 측면의 하나님의 간섭하심을 통한 초자연적인 왕국도래를 내

---

35) cf. Ibid., p. 281, 존스톤, op. cit., p. 64.
36) See IMC, <u>The World Mission of the Church, Findings and Recommendation of the IMC</u>, Tambaram, Madras, India, December 12-29, 1938(London: IMC, 1939), p. 107.

포해야 한다. 아더 존스톤은 모트의 확대전도개념을 바르트의 종교사회주의적 신학의 영향을 받은 신정통주의의 산물이라고 규정하나 이것은 모트에 대한 바른 시각이 아니고 잘못된 판단이다.[37]

마드라스 대회는 필자가 이미 언급했지만 타종교에 대한 선교학적 입장이 헨드릭 크레머의 성경적 실재주의로 기울어졌다. 특이할 만한 일은 IMC의 "사회와 산업조사부서"(The Department of Social & Industrial Research)의 의장으로 있는 멀 데이비스(J. Merle Davis)가 이년 반 동안 극동지역 선교지를 조사하였는데 그 결과로서 토착 교회 설립시에 경제적이고 사회적 환경의 중요성을 강조하였다는 것이다. 그의 조사에 의하면 비서구 지역에서의 서구선교가 서구식 경제모델로 되어질 때 비서구 교회가 감당할 수 없으므로 결국 서구교회의 경제적 지원이 계속 요청되고 경제적인 종속관계가 생기게 됨으로 서로간의 갈등의 증폭, 부권의식, 주종관계, 비정상적 성장이 이루어진다는 것이다. 따라서 선교는 그 나라 경제 수준에 맞게 하되 처음부터 자급측면에서 도와야 하고 그렇게 될 때 자치와 자전이 제대로 이루어질 수 있다는 것이다. 멀 데이비스의 진단에 의하면 극동지역 교회들 중 오직 15% 정도의 교회만이 경제적으로 자급을 하고 있는데 가장 성공적인 사례는 수마트라의 바탁족 교회와 버어마의 카렌족 그리고 한국교회라는 것이다.[38]

## 4) 1947년의 휘트비 국제선교협의회

휘트비 IMC는 2차 세계대전이 끝난 직후에 혼란한 세상 속에서 교회

---

37) 존스톤, op. cit., pp. 64-69.
38) Hogg, op. cit., pp. 299-300.

의 위치와 역할의 중요성과 복음전도의 시급성을 논하였다. 특히 초기 IMC의 지도자들인 존 모트, 요셉 올드햄, 원슈이스(A.L. Warnshuis), 윌리암 패톤(William Paton) 등이 은퇴하고 새로운 지도자들이 등장하게 되었는데 대표적인 인물로서 모트의 뒤를 이은 한국과 일본지역 감리교 감독으로 있었던 제임스 챔버린 베이커(James Chamberlanin Baker)와 프린스톤 신학교 학장을 역임했던 존 맥케이(John A. Maekay)가 있었다.[39]

호그는 휘트비 대회가 교회의 본질적 사명으로서 전도를 강조한 것을 긍정적으로 평가하고 있다.[40] 그러나 휘트비에서 제기 되어진 '기대전도'(Expectant Evangelism) 개념이 혼돈의 세상 속에서 관련성 있는 복음을 증거하자는 취지로 주장되었으나 실상 신학적 내용이 당시 유명한 신약 학자인 도드(C.H. Dodd)의 실현된 종말론(Realized Eschatology)의 윤리신학의 영향이 내포되어 있었다. 이것은 기대전도를 제의한 존 베일리(John Baillie)와 존 맥케이의 신학성향을 보면 쉽게 파악이 된다.[41]

따라서 휘트비는 세상 속에서 부활의 주님이 실제화되어야 함을 강조하고 하나님의 계시의 구체적인 역사성을 주장하였다. 결국 휘트비의 이런 성향은 복음주의 선교 운동이 신학적인 요인들로 인하여 결국 자체 내에 세계교회협의회로 대변되는 자유주의적 선교학의 열매를 맺을 수 있는 가능성을 내포하고 있는 것이다. 휘트비에 있어서 긍정적인 부분은 비서구 지역 교회의 동반자관계를 인식하고 서구교회와 대등한 입장에서의 서로 순종하는 동반자 협력을 주장했다는 것이다.

---

39) Ibid., pp. 320-334.
40) Ibid., pp. 339-340.
41) 아더 존스톤은 휘트비에 도드의 성서신학이 영향을 미치고 있음을 지적하고 있다. 존스톤, op. cit., p. 80.

## 5) 1948년 암스텔담에서의 세계교회협의회 등장과 복음주의 선교 운동의 전환기

세계교회협의회가 등장하게 된 계기는 1938년 우트레히트(Utrecht)에서의 "생활과 사역"(Life and Work)과 "신앙과 질서"(Faith and Order) 회의를 통합하자고 결의하여 잠정적으로 "세계교회협의회"(World Council of Church)로 명명한 것이 기점이었다.[42] 암스텔담에서의 세계교회 협의회는 세계적 규모의 교회협력의 필요성을 인식하고 하나님의 질서 속에서의 보편 교회로서 연합과 협력을 통하여 사랑을 증거하는 전도적 사명을 다하자고 결의하였다. 이것은 하나님의 질서와 인간의 무질서(God's Order & Man's Disorder)라는 명제하에서 교회를 통한 선교사명 수행은 궁극적으로 하나님의 질서를 수립케 된다는 내용이다. 여기서 하나님의 질서 수립에 교회가 세상 속에서 올드햄이 주장한 바 있는 책임사회(Responsible Society)를 구현한다는 내용이 있다.[43] 이것은 잘못하면 책임사회 구현이 바로 교회의 선교사명이 돼 버릴 가능성이 있는 것이다. 암스텔담에서 WCC는 보편적인 교회연합의 근거로서 "주 예수 그리스도에 대한 신앙고백"을 논하지만 여기에는 교리적인 차이와 종단의 구분을 최대한도로 논하지 않는다는 전제가 내포되어 있다. 1948년 암스텔담 WCC 이후에 WCC는 점차적으로 보편적인 교회의 연합을 최고의 대의 명분으로 교리적인 진술을 간과하기 시작

---

42) Ruth Rouse and Stephen Charles Neill, <u>A History of the Ecumenical Movement</u> 1517-1948(Philadelphia: Westminster, 1967), p. 721.

43) See WCC, <u>Man's Disorder and God's Design</u>(New York: Harper & Brothers, 1948).

하였으며 '성례'와 '예전'의식을 중심으로 한 연합이 WCC 교회연합의 근거로서 자리잡기 시작하였다.[44] 1952년 윌링겐(Willingen) 국제선교협의회에서 화란의 선교학자인 호켄다이크(HoeKendijk)에 의해 '하나님의 선교"(Missio Dei) 개념이 등장하였는데 이것은 당시에 레슬리 뉴비긴(Leslie Newbigin)이나 비써트 호프트(W.A. Visser't Hooft)에 의해서 강력히 거부되어졌다.[45] 그러나 이 개념은 1957년 가나 IMC 대회에서 재등장하여 각광을 받기 시작하였고 1961년 제3차 뉴델히 WCC 대회에서 공식적으로 받아 들여졌고 같은 해에 IMC가 WCC의 세계선교와 전도분과로 병합된 이후에 1963년 열린 제1회 멕시코 세계선교와 전도분과 대회에서는 WCC의 선교개념으로 자리잡기에 이르렀다.[46]

하나님의 선교개념은 교회를 통한 하나님의 구원역사를 오직 유일한 것으로 보지 않고 상대적인 것으로 보며 하나님은 소위 호켄다이크가 말하는 '샬롬'을 위해 일하는 세상 속에서의 제 사회기구나 타종교 안에서도 구원역사를 이루신다는 것이다. 이런 의미에서 호켄다이크는 교회가 세상 속에서 섬김과 봉사의 전위부대가 되어야 함을 주장하였다.[47] 이러한 호켄다이크의 하나님의 선교개념은 1963년 멕시코 대회에서 막스 워렌(Max Warren)에 의해 제기된 '그리스도인의 현존'(The Christian Presence) 개념과 결합되어 더욱 극단적으로 발전되어서 전통적인 개종

---

44) See H. Krüger, "The Life and Activities of the World Council of Churches", in A History of the Ecumenical Movement, H.E. Fey, ed. (Geneva: WCC, 1986), pp. 27-62.
45) See Bassham, op. cit., pp. 33-36.
46) See Harvey T. Hoekstra, The World Council of Churches and the Demise of Evangelism (Wheaton: Tyndale House, 1979), pp. 34-61.
47) See J.C. Hoekendijk, The Church inside out (Philadelphia: The Westminster Press, 1966), pp. 13-31.

선교를 부정하고 세상 속에서 그리스도의 선재적 은총(Prevenient Grace)을 인식하여 복음선포 없이 다만 그리스도인의 사랑의 봉사행위를 실천하면 그것으로 선교의 사명을 감당하게 된다는 것이다.[48]

멕시코 대회는 바로 이런 관점에서 선교를 위한 새로운 선교적 회중을 형성할 것과 세상을 위한 교회로 새롭게 태어나야 함을 주장하며 1968년 제4차 웁살라 WCC 대회에서 선교의 목표를 '인간화'(Humanization)로 정의하는 초석을 놓게 되었다.[49]

1910년 에딘버그 세계선교대회 이후에 초교파적인 신앙선교(Faith Mission) 단체들은 미국에서 일어난 '근본주의자들'의 신학운동과 그 뜻을 같이 하고 교단 선교부 지도자들과의 갈등을 극복하기 위하여 1917년에 "초교단 외지 선교협의회"(Interdenominational Foreign Mission Association)를 발족하였다.

또한 이 협의 기구와는 다소 성격이 다른 국내의 복음주의 협의회(National Association of Evangelicals)가 중심이 되어 각 교단의 선교부와 초교파적인 선교기구가 연합하여 1945년에 결성한 "복음주의 선교기구 친목회"(Evangelical Fellowship of Mission Agencies)가 있었다. 미국을 중심한 이 두 선교연합기구는 WCC의 급진적인 선교개념의 변질과 선교학을 혼란케 하는 데 위기를 느끼고 복음주의 선교 운동의 전환기를 여는 국제적인 규모의 선교대회를 1966년 미국 휘튼(Wheaton)에서 개최할 것을 결의하였다.[50]

---

48) Bassham, op. cit., pp. 67-74.
49) 멕시코 대회 이후에 1968년 웁살라 4차 WCC 대회를 앞두고 WCC는 이런 내용의 책을 발간하였다. See WCC, The Church for Others and the Church for the World (Geneva: WCC, 1968), pp. 68-86.
50) Bassham, op. cit., p. 209.

## 6) 1966년의 휘튼 선교대회

　해롤드 린드셀은 휘튼 선교대회를 조망하는 가운데 휘튼 대회가 열려지게 된 주요 동기로서 IMC가 신학적으로 변질되어 가는 과정 중에 WCC에 통합되어진 것과 자유주의 신학의 영향력이 증대되어진 것과 WCC의 급진적인 신학의 좌경화와 성경의 권위에 대한 손상 등을 들고 있다.[51] 바로 이런 시점에서 IFMA와 EFMA의 복음주의 진영의 선교 지도자들은 교회를 통한 전통적인 개종선교의 중요성을 천명하고 성경의 권위를 중심으로 한 영적 일치 속에서의 연합을 토대로 세상에 대한 선교의 시급성과 중요성을 논하였다.[52] 휘튼 대회는 71개국에서 938명의 대표들이 모여서 "교회의 전세계적 선교"(The Church's Worldwide Mission)라는 표어를 중심으로 선교와 연관된 11가지의 주제들을 가지고 토론하였다. 그 주제들은 혼합주의, 신보편구제설, 개종, 신로마교회주의, 교회성장, 외지선교, 복음적 연합, 측정 방법들, 사회적 관심, 적대적 세계 등이었다. 이렇듯이 휘튼 선교대회는 선교와 연관된 다양한 주제들을 가지고 교회가 구체적으로 어떻게 선교의 사명을 감당해야 할지 실제적인 문제에 초점을 맞추었다. 바쌈은 휘튼 대회를 평가하는 데

---

51) Harold Lindsell, "Overview of the Congress", in The Church's Worldwide Mission, Harold Lindsell, ed. (Waco: Word Books, 1966), pp. 10-22.
52) Kenneth S. Kantzer가 성경의 권위를 중심으로 한 영적 일치 속에서의 선교연합을 논하였고 Arthur F. Glasser는 다원주의 세계 속에서의 개종선교의 중요성을 논하였다. See Kenneth S. Kantzer, "Mission and the Church's Authority", in The Church's Worldwide Mission, Ibid., pp. 35-44, Arthur F. Glasser, "Mission and the Church's Message", Ibid., pp. 45-58.

있어 교회의 선교적 사명의 중요성을 일깨우고 선교를 위한 연합정신을 고취시키는 데 공헌하였으나 IMC와 WCC의 통합과정에서의 교단과 초교파 선교기구의 상호간의 갈등이 있었듯이 휘튼 대회에서도 교회와 선교단체와의 관계성이 신학적으로 명쾌하게 정의되지 못한 것을 단점으로 지적하고 있다.[53] 휘튼 대회는 WCC의 선교관은 단호하게 배격하고 있으나 복음주의 선교지도자들이 사회문제에 대한 적절한 성경적 지침을 확립하지 못하고 사회문제에 대한 복음적 관심을 소홀히 하여 왔다고 반성하고 있다. 이런 점에서 호레이스 펜톤(Horace Fenton)은 사회적 관심이 결여되어 있는 어떠한 전도도 비성경적이라고 규정하고 있다.[54]

### 7) 1966년의 베를린 세계전도대회

베를린 대회는 빌리 그래함이 중심이 되고 미국의 저명한 복음주의 잡지인 『오늘의 기독교』(Christianity Today)가 후원자가 된 선교대회였다. 『오늘의 기독교』는 베를린 대회를 개최하게 된 취지를 "성경의 권위와 선교가 세계 교회협의회를 통해 무시되어지는 시점에서 성경의 최종적 권위와 교회의 최우선적 사명으로서 잃어버린 인류를 복음화하는 사도적인 명령을 수행키 위함"[55]이었다고 대회의 목표들을 열거하고 있는데 그것은 성경적인 전도개념 확립, 현대 세계 속에서의 선교의 연관성,

---

53) Bassham, op. cit., p. 214.
54) Horace L. Fenton, "Mission and Social Concern", in the Church's Worldwide Mission, op. cit., p.198.
55) Christianity Today, "Good News for a World in Need, in Christianity Today, Vol II, No. I(October 14, 1966), p. 34.

오늘의 시대에 전세계를 향한 복음선포의 시급성, 우리 시대에 합당한 성경적 전도에 관한 새로운 방법들을 찾아 내는 것, 성경적 전도에 방해 세력들과 그것들을 극복하는 방법들을 강구하는 것과 전세계 교회로 하여금 전도적 과업의 우선성을 인식시키는 것 등이었다.[56] 베를린 대회는 성경의 권위를 손상시키는 어떠한 신학과 비평방법들도 거부한다고 천명하였으며 바로 그 토대 위에서 선교연합이 이루어진다고 하였다.[57] 존 스토트를 중심으로 한 신학자들은 기독론점 관점에서 대위임령을 선교의 주요 명령으로 다루었으며 바로 그것이 선교의 토대가 된다고 하였다.[58]

필자는 베를린 대회의 선교의 신학적 근거가 너무 단순하게 대위임령에만 국한되었다고 판단한다. 이것은 휘튼 대회에서의 삼위일체론적 측면에서 선교의 성서신학을 접근한 것과 더욱이 성령론과 선교학을 연관하여 연구한 논문이 발표되어진 것과 대조하면 쉽게 비교가 된다.[59] 이렇듯이 베를린 대회의 분위기는 전도자인 빌리 그래함의 영향으로 복음전도의 시급성과 잃어버린 영혼들에 대한 구령의 열정을 강조한 것이 특징이었다. 베를린 대회는 WCC의 전도를 무시한 사회개혁만을 주장하는 하나님의 선교학을 단호히 배격하고 전도와 사회활동의 성경적인 균형을 이룰 것과 복음주의자들이 전도에 있어 복음의 사회적 영향력을 무시하는 경향을 경고하였다.[60] 바쌈은 베를린 대회의 문제점으로 타종교에 대

---

56) Ibid.
57) Carl F.H. Henry and W. Stanley Mooneyham, eds., <u>One Race, One Gospel, One Task</u>, Vol. I(Minnespolis: World Wide Pub., 1967), p. 6.
58) Ibid., p. 37.
59) 휘튼 대회에서 성령과 선교를 연관하여 주제 발표를 한 지도자는 중국인으로서 Philip Teng이다. See Philip Teng, "Mission and the Church's Endowment", <u>the Church's Worldwide Mission</u>, op. cit., pp. 59-71.
60) 특히 이점에 있어서 "오늘의 기독교" 잡지의 주간으로 있었던 Carl Henry의

한 복음주의적 선교학을 정립하지 않은 것과 그것을 논하지도 않은 점을 들고 있다.61) 빌리 그래함은 베를린 대회에서 전세계 복음주의 교회의 연합과 협력을 통한 세계복음화를 수행할 것을 강력히 요청하였는데 이것을 위해 차후에 전도를 위한 세계대회(World Congress on Evangelism)를 열 것을 결의하였다.

### 8) 1970년의 프랑크푸르트 선언서

1970년 튜빙겐 대학의 선교학 교수인 피터 바이에르하우스(Peter Beyerhaus)를 중심으로 14명의 독일의 저명한 복음주의 신학자들이 프랑크푸르트 선언문을 발표하였다. 피터 바이에르하우스는 프랑크푸르트 선언문을 발표하게 된 취지를 WCC의 개종선교 부인과 종교다원주의 및 혼합주의 경향 그리고 세속신학의 영향으로 인한 선교의 정의를 인간화(Humanization)라고 규정한 제4차 WCC 웁살라(Uppsala) 대회의 선교학 노선 등을 비판하고 복음주의 선교학을 확립하기 위함이라고 하였다.62) 프랑크푸르트 선언문은 복음주의 선교의 7가지 명제를 천명하고 있는데 그것은 복음의 규범성, 복음선포를 통한 선교, 예수 그리스도

---

영향이 컸었다. See Carl F.H. Henry and W. Stanley Mooney ham, eds., One Race, One Gospel, One Task, op. cit., p. 16, 24, Carl Henry, Evangelicals at the Brink of Crisis: Significance of the World Congress on Evangelism (Waco: Word Books, 1967), p. 81.
61) Bassham op. cit., p. 228.
62) 피터 바이에르하우스, 『선교정책원론』(Mission: Which Way Humanization or Redemption), 김남식 역 (서울: 한국성서협회, 1976), pp. 23-28.

를 통한 구원의 최종성, 구원은 복음선포와 교회의 성례를 통해 이루어지고 기독론적 보편주의를 거부하며 선교의 목표로서 메시아적 공동체인 교회를 설립함과 타종교에 대한 어떠한 보편구제설도 거부하며 선교적 대화를 나눌 것과 종말론적 하나님의 나라를 증거하는 일이다.[63] 이렇듯이 프랑크푸르트 선언문은 WCC 선교학의 급진적인 좌향화를 우려하여 위기의식을 느낀 독일의 복음주의 선교지도자들이 방어적인 자세로 전통적인 선교개념을 재천명한 것이었다.

필자가 우려하는 것은 피터 바이에르하우스의 계속적인 방어적 성향이다. 단지 WCC의 선교학을 비판하는 데 그칠 것이 아니라 복음주의 선교학을 성경적으로 균형 있게 정립하고 복음주의 선교의 방향과 그 방법들을 구체적으로 창의성 있게 논하는 자세가 아쉬운 것이다.

### 9) 1974년 로잔느 세계복음화대회

1966년에 베를린에서 계획한 대로 1974년 스위스 로잔느에서 150개국의 2,473명의 대표들이 로잔느 대회에 참석하였다. 특이할 만한 일은 비서구 지역에서 온 대표들이 50%를 차지하였다는 점이다. 또한 각 분과에서 논의되고 발표되어진 글들 중 비서구 지역의 지도자들이 1/3정도를 점유하고 있다는 사실이다. 이렇듯이 로잔느 대회는 복음주의 선교운동에 있어서 서구교회 주도의 분위기를 뛰어 넘어서 비서구 지역 교회 지도자들이 절반 정도의 비율로 참석하여 상당한 역량의 지도력을 발휘하였다는 데 큰 의의가 있다. 로잔느 대회는 IFMA, EFMA뿐 아니라 세계 복음주의 친교회(World Evangelical Fellowship)도 참석하였다.

---

63) Ibid., pp. 129-138.

이 단체는 1951년 화란의 우드스코튼(Woodschoten)에서 창립이 되었는데 전세계 복음주의 교회와의 유대 강화라는 모토로서 WCC와의 구별을 지으며 성장하였다. 현재 이 단체는 100여 개국의 복음주의 교회들을 회원으로 두고 있고 각 국내에는 국내 복음주의 협의회(National Association of Evangelicals)를 지부로 두고 있다.[64]

빌리 그래함은 로잔느 대회의 개최 의미를 "왜 로잔느가 필요한가?"(Why Lausanne)라는 개회 연설에서 밝히고 있다. 그는 비서구 지역에서의 교회부흥을 열거하며 전세계적인 영적 갈급함과 선교의 시급성을 논하고 교회 역사를 통해 전통적으로 받아들여졌던 복음화의 방법을 수행할 것을 촉구하고 있다. 그는 당대의 교회가 양극으로 갈라져 있음을 시인하고 그 이유로 성경관의 변질과 개종 선교의 부인 그리고 사회적이고 정치적인 문제에 교회가 몰두하는 것과 동일하게 조직적인 연합을 지나치게 강조하는 것 등을 열거하고 있다. 빌리 그래함은 성경의 권위를 인정하는 것과 예수 그리스도 없이는 인간의 구원이 불가능함과 복음은 말씀과 행위로 전파되어져야 함을 역설하고 세계 복음화를 위한 전세계 복음주의 교회들의 연합의 필요성으로 로잔느 대회가 개최되었다고 하였다.[65]

로잔느 언약의 첫 번째 주제는 "하나님의 목적"(The Purpose of God)으로서 삼위일체론적 관점에서의 성경 전체를 통한 선교의 성서신학을 아주 함축적으로 요약하고 있다. 두 번째 주제는 "성경의 권위와 능력"(The Authority & Power of the Bible)으로서 신·구약성경의 무오성과 영감성을 천명하고 구원에 있어 성경의 규범성을 분명히 하였다.

---

64) See Arthur F. Glasser, "Evangelical Missions", in Toward the 21st Contury in Christian Mission, James M. Phillips and Robert T. Coote, eds. (Grand Rapids: Eerdmans, 1993), p. 15.
65) Billy Graham, "Why Lausanne", in Let the Earth hear His Voice, J.D. Douglas, ed. (Minneapolis: World Wide Pub., 1975), pp. 22-36.

바로 이런 성경관의 전제 가운데서 개혁주의 성경학자들에게서 논의되는 성경신학의 다면적 전망과 성경적 상황화신학의 해석학적 모델로 제기되어지는 해석학적 나선형(Hermeneutical Spiral)의 원리가 함축적으로 내포되어 있다.

세 번째 주제는 "그리스도의 유일성과 보편성"(The Uniqueness & Universality of Christ)으로서 일반계시를 인정하나 칼빈이 말한 바와 같이 일반계시는 죄와 사탄의 역사에 의해서 왜곡되고 우상 숭배로 전환이 됨으로 일반계시 자체로 구원이 불가능하고 어떠한 기독론적 보편주의를 전제한 혼합주의나 타종교와의 대화도 거부함을 분명히 하였다. 특별계시로서의 예수 그리스도만이 하나님과 인간 사이에 유일한 중보자가 되시며 예수 그리스도의 복음을 통하지 않고서는 구원이 불가능함을 천명하였다. 예수 그리스도의 복음은 온 세상에 선포되어져야 하며 죄인은 회개와 믿음으로만이 구원받을 수 있으며 모든 무릎이 예수 앞에 꿇게 되어지고 모든 혀가 저를 주님으로 고백하게 되는 날이 이르게 된다는 것이다. 네 번째 주제는 "전도의 본질"(The Nature of Evangelism)로서 복음이 전도의 내용이 되어지며 전도하기 위해서는 세상 속에서의 그리스도인의 현존(Christian Presence)과 복음선포(Proclamation) 그리고 각 사람들을 그리스도의 제자로 세우기 위한 설득적(Persuading) 사역이 병행되어져야 한다고 하였다.

다섯 번째 주제는 "그리스도인의 사회적 책임"(Christian Social Responsibility)으로서 하나님은 창조주가 되실 뿐 아니라 심판주가 되시므로 그리스도인은 화애의 복음을 전할 뿐 아니라 하나님의 형상으로 지음받은 인간들이 비인간적인 대우를 받게 될 때 그 불의함과 부도덕함에 하나님의 심판을 증거해야 하며 전도뿐 아니라 사회적이고 정치적인 참여도 그리스도인의 의무가 된다는 것이다. 여기서 로잔느 대회는 WCC가 주장하는 것처럼 사회참여가 전도의 내용이며 정치적 해방이 구원이라는 하나님의 선교적 신학을 분명히 거부하고 있다. 그러면서 로잔느 대회는 지금까지 복음주의 교회가 복음전파와 사회적인 책임을 이원화한 것을 회개하고 있다. 구원의 메시지는 모든 형태의 소외와 압박 그리고 차별에 대해 심판의 메시지를 동반하며 그리스도인은 악과 불의함을 지적하는 데에 조금도 주저함이 있어서는 안 된다는 것이다. 여섯 번째 주제로는 "교회와 전도"(The Church & Evangelism)인데 아버지가 그리스도를 세상에 보내신 것같이 그리스도가 교회를 세상에 보내어 선교적 사명을 수행하게 하신다는 것이다. 이렇듯이 전도는 교회의 본질적 사명으로서 전 교회(The Whole Church)가 총체적인 복음(The Whole Gospel)을 온 세계(The Whole World)에 전파해야 한다는 것이다.

일곱 번째 주제는 "전도에 협력"(Cooperation in evangelism)으로서 불일치가 종종 화애의 복음을 손상시키므로 교회는 진리와 예배, 거룩함과 선교에 있어서 보다 깊은 차원의 연합을 도모하며 선교를 위한 상호 격려와 자원의 공유 혹은 전략적 연합 등을 도모해야 한다는 것이다. 여덟 번째 주제로는 전도적 동반자 관계 속에서의 교회(Churches in Evangelistic Partnerthip)이다. 교회와 선교기구를 상호 동역자 관계로 규정하되 선교기구가 교회가 아님을 분명히 했고 효과적인 선교를 위한 상호 협력을 주장했다.

아홉 번째 주제는 "전도적 과업의 시급성"(the Urgency of the Evangelistic Task)으로서 복음을 듣지 못한 사람을 27억으로 규정하고 사상 유례 없는 복음의 수용성을 논하며 교회와 선교기구가 연합하여 미전도 지역과 종족을 향하여 선교할 것과 무엇보다 "한 나라 제자 삼기"(Discipling A Whole Nation) 선교 운동에서 보듯이 각 지역 교회의 역량을 강화하여 그 지역 내의 미전도 종족들을 선교하게 할 것을 결의하였다. 또한 세계의 엄청난 수효의 절대 빈곤층의 사람들을 위하여 교회가 검약하는 생활 운동을 벌일 것을 요구했다. 열 번째 주제는 "전도와 문화"(Evangelism & Culture)이다. 교회가 문화 속에 뿌리를 내리되

문화는 성경을 통해 끊임없이 판단되어지고 변혁되어져야 한다. 문화는 일반은총 측면이 있지만 일반은총 자체가 그렇듯이 문화도 죄에 오염되어 있으며 때론 사탄적인 영향력을 나타내기도 한다. 어떤 특정 문화 기준에 의한 교회가 모든 문화 속에 교회의 모델이 될 수 없다.

열한 번째 주제는 "교육과 지도력"(Education & Leadership)이다. 교회 성장을 도모하는 데 있어서 종종 심층적인 유기체적 성장을 소홀히 했고 전도를 수행하는 데 있어 양육을 간과한 적이 있다. 토착 교회의 성장은 선교사가 원주민 지도력을 어떻게 충실히 세우느냐에 달려 있다. 이런 점에서 모든 나라와 문화에 지도력 개발을 위한 적절한 훈련 과정이 설치되어야 한다. 열두 번째 주제는 "영적인 갈등"(Spiritual Conflict)이다. 교회를 대적하고 세계복음화의 과업을 방해하는 정사와 악한 권세와의 영적 전쟁이 있다. 이러한 악한 세력은 교회 밖에서 거짓된 이념으로만 도전하는 것이 아니라 교회 안에서도 성경 말씀을 왜곡하는 이단 세력으로 나타나기도 한다. 교회는 또한 현대화의 물결 속에 침투해 들어오는 세속주의를 경계해야 한다.

열세 번째 주제로는 "자유와 핍박"(Freedom & Persecution)으로서 각 나라 정부는 교회가 하나님을 섬기며 간섭 없이 복음을 전파할 수 있도록 평화, 정의, 자유를 적극 구현해야 하며 교회는 각 나라 정부의 지도자들과 사상, 양심, 종교 선전의 자유가 충분히 보장되도록 기도해야 한다. 또한 교회는 복음 때문에 고통을 당하고 감옥에 들어간 하나님의 백성들에 대해 구체적인 관심을 가져야 하며 고난을 두려워해서는 안 되고 또한 고난이 주의 재림 이전까지 계속 존재함을 간과해서도 안 된다. 열네 번째 주제로는 "성령의 능력"(The Power of the Spirit)이 있다. 성령으로 말미암지 않고는 복음 증거는 무익하며 성령은 선교의 영(A Missionary Spirit)으로서 교회로 하여금 자발적으로 전도를 수행케 한다. 교회는 진리, 지혜, 믿음, 성결, 사랑, 능력 속에서 세계복음화가 가능하게 된다. 열다섯 번째 주제는 "그리스도의 재림"(The Return of

Christ)이다. 그리스도의 재림은 인격적, 가견적으로 임하게 될 것이며 교회는 그의 재림 이전까지 천국 복음을 온 세계에 전파해야 한다는 말씀을 부여받았다. 교회는 지상에 인본주의적 낙원을 건설하려는 어떠한 시도도 거부해야 하며 대망 가운데 그의 왕국의 임함을 바라보고 인간의 전 삶의 영역에 그의 주재권을 증거하는 일에 최선을 다해야 한다.[66]

이렇듯이 로잔느 언약은 그동안 IMC를 통해 제기되어진 각종 선교학적 이슈들과 휘튼, 베를린 대회에서 논의되어진 바를 총체적으로 요약하여 선교학적으로 정립하는 계기가 되어진 전환기적인 선교 대회였다. 무엇보다 중요한 것은 그동안 복음주의 선교 진영에서 간과되어 오거나 신학적으로 정립되지 못한 부분들을 정확히 끄집어 내서 선교학적인 정립을 시도했다는 점이다. 로잔느 대회는 WCC와의 구분에 있어 성경의 권위를 최우선시했고 전도의 전통적인 개념을 재확립했고 당대의 교회 성장 운동의 영향을 받아 교회의 선교적 성장을 중요시 여겼으며 제자화 개념을 도입했고 다양한 문화 속에서의 성서 해석학적 접근 방법을 복음적으로 정리했고 바로 그 토대 위에서 교회 설립의 모델을 제시했다. 로잔느 대회는 또한 랄프 윈터의 영향이지만 미전도족속에 대한 선교의 시급성을 논했고 종말론적인 측면의 신학적으로 균형성 있는 하나님 나라의 신학을 논했다.

로잔느 대회에서 주목할 만한 부분은 복음주의 교회 진영의 전도와 사회적 책임을 이원화한 경향을 자가 성찰하며 회개의 표현을 썼다는 점이다. 전도의 우선성을 논하면서도 사회적인 책임을 그리스도인의 문화명령으로서 말씀과 행위의 본질적인 문제로 다룬 것은 로잔느 대회의 공헌인 것이다. 로잔느 대회는 대회 폐막 이후에도 각 소속 분과 위원회로 하여금 계속적인 연구활동을 하게 했다. 그 중 대표적인 분과모임으로 모

---

66) 필자는 로잔느 언약의 내용을 석의적(Paraphrase)으로 해석하여 소개하였다. See Ibid., pp. 3-9.

여진 것은 1978년 윌로우뱅크(Willawbank)에서 열린 "복음과 문화에 관한 회의"(Consultation on Gospel and Culture)와 1980년 호데스돈(Hoddesdon)에서 열린 "검약생활유형에 관한 국제회의"(International Consultation on Simple Lifestyle) 그리고 1980년 파타야(Pattaya)에서 열린 "세계복음화를 위한 로잔느 회의"(Lausanne Consultation on World Evangelization)와 1982년 그랜드 래피즈(Grand Rapids)에서 열린 "전도와 사회적 책임간의 관계성에 관한 회의"(Consultation on the Relationship between Evangelism and Social Responsibility) 등이다.[67]

### 10) 1989년의 로잔느 II 세계복음화대회

로잔느 세계복음화대회는 74년 대회 폐막 이후에 1988년까지 54개의 중요 회의들과 국내 대회 등을 통하여 1989년 필리핀 마닐라에서 "주님이 오실 때까지 그리스도를 전파하자: 전 교회로 하여금 총체적 복음을 온 세계에 전파하도록 하게 하는 부름"(Proclaim Christ Until He Comes: A Call to the Whole Church to take the Whole Gospel to the Whole World)이라는 모토로서 로잔느 두 번째 복음화 대회를 개최하였다. 로잔느 II 대회에서 특이할 만한 일은 170개국의 3,000여명의 대표자들 중 세계 2/3지역에서 온 사람들이 절반 비율을 차지하고 있으며 소위 성령의 제2의 운동이라고 불려지는 복음주의 진영의 카리스

---

67) Edythe Draper, <u>The Almanac of the Christian World</u> (Wheaton: Tyndale House, 1992), pp. 54-55.

마틱 교회들이 상당한 비율로 참석하고 있다는 사실이다.[68] 아더 글라서에 의하면 대회 전체를 통해서 400개의 분과 강의들이 제공되었는데 가장 참석률이 높은 10개의 분과 강의 제목들이 성령과 영적 전쟁과 기도에 집중되어졌다는 것이다.[69] 로잔느 II 대회는 74년의 로잔느 대회의 연장선 위에서 "마닐라 선언문"(Manila Manifesto)을 발표하였다. 거기서 로잔느 언약을 재확인하는 21개의 확인들(Affirmations)을 서두에 하였고 크게 세 범주로 나누어서 총체적인 복음이라는 주제하에 4개의 소주제를 논했고 두 번째 범주로는 전 교회라는 주제하에 6개의 소주제를 논했고 세 번째는 결론 부분으로서 온 세계라는 주제하에 3개의 소주제를 논했다.

로잔느 언약과 비교하여 그 특이점을 중심으로 살펴보면 서두부에 있어 21개의 확인들은 대개 로잔느 언약의 신학적 내용들을 재진술하고 있다. 다만 발전적인 부분으로 AD 이천년도의 기간까지 미전도종족들을 복음화할 수 있다는 가능성을 표현하고 바로 그 일을 이루기 위한 세계 복음화가 시급하다고 진술하고 있다는 사실이다. 따라서 서두부는 전 교회가 총체적인 복음을 온 세계에 전파해야 한다는 것으로 끝부분을 맺고 있다. 본론의 첫 주제로 총체적인 복음을 논하는데 이것은 인간성의 보편적인 타락과 부패를 전제하고 인간 자신의 힘으로 구원이 불가능함을 진술하고 복음은 역사적인 예수 그리스도의 죽으심과 부활 그리고 그의 재림의 약속에 근거하여 성령의 능력 속에서 전파되어져야 한다는 것이다. 복음전파를 위해서 각 상황에 맞는 효과적인 전달을 위하여 선교변증학을 개발할 것을 요청하고, 복음은 세계인구의 많은 비율을 차지하고 있는, 육체적으로 가난하여 심령에 수용성이 있는 빈민계층에게 전략적으로 전파되어져야 한다는 것이다. 또한 다원주의적 세계 속에서 예수

---

68) Arthar Glasser, "Evangelical Missions", op. cit., pp. 16-17.
69) Ibid., p. 17.

그리스도의 유일성과 구원의 최종성은 변개하거나 양보할 수 없는 복음의 핵심이며 타종교에 대한 복음주의자들의 인간적 우월의식과 교만 혹은 적대감과 무지감 등은 잘못된 것으로 반성해야 하나 그렇다고 예수 그리스도의 유일성과 최종성을 타종교인들에게 증거하는 일에 있어서 조금도 소홀함이 있어서는 안 된다는 것이다.

로잔느 II 대회는 "검증된 복음"(The Authentic Gospel)이라는 용어를 사용하고 있는데 전도적 명령이 기능적인 측면에서 우선권이 있으나 신학적으로 복음은 말씀과 행위로서 증거되어져야 하고 복음은 구체적으로 선한 행실도 포함되기에 이것은 분리할 수 없는 총체적인 복음이며 그 영역 안에 전도와 사회적인 책임의 동등한 자리매김이 있다는 것이다. 두 번째 큰 주제로서 전 교회가 있다. 선교의 주체는 삼위 하나님이심을 명기하고 있으며 모든 전도에는 영적 전쟁이 포함되어 있는데 이것은 오직 하나님의 전신갑주를 입고 수행하게 되어 있다. 모든 회심에 힘의 충돌(Power Encounte)이 있음을 명시하고 가장 큰 힘의 충돌은 그리스도로 말미암은 중생의 역사이다. 때로 복음을 전하는 과정에서 기사와 표적으로 나타나는 힘의 충돌이 있는데 이것을 사도시대에만 국한시키지 말고 왕국의 표적으로 성령의 은사측면에서 인정해야 한다는 것이다.

여기서 극단적인 두 가지 양상을 경계하고 있는데 기적으로 나타나는 힘의 충돌을 부정하는 것과 또한 승리주의에 사로잡혀서 힘의 충돌을 자주 재현할 수 있는 사건으로 보는 것이다. 하나님은 그의 백성들을 동역자로 삼으셔서 구원의 복음을 전파하게 하시는데 성령의 은사에 따라 역할이 다양하나 본질적으로 모든 성도들에게 선교의 사명을 주셨으며 각계 각층별로 평신도 지도력이 개발되고 선교의 사명을 감당하는 일에 남녀 노소의 구분이 없으며 자신의 삶의 터전에서부터 복음의 증인이 되어야 한다는 것이다. 복음의 증인이 되는 성도의 삶은 복음에 합당한 삶이 되어야 증인이 될 수 있다는 것을 전제하고 있다. 지역교회가 복음전파의 구심점이 되어야 함을 천명하고 지역교회는 복음을 확산하기 위하여 지역사회, 사회계층 등을 연구하여 상황에 맞는 전략적인 전도방법들을 개발하고 지역사회도 포함하여 총체적인 복음적 변혁을 일으켜야 할 것을 주장한다. 바로 이 일을 위하여 지역교회들은 경쟁이 아닌 상호 협력을 해야 하며 교회는 세상 속에서 왕국의 표적이 되어야 한다. 복음주의 교회들이 내부 지향적이고 정체적인 것을 반성하고 선교적 사명을 수행하는 역동적 교회가 될 것을 촉구하고 있다.

세 번째 큰 주제로는 온 세계이다. 복음화의 대상이 되는 현시대는 현대주의(Modernity)가 가장 큰 특징이다. 교회는 현대주의가 생산하는 세속주의를 경계해야 한다. 현대주의는 도시화 현상을 가속화시키는데 AD 2000년도가 되면 도시화 현상으로 세계 인구의 50%가 도시에 살게 될 것이다. 도시화는 몰려든 이주자들에게 복음의 수용성을 높이며 전략적으로 선교의 시급함을 청하고 있다. 현대화는 복음의 통로를 여는 것뿐 아니라 위험성도 있다. 무비판적으로 성경의 검증없이 소위 현대적인 문명의 이기들을 사용하는 것은 교회 안에 세속화(Worldli-ness)를 초래할 수 있다. AD 2000년도를 대망하면서 오늘날 5억 정도 되는 그리스도인들을 하나님 나라의 자원으로 동력화해야 한다. 명목상의 신자들로 구성되어진 지역들을 재복음화해야 한다. 교회가 있는 주변에 복음에 소외되어 있는 사람들을 찾아내야 한다. 미전도종족이 세계적으로 2,000여 종족이 있고 이것을 미시적으로 나누면 12,000여 종족이 있는데 이들 가운데는 저들을 복음화할 토착 교회가 없고 타문화권 복음전달자가 필요하다.

오늘날 많은 지역이 공식적으로 선교를 제한하거나 법으로 금지하고 있는데 이런 지역들을 향해서는 전략적인 총체적 선교가 행해져야 하고 전문직을 통한 자비량 선교를 개발할 필요가 있다. 우리는 아직도 세계 인구의 2/3정도가 그리스도를 모르며 20억 정도가 미전도종족에 속해 있는 것에 부끄러움을 느끼며 이 일에 대해 성령께서 주의 교회를 역동적으로 움직이시는 것을 느낀다. 이제 우리는 AD 2000년도를 바라보면 모든 종족들 가운데 주의 교회를 세울 것을 다짐하며 그의 선교명령에 순종한다. 주의 교회가 복음선교를 수행함에 있어 지나간 교회역사가 증거하고 있는 것처럼 핍박이 있고 고난이 있다. 세계의 많은 지역에서 교회는 여전히 핍박을 받고 있고 고난을 통과하고 있다. 우리는 세상 정부에 그리스도인의 삶에 대한 세 가지 진술을 하는데 그것은 그리스도인은 나라의 복리를 추구하는 충성된 시민이며 전도에 있어 상대방의 인격을 모독하고 분노를 야기하는 모든 잘못된 방법들을 지양하며 그리스도인은 기독교인의 종교의 지위뿐 아니라 타종교에 있어서도 종교의 자유를 인정한다는 것이다. 그리스도인이 복음을 증거함에 부당한 대우를 받으며 심지어 순교가 있을지라도 그리스도인은 복음 전하는 일을 조금도 멈추지 아니할 것이다.

결론 부분으로 로잔느 II 대회는 주님이 오실 때까지 복음을 증거한다는 결의를 다지고 있는데 이것은 종말론적인 사명이며 선교는 종말론적인 사역이라는 것이다.[70] 로잔느 II 대회는 로잔느 언약의 선교학적 범주 내에서 크게 다섯 가지의 선교학적 이슈들을 제기하고 있다. 그것은 복음 전도에 있어 전도적 명령이 우선적이라는 74년의 로잔느 대회에서 소위 '검증적 복음'이라는 용어 표현하에 전도적 명령의 우선성은 기능적으로 보고 존재론적인 측면에서 전도와 사회 변혁 혹은 전도적인 명령과 문화적 명령은 선교에 있어 동등한 본질적인 요소라는 것이다. 여기에는 존 스토트의 총체적 선교(Holistic Mission) 개념의 영향이 있는데 이것은 선교를 세상에 보낸 바 된 교회 공동체의 전도적 명령으로서 빛으로

---

70) 필자는 로잔느 II 대회의 선언문인 "The Manila Manifesto"를 석의하여 소개하고 있다. See James A. Scherer and Stephen B. Bevans, eds., <u>New Directions in Mission & Evangelization</u>(MaryKnoll: Orbis, 1992), pp. 292-305.

서의 사역과 문화적 명령으로서의 소금으로서의 사역이 있다는 것이다.[71] 이 개념은 WEF의 실행 총무를 역임했던 월드론 스코트(Waldron Scott)와 웨스트민스터 신학교의 선교학 교수로 있는 하비 콘(Harvie M. Conn)의 신학적 지원을 받고 있다. 스코트는 마태복음 28:16-20의 대위임령을 해석할 때 세 가지의 선교 명령을 제기하는데 그것은 '가라'는 직접적인 선교 명령과 '제자 삼으라'는 명령과 '내가 분부한 모든 것을 지키게 하라'는 모든 것 속에 하나님의 의를 구현하는 사회 정의적 측면이 있다는 것이다.[72] 하비 콘은 언약신학적 측면에서 언약 백성들의 언약 증인이 되는 사명과 하나님의 언약 대상으로서 언약 백성들의 언약적 책임을 다하는 사명이 있다는 것이다.[73] 이런 측면에서 그는 교회의 선교적 사명을 논할 때 복음 전파는 말뿐 아니라 행위의 변혁을 통해서 나타나야 하는데 선교에 있어 전도적 명령과 문화적 명령을 구분해서는 안 되고 하나님의 주재권이 교회와 세상 속에서 동일히 증거되어야 한다는 것이다.[74]

오늘날 이 개념은 복음주의 선교 진영을 둘로 나눠지게 하는 주 요인이 되었다. 74년의 로잔느 대회에서의 전도적 명령의 우선권을 고수하는 복음주의 진영과 총체적인 선교개념을 주장하는 로잔느 Ⅱ 대회의 지도

---

71) John R. W. Stott, Christian Mission in the Modern World (Downers Grove: Intervarcity Press, 1975), pp. 29-41.
72) Waldron Scott, Bring forth Justice (Grand Rapids: Eerdmans, 1983), pp. 162-258.
73) 여기서 언약증언은 전도적 사역을 의미하며 언약적 책임은 문화적 명령을 수행하는 것과 같다. See Harvie M. Conn, "Contextualization: Where do We begin?" in Evangelicals and Liberation, Carl Armerding, ed (New Jersey: Pres. and Ref. Pub., 1977), pp. 111-113.
74) Harvie M. Conn, "The Mission of the Church", in Evangelicals & Liberation, Ibid., p. 60-89.

자들이 있다.

두 번째 선교학적 이슈로서 힘의 충돌의 신학(A Theology of the Power Encounter)이 있다. 이것은 피터 와그너(Peter Wagner)의 신학적 영향을 나타내고 있는데 신학적으로 문제가 있으며 로잔느 Ⅱ 대회의 힘의 충돌의 신학적 입장은 모호하며 명확한 신학적 정의를 내리지 못하고 있다.[75]

세 번째 선교학적 이슈로서 영적 전쟁 개념이 나오는데 여기에 암시적으로 지역 악마(Territorial spirits) 개념이 내포되어 있으며 이것은 실질적으로 분과 토론 시간에 '영적 추적'(Spiritual Tracking)이라는 주제로 심도 깊게 논의되어졌다. 지역 악마 개념은 오늘날 존 윔버의 힘의 전도(Power Evangelism) 운동과 더불어 일종의 전략 개념으로 발전하여 위험한 방향으로 나아가고 있다. 네 번째 선교학적 이슈로서 도시선교(Unban Mission)가 등장한다. 이것은 로잔느 Ⅱ 대회의 공헌으로서 도시화의 중요성을 논하며 이것을 어떻게 선교학적으로 발전시켜야 할지 도전을 주고 있다. 다섯 번째 선교학적 이슈로서 총체적인 전략 선교를 논하며 구체적인 선교 목표로서 미전도 족속을 복음화할 것을 제시하고 있다는 사실이다. 이것은 랄프 윈터의 '선교 2000'(Mission 2000) 운동의 직접적인 영향을 반영하는데 로잔느 Ⅱ 대회는 미전도 족속 복음화만 논하는 것이 아니라 서구의 소위 기독교 국가(Christendom)라고 불려지던 지역들의 재복음화를 요청하고 있다는 점에서 치우치지 않고 균형을 이루고 있는 것이다.[76]

---

75) 힘의 충돌이 힘의 전도 개념으로 발전되어 가는 것을 경계해야 할 것이다. 힘의 충돌은 반드시 진리 충돌의 단계로 나아가야 한다. 이 점에서 로잔느 Ⅱ는 신학적 입장이 분명치 않다.
76) Ralph Winter는 Pasadena에 소재한 US Center for World Mission을 중심으로 『Mission Frontiers』라는 잡지를 발간하며 이 운동을 전세계적으로 전개하고 있다.

## 3. 복음주의 선교 운동의 전망

1989년 로잔느 Ⅱ 대회가 끝난 이후에 대회 의장이었던 토마스 왕(Thomas Wang)과 루이스 부쉬(Louis Bush)는 "마닐라 선언문"(Manila Manifesto)의 소주제로 사용되었던 'AD 2000년도와 그 넘어서'(AD 2000 and Beyond)를 선교연합체의 이름으로 하여 로잔느의 산하에 있지만 거의가 별개의 자율적인 기구로서 범세계적인 선교 운동을 벌이고 있다. 이 연합체의 회원들은 주로 복음주의 진영의 카리스마틱 교회들과 신앙선교단체들로 이루어져 있는데 AD 2000년도를 공동의 목표로 삼고 그때까지 전세계 복음주의 교회가 연합하여 공동 선교 전선을 펼치므로 "모든 족속에 토착 교회와 모든 사람이 복음을 들을 수 있도록"(A Church for Every People and the Gospel for every Person by AD 2000) 한다는 것이다.

이것을 한국에서는 기독교 21세기 운동이라고 부르고 있는데 그들의 특징은 로잔느 Ⅱ 대회에서의 총체적인 선교개념을 경계하며 부정적으로 보고 있으며 선교에 있어 성령의 현재적 능력을 중요시 여겨서 영적 전쟁, 힘의 충돌의 신학을 적극 옹호하며 총체적인 전략 선교의 다양한 방법들을 개발하며 소위 루이스 부쉬가 제시한 40/10창 지역에 미전도 족속을 복음화하는 일에 집중한다는 것이다. 필자는 이 선교 운동에 고무적인 것과 몇 가지 우려를 가지고 있다. 신학적으로 검증되지 않은 지역 악마 개념을 내포한 '영적 지도 그리기'(Spiritiual Mapping)를 공식 대회 석상에서 공공연히 발표하는 것과 이것을 공식 전략으로 채택하는 일이다.[77] 또한 로잔느 Ⅱ 대회에서의 균형성을 상실하고 '재복음화'의

---

77) 필자는 한국에서 1995년 5월 17일부터 25일까지 열린 "21세기 운동대회"에 한국측 협동총무로서 참석하였다. 영적 지도 그리기는 각 지역을 관장하는 악

중요성을 논하지 않고 미전도 족속 복음화가 마치 선교의 전부 다인 것처럼 몰아가는 치우친 선교 강조이다.

기독교 21세기 운동에서 나타나는 위험한 현상 중 하나는 지나친 낙관주의와 승리주의(Triumphalism)의 표출이다. 이것은 카리스마틱 신학의 영향력을 나타내고 있는데 로잔느의 양 선교 대회에서 이런 부분들이 이미 경계되어졌다. 필자는 복음주의 선교 운동에 있어서 지나간 역사 유산을 귀중히 여기고 있다. 성경관의 변질과 자유주의 신학의 침투는 선교학을 좌경화하였으며 이로 인해 오늘날 WCC적 선교학을 낳고 있다. 오늘날 로잔느로 대변되는 복음주의 선교학은 바로 이 부분을 인식하여 성경의 권위와 복음의 규범성을 명백히 하고 어떠한 혼합주의도 배격하고 있다.

그러나 필자가 우려하는 것은 총체적인 선교개념의 등장이다. 전도적인 명령의 우선권은 타락한 피조 세계에 먼저 선행되어야 할 하나님과의 관계 회복이다. 문화적인 명령이 타락 이전의 하나님의 창조의 언약과 축복으로 수행되기 위해서는 구속적인 은총이 선행되어야 한다. 존 스토트의 접근 방식처럼 전도적인 명령은 기능적인 측면에서 우선권이 있는 것이 아니라 존재론적 측면에서 먼저 우선권이 있는 것이다. 그리스도 안에서 새로운 피조물이 되지 않고 어떠한 삶의 현장에서도 하나님의 주재권을 증거할 수 없고 문화적 명령을 바로 수행할 수 없다. 필자는 이런 점에서 74년의 로잔느 언약의 신학적 입장을 옹호한다. 앞으로의 복음주의 선교 운동은 대두되고 있는 다양한 선교학적 이슈들을 충분히 심층 깊게 주경신학적이며 조직신학적으로 또한 성서신학적이며 상황성을 내

---

마의 실체를 파악하여 일종의 악마추방을 통한 전략적인 선교사역인데 이것이 신학적으로 전혀 토론 없이 그대로 대회의 공식전략으로 사용되고 있음에 몇 외국의 선교신학자들과 함께 큰 충격을 받았다. See Bob Waymire, The Information Strategy Manual, Light International February, 1995.

포한 응용 신학으로서의 선교학적 측면에서 심층 깊게 연구하고 신학적인 정립이 이루어져야 한다.

　필자는 21세기를 조망하며 비서구 지역 교회들이 성숙한 하나님의 교회로 성장하여 세계복음화의 사명을 바로 감당하기를 원한다. 많은 선교학자들이 21세기에는 비서구 지역 선교 세력이 60%를 점유할 것을 기대하여 비서구 교회의 선교 시대를 논하고 있지만 이것에 허점이 있다. 아직도 많은 비서구 지역 교회들이 재정적으로 자립하고 있지 못하며 외부의 도움을 당연한 것으로 여기고 있다. 이것은 성경적 교회의 모습이 아니다. 교회는 주는 교회가 되어야 하며 선교적 교회가 되어야 한다. 비서구 지역에서 특히 크게 성장하는 교회는 카리스마틱 교회이거나 오순절 계통의 교회이다. 바로 이런 현상이 '21세기 운동'에서 카리스마틱 교회들의 영향력을 증대시키는 요인들이 되고 있다.

　한국의 개혁 교회는 복음주의 선교 운동에 신학적으로 선교적으로 책임이 있다. 서구 교회 지도자들이 논의하고 있는 '재복음화' 측면이나 21세기 운동에서 강조하고 있는 미전도 족속 복음화 운동에 한국교회는 앞장서야 한다. 또한 복음주의 선교 운동이 지나간 역사를 통해 깨닫고 발전시킨 귀중한 선교적 통찰들과 지혜들을 계속해서 겸허히 배우고 또한 더욱 발전시켜야 한다.

# Ⅷ. 에큐메닉 선교학 발전사

오늘의 교회는 선교신학의 양극화로 인하여 크게 복음주의 선교진영과 에큐메닉 선교진영으로 나누어져 있다. 이러한 분열은 대체적으로 신학적 입장의 차이로 비롯되는데 중도파 입장의 신학자들이 양자의 격차를 좁히려는 시도를 계속해서 하고 있으나 나타나는 결과는 그리 만족스럽지 못하다.[1] 필자는 이 논문에서 중용이나 중계의 필요성을 논하지 않

---

[1] 에큐메닉 진영에 속한 초기 지도자로서 비써트 후프트와 스티븐 니일 그리고 레슬리 뉴비긴이 있고 최근에는 제랄드 앤더슨과 하비 혹스트라 등이 있으나 저들의 신학적 노력은 오히려 복음주의 선교진영과의 신학적 차이를 보다 분명하게 하였다. 복음주의 진영에서는 풀러 신학교를 중심으로 하여 도날드 맥가브란과 아더 글라서 그리고 피터 와그너 등이 에큐메닉 선교진영에 복음주의 입장의 선교신학의 영향을 계속해서 주려고 하였으나 다소 신학적 극단을 피하게 하는 데는 성공했으며 신학적 차이를 좁히는 것은 실패하였다. 예를 들어 WCC에서는 1975년 제5차 WCC 나이로비 대회시부터 개종선교를 언급하기 시작했고 이것이 1983년 세계선교와 전도분과에서의 "선교와 전도: 에큐메닉의 입장"이라는 문서에서 보다 분명하게 나타났다. 그러나 개종선교의 필요성을 인정하나 그 비중이 지극히 미미하며 실상 하나님의 선교사상이 주요 강조점이고 이것이 보다 노골적으로 나타나는 경향이 있어 왔다. See Willam A. Visser't Hooft, "Confessing Our Lord Jesus Christ as God and

다. 서로의 장점을 인정하며 신학적 차이를 극복하려는 시도는 표면적으로는 좋은 의도인 것 같으나 자주 신앙과 신학의 본질을 희미하게 하며 오히려 드러난 문제의 핵심을 회피하게 만든다.[2] 필자는 복음주의적 개

---

Savior", in International Review of Mission, Vol. LVII, No. 228(October, 1968), pp. 441-447, Has the Ecumenical Movement a Future? (Atlanta: John Knox, 1976), Stephen Neill, Christian Faith and Other Faiths (London: Oxford University Press, 1961), Jesus and Through many Eyes (Philadephia: Fortress Press, 1976), Lesslie Newbigin, "Mission and Missions", in Christianity Today (August, 1960), A Faith for this One World? (New York: Harper & Brothers, 1961), The Finality of Christ (London: SCM, 1969), Gerald H. Anderson, ed.. Christian Mission in Theological Prespective (Nashville: Abingdon Press, 1967), G.H. Anderson and Thomas F. Stransky, eds.. Mission Trends No. 1 : Crucial Issues in Mission Today (New York: Paulist Press, 1974), Mission Trends No.3.: Evangelization (New York: Paulist Press, 1975), Harvey T. Hoestra, The World Council of Churshes and the Demise of Evangelism (Wheaton: Tyndale House, 1979), Donald Mcgavran, "Salvation Today?", in Church Growth Bulletin, Vol. IX No.1(September, 1972), pp. 263-266, D.A. Mcgavran and C. Peter Wagner, "Will Nairobi Champion the Whole Man", in Church Groeth Balletin, Vol. XI No.6(July, 1975), pp. 459-464, Arthur Glasser, "Salvation- Yesterday, tommorow, and today", in Evangelical Mission Quarterly, Vol. 9, No.3(Spring, 1973), pp. 144-149, Donald Mcgavran, ed.. The Concilar-Evangelical Debate: The Crucial Documents, 1964-1976 (Pasadena: William Carey Library, 1977). Cf. Roger E. Hedlund, Roots of the Great Debate in Mission (Bangalore: Theological Book Trust, 1993), pp. 436-437.

2) 에큐메닉 진영의 초기 지도자들은 일반적으로 복음주의 신학의 경향을 가졌으나 에큐메닉 진영에 속해 있음으로 오히려 에큐메닉 선교신학의 문제점을 회피

혁신학의 전통에 속한 사람으로서 에큐메닉 선교학의 여러 신학적 명제들과 그 진술들을 객관적으로 고찰하고 필자의 신학적 입장에 따른 평가를 하려 한다. 필자가 이 논문에서 사용하는 연구방법은 연대기적 상호비교와 원인분석이며 공통적인 요소가 있는 일련의 신학적 명제들을 찾아내어 서술적이며 신학적인 평가를 시도한다. 필자는 먼저 에큐메닉 운동의 역사적 기원을 살펴볼 것이다. 필자가 에큐메닉 운동을 지칭하는 것은 세계교회협의회를 의미하며 따라서 세계교회협의회의 발전과정을 선교학적 측면에서 선택적으로 고찰할 것이다.[3] 세계교회협의회의 선교학은 몇 가지 반복되어지는 일련의 신학적 이슈들을 나타내고 있다. 필자는 이것을 여섯 가지로 구분하여 그 신학적 내용을 고찰하며 문제점을 드러낼 것이다.[4] 결론으로 필자는 에큐메닉 선교학의 미래적 추세가 복음주의 선교진영에 어떠한 신학적 도전을 줄 것인가를 성찰하며 복음주의 선교학의 성숙화를 위한 계기로 삼을 것이다.

# I. 에큐메닉 운동의 역사적 기원

윌리암 호그는 에큐메닉 운동의 역사적 기원을 18세기부터 시작된 일련의 구미교회의 부흥 운동과 캠퍼스를 중심으로 한 학생들의 기도 운동

---

하게 하며 에큐메닉 운동을 옹호하는 결과를 가져왔다. 이것은 현재의 앤더슨의 경우에도 마찬가지이다.
3) 이것은 WCC의 발전과정을 선교신학과 연관하여 선별적으로 살펴본다는 뜻이다. WCC는 수많은 분과가 있고 신학적 내용들이 포괄적이다.
4) 여섯 가지의 주제들을 필자가 주관적으로 구분하였는데 그것은 연합과 선교, 전도와 사회정의, 하나님의 선교, 현존의 선교, 교회론, 종교신학 등이다.

과 선교 운동 그리고 윌리암 캐리를 기점으로 한 개신교회 내의 선교기구 결성과 선교연합 운동 등을 들고 있다.

부흥운동으로는 웨슬레이 형제와 조지 횟필드의 복음주의적 각성운동과 조나단 에드워드의 대각성 운동과 미국을 중심으로 한 일련의 복음주의적 각성운동이 있다. 이러한 부흥운동은 대학생들에게 심원한 영향을 미쳐서 1806년 미국의 윌리암스 대학의 6명의 학생들에게 기도회를 가지게 하였고 이것이 계기가 되어서 학생들의 선교 운동이 일어나게 되었다. 호그는 캐리 이전의 영국 국교회를 통해 조직된 "기독교 지식 확산회"(The Society for Promoting Christian Knowledge)나 "외국에서의 복음 전파회"(The Society for the Propagation of the Gospel in Foreign Parts) 등의 선교기구가 식민지 상황에서의 제한된 본국인만을 위한 선교기구라는 데 문제점을 인식하고 윌리암 캐리가 세운 1792년의 "침례교 선교회"의 발족을 근대 선교 운동의 시작이라고 본다.[5]

피어스 비버는 캐리의 선교가 영국과 미국의 교회 지도자들에게 큰 자극을 주어서 일련의 해외선교기구 및 국내선교회가 창립이 되었음을 열거하고 있다. 이것을 연대기적으로 정리하면 1795년의 런던 선교회, 1799년의 교회 선교회, 1804년의 대영성서공회, 1812년의 미국 해외선교회, 1816년의 미국성서공회, 1821년의 덴마크 선교회, 1824년의 베를린 선교회, 1835년의 스웨덴 선교회, 1837년의 미국장로교회 해외선교부, 1842년의 노르웨이 선교회, 1844년의 조지 윌리암스에 의해 런던에서 세워진 YMCA 등이 있다.[6] 이러한 일련의 선교기구들은 국내 및 국

---

5) William Richey Hogg, Ecumenical Faundations (New York: Harper & Brothers, 1952), pp. 1-8.
6) R. Pierce Beaver, Ecumenical Beginning in Protestant World Mission: A History of Comity (New York: Thomas Nelson & Sons, 1962), pp. 18-34. cf. Hogg, op. cit., pp. 8-14.

외에서 선교사역에 대한 실질적인 협력과 협회가 요청되었기에 국내 및 국외를 중심으로 계속적인 선교협의회 운동을 전개하였다.

국내에서 개최된 선교협의회로는 1846년의 런던 복음주의 선교협의회, 1854년의 뉴욕 선교협의회, 1860년의 리버플 선교협의회, 1900년의 뉴욕 에큐메니칼 선교협의회, 1910년의 스코틀랜드 에딘버그에서 열린 세계선교대회가 있다. 국외의 선교지에서는 1825년 인도 봄베이 선교협의회, 1855년의 제1차 북인도 선교협의회, 1857년의 제2차 북인도 선교협의회, 1862년의 제3차 북인도 선교협의회, 1879년의 남인도 선교협의회, 1872년의 일본 개신교 선교협의회, 1877년의 중국 개신교 선교협의회, 1888년의 상해 선교협의회 그리고 1897년의 멕시코 선교협의회 등이 있다.[7] 이러한 18-19세기의 선교기구 및 선교협의회 운동은 윌리암 캐리나 구스타브 바넥의 구체적인 제안과 영향력 등을 힘입어서 1910년의 세계선교대회로 꽃피우게 되었다.[8] 필자는 1910년의 에딘버그 세계선교대회를 복음주의 및 에큐메닉 선교 운동의 시작으로 보아서 필자의 소고인 "복음주의 선교 운동의 현주소"에서 에딘버그 선교대회를 고찰하였고 그 이후에 결성되어진 국제선교협의회를 연대기적으로 추적하여 복음주의 선교 운동의 역사를 살펴보았다.[9] 필자는 이미 에큐메닉 선교학

---

7) Ibid., pp. 15-81.
8) 캐리는 1806년 그의 친구인 앤드류 풀러 목사에게 보낸 편지에서 1810년이나 늦어도 1812년부터 매10년에 1회씩 세계적 규모의 선교대회를 열 것을 주장하였다. 구스타브 바넥은 독일을 중심으로 해서 구라파 선교협의회 모임을 주도하였고 그의 저서들을 통해서 세계적 규모의 선교협의회를 개최할 것을 당시의 개신교회 지도자들에게 촉구하였다. See Eustace Carey, Memoir of William Carey, D.D., Late Missionary to Bengal (Hartford: Canfield and Robins, 1837), p. 364, Martin Schlunk, "Gustav Warneck", in The International Review of Mission, Vol XXIII, 1934, pp. 305-404.
9) 김성태, "복음주의 선교운동의 현주소", in 신학지남, Vol. 62. No. 4, 겨울,

이 세계교회협의회 신학적 입장을 지칭하는 것임을 서론에서 밝혔다. 일련의 국제 선교협의회의 모임들에서의 신학적 변천과 상황적 요인들이 상호 작용하여서 1948년 암스텔담에서 세계교회협의회를 결성하기에 이르렀다. 데이비드 게인즈는 1925년에 스톡홀름에서 창립된 '생활과 사역'(Life and Work) 회의와 1927년에 로잔느에서 창설된 '신앙과 질서'(Faith and Order) 회의가 1938년 우트레히트에서 서로 잠정적으로 통합되어서 그로 인해 세계교회협의회가 결성되었다고 한다. 게인즈는 생활과 사역 회의의 역사적 발전과정을 추적하여 이 모임이 19세기의 기독교 사회주의자인 프레드릭 데니슨 모리스(1805-1872)와 찰스 킹스리의 사상적 영향을 받은 것을 밝혔다. 1차 세계대전 기간중에 스웨덴의 웁살라의 대주교였던 나단 쇠더블롬이 교회연합을 통한 사회봉사와 구제를 주장하며 구라파와 미국교회의 참여를 통하여 국제적인 모임의 생활과 사역 회의를 결성한 것이다.[10]

이렇듯이 생활과 사역 회의는 기독교의 영향력이 사회, 정치, 경제, 국제관계 등의 모든 삶의 영역에 미쳐야 함을 주장하고 봉사를 통한 연합을 모토로 하여서 활동하였다.[11] 게인즈는 신앙과 질서 회의가 미국과 구라파를 중심으로 한 일련의 교회연합운동이 계기가 되어서 결성되었음을 밝히고 있다.[12] 1927년에 로잔느에서 신앙과 질서 회의가 창립되었을 때 초대 의장으로 선출되었던 찰스 브렌트는 러시아 정교회로부터 시작해서 성공회, 침례회, 구교회, 장로교, 웨슬레이 복음주의 교단, 루터교,

---

1995, pp. 44-76.
10) David P. Gaines, The World Council of Churches(Peterbaraugh: Richard, R. Smith, 1966), pp. 28-73.
11) WCC, What in the World is the World Council of Churches? (Gebeva: WCC, 1978), pp. 21-22.
12) Gaines, op. cit., pp. 74-160.

퀘이커교 등이 결속되어서 신앙과 질서 회의가 이루어졌음을 감사하며 유기체적 교회연합을 통해서만이 교회의 영광스러운 미래가 있음을 주장하였다.[13]

이렇듯이 생활과 사역 그리고 신앙과 질서의 연합모임으로서의 세계교회협의회는 이미 그 자체 내에 오늘의 에큐메닉 선교학을 형성할 수 있는 사상적 토양이 마련되어 있었다. 그것은 사회변혁에 대한 기독교 사회주의적 요소들과 다양한 기독교 종파를 유기체적으로 결속시키기 위한 신학적 작업의 잠재적 내연성 등이다. 이제 필자는 에큐메닉 운동을 연대기적으로 고찰함으로 에큐메닉 선교학이 어떻게 형성되고 있는지를 살펴보려 한다.

## 2. 에큐메닉 운동의 발전과정

### 1) 1948년의 제1차 WCC 대회

암스텔담에서 "인간의 무질서와 하나님의 설계"라는 총주제를 가지고 44개국의 147교단의 351명의 대표들이 참석하였다.[14] WCC 1차 대회가 열리게 된 일련의 상황적 요소들을 살펴보면 1938년 우트레히트에서의 화란의 비써트 후프트를 대표로 한 WCC 창립을 위한 임시위원회를 결

---

13) Faith and Order Pamphlet No. 33, <u>Report of the Preliminary Meeting at Geneva</u>, Switzerland, August 12-20, 1920, p. 92.
14) Rodger C. Bassham, <u>Mission Theology</u> (Pasadena: William Carey Library, 1979), p. 28.

성한 것과 당시 서구교회를 위협하고 있는 세속주의 및 무신론 공산주의의 발흥에 대비한 교회 결속의 필요성과 선교지역에서의 비서구교회의 성장으로 인한 서구교회와의 새로운 관계성 정립의 대두 등이었다.

서구 교회는 2차 세계대전의 종전 이후에 교회복구, 구제, 신앙의 자유, 국제협력증진 등의 논의를 위한 세계적 규모의 교회협의회 모임의 필요성을 느끼게 되었다.[15] 바로 이런 상황적 요인들이 국제선교협의회 및 신앙과 질서 그리고 생활과 사역 모임의 지도자들로 하여금 WCC를 결성하게 된 것이다.

1차 대회에서 논의되어진 내용들을 살펴보면 네 가지 부주제들이 있는데 첫째는 하나님의 설계 속에 보편적 교회요 둘째는 하나님의 설계에 대한 교회의 증거요 셋째는 교회와 사회의 무질서요 넷째는 교회와 국제적 무질서 등이다.[16]

첫 번째 부주제 속에서 논의되어진 바는 교회의 주님으로서 예수 그리스도를 통한 일치와 연합의 필요성이다.[17] 칼 바르트와 미카엘 람세이는 교회갱생을 통한 연합을 주장하였다.[18]

두 번째 부주제에서는 교회의 공통적 과업으로 전도의 중요성을 논했는데 선교와 전도의 의미를 구별 없이 사용하였다. 이것은 서구와 비서구를 동시에 선교지 및 선교교회로 규정한 것으로서 "전 교회(Wholistic Church)가 온 세상(Wholistic World)을 그리스도에게로 인도해야 하

---

15) cf. WCC, op. cit., pp. 22-24, Harold E. Fey, A History of the Ecumenical Movement Vol. 2: 1948-1962(Geneva: WCC, 1986), pp. 4-6, Hogg, op. cit., pp. 342-346.
16) The Amsterdam Assembly, Man's Disorder and God's Design(New York: Harper and Brother, 1948).
17) Ibid., p. 56.
18) Ibidem

는 과업"을 논하였다.[19]

전 교회의 개념 속에 평신도선교의 중요성이 내포되어 있다. 평신도가 그들의 삶의 현장 속에서 그리스도를 삶의 행위를 통하여 증거해야 한다는 것이다.[20] 세 번째 부주제를 통해서는 올드햄이 논한 바 있는 세상 속에서의 교회의 책임사회(Responsibe Society) 구현을 주장하였다.

책임사회란 정의와 공공질서에 대한 개인의 자유가 충분히 구현되어지는 사회요 정치적 권력이나 경제적 영향력을 가지고 있는 사람들이 그것에 대해서 하나님과 그들의 권한에 영향을 받을 수 있는 사람들에 대하여 책임을 다하는 사회이다.[21] 네 번째 부주제에서는 국제사회에 대한 WCC의 세 가지 원칙들을 천명했는데 어떠한 형태의 전쟁도 하나님의 뜻과 어긋남으로 반대한다는 것과 기독교인은 특정한 정치제도에 교회를 종속시킬 수 없음과 모든 종류의 폭정이나 제국주의에 항거할 수 있는 권한과 기본권으로서의 종교의 자유를 보장받는다는 것이다.[22]

1차 WCC 대회의 긍정적인 요소는 그리스도를 중심으로 한 교회연합의 필요성을 인식하였고 교회의 협력을 통한 선교사명의 수행을 주장하였다는 점이다. 그러나 부정적인 요소로서 예수 그리스도를 중심으로 한 교회연합이 정확히 무엇인지 교리적인 진술이 명확하지 못함으로 이후에 연합에 대한 다양한 신학적 입장의 길을 열어놓았다는 점이다.

칼 바르트의 후기 종교 사회학적 신학 경향이 선교에 대한 개념과 책임사회 구현의 정의 속에 은연중에 내포되어 있다는 사실이다. 이런 경향은 이미 생활과 사역 회의의 발전과정 속에 내포되어 있었지만 이것이 WCC의 분과로 통합된 이후에 나타나게 된 것이다.

---

19) WCC, The First Six Years 1948-1954 (Geneva: WCC, 1954), p. 126.
20) Amsterdam, op. cit., pp. 66-68.
21) Ibid., p. 192.
22) Fey, op. cit., p. 39.

교회의 선교 대상이 지리적이거나 종족적인 개념이 아니라 인간 삶 그 자체이며 사회 속에서의 책임사회 구현이 선교의 목표가 되어질 때 그것은 더 이상 성경적인 선교가 아닌 인본주의적 개념으로 전락해 버리고 말 것이다. 제1차 WCC 대회는 바로 이런 위험성을 내재하고 있는 것이다.

## 2) 1954년의 제2차 WCC 대회

일리노이 주 에반스톤에서 "그리스도는 세상의 희망"이라는 총주제를 가지고 42개국의 132교단들 중에서 502명의 대표들이 참석하였다.[23] 이 대회가 열리게 된 상황적 요소들을 살펴보면 당시 구미교회의 종말론적 신학의 관심으로 인해 종말론적 측면의 세상 속에서의 교회의 역할에 대한 신학적 정립의 필요성과 자유주의와 공산주의의 양대진영으로 나누어져 있는 냉전 상황 속에서의 교회의 역할과 위치에 대한 신학적 모색의 요청 등이었다.[24] 2차 대회는 총 여섯 개의 부주제들을 다루었는데 첫째는 그리스도 안에서의 우리의 일치와 교회로서의 불일치이고, 둘째는 교회 밖의 불신자들에 대한 교회의 선교이고, 셋째는 세계 전망 속에서의

---

23) The Evanston Report, <u>The Christian Hope and the Task of the Church: Six Ecumenical Surveys and the Report of the Assembly Prepared by the Advisory Commission on the Main Theme, 1954</u> (New York: Haper and Brothers, 1954).
24) 구라파의 교회는 종말론에 있어서 미래의 아직 성취되지 않은 영역에 신학적 관심이 높았고 미국교회의 지도자들은 왕국의 현재적 성취측면을 강조함으로 낙관적인 신학경향이 있었다. See WCC, <u>Dictionary of the Ecumenical Movement</u> (Geneva: WCC, 1991), p. 1092.

책임사회와, 넷째는 세계 공동체를 위한 투쟁 속에서의 그리스도인들과, 다섯째는 종족적이고 인종적인 긴장 속에서의 교회와 마지막 여섯 번째는 소명 속에서의 그리스도인들로서의 평신도 등이다.[25]

첫 번째에서 성경적 기독론을 균형 있게 진술하고 있다. 월터 푸라이 착은 1차 암스텔담보다 예수 그리스도에 대한 성경적 진술이 더욱 정교하게 교리적으로 적절히 진술되었다고 높이 평가하고 있다.[26] 이러한 그리스도에 대한 적절한 성경신학적인 고백 위에서 교회의 불일치에 대한 회개와 연합을 위한 교회의 노력을 촉구하고 있다. 두 번째에서는 이러한 기독론에 근거한 예수 그리스도가 복음이요 하나님의 사도로서 아버지께 보냄을 받으신 것처럼 교회를 세상에 보낸다고 하였다.[27]

교회는 세상 속에서 선교의 사명을 수행하는데 암스텔담 대회에서처럼 선교와 전도를 동의어로서 사용하고 있다. 전도의 목표로 세 가지를 요약하는데 첫 번째는 하나님의 의도에 부합되게 하기 위해서 사회를 변혁시키는 것이요, 둘째는 교회의 충만한 생명으로 사람들을 연합시키는 일이요, 셋째는 사람들을 구주요 주님으로서 그리스도에게로 인도하는 일이다.[28] 1차 대회에서와 마찬가지로 전도의 사명을 수행하는 데 있어서 세상 속에서의 평신도의 중요성을 강조하고 있다. 평신도는 예수 그리스도의 구속사역의 증인으로서 교회와 세상 사이에 다리의 역할을 하는 위치에 있다.[29]

세 번째는 교회는 세상에 대하여 책임사회 구현에 대한 전망을 가지고 기존하는 모든 사회질서를 1차 대회에서 정의한 바 있는 책임사회를 기

---

25) Evanston, op. cit., p. vi.
26) Fey, op, cit., p. 40.
27) Evanston, op, cit., p. 98.
28) Ibid., p. 101.
29) Ibid., p. 161.

준으로 하여 평가하라는 것이다.[30]

　네 번째는 교회는 국제평화와 정의를 증진하는 일에 책임을 다해야 하며 각국 정부로 하여금 대량 살상의 무기들을 금지케 하며 침략전쟁을 일으키지 않도록 정의로운 세계공동체를 건설하는 데 최선을 다해야 한다는 것이다.[31]

　다섯 번째는 인종 관계에 대한 진술이 나오는데 그리스도의 왕국백성으로서 모든 그리스도인들은 사회적이고 정치적인 활동을 통해서 만인을 위한 정의, 자유, 평화를 획득함으로 그리스도 왕국을 미리 이 땅 위에서 맛보게 된다는 것이다.[32] 인종 관계에 대한 기본 원리로서 복음에 역행하는 인종, 피부 색깔, 종족기원 등으로 사람을 차등하는 것을 금하고 있다.[33]

　2차 WCC 대회의 긍정적인 요소는 기독론적 관점에서의 선교의 성서신학을 신학적으로 잘 정의하여 교회의 선교사명의 중요성을 논하였다는 점이다. 또한 세상 속에서의 교회의 선교사명이 단지 영혼구원하는 측면만 아니라 왕국신학적 관점에서 국제관계, 인종문제에 이르기까지 선교적 책임을 다해야 한다는 역동적이고 총체적인 선교개념이다. 그러나 에반스톤 대회는 1차 대회와 다를 바 없는 동일한 신학적 위험성을 나타내고 있다. 성경적 기독론에 의거하여 영혼구원을 내포한 전도개념을 진술하고 있지만 신학적 비중이 사회변혁과 책임사회 구현에 더 기울어지고 있다. 이것은 또한 종말론에 있어서 도드의 실현된 종말론에 가까운 것이다.[34]

---

30) Ibid., p. 113.
31) Fey, op. cit., p. 41.
32) Evanston, op. cit., p. 153.
33) Ibid., p. 158.
34) 당시 WCC의 중앙위원회 부의장으로 Ernst Payne 과 John Baillie가 있었는데 이들은 Dodd를 추종하는 신학자들이다.

## 3) 1961년의 제3차 WCC 대회

1961년 인도의 뉴델리에서 197개 교단의 577명의 대표들이 "세상의 빛으로서의 예수 그리스도"라는 총주제로 모였다. 23개의 교단들이 신규 회원으로 가입했는데 11개의 아프리카 교회와 남미 칠레로부터의 2개의 오순절 교회 그리고 아시아로부터 5개의 교회가 세계 2/3지역 교회들로서 참여하였고 구미의 교회는 5개에 불과하였다.[35] 제3차 대회가 열리게 된 상황적 요소들을 살펴보면 첫째 1957년 가나 국제선교협의회에서 IMC와 WCC를 서로 통합할 것을 결의하였는데 이것을 실행하는 것과 세계 2/3지역의 교회들이 급속하게 성장하여 교회간에 새로운 관계정립의 필요성이 대두되었기 때문이다.[36] 토의되어진 부주제들은 증거, 봉사, 일치였다.

교회의 선교적 사명을 증거로 표현하였는데 이 증거는 목사나 전도사에게만 국한된 것이 아니라 교회의 모든 구성원들이 감당해야 할 사명이다.

하나님은 전 교회에게 총체적 복음을 온 세계에 전파하도록 위임하셨다. 증거에 있어서 타종교를 다른 신앙체(Other Faiths)로 묘사하고 있으며 그 신앙체에게 하나님이 주신 은혜와 사랑과 능력의 의미에 대해서 교회들은 제대로 이해하고 있지 못 한다고 한다. 또한 각 시대마다 성령께서 사용하시는 방법들이 흔히 이상해 보이고 특히 전통적인 방법에 익숙한 사람들에게는 위험스럽게까지 보인다고 한다. 따라서 다른 신앙체의 사람들과의 대화(Dialogue)를 가장 효과적인 복음 전달의 방법으로 소개하고 있다.[37]

---

35) Fey, op. cit., p. 41-42.
36) Ibidem.
37) The New Delli Report, The Third Assembly of the World Council of Churches, 1961 (London: S.C.M. 1962), pp. 85-88.

두 번째 부주제로 봉사를 논하고 있는데 봉사는 1, 2차 대회에서도 언급하고 있는 책임사회 구현과 연관이 되어진다.

교회의 세상 속에서의 봉사는 인종의 평등과 정의를 위해 투쟁하는 것과 이 일을 성취하기 위해서 세속 단체들과도 협력하여 화해, 소송, 입법화, 중재, 반항, 경제적 제재, 비폭력 행동 등 모든 창의적 방법들을 사용할 수 있다는 것이다. 교회는 또한 억압과 멸시와 차별이 있는 곳에서 정의구현을 위해 투쟁하는 인종과 자신을 동일화해야 하며 교회는 이와 같은 투쟁을 인도해야 한다는 것이다.[38]

세 번째 부주제에 있어서 일치를 논하고 있는데 일치란 교회에 대한 하나님의 의지요 선물이라고 한다. 교회의 일치는 신앙고백과 세례 그리고 복음선포와 성찬예식을 통해서 가견적으로 나타나는데 교회는 시간과 공간을 초월해 모든 교회와 일치를 이루도록 힘쓰며 일치를 통해서 증거와 봉사를 감당해야 한다는 것이다.[39]

결론적으로 3차 대회는 선교와 봉사 그리고 일치에 대한 종합적인 진술을 하는데 그것은 선교와 봉사는 전 교회에 속한 것으로서 세상 속에서 자신을 희생하신 주 예수 그리스도를 말씀과 행함으로 증거하고 섬기는 일이라는 것이다.

교회의 선교적 순종은 일치를 필연적으로 수반하게 되는데 하나의 교회(One Church)가 하나의 복음(One Gospel)을 온 세상에 선포하도록 해야 한다는 것이다.

이 점에서 교회의 선교적 의무 수행은 가견적 연합의 회복과 불가결의 관계를 맺고 있다고 한다.[40] 3차 대회는 IMC를 WCC에 통합하여 세계 선교와 전도분과 위원회(Commission and Divisionn of World

---

38) Ibid., p. 103.
39) Ibid., p. 106.
40) Ibid., p. 121.

Missin and Evangelism)로 만든 첫 모임이었다. 오랜 역사를 가진 IMC가 WCC에 통합된 것에 대하여 3차 대회는 선교란 교회의 본질적 사역으로서 교회와 분리될 수 없으며 교회는 구원의 복음을 땅 끝까지 증거해야 한다고 천명하였다.[41]

1957년 가나 IMC 대회에서 막스 워렌은 IMC의 WCC 통합을 반대하였다. 그 이유로는 교회와 선교기구는 기능과 역할이 다르기에 만일 IMC를 WCC에 합한다면 선교적 열의가 상실될 위험성이 있다는 것이다.[42] 워렌은 1975년 개인 공개 편지를 통해서 IMC의 WCC 통합에 대한 본인의 우려가 그 당시에 옳은 것으로 판명되었다고 하였다.[43]

이렇듯이 선교를 교회의 본질적 사명으로 보고 교회가 선교를 수행해야 한다는 점은 신학적으로 타당한 것 같으나 선교단체들의 연합모임인 IMC를 없애 버리고 선교단체들은 지역 교회협의회에 속해 있어야만 WCC에 참석할 수 있지 단독으로는 회원권을 주지 않는 것은 실질적으로 선교의 특수성과 전문성을 무시하고 선교사역을 위축시키는 결과를 가져왔다. 필자는 이런 결정 배후에 선교를 사회구조의 변혁 측면에서 생각하는 사회주의적 영향이 은연중에 내재된 것과 소위 도드의 윤리 신학적 종말관과 후기 바르트의 종교사회학적 영향이 있었다고 생각한다. 이것은 또한 1952년 윌링겐 IMC 대회에서 호켄다이크에 의해 주장된 하나님의 선교 사상의 반영이었다. 호켄다이크의 하나님의 선교 사상은 구약의 샬롬 개념을 인간성의 완성이 이루어지는 인본주의적 개념으로 바꾸어 소위 샬롬의 신학을 말하는데 교회는 인간성의 완성을 위한 샬롬

---

41) Ibid., p. 249.
42) Max Warren, Crowded Canvas: Some Experiences of a Life-Time (London: Hodder and Stoughton, 1974), pp. 156-160.
43) Roger E. Hedlund, Roots of the Great Debate in Mission (Bangalore: Theological Book Trust, 1993), p. 128.

을 수행함으로 하나님의 선교를 이루는 도구가 되어진다.

이런 의미에서 교회의 선교사명 수행은 영혼구원을 전제한 개종선교가 아니라 정의와 평화를 증진시키며 구조악의 문제와 투쟁하여 인간의 존엄성을 회복시키는 섬김과 변혁의 전위 도구가 되어지는 것이다. 하나님의 선교는 교회뿐 아니라 세속단체와 타종교를 통해서도 수행되는데 이것은 세상 속에서 하나님의 샬롬을 구현하는 행위로 나타나는 것이다.[44] 이러한 하나님의 선교 사상은 선교단체의 존재를 불필요한 것으로 여기게 되며 교회가 선교를 수행하되 전통적인 선교개념과는 근본적으로 다른 것이다.

필자의 이런 우려가 3차 대회의 부주제로서 증거, 봉사, 일치를 논하게 될 때 나타났다. 증거의 개념이 너무 포괄적이며 그리스도인의 삶 자체가 증거의 현장이 된다. 타종교를 살아 있는 신앙체(Living Faiths)로 부르며 하나님께서 저들에게 은혜와 능력을 주었다고 한다. 또한 성령에 의한 진리 전달이 때론 전통적인 교회가 이해하지 못하는 방법으로도 나타난다고 한다. 증거와 봉사는 교회의 선교사역에 대한 각기 다른 표현으로 나타난다. 교회는 세상 속에서 착취함을 당하고 인간의 존엄성을 상실한 사람들과 교회 자신을 동일화하며 인간의 평등과 정의를 위해 투쟁할 때 교회의 선교사명을 수행하게 되는 것이다. 바로 이러한 내용들은 제3차 대회가 하나님의 선교 사상에 깊은 영향을 받고 있다는 사실을 증거한다. 이로 인하여 WCC의 선교학은 급속하게 성경적인 선교와는 별개의 인본주의적 방향으로 기울어지게 되었다.

---

44) Johannes C. Hoekendijk, The Church Inside Out (Philadelpia: The Westminster Press, 1966), p. 13-31.

## 4) 1963년의 멕시코 시에서의 세계선교와 전도분과 대회

 1963년 12월 8-19일자 멕시코 시에서 처음으로 WCC의 세계선교와 전도분과 대회가 개최되었다. 총주제는 "하나님의 선교와 우리의 과제"였다. 멕시코 대회가 열리게 된 상황적 요인들을 살펴보면 IMC가 WCC에 통합된 이후에 WCC의 선교개념을 명료화할 필요성이 있었고 WCC의 선교개념에 의거한 교회의 새로운 선교구조에 대한 신학적 정립이 요청되었다.[45] 토의되어진 부주제들을 보면 첫 번째는 다른 신앙체의 사람들에 대한 그리스도인들의 증거이고, 두 번째는 세속 세계 속의 사람들에 대한 그리스도인들의 증거이며, 세 번째는 이웃에 대한 회중의 증거이고, 넷째는 민족적이고 신앙고백의 장벽을 뛰어 넘어 이루어지는 기독교회의 증거 등이다.
 첫 번째 내용을 보면 다른 신앙을 가진 사람들과의 진정한 대화는 기독교의 절대성을 내세우는 것이 아니라 그들 가운데서 이미 그들의 문제 속에서 자신을 계시하시며 답변하시는 그리스도 안에 하나님을 서로간에 확인하는 대화가 되어야 한다고 한다.[46]
 두 번째 부주제의 내용은 교회를 중심으로 한 하나님의 구속사역과 교회 밖의 세상 속에서 이루어지는 하나님의 섭리적 활동을 구태여 별개의 영역으로 구분하지 말고 일원화하여서 세속기관을 통한 하나님의 활동이 인간 삶을 회복하고 갱생케 한다면 그것이 바로 신앙의 영역이 된다는

---

45) Hedlund, op. cit., p. 128.
46) Ronanld Kenneth Orchard, Witness in Six Continents. Records of the Meeting of the Commission on World Mission and Evangelism of the World Council of Churchs, held in Mexico City, December 8th to 19th, 1963 (London: Edinburgh House Press, 1964), pp. 146-147.

것이다. 따라서 그리스도인들은 교회 밖의 세상 도시구조 속에서 이미 능동적으로 활동하시는 하나님을 발견하여 그분의 뜻에 순종해야 한다고 주장한다.[47]

세 번째와 네 번째 부주제들의 내용을 보면 지역사회에서의 교회의 역할은 모든 교인들이 그들의 삶의 현장에서 선한 봉사의 삶을 살아가도록 격려하고 고무하는 것이며 바로 그 삶 자체가 선교사역의 수행이라는 것이다. 이런 관점에서는 교회는 지역적이고 교파적인 장벽을 뛰어 넘어 서로 연합함으로써 육대륙에서의 선교의 증인이 된다는 것이다.[48]

이렇듯이 멕시코 시에서의 세계선교와 전도분과 대회는 노골적으로 하나님의 선교 사상을 WCC의 선교학으로 표방하고 나섰다. 하나님의 선교사상에 의거해서 전통적인 교회구조는 더 이상 의미가 없으므로 "회중의 선교적 구조"라는 주제를 가지고 스터디 그룹을 만들어 연구케 하였다. 그 결과로 WCC는 1968년 『타자를 위한 교회와 세상을 위한 교회』라는 제목으로 책자를 발간케 되었다. 그 내용 속에는 멕시코 대회에서 논의되었던 중요한 신학적 이슈들이 포함되었다. 특히 첫 번째와 두 번째 부주제 내용 속에 나오는 다른 신앙체 안에서 자신을 계시하고 답변하시는 그리스도 안에 하나님을 서로간에 확인하는 대화라는 표현과 세상 속에서 이미 능동적으로 활동하시는 하나님을 발견하여 그분의 뜻에 순종해야 한다는 주장은 '그리스도의 현존'(Christian Presence)이라는 개념을 낳았다. 그리스도의 현존이라는 의미는 하나님의 선교 사상과 결합이 되어서 세상 속에서 샬롬을 구현하기 위해 투쟁하는 모든 세속기관과 타종교인들의 삶 속에서 그리스도가 우주적 주님(Cosmic Lord)으로서 현존하고 계시기에 그분의 존재를 인정하고 그분의 뜻에 교회는 세속

---

47) Ibid., p. 157.
48) Ronald K. Orchard, <u>Mission in a Time of Testing</u>(London: Lutterworth Press, 1964), pp. 92-93.

기관과 타종교인들과 함께 순종해야 한다는 뜻으로 해석되었다.⁴⁹⁾

이 개념은 WCC 내에서뿐만 아니라 복음주의 진영에서도 큰 신학적 논쟁을 불러 일으켰다.

도날드 맥가브란은 1964년 WCC의 중앙위원회에서 인준된 세계학생기독교연맹의 기관지로 발간된 『학생세계』라는 잡지에서 그리스도의 현존 개념을 가지고 전도 없는 그리스도인의 삶을 선교라고 규정한 것을 지적하면서 현존신학의 문제점을 열거하고 예수 그리스도를 구체적으로 가르치고 증거하고 선포함이 없는 현존은 성경과는 상관이 없는 인본주의적 개념임을 천명하였다. 그는 현존을 과정이나 접촉점으로 이해해야지 구원과는 연결시킬 수 없음을 분명히 하고 선포는 또한 제자화가 수행되어야 한다고 주장했다.⁵⁰⁾

『타자를 위한 교회와 세상을 위한 교회』라는 책자에서는 서구라파와 북미의 학자들이 하나님의 선교개념을 받아들이는 데 있어서 호켄다이크의 영향을 받아온 서구라파의 학자들은 샬롬의 신학을 하나님의 선교의 목표로 삼는데, 북미의 학자들은 인간화를 목표로 삼고 있음을 나타내었다.⁵¹⁾ 호켄다이크는 전통적인 교회의 회중 구조를 조악한 근본주의 개념의 산물로 보고 교회는 세상을 향해 가는 구조(Go-Structure)가 되어서 세상 속에서 도시갱생 프로그램이나 지역사회 개발 등 세속 프로그램에

---

49) cf. WCC, The Church for Other and The Church for The World (Geneva: WCC, 1968), pp. 29-35, Collin W. Williams, Where in the World? Changing Forms of the Churchs Witness (NewYork: NCC, 1963).
50) Donaid Mcgavran, "Pressence and Proclamation in Christian Mission", in The Conciliar-Evangelical Debate: The Crucial Documents 1964-1676, Donald Mcgavran, ed. (Pasadena: William Carey Library, 1977), pp. 77-78.
51) WCC, op, cit., pp. 15-16, 77-78.

적극 참여하여 하나님의 선교를 수행할 것을 촉구하였다.[52] 이렇듯이 멕시코 세계선교와 전도분과 대회는 WCC의 선교학이 하나님의 선교 사상을 근간으로 하여서 보편구원설을 내재한 현존의 신학이나 우주적 그리스도의 개념을 발전시켜 기독론적 보편구원설의 소위 인류학적 종교신학으로 발전되었음을 나타내고 있다.[53]

### 5) 1968년의 제4차 WCC 대회

1968년 스웨덴의 웁살라에서 "보라 내가 만물을 새롭게 하노라"는 총주제로 235회원 교회에서 704명의 대표가 모였다. 제4차 대회가 열리게 된 상황적 요인들을 살펴보면 아시아와 남미의 많은 지역에서의 정치적이고 경제적 혼란에 따른 WCC의 신학적 방향 정립의 필요성과 1963년 멕시코 세계선교와 전도분과 대회에서 시작된 회중의 선교적 구조에 대한 교회와 세상과의 관계를 재정립하려는 시도가 있었다.[54] 대회를 통해 논의되어진 부주제들을 보면 첫째 성령과 교회의 보편성, 둘째 선교에 갱신, 셋째 세계경제와 사회개발, 넷째 국제관계에 있어서 정의와 평화를 증진하자 이고, 다섯째 예배와 여섯째 삶의 새 유형을 향해서 등이다.

각 내용들을 살펴보면 첫 번째 부주제에서는 성경의 보편적 일하심을

---

52) Ibid., pp. 19-23.
53) 인류학적 종교신학을 WCC 내에서 발전시킨 대표적 지도자는 중앙위원회 의장까지 했던 인도 사람 M.M. Thomas이다. See <u>The Acknowledged Christ of Indian Renaissance</u> (London: SCM, 1970), <u>Salvation and Humanization</u> (Bangalore: Christian Institute, 1971).
54) Fey, op. cit., pp. 413-415.

단지 창조사역의 범주에만 놓지 않고 구속적인 사역과 직접 연관시킨다. 즉 성령은 지상의 모든 교회로 하여금 사회개혁과 새로운 인간성의 회복을 위해서 일하도록 하는데 이것은 바로 성령의 구속적 사역이 되는 것이다. 또한 성령의 보편적 사역이 예시하듯이 성령은 교회를 통해서만 일하시지 않고 사회 갱생과 인간성 회복을 위해 수고하는 일반 세속기구들 속에서도 역사하시는데 이것은 성령의 구속적 사역이 되는 것이다.[55]

두 번째 부주제에서는 선교의 목표를 새로운 인간성에의 참여로 보는데 이것은 예수 그리스도가 모델이 된다. 새로운 인간성이란 인간의 존엄성이 인정되고 인간의 모든 가능성이 꽃을 피우는 상태이다. 예수 그리스도는 세상 속에서 그를 통해 이루어지는 새로운 인간성에의 참여로 모든 사람을 부르고 계신다. 교회는 이런 그리스도의 부름에 그 자신이 참여할 뿐 아니라 세상 속에서 이루어지는 그리스도의 역사를 인정하고 대화를 통해서 세상 사람들과 함께 인간성의 완성을 위한 공동의 노력을 기울인다. 교회는 교회 내부에서의 성령의 갱신케 하시는 역사를 인식할 뿐 아니라 세상 속에서 이루어지는 성령의 갱생 역사를 인정하고 그 일에 함께 참여해야 한다.[56]

세 번째와 네 번째 부주제에 있어서는 교회는 지역적이나 국제적으로 삶의 모든 영역에서 책임사회 구현의 사명을 다해야 한다는 것이다. 기존의 종속주의적 경제구조를 탈피하고 인간의 존엄성이 회복되어지는 정의로운 경제구조를 위해 공동의 노력을 기울일 것을 촉구하고 있다. 또한 범세계적인 기술혁신 시대에 새로운 인간성의 가치기준과 그것이 보장될 수 있는 정의로운 사회를 건설할 것을 주장한다. 그리스도 안에서

---

55) cf. Ibid., pp. 419-423, Norman Goodall, ed., Official Report of the Fourth Assembly of the World Council of Churches, Uppsala July 4-20, 1968 (Geneva: WCC, 1968), pp. 28-29.
56) Ibid., pp. 423-426.

만물이 새로워졌다는 기준 속에서 교회는 세상 안에서 화해, 사랑, 평화, 정의를 실천하고 전쟁과 인종차별 등 악법들을 없애는데 최선을 다함으로 정의로운 사회를 건설하는 데 앞장서야 한다는 것이다.[57]

다섯 번째의 부주제의 내용은 예배의 신학적 의미를 새롭게 성찰하여 예배가 골칫거리가 되는 것이 아니라 하나님의 사랑과 기쁨 그리고 평화를 누리는 교회의 특권이 되어야 한다는 것이다. 세속화의 도전과 급속한 문화변혁의 와중에서도 예배의 본질은 변함이 없고 말씀선포의 우선성을 논하고 있다. 그러면서 예배는 세상과 직접적인 관련성이 있으므로 세상의 악한 문제들에 대하여 방관하지 말고 그 문제들을 해결하는 선한 투쟁에 동참하는 예배가 되어야 한다고 규정한다. 또한 예배는 기존 문화에 적절한 전달 매체를 사용하여 삶의 정황을 고려하고 성찬식을 통한 일치 의식의 중요성을 잊지 말아야 함을 강조한다.[58]

마지막 여섯 번째 부주제에서는 그리스도 안의 하나님의 사랑을 실천하는 삶을 살아가야 하는데 이것은 계층간, 연령간의 관계에 있어서도 구체적으로 실행되어지고 이웃과 국가와 국제관계에 있어서도 동일하게 나타나야 한다는 것이다.[59]

4차 대회는 대회 이전이나 이후에도 신학적으로 큰 논쟁을 불러 일으켰다. 미국의 풀러 선교대학원에 도날드 맥가브란, 랄프 윈터, 알란 티펫 등은 공개적으로 문제를 제기했고 이에 대해 WCC는 유진 스미스, 세계선교와 전도분과의 대표로 있는 필립 포터 등을 통해서 이에 대한 해명을 하였다.[60] 독일에서는 피터 바이에르하우스를 중심으로 14명의 저명

---

57) cf. Ibid., pp, 426-430, Goodall, op. cit., pp. 35-63.
58) Ibid., pp. 78-83, Fey, op. cit., pp. 430-433.
59) Ibid., pp. 433-436, Goodall, op. cit., pp. 87-94.
60) 웁살라를 전후로 한 신학논쟁을 편집해서 책으로 발간했는데 여기에 이분들의 논문이 수록되어 있다. See Donald Mcgavran, ed., The Conciliar-

한 복음주의 신학자들이 웁살라 대회의 신학노선에 반발을 하면서 1970년도에 프랑크푸르트 선언문을 발표하였다.[61]

4차 WCC 대회는 부주제들의 내용들을 통해서 나타났듯이 성령의 일반적 역사와 구속적 사역을 구분치 않고 일원화시켰으며 기독론에 있어 신학적이고 수직적인 본체론적 신앙고백을 생략한 채 단지 수평주의적이고 인본주의 차원에서 예수 그리스도를 새로운 인간성의 모델로 규정하였으며 선교는 하나님의 선교개념에 입각해 정의되어졌다. 맥가브란은 웁살라가 20억의 미복음화된 영혼들을 고려하지 않았다고 비판하며 예수 그리스도의 십자가와 부활의 신학이 전혀 나타나지 않고 다만 예수를 인본주의 개념으로서의 새로운 인간성의 모델로 규정하였다고 하였다.[62]

필립 포터는 이에 대해서 하나님의 선교개념에 입각해서 답변을 했는데 선교동기로서 전 인류가 교회로 하여금 예수로 말미암는 새 인간을 힘입도록 요청함으로서 교회는 교회가 위치하고 있는 곳으로부터 시작해서 모든 인류를 향해서 새 인간의 모델로서의 예수 그리스도를 힘입어서 새로운 인간으로 변화된 삶을 살면 그 자체가 선포가 된다고 하였다. 그는 교회의 선교가 요청되는 장소는 바로 세상이요 세상에서도 사회정의가 요구되는 혁명적 움직임이 있는 곳이라고 하였다.[63] 이렇듯이 4차 WCC 대회의 선교는 하나님의 선교사상에 크게 뿌리를 내리고 있는 것이다.

---

Evangelical Debate: The Crucial Documents, 1964-1976 (Pasadena: William Carey Library, 1977).
61) See Ibid., pp. 287-293.
62) Ibid., pp. 233-241.
63) Ibid., pp. 262-265.

## 6) 1973년의 방콕 세계선교와 전도분과 대회

1973년 태국 방콕에서 "오늘의 구원"이라는 총주제를 가지고 69개국으로부터 330여 명의 대표들이 모였다. 방콕대회는 WCC의 선교학을 현장과 연관하여 토착화된 선교학을 정립하며, 웁살라에서 제기되어진 신학논쟁이 계속되었기에 이에 대한 WCC의 신학적 입장이 정립되는 것이 요청되었다.[64]

토의되어진 부주제들을 보면 문화와 정체성, 갈라진 인간성 속에서 구원과 사회정의 그리고 선교 속에 교회갱생 등이다.

문화와 정체성에서는 구체적 인간의 삶의 현장에서 하나님의 구원 역사가 나타나는데 교회는 문화적 정체성을 유지하면서 문화에 뿌리를 내린 문화공동체로서 문화 속의 문제를 해결하는 행위(Praxis), 예전 등을 발전시켜야 한다는 것이다. 이런 측면에서 지역신학을 적극 권장한다.[65]

두 번째 부주제로서 구원과 사회정의를 논하는데 구원이란 하나님의 충만하심 속에서 참된 인간성 회복이며 삶의 새로움이다. 구원은 총체적인 것이며 개인과 사회구조 속에 악이 팽배할 때 개인의 삶과 사회 속에서 정의가 구현되어야 한다. 이런 측면에서 하나님의 선교는 세상을 총체적으로 해방시키는 요소로서 경제정의, 정치적 자유, 문화적 갱생 등을 촉진하게 된다.

구원을 네 가지로 요약하는데, 첫째로 구원은 사람이 사람을 착취하는 불의함에 대적하여 경제정의를 실현시키는 일이다. 둘째로 구원은 인간이 인간을 정치적으로 속박하는 불의함에 대항하여 인간의 존엄성을 구

---

64) Bassham, op. cit., pp. 92-93.
65) WCC, <u>Bangkok Assembly 1973</u>, December 31, 1972, and January 9-12, 1973, pp. 70-75.

현하는 일이다. 셋째로 구원은 인간이 인간을 소외케 만드는 잘못됨에 대하여 인간 결속을 실현하는 일이다. 넷째로 구원은 개인의 삶을 절망케 만드는 것들로부터 인간에게 소망을 불어 넣어 주는 일이다.[66]

세 번째 부주제로는 선교 속에 교회갱생인데 구원은 죄와 죄의 결과로부터 파생되는 모든 것들로부터 인간을 해방시키시는 예수 그리스도의 역사요 예수는 교회로 하여금 그 사역을 수행케 함으로 세상을 모든 형태의 압박으로부터 해방시키신다는 것이다. 교회는 이 사역을 수행하기 위해서 자신이 먼저 계층, 종족, 국가간의 갈등을 극복하고 교회 자신이 모든 구조적 불의와 폭력으로부터 자유로워진 다음에 구원사역을 감당하는 교회가 될 수 있다는 것이다. 이런 측면에서 교회의 선교사명이란 사람들을 예수 그리스도 안에 있는 하나님의 구원으로 초대하는 일이요, 그들로 하나님의 형상으로 창조된 남녀의 정체성을 가지고 참된 인간성을 회복하고 그리스도 안에서 하나님이 계시하신 믿음과 지식으로 자라도록 돕는 일이요, 그들로 하여금 항상 하나님의 형상으로 재창조함을 받아서 종말론적 공동체로서 해방, 연합, 정의, 평화와 삶의 충만을 추구하도록 하게 하는 일이다.[67]

방콕대회에서 논의된 바는 웁살라의 연장선상이다. 웁살라 WCC 대회의 신학노선에 대하여 비판한 피터 바이에르하우스에 대하여 반박하는 글을 썼던 M. M. 토마스는 그것의 연장선 위에서 "오늘의 구원의 의미"라는 주제로 발표를 하였다. 그 내용은 시편 144편을 통해 인간의 영성을 정의한 것인데 토마스에 의하면 영성이란 건강, 아름다움, 물질적인 부요, 압박으로부터의 안정, 사회정의가 온전히 이루어진 인간의 총체적 상태이다. 구원은 바로 영성의 회복으로 이렇듯이 물질적이고 사회적인 의미를 내포하고 있다. 그에 의하면 역사 속에서 성령의 역사도 계층간

---

66) Ibid., pp. 88-89.
67) Ibid., pp. 102-103.

의 투쟁과 해방 속에 나타난다고 한다. 따라서 그는 선교를 정의하기를 그리스도의 복음은 해방의 순수한 복음으로서의 모든 사악한 죄의 순환, 소외, 무도, 자기 의, 혼란과 죽음으로부터 인간을 해방시켜서 사죄, 화해, 공의, 갱생과 영생이 있는 그리스도의 새로운 인간성의 새 영역으로 옮기는 것이라고 한다.[68] 필립 포터는 "그리스도의 선교와 오늘의 세상에서 우리의 선교"라는 제목으로 발표를 하였는데 여기서 웁살라에 대한 복음주의 진영의 신학 논란은 전혀 의미가 없고 IMC가 WCC에 통합됨이 옳은 결정이었다고 항변하고 있다,

선교는 하나님의 선교로서 타종교인에 대해서 선포와 충돌이 아닌 대화를 해야 하며, 전통적인 방법으로 사용되던 선교자원들을 개발이나 정의구현을 위한 교육기금 혹은 불의하고 비인간적 제도로부터 자유를 획득하기 위해서 투쟁하는 사람들을 지원하는 데 사용해야 한다고 주장한다.[69]

아더 글라서는 방콕대회가 남미에서 발생한 해방신학의 모티브에 영향 받았음을 지적하고 구원이 단지 사회, 경제적인 구조악에서부터 해방되는 것으로 이루어질 수 없고, 하나님의 구원계시로서 예수 그리스도를 구주요 주님으로 영접하는 것이 선행되어야 하는데 방콕대회는 불행하게도 이 부분에 대해서 전혀 언급하지 않고 있다고 비판하였다.[70]

멕시코 대표인 마누엘 가씨올라는 방콕 대회가 구원에 있어 세속기관

---

68) M.M. Thomas, "The Meaning of Salvation Today" A Personal Statement, in <u>International Review of Mission</u>, vol. LXII, No. 246, April, 1973, pp. 158-169.
69) Philip Potter, "Christ's Mission and Ours in Today's World", in <u>Bangkok Assembly 1973</u>, pp. 51-63.
70) Arthur F. Glasser, "Bangkok: An Evangelical Evaluation", in <u>The Conciliar-Evangelical Debate: The Crucial Documents, 1964-1976</u>, pp. 297-305.

과 타종교를 교회 밖의 하나님의 선교에 있어 구원의 도구로 사용됨을 계속해서 주장하는 것을 혼합주의 및 다원주의의 산물이라고 보고 세계 2/3지역의 선교의 열매를 예로 들면서 WCC의 선교개념은 오히려 성경적 선교를 망치는 일임을 경고하고 불신자들이 개종하며 교회가 설립되고 구원의 하나님이 영광을 받으셔야 한다고 주장하였다.[71]

이렇듯이 방콕대회의 선교개념은 예수 그리스도를 단지 인간성의 완성에 이르는 이상적인 모델로 보고 교회의 선교란 인간의 완성과 연관된 사회정의, 평등, 자유 등을 위한 투쟁의 행위로 본다. 그렇게 될 때 예수 그리스도의 복음, 즉 인간성의 완성을 위한 복음이 전파되어진다는 것이다. 방콕 대회는 특히 남미 해방신학의 영향을 받아서 불의한 구조악으로부터의 해방을 강조하며 선교의 목표는 해방이 되어졌으며 해방을 통해 새로운 인간성이 온전히 회복되어진다고 하였다. 따라서 포터처럼 해방을 위해서 때론 폭력 사용도 정당화하게 되는 것이다.[72]

### 7) 1975년 제5차 WCC 대회

1975년 케냐의 나이로비에서 285개의 회원 교회로부터 676명의 대표가 참석해 WCC 대회가 개최되었는데 총주제는 "예수 그리스도는 자유케 하시고 연합시키신다"(Jesus Christ Frees and Unites)였다. 제5차 대회가 열리게 된 상황적 요인들을 살펴보면 WCC회원 교회들 가운데서 WCC의 신학 노선에 대한 강한 비판과 신학적 재정립이 요구되었기 때

---

71) Manuel J. Gaxiola, "Salvation Today: A Critical Report", in <u>The Evangelical Response to Bangkok</u>(Pasadena: William Carey Library, 1973), pp. 62-71.
72) Potter, op. cit., p. 55.

문이다. 1974년 일군의 독일과 스칸디나비안 교회 지도자들이 "에큐메니즘(Ecumenism)에 관한 베를린 선언문"을 발표했는데 그 내용은 오늘날 인간을 신격화하는 불경건한 인본주의가 교회의 그리스도에 대한 헌신을 약화시킴으로 사도적 기독교를 위협하고 있다는 것이다. 바로 이러한 위협이 소위 '제네바 에큐메니칼 운동'(Geneva Ecumenical Movement)으로부터 생산된 각양의 선언문들이 WCC의 모든 회원 교회로 침투해 들어감으로 이루어진다고 하였다.[73] 또한 5차 대회에서 특이할 만한 일은 30여 명의 정교회 신학자들이 참여하여 신학적인 영향을 주었는데 그것이 첫 번 부주제의 내용에 반영이 되었다는 사실이다.[74]

토의된 부주제들을 살펴보면 첫 번째는 오늘날 그리스도를 고백하는 것과, 두 번째는 일치가 요구하는 바와, 세 번째는 공동체를 추구하는 것과, 네 번째는 해방과 공동체를 위한 교육과, 다섯 번째는 불의한 구조와 해방을 위한 투쟁과, 여섯 번째는 인간개방 등이다.

첫 번째 부주제의 내용은 예수 그리스도에 대한 신앙고백 즉 개종이 없는 선교는 무의미하다고 천명한다. 회심은 총체적인 것으로서 인간 삶의 모든 영역에 그 영향력을 미쳐야 한다. 이런 점에서 회심을 개인적 차원으로만 생각하거나 다른 극단으로 사회적·정치적 차원으로 생각하는 것은 잘못된 일이라고 한다. 문화적 정체성을 논하며 신앙고백을 방해하는 세력들을 열거한다. 복음의 총체성을 논하면서 전인적인(Wholistic) 인간, 온(Wholistic) 세상, 전체(Wholistic) 교회를 논한다.[75]

---

73) Berlin Declaration on Ecumenism 1974, "Freedom and Fellowship in Christ" in Europe Pulse, Vol. VI, No. 1, January, pp. 1-18.
74) Orthodox Consultstion, "Confession Christ Today, in Orthodox Theology", Bucharest, Rumania, WCC, 1974, pp. 58-68.
75) WCC, "Section 1: Confessing Christ Today", in Breaking Barriers, Nairobi 1975, David Paton, ed. (Grand Rapid: Eerdmans, 1976), pp. 43-57.

두 번째 부주제의 내용은 보편성에 대한 정의를 연속성 안에서 다양성을 인정하는 일치로 본다. 일치를 위한 구체적인 대상을 열거하며 일치를 위한 공동의 노력이 필요한데 때론 이것은 자기 정체성을 포기하는 결단도 포함된다고 한다.[76]

세 번째 부주제 토의 내용은 대위임령이 여전히 유효하며 혼합주의를 배척한다고 천명한다. 복음은 공동체를 창설하는데 단순한 교회 공동체 뿐만 아니라 거시적인 공동체를 창설하는데 여기에는 타종교인들도 포함된다고 한다. 타종교인과의 공동체 추구는 대화를 통해서 이루어지며 타종교인들의 영성(Spirituality)을 인정하고 서로 영성을 나누어야 한다고 한다.[77]

네 번째 부주제의 내용은 교육상황을 논하고 있는데 격심한 고통과 분열의 세상에서 인간성, 정의, 개방성, 자유를 위해 일하도록 부름을 받았다고 한다. 문화적 정체성을 유지하면서 동시에 문화에 매이지 않는 기독교의 교육을 논하면서 교육의 궁극적 목표를 해방이라고 정의한다.[78]

다섯 번째 부주제의 내용은 하나님의 명령(Divine Mandate)으로서 구조악과 해방투쟁이다. 하나님은 교회가 그리스도를 쫓아서 가난한 자들, 압박을 당하는 사람들, 멸시받는 자들을 위하여 헌신하고 말씀과 삶 전체로서 하나님의 사랑을 선포하고 십자가의 길을 걸어가도록 요구하신다. 구조악과 해방투쟁에 있어서 교회는 부활의 소망을 가진다.[79]

여섯 번째 부주제 토의 내용을 살펴보면 교회가 사회변혁에 참여해야 하는 이유로서 인간의 고통, 사회갱신의 요구, 인간관계의 회복, 청지기직의 요청, 정의로운 사회건설 등이 있다. 개발에 있어 생태계를 파괴하

---

76) Ibid., pp. 58-65.
77) Ibid., pp. 66-75.
78) Ibid., pp. 76-83.
79) Ibid., pp. 84-97.

고 비인간화를 촉진하는 잘못된 개발을 경계하고 인간개발(Human Development)이 선행되어야 한다고 한다. 이러한 인간개발이 구체적으로 어떻게 적용될지 그 사례들을 열거하면서 교회 역할의 중요성을 논한다. 원죄를 정의하기를 피조세계에서 하나님과의 관계를 통해서 의미와 성취를 추구하기보다 자기 중심적이 된 것이라고 한다.

회심이란 하나님께 마음을 열어 놓는 것이요 궁극적으로 이타적인 삶을 살아가는 것이다. 이러한 삶은 하나님의 자녀로서 진정한 자유를 누리게 하며 거룩함, 온전함, 관계성, 자기 헌신, 사랑, 기쁨을 공동체 안에서 추구하게 한다. 그리고 이 땅 위에서는 진정한 안식처가 없다고 한다.[80]

확실히 5차 WCC 대회는 뉴델리, 웁살라와 구별되어진다.

선교를 정의함에 뉴델리 대회 이후로 개종이라는 표현이 없었고 오히려 개종선교를 거부하였는데 개종없는 선교는 아무런 의미가 없음을 천명한 것은 긍정적인 변화이다. 또한 그동안 대위임령을 언급한 적이 없었는데 대위임령의 유효함을 명시하고 혼합주의를 배격한다는 표현은 고무적인 일이다. 그런데 이런 복음적인 진술이 있음에도 불구하고 자체 내에 충돌하는 요소가 있다. 이것은 혼합주의를 배격한다고 하면서 타종교인의 영성을 인정하고 그 영성을 서로 나누어야 한다는 의미가 명확치 못한 애매한 진술을 하고 있다. 이 부분에 대한 해답은 WCC의 중앙위원회 의장이었던 M.M. 토마스의 "전투를 위한 영성"(Spirituality for Combat)이라는 발표문에 잘 나타나 있다. 그는 교회 밖에 하나님과 성령의 현존 그리고 그리스도의 자기계시와 구원하시는 사역이 다른 신앙체와 세속 이데올로기의 사람들과의 대화에 필요한 신학적 바탕이라고 한다.

그는 이 바탕 위에서 다른 신앙체 속에 그리스도가 어떻게 사역하고 계신지를 분별해야 한다고 하며 이것을 "그리스도 중심적인 혼합주의"

---

80) Ibid., pp. 98-115.

(Christ-Centered Syncretism)라고 명명한다.[81]

볼리비아의 복음감리교 주교인 모티머 아리아스(Mortimer Arias)는 "세상이 믿도록"(That the World Believe)이라는 발표문에서 교회가 전도하기 전에 그리스도가 전도지역에 앞서 계신다고 하면서 하나님의 은총은 교회에만 국한된 것이 아니라 모든 사람에게 미치는데, 전도한다는 것은 불신자들 속에 숨어 계시는 그리스도를 저들이 발견하도록 돕는 일이라고 정의한다.[82]

이렇듯이 5차 WCC 대회의 발표문 속에 나타난 애매모호한 표현은 WCC의 지도자들이 논제를 가지고 발표할 때 그 진위가 분명하게 드러나게 된다. 5차 대회도 여전히 멕시코 세계선교와 전도분과 대회에서 나타났던 "그리스도의 현존" 신학을 고수하고 우주적 그리스도의 개념을 가지고 있는 것이다. 혼합주의를 배격한다고 하면서 실상 토마스의 말대로 그리스도 중심적인 혼합주의를 가지고 있는 것이다.

네 번째와 다섯 번째의 부주제의 내용들은 지나치게 해방 모티브에 집착함으로 전자의 균형 있는 복음주의적 선교개념을 의심케 하는데 결국 이것은 토마스와 아리아스 그리고 필립 포터의 진술을 통해서 여전히 하나님의 선교개념에 입각한 해방신학의 사상을 그대로 견지하고 있음을 알게 된다.

토마스는 부활의 주님을 종말에 완성되어지는 새로운 인간성을 위한 죄와 사망으로부터 인간을 전적으로 해방시키는 보증자로 정의하며 그 주님의 사역이 이미 세속 역사 속에서 진행되고 있다고 한다.[83]

---

81) M. M. Thomas, "Spirituality for Combat", in <u>Breaking Barriers, Nairobi 1975</u>, pp. 234-236.
82) Mortiner Arias, "That the World may Believe", in <u>National Christian Council Review</u>, Vol, xcvi, No. 3, March, 1976, p. 162
83) Thomas, op., cit., p. 241.

아리아스는 오늘의 구원의 의미를 탐구하는 고뇌와 인간화(Humanization)와 해방을 위해 사람들이 투쟁하고 고통을 당하는 것은 역사에 있어 구원의 총체적 과정이요 하나님의 계획으로서 이상할 것이 없다고 한다.[84]

이렇듯이 외부적 요인에 의하여 5차 WCC 대회는 복음주의자들의 문제 제기에 귀를 기울이는 것 같았으나 실상은 뉴델리, 웁살라, 멕시코와 방콕에서의 세계선교와 전도분과 대회의 신학적 입장과 별반 차이가 없음이 드러나고 있다. 이런 점에서 아프리카의 대표적 복음주의 지도자인 비앙 가토(Byang Kato)는 5차 대회가 여전히 인간 중심적(Anthropocentric)이며 오직 삶의 수평적 차원만 언급한다고 하였다.[85] 인도의 복음주의 지도자인 부루스 니콜스(Bruce Nicholls)는 WCC의 신앙의 위기라고 평가하고 있다.[86]

## 8) 1980년 멜버른 세계선교와 전도분과 대회

1980년 호주의 멜버른에서 약 500여 명의 대표들이 모여서 대회가 진행되었다. 특이할 만한 일은 정교회 대표가 35명 참석한 것이요 많은 로마 카톨릭 신학자들이 참석하였다. 대회의 총주제는 "당신의 왕국이여 임하소서"(Your Kingdom Come)인데 부주제로는 첫째 가난한 자에게 기쁜 소식과, 둘째 하나님의 왕국과 인간투쟁과, 셋째 왕국에 대한 교회의 증거와, 넷째 십자가에 죽으시고 부활하신 그리스도가 인간세력에 도

---

84) Arias, op. cit., p. 158.
85) Hedlund, op. cit., p. 349.
86) Ibidem

전하신다 등이다.

첫 번째 부주제의 내용은 하나님의 왕국에 있어서 하나님은 가난한 자에 대한 특별한 우선권을 두시고 계시는데 세상의 대다수의 사람들이 가난하다는 것이다. 따라서 교회는 가난한 사람들에 대한 전도적 사명을 소홀히 해서는 안 되고 복음은 그들에게 기쁜 소식이 된다는 것이다.[87]

두 번째 부주제의 내용은 세계 도처에 고통이 있으며 종종 교회는 그 고통을 망각하는데 하나님은 교회로 하여금 인간 투쟁 한가운데에 살게 하신다는 것이다. 현재 교회가 당면하고 있는 인간 투쟁의 장소는 해방과 자기 결단을 추구하는 나라들이며 교회는 안주하지 말고 말씀과 행위로 왕국복음을 전파하라는 것이다. 왕국의 복음이 필요한 곳은 인간 권리, 종교갱생을 위해서 투쟁하는 장소와 중앙화된 경제구조가 있는 나라 등이다. 종교갱생을 논하면서 종교가 인간의 존엄성이나 인간권리 또는 사회정의를 증진시키고 모든 사람을 위해 평화와 해방을 가져온다면 하나님이 이미 그곳에서 일하고 계심을 알아야 한다고 주장한다.[88]

세 번째 부주제의 내용은 그리스도 안에 하나님의 이야기(Story)가 모든 전도의 핵심으로서 이 이야기는 말해져야 한다는 것이다. 이야기를 말함은 전체 교회의 피할 수 없는 명령이다. 말씀 선포는 가난한 자에게 기쁜 소식으로 전달되어진다. 설교는 회심을 기대한다. 회심은 하나님과 타자와의 새로운 관계를 의미하고 신자들의 공동체에 속하게 한다. 교회는 토착 지역에서 그리스도 안에 신뢰받는 공동체가 되어야 한다. 지상에서 왕국과의 관계를 설정함에 첫 번째는 부분적으로 왕국을 맛보는 것이요, 두 번째는 우리의 삶에 심각한 제한들이 있으며, 세 번째는 아직 성취되지 않은 삶의 소망들이 있다는 것이다.

---

87) Gerald H. Anderson, Witnessing to the Kingdom (Maryknoll: Ordis, 1982), p. 105-114.
88) Ibid., pp. 115-131.

교회는 왕국을 전파함에 치료의 공동체가 되어야 한다. 교회는 삶의 모든 영역에서 성육신의 그리스도를 증거하기 위해서 복음을 결코 들어 본 적이 없거나 복음을 더 이상 믿지 않는 종족들과 문화 속의 사람들에게 복음을 전하는 방법을 찾아야 한다.

타종교나 이데올로기를 가진 사람들에게 공동의 증인이 되어야 하는데 특히 핍박이 있고 때론 순교가 있을지라도 더욱 증인이 되어야 한다. 증인의 사명을 감당할 때 지역 문화를 무시하지 않지만 문화에 완전히 종속됨을 경계해야 한다. 교회가 서로 연합하지 못할 때 증인의 사명을 제대로 감당할 수 없다. 교회는 사회, 정치적 상황에서 공동의 증인이 되어야 한다.[89]

네 번째 부주제의 내용은 식민시대가 지나갔음에도 불구하고 일곱 귀신이 찾아오는 것처럼 더 많은 문제들과 갈등이 세상에 존재한다는 것이다. 과거에 교회가 불의한 구조에 안주했음을 고난의 주님 앞에서 회개한다. 우리가 그리스도 안에서 함께 하나님의 자녀로 부름받은 것은 불의한 세상 속에서 사명을 감당하라는 것이다.

왕국복음의 선포는 하나님의 통치를 선포하는 것인데 이것은 악마적 세력이나 구조들을 무력화시켜 새 질서를 선언하는 것이다. 그러면 현존의 악마적 세력들 가운데서 어떻게 왕국을 선포할 것인가? 교회는 삶의 모든 영역에서 인간을 비인간화하고 억압하는 세력들에 대항하여 고난의 주님을 상기하면서 어려움이 있더라도 왕국의 복음을 전해야 한다. 왕국 복음은 부활의 능력이 내재되어 있기에 변혁와 소망의 열매를 가져온다.[90]

WCC 대회의 선언문이 항상 그렇듯이 멜버른의 선언문도 논지의 일관성이 없고 애매모호한 표현이 많다. 회심을 언급하고 미전도종족을 말하

---

89) Ibid., pp. 132-148.
90) Ibid., pp. 149-167.

면서도 선언문의 전체 내용은 지금까지 WCC가 그래왔던 것처럼 사회정의, 구조악에 대한 투쟁, 인간의 존엄성을 압도적인 뉘앙스로 강조한다.

근본주의적 이데올로기나 타종교로 인하여 순교가 예상되어도 복음을 전해야 한다고 하면서 종교가 사회정의를 증진하고 평화와 해방을 가져 온다면 하나님이 이미 그 종교를 통해서 일하고 계심을 인정해야 한다고 한다. 순교와 공존을 논리의 일관성이 결여된 채 거리낌 없이 함께 논하고 있다.

멜버른 대회는 하나님 왕국의 현재적인 측면과 미래적 측면을 다 언급하고 있으나 현세에서의 삶을 통해 불의한 세상 속에서 왕국구현을 위해 혼신의 힘을 기울일 것을 촉구한다. 데이빗 스토우(David Stowe)는 선언문의 전체 내용이 말씀을 통한 전도(Word Evangelism)보다 선행을 통한 전도(Works Evangelism)를 더욱 강조한다고 지적했다. 또한 멜버른의 종말신학이 미래적 측면을 언급하고 있지만 압도적으로 현세의 삶의 문제 해결에 치중하고 있으며 그 문제도 삶의 총체적인 측면보다 사회, 경제적 측면에 기울어지고 있다고 했다. 가난의 원인을 멜버른은 착취구조로 단순하게 접근하는데 실제로는 복합적이고 훨씬 복잡한 원인으로 기인한다고 했다.[91] 부루스 니콜스(Bruce J. Nicholls)는 선교의 주요 동기로서의 성경의 계시적 권위에 입각한 복음 선포가 멜버른에서 전혀 언급되고 있지 않음을 지적하고 있다.[92] 이렇듯이 멜버른 대회는 나이로비 WCC 대회와 마찬가지로 복음주의 측면에서 다소 진전이 있는 것 같았으나 전체적인 신학 경향은 뉴델리, 웁살라, 멕시코와 별반 다를 바가 없는 것이다. 특히 WCC의 지도자들의 발표문에 이것이 더욱 노골적으로 나타나고 있다.

---

91) David M. Stowe, "What did Melbourne Jay?", in <u>Missiology: An International Review</u>, Vol. IX, No. 1, January, 1981, pp. 23-25.
92) Mcgavran, op. cit., pp. 335-338.

## 9) 1983년 제6차 WCC 대회

1983년 캐나다 벤쿠버에서 "예수 그리스도는 세상의 생명"이라는 총 주제로 301개 회원 교회로부터 847명의 대표들이 참석하였다. 이 대회가 열리기 직전에 두 개의 중요한 문서들이 발표되었는데 "세례·성만찬·직제"(BEM)와 "선교와 전도: 에큐메닉 입장"(Mission and Evangelism: An Ecumenical Affirmation)이다. 6차 대회는 이 두 문서의 신학적 입장을 그대로 반영하는 모임이었다.

필자는 에큐메닉의 선교학을 함축적으로 나타내는 '선교와 전도' 문서 내용을 살펴볼 것이다. 이 문서는 총 5개의 부제목으로 되어 있다. 서론에서는 하나님의 자유케 하시는 의지에 역행하는 세상의 불의함에 대하여 말하고 교회는 사람들과 민족들로 하여금 회개를 촉구하고 그리스도 안의 죄사함과 하나님과 이웃과의 새로운 관계정립을 선언한다고 진술한다.[93] "선교에의 부름"이라는 부제목에서는 교회의 분열은 선교를 손상시키기에 교회연합과 선교와 전도는 서로 필수적인 연관성이 있다고 한다.

왕국의 본질을 논하면서 특히 하나님의 공의 구현을 강조하며 이것을 그리스도의 공생애의 사역과 연관시킨다(사 11:1-9; 막 1:15; 눅 4:15-21).[94] "선포와 증거에의 부름"이라는 부제목에서는 교회를 그리스도의 몸으로 정의하고 교회의 선교를 그리스도처럼 모든 인간성(All Humanity)과 동질화(Identification)하는 것이요 동질화를 통해서 하나님께 영광 돌리는 것이라고 한다. 왕국선포, 즉 전도와 선교란 세상의

---

93) James A. Scherer and Stephen B. Bevans, eds., New Directions in Mission & Evangelization 1 (Maryknoll: Orbis, 1992), pp. 36-37.
94) Ibid., pp. 37-39.

불의한 구조악과 투쟁하는 것이요 가난한 자와 결속하는 것이다. 그리스도의 인성과의 동질화를 논하면서 그것은 십자가를 통해 나타났듯이 하나님의 사랑과 악과의 투쟁이요 부활이 보여 주듯이 사랑의 궁극적 승리이다. 이렇듯이 전도란 그리스도의 동질화에 동참하는 것이다.[95]

"에큐메닉의 확신들"(Ecumenical Convictions)이라는 부제목하에 7개의 소제목들이 있다. 첫 번째 소제목은 "회심"인데 회심을 정의하기를 개인적인 결정으로서 사신 주님과 성령의 역사에 의해서 죄사함과 그리스도의 주님 되심을 인정하고 제자도와 봉사에의 삶으로의 부름이라는 것이다. 회심의 기본 경험은 같으나 회심이 나타나는 양상은 다양한데 그것은 죄의 지배적 형태가 다르며 그에 따른 해방의 형태가 다르기 때문이라고 한다. 회심은 역사적 실제 속에서 우리의 총체적 삶과 연관되어 일어난다. 회심은 계속적인 과정으로서 전쟁에서 평화로, 불의함에서 정의로, 인종주의에서 인류 결속으로, 증오에서 사랑으로의 전환이요 이것은 예수 그리스도와 그의 왕국의 증거이다.[96]

두 번째 소제목은 "삶의 모든 영역을 향한 복음"(The Gospel to All Realms of Life)인데 복음의 핵심은 그리스도의 주님(Lordship) 되심이요 그리스도의 주님 되심은 모든 사회구조에 도전케 되고 구조갱생을 요구하게 된다. 복음주의적 증거(The Evangelistic Witness)란 세상 안의 모든 사회적, 정치적, 경제적 제도들을 향한 것이다. 교회는 가난한 사람들과 불의한 세력에 압제 당하는 사람들의 대변인이 되어야 하고, 기쁜 소식을 전하고(to announce), 불의한 세력을 고발하고(to denounce), 불행당한 사람들을 위로하고(to console), 죽음 가운데서 삶의 희열(to celebrate)을 증거한다. 오늘의 시대에 그리스도를 고백한다는 것은 죄와 권세 그리고 착취와 인간성 상실에 대한 투쟁이다.[97]

---

95) Ibid., pp. 39-40.
96) Ibid., pp. 40-42.
97) Ibid., pp. 42-43.

세 번째 소제목은 "하나님의 선교에 있어 교회와 교회일치"이다. 그리스도의 몸된 교회는 성령의 역사 속에서 선교의 사명을 수행하고 복음의 권위(Integrity)에 부합되는 생명 있는 증거를 요구한다. 오늘날 교회 배후에 성령의 역사하심에 대한 많은 증거가 있는데 중국의 가정교회 운동, 남미의 기초교회공동체(Basic Ecclesial Communities) 등이 있다.

에큐메닉 운동의 경험은 교회로 하여금 깊은 영적 일치의 실재를 경험케 하는데 이것은 성경의 권위와 고대 교회의 신조들 그리고 기독교 신앙의 근본적인 것에 대한 확증으로 나타난다. 기독교 선교의 핵심은 모든 인간 공동체 안에 지역 회중을 배가하는 것이요 복음의 씨를 뿌림으로 말씀과 성례로서 사람들을 모으는 일이다. 각기 다른 문화권에서 교회가 세워질 때 문화 속에서 교회가 뿌리를 내리는 것이 중요하고 성육신의 원리가 적용되어야 한다. 문화적응의 최고의 방법은 소외된 자들과 함께 결속하는 일이요 해방을 위해 투쟁하는 일이다.[98]

네 번째 소제목은 "그리스도의 방법으로서 선교이다"(Mission in Christs Way). 여기서 이미 언급되었던 그리스도와의 동질화를 강조하면서 그것은 결국 사회의 소외 계층에 대한 구체적인 관심이다. 제국주의적 십자군 정신은 그리스도와 전혀 무관함을 말한다.[99] 다섯 번째 소제목은 "가난한 자에 대한 기쁜 소식"이다. 오늘날 세계 도처에 절대빈곤 계층이 증대되고 있는데 그들 중 대부분은 예수 그리스도의 복음의 기쁜 소식을 듣지 못했다. 그들은 불의한 경제질서와 불공정한 정치적 권력의 남용으로 인한 희생자들이다. 선교란 예수 그리스도의 모범을 따르는 것인데 가난한 자에게 복음을 선포함이 선교의 적합성을 판단하는 기준이 되어야 한다. 가난한 자에 대한 선교를 위해서 구체적인 유대관계가 필요하며 복음을 영적인 것과 물질적인 것으로 구분하는 이원화의 우를 범

---

98) Ibid., pp. 43-45.
99) Ibid., pp. 45-46.

해서는 안 되고 복음은 총체적인 하나의 복음이다. 교회는 가난한 자의 선교를 위해서 자원적인 청빈에 힘써야 하고 그리스도의 사랑을 나타내야 한다.[100]

여섯 번째 소제목은 "육대륙 안에서 육대륙을 향한(Mission in and to Six Continents) 선교"이다. 이전에 기독교 지역으로 알려졌던 곳이 이제는 세속주의의 온상이 돼 버렸고 교회는 노동자들과 젊은이들에 대한 접촉점을 상실했고 아무 영향도 미치고 있지 못하다. 전세계적으로 이민과 난민들의 급증은 모든 지역이 선교지역임을 상기시키며 교회는 그리스도의 몸으로 모든 지체된 세계 교회들과 함께 선교사역을 수행해야 한다. 선교에 있어 지역 교회들이 선교사역의 주체가 되고 교회의 정체성을 확립키 위해서 전통적인 방법으로서의 보내는 선교는 잠정적으로 중단(Moratorium)이 되어야 한다.[101] 일곱 번째 소제목은 "살아 있는 신앙체의 사람들과의 증거"(Witness among People of Living Faiths)이다. 기독교인들은 모든 사람들에게 복음을 증거해야 하는데 다른 종교적 확신과 이데올로기적 가치관을 가지고 사는 사람들에게는 그들이 가진 독특성(Uniqueness)과 자유를 존중하면서 겸손과 회개하는 마음과 즐거운 모습으로 복음을 전달해야 한다.

기독교인들간에 다른 종교인들에 대한 복음 증거에 대하여 다양한 견해가 있으나 말씀이 되신 주님이 모든 인간의 삶의 근저에 역사하고 계심을 인정해야 한다. 또한 하나님이 전 우주의 창조주가 되시며 어떠한 시기와 장소에서도 자신을 증거하는 것이 없어 그냥 방관하지 않으셨고 하나님의 영은 끊임없이 인간의 지각을 뛰어 넘으시며 예기치 못한 장소에서 역사하고 계심을 인식해야 한다. 따라서 다른 종교인들과의 대화에 있어서 이러한 측량할 수 없는 하나님의 부요와 인성을 다루시는 하나님

---

100) Ibid., pp. 46-48.
101) Ibid., pp. 48-49.

의 방법에 대하여 기독교인들은 조심스럽게 분별해야 한다. 기독교인들은 다른 종교인들과 협력해서 종교의 자유가 보장되도록 공동의 노력과 선행을 증진시켜야 한다.[102]

결론으로 "미래를 내다보며"라는 부제로 산업사회의 세속화의 영향, 토착종교의 발흥, 노동자들과 정치 망명자들의 움직임, 해방과 공의에 대한 민중의 갈망, 젊은 세대의 혼돈 등은 교회로 하여금 예수 그리스도 안에 있는 하나님의 사랑을 모든 사람들에게 어떤 상황에서도 증거하도록 하게 한다는 것이다. 교회는 기도, 묵상, 찬양 속에 이루어지는 불굴의 신앙을 가지고 모이고 흩어지며 받으면서 주고 찬송과 사역 그리고 기도와 투쟁을 병행하면서 세상 속에서의 진정한 교회의 사명을 감당해야 한다는 것이다.[103]

아더 글라서는 이 문서에 대하여 다소 낙관적인 희망을 표명하면서 WCC의 선교학에 복음주의적 영향력이 나타나고 있음을 고무적으로 생각하였다.[104] 마찬가지로 글라서의 견해와 동일하게 로저 헤드런드도 WCC의 이전 다른 어느 문서보다 이 문서가 복음주의적 성향을 나타내고 있다고 하였다.[105] 그러나 필자가 이 문서를 볼 때 글라서나 헤드런드와 같이 그리 낙관적으로 평가할 수 없다. 교회의 선교적 사명을 논함에 그리스도와의 동질화를 강조하면서 그 내용은 수평적인 차원의 인간 삶의 변혁과 사회구조 갱생을 요구한다. 회심을 주장하지만 하나님과의 본체론적 관계회복이라기보다 복합적이고 상황적인 삶의 문제들을 해결하는 인본주의적 가치관의 변혁에 치중한다. 복음 선포와 증거를 논하면서

---

102) Ibid., p. 50.
103) Ibid., pp. 50-51.
104) Arthur F. Glasser, "Ecumenism: Sign of Hope?" in <u>Theology News and Notes</u>, Fuller Theological Seminary, March, pp. 15-17.
105) Hedlund, <u>Roots of the Great Debate in Mission</u>, op. cit., p. 436.

이것이 성경적으로 균형 있는 참 사람이시며 동시에 참 하나님이신 예수 그리스도를 증거하기보다 인성의 모델로서 예수를 강조하며 사회변혁과 구조갱생의 모범으로 그를 접근하는 성향을 나타내고 있다.

타종교인들에 대한 불가사의한 하나님의 영의 역사를 분별하고 이것을 인식해야 한다고 하면서 동시에 타종교인들에 대한 복음선포의 유효성을 주장한다. 실상 전체적인 내용의 뉘앙스를 통해 볼 때 타종교인에 대한 복음선포의 유효성은 전도와 선교개념을 이미 정의했듯이 그리스도의 동질화에 참여하는 것이요 이것은 수평적인 차원의 사회구조 갱생과 변혁에 함께 동참하는 일이다. 필자는 전통적인 복음주의자들의 근본적 신앙 명제들을 인정하는 듯한 표현을 하면서 동시에 교묘하게 이것을 뒤집어 놓는 애매성으로 점철된 이 문서의 신학적 입장의 신뢰성 및 권위성에 대한 심각한 의문점을 제기하며 부정적인 평가를 내린다. 이러한 필자의 평가가 지나치지 않는 것은 바로 밴쿠버 대회에서의 신학적 경향이다.

총 8개의 부주제로 나누어져 있는데 핵심적인 내용은 "세례·성만찬·직제"(BEM)의 신학적 반영이며 이를 통한 교회의 일치를 강조하고 "선교와 전도" 문서에 나타났듯이 그리스도의 동질화를 선교와 전도의 실행 패러다임으로 보고 교회의 참여를 촉구하는 것이다. 이런 관점에서 타종교인들에 대한 그리스도인들의 증거는 쌍방적인 것이며 타종교인들 가운데 이미 창조적으로 역사하시는 하나님을 인정해야 하며 타종교인들과의 공동의 협력을 주장한다.[106]

이것은 소위 그리스도의 동질화 즉 수평적 차원의 인성의 모델로서의 예수 그리스도를 통한 사회 변혁과 구조갱생의 변혁에의 참여를 의미한다. 이러한 입장은 WCC의 주요 지도자로 활동하는 스탠리 사마르타

---

106) David Gill, ed., Gathered for Life, Official Report, VI Assembly World Council of Churches, Vancouver Canada, 24 July-10 August, 1983(Geneva: WCC, 1983), pp. 39-41.

(Stanley J. Samartha)가 기독론의 신학적 입장을 밝히는 데 잘 나타난다. 그는 기독교의 나사렛 예수보다 그리스도는 더 크신 분으로서 그 분을 기독교에만 국한시키지 말고 모든 종교 속의 진리의 근원으로 인식하며 예수를 절대적이고 독선적인 기독교만의 진리로 주장하지 말고 그리스도가 의미하는 참된 인성의 모델로서의 변화된 삶을 기독교인 목표로 해야 한다고 주장한다.[107]

이런 사마르타의 입장은 이미 1979년 자메이카의 킹스턴에서 열린 WCC 중앙위원회의 "살아 있는 신앙체와 이데올로기를 가진 사람들과의 대화 지침들"(Guideoines on Dialogue with People of Living Faiths and Ideologies)에 잘 반영되었다. 그는 예수 그리스도 안에 계시된 하나님은 창조주이시며 모든 인성의 근원으로서 그리스도는 인류 공동체의 기반이요 인성의 모범이 되시는데 하나님은 그리스도를 통하여 기독교에만 역사하시는 것이 아니라 타종교와 이념의 사람들 가운데서도 역사하신다고 한다. 따라서 기독교인들은 이런 그리스도를 인식하여 타종교의 사람들과도 인류 공동체의 변혁을 위하여 함께 그리스도의 사역에 동참해야 한다는 것이다.[108]

이렇듯이 "선교와 전도" 문서 그리고 6차 WCC 대회의 선교학적 입장은 일부 복음주의 진영의 지도자들이 고무적으로 생각하는 것과는 다르게 오히려 신학적 입장을 애매모호하게 표현하면서 궁극적인 방향성은 종래의 하나님의 선교 입장을 고수하며 보편구원설의 명제를 그대로 내포하고 있다.

---

107) Stanley J. Samartha, The Other Side of the River: Some Reflections on the Theme of the Vancouver Assembly(Madras: Christan Literature Service, 1983), pp. 31-48.
108) Stanley J. Samartha, "Guidelines on Dialogue", in Mission Trends No. 5: Faith Meets Faith. Gerald H. Anderson and Thomas F. Stransky, ed. (Grand Rapids: Eerdmans, 1981), pp. 135-138.

## 10) 1989년 산 안토니오(San Antonio) 세계선교와 전도분과 대회

미국 텍사스 주 산 안토니오에서 5월 22일부터 6월 2일까지 "당신의 뜻이 이루어지리다: 그리스도의 방법으로 선교를"(Your Will be done: Missin in Christ's Way)라는 총주제로 WCC의 4차 세계선교와 전도분과 대회가 열렸다. 이 대회의 의의는 복음주의 진영의 로잔느 II 대회보다 6주 앞서 개최되었고 로잔느 II 대회에 참석할 많은 복음주의 진영의 지도자들이 옵서버로 참석한 것이다. 네 개의 부주제들이 논의되었는데 첫 번째는 "사신 하나님께로 돌아서자"(Turning to the Living God)이고 두 번째는 "고통과 투쟁에 참여하자"이고 세 번째는 "지상은 주님의 소유"라는 것이고 네 번째는 "선교에 있어 갱생된 공동체를 지향하고"(Towards Renewed Communities in Mission)이다.

필자는 "선교와 전도" 문서의 내용을 그대로 반영하고 WCC 선교학의 입장을 주로 논하고 있는 첫 번째 부주제의 내용을 집중적으로 살펴볼 것이다. 먼저 "사신 하나님의 이름으로 이루어지는 선교"에서 삼위일체 하나님의 기반 위에서 선교는 수행됨을 천명한다. 지상에서의 삼위 하나님의 역사는 고착되거나 단일화된 것이 아니라 다양하며 역동적임을 언급한다. 교회의 선교는 하나님 나라 차원의 우주적인 국면을 가지고 있는데 복음은 이원화되서는 안 되고 총체적이며 회심의 열매를 통한 하나님 백성의 공동체를 형성해야 한다고 한다. 선교의 동기는 사랑이며 사랑 속에서 말씀과 행위로서 교회는 복음을 증거해야 한다는 것이다.[109]

두 번째 소주제는 "사신 하나님이 교회로 하여금 선교에 연합케 하신다"(The Living God Calls Us to Unity in Missoin)는 것으로 사랑

---

109) Frederick R. Wilson, ed., <u>The San Anthnio Report: Your Will be Done-Mission in Christ's Way</u>(Geneva: WCC, 1990), pp. 25-27.

속에 수행되어지는 선교는 그리스도의 몸으로서 그리스도를 분열시킴이 아닌 몸의 연합 속에서 선교가 이루어져야 한다고 주장한다. 가견적인 연합의 근거는 "BEM" 문서에서 천명되었듯이 삼위 하나님에 대한 신앙과 성만찬을 통한 성도의 교제이다. 연합에 있어 장애가 되는 주요 문제는 "개종운동"(Proselytism)에 대한 논쟁이다.

선교의 목적은 그리스도의 몸을 세우는 것이요 세상에 대한 봉사와 하나님께 영광 돌리는 것이다. 선교가 각 교파들의 확장을 목적으로 한 프로그램이나 다른 지체된 교회들과의 갈등을 야기하는 경쟁적 사역이 될 때 그것은 불건전한 것이다. 신앙의 공동체를 세우되 그 공동체가 전도와 목양적 갱신을 소홀히 하고 내적 정체화 현상을 나타내는 것을 또한 경계해야 한다.[110]

세 번째 소주제로 "세속 사회 속에서의 증거"인데 세속화(Secularization)와 세속주의(Secularism)를 구별해야 한다고 진술한다. 세속화는 미신적인 무지몽매함의 세력에서 사람들을 자유케 하는 의미가 있는데 복음 증거의 결과로도 나타난다고 한다. 그러나 세속주의는 이념적이요 가치체계로서 복음에 역행하는 것으로서 현대의 상업주의, 소비주의, 군비주의, 금권주의 등으로 나타난다.

교회는 세속주의와 상관없는 것이 아니요 때론 세속주의의 영향을 받아서 실용주의 및 기능주의에 기울어져서 세속주의 확산의 도구가 되기도 한다는 것이다. 따라서 교회는 세속주의가 만연한 세상이 바로 선교지역임을 인식하고 세속주의를 극복할 뿐만 아니라 신앙의 공동체를 세우는 일에 전력해야 한다는 것이다.[111]

네 번째 소주제로서 "다른 살아 있는 신앙체의 사람들 가운데서의 증거"(Witness among Peopel of Other Living Faiths)인데 하나님께

---

110) Ibid., pp. 27-28.
111) Ibid., pp. 28-30.

서 전 우주의 창조주이실 뿐 아니라 어떤 시대나 장소에 구애 없이 자신을 증거하시는 하나님이심을 인식해야 한다고 말한다.

하나님의 영은 인간의 지각을 초월해서 활동하시는데 다른 신앙체의 사람들과 대화의 관계를 맺게 될 때 그리스도인들은 하나님의 측량할 수 없는 부요를 분별하고 인성을 다루시는 하나님의 방법을 분별해야 한다고 주장한다. 복음 선포에는 그리스도의 구원의 주님 되심을 개인적으로 고백하는 결단이 있어야 하고 성령의 중재와 사신 그리스도의 역사로 죄 사함의 은총을 받고 제자도와 봉사에의 삶으로의 부름에 응답해야 한다는 것이다.

에큐메닉 운동의 복음 선포에 있어서 결단코 하나님의 진리를 충족히 아는 것처럼 주장해서는 안 되고 오직 하나님의 은총의 수납자(The Recipients of God's Grace)임을 인식해야 한다. 다른 신앙체를 가진 사람들에 대한 우리의 증거 사역은 현존(Presence)이 전제되어야 하고 그들의 가장 깊은 신앙의 헌신(Deepest Faith Commitments)과 경험에 민감해야 하며 그리스도를 위해서 그들의 종이 될 준비를 해야 하고 하나님께서 그들 가운데서 이미 하신 일들과 또한 계속해서 하고 계신 일을 사랑 속에서 확증(Affirmation)해야 한다는 것이다. 우리는 예수 그리스도 이외에 다른 구원의 길을 제시할 수 없지만 또한 하나님의 구원의 능력에 어떠한 제한을 두어서도 안 된다고 한다.

따라서 구원의 복음을 전함에 있어서 예수 그리스도를 주님과 구주로서 고백하고 이것을 사람들에게 전달해야 하고 또한 사람들로 하여금 그리스도에 대한 신앙을 가지도록 하게 함에 있어서 개인적 구원뿐 아니라 하나님의 통치영역 안에서의 섬김으로 예수를 따르도록 해야 한다는 것이다. 증거와 대화의 상관성을 정의함에 양자의 필요성을 논한다. 또한 다른 신앙체의 사람들에게 예수 그리스도를 증거하고 대화를 나눔에 있어서 그들 속에 현존하시고 역사하시는 하나님을 확증하면서 증거와 대화가 이루어질 때 항상 해결할 수 없는 긴장이 있지만 이 긴장을 회피해

서는 안 된다고 한다.[112]

　다섯 번째 소주제로는 "오늘의 시대에 복음을 전달하는 것"인데 왕국 복음은 그리스도의 몸된 교회에 성령의 중재와 역사하심을 통해 사람들을 가입케 하고 인류 역사 속에서 오순절을 계속해서 증거하는 그리스도의 몸의 활동이라고 규정한다. 교회는 각기 다른 환경과 종족들에게 복음을 전달함에 있어서 가장 최선의 방법을 택해서 복음을 전파한다. 복음전파는 무력이 아닌 사랑의 방법으로 이루어지고 매체는 목양적이고 전도적이며 예언적이어야 한다. 복음전달의 결과로 신앙이 배양되고 예배활동이 활성화되며 세상 속에서 삼위 하나님의 모습을 반영케 된다. 복음전달은 구두표현으로만 이루어지는 것이 아니라 그리스도인의 삶과 그 행동양식 그리고 찬양과 믿음의 상징물 등을 통해서도 이루어진다.[113]

　이렇듯이 필자는 산 안토니오에서 논의되어진 첫 번째 부제목의 내용을 집중적으로 살펴보았다. 선교에 있어서 삼위 하나님이 주체가 되심을 진술했으나 애매모호한 표현이 나오는데 그것은 삼위 하나님의 선교를 성경적인 범주에서 정의를 한 것이 아니라 형이상학적인 철학적 표현을 사용한 것이다. 개종선교를 신학적으로 정의하였으나 그리스도의 몸이 정확히 어떤 종류의 교회인지 단순히 성경에 나와 있는 표현을 반영하였고 교파 확장으로서의 개종선교는 비판하였으나 개종의 성경신학적인 정의가 나타나지 않았다. 세속화와 세속주의를 구분하면서 복음증거의 결과로도 세속화가 열매로 맺어질 수 있다고 하면서 이것이 무엇을 의미하는지를 전혀 언급하고 있지 않다. 세속화가 복음증거의 결과라면 그 복음은 어떤 신학적 내용의 복음인지 불명확하며 만일 세속신학자들이 정의하고 있는 복음을 의미한다면 그것은 성경적 복음이 아닌 것이다. 타종교의 사람들을 다른 신앙체의 사람들로 표현하면서 그들 속에 역사하

---

112) Ibid., pp. 30-31.
113) Ibid., pp. 31-32.

시는 하나님의 영의 부요하심과 인성을 다루시는 하나님의 손길을 인정하며 그리스도인의 현존을 통해서 타종교인들의 깊은 신앙 헌신과 경험에 민감해야 한다는 진술은 1963년 멕시코 대회에서 나타난 현존의 신학과 내용이 동일하며 이것은 보편구원설의 전제를 내포하고 있다. 따라서 이런 점에서 산 안토니오의 문서는 타종교인에 대한 그리스도의 구원을 말하면서 동시에 그리스도를 통한 하나님의 구원 능력에 제한을 두어서는 안 된다는 애매한 표현을 하게 되는 것이다. 이러한 필자의 판단은 대회 의장이 되는 유진 스탁웰(Eugene Stockwell)의 대회 연설문의 내용을 통해서도 확증이 되는데 그는 타종교인들을 불신앙인으로 보지 않고 신앙인으로 규정하며 신앙을 성경적으로 정의함이 아닌 독일 실존주의 신학자들에게 나타나듯이 삶의 의미로서 정의하고 있다. 따라서 타종교인들에게 있어 그리스도의 구원이란 우주적 그리스도의 현존으로서 그리스도 안에 계시된 참된 인간성의 구현인 것이다. [114]

이러한 점은 당시 산 안토니오 대회에 참여하였던 수산 펄만(Susan Perlman)도 동일히 느끼면서 다른 신앙체의 사람들에게 복음증거를 논하고 있는 산 안토니오 대회의 문서에서 복음주의자들이 확신하는 예수 그리스도를 통한 구원이 전혀 나타나 있지 않다고 지적하는 것이다. [115] 당시 WCC의 총무로 있던 에밀리오 카스트로는 대회연설과 에큐메닉 진영의 선교 전문학술지인 IRM에 기고한 그의 글을 통해서 예수 그리스도의 복음이 산 안토니오에서 신학적으로 무엇을 의미하는지를 나타내고 있다. 그에 의하면 예수 그리스도의 복음은 그리스도 안에 구현된 정의와 섬

---

114) Eugene Stockwell, "Mission Issues for Today and Tomorrow", in <u>Plenary Presentation</u>, Wilson, pp. 115-128.
115) Susan Perlman, "An Evangelical Perspective on the San Antonio Conference", in <u>International Review of Mission</u>, Vol. LXXIX, No. 313, January, 1990, pp. 6-16.

김의 실천이요 인간성의 완성이다. 이런 점에서 그는 사회적 삶 속에서 해방케 하는 봉사를 실천하고 새로운 사회적 삶의 모델을 제시하는 복음의 선포는 바로 구체적인 기쁜 소식의 전달이라고 정의하고 있다.116)

이렇듯이 산 안토니오 대회는 비록 복음주의적 신앙고백과 선교적 용어표현이 나오고 있지만 실상 언어의 숨겨진 내용은 하나님의 선교사상이 그대로 내재되어 있으며 기독론적 보편구원설을 전제하고 타종교를 살아 있는 신앙체로 규정하고 있는 것이다. 특히 찰스 반 엥겐은 산 안토니오 대회가 성경적인 선교 의미는 전혀 언급하지 않고 다만 사회 변혁을 지향하는 행위만 강조하고 있다고 비판하고 있다. 이것은 그에 의하면 호켄다이크의 하나님의 선교학 사상의 연장선인 것이다.117)

### 11) 1991년 제7차 WCC 대회

1991년 2월 7일부터 20일 사이에 호주의 캔버라에서 317회원 교회로부터 842명의 대표들이 모여서 "성령이여 오소서-전 피조세계를 새롭게 하소서"(Come, Holy Spirit: Renew the Whole Creation)라는 총주제로 7차 WCC 대회가 열렸다. 이 대회의 특이할 만한 일은 중국 대륙에서 중국교회를 대변해 중국기독교협회가 신입 회원으로 받아들여져서 참석했다는 사실이다.118)

---

116) Emilio Castro. "To Confess Jesus Christ Today", in IRM, Vol. LXXIX, pp. 55-57. cf. Emilio Castro, <u>Address by the General Sexretary</u>, Presentation, Wilson, pp. 129-138.
117) Charles Van Engen, <u>Mission on the Way</u>(Grand Rapid: Baker, 1996), pp. 153-154.
118) WCC, <u>Dictionary of the Ecumenical Movement</u>, pp. 1095-1096.

WCC는 산 안토니오 세계선교와 전도분과 대회에서는 삼위일체론, 캔버라에서는 성령론의 입장에서 WCC의 선교학을 논하였다. WCC는 캔버라 대회를 준비하기 위해서 『에큐메닉 평론집』(The Ecumenical Review)의 1989년 7월호에 성령론을 특집으로 동방교회, 개신교회, 로마 카톨릭교회의 학자들로부터 15편의 논문을 집필케 하였다. WCC가 성경론에 관심을 기울이게 된 배경에는 세계교회 내의 "오순절 및 카리스마틱 성령운동"의 발흥과 영향력에도 원인이 있다.[119]

필자는 이제 캔버라 대회의 내용을 살펴볼 것이다. 네 개의 부주제들로 나누어져 있는데 첫째는 "생명의 수여자-당신의 피조물을 보존하소서"(Given of Life-Sustain Your Creation)이고 둘째는 "진리의 영-우리를 자유케 하소서"이다. 셋째는 "일치의 영-당신의 사람들을 화해케 하소서"이고 네 번째는 "성령-우리를 변화케 하시고 거룩하게 하소서"(Holy Spirit, Transform and Sanctify Us!)이다. 첫번째 부주제의 내용을 보면 창조주로서의 삼위 하나님의 역할을 논하고 그 중 성령 하나님은 만물을 보존하시고 새롭게 하시는 분으로 정의하고 있다. 성령 하나님은 생태계의 황폐와 인간의 자연질서를 파괴하는 행위에 대해서 교회를 통해 만물을 새롭게 하는 차원에서 모든 피조세계의 갱신을 위해서 일하도록 역사하신다.[120] 두 번째 부주제의 내용은 진리의 영으로서 성령의 사역을 논하고 있는데 성령은 인간성을 파괴하는 모든 구조악의 세력으로부터 인간을 자유케 하고 사람들의 삶 속에서 정의를 증진시키는 분으로 묘사되고 있다. 성령은 WCC의 "정의·평화·창조세계의 보

---

119) 로저 헤드런드는 1986년도 1월과 4월에 출판된 IRM잡지의 특집내용과 1989년도 7월에 발간된 The Ecumenical Review의 내용 속에 이런 배경이 언급되어 있음을 지적하고 있다. See Hedlund, op. cit., p. 439.
120) WCC, The Ecumenical Review, Vol. 43, No. 2, April, 1991, pp. 65-268.

존" 위원회에서 추구하듯이 환경보호, 부채 탕감 국제관계에 있어 비군사화 그리고 인종주의의 거부 등을 위한 인간들의 모든 투쟁 배후에서 역사하고 있는 것이다.[121] 세 번째 부주제의 내용은 일치의 성령을 논하고 있는데 성령은 기독교 공동체가 서로 연합하도록 역사하시는데 이것은 삼위일체 하나님의 삶에 동참하도록 하는 것이며 공동체 내에서 그 삶을 공유하도록 하는 것이다. 일치의 성령은 기독교 공동체가 '그리스도의 방법'으로 선교를 수행함에 서로 연합하여 사역하도록 역사하신다. 타종교와의 관계에 있어서 분열과 갈등보다 상호존중과 이해 그리고 정의와 평화증진을 위해서 서로 연합하도록 성령의 역사하심이 있으며 그리스도인의 자기 정체성을 확립하면서 동시에 타종교인들의 신앙과 서로 만나게 하시는 성령의 인도하심이 있다고 한다. 따라서 타종교인의 진리 표현에 대해서 개방적일 것을 성령은 요구하고 계신다고 한다. 근본주의와 민족주의의 파괴적 이데올로기를 경고하면서 관용성과 개방적인 기독교 공동체의 성립을 주장한다.[122] 네 번째 부주제의 내용은 변화시키는 성령을 논하고 있는데 성령은 그리스도인들이 성육신적인 영성을 가지고 세상 속에서 모든 불의한 구조악과 투쟁하며 이로부터 자유함을 획득하도록 역사하신다고 한다. 성령으로 말미암는 기독교의 영성은 부채탕감과 정의증진으로 나타나며 인권을 위해 투쟁하는 노력과 은사 운동에 대한 개방성 등으로 나타난다. 타종교와의 관계에 있어서 성령은 모든 신앙체들 배후에서 활동하고 계시며 이것은 하나님의 주권영역에 속한다고 말한다. 그러면서 모든 영이 성령께 속한 것이 아니기에 영들을 그리스도 안에서 분별해야 한다고 하면서 또한 다른 종교들의 심오한 영성배후에 성령의 역사하심이 있다고 말하는 것이다.[123]

---

121) Ibid., pp. 268-270.
122) Ibid., pp. 270-273.
123) Ibid., pp. 273-276.

이렇듯이 캔버라 대회에서 논의되어진 바는 성령론에 초점을 맞추었는데 창조의 영과 구속의 영으로서의 성령의 역할과 기능에 대하여 명확한 신학적 정의가 결여되어 있다는 사실이다. 두 번째와 세 번째 부주제에서 논의된 진리의 영과 일치의 영으로서의 성령은 환경보호, 부채탕감, 비군사화, 인종주의 거부 등 소위 인간성 회복과 정의 증진을 위한 사역을 주도하시는 분이며 산 안토니오 세계선교와 전도분과 대회에서 진술했듯이 인성의 모델이시요 인성을 회복시키도록 그리스도의 방법으로 선교를 수행케 하시는 분이다. 이것은 필립 포터가 신학적으로 정의했듯이 WCC 역사 속에서 지금까지 논의해 온 수평적 차원의 하나님의 선교를 성령론 입장에서 정리한 것에 불과하다.[124] 캔버라 대회를 준비하기 위해 쓰여진 필립 로사토의 논문은 이런 신학적 입장을 보다 분명하게 나타내고 있는데 그는 비기독교인이나 타종교인이라고 할지라도 인성의 회복을 위한 정의로운 투쟁에 참여하는 경우는 이것을 성령사역의 표적으로 간주해야 한다는 것이다.[125] 여기서 문제가 되는 것은 창조주로서 삼위 성령 하나님의 피조세계에 대한 보존과 섭리적 통치하심이 아니고 죄와 사탄의 억압에 놓여 있는 피조세계가 일반적인 성령의 사역으로 구속될 수 있다는 신학적 전제이다. 또한 하나님의 선교개념에 기반하여 기록된 구속계시와 예수 그리스도의 복음을 인간성의 완성과 회복에 초점을 맞추어서 아래로부터의 수평적 해석을 시도하고 있다는 사실이다. 타종교와

---

124) 포터는 1948년 1차 WCC 대회와 3차 뉴델리 대회 그리고 1989년의 산 안토니오 세계선교와 전도분과 대회에서 동일한 신학적 견해가 논의되어졌다고 주장한다. See Philp Potter, "Mission as Reconciliation in the Power of the Spirit", in International Review of Mission, Vol. LXXX Nos. 319/320 July/October, 1991, pp. 305-314.
125) Philip J. Rosato, "The Mission of the Spirit Within and Beyond the Church", in The Ecumenical Review, Vol. 41, No. 3 July, pp. 388-397.

의 관계에 있어서 영들을 분별해야 한다고 하면서 동시에 타종교인의 깊은 영성에 그리스도인들은 개방적이 되어야 한다고 상호 모순되는 진술을 하고 있다. 타종교인의 영성이란 정의와 평화를 증진하는 일에 애쓰는 모습이며 이것은 성령의 역사가 되는 것이다. 캔버라 대회에서 한국의 여성 신학자인 정현경 씨는 바로 이러한 캔버라의 성령론의 신학적 입장을 극적인 방법으로 표현하였다. 그녀는 성경에 나타난 소외되고 억울하다고 생각되는 인물들의 영을 부르며 역사 속에서 불운하게 희생된 수많은 사람들의 영을 초대하고 있다. 그녀는 이런 영들을 한국인의 '한'의 정서와 동질화하면서 캔버라에서 논의된 성령론의 신학적 입장을 그대로 적용하고 있다. 즉 성령은 인성회복과 정의구현의 영으로서 이들 억울한 영들의 신원을 위해 역사하며 오순절날에 나타난 성령의 사역처럼 분열되고 황폐한 인성과 생태계를 치료하고 연합시키는 역사를 하고 있다는 것이다.

　세상 속에서의 성령은 회개를 촉구하고 있는데 그것은 인간중심(Anthropocentrism)에서 생명중심(Life Centerism)으로 전환하는 것이요 이원론적인 세계관에서 상호 공존의 총체적인 세계관으로 전환하는 일이다. 총체적인 세계관의 실례로서 동북아시아의 '기' 사상을 소개하고 있다. 또한 회개의 양상으로 파괴의 문화란 전쟁과 계층화를 조장하는 불의한 탐욕의 문화이지만 생명의 문화란 고통당하는 인성의 아픔에 동참하는 긍휼과 자비의 문화이다. 그녀는 바로 이러한 성령의 이미지가 대승불교의 관세음보살 사상에 잘 나타나 있다고 보는 것이다.[126]

　정현경 씨의 이런 신학사상은 지금까지 WCC 내에서 논의되어 온 타종교를 살아 있는 신앙체로 보며 하나님의 선교사상에 기반하여 예수 그

---

126) Chung Hyun-Kyung, "Come Holy Spirit, Renew the Whole Creation", in The National Council of Churches Review, Vol. CXI, No. 6, June-Jule, 1991, pp. 1076-1087.

리스도를 이상적인 인간성의 모델로 정의하여 인성의 회복과 완성을 위한 모든 투쟁을 선교요 성령의 역사로 규정하는 신학적 입장과 동일한 것이다. 다만 이런 신학적 입장을 표현하기 위해서 자신의 이론적 전제에 부합되는 각종 인물들의 영들을 무속에서 실시하는 초혼제의 형태를 통해 초대하며 이들을 성령의 신원케 하는 역사에 적용시키는 행위는 역사적인 기독교회에 대한 모독이며 제삼위 되시는 성령 하나님의 구속사역에 대한 모욕이다. 또한 성령의 이미지를 대승불교의 관세음보살과 동일시하는 것은 폴 틸리히의 역동적 모형론의 이론과 유사하며 이것은 성령론적 보편구원설과 종교다원주의 사상을 내포하고 있다.

## 3. 에큐메닉 선교학의 주요 주제들

필자는 1948년 제1차 WCC 대회로부터 시작해서 1991년 7차 WCC 대회까지 에큐메닉의 선교학적 입장을 추적하였다. 독자들이 이미 느끼고 있듯이 WCC의 선교학은 상당히 광범위한 주제들을 내포하고 있고 그 내용이 포괄적이다. 그러나 WCC의 선교학은 그 역사적 발전과정에 있어서 몇 가지 공통되는 신학적 주제들을 가지고 있고 그것이 반복해서 나타나며 내용들이 원래의 것들을 중심으로 발전되는 경향이 있어왔다.

최근에 복음주의 진영의 몇 신학자들은 WCC의 신학이 복음주의자들의 영향을 받아서 다소 복음적인 신학경향으로 회귀하는 조짐이 있다고 낙관적인 전망을 하고 있다. 그들이 그렇게 생각하는 근거로는 1975년 5차 WCC 대회에서 등장하는 회심에 대한 복음주의적 진술과 1983년 "선교와 전도" 문서에 나타난 대위임령에 대한 강조와 전통적인 복음주의자들의 기본적 신앙고백의 진술들이 나타나고 있다는 것이다. 그러나 필자가 이미 원문서들을 통해서 확인했듯이 복음주의적인 신앙고백의 진술과 같이 보이는 용어와 표현들이 바로 그 문서들에서 WCC의 원래적 입장으로 뒤집어지는 내용으로 나타나고 있다는 사실이다. 이렇듯 WCC의 신학문서들은 독자로 하여금 더욱 혼란을 야기할 수 있는 애매모호함으로 점철하고 있다. 필자는 이것을 경계하고 있다. 한국교회의 일각에서 WCC의 신학을 그것이 마치 복음주의 진영의 신학과 전혀 다를 바 없는 것처럼 오히려 복음주의 신학을 교정하는 듯한 뉘앙스를 풍기면서 WCC의 신학문서들을 미려한 문체로 번역하여 그것을 소개하는 시도가 있는데 이것이 한국교회의 일부 신자들을 오도하고 있음을 필자는 지적한다. 이미 서론에서 밝혔듯이 WCC의 선교학의 역사적 발전과정 속에서 몇 가지 반복되어지는 공통적인 주요 주제들이 있는데 필자는 이것들을 여섯 가지로 구분하여 그 내용들을 요약적으로 살펴보려 한다.

### 1) 연합과 선교

WCC의 창립과정에서 결정적인 역할을 한 '생활과 사역' 그리고 '신앙과 질서' 회의는 WCC 창설의 필요성을 교회연합을 통한 사회봉사와 구제 그리고 공동의 증인됨이라고 하였다. 이러한 WCC 정신은 1차 대회에서 교회의 주님으로서 예수 그리스도를 중심한 기독론적 연합을 천명하였고 이것은 3차 뉴델리 대회시까지 계속되어지는 신학적 입장이었다. 1963년 멕시코에서 세계선교와 전도분과 대회가 열렸을 때 이러한 기독론적 연합은 보다 포괄적인 하나님의 선교를 기반으로 한 연합을 주장하기에 이르렀다. 이런 입장은 그 후 계속되어지는 WCC 대회의 신학적 입장으로 발전되었고 1983년에는 이것을 신학적으로 정립하고 실천적으로 사용할 수 있는 "세례·성만찬·직제"(Baptism, Eucharist and Ministry) 문서가 발표되었다. 그러면 문제가 무엇인가? 기독론적 연합이 잘못된 것인가? 아니면 하나님의 선교개념에 근거한 연합이 문제인가? 연합의 기반으로서 기독론적인 것을 표방한 것과 하나님의 선교개념은 서로 신학적으로 일치하는 부분이 있다.

그것은 예수 그리스도를 새로운 인간성의 모델이요, 인간성의 완성자로 보는 것이다. 그의 공생애의 삶 자체가 인간성를 갱생하고 개혁하며, 그의 죽으심과 부활의 모티브는 인간성의 완성에 대한 새로운 패러다임이 되는 것이다. 여기서 인간성의 의미는 WCC 문서들에서 계속 나타나고 있듯이 사회구조악으로 상처받고 손상된 인간의 존엄성과 인간의 고귀함이 회복되어지는 것을 뜻한다. 여기서 문제가 되는 것은 성자 하나님이신 예수 그리스도의 주님 되심의 수직적 의미가 신학적으로 전혀 고려되지 않고 다만 그분을 수평적인 차원의 모든 인성의 모델로서 동질화 차원에서 접근하는 것이다. 하나님의 선교개념은 이런 차원에서 인간성 갱생을 위한 모든 인간들의 활동 배후에 삼위 하나님의 구원역사가 있으며 이것은 궁극적으로 하나님의 선교라고 규정하는 것이다.

이런 의미에서 연합은 단지 교회나 신자만의 연합으로 이루어지는 것이 아니라 불신자나 타종교인과도 이루어진다. 따라서 WCC 문서들에서 기독론적 연합을 말하고 세례, 성만찬, 직제를 언급할 때 그 배후의 신학적 의미는 전통적인 복음주의 진영의 신학이해와 전혀 다른 신학적 의미를 내포하고 있는 것이다.[127]

WCC는 이런 연합을 통해 세상의 소외되고 고통받는 모든 인성을 위해 봉사하고 치료하고 인성을 회복하는 사역에 전념할 것을 촉구하는데 이것이 바로 '그리스도의 방법'으로 이루어지는 선교가 되는 것이다. 필자는 이런 신학적 입장에서의 연합은 성경적인 연합이 아님을 지적한다. 아무리 화려한 미사여구를 통해 연합의 당위성을 성경적인 용어로서 표현한다 할지라도 그것은 인본주의적이고 박애주의적 연합은 될지언정 하나

---

127) "세례 · 성만찬 사역" 문서에 나타난 기독론의 신학적 이해를 살펴보자. See WCC, Baptism, Eucharist and Mnistry, Faith and Order Paper No. 111(Geneva: WCC, 1982), pp. 3-15.

님이 원하시는 연합은 아닌 것이다. 그러나 복음주의 진영의 교회가 성경적인 신학을 가지고 복음의 전인성 차원에서 사회불의와 구조악의 문제에 대해 하나님의 말씀을 선포하며 성경적 갱생을 시도할 때 외적인 측면의 연합은 신학적인 문제가 손상되지 않는 한 얼마든지 가능한 것이다.

## 2) 전도와 사회정의

WCC신학 문서들 속에서 전도라는 말은 종종 증거나 선교라는 용어와 동일한 의미로서 교차 사용된다. 필립 포터는 WCC는 전도보다 선교와 증거라는 용어들을 더 자주 사용하고 있다고 한다.[128] 그에 의하면 선교는 인성 속에서 이루어지는 그리스도의 총체적 사역에 교회가 참여하는 것이요 전도는 바로 그러한 그리스도에 대한 신앙으로 사람들을 초대하는 일이 된다.[129] WCC는 1차 대회에서 올드햄의 책임사회 개념을 전도의 영역에 넣었다. 이것이 2차, 3차 대회에서 전도의 목표가 되었고 전도를 정의하기를 그리스도처럼 교회가 사회정의를 구현하기 위해 투쟁하는 모든 인성과 자신을 동질화하는 것이라고 하였다. 이러한 전도의 신학적 정의는 4차 대회에 '새로운 인간성의 참여'와 '공동의 인간성의 완성을 위한 노력'을 선교로서 규정하고 있는 것이다. 결국 이러한 전도개념은 1973년 방콕에서 열린 세계선교와 전도분과 대회에서 복음선포를 통한 구원의 의미를 경제정의구현, 정치적 압박에서의 인간의 존엄성 회복, 소외에서의 인간결속과 소망 등으로 진술하고 있는 것이다.

M.M. 토마스는 시편 44편을 통한 "오늘의 구원 의미"라는 논문에서 선교의 의미를 계층간의 갈등을 극복케 하는 투쟁과 해방으로 정의하고

---

128) Philip Potter, "Evangelism and World Council of Churches", in The Ecumenical Review, Vol. 20 April, 1968, p. 176.
129) Ibidem

있다. 바로 이러한 전도 의미가 회심을 역설하는 5차 WCC 대회에서도 나타나고 있고 이것은 1983년의 "선교와 전도" 문서에도 동일히 반복되고 있다. "선교와 증거에의 부름"이라는 부제목하에서 교회의 선교를 논할 때 선교는 모든 인성을 그리스도처럼 동질화하는 것이데 이것은 불의한 구조악과 투쟁하는 것이요 가난한 자와 결속하는 것이라고 한다. 결국 이러한 전도의 신학적 이해는 하나님의 선교개념에서 나오는 것이요 브리스길라 포오프 레비슨이 규명했듯이 인간성의 회복과 인간의 존엄성이 보장되는 사회정의 구현이 바로 전도의 내용이 되는 것이다.[130]

이렇듯이 WCC의 전도는 인본주의적 개념의 기독론과 하나님의 선교 개념에 근거하여 사회정의 구현을 통한 인간애의 실천을 바로 선교요 증거라고 규정하는 것이다. 여기서 문제가 되는 것은 복음선포를 통한 사회정의 구현이 아니다. 복음주의 교회는 복음의 전인성과 총체성으로 인한 사회정의 구현을 환영하고 그것을 추구한다. 그러나 사회정의 구현이 바로 복음이요 회심의 내용이며 전도가 아니다. 그것은 성경적인 전도와는 전혀 상관없는 아래로부터의 인본주의적 윤리변혁의 시도인 것이다.

### 3) 하나님의 선교

1952년 윌링겐 IMC 대회에서 요한네스 호켄다이크에 의해 제안된 하나님의 선교(Missio Dei) 개념은 1957년 가나 IMC 대회에서 각광을 받

---

[130] 브리스길라 포오프 레비슨은 WCC문서들 속에서 전도의 의미가 어떻게 사용되었는지를 규명하고 있는데 전도와 사회정의 구현은 궁극적으로 동일한 영역임을 주장하고 있다. See Priscilla Pope-Levison, "Evangelism in the WCC", in International Review of Mission, Vol. 80, April, 1991, pp. 231-241.

기 시작했고, 1961년 3차 WCC 대회를 기점으로 모든 WCC신학 문서 속에 에큐메닉 선교학의 기반으로 나타나고 있다. 하나님의 선교사상은 WCC의 총무로 있던 필립 포터에 의해서 1957년 가나 IMC 대회에서 WCC의 선교학으로 소개되어졌다. 그는 선교를 삼위 하나님의 관점에서 보아야 하며 교회만이 하나님 나라의 대변자가 아니라 세상 속에는 하나님 나라의 대리인이 많이 있는데 그들 모두는 새로운 인간성(New Humanity)의 구현을 위해 하나님께 사용되어지는 하나님의 선교도구들이라고 하였다.131)

1963년 4차 WCC 대회에서는 성령사역의 표적을 정의하기를 비기독교인이나 타종교인이라고 할지라도 인간성의 회복을 위한 정의로운 투쟁에 참여하는 일이라고 하였다. 이렇듯이 하나님의 선교사상은 삼위 하나님의 구속사역을 성경적인 의미와는 전혀 별개인 인본주의적 차원의 인간성 개발이나 인간애의 실현으로 규정하고 있다. 이런 의미에서 그리스도와 성령의 사역을 신학적으로 하나님의 선교사상에 부합되게 논하고 있고 이를 계속해서 발전시키고 있다. 또한 전통적인 교회구조를 거부하고 혁신적인 교회구조를 제안하며 타종교와의 교류에 있어 하나님의 선교사상에 입각한 공동사역을 논하며 그것은 보편구원설의 전제를 내포하고 있다.

## 4) 현존의 선교

현존개념이 WCC 내에서 공식적으로 등장한 것은 1963년 멕시코 세

---

131) 그는 하나님의 선교사상이 WCC선교신학에 공헌한 4가지 결과들을 소개하고 있다. 그것은 요약하면 바로 필자가 진술하고 있는 내용과 같다. See Philip Potter, Life in all its Fullness(Geneva: WCC, 1981), pp. 70-74.

계선교와 전도분과 대회에서이다.

막스 워렌의 선재적 은총의 개념이 그리스도의 우주적 현존개념으로 발전이 되어서 다른 신앙체 안에서 자신을 계시하는 예수 그리스도를 기반으로 한 대화를 주장하기에 이른다.

이 개념은 하나님의 선교사상과 연관이 되어서 현존의 의미를 해석하기 시작하고 그것은 타종교 안에서 이루어지는 인간성 회복을 위한 모든 시도를 그리스도를 계시하는 다른 방편으로 이해하여 그것을 구속의 영역에 포함시켰다. 이러한 우주적 그리스도론에 입각한 현존개념은 WCC에의 M.M. 토마스와 사마르타에게서 현저히 나타나고 로마교회의 레이몬드 파니카에게서 나타났다.

1980년 멜버른 세계선교와 전도분과 대회는 모든 사회정의구현 배후에 하나님의 현존이 있음을 천명했는데 이것이 1983년 6차 WCC 대회와 1989년 산 안토니오 세계선교와 전도분과 대회에서 성령의 현존으로 바뀌어 진술되어졌다. 이렇듯이 WCC는 기독론적 현존개념에서 지금은 삼위일체적 하나님의 현존개념으로 신학화하여 이것을 타종교인들과의 대화의 근거로 보고 또한 그것을 구속의 영역에 포함시키는 것이다. 이런 시도야말로 M.M. 토마스가 말했듯이 기독교를 표방한 혼합주의적 신학인 것이다.

## 5) 교회론

1961년 3차 WCC 대회는 교회를 정의하기를 사회변혁과 정의구현의 전위기구라고 하였다. 이 개념은 1963년 멕시코 세계선교와 전도분과 대회에서 교회를 가리켜서 사회봉사와 정의구현의 하나님의 선교기구라고 하였다. 이렇듯이 하나님의 선교사상에 의거해서 교회를 신학적으로 정의하는 시도는 1975년 5차 WCC 대회에서 그리스도와의 동질화의 개념으로 바뀌었다. 즉 교회는 세상 속에서 그리스도처럼 모든 인성과 자신을 동질화하는 것인데 이것은 인간성 해방과 사회정의를 구현하는 일이 된다.

이러한 WCC의 교회관은 정치신학자인 몰트만에게서 메시아적 정치왕국을 건설하기 위한 개방교회(Open Church)로 표현되었다.[132] 한국의 민중신학자들에게는 민중교회 내지 현장교회의 개념으로 받아들여진다.[133]

이렇듯이 WCC의 교회관은 하나님의 선교사상을 반영하는 신학화의 과정을 통해서 에큐메닉 진영의 선교학자들에게 다양한 양상으로 나타나고 이것은 특히 상황화신학의 지역 교회개념에 영향을 미치고 있다.

### 6) 종교신학

3차 WCC 대회에서 타종교를 다른 신앙체로 부르면서 그 안에 하나님의 은혜와 사랑과 능력이 있고 성령은 때론 전통적 방법에 익숙한 사람에게 이상하게 보일 정도로 타종교 안에서 역사하신다고 한다. 1963년 멕시코 세계선교와 전도분과 대회에서는 다른 신앙체 안에서 이미 자신

---

132) See Jürgen Moltmann, The Open Curch: Invitation to a Messianic Lifestyle (London: SCM Press, 1981).
133) 서남동 씨는 이런 현장교회의 개념이 구티에르츠나 몰트만과 다를 바 없는 민중교회 개념이라고 한다. 다만 한국의 상황에서 민중의 정의구현을 위한 사회변혁기구로서의 현장 교회가 되는 것이다. See Suh Nam Dong, "Historical References for Theology of Minjung", in Minjung Theology, Kim Young Bock, ed. (Singapore: The Commission on Theological Concerns, 1981), p. 53.

을 계시하시는 그리스도를 서로간에 확인하는 대화가 이루어져야 한다고 말한다. 1975년 5차 WCC 대회에서는 복음을 통한 거시공동체 안에 타종교인도 포함되었다고 하면서 타종교인의 영성을 인정하고 이것이 대화의 근거가 되어야 한다고 주장한다. 1983년의 "선교와 전도" 문서 안에서 타종교인들에 대한 측량할 수 없는 하나님의 부요와 인성을 다루시는 하나님의 방법이 있다고 한다. 이런 진술은 1989년 산 안토니오 세계선교와 전도분과 대회에서도 동일히 반복되게 나타난다. WCC는 1979년 킹스톤에서 중앙위원회 이름으로 '대화에 관한 지침들'(Guidelines on Dialogue)을 발표하였다. 그 내용의 핵심부분을 보면 복음의 거시공동체 안에 타종교인들을 포함시키고 삼위 하나님의 현존이 타종교인들의 영성으로 나타나고 있다는 것이다. 또한 혼합주의의 의미를 재해석하면서 복음을 토착화하는 중에 복음 해석의 토착화가 초래할 수 있는 혼합주의적인 위험은 감수해야 한다고 말한다. 그러면서 타종교를 객관적으로 공정하게 평가함으로 신앙영성을 바로 구별하여 혼합주의를 오히려 피할 수 있다고 말한다.[134]

여기서 주목할 부분은 현존개념과 영성개념과 혼합주의에 대한 재해석이다. 현존개념은 이미 살펴보았지만 삼위 하나님의 현존을 의미하고 영성은 그리스도와의 동질화 차원에 속하는 하나님의 선교사상이 내재되어 있다. 이러한 현존과 영성을 타종교인의 신앙이라 표현하고 이 바탕 위에서 이루어지는 대화는 혼합주의가 아닌 삼위 하나님의 현존에 대한 발견이요 상호 성숙화의 길이 된다는 것이다. 이렇듯이 WCC의 종교신학은 현존개념과 하나님의 선교사상을 타종교인과의 대화근거로 보고 그것을 삼위일체적 보편구원설의 방향으로 발전시키고 있다. 특히 1991년의 7차 WCC 대회는 성령신학적인 보편구원설의 신학을 나타내고 있다.

---

134) WCC, Guidelines on Dialogue With People of Living Faiths and Ideologies(Geneva: WCC, 1979), pp. 12-17.

## 4. 결론

　필자는 에큐메닉 운동의 연대기적 발전과정을 통하여 에큐메닉 선교학의 내용과 그 문제점들을 살펴보았고 이것을 여섯 가지의 주제로 나누어서 고찰하였다.
　에큐메닉 선교학은 하루아침에 형성된 것이 아니라 역사적인 발전과정을 통하여 이루어졌다. 만일 에큐메닉의 역사를 모른다면 오늘날 WCC의 주요 신학적 명제들을 이해하는 데 엄청난 혼란이 있게 된다. 공적 문서에 나오는 세련된 표현의 신앙고백은 다른 문서와 특정 지도자의 글을 통해서 숨겨진 신학적 의미가 확실하게 되며 그 의도가 드러나게 된다. 특정 용어사용시 그 신학적 내용이 WCC의 역사 속에서 어떻게 사용되었는지를 모른다면 그 용어의 진정한 의미를 놓치기 쉽다. 이렇듯이 WCC의 선교학은 대내외적인 변수에 의해서 때론 복음주의자들이 쓰는 용어와 표현들을 사용하지만 실제적인 내용은 변함이 없고 오히려 더욱 WCC의 색채를 나타내는 신학을 정교히 발전시키고 있는 것이다.
　한국의 개혁교회는 에큐메닉 신학의 도전 속에서 오히려 복음의 전인성과 총체성을 확립하고 세상 속에서 하나님 나라의 선교적 사명을 감당하게 된다. 다만 유의해야 할 것은 복음의 이원론적 사고로서 근본주의적 게토의식을 경계해야 한다. 한국의 개혁교회는 에큐메닉 선교학의 여러 신학적 명제들을 분별하여 보다 성경적이고 복음적인 개혁교회의 선교학을 확립하는 계기로 삼아야 한다. 에큐메닉 선교학은 복음주의 교회로 하여금 자신의 약점을 성찰케 하여 보다 성경적인 선교학을 정립케 하고 세상에 대한 선교사명을 더욱 충성되고 진실되게 수행토록 하는 것이다.

# Ⅸ. 복음과 문화

복음과 문화의 상관성에 대하여 구미의 신학계는 오랫동안 신학적인 논란을 거듭해 왔다. 크게는 복음주의 진영과 WCC로 대변되는 에큐메닉 진영과의 논쟁이 있어 왔고 복음주의 진영 안에서도 신학적 이해의 틀이 다소 다르게 나타나고 있다.[1] 복음주의 진영의 교회들은 로잔느 선

---

1) 교부시대에 있어 복음이라 규정할 수 있는 삼위일체에 관한 정통 교리와 아리우스나 네스토리우스에게 보듯이 예수를 피조물로 여기는 신학적 논쟁도 여기에 포함할 수 있다. 현대에 와서 WCC 내의 분과로 있는 신학교육기금(Theological Education Fund)의 책임자로 Shokie Coe가 등장하면서 문화적 상황(Contextual or Contextuity) 속의 신학을 WCC의 신학으로 내세우고 있다. 문화적 상황 속의 신학이 나오게 된 배경에는 1917년 벨기에의 루베인에서 열렸던 WCC의 성경관이 큰 영향을 미쳤고 이것은 당시 이 모임을 주도했던 에벨링의 신학성향이 불트만의 실존주의 신학의 소위 케리그마틱 신해석학파의 신학이었으며 또한 1960년대 말에 남미의 카톨릭주교회의에서 처음 등장한 해방신학의 영향이었다. 문화적 상황 속의 신학은 인간 삶의 정황으로서 문화와 종교를 신학화의 교과서로 성경과 동등한 비중으로 보며 이런 의미에서 성경관의 상대주의를 내포하고 있다. 바로 이러한 WCC의 신학은 복음주의 진영에 신학적인 큰 도전이 되었고 이것은 근본적으로 복음과 문화에 대한 상관성의 문제이다. See William J. Larkin, <u>Culture and Biblical</u>

교대회를 중심으로 1978년 캐나다의 윌로우뱅크에서 복음과 문화에 대한 신학협의회를 개최하였고, 거기에 복음과 문화에 대한 윌로우뱅크 보고서를 선언하였다.[2] 그러나 복음주의 진영 안에서도 문화에 대한 이론적 전제의 차이에 따라 다른 신학적 모델이 등장하고 있고 이것은 복음주의 진영 안에서 긴장의 요인이 되고 있다.[3] 최근에 교회성장학에서 사

---

Hermenutics: Interpreting and Applying the Authoritative Word in a Relativistic Age(Grand Rapids: Baker, 1988), pp. 426-434, Shokie Coe, "Contextualizing Theology" in Mission Trends No. 3, G. H. Anderson and T. F. Strandky, eds.(Grand Rapids: Eerdmans, 1976), Theological Education Fund, Ministry in Context: The Third Mandate Programme of the Theological Educaion Fund(1970-1977)(Bromley: TEF, 1972).

2) 윌로우뱅크 보고서는 당시 신학협의회에서 발표되었던 모든 논문들을 요약한 복음주의 신학자들의 결집된 합의의 열매로서 나온 것으로 내용 주제들을 보면 문화의 성서적 기초, 문화정의, 성경계시 속의 문화, 금일의 하나님의 말씀의 이해, 복음의 내용과 전달, 복음의 겸손한 전령들, 회심과 문화 그리고 결론적 교회와 문화로서 총 8개의 대주제와 그에 따른 소주제들로 구성되어 있다. See Robert T. Coote and John Stott, eds., Down to Earth: The Paper of the Lausanne Consaltation on Gospel and Culture(Grand Rapids: Eerdmans, 1980), pp. 308-339.

3) 윌로우뱅크에서 모인 신학협의회 자체 내에서도 신학자들은 복음과 문화에 대한 이론의 차이에 따른 긴장이 있었으나 특히 풀러 신학교의 Charles Kraft의 영향을 통해 문화를 중립으로 받아들이는 기능·구조주의 이론이 압도하였다. 그러나 Paul Hiebert 및 문화상징주의 입장에 문화를 종교적 세계관의 심층구조의 반영으로 보는 이론과 전통적인 개혁주의 신학에 있어서 보통은총에 대한 이론은 문화를 중립으로 보지 않고 죄와 사탄에 영향을 받아 치우친 것으로 보기에 이에 따른 갈등이 있어 왔다. 문화를 기능·구조주의 측면에서 중립적으로 보는 학자는 Charles Kraft, Eugine Nida, Marvin Mayor 등이 있고 후자에 속한 학자로서 Paul Hiebert, David Heselgrave, Harvie Conn 등이 있다.

회학적이며 인류학적인 행동과학의 제 이론들을 사용하여서 구미의 소위 성장하는 교회들을 분석하는 일을 계속해 오고 있다. 교회성장학의 신학자들은 문화적 콘텍스트의 중요성을 강조하면서 문화적인 면에 민감하고 적응성 있는 요인이 교회의 성장의 주요 요소가 됨을 주장하면서 지역교회가 이를 적극 수용해야 한다고 요구하고 있다.[4] 필자는 이 장에서 먼저 복음과 문화에 대한 신학적 정의를 규명하고 그에 따른 다양한 신학적 이해들을 모델로서 유형화하여 개괄적으로 분석, 평가하여 보다 성경적인 복음과 문화에 대한 신학 모델을 제시하고자 한다. 또한 실천적인 면으로서 교회성장학에서 중요하게 강조하는 지역 교회 성장에 있어 문화적 정황에 대한 제 이론들을 사례를 중심으로 신학적으로 평가하고 대안을 제시하고자 한다.

## I. 복음과 문화의 신학적 정의

복음은 협의적으로는 성자 하나님이신 예수 그리스도의 초림과 십자가

---

[4] 교회성장학은 Donald Mcgavran에게서 시작이 되었는데 첫 기원은 선교지인 인도에서부터 시작된다. 성장하지 못하는 인도교회와 선교단체의 정체적인 선교정책을 보면서 Mcgavran은 전통적인 개인적 접촉을 중심으로 하여 이루어지는 선교마을을 형성하는 선교기지 중심의 선교를 지양하고 사람들(People), 즉 문화 속에서 이루어지는 변혁의 요소와 복음의 수용성을 발견하여 문화 속에서의 선교변혁을 통한 토착 교회 설립과 선교적 성장을 제자화로 해석하여 교회성장운동을 전개하였다. 이것이 후계자인 피터 와그너를 통하여 지역교회 성장에 있어서 지역사회의 토양조사 및 복음의 수용성을 내포한 문화변혁의 요소를 분석하여 문화에 민감하고 문화와 연관성 있는 교회로서의 성장을 주장하기에 이른다. 여기에는 여러 사회학적이고 인류학적인 행동과학의 제 이론들이 응용화되고 실천화되어 있다.

에 죽으심 그리고 그의 부활과 재림을 통한 죄사함과 하나님의 자녀됨 그리고 영생과 하나님 나라의 구현을 의미한다.<sup>5)</sup> 광의적으로 복음은 하나님의 구속 계시가 기록된 계시의 말씀으로 우리에게 주어진 성경 66권의 하나님의 말씀을 의미한다. 쯔빙글리는 이런 의미에서 복음을 정하기를 "하나님께서 인간에게 자신을 기쁘게 나타내 보이시고 그의 뜻을 인간이 순종하도록 하게 하심이 복음이며 이것은 예수 그리스도를 통해 절정으로 나타났는데 복음은 모든 기록되어진 계시의 말씀이다."라고 하였다.<sup>6)</sup>

성경을 중심으로 한 복음과 문화의 관계를 살펴볼 때 복음 안에 하나님의 계시도구로 사용된 다양한 문화 형태와 문화적 상황들이 존재하고 있다. 성경 속에 사용된 모든 문화적 요소들은 삼위 하나님의 간섭과 보호 속에 하나님의 계시 의미를 왜곡되게 하는 오류 없이 온전한 계시도구로 사용되어졌는데 이것을 복음주의 신학자들은 성경의 완전 영감설(Plenary Inspiration) 혹은 유기적 영감설(Organic Inspiration)로 이해하고 있다.<sup>7)</sup> 그러나 성경 안에서도 문화적 상황의 차이와 문화적 형태

---

5) 협의적 의미에서의 복음은 복음의 기원이 되는 "Euangelion"을 중심으로 예수 그리스도의 구속사역에 초점이 맞추어 있다. B.B. Warfield는 바로 이런 관점에서 복음의 의미를 설명하고 있고 실현된 종말론의 윤리신학의 입장에 선 C.H. Dodd도 복음에 있어서는 그 기원을 예수 그리스도의 구속사와 직접 연관시키고 있다. See B.B. Warfield, <u>The Person and Work of Christ</u> (Philadelphia: PRPCO, 1950), pp. 5-33, C.H. Dodd, <u>The Apostolic Preaching and Its Development</u>(London, 1936).

6) E.J. Furcha and H. Wayne Pipkin, eds., <u>Prophet, Pastor, Protestant: The Work of Huldrych Zwingli after Five Hundred Years</u>(Allison Park: Pickwick Press, 1984), p. 79.

7) 윌로우뱅크 보고서는 성경계시 속의 문화라는 주제로 그 내용을 다루고 있는데 완전영감설과 유기적 영감설을 전제로 한 성경의 규범성을 진술하고 있다. See Coote and Stott, op, cit., pp. 313-315.

의 차이점이 있는데 이것을 어떻게 이해해야 할까? 윌로우뱅크 보고서는 계시의 역사성에 의한 성경의 통일성 측면에서 문화의 차이점을 해석하고 있고 더 나아가 문화의 중립성을 내포한 역동적 등가의 모델을 제시하고 있다.[8]

윌로우뱅크 보고서는 문화의 기원을 하나님의 창조 언약으로부터 본다. 창세기 1:26-28의 말씀 중에 "생육하고 번성하여 땅에 충만하라 땅을 정복하라"는 말씀 속에서 인간에게 부여된 문화에 대한 하나님의 약속과 축복이 있는 것이다.[9] 그러나 인간이 범죄한 이후 하나님의 창조 언약 속에 있는 문화명령은 보통은총으로서의 계속적인 기능을 하지만 완전성을 상실하였다.[10]

---

[8] 윌로우뱅크 보고서는 계시의 역사적 측면에서 문화적 조건성을 논하고 있고 성경 전체의 통일성측면에서 계시의미를 찾는 것을 중요시 여긴다. 다만 문제가 되는 것은 문화를 중립적으로 보는 문화에 대한 위험적 낙관주의가 있으며 성경적 의미를 되살리는 역동적 등가의 모델을 가장 바람직한 것으로 여기고 있다. 이 부분의 문제점을 뒤에서 자세히 논할 것이다.

[9] 정복하라는 말씀은 원어의 의미로 경작하라는 영어의 Cultivate의 의미가 있는데 여기서는 문화, 즉 영어의 Culture가 기원된다. Ibid., pp. 311-312. cf. Francis N. Lee, The Central Significance of Culture (Philadelpia: Prpco, 1976), p. 18.

[10] 범죄 이후에 문화명령도 전혀 의미가 없으며 보통은총은 존재하지도 않는다는 극단적인 사고의 신학이 화란 개혁교회 안에 있었다. 그러나 화란개혁교회는 칼빈의 입장을 좇아서 보통은총에 대한 신학적 입장을 정리하였다(1929). 칼빈은 범죄 이후에도 보통은총이 계속되기에 인간이 문화적 삶을 영위하고 생존할 수 있음을 천명하였다. 이것이 또한 하나님의 심판의 근거가 되는 것이다. See Cornelius Van Til, Common Grace and the Gospel (Philadelpia: PRPCo., 1974), pp. 18-22, John Calvin, Institutes of the Christian Religion I, John T. Macneil, ed. (Philadelpia: Westminster Press. 1967), pp. 51-69.

따라서 보통은총 속에 있는 문화명령은 이미 중립성을 잃어버렸고 죄성과 죄의 영향력 그리고 그 배후에 있는 사탄의 영향을 받게 되어 있지만 그렇다고 보통은총으로서의 은총적 기능과 역할을 완전히 상실한 것은 아니다.[11]

이것은 구원과는 상관없는 제한적 은총으로 여전히 존속하며 헤르만 바빙크, 아브라함 카이퍼 그리고 선교학자인 요한네스 바빙크가 규명했듯이 복음의 접촉점과 선교의 근거가 되며 하나님의 예비적 은총으로서의 카이로스와 연관하여 사용되는 것이다.[12]

현금에 다양한 문화에 대한 제 이론적 전제들이 있다. 문화에 대한 어떤 이론 전제를 받아들이느냐에 따라서 그 신학적 입장들이 나누어지고 있다. 필자는 다음 장에서 신학모델을 살펴보기 전에 문화에 대한 다양한 전제들이 어떻게 문화에 대한 신학적 입장에 영향을 주고 있는지를 이장에서 고찰해 볼 것이다.

---

11) 아브라함 카이퍼는 죄와 사탄의 영향력을 반정립(Antithesis)의 기능으로 정의하고 있고 이것이 문화 속에 내재된 보통은총 속에 이중의 장애로서 항상 나타나고 있다(Bipolar Obstacles). See Abraham Kuyper Lectures on Calvinism(Grand Rapids: Baker, 1983), p. 124. cf. Henry R. Van Til, The Calvinistic Concept of Culture(Grand Rapids: Baker, 1959), pp. 182-183.
12) 헤르만 바빙크는 보통은총이 수여되지 않았다면 "만물은 존재할 수 없었을 것"이라고 말하고 있으며, 요한네스 바빙크는 문화 속에 내재된 보통은총이 복음의 접촉점이 됨으로 선교가 가능하다고 말하고 있다. 이런 점에서 보통은총은 하나님이 예비된 은총으로서 카이로스의 현장이 되는 것이다. 그러나 주의할 것은 보통은총 자체로는 구원에 이를 수 없으며 구원과는 상관이 없는 것이다. See Herman Bavincik, The Philosophy of Revelation(Grand Rapids: Baker, 1979), p. 27. Johannes H. Bavinck, The Impact of Christianity on the Non-Christian World(Grand Papid: Eerdmans, 1948), p. 77.

## 1) 문화진화론과 발전주의 이론

문화진화론의 입장은 다윈의 『종의 기원』과 『인간의 출생』에서 취급된 생태학적 발전이론에서 비롯된다. 다윈에 의하면 "모든 살아 있는 생명체들은 자연에 순응하여 생존하는 치열한 생존과정을 겪고 있으며 이것은 중단되지 않고 보다 발전적으로 나아간다."고 한다.[13] 이러한 다윈의 이론은 인구학의 시조인 말투스에게도 영향을 주었고 언어학에 있어서는 막스 뮐러에게 영향을 주었다.[14] 또한 종교학자로서는 에드워드 타일러, 제임스 프레이저 그리고 루시엔 레비 브룰에게 영향을 주었다.[15]

신학자로서는 독일의 튜빙겐 학파의 발전주의와 확산주의 이론을 주장한 줄리우스 벨하우젠과 에마일 두르크하임 그리고 빌헬름 쉬미트가 있

---

13) Charles Darwin, Origin of Species (New York: New American Library, 1958), p. 86.
14) 말투스는 다윈의 적자 생존의 원리를 인구증가에 비교하여 낙관적인 생각을 가졌다. 막스 뮐러는 언어의 발전과정을 진화론적 측면에서 평가하였다. See T. R. Malthus, An Essay on the Principles of Population (London, 1949), p. 35, F. Max Müller, The Science of Language Vol I (New York: AMS, 1978), p. 72.
15) 타일러는 종교의 기원을 진화론적 관점에서 Anima(정령)형태로 보며 이것이 다신교(polytheim)와 유일신교로 발전이 되었다고 본다. 프레이저는 종교의 기원을 자연재해를 극복하기 위한 초기의 마술형태에서 다신교와 유일신교로 발전이 되었다고 한다. 레비 브룰은 초기의 종교형태를 원시인의 사고방식(Primitive Mentality)으로 본다. See Edward B. Tylor, Primitive Culture (New York: Harper Torchbooks, 1958), p. 334, James G. Frazer, The Golden Bough (New York: MacMillian, 1958), p. 826, Lucien Lévy-Bruhl, Primitive Christianity (New York: MacMillian, 1928), pp. 344-345.

다.[16] 이 이론의 공통된 특징은 보다 발전된 종들(Species)만이 생존하게 되어 있으며 열등하고 후진적인 것들은 도태하거나 소멸해야 할 운명에 처해 있다는 것이다. 이런 관점에서 에마일 두르크하임은 고도로 발전된 문화 사회에서의 종교는 인간의 지력이나 윤리의식이 종교를 대신하기에 궁극적으로 종교는 소멸되어진다고 하였다.[17]

벨하우젠이나 궁켈의 발전·확산주의 이론도 종교의 발전을 진화론적 관점에서 양식비평이나 구전 전통비평을 한 것이기에 두르크하임의 결론과 동일한 인본주의가 종교를 대치하는 인간주의의 극치인 이상시대를 제시하기에 이른다.[18] 그러나 이 이론은 오늘날 문화인류학에서 검증되지 못한 효용성이 없는 낡은 이론으로 남아 있다. 인간의 지력이 발전하고 사회가 고도로 정교하게 개발되었음에도 불구하고 인간의 종교적 욕구는 물질적인 발전과 비례해서 더욱 요구되고 있으며 이것은 오늘날 현대인들 가운데서 대중종교의 발흥으로 나타나고 있다.[19] 또한 사회의 발전이 인간의 윤리성이나 덕성을 이상적으로 개발시키기보다 오히려 근원적이고 심각한 인간생존과 연결되는 온갖 부정과 불의, 자연 생태계의

---

16) 벨하우젠은 진화론적 관점에서 성경의 전승과정을 추적하여 소위 양식비평학의 시조로 불리워진다. 쉬미트는 벨하우젠의 이론을 어느 특정지역을 중심으로 한 종교의 구심체가 있었으며 이것이 확산되어진다는 이론으로 발전시켰다. See Harvie M. Conn, Eternal Word and Changing World(Grand Rapid: Zondervan, 1984), p. 61, Wihelm Schmidt, The Culture Historical Method of Ethnology(New York: Fortury, 1939), p. 104.
17) Emile Durkheim, The Rules of Sociological Method(New York: Free Press, 1938), pp. xxxviii-xxxix.
18) 이러한 낙관주의와 이상주의가 종교사학파의 특징인데 이것은 자유주의 신학의 원조가 되기도 한다. Harvie Conn, op. cit., pp. 64-65.
19) 자연과학에서는 여전히 진화론이 각광받는 이론으로 남아 있는 것이 아주 대조적인 일이다. 대중종교는 일종의 신흥 정령숭배 형태로 철학화되어서 New Age Movement나 Spiritism으로 발전되고 있다.

파괴와 인간성의 상실 등으로 나타나곤 한다.

### 2) 문화결정주의 이론이 있다.

문화란 지정학적인 특성과, 그 속에 살고 있는 인간공동체의 독특한 삶의 경험이 보다 유용하고 발전적인 삶의 정황을 형성하는 것으로 민족적 특성을 나타낸다. 이 이론의 시발자로서 마가렛 미드가 있고 루쓰 베네딕과 크로보가 있다.[20] 이 이론은 문화가 형성되는 데 심리적인 요인을 중요하게 여기며 생존을 위한 기능적인 측면에서 문화가 결정되어진다고 한다. 따라서 서구의 문화가 비서구 지역에 그대로 이식될 수 없으며 비서구 지역의 문화는 그 속에 살고 있는 사람들에게는 필요충분의 생존조건이 되는 것이다. 이런 관점에서 각 문화에 따른 행동양식을 급격하게 변화시키려는 어떠한 시도도 위험한 일이며 잘못된 일이 된다. 이러한 문화결정주의는 결국 기독교의 선교를 거부하게 만들고 상대주의

---

20) 미드는 프로이드적인 생태학적 심리형성을 그대로 문화형성에도 적용시켜 여기서 소위 문화적 특성으로 발전시킨다. 이러한 미드의 입장은 그대로 베네딕이나 크로버에게 동일히 나타난다. See Margaret Mead, "Retrospects and Prospects", in Anthropology and Human Behavior, T. Gladwin and W.C. Sturtevant, eds. (Washington: ASW, 1962), pp. 127-128. "Culture Determinant of Bahavior", in Behavior and Evolution, A. Roe and G.G. Simpson, eds. (New Haven: Yale University Press, 1958), pp. 480-503, Ruth Benedict, Patterns of Culture (New York: Hougton Mifflin, 1934), pp. 70-74, A Kroeber, Configurations of Culture Growth (Berkeley: University of Califonia Press, 1944), pp. 77-83.

입장에서의 다원주의를 주장하게 만든다. 또한 위험한 것은 문화나 인종 간의 우열을 구분하는 문화우월주의나 인종주의의 산물이 될 수 있다는 것이다.[21]

## 3) 문화기능주의의 이론

　문화결정주의의 연장선 위에서 문화를 그 속에 살고 있는 사람들의 생존을 위한 필요충분적 역할을 한다는 전제 위에서 문화를 기능적으로 연구하는 일군의 학자들이 있었다. 이 이론의 대표적 학자들은 영국인이기에 불란서의 구조주의 학파와 구분하여 영국학파로 부르기도 한다. 대표적 학자로 말리노우스키가 있는데 그는 인간의 생존을 위한 문화형성에 있어서 일곱 가지의 기본적 욕구가 있다고 한다. 그는 이것을 생태학적 욕구, 정서적 안정감과 보호, 사회적 공동체의 필요성과 의사전달 그리고 개인에게 있어서 심미적인 성장과 성취의욕, 권력욕구 등으로 구분한다.[22] 말리노우스키에 있어서 문화란 전체사회 구성원들을 위한 인간의 기본적 욕구 충족의 장소이며 이것은 그 문화 속에 살고 있는 사람들에게 최적의 삶의 조건이 된다. 또 다른 기능주의 이론의 학자로서 래드클리프 브라운이 있다. 그는 말리노우스키와 다르게 집합적인 사회 구조에 있어서 각 하위 제도 속에서 구성원들이 사회의 안녕과 질서를 유지시키는 방향에서 개인의 욕구를 충족시킴을 주장한다.[23] 기능주의 이론은 문

---

21) 문화는 행동과학의 이론처럼 본질적으로 이미 존재가 규정되어 있기에 변혁의 가능성은 제한되어 있고 따라서 문화간에 우열의 차이가 일어나게 된다.
22) B. Malinoaski, "The Group and the Individual in Functional Analysis", in American Journal of Sociology, 44, pp. 983-964.
23) 래드클리프 브라운은 말리노우스키보다 더욱 사회구조의 결속을 강조하며 이

화의 역할을 그 문화 속에 살고 있는 사람들에게 어느 정도 최적의 삶의 조건을 산출한다는 전제를 내포하고 있다. 따라서 문화에 대해서 낙관적이며 토착문화의 중요성을 강조하고 문화의 상대성을 인식함으로 다원적 문화의 길을 열어 놓는다. 일반적으로 문화인류학자들은 기능·구조주의의 입장을 가지고 문화의 상대적 가치 및 각 문화의 효용성을 주장하면서 선교무용론을 피력하고 선교를 통한 문화변혁에 부정적이다.[24] 선교학자로서 유진 나이다, 루이스 루즈베텍, 찰스 크라프트 그리고 마빈 메이어 등이 문화를 기능·구조주의 측면에서 보며 선교인류학을 연구하고 있다.[25] 이들의 공통된 특징은 문화를 기능·구조주의 측면으로 접근하기에 문화에 대해서 낙관적이며 문화를 중립적으로 보고 문화 속에서의 선교변혁을 크라프트처럼 종족신학(Ethnotheology)의 관점으로 접근한다.[26] 이들의 문화에 대한 낙관성은 신학적 전제를 가지고 있는데 그것

---

측면에서의 개인의 욕구충족을 조절한다. 따라서 그는 기능주의와 구조주의의 중간적 입장에 서 있으므로 기능·구조주의자라 불려지기도 한다. See A. R. Radcliff-Brown, "Functionalism: A Protest." in American Anthropologist, 51, pp. 320-323.

24) 지금까지 기능·구조주의 문화인류학자들과 선교인류학자들과 갈등이 있어 왔으나 기능·구조주의학자들이 선교인류학자들을 점차 학문적으로 이해하게 됨으로 갈등의 폭이 좁혀지고 있다. 즉 선교란 문화파괴가 아니라 문화변혁이라는 것을 인식하게 된 것이다. See Paul G. Hibert, Cultural Anthrology (Grand Rapid: Basker, 1983), pp. xv-xxi.

25) See Eugine Nida, Customs and Culture: Anthropology for Christian Mission (New York: Haper and Brothers, 1954), Louis J. Luzbetak, The Church and Cultures (Maryknoll; Orbis, 1993), Charles Kraft, Christianity in Culture (Maryknoll: Orbis, 1984), Stephen A. Grunlan and Marvin K. Mayers, Cultural Anthrology: A Chirstian Perspective (Grand Rapids: Zondervan, 1988).

26) 나이다는 이런 관점에 성경적 문화 상대주의(Biblical Cultural Relativity)의 신학을 주장하고 루즈베텍은 선교적용화(Missionary Accommodation)

은 문화가 하나님께로 기원되었다는 것과 하나님의 구속 계시가 문화를 계시도구로 사용하신 것과 성경은 어느 특정 문화를 옹호하고 있지 않다는 점과 문화는 사용자에 따라 달라지기에 중립적 특징을 가지고 있다는 것이다.[27] 그러나 이러한 문화에 대한 낙관성과 중립성은 이 이론의 심각한 결함과 위험성을 내포하고 있는 것이다. 필자는 다음 장에서 이 이론을 반영하고 있는 신학모델을 살펴볼 것이다.

### 4) 문화구조주의 이론

문화구조주의는 구조적인 측면에서 문화기능을 연구한 래드클리프 브라운에게서 이미 나타났지만 불란서의 레비 스트라우스에게서 비롯되었고 불란서 학파의 이론으로 불리워지기도 한다. 레비 스트라우스는 문화 속에 기본적인 규칙들과 상호 결속적인 원리들이 있으므로 문화 속의 모든 것을 통합하는 구조적인 특성이 있음을 주장한다.[28] 이러한 그의 이론은 특히 집합적인 사회공동체의식을 중요시 여기며 이것이 문화의 모든 하위구조 속에 반영되어서 문화의 기능과 역할을 조정한다는 것이다.[29] 이러한 레비 스트라우스의 이론은 근대에 문화상징주의 이론이 나

---

의 신학을 제시한다. See Nida, op. cit., pp. 48-52, Luzbetak, op. cit., pp. 67-69.

27) 나이다의 성경적 문화상대주의 신학이나 루즈베텍의 선교적용화의 신학 그리고 크라프트의 종족신학은 바로 이러한 신학적 전제를 가지고 문화형태를 자유롭게 사용하되 성경의미를 구현함을 중요하게 여긴다.

28) Levi-Strauss, "French Sociology", in Twentieth Century Sociology, G. Gurvitch and W. Moors, eds, (New York: Philosoplical Library, 1945), pp. 524-525.

29) 집합적인 사회공동체의식은 스트라우스에 의하면 종교적인 것으로 금지와 허

오게 된 배경이 되는 것이다. 구조주의 이론은 기능주의와 함께 받아들여지는 이론이기에 기능주의의 모든 문제점을 그대로 내포하고 있다.

## 5) 문화상징주의의 이론

레비 스트라우스가 집합적인 사회공동체의식을 종교적인 것으로 이해했을 때 더 이상 문화는 단순히 기능이나 구조성으로 여겨지지 않게 되고 인간의 사물에 대한 존재론적이고 궁극적인 종교인식에 대한 반영으로 이해되어졌다. 즉 인간의 형이상학적이고 종교적인 인식이 문화형태와 의미를 결속시키는 상징으로 나타난다는 것이다. 이러한 문화상징주의 이론은 클리퍼드 게어츠, 메리 더글라스 그리고 빅터 터너 등의 문화인류학자들에게 받아들여졌다.[30] 특히 게어츠는 문화의 심층구조로서 '세계관'을 제시했으며 이 세계관은 종교적인 특성을 띠고 있는데 사물에 대한 존재론적인 인식과 더불어서 정서적이고 윤리적인 측면으로 발전하는 통합구조를 가지고 있다.[31] 이 세계관은 문화의 모든 하위 구조

---

용의 규범성을 가지고 있고 초기에는 토템으로 주로 나타난다고 한다. See Levi-Strauss, Structual Anthropology (New York: Basic Books, 1963), pp. 47-48.

30) 게어츠는 세계관의 이론으로 발전시켰으며 빅터 터너는 이러한 세계관이 문화 속의 사람들의 삶의 패턴에 반영됨으로 삶의 통과의례의 중요성을 강조했다. See Clifford Geertg, "Religion as a Cultural System", in Reader in Comparative Religion, W. A. Lessa and E. Z. Vogt, eds. (New York: Haper and Row, 1972), Victor Turner, The Ritual Process: Structure and Anti-Structure (Chicago: Aldine 1969).

31) 게어츠의 세계관이론은 본질적으로 종교적이라는 점에서 기능·구조주의학자들의 세계관의 정의와 근본적으로 다르다. Geertg, op. cit., pp. 168-169.

에 영향을 미치며 통합적인 결속 기능을 하고 있다. 따라서 문화 속에서 이루어지는 모든 것은 세계관의 반영을 나타내며 세계관은 일종의 문화 속에 가치관의 전제나 가정과 같은 역할을 하게 된다.[32] 문화상징주의 이론은 세계관을 핵심으로 보기에 이것은 성경적인 인간관과 일맥상통하나 세계관의 반영으로서의 인간의 상징적 능력이 종교를 통해 절정으로 나타나며 세계관은 바로 그 상징 배후에 하나님의 자기계시가 보편적으로 나타난다는 전제는 종교다원주의 및 보편구원설의 올무에 빠진다. 바로 이러한 위험한 경향이 폴 틸리히에게 나타났으며 로마 카톨릭 신학자인 로버트 쉬라이트에게 나타나고 있다. 이 부분에 대한 고찰은 문화상징주의 이론이 전제된 신학모델을 통해서 살펴보게 될 것이다.

문화상징주의 이론에서 주목할 것은 세계관을 인간 상징능력의 반영으로 보며 종교적으로 본다는 점이다. 성경신학에 있어서 하나님은 인간의 상징능력을 계시도구로 삼으셔서 그의 구속의 뜻을 나타내셨다는 점에서 게하르두스 보스는 상징의 중요성을 성경해석학의 주요 원리로 제시하고 있다.[33] 그러나 여기서 상징은 틸리히처럼 보편화된 하나님의 자기계시의 장소가 아니라 특별히 그의 구속의 뜻을 나타내기 위하여 하나님이 선별하시고 보호하신 특별계시 안에서의 도구 역할로서의 상징인 것이다. 문화상징주의가 가지고 있는 뛰어난 점은 문화형태와 의미가 하나로 결속된 상징의 중요성을 인식시켜 주었다는 점이다.

이러한 문화에 대한 다양한 이론들 중에서 윌로우뱅크 보고서는 찰스 크라프트의 영향을 나타내고 있는데 즉 문화를 중립적으로 규정하여 성경번역시에 역동적 등가 변역 모델(Dynamic Equivalence Transla-

---

32) 세계관을 문화 속의 통합적 가치관이나 가치체계로 보는 것은 기능·구조주의 학파에게 있어서 종교란 세계관의 본질이 아니며 단지 문화의 하위구조에 위치해 있을 뿐이다.

33) Geerhardus Vos, Biblical Theology(Grand Rapid: Eerdmans, 1971), p. 161.

tion Model)을 제시하고 있다는 점이다. 이것은 문화를 기능·구조주의 측면에서 보는 이론의 반영이다.[34] 이러한 이론의 문제점은 다음 장에서 신학 모델을 살펴볼 때 좀더 자세히 연구되어질 것이다. 그러면 무엇이 보다 성경적이고 개혁주의 신학을 반영하는 복음과 문화의 관계성에 대한 신학유형인가? 필자는 다음 장에서 이 부분을 기존하고 있는 복음과 문화의 신학 모델들을 살펴봄으로 규명해 볼 것이다.

## 2. 복음과 문화의 상관성에 대한 제 신학적 모델들

필자는 복음과 문화의 관계성의 신학이 WCC 진영에서 문화 속의 상황화의 신학(Contextualization or Contextual Theology)으로 발전되었음을 각주를 통한 보완 설명으로 이미 언급하였다. 이러한 상황화의 신학은 WCC나 복음주의 진영 안에서 신학적인 논쟁을 불러일으키면서 다양한 신학 모델로 발전되었다. 로마 카톨릭 교회의 상황화신학자인 스티븐 비반스는 다섯 개의 신학 모델을 제시하고 있다. 필자가 판단하건대 번역의 모델만이 복음주의 진영에 속하고 인류학적인 모델, 프락시스의 모델, 종합화의 모델 및 초월 모델은 WCC진영의 신학 모델에 속한다.[35] 스티븐 비반스의 모델의 문제점은 복음주의 진영의 모델을 모두 번역 모델의 범주에 넣은 것과 복음주의 진영 안에서의 미묘한 신학 모델의 차이점을 인식하고 있지 못하는 점이다. 필자는 그의 모델 중에 프락시스의 모델을 아래로부터의 신학이 반영되어졌다는 점에서 보다 포괄적으로 인

---

34) Coote and Stott, op. cit., p. 330.
35) Stephen B. Bevans, <u>Model of Contextual Theology</u>(Maryknoll: Orbis, 1992), pp. 30-110.

류학적 모델로 다룰 것이며 그의 인류학적 모델은 비반스 자신도 표현했 듯이 문화상징주의 이론의 전제를 가지고 있기에 상징주의적 모델로 규 정할 것이다. [36) 종합화의 모델과 초월 모델은 뜻은 이해가 되나 대중성과 구체성이 결여된 모호한 의미가 있으며 상징주의 모델의 내용이 담겨 있 기에 이것은 상징주의 모델 안에서 포괄적으로 다루어질 것이다. [37) 필자 는 복음주의 진영의 신학 모델로 비반스가 다루고 있는 번역모델을 보다 정확한 의미로서 역동적 등가의 모델로 규정하며 이것과 구분하여 복음 주의 진영 안의 초문화 신학의 모델을 소개하여 초문화 신학의 모델 안에 기존하는 복음주의 진영의 세 모델을 범주화하여 구분할 것이다.

### 1) 인류학적 모델(Anthropological Model)

복음에 대한 전 이해가 아래로부터의 신학이 반영된 도드의 윤리 신학 적 케리그마, 불트만이나 후기 불트만 학파에 속한 신해석학파의 실존주 의 신학의 용서와 사랑 그리고 화해의 케리그마, 메츠의 출애굽 해방의

---

36) 비반스에게 있어 인류학적 모델은 문화와 전통적 가치관 그리고 토착종교 속 에 하나님의 계시를 전제하고 있으며 이것은 상징을 매개로 하기에 그 자신 스스로 표현했듯이 상징주의 신학의 모델이 되는 것이다. See Stephen B. Bevans, "Models of Contextual Theology." in Missiology: An International Review, Vol. XIII. No. 2, April, 1985 p. 197.
37) 비반스에 의하면 종합화의 모델은 성경계시 의미와 문화 속에서의 하나님의 계시를 상호보완하여 통합적인 신학모델을 주장한 것으로 이것은 필자가 정의 하는 상징주의 모델의 범주 안에 들어간다. 초월의 의미는 세계관 속의 하나 님의 보편적 계시관과 통하는 것으로 역시 상징주의 모델에 해당된다. See Bevan, op. cit., pp. 81-110.

모티브와 몰트만의 십자가와 부활의 모티브 등과 결속이 되어서 WCC 진영의 선교학의 기반이 된 호켄다이크의 하나님의 선교(Mission Dei) 사상이 반영이 된 모델이다.[38] 이 모델은 인간성의 회복이나 인간완성을 가장 궁극적인 목표로 삼으며 여기에 민중을 변혁의 주체로 삼고 하나님의 선교는 결국 인간을 모든 비인간화를 초래하는 제도적 구조악에서 해방시켜서 하나님의 샬롬을 구현하는 방편이 된다. 이 모델의 특징은 '인간의 존엄성' 혹은 인간성의 완성을 위한 해방의 모티브를 중요시 여기며 제도적 구조악에서 고통당하고 억눌림을 당하는 기층 서민을 사회변혁의 주체로 삼고 하나님은 민중을 해방시키시는 구원자로서 하나님의 구원의미는 정치적이며 경제적인 실존적 삶의 정황 속에서 이루어진다. 해방신학이나 민중신학에서 중요하게 여기는 프락시스란 이 모델에서 구스타보 구티에르츠가 정의했듯이 하나님의 선교를 구현하기 위한 민중의 사회·경제·정치적인 정의를 위한 구체적인 참여 활동이다.[39] 이렇듯이 이 모델은 아래로부터의 신학이 반영된 신학 모델이기에 인간성을 공통분모로 하여 사회변혁을 추구하는 모든 인본주의적이고 박애주의적 기구

---

38) 도드의 윤리신학적 케리그마는 그의 실현된 종말론을 근거로 한 윤리적 Kerygma의 접근이다. 불트만은 성경해석을 그의 유명한 실존주의 신학을 근거로 한 Kerygma의 접근을 하는데 주요 강조점이 삶의 혼돈을 극복하는 미래에 대한 신념과 현실의 괴리에 대한 이해와 사랑을 근거로 한 용서 등이다. 이러한 인간 삶의 정황과 연관된 Kerygmatic 접근은 몰트만의 정치신학적 명제인 십자가와 부활의 해방모티브와 더불어 인류학적 모델을 이루는 근거가 된다. See C. H. Dodd, History & the Gospel(London: Nisbet & Co, 1938), R. Bultmann, Faith & Understanding, Robert Funk, trans. (New York: Haper & Row, 1969), J. Moltmann, Hope and Planning(London: SCM, 1971).

39) Gustavo Gutierrez, The Power of the Poor in History(Maryknoll: Orbis, 1984), p. 59. cf. Jose Miguez Bonino, Doing Theology in a Revolutionary Situation(Philatelpia: Fortross Press, 1975), pp. 86-90.

들을 하나님의 선교를 이루는 도구로서 인정을 하며 인간의 존엄성 회복이 구원의 내용이기에 기본적으로 보편구원설의 전제를 내포하고 있다. 이 모델에 있어 예수 그리스도는 인간의 존엄성을 회복한 이상적 인간의 모델이며 민중의 고통에 동참하고 이 고통을 타개하는 승리의 혁신자가 되는 것이다. 이 모델에 의하면 교회는 1963년 WCC의 세계선교와 전도 분과 대회가 멕시코에서 열렸을 때 제언되었듯이 하나님의 선교를 수행하는 세상을 위한 교회(Church for Others)가 되어야 하며 세상을 위한 열린 교회로서 민중교회 혹은 현장교회가 되어야 한다.[40] 이 모델의 신학화의 교과서는 단순히 성경이 아니라 민중이 처한 사회·경제·정치적인 삶의 정황이며 성경은 바로 이런 관점에서 재해석되고 취사 선택되어서 사용되어진다.[41] 이 모델에 속한 상황화 신학으로 해방신학, 민중신학, 흑인신학, 혁명신학, 여성신학 등을 열거할 수 있다. 이것은 주로 WCC 진영의 신학 모델이 되는 것이다.

### 2) 상징주의적 모델(Semiotic Model)

이것은 문화의 핵심을 세계관으로 보는 문화상징주의 이론을 전제로

---

40) 멕시코 대회가 끝난 이후에 바로 이 주제에 관한 책이 나왔다. 이것을 민중신학자인 서남동 교수가 사용하고 있음을 주목하라. WCC, The Church for Other: The Missionary Structure of Congregation, Geneva, 1963. cf. Suh, Nam Dong, "Historical References for a Theology of Minjung" in Minjung Theology, Kim Young Bock, ed. (Singapore: The Commission on Theological Concerns, 1981), p. 53.
41) 성경을 접근함에 해방모티브를 중심으로 사회·경제·정치적인 시각으로 성경을 해석한다.

한 신학 모델이다. 세계관이 문화 속에 절정으로 나타나는 영역이 종교이며 세계관의 매개체는 인간의 형태와 의미를 결속시키는 상징능력인데 이것이 통합된 체계로서 인간언어, 사회규범, 종교의식과 종교교리 등에 나타난다는 것이다. 폴 틸리히에 의하면 인간은 상징의 언어로 신학을 수행하게 되는데 상징은 실제의 깊이를 드러내고 모든 사물의 존재의 기반이 되는 하나님을 만나게 한다는 것이다.[42] 그에 의하면 상징은 기독교회만 있는 것이 아니라 타종교에도 있으며 하나님은 자신을 상징을 매개로 하여 모든 종교 속에 나타내신다는 것이다. 이것을 틸리히는 역동적 모형설(Dynamic Typology)로 설명하고 기독교의 환골쇄신(Breakthrough)을 요구한다.[43]

이러한 틸리히의 상징주의적 모델은 현금의 로마 카톨릭의 상황화신학자인 로버트 쉬라이트에게 동일히 나타난다. 쉬라이트는 틸리히와 같이 하나님을 존재의 기반으로 보며 하나님의 자기계시가 인간의 상징능력을 매개체로 하여 나타난다는 것이다.[44]

따라서 그는 주장하기를 성경적 하나님이 특별계시의 간섭 없이도 다른 종교의 상징성과 문화 속에 나타남으로 상황화의 신학을 하는데 있어서 다른 종교와 문화를 신학화의 교과서로 삼는 지역신학(Local Theology)

---

[42] Paul Tillich, <u>Theology of Culture</u>(New York: Oxford University Press, 1959), pp. 53-67, <u>Christianity and the Encounter of World Religions</u>(New York: Columbia University Press, 1963), pp. 77-97.
[43] 틸리히의 역동적 모형설로 기독교와 불교의 유사성을 지적하는 근거로 하나님의 왕국개념과 불교의 니르바나(열반사상), 성육신과 대승불교의 보살사상 등이 있다. Ibid., pp. 966-97.
[44] 조셉 스페는 이러한 쉬라이트의 상징을 매개로 한 그의 신학의 특징을 잘 설명해 주고 있다. See Joseph J. Spae, "Missiology and Local Theology and Interreligious Encounter", in <u>Missiology: An International Review</u>, Vol. No. 4, Octover, 1979, p. 486.

을 수행할 것을 요구한다.[45] 이러한 상징주의신학의 모델은 로마 카톨릭 신학자인 폴 니터나 한스 큉에게 있어서는 신론적 보편구원설(Theotic Universalism)로 나타나고 레이몬 파니카나 칼 라너 그리고 WCC의 세계선교와 전도분과 위원장을 했던 M.M. 토마스에게 있어서는 기독론적 보편구원설의 양상으로 나타난다.[46] 또한 7차 WCC 대회인 호주의 캔버라에서도 나타났듯이 성령 신학적인 보편구원설의 경향으로 나아가고 있는데 한스 쉬레트나 존 테일러가 이런 신학을 가지고 있다.[47] 필자는 이런

---

45) Robert J. Schreiter, Constructing Local Theology (New York: Orbit, 1985), p. 17.
46) 폴 니터는 하나님의 내재성을 강조하면서 기독론적인 보편구원설의 접근을 또 다른 식민주의적 사고의 소산으로 보고 어디에 규정되지 않는 신론 중심의 보편주의를 주장한다. 르네 파니카는 기독론적 측면에서 우주적 그리스도를 강조하고 힌두교에서 그리스도를 발견한 것을 주장하는데 이것은 M.M. Thomas와 비슷한 접근이다. 다만 Thomas는 기독론을 사회변혁의 모티브로 보는 것이 차이점이다. 칼 라너도 인식의 근거를 우주적 그리스도의 편재성으로 보며 다른 종교에서도 기독교인은 개방적 마음으로 그리스도의 현존을 발견한 것을 주장한다. See Paul Knitter, No other Name? (Maryknoll: Orbis, 1985), pp. 145-168, Raymon Panikkar, The Unknown Christ of Hinduism: Toward an Ecumenical Christophany (Maryknoll: Orbis, 1981), Karl Rahner, "Anonymous Christianity and the Missionary Task of the Church", in Theological Investigations, 11 (New York: Seabury, 1974, pp. 161-168, M.M. Thomas, Secular Theologies of India and the Secular Meanig of Christ (Madras: CLS, 1976),
47) 성령신학적인 보편구원설은 보통은총에 있어서 성령의 일반적 역사와 특별은총 속에서의 성령의 특별한 역사, 즉 구속적 역사를 구별하지 않고 일반화시키는 전제를 가지고 있다. 이 이론에 있어서 성령 하나님의 창조주로서의 역할은 동시에 구속주로서의 기능도 포함되는데 자연을 보존하고 생태계를 갱생시키는 일뿐 아니라 인간성을 회복하고 완성하시는 사역도 수행하시는데 이것

상징주의적 접근을 소위 한국신학의 토착화를 부르짖으며 상황적 신학을 수행했던 유동식, 윤성범, 변선환 씨 등에게서 발견하는 것이다. 유동식 씨는 이런 관점에서 화엄경의 시조가 되는 원효를 자신도 알지 못한 초기의 기독교인(Primordial Christian)으로 부르고 대승불교의 열반사상이 이상적 그리스도인의 삶의 모델과 일치한다고 하였다.[48] 변선환 씨는 자신의 신학사상이 초기에는 칼 라너나 레이몬 파니카의 기독론적 보편주의(Christological Universalism)의 영향을 받았으나 1980년대 중반부에는 폴 니터의 신론적 보편주의를 받아들였다고 하였다.[49] 그는 특히 대승불교의 보살사상을 우주적 그리스도의 현존의 증거로 보고 있다. 이렇듯이 1960년대 중반부부터 등장하기 시작한 소위 토착적 한국신학의 시도는 거의 상징주의적 신학의 모델에 속하는 것이다. 이러한 상징주의적 모델의 공통성은 하나님의 일반계시 영역과 특별계시의 차이점을 없애고 보편화시켰으며 하나님의 계시를 창조주로서의 하나님과 구속주로서의 하나님으로 구별함을 거부하고 창조주로서의 하나님이 동시에 구속주로서의 하나님이 되는데 이것은 성경계시를 초월해서 이루어지는 존재론적이고 보편적인 계시가 된다는 데 그 문제점이 있다. WCC 진영은 이러한 상징주의적 신학 모델을 공식적으로 받아들임으로서 1968년 4차 웁살라 WCC 대회를 기점으로 타 종교인들을 살아 있는 신앙을 가진 사람들로 규정하고

---

이 구원적 사역이다. 이런 경향으로 아프리카의 문화와 종교 속에서 성령 하나님의 선재적 구원역사를 발견하자는 John V. Taylor의 신학은 이 입장에 속한다. 그는 최근에 이 입장을 보다 분명히 하는 Go between God이라는 책을 저술하였다. See John V. Taylor, The Primal Vision: Christian Presence and Africa Religion(Bloomsbury: SCM perss. 1969).

48) 유동식, 『한국신학의 광맥』(서울: 전광사, 1986), p. 24, 『한국종교와 기독교』(서울: 기독교서회, 1987), pp. 42-54.
49) 변선환, 『탁사 최병헌과 동양사상』, 한국기독교의 존재이유, 『한국 기독교문화연구소편』(서울: 숭전대학교, 1985), pp. 347-348.

"살아 있는 신앙을 가진 사람들과의 대화분과"(Committee in the Dialogue with the People of the Living Faith) 모임을 통하여 상징주의적 신학 모델이 반영된 종교간의 대화운동을 벌이고 있는 것이다.

### 3) 역동적 등가의 모델(Dynamic Equivalence Model)

이 모델은 유진 나이다에 의한 성경 번역의 모델로 제시되어졌다. 나이다는 성경번역의 목표가 현지 문화의 언어 속에서 "성경계시 의미가 온전하게 전달되는 것"을 지상과제로 삼았는데 이 일을 하는데 있어서 참스키의 변형문법이론을 도입하여 언어가 가지고 있는 의미전달 효과의 극대화를 시도한 것이다.[50] 찰스 크라프트는 나이다의 역동적 등가 번역 모델을 타문화권 안에서 수행되는 선교학의 모델로 삼았는데 그는 이것을 역동적 등가의 모델로 부르고 있다. 그에 의하면 복음전달의 목표는 수용자 중심의 전달로서 복음의 의미가 수용자의 문화 속에서 역동적으로 바르게 이해되어지는 것이다.[51] 또한 이 토대 위에서 교회가 세워짐으로 문화 속에서 선교변혁이 역동적으로 일어남으로 진정한 토착 교회가 설립된다는 것이다.[52] 나이다나 크라프트의 모델은 종종 번역의 모델

---

50) Eugene A. Nida, Toward a Science of Translation(Leiden: E. J. Brill, 1964), p. 159. cf. Anthony C. Thiselton, "Semantics and New Testament Interpretation", in New Testament Interpretation, I. Howard Marshall, ed. (Grand Rapids: Eerdmans, 1987), p. 95.
51) Chards h. Kraft, Christianity in Culture(Maryknoll: Obis, 1984), p. 269.
52) Ibd., pp. 320-321.

로 불려지기도 한다.[53] 그러나 필자가 보건대 이것은 크라프트가 규정했듯이 문화 속에서 이루어지는 상황화 신학의 모델로서 역동적 등가 모델이 이 이론의 특성을 잘 나타낸다. 역동적 등가라는 말 속에 문화에 대한 낙관적이고 적극적인 사고를 내포하고 있다. 이 모델은 문화기능·구조주의 이론의 전제 위에서 문화를 중립적인 것으로 보고 문화형태를 역동적으로 사용하여 성경의미를 구현하자는 시도를 한다. 문화를 중립적으로 보고 문화 속에서 선교변혁을 수행하게 될 때 이것은 가장 바람직한 토착신학의 모델이 되기에 크라프트는 이것을 기독교 종족신학(Christian Ethrothrology)으로 부르고 있다.[54] 이 모델의 문제점은 문화에 대한 지나친 낙관주의이다. 문화를 중립으로 볼 때 이미 크라프트의 일반계시관에 나타났듯 이 특별계시의 간섭 없이도 구원의 하나님을 만날 수 있는 여분이 있게 되는 것이다. 크라프트는 성경계시를 완성적이요 확증적인 계시로 보는데 일반계시 속에서도 아주 제한되어 있지만 구원의 하나님을 만날 수 있는 가능성이 있는 것이다.[55]

이런 크라프트의 견해는 복음주의 진영의 신학자들에게서도 종종 발견되는 아주 위험한 경향이다. 이것은 인간의 타락 이후에 창조적인 언약으로서의 문화명령도 동일히 죄에 의해 지배를 받고 사탄의 영향력에 놓여 있으며 그 자체로는 구원과 상관이 없는 제한적 은총임을 인정하지 않는 이론이다. 문화명령은 구속적 언약이 회복된 이후에 비로소 그 효용성과 하나님 나라의 종말론적 미래성이 보장되는 것이다.[56] 필자가 우

---

53) Bevans가 그렇게 하고 있다.
54) Charles Kraft, "Toward a Christian Ethrothology", in God, Man and Church Growth, Alan R. Tippett, ed. (Grand Rapids: Eerdmans, 1973).
55) Ibid., pp. 163-164.
56) 이런 측면에서 현대 선교신학의 총체적인 선교개념(Holistic Mission)은 타락 이전의 창조언약으로서의 전도명령과 문화명령을 선교의 본질적 요소로 보고

려하는 것은 최근에 이슬람선교 전략에 있어서 성경적 상황화의 신학 모델이 선교학자들에 의해서 논해지고 있는데 찰스 크라프트의 역동적 등가의 모델로 기울어지고 있는 학자들이 적지 않다는 것이다. 저들은 이슬람선교의 결실 없음이 기독교 교리의 우월성을 설득시키지 못해서가 아니라 문화적인 요인에 있음을 공통적으로 지적하고 있다. 즉 지금까지의 선교는 교리적인 측면의 진리 충돌(Truth Encounter)이었지 문화변혁은 아니었다는 점이다. 이슬람이 아랍문화와 너무 깊이 토착화되었기에 이슬람 선교를 위해서는 크라프트적인 문화의 역동성을 고려한 종족신학의 선교가 이루어져야 한다고 주장한다.[57] 여기서 문제점은 폴 히버트가 지적하듯이 문화형태와 의미를 따로 구분하여 성경의미를 전달하기 위해서 문화형태를 자유롭게 사용한다는 것은 문화 형태 속에 토착의미가 함께 결속되어 상징의 기능을 종종 내포하고 있기에 이교적 세계관의 영향력이 나타날 수 있다는 점이다.[58] 또한 앤쏘니 씨셀톤이 지적하듯이 문화형태 속에 문화의 심층구조로서의 세계관이 작용하고 있기에 이러한 세계관의 영향을 무시한 채 형태를 성경 의미를 전달키 위해 자유롭게 사용하는 것은 혼합주의의 위험성이 있다.[59]

---

우선권을 논하지 않는 선교개념을 가지고 있기에 동일히 위험한 요소를 가지고 있다.

57) 여기에 대표적인 두 학자가 있는데 Phil Parshall과 J. Dudley Woodberry가 있다. Parshall은 이 모델적인 상황화의 신학을 주장하면서도 혼합주의 위험성을 지적하고 있다. See Phil Parshall, <u>New Paths in Muslim Evangelism</u>(Grand Rapids: Baker, 1980), pp. 31-53, J. Dudey Woodberry, "Contextualization among Muslims: Reusing Common Pillars", in <u>The Word Among Us</u>(Dallas: Word, 1989), pp. 282-312.
58) Paul G. Hiebert, <u>Anthropological Reflections on Missiological Issues</u> (Grand Rapids: Baker, 1944), pp. 84-86.
59) Thisselton, op. cit., p. 98.

## 4) 초문화 신학의 모델(Supracultural Theology Model)

이 모델은 복음과 문화의 관계 속에서 복음의 규범성을 강조한다. 크라프트처럼 문화를 중립적으로 보지 않고 치우친 것으로 보기에 문화에 대한 복음의 역할은 문화변혁의 내용이 되는 것이다. 이 모델에 있어서 복음과 문화의 상호관계성은 소위 '속의 씨앗'(Kernal)과 '살'(Hub)의 문제로 해석학적인 이론의 차이점이 있는데 이것으로 크게 세 가지의 신학 이론이 등장하고 있다.

첫째는 복음과 문화의 관계를 절대, 초문화, 문화신학으로 구분한다는 것이다. 이것은 부루스 플레밍에게 있어서 절대는 복음의 근본적인 면을 말하는 것이고 초문화는 교리적인 신학을 의미하며 문화는 문화 토양 속에서 성경과 상치되지 않는 은총적인 측면이 토착교리와 신학 속에 반영되어 나타난 것을 의미한다. 이 모델은 복음과 문화와의 관계를 단순화시켜서 정립한 것으로 개념이 명확하지 않고 해결되지 못한 많은 여분을 남기고 있다.[60]

둘째는 복음과 문화의 관계 속에서 복음의 규범성을 전제하고 복음은 어느 특정 문화에 속한 것이 아니라 문화를 초월하나 문화 속에서 토착신학의 작업이 이루어지며 그 토착신학은 성경을 통해서 조명되고 성찰되어야 한다는 것이다. 이 모델은 폴 히버트에 의하여 통문화 신학(Transcultural Theology)으로 불려지고 있고 부루스 니콜스는 교리신학(Dogmatic Theology)으로 호칭하고 있다.[61] 히버트는 통문화 신학

---

60) Bruce C.G. Fleming, <u>Contextualization of Theology</u>(Pasadena: William Carey Library, 1980), pp. 67-74.
61) Paul Hiebert, <u>Anthropological Insights for Missionaries</u>(Grand Rapids: Baker, 1985), pp. 216-217, Bruce J. Nicholls,

에 있어서 복음의 규범성을 성경신학적인 해석학적 작업을 통해서 정립하려고 시도한다. 그에 의하면 성경계시의 성경신학적인 주제들을 (그리스도 중심적이거나 언약신학적 혹은 전통적인 교리적 접근) 통일성 있게 체계화하여서 성경의 원리적 측면의 규범성을 설정하는 것이다. 성경에 사용된 문화적 조건성은 계시의 역사성이나 점진적인 계시관을 전제로 한 해석학적인 작업을 통해 그 의미를 이해하려고 한다.[62]

히버트나 니콜스의 모델은 성경의 권위에 입각한 성경신학적인 접근을 통해서 복음의 규범성을 설정하고 성경에 사용된 문화적 조건성은 계시의 역사성과 성경의 통일성에 입각해서 적절한 해석학적 작업을 통해 의미를 규명하며 상황화의 신학은 반드시 문화 속에서 이루어지되, 성경의 조명과 성경적 변혁을 통해 토착신학이 형성되는 것이다. 히버트는 하나님의 말씀을 통한 문화 속에서의 선교변혁을 강조하기 위해서 '비판적 상황화의 신학'(Critical Contextualization)을 주장하며 혼합주의의 위험성을 경계한다.[63] 이 신학유형은 성경의 권위를 중심으로 한 혼합주의를 경계하는 복음주의적 신학 모델이나 문제점은 지나치게 방어적이어서 선교적인 면이 소홀히 되기 쉬우나 최근에 히버트는 '세계화'(Globalization)을 오늘의 상황으로 규정하고 '메타신학'(Metatheology)을 주장함으로 이 문제를 극복하려는 시도를 하고 있다.[64]

---

Contextulization: A Theology Gospel and Culture(Downers Grove: Intervarsity, 1979), p. 54

62) Hiebert, op. cit., pp. 217-219.
63) 비판적 상황화의 신학은 문화에 대한 무비판적 상황화의 신학에 대치되는 하나님의 말씀을 통한 선교변혁 모델로서 네 단계의 과정이 있다. 첫째는 복음의 규범성을 확립하고 둘째는 모든 문화 풍속을 철저히 파악하며 셋째는 이해된 문화의미를 하나님의 말씀으로 조명하여 성경적 의미를 전달하고 넷째는 원주민 지도자를 중심으로 선교변혁이 일어나게 하는 것이다. 여기서 관건은 혼합주의에 대한 경계와 말씀을 통한 변혁이다. Ibid., pp. 186-187.
64) 메타신학이란 국제화된 다원적 문화의 기준으로 보아서 영적 문화의 세계 속

셋째는 개혁주의 입장의 성경적 상황화(Biblical Contextualization) 와 유기적 영감설(Organic Inspiration)을 전제로 한다. 성경은 다양한 문화를 계시도구로 사용했으나 어느 특정 문화를 옹호하거나 문화에 대한 특별한 편견이 없다. 에드몬드 크라우니는 이러한 성경적 문화개념은 '영적 문화'(Spiritual)라고 부르기도 한다.[65] 이 유형에 있어서 복음 전달자는 자신의 모국 문화(Enculturation)를 이상적인 문화로 여기지 않고 자신의 문화를 항상 하나님의 말씀을 통해서 개혁하고 끊임없이 성찰한다. 복음 전달시에 수용자의 문화를 무조건 거부하고 부정하는 것이 아니라 문화 속에서 보통은총의 접촉점을 찾고 하나님의 주권을 철저히 인식하고 영적으로 성장하여 하나님 백성의 공동체에 기여하는 성숙화를 이룩한다. 이러한 성경적 상황화의 신학을 이루기 위해서는 성경해석에 있어서 '해석학적 나선형'(Hermeneutical Spiral)의 모델을 취하며 다면적 전망(Multi-Perspectives)의 성경신학을 전제한다.[66] 이 유형은

---

에서 각 문화 속에서 이루어지는 비판적 상황화의 신학이 우주적 교회의 연합과 교류를 통해서 초문화적 신학을 형성하는 것을 의미한다. See Hiebert, <u>Anthropological Reflections on Missiological Issues</u>, pp. 93-103.

65) 크라우니의 문화개념에서 범죄하기 이전의 오염되지 않은 이상적 문화를 성경적 문화의 기준으로 보아서 영적 문화라고 호칭한다. See Edward P. Clowney, "Contextualization and The Biblical Theology of Culture", in <u>The Word became flesh,</u> Deans Gilliland and Everett Huffard, eds., MT 510 SyLLabus, FTS, 1988, p. 176.

66) 해석학적 나선형의 모델은 각 문화 속에서 성경을 중심으로 이루어지는 변혁 과정이 나름대로 특성이 있으나 결국 성경으로 귀착되어 성경 안에서 통합된다는 이론이다. 이 모델은 개체변혁과 성경의 통일성을 적절히 조정하였다. 다면적 전망의 성경신학은 성경을 바라보는 관점을 의미하되 성경자체가 하나의 관점으로 접근되는 것이 아니고 성경 스스로가 수많은 성경적 관점을 제공해 준다는 것이다. 이 두 유형은 하나님의 말씀의 권위를 높이며 성경의 풍요로움과 부요함의 증거가 된다. See Harvie M. Conn, "Normativity,

성경계시와 복음전달자 그리고 수용자의 관계를 철저히 성찰하여 성경을 중심으로 한 끊임없는 문화변혁을 전제로 하고 있고 우주적 교회의 지체의식과 개체교회가 갖는 하나님이 주신 고유의 은사와 신학적 깨달음이 전체 교회에 기여하는 통로를 열어 놓는다. 필자는 이 유형이 가장 바람직한 복음과 문화에 대한 신학 모델이라고 생각한다.

필자는 이제 복음과 문화의 상관성을 교회성장학의 이론이 반영된 지역교회와 문화적 정황과 연관을 시켜 이를 실천적인 측면에서 고찰할 것이다.

## 3. 지역교회와 문화적 정황과의 관계성 고찰

교회성장학은 교회성장을 분석하고 측정하며, 성장방법을 전략적으로 제시하게 될 때 사회과학적인 제 이론들을 적절히 사용하며, 또한 이것을 사용할 것을 적극 주장한다. 바로 이런 교회성장학의 입장은 교회성장학의 아버지라고 불리는 도날드 맥가브란에게 나타났으며 이 관점은 문화의 유용성을 강조함으로 문화를 중립적인 것으로 보게 된다.

1980년대 이후 교회성장학은 초기의 접근 유형을 그대로 견지하면서도 영적인 교회성장의 요소와 영적 은사들을 강조하기 시작하였다.[67] 이것

---

Relevance, and Relativism", in Inerraney and Hermeneutic, H. M. Conn, ed(Grand Rapid: Baker, 1988), pp. 185-209, Vern S. Poythress, "Structurism and Biblical Studies", in Journal of the Evangelical Theological Society 21(September, 1978), pp. 221-237.

67) 특히 남미의 오순절교회의 폭발적 성장과 그 요인이 주로 기사와 표적으로 말미암은 것을 피터 와그너는 주목하게 되었다. 이로 인해 교회성장의 영적 측면을 연구하기 시작하였고 그에 관련된 책들이 1980년 말부터 쏟아져 나오기

은 소위 힘의 전도(Power Evangelism)라고 불리는 기사와 표적의 신학으로 지나치게 기울어지면서 지역교회나 선교현지에서의 선교적 성장을 도모하기 위한 지역 악마(Territorial Spirit) 개념을 내포한 영적 지도 그리기(Spiritual Mapping) 등으로 발전하고 있다.[68] 교회성장학은 이런 움직임 속에서도 여전히 지역교회의 교회성장을 분석하고 측정하게 될 때 초기의 방법론을 그대로 사용하고 있으며 최근 특정한 미국교회성장의 모델이 한국교회에 각광을 받고 무비판적으로 받아들여지는 풍조 속에서, 이것은 한국교회로 하여금 시급히 적절한 신학적 평가를 요청하고 있다. 이에 필자는 지역교회 성장에 교회성장학의 이론이 반영된 부분을 복음과 문화와의 관계성 측면에서 네 가지로 나누어 살펴볼 것이다.

## 1) 예배와 문화

지역사회의 특징이나 인구학적인 특성 등을 분석하여 소위 베이비 붐머즈(Baby Boomers)나 베이비 버스터즈(Baby Busters)들을 대상으로 한 목회철학이 반영된 교회예배로서 전통적인 교회예배의식의 틀을 과감

---

시작하였다. See C. Peter Wagner, Spiritual Power and Church Growth(Altamonte Spring: Creation House, 1986), Sign & Wonder Today(Altamonte Spring: Creation House, 1987), How to Have a Healing Ministry without Making Your Church Sick(Ventura: Regal, 1988), The Third Wave of the Holy Spirit(Arn Arbor: Vine, 1988).

68) 힘의 전도와 지역 악마 개념의 신학적 문제점은 1995년 신학지남 봄호에서 이미 논문으로 다루었다. See 김성태, "오순절주의 성령론이 선교신학에 미친 영향력과 그에 따른 개혁주의적 관점 고찰", 신학지남, Vol. 62. No. 1, 봄호, 1955, pp. 156-184.

히 부수고 되도록 형식적이며 권위주의적인 예배 분위기를 배제하고 모든 사람이 역동적으로 참여할 수 있는 예배 분위기를 조성한다.

　이러한 목회철학이 반영된 교회들로 1970년대 히피들을 대상으로 한 목회 사역으로 크게 성장한 척 스미스 목사의 '갈보리교회'(Calvary Chapel), 시카고에서 교회개척을 시도할 때 주변 지역조사를 한 후에 독특한 목회철학을 세워 대교회로 성장시킨 빌 하이블스 목사의 '윌로우 크릭 커뮤니티 교회'(Willow Creek Community Church), 1980년대 서남침례교 신학교를 졸업한 이후 로스엔젤레스에 정착해 주변 지역조사를 한 이후 지역사회의 요구를 반영하는 목회철학을 가지고 교회를 개척해 대형 교회로 성장시킨 딕 워렌 목사의 '새들백 커뮤니티 교회'(Saddleback Community Church) 등이 있다.

　이들 교회들의 공통된 특징은 주변 지역사회의 불신자들을 대상으로 한 구체적인 교회성장 목표를 세워 교회를 설립하였으며 이들을 교회로 모으기 위해서 과감한 예배개혁을 시도하였다는 점이다. 예배 진행과정이 대개 유사하며 독특한데 예배시작이 찬양과 기도로서 자연스럽게 이루어지며 사회자가 중간에 나와서 광고 및 순서를 진행하고 설교자가 나와서 설교를 한 이후 자연스럽게 헤어진다. 교회가 위치한 지역사회와 그 속에 살고 있는 사람들의 성향이나 특징을 고려하지 않는 예배의식은 바람직하지 못하며, 성경적이지도 않다. 예배란 교회주변의 지역사회 속에 살고 있는 하나님의 사람들의 참여로 이루어지는 것으로서 지역사회의 문화적 요소들이 반영되게 되어 있다. 그러나 그럼에도 어느 특정계층을 염두에 둔 목회철학이 반영된 예배의식에는 또한 동시에 신학적 위험성이 상주해 있다.

　윌로우 크릭이나 새들백 교회의 토요일 저녁과 주일 오전예배는 불신자들을 대상으로 한 선교적 목적의 예배이기에 베이비 붐머즈나 베이비 버스터즈들을 끌어들이기 위한 시각적 예배 및 온갖 첨단의 현대음악기법과 때론 드라마까지 공연하는 예배를 드린다. 이때 선포되는 설교는 시사적이며 교훈적이고 불신자들을 대상으로 한 설득적 설교이다.[69] 기존 신자의 예배는 평일 중에 한 날을 정해 드려지는 데 주일예배와 형식이나 내용에 있어 많은 차이가 있다. 이렇듯이 예배의 이원화를 시도하고 선교적인 예배와 심층성장의 예배를 구분한다. 여기에 문제점으로는 예배의 참 의미가 무엇이며 주일성수의 개념이 신자들과 어떤 연관성을 갖느냐는 물음이다. 이러한 이원화를 옹호하는 교회성장학파의 일부 신학자들의 주장처럼 불신자들의 참여를 유도하여 교회성장을 도모하는 인센티브로서의 예배가 과연 성경적이냐의 근본적인 질문이 있어야 한다. 예배란 본질적으로 삼위 하나님과 그의 백성들과의 거룩한 영적 교제요, 하나님의 은혜에 대한 화답이며, 하나님의 백성들간의 친교이며 섬김의 의식이다. 불신자들을 대상으로 한 선교적 목적의 예배는 평일의 어느 날을 정해서 특별집회로서 계획되고 사용될 수 있다. 주일예배는 문학의 밤 같은 행사가 되거나 오락이나 유흥의 축제놀이가 될 수 없다. 이것은 경계해야 할 미국판 세계관이 내포된 거룩한 실용주의(Consecrated Pragmatism)의 산물이다.[70]

---

69) 베이비 붐머즈는 전후세대를 의미하며 베이비 버스터즈는 1960년대 이후에 태생의 사람들을 의미한다. 이들의 특징은 자유분방하고 개체적이며 독립성을 강조하고 억압받는 분위기를 거부한다. 인터넷상의 새들백교회나 윌로우 크릭교회의 Home Page가 있는데 여기에 이런 사실들을 자세히 언급하고 있다. 윌로우 크릭교회의 10가지 핵심강령이 나오는데 두 번째와 세 번째가 이 내용에 해당된다. 즉 교회는 잃어버린 영혼을 구원하는 데 그 존재의의가 있으며 교회는 문화적으로 연관성이 있으면서 동시에 교리적 순수성을 유지해야 한다는 진술이다. 새들백교회는 교회 비전을 진술함에 이런 동일한 내용을 말하고 있다.

70) 이것은 와그너가 말한 것으로 합리적 사고와 과학적 과정에 의한 결과가 도출될 때 이것을 적극 수용하고 받아들이라는 내용이다. 그러나 신앙은 반드시 합리성과 일치되는 것은 아니며 현상계의 소위 과학적 과정이 반드시 하나님

## 2) 교회당 건물과 문화

교회당 건물의 역사적 발전 과정 속에 그 시대의 문화적 요소가 반영되어 있음을 지적하고 현금의 문화 속에서 교회당 건물의 과감한 패러다임적 변혁을 시도한다. 베이비 붐머즈나 베이비 버스터즈 그리고 한국적 상황에서의 신세대 등을 복음화하기 위해서 선교적 목회철학이 반영된 이들 계층이 문화적으로 익숙해 있는 극장식, 교실식, 체육관식, 정원식 교회당 건물을 건축하여 교회성장을 도모하려는 시도이다. 이런 실례의 교회들로 윌로우 크릭 커뮤니티 교회는 극장식으로 본당이 지어졌으며 새들백 교회도 마찬가지이고 오렌지 카운티의 미국의 중·상류층을 목표로 한 로버트 슐러 목사의 수정교회는 문자 그대로 교회 내부가 시원하게 비취는 정원식 교회로 지어졌다. 각 시대마다 그 시대의 문화적 요소가 교회당 건물에 반영되어 있다는 지적은 확실한 근거가 있다.

로마시대의 고딕이나 비잔틴 그리고 중세의 로마네스크 양식 등이 반영된 교회당 건물은 바로 그 시대의 문화 특징을 반영한다. 그러나 그럼에도 교회는 당대의 문화토양 속에서 창의성을 가지고 교회의 신학적 본질을 표현하는 일을 소홀히 하지 않았다. 오늘날 특정계층을 염두에 둔 목회철학이 반영된 교회당 건물은 문화적인 친숙함이나 전통적인 교회당 건물의 이질성(위압감, 폐쇄성, 보수성 등)을 피하게 하는 장점이 있으나, 잘못하면 교회의 신학적 본질이 매도되거나 상실되어 세속화의 올무에 걸릴 가능성이 있다. 교회당 건물에 현금의 문화적 요소들이 반영 안 될 수는 없으나 무엇보다 교회의 본질로서의 거룩성과 구별성 그리고 사도적 교회의 보습이 반드시 예배당 건물에 표출되어야 한다.

의 뜻과 일치되는 것은 아니다. See C. Peter Wagner, Church Growth and the Whole Gospel (Cambridges: Haper & Row, 1981), pp. 69-86.

## 3) 교회음악과 문화

베이비 붐머즈나 베이비 버스터즈에게 익숙해 있는 록 음악(Rock Music)이 반영된 복음성가나 현대음악기법이 담겨 있는 '현대 기독교음악'(Contemporary Christian Music) 등을 교회음악으로 사용하여 예배의 활력을 도모하려는 시도는 한편으로 현대문화를 무시하지 않고 그 문화 속에 젖어 있는 세대를 복음화하려는 선교적 시도로써 긍정적으로 이해될 수 있다. 전통적인 교회음악으로서의 현재 찬송가는 당대의 문화 요소가 반영된 것으로서 지금의 문화적 토양과는 다르기에 위에서 언급한 계층을 복음화하기 위하여 저들에게 문화적으로 친숙한 음악을 적극 사용하자는 주장이다. 이런 음악관이 목회철학에 반영되어 교회성장을 도모하는 교회는 이미 언급된 새들백, 윌로우 크릭 교회가 있을 뿐 아니라 기타 많은 미국교회가 이를 적극 수용한다.[71] 그러나 여기에 신학적 위험성이 상존해 있다. 록 음악이나 현대음악의 기법 속에 내재된 이교적 세계관의 영향력을 가볍게 여기거나 무시해서는 안 된다. 음악형태는 이데올로기와는 상관없는 중립성을 가지므로 얼마든지 크리스천의 의미를 담아서 사용할 수 있다는 전제는 위험하다. 교회음악은 문화토양을 무시할 수 없고 문화적 요소가 반영되지만 그 속에 성경적 변혁이 전제되어야 한고 성경적 신학의 본질이 내포되어서 음악으로 나타나야 한다. 이런 점에서 교회음악 전문가들은 단순히 음악분야의 전문성만을 가지고는 안 되고 기본적인 신학적 훈련도 받은 음악전문가로서 록이나 현대

---

71) 예배가 보통 사회자 없이 음악을 인도하는 팀에 의해 30여분 진행될 때 강단 쪽의 액정 화면을 이용해 모두가 자유롭게 참여하는 분위기로서 이때 모든 음악기법이 사용되어진다. 새들백교회는 인터넷상의 Home Page에서 교회를 소개할 때 현대음악기법을 사용하는 첨단의 수준 높은 음악을 선전하고 있다.

기독교 음악이 반영된 교회음악이 성도의 영적 성장이나 교회전체에 미치는 영향력 등을 종합적으로 검토하여 그 결과를 측정하고 평가해야 할 것이다.

### 4) 교회구조와 문화

 베이비 붐머즈나 베이비 버스터즈들의 문화적 특징은 자발적이고 개인주의적이고 독립적이며 참여적이다. 교회 안에서 이들을 위한 양육이나 훈련 프로그램은 동질단위를 중심으로 한 소그룹을 기초로 하여서 영적 은사를 개발하고 교회사역에 있어서 평신도 지도력을 극대화하여서 자발적이며 역동적으로 교회사역에 참여하도록 사역의 통로를 다양하게 개발하며 이를 끊임없이 확산시킨다.[72] 교회성장학에서 지역교회의 성공적인 교회성장 사례들로서 소개되는 교회들이 대개 이런 역동적인 교회구조를 가지고 있다.
 지역교회는 그리스도의 몸된 우주적 교회의 지체로서 어느 특정대상이나 계층만을 위해 존재하고 있지 않다. 물론 교회의 목회 대상이 되는 지역사회와 그 속에 살고 있는 사람들을 복음화하려는 시도로서 접근하게 될 때에 그것은 과정임을 인식해야 한다. 교회는 베이비 붐버즈나 버스터즈 혹은 이북 피난민 출신의 실향민 가족들 또는 중·상류 이상의 대

---

[72] 미국의 성장하는 교회들의 특징은 동질단위를 중심으로 한 소그룹이며 소그룹이 교회의 가장 핵심되는 구조로서 끊임없이 재생산하며 회중(Congregation)을 형성하고 여기서 양육과 훈련 그리고 사역이 이루어진다. 윌로우 크릭 교회의 10가지 강령 중에서 7번째 항목이 바로 소그룹의 중요성을 언급하고 있다.

학이나 대학원 정도의 학력을 가진 특정 계층들의 교회로 정착되거나 고정되어서는 안 된다. 교회는 지역사회의 각계 각층에게 하나님 나라의 대리인으로 문호가 열려 있어야 하며, 어느 특정 계층의 사람들이 위화감이나 파당을 형성하는 분위기가 있어서는 안 된다. 교회구조로서 전략적인 측면에서의 동질단위의 양육이나 훈련구조는 이해될 수 있고 또한 적극 활용될 수 있으나 이것은 과정이요 도구로서 궁극적으로는 다양한 계층과 은사의 사람들로 이루어진 유기체적 몸으로서의 교회로 성경적인 성숙함의 성장이 있어야 한다.

## 4. 결어: 복음과 문화에 대한 한국교회의 전망

한국교회는 신학적으로 크게 보수교회와 진보주의적 교회로 나누어져 있다. 보수교회는 복음의 절대성을 강조하여 문화 속에 이질적인 요소들을 경계하여 보통은총으로서의 복음의 접촉성과 하나님의 예비적 은총마저도 인정하지 않으려는 소위 문화 폐쇄주의적 성향이 있어 왔다. 그러나 실상 문화적 영향력을 배제한 교회성장은 있을 수 없기에, 보수교회는 은연 중에 침투해 들어온 비성경적인 세계관이 내포된 유교주의적이고 불교적이며 샤머니즘적인 요소들에 의해 무의식적인 가운데 잠식되어, 이것이 한국 보수교회의 제도적 구조 안이나 신학이나 혹은 교인들의 신앙양태 속에 나타나고 있다. 한국의 보수교회는 문화의 영향력을 과소 평가하지 말고 개혁교회의 모토처럼 비성경적인 요소들을 분별하여 끊임없이 성경적인 문화변혁을 일으켜서 이것이 선교적 변혁으로서 한국인의 문화 속에 성경적 세계관으로 자리잡게 되도록 해야 할 것이다.

한국의 진보주의적 교회는 복음의 본질을 상실한 현장교회 혹은 하나님의 선교사상이 내포된 소위 사회변혁의 전위기구로서의 교회가 인본주의적이고 박애적인 기구는 될 수 있을지 모르지만 성경적인 교회의 모습이 아님을 기억해야 한다. 진보주의적 교회는 복음의 본질을 회복하고 복음 속에서 문화를 검증하고 평가하여 복음과 문화의 성경적 균형성을 회복해야 한다.

한국교회는 소위 미국판 거룩한 실용주의 사상이 내포된 교회성장학의 제 이론들을 신학적으로 성찰 없이 무비판적으로 수용하여 받아들이는 풍조를 경계해야 한다. 벌써 일부 대형교회에서 이들을 적극 수용하여 실천하고 있고 또한 이것을 선전하는 풍토를 조성하고 있는데 신학적분별과 성찰이 필요하다. 이것은 한국적 목회토양과는 별개의 문화토양 속에서 나온 것으로 잘못하면 또 다른 수입신학의 졸 작품을 낳게 될 수 있으며, 한국교회의 세속화를 촉진하는 올무가 될 수 있다. 복음과 문화의 관계성 속에서 교회성장학의 제 이론들을 신학적으로 분별하고 이를 선별하여 복음의 본질을 상실하지 않으나 문화적 토양을 무시하지 않는 오히려 복음이 문화를 선도해 나가는 성숙하고 균형 있는 교회성장을 도모해야 할 것이다.

# X. 교회 지도력에 있어서 여성의 역할에 대한 선교학적 고찰

지금까지 교회 지도력에 대한 연구가 활발하게 진행되어 왔지만 여성의 역할에 대한 이론적이며 역사적인 연구는 제대로 이루어지지 않았다.[1] 특히 보수적인 진영의 교회들은 교회 지도력의 문제를 주로 남성 위주의 관점에서 접근하곤 하였다. 최근에 교회 지도력에 있어서 여성의 역할 문제가 신학적으로 논의되고 있으나 크게 세 가지 양상의 신학적 입장으로 나누어지고 있다. 첫째는 진보주의적 입장으로, 인간주의적 평등성의 원리에 기반해서 교회 지도력에 있어서 여성의 역할을 남성과 조금도 다를 바 없이 균등하게 접근하는 시도이다.[2] 둘째는 조정주의적 입장으로, 복음주의적 신학 이해의 틀을 가졌으나 여성 지도력에 있어서

---

[1] 교회지도력 연구는 주로 목사, 장로, 집사에 국한된 남성지도력 위주의 연구였다.
[2] 이러한 시도는 심지어 하나님의 호칭을 인위적으로 여성으로 바꾸어 부르기도 한다. cf. Mary Daly, Gyn/Geology: the Metaethics of Radical Feminism(Boston: Beacon Press 1978), Caral P. Christ, "Why Women need a Goddess", in Women-sprit Rising(New York: Harper and Row, 1979), M.S Starkawk, The Spiral Dance(New York: Harper and Row, 1979).

예수 그리스도 안에서의 구속적 평등성을 강조하여 교회 안에서의 남성과 여성의 지도력을 차등 없이 접근하려는 시도이다.[3] 셋째는 보수주의적 입장으로, 성경신학적인 몇 가지 원리를 가지고 교회 지도력에 있어서 여성의 역할을 남성과 구분하여 이해하려는 시도이다.[4] 두 번째와 세 번째 입장의 차이는 여성 지도력과 연관된 성경구절들을 해석하게 될 때 주경신학적인 작업이 서로 상반되게 나타난다.[5]

필자는 세 번째 입장에 속한 사람으로서 교회 지도력에 있어서 여성의 역할을 살펴보려 한다. 먼저 성경신학적인 원리들을 고찰하고 그 토대 위에서 여성 지도력과 연관하여 논쟁이 되어지는 제 성경구절들을 교회 직분측면에서 논의하게 될 것이다. 성경신학적인 원리를 고찰함은 성경해석학에 있어서 고전적인 접근방법이며, 특정한 구절들을 중심으로 한 입증방식의 연구의 위험성을 피하려는 시도이다.[6] 물론 성경신학적인 원리 이해가 서로 다를 때 특정 구절에 대한 해석도 달라지게 된다. 필자는 이 장에서 역사적인 연구를 생략하였다. 이론적인 부분을 근거로 하여 교회직분의 역할과 기능을 고찰하고 현재에 현상학적으로 나타나는 교회

---

3) 이 입장은 그리스도가 오시기 이전에는 차등의 요소가 있었으나 그리스도가 오신 이후에는 완전한 평등관계로 바뀌어졌다고 주장하며 갈 3:28의 말씀을 중요시 여긴다. cf. George W. Knight Ⅲ. The Role Relationship of Men and Women: New Testament Teaching(Chicago: Moody Press, 1985), Lotla Scangoni and Nancy Hardestly, All We're Meant to Be(Waco: Word, 1975).
4) Jhon Piper and Wayne Gradem, ed., Recovering Biblical Manhood and Womanhood (Wheaton: Crossway Books, 1991).
5) 예를 들어 갈 3:28의 말씀에 대한 해석이 다르게 나타난다.
6) cf. John Bright, The Authority of the Old Testament(Nashville: Abingdon Press, 1967), Louis Bekhof, Principles of Biblical Interpretation(Grand Rapids: Baker, 1974).

지도력에 관한 결과들을 평가하고 21세기의 한국교회의 교회 지도력이 여성의 역할과 연관하여 어떻게 발전되어야 할지를 제언하고자 한다.

# I. 성경신학적인 제 원리들

성경이 교회 지도력에 있어서 무엇을 말씀하고 있는지를 살피는 것은 신학연구에 있어서 먼저 선행되어야 할 일이다. 어느 특정 구절들을 지나치게 확대하여 현미경적인 연구를 한 이후에 이것을 토대로 성경전체를 해석하는 것은 성경계시의 통일성과 연관성을 왜곡되게 할 위험성이 있다. 물론 성경신학적인 연구는 특정구절과 연관하여 학문적인 적절성과 상황성을 무시할 수 없다. 필자는 통일성 측면에서 특정성과 다양성을 살펴보고 이것을 적절하게 균형성 있는 성경적 조화를 이루도록 할 것이다. 교회 지도력에 있어 여성의 역할을 논하는 데는 세 가지의 성경신학적 원리가 고찰되어야 한다.

### 1) 계시의존 신학의 원리

코넬리우스 반틸은 어떠한 신학적 연구도 하나님의 기록된 계시의 말씀의 권위를 전제하지 않고서는 인간 자신의 주관성의 함정에 빠질 수밖에 없다고 결론짓는다.[7] 그에 의하면 하나님의 기록된 계시에 의존하지

---

7) Cornelius Vantil, <u>A Christian Theory of Knowledge</u> (New Jerey: Prpc, 1977), p. 47.

않는 이성과 사실은 실상 허상에 불과한 것이다.[8]

반틸은 아브라함 카이퍼와 헤르만 바빙크 그리스 찰스 핫지와 벤자민 워필드 그리고 게하르트 보스의 신학적인 연구는 하나님의 기록된 계시의 말씀의 권위를 전제로 한 접근 방법이었다고 단언한다.[9] 그에 의하면 성경은 충족한 무오류의 하나님의 계시의 말씀이며 인간이성이나 논리성 등은 우선 성령으로 말미암아 거듭나야 하며 이것들은 기록된 계시의 말씀에 근거해서 사용되어져야 한다.[10] 반틸이 지적하고 있는 것처럼 아브라함 카이퍼도 신학을 하기 위한 도구로서 기록된 계시의 말씀의 권위를 기반으로 한 중생되어진 이성의 역할을 논하고 있다.[11] 이러한 반틸이나 카이퍼의 입장은 오늘날 복음주의 신학자들에게 있어서 동일하게 나타나고 있다.

J.I. 팩커는 신학자들이 이성의 이름으로 보편적 문화 상대주의의 전제를 가지고 기록된 계시의 말씀의 권위를 무시하는 경향을 성경에 대한 불합리한 태도라고 지적하고 있다.[12] 그에 의하면 신학연구는 성경에 나타난 하나님의 충족한 계시를 성경중심적이며 그리스도 중심적으로 살펴보며 그것을 모든 학문적 방법으로 연구하는 것이다.[13] D.A. 카슨도 신학연구는 하나님의 기록된 계시의 말씀에 의거해서 조절되어야 한다고

---

8) Ibid., pp. 43-45
9) Ibid., pp. 20-21.
10) Ibid., pp. 32-34
11) Abraham Kuyper, Principles of Sacred Theology, De Vries, J. Hendricks, Trans.(Grand Rapids: Bajer, 1980), pp. 155-176.
12) J.I. Packer, "Is Systematic Theology a Mirage? An Introductory Discussion." in Doing Theology in Today's World, Woodbridge John D. and McComoskey, Thomas Edwaard, eds.(Grand Rapids: Zondervan, 1991), pp. 19-20.
13) Ibid., p. 23.

진술한다.[14] 그에 의하면 성경신학적 연구는 성경 전체에서 나오는 다양한 성경적 주제들을 체계 있게 논리적으로 조직화시키는 것이다.[15] 이렇듯이 계시의존 신학의 원리는 특정 성경구절을 중심으로 한 지나친 문화적이고 상대주의적인 해석의 위험성을 피하게 하며 성경 전체에서 말씀하시는 하나님의 계시적 통일성 안에서 특정구절에 나와 있는 내용의 성경적 의미를 찾게 한다. 계시의존 신학의 원리는 어떠한 신학연구도 성경의 계시적 권위에 근거하지 않고는 바른 신학연구가 수행될 수 없으며 성경은 신학연구 자체를 조절하고 수정하며 바른 방향으로 인도하는 역할을 한다는 것이다. 과학철학자인 토마스 쿤은 과학이론의 변천을 패러다임의 원리로 해석한다. 그에 의하면 패러다임은 특정한 공동체의 사람들이 공통적으로 받아들이는 상징적 의미들의 결속체인 가치체계이요 가치관이라고 한다.[16]

그런데 여러 원인으로 패러다임이 바뀌어질 때 과학이론의 발전적 변화가 일어난다는 것이다. 필자는 여기서 지적하고 싶은 것은 패러다임의 의미이다. 오늘날 많은 신학자들이 전제하고 있는 인본주의적 인간 이성이나 합리성 등이 성경해석의 기준이 될 수 있겠느냐는 질문이다. 그러나 필자가 반문하는 것은 하나님의 계시적 권위가 인간 이성이나 합리성보다 더 믿을 수 없다는 전제가 과연 합리적이고 옳으냐 하는 것이다. 계시의존 신학원리는 인간의 이성이나 경험보다 하나님의 기록된 계시의 말씀을 더 신뢰하는 패러다임이다.

---

14) D. A Carson, "The Role of Exegesis in Systematic Theology", in Doing Theology in Today's World, p. 43.
15) Ibid., p. 45.
16) Thomas Kuhn, The Structure of Scientific Revolutions (Chicago: University of Chicago Press 1970), pp. 158-159.

## 2) 대표의 원리

창세기 1:26-28까지 성경은 인간 창조에 대해서 말씀하고 있다. 27절에 보면 "하나님이 자기 형상 곧 하나님의 형상대로 사람을 창조하시되 남자와 여자를 창조하시고"라고 되어 있다. 여기서 사람으로 쓰여진 용어가 남자와 동일한 용어로 사용되어졌는데 이것은 'adam으로서 인류의 의미가 있다. 레이몬드 오트런드는 바로 이 구절을 지적하여 남녀관계에 있어서 대표의 원리를 말하고 있다.[17] 그는 또한 2:18 하반부의 "내가 그를 위하여 돕는 배필을 지으리라"는 말씀에서 '돕는'의 의미 속에서 대표의 원리를 지적하고 있다. 그에 의하면 여성은 남성의 동반자로서 대표의 원리 속에서 자신의 역할을 감당한다는 것이다. 이것을 보다 구체적으로 확증하는 것이 아담이 하나님께로부터 각종 들짐승과 공중의 각종 새의 이름을 짓도록 권한을 부여받은 것이 동일하게 여자의 이름을 짓는 데도 사용된다는 것이다.[18] 그러나 길버트 빌레지키안은 창세기 1:27에 나오는 '사람을' 안에 이미 남자와 여자가 내포되어 있으므로 이것은 동등성을 의미하는 것이지 대표의 원리가 될 수 없다고 말한다.[19] 아이다 스펜서는 2:18에 나오는 '돕는'이라는 용어가 다른 성경구절에서는 하나님을 돕는 자로 묘사하고 있기에 이것을 대표의 원리로 이해하면 종속의 의미가 될 수 있다고 경고하고 있다.[20] 김지철 씨도 유사하게 '돕는'의

---

17) Raymond C. Ortlund, "Male-Female Equality and Male-Headship", in Recovering Biblical Manhood and Womanhood (Wheaton: Crossway, 1991), pp. 98-99.
18) Ibid., pp. 99-105.
19) Gilbert Bilezikian, Beyond Sex Roles: A Guide for the Study of Female Roles in the Bible (Grand Rapids: Baker, 1985), p. 22.
20) Aida Bensancon Spencer, Beyond the Guse: Women Called to Ministry (Nashville: Thomas Nelson, 1985), pp. 25-26.

의미가 성경에서 "강한 자가 약한 자를 돕는다"는 의미로 사용되며 "하나님은 우리를 도우시는 분"으로 사용되기에 동반자적 관계의 결속과 책임성을 의미하는 것이지 종속의 의미가 아니라고 주장한다.[21]

이런 해석들은 대표의 원리를 종속의 의미로 이해하기에 성경의 뜻을 왜곡하는 것이다. 대표의 원리란 창조의 질서와도 연관이 되지만 하나님의 계시에 기반한다. 오트런드는 남녀관계에 있어서 대표의 원리를 정의하기를 "영적으로 동등한 남녀의 동반자 관계 속에서 하나님을 영화롭게 하는 동반자의 삶 속에 남자가 우선적인 책임을 지는 것"이라고 말한다.[22] 월터 카이저도 연대기적 순서에 있어서 남자의 창조의 우선성을 인정하면서 여성이 남성의 동반자로서 온전한 사람을 이루어 하나님의 뜻을 성취케 된다고 말한다.[23] 그는 창세기 2:24에 나와 있는 "남자가 부모를 떠나 그 아내와 연합하여"라는 말씀 속에 존재론적 동등성이 있다고 한다.[24] 필자는 이러한 동등성을 적극 인정한다. 그러나 이러한 동등성이 대표의 원리와 상치되는 것이 아니다. 대표의 원리는 남성우월의식의 패권주의나 종속성을 의미하지 않는다. 조지 나이트 3세는 에베소서 5:21-33의 말씀과 골로새서 3:18-19까지의 말씀을 들어서 남녀관계에 있어서 대표의 원리를 설명하고 있다. 그는 부부관계를 그리스도와 교회와의 관계로 묘사한 것에 주목하고 있다. 그에 의하면 21절에 "그리스도를 경외함으로 피차 복종하라"는 말씀 속에 남녀의 역할의 차이에 따른 각자의 태도를 지적하는 내용이 함축되어 있다는 것이다. 아내들이 자기

---

21) 김지철, "여성지도력을 위한 성서해석학적 고찰", 『교역과 여성안수』, 오성춘 · 임창복 · 황화자 · 김중은 편(서울: 장로회신학대학 다원화목회연구원, 1992), pp. 85-86.
22) Ortlund, op. cit., p. 99.
23) Walter C. Kaiser, Toward Old Testament Ethics(Grand Rapids: Zondervan, 1983), p. 153.
24) Ibid.

남편에게 복종하는 것은 열등의식을 전제로 한 종속적 태도가 아니라 사랑 속에서 이루어지는 자발적인 순종이라는 것이다.[25] 23절은 그리스도가 교회의 머리가 되신 것처럼 남편이 아내의 머리가 된다고 말씀한다. 여기서 남편의 머리 됨은 우월의식에 근거한 군림이 아니라 그리스도가 교회를 위해서 했듯이 희생적 사랑과 섬김을 의미한다.[26]

이렇듯이 부부관계에 있어서 대표의 원리란 그리스도와 교회와의 관계와 같으며 이것은 하나님께서 창세 전에 정하신 각자의 역할에 따른 적절한 태도를 의미하며 사랑과 존경 그리고 연합으로 이루어지는 것이다.[27] D.A. 카슨은 고린도전서 14:33-36까지의 말씀을 대표의 원리로 해석한다. 그에 의하면 이 구절들은 신학적으로 논란이 많은데 크게 세 가지의 입장으로 나누어진다.

첫째는 고린도전서 11:5에 나와 있는 여성의 공예배시에 기도나 예언을 하는 사례와 충돌이 되는 차이점은 후대 교회지도자들이 여성들로 인하여 교회 안에 많은 문제가 초래되기에 저들의 필요성으로 인하여 삽입하였다는 이론이다.[28] 둘째는 고린도전서 11장의 내용은 사적 집회나 가정에서 이루어지는 여성들의 은사활용을 의미하며 고린도전서 14장의 내용은 공적 예배시에 여성들의 예언적 은사가 금지되어진다는 것이

---

25) George W. Kinght Ⅲ, "Husband and Wives as Analogues of Christ and the Church", in <u>Recovering Biblical Manhood and Womanhood</u>, pp. 166-168.
26) Ibid., pp. 168-171.
27) Ibid., pp. 171-172.
28) D.A. Carson, "Silent in the Churches", in <u>Recovering Biblical Manhood and Womanhood</u>, pp. 141-145. cf. F.X. Cleancy, "Women in the New Teastament: St. Paul and the Early Pauline Tradition", <u>Biblical Thoelogy Bulletin</u> 10, 1980, p. 78-82, O.J. Doughty, "Women and Liberation in the Churches of Paul and the Pauline Tradition", <u>Drew Gateway</u> 50, 1979, pp. 1-21.

다.²⁹⁾ 셋째는 바울이 전형적인 유대인의 남성우월적인 편견을 가지고 율법의 권위에 호소하며 여성의 지도력을 제한하려는 시도라는 것이다.³⁰⁾ 카슨은 첫 번째 입장은 원문비평의 최근의 학문적 결과들이 삽입이 아닌 바울의 글로서 입증하였다는 경우를 들어서 거부하고 있다. 두 번째 입장에 있어서 카슨은 11장과 14장의 내용이 사적 집회나 공적 예배를 따로 구분하고 있지 않기에 적절치 못한 해석으로 간주하고 있다. 세 번째 입장에 있어서 카슨은 이것은 전형적인 진보주의적 여성신학자들의 접근 유형으로서 본문을 심하게 왜곡하고 있음을 지적하고 있다.³¹⁾ 카슨은 34절 안에 "여자는 교회에서 잠잠하라"는 의미를 전후 문맥 안의 "화평의 하나님", "모든 성도의 교회에서 함과 같이", "율법에 이른 것같이" 그리고 "하나님의 말씀이 너희에게로부터 난 것이냐"와 연관하여 창조시에 하나님이 세우신 창조질서로서의 대표의 원리를 여성들이 교회 안에서 적절히 지켜야 한다는 것으로 해석한다.³²⁾

고린도교회 안에 이미 전후문맥이 암시하고 있는 바처럼 여성의 은사 활용 그 자체가 문제가 아니라 대표의 원리에 기반한 교회 지도력에 대한 혼란이 있었다. 이것은 남편과 아내와의 관계 속에서의 대표의 원리가 하나님이 정하신 창조원리로 나타나는 것처럼 교회 안에서도 동일히 나타나야 한다는 것이다. 레온 모리스도 이 구절을 그 당시 고린도 여성들이 이방신전에 행하였던 당대의 종교행위가 고린도교회 여성들에게도 영향을 미쳐서 지도력의 혼란이 있었는데 이것은 모든 교회의 성도들이 가르침을 받았던 말씀의 원리에 어긋나는 행동임을 바울이 지적하고 있

---

29) Ibid., pp. 145-146.
30) Ibid., p. 146. cf. Elisabeth Schüssler Fiarenga, "Women in the PrePauline and Pauline Churches", in <u>Union Seminary Quarterly Review</u> 33, 1978, pp. 153-166.
31) Ibid.
32) Ibid., pp. 151-153.

다는 것이다.33) 더글라스 무는 디모데전서 2:11-15까지의 내용을 대표의 원리로서 해석하고 있다. 이 구절의 말씀을 일부 신학자들은 디도서와 더불어 후대에 가필된 바울의 권위를 도용하여 여성 지도력을 제한하려는 시도로 해석하고 있다. 저들에 의하면 원래의 바울은 갈라디아서 3:28의 말씀처럼 남녀지도력의 어떠한 역할의 구분도 없었다는 것이다.34) 더글라스 무는 이 구절의 말씀을 목회서신이 기록되게 된 전체적인 상황과 연관하여 해석하고 있다. 그에 의하면 당시에 거짓 교사들이 에베소교회의 성도들 가운데서 큰 혼란을 일으켰다는 것이다. 거짓 교사들은 분쟁을 조장하며 특히 여성들로 하여금 영지주의적 교리를 받아들이게 함으로 가정에서의 주부의 역할을 거부하게 하며 결혼의 무용성을 주장하게 하고 거짓된 교리를 확산시켰다는 것이다(딤전 1:4-6; 5:15; 6:4-5; 딤후 2:14, 16-17; 3:6-7; 딛 1:10; 2:3-5; 3:9-11).35) 따라서 본문은 교회 안에서의 이런 잘못된 여성들로 인한 혼란을 지적하며 대표의 원리로서 나타나는 교회의 남성 지도력에 대한 교리적인 도전이 여성들로부터 있었다는 사실을 말씀하고 있다. 본문 11절의 "여자는 일절 순종함으로 종용히 배우라"는 말씀은 교회 안에서 가르쳐지는 하나님의 말씀의 법도를 여성들이 교리적인 논쟁을 야기하며 거부하지 말고 평화롭게 받아들이라는 말씀인 것이다. 본문 12절의 "여자의 가르치는 것과 남

---

33) Leon Morris, The First Epistle of Paul to the Corinthians(Grand Rapids: Eerdmans, 1980), p. 201.
34) CF. Mary Hayter, The New Eve in Christ(Grand Rapids: Eerdmans, 1987), pp. 132-133, Francle X. Cleany, "Women in the New Testament: St. Paul and the Early Pauline Churches", Biblical Theological Bullentin 10, 1980, pp. 78-82.
35) Douglas Moo, "What Does It Mean not to Teach have Authority over Men?", in Recovering Biblical Manhood and Womanhood, pp. 180-182.

자를 주관하는 것을 허락지 아니하노니 오직 종용할지니라"는 말씀은 잘못된 영지주의 교리에 미혹된 여성들이 대표의 원리가 반영된 교회 안의 교리적인 가르침과 감독의 기능을 수행하는 남성 지도력에 대한 도전에 대하여 경고하는 말씀인 것이다.[36] 도날드 구쓰리도 디모데전서 2:12의 말씀을 성경적인 원리가 반영된 남성 지도력에 대한 잘못된 여성들의 교리적 도전에 대한 경고의 말씀으로 해석하고 있다.[37] 아이다 스펜서는 11절의 "종용히 배우라"는 말씀을 일정 기간이 지나 여성이 가르치는 사역에 종사할 수 있는 목회 지도력에 대한 말씀으로 해석하고 있으나 이것은 본문에 대한 심한 왜곡인 것이다.[38] 이렇듯이 대표의 원리는 성경 전체를 통해서 나타나는 하나님의 계시원리인 것이다. 특히 구약에서의 메시아가 여자의 후손으로 오신다는 원복음의 약속의 말씀(창 3:15)이 아브라함의 자손과(창 12:1-3) 직접 연관되어 하나님의 구속역사에 있어서 대표의 원리로 나타나고 있다는 사실을 주목해야 할 것이다.[39]

## 3) 창조질서의 원리

이미 살펴본 대로 대표의 원리는 창조질서의 원리와 밀접히 연관되어 있다. 하나님께서 남자를 먼저 창조하시고 남성에게 적절한 역할과 기능

---

36) Ibid., pp. 182-186.
37) D. Guthrie, The Pastoral Epistles(Grand Rapids: Eerdmans, 1986), p. 76.
38) Spencer, op. cit., pp. 75-79.
39) Walter C. Kaiser, "The Theology of the Old Testament", in The Exposition Bible Commentray, Geabelein, Frank G., Ed.(Grand Rapids: Zondervan, 1979), pp. 291-292.

을 부여하셨으며 이후에 창조하신 여성에게도 여성으로서의 역할과 기능을 부여하셨다. 존 프레임은 남녀관계에 있어서 하나님의 형상을 본체론적인 것으로 보며 어떠한 차등을 두지 않는다. 그러나 그는 대표의 원리로서 여성이 남성의 공적 지도력을 인정하며 남성에게 성경적인 순종을 하는 것을 하나님의 형상의 본체론적 동등성에 대한 차등으로 보지 않는다. 오히려 그는 주 하나님이 우리의 도움이 되시며 성자 하나님이신 예수 그리스도께서 도성인신하셔서 죄인들을 섬기셨다는 사실을 주목하면서 여성이 남성의 돕는 배필이 되며 대표의 원리에 의거한 남성의 지도력을 인정하는 것이 바로 하나님의 형상을 반영하는 일임을 지적하고 있다.[40]

프레임은 삼위일체 하나님의 구속역사에 있어서 역할과 기능의 분담에 따르는 질서가 나타나는데 이것이 동일하게 교회 안에서도 나타난다고 한다.[41] 여기서 주목할 것은 그러한 질서는 위계질서를 구분하는 존재론적인 차등이 아니라 본질적으로 동등한 위치에서의 역할과 기능의 차이에 따른 구속적이며 계시적 질서인 것이다. 이런 측면에서 창조질서에 따른 역할과 기능의 구분을 남성우월 의식주의의 세계관이 반영된 종속주의나 패권주의로 이해하는 것은 잘못된 일이다.

성경은 남녀의 통합된 관계 속에서 하나님의 형상을 논한다. 성경은 부부관계에 있어서 양자간의 동등한 책임과 충성을 요구한다(잠 2:16-19; 5:3-14; 6:24-29; 32-36; 7:6-27; 9:13-18). 성경은 결혼에 있어 남녀관계를 하나님 앞에서의 계약관계로 본다(잠 2:17; 말 2:14). 부부관계가 깨어질 때 그것은 단지 양자간이나 사회문제가 아니라 하나님 앞에서 책임을 논해야 할 문제인 것이다.[42] 진보주의적 여성신학자들은 유

---

40) John M. Frame, "Men and Women in the Image of God", in Recovering Biblical Manhood and Womanhood, p. 228.
41) Ibid., p. 230.
42) Kaiser, Toward the Old Testament Ethics, pp. 154-155.

대인들의 랍비적 전승 속에 여성의 종교적 활동을 제한하거나 차별화한 사례를 들어서 성경 안에도 이런 영향이 나타나고 있음을 주장한다. 그러나 성경은 유대인의 문화토양 속에서 기록된 계시의 말씀으로 우리에게 주어졌지만 여성이 남성에게 종속되어 있다거나 열등한 존재로 여성을 묘사하고 있지 않다는 사실이다. 성경 안에서 하나님의 명칭을 갓난 아이를 품에 안고 있는 어머니의 가슴으로 묘사하기도 하며 시편 123:2에서는 하나님을 앙망하는 모습을 "주모의 손을 바람" 같다고 표현하기도 한다. 또한 출애굽기 33:19과 34:6에 나와 있는 '긍휼'을 베푸시는 하나님을 묘사할 때 긍휼로 쓰여진 'rehem'이 '여성의 태중의 사랑'으로 해석되기도 한다.[43]

예수님의 공생애의 사역 속에서도 남녀의 비율이 균등하게 나타난다. 사가랴와 엘리사벳, 요셉과 마리아, 시므온과 안나, 가버나움의 백부장과 나인 성 과부, 엠마오로 가는 제자들과 무덤을 찾아가는 여성들 등이 있고 예수님의 비유의 말씀 속에는 사렙다 과부와 나아만 장군, 한 마리 잃어버린 양을 찾는 목자와 드라크마를 잃은 여인, 밤에 침상에 누워있던 두 남자와 매를 갈고 있는 두 여인 등이 나온다.

이렇듯이 성경은 하나님의 구속역사에 있어서 남녀의 중요성을 조금도 차등 없이 다루고 있지만 그렇다고 창조의 질서 속에서의 여성의 역할과 대표의 원리를 배제하고 있지는 않다. 제임스 보어랜드는 신약교회의 초석을 놓은 사도직의 반열에 여성이 들어 있지 않는 이유를 대표의 원리로서 설명하고 있고 예수님의 공생애에 있어서 여성의 사역을 창조질서의 범주 안에서 이해하고 있다.[44] 고린도전서 11:2-16까지의 내용을 보

---

43) David L. Smith, A Handbook of Contemporary Theology (Wheaton: Bridge Point, 1992), pp. 249-250.
44) Tomas A. Borland, "Women in the Life and Teaching of Jesus", in Recovering Biblical Manhood and Womanhood, pp. 120-133.

면 3절에 "각 남자의 머리는 그리스도요 여자의 머리는 남자요 그리스도의 머리는 하나님이시라"는 말씀이 나온다. 여기에 "그리스도의 머리는 하나님이시라"는 뜻이 성부 하나님과 성자 하나님 사이에 존재론적 차등이 있고 위계질서가 있는 것이 아니라 역할과 기능에 따른 구속적 질서가 있음을 의미한다. 그리스도는 이 구속적 질서에 순종하시고 메시아요 구주로서의 사명을 감당하시는 것이다.[45]

마찬가지로 "여자의 머리는 남자요"라는 말씀의 뜻은 여성이 남자보다 열등하거나 종속적인 존재가 아니라 하나님의 창조의 질서 속에서의 역할과 기능의 차이에 따른 질서에 순응해야 함을 의미한다. 4-6절까지의 말씀은 기도나 예언시에 남성은 남자로서의 하나님이 정하신 창조질서에 부합하는 모습으로 참여해야 하며 여성은 여성으로서의 하나님이 정하신 질서 속에서 은사를 사용해야 함을 말씀하신다. 당시 고린도 지역에서 여성이 머리에 베일을 쓰지 않고 자유 분방하게 종교의식에 참여하는 것은 타락한 이교적 풍습이며 하나님이 정하신 여성의 모습을 모독하는 행위인 것이다.[46]

7-12절까지의 말씀은 남녀관계 사이에 창조의 질서가 있음을 의미하고 질서는 종속적이거나 상하관계의 차등적 위계질서가 아님을 말씀한다. 교회 안에서의 남녀관계 속의 창조의 질서는 대표의 원리가 또한 그 안에 내재되어 있는 것이다.

---

45) cf. Charles Hodge, <u>Systematic Theology</u>(Grand Rapids: Baker, 1973), p. 462, Louis Berkhof, <u>Systematic Theology</u>(Grand Rapids: Eerdmans, 1941), p. 88.
46) Morris, op. cit., p. 151.

## 2. 교회의 직분과 여성의 역할

　교회 지도력에 있어서 남녀의 관계성과 역할에 대한 성경신학적인 세 가지 원리를 살펴보았다. 이제 구체적으로 교회의 각 직분과 그에 따른 여성의 역할에 대해서 살펴보자. 필자가 여기서 접근하는 방법은 연역법적인데 그것은 성경신학적인 연구를 통한 통일성 있는 원리 하에서의 각 특정 구절들에 대한 해석이기 때문이다. 성경에서 교회의 직분이 언제부터 등장했는지 명확하게 말을 할 수 없지만 교회의 조직화에 대한 성경적 증거는 구체적이다. 데살로니가전서 5:12은 "주 안에서 너희를 다스리며 권하는 자들"이 있음을 말씀하고 사도행전 14:23은 바울과 그 동료들이 "각 교회에서 장로들을 택하여" 세우는 것을 나타낸다.

　또한 빌립보서 1:1의 말씀에서 바울과 디모데가 "빌립보에 사는 모든 성도와 또는 감독들과 집사들에게" 문안인사하는 내용이 나온다. 성경은 교회의 직분에 대한 자격기준 및 성령의 은사와의 관계성에 대해서 사도행전 6:3, 로마서 12:3-8, 고린도전서 12:4-12, 28-31, 에베소서 4:7-12, 디모데전서 3:1-13, 17-20, 베드로전서 5:1-4 등에서 말씀하고 있다. 도날드 구쓰리는 성령의 은사와 직분이 함께 연관되어 있지만 성령의 은사가 직분과 반드시 일치되는 것은 아니고 성령의 은사로 말미암은 사역의 다양함을 지적하고 있다.[47] 성령의 은사로 말미암은 사역은 남녀 모두에게 있어서 하나님의 뜻 가운데서 균등하게 차별 없이 나타나며 이것은 교회를 영적인 유기체적 몸으로 비유할 때 지체로서의 역할과 기능인 것이다.

---

47) Donald Guthrie, <u>New Testament Theology</u>(Ontario: Intenvarsity Press, 1981), pp. 764-767.

## 1) 목사 및 장로

여성목사 및 장로안수를 주장하는 신학자들은 성경에서 다섯 가지의 근거를 제시하고 있다. 첫 번째는 신·구약에 있어서 여선지자의 존재이다. 구약에는 미리암(출 15:20), 훌다(왕하 22:14-20), 드보라(삿 4:4-5)가 있고 신약에는 안나(눅 2:36-38), 빌립의 네 딸(행 21:9) 등이 있다. 이들 신학자들은 고린도전서 12:28과 에베소서 4:11에 있는 말씀을 근거로 목사와 교사보다 선지자직이 앞서 있으므로 여성이 목회자의 직분을 맡는 것은 문제가 안 된다고 한다. 두 번째는 가르치는 사역에 종사한 여성들의 사례이다. 로마서 16:3에 보면 바울의 동역자로 불리워졌던 브리스가가 아볼로를 가르쳤고(행 18:26) 디도서 2:3에는 나이 많은 원로를 의미하는 여성이 가르치는 사역에 종사했음을 언급한다. 이들 신학자들은 여성의 가르치는 사역을 목회자의 직분과 직접 연결시킬 수 있다고 생각한다.

세 번째는 바울의 동역자로 불리워지는 여성들의 존재이다. 바울은 디모데, 아볼로, 디도 및 여성 남성들에게 동역자를 의미하는 'sunergos'라는 용어를 사용하고 있는 이것은 브리스가(롬 16:3)와 유오디아와 순두게(빌 4:2)에게도 동일히 사용된다. 여성목사 안수를 주장하는 신학자들은 동역자의 의미가 바울과 함께 전문적으로 복음을 전한 사람들의 호칭이요 또한 고린도전서 16:16에서 "또 함께 일하며(panti sunergounti) 수고하는 모든 자(kopionti)에게 복종하라"는 말씀이 교회에서의 목회지도력을 가리켜서 한 말씀이기에 바울은 여성의 목회자 직분을 인정했다고 한다.[48] 네 번째는 여성을 장로로 지칭한 경우이다. 디도서 2:3에 "늙

---

48) Thomas R. Schreiner, "The Valuable Ministries of Women in the Context of Male Leadership", in <u>Recovering Biblical Manhood and</u>

은 여자로는" 말씀이 원어로 'presbytidas'로 쓰여졌기에 이것은 장로의 직책에 있는 여성을 의미한 것으로 해석하고 요한이서 1절에 "택하심을 입은 부녀와"의 말씀 속에서 교회 안에 장로직을 포함한 목회지도력에 여성이 포함됐음을 지칭하는 말로서 해석한다.

다섯 번째는 여성을 사도라는 용어로 지칭한 경우이다. 로마서 16:7에 보면 "내 친척이요 나와 함께 갇혔던 안드로니고와 유니아에게 문안하라 저희는 사도에게 유명히 여김을 받고 또한 나보다 먼저 그리스도 안에 있는 자라"는 말씀이 나온다. 여기서 신학자들은 유니아가 남성인지 여성인지 논란이 많지만 여성목회자의 직분을 옹호하는 신학자들은 유니아를 여성으로 보면 "사도에게 유명히 여김을 받고"(entois apostolois)라는 말씀을 "사도 중에서도 저명한"으로 해석하고 있다.[49] 그러면 이러한 근거를 중심으로 여성의 목사직과 장로직을 여성이 옹호한다고 말할 수가 있겠는가? 성경에 목사직과 장로직의 구분이 명확히 나타나지는 않지만 대체적으로 목사의 역할은 지역교회의 교인들을 말씀으로 가르치며 사도로부터 전수받은 사도적 신학과 신앙을 보존하며 세상적인 직업을 가지지 않고 교회를 다스리고 교인들을 돌보는 지도자를 가리킨다.[50]

장로직은 일반적으로 말씀의 전문사역보다 교회를 다스리고 교인들을 돌보는 행정적인 기능을 우선으로 하는 직분을 가리킨다. 성경은 결론적으로 목사 및 장로의 직분이 성령의 은사와 광의적인 의미인 섬기는 'diakonia'와 연관이 되어 있지만 교회의 지도자로서 직분과 연결이 될 때에는 대표의 원리가 작용하는 것이다. 이것은 교회역사를 통해서 확증이 되었는데 여성신학자들이 주장하는 바처럼 남성우월의식적인 종속주

---

Womanhood, pp. 210-213.
49) cf. E.L. Godet, Commentary on Romans(Grand Rapids: Kregel Pub., 1977), p. 492.
50) cf .Guthrie, op. cit., pp. 763, 771.

의적 세계관의 영향으로 그렇게 된 것이 아니라 성경신학적인 원리에서 나오는 결과인 것이다.

    그러면 여성목사 및 장로직을 옹호하는 다섯 가지의 성경적 근거는 어떻게 해석되어야 하는가? 첫 번째 경우로 여선지자의 문제인데 로버트 쉬라이너는 드보라가 사사의 직책을 가정주부로서 감당한 것과 사사 중에 유일하게 군사적 책임을 지지 않고 바락을 세워서 협력적 사역을 한 것을 주목하며, 훌다의 사역은 개인적인 차원에서 조용하게 수행되어졌고, 미리암의 사역은 여성을 대상으로 한 사역이었음을 지적하고 있다. 그는 성령의 은사로 말미암은 예언사역을 대표의 원리가 적용되는 교회 지도력과 구분하여 구약에서는 이스라엘 민족공동체에게 하나님께서 남성들로 이루어진 제사장제도를 허락하셨고 신약에서는 바울을 통하여 고린도전서 14장에서 동일하게 성령의 은사로서의 예언과 구별되는 교회 지도력에 있어서 대표의 원리를 말씀하고 있다는 것이다.[51] 두 번째는 가르치는 사역에 종사한 여성의 경우인데 브리스가가 아볼로를 가르친 것은 목사와 장로직과 직접 연관이 되는 사역이 아니라 은사로서의 선교 사역에 한 일환인 것이다.

    세 번째는 바울의 동역자로 불려지는 여성들의 문제인데 바울이 동역자라고 언급한 의미가 바울 자신에 의해서도 상당히 광범위하게 포괄적으로 사용되어졌기에 이것을 직접 목사와 장로직에 연관시키는 것은 잘못된 일이다. 네 번째는 여성을 장로라고 호칭한 디도서 2:3의 말씀인데 이것은 여성장로의 의미라기보다 한글성경의 번역처럼 나이 많은 여성을 의미하며 여성장로로 쓰여질 경우에는 'presbyteres'로서 사용되어져야 한다.[52] 요한이서 1절에 택하심을 입은 부녀에 관한 말씀은 어느 특정 개인을 지칭하기보다 교회를 향한 상징적 표현이다. 주석가들은 부녀가 단

---

51) Schreiner, op. cit., pp. 215-218.
52) Ibid., pp. 220-221.

수로 쓰여지지 않고 복수형으로 6, 8, 10, 12절에 쓰여진 것과 요한삼서의 내용과 다르게 특정인이 지칭되지 않고 일반적인 문안형태이며 신약성경이 교회를 종종 여성으로 묘사하고 있는 것(엡 5:22-33; 계 19:7; 21:2)을 들고 있다.[53]

다섯째는 여성을 사도로 지칭했다는 것인데 로마서 16:7에 나오는 유니아가 남성인지 여성인지의 신학적 논란을 떠나서 신약성경에서 사도의 의미가 두 가지로 사용되고 있음을 주목해야 한다. 예수님에 의해 직접 부름을 받고 훈련을 받았으며 신약교회의 초석을 놓은 12제자들을 일반적인 의미의 사도로 부르고 있다. 물론 여기에는 가룟유다의 대신으로 사도의 반열에 오른 맛디아와 다메섹도상에서 직접 부름을 받은 바울은 예외적인 경우이다. 광의적인 의미로서의 사도로 불려지는 경우가 바나바(행 14:14), 실루아노와 디모데(살전 2:6), 주의 형제 야고보(갈 1:19) 및 기타 다른 경우에도 나타나는데 이것은 대체적으로 복음전달자 혹은 순회전도자의 의미도 사용되고 있는 것이다.[54] 이런 의미에서 안드로니고와 유니아를 이해할 때 저들은 자비량의 복음전도자로서 혹은 특정 교회에 지원을 받는 순회전도자들로 이해될 수 있는 것이다. 따라서 문제가 되는 7절 하반부의 말씀은 한글성경 번역대로 "사도에게 유명히 여김을 받고"로 해석되어야 한다.

## 2) 집사

디모데전서 3:11에 나와 있는 여성(gunaikas)이 일부 주석가들에 의

---

53) Ibid., pp. 220.
54) cf. J.D Douglas, The New Bible Dictionary (Grand Rapids: Eerdmans, 1962), pp. 49-50.

해 집사의 아내로서 해석되고 있으나 이것은 전후 문맥을 놓고 볼 때 잘못된 일이다. 바울은 로마서 16:1에서 겐그레아 교회의 일꾼으로 있는 뵈뵈를 언급하고 있는데 일꾼의 의미가 집사를 지칭하는 'diakonos'로 사용되고 있다.[55] 뵈뵈는 바울에 의하여 로마교회에 '나의 보호자'로 추천되고 있는데 보호자의 용어인 'Prostatis'가 남성명사로 사용될 때는 'Prostates'로서 '나의 지도자'가 될 수 있지만 여성명사로서 '도움을 준 사람'을 의미한다.[56] 이렇듯이 여성의 집사직분은 바울이 인정하고 있는 바처럼 교회에 큰 유익을 주며 모든 성도들을 섬기는 봉사와 구제의 사역의 열매로 나타나는 것이다. 디도서 2:3은 '늙은 여자'를 언급하고 있고 저들이 "선한 것을 가르치며" 또한 "젊은 여자들을 교훈"한다고 말씀한다. 한국교회는 이 말씀에 나와 있는 어느 정도의 연령에 이른 여성의 지도력을 토착화하여 권사제도를 만들었다. 권사는 집사직의 연장선상에 있는 직분으로서 주로 여성들을 대상으로 한 사역을 수행한다. 한국교회는 선교사를 통해서 소개받은 필라델피아 시의 존 와나메이커의 10명 단위로 한 성경공부모임의 모델을 사랑방에서 기원된 구역성경공부모임과 접목시켜서 권찰이라는 평신도 지도력을 개발하였다.[57] 권찰제도는 권사제도와 병행하여 구역 성경공부 모임을 중심으로 여성의 지도력을 개발하고 한국교회를 성장시키는 데 큰 역할을 하였다.

---

55) Barrett는 이것을 집사의 의미로 보지 않고 보다 광범위한 의미의 사역자로 보고 있다. cf. C.K Barrett, A Commentary on the Epistle to the Romans(New York: harper & Row, 1957), p. 282.

56) Walter Bauer, A Greek-English Lexicon of the New Testament and Other Early Christian Literature, Arndt and Gingrick, tran. (Chicago: University of Chicago Press, 1979), p. 719.

57) H.A. Rhodes, History of the Korea Mission Prebyterian Church U.S.A. 1884-1934(Seoul: Chosen Mission Presbyterian Chuch, 1934), pp. 390-391.

## 3) 전도자

신약성경은 불신자에게 복음 전하는 성령의 은사를 받은 사람을 전도자 혹은 전도인으로 부르고 있다. 에베소서 4:11의 말씀처럼 목사와 교사의 앞부분에 복음 전하는 직분이 있는 것을 보는데 이것은 사도행전 21:8에 나와 있는 전도자 빌립의 경우이다. 도날드 구쓰리는 빌립과 같은 직책으로서의 전도자와 사도 바울이 디모데후서 4:5에서 디모데를 전도인으로 부른 것처럼 목사나 교사가 전도적인 사명을 감당할 때 광의적으로 부르는 명칭으로 구분한다.[58] 그러면 오늘 한국교회에서 사용하고 있는 전도사의 직분은 어떻게 이해해야 할까? 남전도사의 경우에는 목사가 되는 과정으로서 목회자 후보생으로 불리워지며 교회 안에 특정기관을 위임받아서 직원의 신분으로 사역하고 있다. 이 경우는 디모데를 전도인으로 부르고 사역을 위임하는 사례와 같을 것이다. 그러나 여전도사의 경우는 어떠한가? 여전도사가 목회자가 되는 과정이 아니라면 대학을 졸업하고 신학대학원의 3년 과정을 마친 여전도사의 위치를 어떻게 성경적으로 이해해야 할까?

필자는 한국교회에서의 여전도사의 유래를 토착적인 것에서 찾는다. 현지인 지도자로서 권서 부인(Bible Women)과 전도인(Licontiates or Evangelists) 등을 이미 언급하였다.[59] 권서 부인은 전도인의 역할을 병행해서 하였음으로 전도 부인으로 불리워졌는데 당시 한국의 유교적인 문화권하에서 여성들을 접촉하여 성경을 판매하고 복음을 전함으로 한국

---

58) Guthrie, op. cit., pp. 770-771. cf. J.D. Douglas, op. cit., p. 400.
59) C.A. Clark, The Nevius Plan for Mission Work (Seoul: CLS, 1937), pp. 88-89.

교회 성장에 지대한 역할을 하였다.[60]

　클라크 선교사는 네비우스 선교방법으로서의 성경공부반을 언급하고 있는데 그 중에 전도부인을 위한 성경공부반이 있었다는 것이다.[61] 한국교회는 1907년의 평양 장대현교회에서 일어난 부흥을 계기로 크게 성장하였다. 한국교회가 성장함에 각 지역에 기독교 서점들이 생겨지고 성경 반포가 순조로이 돼 가자 전도부인의 권서부인으로서의 기능은 사라지게 되었다. 전도부인을 전문적으로 훈련하는 교육과정들이 생겨나고 이것을 여교역자 성경학원으로 부르는 가운데 오늘날 여전도사의 직책이 한국교회 안에 생겨난 것이다.

　필자는 바울의 선교사역 속에서 여전도사의 원형을 찾아본다. 바울이 특히 동역자로 부르고 함께 수고하는 자로 인정하는 브리스가, 유니아, 드루베나, 드루보사, 버시 등에게서 한국교회의 여전도사의 모습을 발견하는 것이다. 한국교회는 목사의 직분과는 별개의 토착화된 여전도사의 직분을 여성 지도력으로 개발함으로 여성으로 하여금 전도인의 직무를 다하게 하며 한국교회를 통한 하나님 나라 확장에 큰 기여를 하게 한 것이다.

　필자가 바라는 것은 바울이 여성사역자들을 적극 인정하고 저들의 노고에 감사하였으며 저들을 통한 하나님 나라 확장에 깊은 신뢰감을 가진 것처럼 여전도사들이 교회 안에서 정당한 대우를 받으며 시대가 달라진 목양 풍토 속에서 다양한 분야로 여전도사의 전문사역을 개발하여 목회자의 동역자로서 함께 사역하는 것이다.

---

60) 이만열, 『한국기독교 문화운동사』(서울: 대한기독교출판사, 1987), pp. 131-169.
61) Clark, op. cit., p. 26.

## 4) 선교사

광의적인 의미로서 요한복음 20:21의 말씀처럼 구원받은 모든 성도가 선교사가 되는 것이다. 교회는 요한복음 20:21의 말씀을 기반으로 주 예수님께서 승천하시기 직전에 주신 마태복음 28:16-20까지의 대위임령의 말씀을 중심으로 주님이 재림하는 그 날까지 선교의 사명을 감당한다. 사도행전 13:1-3을 보면 수리아 안디옥 교회가 최초의 이방인 선교사역을 위해 공적으로 바나바와 사울을 선교사로 파송한 것을 본다. 바울은 선교팀을 형성하여 선교사역을 수행하는데 거기에는 분명히 여성들도 있었다. 바울의 선교팀 중에 브리스가는 남편 아굴라와 함께 바울의 보냄을 받아서 마게도니아 지역으로 가기도 하였고 유니아는 바울과 더불어 사역하다가 감옥에 갇히기도 하였다.

루스 터커는 선교 역사에 있어서 여성선교사들의 역할이 지대함에도 불구하고 지금까지 제대로 인정받지 못하고 있음을 지적하면서 목회자로서의 여성선교사의 사역을 인정할 것을 주장하고 있다.[62] 그녀는 여성선교사의 세계선교의 공헌이 여성이 목회자가 되지 못함으로 인하여 치명적인 결함을 안고 있다고 한다.[63] 그러나 루스 터커의 말은 상당히 왜곡된 부분이 있다. 19세기 중엽에 미국에서 일어난 여성선교사운동(Women's Missionary Movement)은 여성의 모든 선교적 자원을 개발하고 여성선

---

62) Ruth A. Tucker, "Women in Mission", in <u>Toward The 21st Century in Christian Mission</u>, J.M. Phillips & R.T. coote, eds. (Grasnd Rapids: Eerdmans, 1993), p. 285. cf. Ruth A. Tucker, <u>Guardians of the Great Commission</u>(Grand Rapids: Zondervan, 1988), pp. 9-12.
63) Tucker, op. cit., pp. 286-287.

교사를 전문으로 파송하는 새로운 시대의 문을 열었다. 패트리카힐에 의하면 약 40여 개의 교단 여성선교회를 통해서 삼백여 만의 미국 여성들이 선교에 직·간접으로 참여하였다는 것이다.64) 여성선교사운동은 선교지역에 이교도 여성들을 개종케 하는 일에 여성선교사가 참여할 것을 촉구하고 특히 청소년 사역에 강조점을 두었다.65) 여성선교사들은 선교지에서 가정을 변화시키는 사역을 힘썼으며 또한 현지 여성 지도력을 개발하는 데 노력함으로 1921년에는 인도, 중국, 일본 등지에 7개의 연합여성대학을 세우기도 하였다.66) 여성선교사의 사역이 점차적으로 다변화되고 전문화됨으로 여성선교사들은 의료, 위생, 지역개발, 교육 등 여러 분야에서 눈부시게 활약하였고 20세기 초에 이르러서는 선교단체의 주요 지도자로서 활동하였다.67) 이렇듯이 여성선교사들은 목회자선교사와 연합하여서 공동체적 동반자선교를 훌륭하게 수행하였고 여성선교사의 역할과 기능을 극대화하여서 세계선교에 엄청난 공헌을 하였다.

19세기의 위대한 선교지도자 중에 하나며 고든 콘웰 신학교의 창시자인 A.J. 고든은 사도행전 2:17에 나오는 요엘의 예언 성취로서 여성선교사의 선교사역을 평가하고 있으나 디모데전서 2:12에 내포되어 있는

---

64) Patrica Hill, The World Their Household: The American Women's Foreign Mission Movement and Cultural Transformation, 1870-1920(An Anbor: University of Michigan Press, 1985), p. 3.
65) Dana Robert, "Revisioning the Women's Missionary Movement", in The Good News of the Kingdom, C.V. Gryen & Gilliland & P. Pierson, eds.(New York: Orbis, 1993), p. 111.
66) Ibid.
67) AIM의 창립이사 중 하나로서 Mrs. Lettie Cowman이 있고 ABEO의 창설자인 Mrs. Luy Peabody가 있다. See Tucker, Guardians of the Great Commission.

대표의 원리가 존중될 것을 바라고 있었다.[68] 19세기의 신앙 선교 운동의 선각자가 되는 허드슨 테일러는 여성선교사의 사역을 바울의 동역자로 불리워지는 여성들의 사역으로부터 그 원형을 찾으나 그도 역시 마찬가지로 디모데전서 2:12의 말씀이 여성선교사들에게 존중될 것을 바랐다.[69]

## 3. 결어: 21세기 한국교회에 있어서 여성 지도력에 대한 전망

교회 지도력에 있어서 여성의 역할을 논하기 위해 먼저 그와 연관된 세 가지의 성경신학적인 원리들을 고찰하였다. 필자는 성경신학적인 원리들을 하나님의 기록된 계시의 말씀으로서의 성경의 통일성에 그 근거를 두었고 이것을 기반으로 하여서 교회의 직분과 여성의 관계성을 규명하였다. 대표의 원리와 창조의 질서에 의거한 교회 지도력에 있어서 여성의 역할과 기능은 위계질서를 의미하는 차등이나 열등성을 내포한 종속주의가 아님을 살펴보았다. 성경은 도날드 구쓰리가 진술했듯이 성령의 역사하심 속에 특정한 교회직분을 뛰어 넘어서 다양한 은사들을 말씀하고 있고 여성들의 사역은 성경의 시각 속에서 풍요롭고 다양한 사역의 가능성을 내포하고 있는 것이다. 한국교회는 지금까지의 한국교회의 성

---

68) A. J. Gordon, "The Ministry of Women", in <u>Missionary Review of the World</u>, vol. 8, No. 12, December, 1984, pp. 910-921.

69) Dr. and Mrs. Howard Taylor, <u>Hudsen Taylor and the China Inland Mission: The Growth of a Work of God</u> (London: The Religious Tract Society, 1940), pp. 397-398.

장역사 속에서 여성의 지도력을 창의력 있게 개발하였고 여성들의 사역을 활성화함으로써 교회성장에 큰 도움을 얻었다. 그러나 오늘날 한국교회의 지도자들은 엄청나게 변모한 목양 현실 속에서 20세기 초에 개발된 여성 지도력에 만족하여 여성들의 활동을 정체시키고 고정시키려는 경향을 가지고 있다. 과거와는 다르게 여성들의 교육수준이 남성들과 대등하며 여성으로서의 삶의 욕구가 자유롭게 분출되기도 한다. 오늘날 고도로 발달된 전자문명은 여성들로 하여금 새로운 전문성을 개발케 하며 가정에서의 가사시간의 단축과 핵가족화의 경향으로 가정주부로서의 여성의 역할과 위상을 새롭게 변모시키고 있다. 삶의 모든 분야에서 여성의 참여가 확장되고 있으며 여성은 남성과 동일하게 자기 소리를 발하고 있다. 한국교회는 이러한 현대여성의 도전을 소홀히 여기거나 경시하지 말고 오히려 창의력 있게 성경적인 여성 지도력을 개발하여 여성으로 하여금 교회를 중심으로 해서 각계 각층에 하나님의 나라를 역동적으로 확산할 수 있도록 사역의 통로를 확장시켜 나가야 한다.

필자는 여전도사의 사역도 이러한 시대의 변화와 필요성에 민감하여 다양한 사역의 전문성을 개발하고 이것이 교회를 통해서 현대 사회에 하나님 나라 확장의 강력한 도구로 사용되어지기를 바란다. 이런 점에서 여전도사를 위한 신학교의 커리큘럼이 보다 실제적이어야 하며, 사역의 전문성을 갖추게 하며, 목회자와 동역자의 관계 속에서 혁명적으로 변모하는 목양 현실 속에 교회성장과 하나님 나라 확장에 구체적인 열매를 맺을 수 있도록 훈련되어져야 할 것이다. 또한 이러한 한국교회의 여성 지도력 개발은 19세기의 여성선교사운동이 세계선교에 큰 공헌을 했듯이 아시아와 세계복음화에 놀라운 선교자원으로 사용되어질 것이다. 한국교회는 선교지원에 있어서 여성의 지도력을 적극 개발하고 활성화하여 하나님께 영광을 돌려 드려야 할 것이다.

# 참·고·문·헌

길진경, 영계 길선주(서울: 종로서적, 1980).
김지철, "여성지도력을 위한 성서해석학적 고찰", 교역과 여성 안수, 오성춘·임창옥·황화자·김중은 편(서울: 장로회신학대학 다원화목회연구원, 1992).
김영재, 한국교회사(서울: 개혁주의신행협회, 1992).
김성태, 세계선교전략사(서울: 생명의 말씀사, 1994).
데이비드 부쉬, 선교신학, 전재옥 역(서울: 두란노, 1992).
민경배, 한국기독교회사(서울: 대한기독교서회, 1987).
변선환, "탁사 최병헌과 동양사상", 한국기독교의 존재 이유, 한국기독교문화연구소 편(서울: 숭전대학교, 1985).
서광선, 한국 기독교의 새 인식(서울: 대한기독교출판사, 1985).
유동식, 한국 신학의 광맥(서울: 전광사, 1986),
_____, 한국 종교와 기독교(서울: 대한기독교서회, 1987).
이만열, 한국기독교 문화운동사(서울: 대한기독교출판사, 1987).
이영헌, 한국기독교사(서울: 컨콜디아사, 1985).
이장식, 한국 교회의 어제와 오늘(서울: 대한기독교출판사, 1986).
존 칼빈, 기독교강요(1536년 초판), 양낙홍 역(서울: 크리스찬다이제스트, 1994).
피터 바이에르 하우스, 선교정책원론, 김남식 역(서울: 한국성서협회, 1976).

Abraham Kuyper, Lectures on Calvinism(Grand Rapids: Baker, 1983). The Calvinistic Concept of Culture (Grand Rapids: Baker, 1959).
\_\_\_\_, Principles of Sacred Theology, De Vries, J. Hendricks, Trans. (Grand Rapids: Baker, 1980).
\_\_\_\_, The Work of the Holy Spirit(Grand Rapids: Eerdmans, 1941).
A. Christopher Smith, "William Carey 1761-1834", in Mission Legacies(Maryknoll: Orbis, 1994).
Adolf Harnack, The Expansion of Christianity in the First Three Centuries, Vol. II (New York: G.P. Putnam's Sons, 1905).
Adoniram Judson Gordon, The Holy Spirit in Missions (London: Hodder and Stoughton, 1905).
Aida Bensancon Spencer, Beyond the Guse: Women Called to Ministry(Nashville: Thomas Nelson, 1985).
A.J. Gordon, "The Ministry of Women", in Missionary Review of the World, vol. 8, No. 12, December, 1984.
Alexander Schmemann, The Historical Road of Eastern Orthodoxy, Lydia W. Kesich, trans. (Crestwood: S T Vladimir's Seminary Press, 1992).
Andrew Murray, The Spirit of Christ(Minneapolis: Bethany Fellowship, 1979).
Anthony A. Hoekema, Holy Spirit Baptism(Grand Rapids: Eerdmans, 1972).
Anthony F.C. Wallace "Revitalization Movements", in American Anthropologist, LXIII, No. 8, 1956.
A.R. Radcliff-Brown, "Functionalism: A Protest", in American Anthropologist, 51.
Anthany C. Thiselton, "Semantics and New Testament

Interpretation", in New Testament Interpretation, I. Howard Marshall, ed. (Grand Rapids: Eerdmans, 1987).
Arthur F. Glasser, "Bangkok: An Evangelical Evaluation", in The Conciliar-Evangelical Debate: The Crucial Documents, 1964-1976.
_____, "Concilian Perspectives", in Contemporary Theologies of Mission (Grand Rapids: Baker, 1985).
_____, "Ecumenism:Sings of Hope?", in Theology News and Notes, Fuller Theological Seminary, March.
_____, "Evangelical Missions", in Toward the 21st Century in Christian Mission, James M. Phillips and Robert T. Coote, eds. (Grand Rapids: Eerdmans, 1993).
_____, Kingdom and Mission: New Testament Section (Pasadena: Fuller Theological Seminary, 1988).
_____, Kingdom and Mission (Pasadena: Fuller, 1989).
_____, "Salvation-Yesterday, Tommorrow and Today", in Evangelical Mission Quartorly, Vol. 9, No. 3(Spring, 1973).
_____, "The Whole-Bible Basis of Mission", in Contemporary Theologies of Mission (Grand Rapids: Baker, 1983).
Arthur W. Pink, The Holy Spirit (Grand Rapids: Baker, 1986).
A.S. Atiya, A History of Eastern Christianity (London: Methuen & Co. Ltd, 1968).
Austin P. Flannery, ed., Documents of Vatican II (Grand Rapids: Eerdmans, 1984).
Autrey, Revivals of the Old Testament (Grand Rapids: Zondervan, 1960).
B.B. Warfield, The Person and Work of Christ (Philadelphia: Prpco, 1950).

_____, Miracles: Yesterday and Today(Grand Rapids: Eerdmans, 1953).

Berlin Declaration on Ecumenism 1974, "Freedom and Fellowship in Christ", in Europe Pulse, Vol. Ⅵ, No. 1 January.

Bertram Lee Woolf, ed and trans, "The Spirit of the Protestant Reformation", The Reformation Writings, of Martin Luther, Vol. Ⅱ(Lond: Lutteruorth Press, 1956).

Billy Graham, "Why Lausanne", in Let the Earth Hear His Voice, J.D. Douglas, ed.(Minneapolis: World Wide Pub., 1975).

B. Malinoaski, "The Group and The Individual in Functional Analysis", in American Journal of Sociology, 44.

Bob Waymire, The Information Strategy Manual, Light International February, 1995.

Bruce C.G. Fleming, Contextualization of Theology(Pasadena: William Carey Library, 1980).

Bruce J. Nicholls, Contextualization: A Theology of Gospel and Culture(Downers Grove: Intervarsity, 1979).

C.A. Clark, The Nevius Plan for Mission Work(Seoul: CLS, 1937).

C. Allyn Russell, Voices of American Fundamentalism: Seven Biographical Studies(Philadelphia, 1976).

Caral P. Christ, "Why Women need a Goddess", in Woman-Spirit Rising(New York: Harper and Row, 1979).

Carl F.H. Henry and W. Stanley Mooneykan, eds., One Race, One Gospel, One Task, Vol. Ⅰ(Minneapolis: World Wide Pub., 1967).

Carl Henry, The Uneasy Conscience of Modern Fundamen-

talism(Grand Rapids: Eerdmans, 1947).
Caroline T. Marshall, "Popular Religion", in Eerdman's Handbook to the History of Christianity.
Cecil M. Robeck, "The Decade(1973-1982) in Pentecostal Charismatic Literature: A Bibliographic Essay", in Theology, News and Notes, Marck, 1983.
Charles Conn, Pillars of Pentecost(Cleveland: Pathway Press, 1956).
Charles Darwin, Origin of Species(New York: New American Library, 1958).
Charles G. Finney, Revival Lectures(Oberlin: Goodrich, 1868).
Charles H. Kraft, Christianity in Culture(Maryknoll: New York, 1984).
_____, Christianity in Culture(Maryknoll: Orbis, 1984).
_____, Christianity with Power(Ann Arbor: Servant Pub., 1989).
_____, Deep Wounds: Deep Healing(Ann Arbor: Servant Pub., 1993).
_____, Defeating Dark Angels(Ann Arbor: Servant Pub., 1992).
Charles Hodge, Systematic Theology(Grand Rapids: Baker, 1975).
_____, Systematic Theology, Vol. I (Grand Rapids: Eerdmans, 1977).
_____, Systematic Theology, Vol. II (London: James Clarke & Co LTD, 1960).
_____, Systematic Theology, Vol. III (Grand Rapids: Baker, 1977).
Charles Kraft, "Toward a Christian Ethrotheology", in God,

Man and Church Growth, Alan R. Tippett, ed. (Grand Rapids: Eerdmans, 1973).
Charles L. Chanel, "The Missionary Dynamic in the Theology of John Calvin", in The Reformed Review, Vol. 17, 1964.
Charles Van Engen, The Good News of the Kingdom.
_____, "The Relation of Bible and Mission in Mission Theology", in The Good News of the King-dom, Engen, Gilliland, Pierson, ed." (Maryknoll: Orbis, 1993).
_____, Biblical Foundations of Mission (Pasa-dena: Fuller, 1990).
_____, Mission on the Way (Grand Rapids: Baker, 1996).
Christopher Dawson, The Historical Reality of Christian Culture (New York: Harper & Row, 1965).
Christianity Today, "Good News for a World in Need, in Christianity Today, Vol II, No. I (October 14, 1966).
C. H. Dodd, History & the Gospel (London: Nisbet & Co, 1938).
_____, The Apostolic Preaching and its Development (London, 1936).
C. Howard Hopkins, "John R. Mott 1865-1955", in Mission Legacies.
Chung Hyun-Kyung, "Come Holy Spirit, Renew the Whole Creation", in The National Council of Churches Review, Vol. CXI, No. 6. June-July, 1991.
Clifford Geertg, "Religion as a Cultural System", in Reader in Comparative Religion, W. A. Lessa and E. Z. Vogt, eds. (New York: Harper and Row, 1972).
Clinton Bennett, "Henry Martyn 1781-1812", in Mission Legacies.

Collin W. Williams, Where in the World? Changing Forms of the Churchs Witness(New York: NCC, 1963).

Cornelius Vantil, A Christian Theory of Knowledge(New Jersey: PRPC, 1977).

_____, Common Grace and The Gospel(Philadelphia: Presbyterian and Reformed Publishing Company, 1974).

C.K. Barrett, A Commentary on the Epistle to the Romans (New York: Harper & Row, 1957).

C. Peter Wagner, Church Growth and the Whole Gospel (Cambridges: Haper & Row, 1981).

_____, How to Have a Healing Ministry without Making Your Church Sick(Ventura: Regal, 1988),

_____, Signs & Wonders Today(Altamonte Springs: Creation House, 1987),

_____, Spiritual Power and Church Growth (Altamonte Springs: Cteation House, 1986),

_____, The Third Wave of the Holy Spirit(Arn Arbor:Vine, 1988).

Colin Brown, "Reason and Unreason", in Eerdman's Handbook to the History of Christianity.

D.A. Carson, "Silent in the Churches", in Recovering Biblical Manhood and Womanhood.

_____, "The Purpose of Signs and Wonders in the New Testament", in Power Religion, David Watson, I Believe in the Church(London: Hodder and Stoughton, 1989).

_____, "The Role of Exegesis in Systematic Theology", in Doing Theology in Today's World.

Dana L. Robert, "Arthur Tappan Pierson 1837-1911', in

Mission Legacies.

―――, "Revisioning the Women's Missionary Movement", in The Good News of the Kingdom, C. V. Gryen & Gilliland & P. Pierson, eds.(New York: Orbis, 1993).

David E. Holwerda, "Eschatology and History", in Reading in Calvin's Theology, D.K. Mckim, ed(Grand Rapids: Baker, 1984).

David F. Wells, God the Evangelist-How the Holy Spirit Works to Bring Men and Women to Faith(Grand Rapids: Eerdmans, 1987).

David Hesselgrave & Edward Rommen, Contextualization (Grand Rapids: Baker, 1989).

David J. Hesselgrave, Communicating Christ Cross-Culturally (Grand Rapids: Zonervan, 1991).

―――, Planting Churches Cross-Culturally: A Guide for Home and Foreign Missions(Grand Rapids: Baker, 1980).

―――, "Missionary Elentics and Guilt and Shame", in Missiology: An International Review, Vol. XI, No. 4(October, 1983). David Howard, "Student Power Missions", in Perspectives on the World Christian Movement, Ralph Winter and Steven Hawthorne, eds.(Pasadena: William Carey Library, 1981).

David J. Bosch, "Reflections on Biblical Models of Mission", in Toward the 21st Century in Christian Mission, J. M. Phillips, R.T. Coote, ed.(Grand Rapids: Eerdmans, 1993).

―――, Transforming Mission(Maryknoll: New York, 1991).

―――, Witness to the World(Atlanta: John Knox Press,

1980).

David L. Smith, <u>A Handbook of Contemporary Theology</u> (Wheaton: Bridge Point, 1992).

David M. Stowe, "What did Melbourne Jay?", in <u>Missiology: An International Review</u>, Vol. IX, No. 1, January, 1981.

David P. Gaines, <u>The World Council of Churches</u>(Peterbaraugh: Richard. R. Smith, 1966).

Dennis Bennett "The Gifts of the Holy Spirit", in <u>The Charismatic Movement</u>, ed., Michael Hamilton(Grand Rapids: Eerdmans, 1975).

D. G. Hart, "J. Gresham Machen", in <u>Handbook of Evangelical Theologians</u>(Grand Rapids: Baker, 1993).

D. Guthrie, <u>The Pastoral Epistles</u>(Grand Rapids: Eerdmans, 1986).

D. M. Lloyd-Jones, <u>Sons of God</u>(Edinburgh: Banner of Truth, 1973).

Donald B. Kraybill, <u>The Upside Down Kingdom</u>(Scottdale: Herald Press, 1978).

Donald Bloesch, <u>The Evangelical Renaissance</u>(Grand Rapids: Eerdmans, 1973).

Donald Guthrie, <u>New Testament Theology</u>(Ontario: Inter-Varsity Press, 1981).

Donald K. Mckim, <u>What Christians Believe about the Bible</u>(Nelson, 1985).

Donald McGavran and C. Peter Wagner, "Will Nairobi Champion the Whole Man", in <u>Church Growth Bulletin,</u> Vol. XI, No. 6(July, 1975).

Donald McGavran, ed., The <u>Conciliar-Evangelical Debate:</u>

　　　　The Crucial Documents, 1964-1976(Pasadena: William Carey Library, 1977).
―――, How Churches Grow(New York: Friend-ship Press, 1981).
―――, "Presence and Proclamation in Christian Mission", in The Conciliar-Evangelical Debate: The Crucial Documents 1964-1976.
―――, "Salvation Today?" in Church Growth Bulletin, Vol. ⅠX, No. 1(September, 1972).
―――, The Bridges of God(New York: Friendship Press, 1981).
―――, "Theological Assessments of the Ecumenical / Evangelical Schism", in The Conciliar-Evangelical Debate: The Crucial Documents, 1964-1976(Pasadena: William Carey Library, 1977).
―――, Understanding Church Growth(Grand Rapids: Eerdmans, 1986).
Douglas Moo, "What Doesn't mean not to teach or have Authority over Men?", in Recovering Biblical Manhood and Womanhood.
Dr. and Mrs. Howard Taylor, Hudsen Taylor and the China Inland Mission: The Growth of a Work of God(London: The Religious Tract Society, 1940).
D.W. Bebbington, Patterns in History(Downers Grove: Intervarsity Press, 1979).
Edward B. Tylor, Primitive Culture(New York: Harper Torchbooks, 1958).
Edward K. Pousson, Spreading the Flame(Grand Rapids: Zondervan, 1992).
Edward P. Clowney, "Contextualization and The Biblical

Theology of Culture", in The Word Became Flesh, Deans Gilliland and Everett Huffard, eds., MT 510 Syllabus, FTS, 1988.

Edythe Draper, The Almanac of the Christian World (Wheaton: Tyndale House, 1992).

E. J. Furcha and H. Wayne Pipkin, eds., Prophet, Pastor, Protestant: The Work of Huldrych Zwingliafter Five Hundred Years(Allison Park: Pickwick Press, 1984).

Elgin Moyer, Wycliffe's Biographical Dictionary of the Church(Chicago: Moody Press).

E. L. Godet, Commentary on Romans(Grand Rapids: Kregel Pub., 1977).

Elisabeth Sehüssler Fiarenga, "Women in the Pre-Pauline and Pauline Churches", in Union Seminary Quarterly Review 33, 1978.

Emile Purkheim, The Rules of Sociological Method(New York: Free Press, 1938).

Emilio Castro, Address by the General Secretary, Plenary Presentation, Wilson.

Emilio Castro, Freedom in Mission: The Perspective of the Kingdom, An Ecumenical Inquiry(Geneva: WCC, 1985).

_____, "Themes in Theology of Mission Arising out of San Antonio and Canberra", in The Good News of the Kingdom, Charles Van Engen, Dean S. Gilliland, Paul Pierson, eds. (Maryknoll: New York, 1993).

_____, "To Confess Jesus Christ Today", in International Review of Mission, Vol. LXXIX.

Ernest Baker, The Revivals of the Bible(Capetown: Miller, 1906).

Ernest Benz, "Pietist and Puritan Sources of Early Protestant. World Missions, in Church History, Vol. XX, No. 2 (June, 1951).

Ernest R. Sandeen, The Roots of Fundamantalism: British and American Millenarianism 1800-1930 (Chicago: University of Chicago Press, 1970).

Eugene Nida, Customs and Cultures: Anthropology for Christian Missions (New York: Harper and Brothers, 1954).

_____, Customs and Cultures (Pasadena: William Carey Library, 1984).

_____, Toward a Science of Translation (Leiden: E. J. Brill, 1964).

Eugene Stockwell, "Mission Issues for Today and Tomorrow", in Plenary Presentation, Wilson.

Eustace Carey, Memoir of William Carey, D. D., Late Missionary to Bengal (Hartford: Canfield and Robins, 1837).

Geerhardus Vos, Biblical Theology (Grand Rapids: Eerdmans, 1971).

George Eldon Ladd, The Gospel of the Kingdom (Grand Rapids: Eerdmans, 1959).

_____, The Presence of the Future, Jesus and The Kingdom (Waco: Word Book, 1984).

George M. Marsden, Fundmentalism and American Culture (Oxford: Oxford University Press, 1980).

_____, Reforming Fundamentalism (Grand Rapids: Eerdmans, 1987).

George W. Knight III, "Husband and Wives as Analogues of Christ and the Church", in Recovering Biblical

Manhood and Womanhood.

George W. Peters, A Biblical Theology of Missions(Chicago: Moody Bible Institute, 1972).

_____, A Biblical Theology of Missions(Chicago: Moody Bible Press, 1978).

_____, A Theology of Church Growth(Grand Rapids: Zonderzan, 1981).

_____, Saturation Evangelism(Grand Rapids: Zondervan, 1970).

Gerald H. Anderson and Thomas F. Stransky, eds.(Grand Rapids: Eerdmans, 1976), Theological Education Fund, Ministry in Context: The Third Mandate Program of the Theological Education Fund(1970-1977) (Bromley: TEF, 1972).

Gerald H. Anderson and Thomas F. Stransky, eds., Mission Trends No. 1: Crucial Issues in Mission Today(New York: Paulist Press, 1974),

_____, Mission Trends No. 3: Evangelization(New York: Paulist Press, 1975).

_____, Mission Trends No. 1-5(Grand Rapids: Eerdmans, 1974-1981).

Gerald H. Anderson, ed., Christian Mission in Theological Prespective(Nashville: Abingdon Press, 1967).

_____, The Theology of the Christian Mission(New York: McGraw-Hill Book Co., 1961).

_____, Witnessing to the Kingdom(Maryknoll: Orbis, 1982).

Gilbert Bilezikian, Beyond Sex Roles: A Guide for the Study of Female Roles in the Bible(Grand Rapids: Baker, 1985).

Graham Lee, "How the Spirit Came to Pyeongyang", in Korea

Mission Field, Vol. 3, No. 3(March, 1907).
G. T. B. Davies, The Missionary, Vol. 43, No. 5, 1910.
Gustavo Gatierrez, The Power of the Poor in History (Maryknoll: Orbis, 1984).
Gustav Warneck, Evangeliscke Missionsloehe, Erste and Zweite Auflage(Gotha: Friedrick Andreas Perthes, 1903).
\_\_\_\_, Evangeliscko Missionslokre, Vol. III(Gotha: Perthes, 1902).
\_\_\_\_, Outline of a History of Protestant Missions, G. Robson, ed. (New York: Fleming H. Revall Co., 1901).
Faith and Order Pamphlet No. 33, Report of the Preliminary Meeting at Geneva, Switzerland, August 12-20, 1920.
F. F. Bruce, The Spreading Flame(Grand Rapids: Eerdmans, 1982).
F. Max Müller, The Science of Language Vol. I(New York: AMS, 1978).
Frans Vertraelen, "Africa in David Bosch's Missiology: Survey and Appraisal", in Mission in Bold Humanity, W. Sayman and K. Kritzinger, eds, (Maryknoll: Orbis Books, 1996).
Francis M. Dubose ed., Classics of Christian Missions (Naskville: Broodman Press, 1979).
Francis N. Lee, The Central Significance of Culture (Philadelphia: PRPCo, 1976).
Francis X. Cleany, "Women in the New Testament: St. Paul and the Early Pauline Churches", Biblical Theological Bulletin 10, 1980.
Francois Weldel, Calvin(New York: Harper & Row, 1963).
Frederick Dale Bruner, A Theology of the Holy Spirit(Grand

Rapids: Eerdmans, 1976).

Frederick R. Wilson, ed., The San Antonio Report: Your Will be Done Mission in Christ's Way(Geneva: WCC, 1990).

F. X. Cleany, "Women in the New Testament: St. Paul and the Early Pauline Tradition", Biblical Theology Bulletin 10, 1980.

H. A. Rhodes, History of the Korea Mission Presbyterian Church U.S.A. 1884-1934(Seoul: Chosen Mission Presbyterian Church, 1934).

Handrikus Berkhof, The Doctrine of the Holy Spirit (Richmond: John Knox Press, 1964).

Hang J. Margull, Hope in Action: The Church's Task in the World, Eugene Peters, trans. (Philadelphia: Muhlenberg Press, 1962).

Harold D. Hunter, Spirit-Baptism"A Pentecostal Alternative (Lanham: University Press of America, 1983).

Harold E. Fey, A History of the Ecumenical Movement Vol. 2: 1948-1962(Geneva: WCC, 1986).

Harold J. Ockenga, "Theological Education", in Bulletin of Fuller Theological Seminary 4(October-December, 1954).

Harold Lindsell, "Overview of the Congress", in The Church's Worldwide Mission, Harold Lindsell, ed. (Waco: Word Books, 1966).

Harold Lindsell, The Battle for the Bible(Grand Rapids: Zondervan, 1976).

Harry A. Rhodes, ed., History of the Korean Mission Presbyterian Church USA, 1884-1934(Seoul: The Chosen Mission Presbyterian Church, 1934).

Harry Boer, Pentecost and Missions(Grand Rapids: Eerdmans, 1961).

Harvey T. Hoekstra, The World Council of Churches and the Demise of Evangelism(Wheaton: Tyndale House, 1979).

Harvie M. Conn, A Clarified Vision for Urban Mission(Grand Rapids: Zondervan, 1987).

_____, "Contextualization: Where do we begin?", in Evangelicals and Liberation, Carl Armerding, ed. (New Jerssy: Pres. and Ref. Pub. 1977).

_____, Eternal Word and Changing Worlds(Grand Rapids: Zondervan, 1984).

_____, Evangelism: Doing Justice and Preaching Grace (Grand Rapids: Zondervan, 1982).

_____, "God's Plan for Church Growth", in Theological Perspectives on Church Growth(Phillipsburg: Pres. and Ref., 1976).

_____, "Normativity, Relevance, and Relativism", in Inerraney and Hermeneutic, H. M. Conn, ed(Grand Rapids: Baker, 1988).

_____, The American City and the Evangelical Church(Grand Rapids: Baker, 1994).

_____, "The Mission of the Church", in Evangelicals & Liberation.

Hendrik Kraemer, From Missionfield to Independent Church(London: SCM Press, 1958).

_____, Religion and The Christian Faith(Philadelphia: The Westminster Press, 1956).

_____, The Christian Message in a Non-Christian World (Grand Rapids: Kregel, 1938).

_____, The Christian Message in a Non-Christian World (Grand Rapids: Kregel, 1956).

Hendrikus Berkhof, Christ the Meaning of History (London: SCM, 1966).

Henry Bettenson, ed., Documents of the Christian Church (London: Oxford University Press, 1963).

_____, The Early Christian Fathers (Oxford: Oxford University Press).

Herbert Butterfield, Christianity and History (London: G. Bell and Sons, 1949).

Herman Bavinck, The Philosophy of Revelation (Grand Rapids: Baker, 1979).

H. H. Raulay, The Biblical Doctrine of Election (Chicago: A. R. Allenson, 1952).

H. J. W. Prijvers, Bardaisan of Edessa (Assen: Van Gorcum, 1965).

H. Kruger, "The Life and Activities of the World Council of Churches", in A History of the Ecumenical Movement, H. E. Fey, ed. (Geneva: WCC, 1986).

H. Mckennie Goodpasture, "Robert E. Speer", in Mission Legacies.

Horace L. Fenton, "Mission and Social Concern", in The Church's Worldwide Mission.

Howard A. Snyder, The Community of the King (Downers Gnove: IVP, 1977).

Iain Murray, The Puritan Hope (London: Billing & Song Ltd, 1971).

IMC, The Jerusalem Metting of the International Missionary Council, March 24-April 8, 1928, Vol. Ⅰ.

_____, The World Mission of the Church, Findings and

Recommendation of the IMC, Tambaram, Madras, India, December 12-29, 1938(London: IMC, 1939).

James A. Scherer and Stephen B. Bevans, eds., New Directions in Mission & Evangelization 1(Maryknoll: Orbis, 1992).

James D.G. Dunn, Baptism in the Holy Spirit(Grand Rapids: Eerdmans, 1985).

James G. Frazer, The Golden Bough(New York: Macmillian, 1958).

J.I. Packer, "Is Systematic Theology A Mirage? An Introductory Discussion", in Doing Theology in Today's World, Woodbridge John D. and McComiskey, Thomas Edward, eds. (Grand Rapids: Zondervan, 1991).

_____, Keep in Step with The Spirit(Old Tappan: F.H. Revell Company, 1984).

James Mentgomery Boice, God & History(Downers Grove: Inter-varsity Press, 1981).

J.B. Lightfoot, The Apostolic Fathers(Grand Rapids: Baker, 1965).

J.C. Hoekendijk, The Church Inside out(Philadelphia: The Westminster Press, 1966).

J.D. Douglas, Let the Earth Hear His Voice(Minneapolis: World Wide Pub., 1975).

_____, The New Bible Dictionary(Grand Rapids: Eerdmans, 1962).

J. Dudley Woodberry, "Contextualization Among Muslims: Reusing Common Pillars", in The Word Among Us(Dallas: Word, 1989).

J. Edwin Orr, The Over pouring of the Spirit in Revival and Awakening and Its Issue in Church Growth(Pasadena:

Fuller Theological Seminary, 1984).
J. Herbert Kane, <u>A Concise History of the Christian World Mission</u>(Grand Rapids: Baker, 1989).
_____, <u>Christian Missions in Biblical Perspective</u> (Grand Rapids: Baker, 1976).
_____, <u>Life and Work on the Mission Field</u>(Grand Rapids: Baker, 1980).
J. Harold Ellens, "The Franciscans: A Study in Mission", in <u>Missiology: An International Review</u>, Vol. 3, No. 4, Octorber, 1975.
J. J. Schindee, trans., "Secular Authority: To What Extent It should be Obeyed", <u>Works of Martin Luther, Vol. Ⅲ</u> (Philadelphia: A. J. Holman Co., 1930).
J. Moltmann, <u>Hope and Planning</u>(London: SCM, 1971).
Johannes C. Hoekendijk, <u>Kirche und. Volk in Der Deutschen Missionswissenschaff</u>(Munich: Chr. Kaiser Verlag, 1967).
_____, <u>The Church Inside Out</u> (Phila-delphia: The Westminster Press, 1966).
Johannes H. Bavinck, <u>The Church Between the Temple and the Mosque</u>(Grand Rapids: Eerdmans, 1966).
_____, <u>The Impact of Christianity on the Non-Christian World</u>(Grand Rapids: Eerdmans, 1948).
_____, <u>The Introducion to the Science of Missions</u> (Philadelphia: The Presbyterian and Reformed Publishing Company, 1960).
Johannes Louw & Eugene A. Nida, eds., <u>Greek-English Lexicon of the New Testament Based on Sematic Domains</u>(New York: United Bible Societes, 1988).
Johannes Verkuyl, <u>Contemporary Missiology</u>(Grand Rapids:

Eerdmans, 1978).

Jonathan Edwards, ed., The Life and Diary of David Brainerd (Chicago: Moody, 1949).

_____, "The Visible Union of God's People", in The Great Awakening, Alan Heimert and Perry Miller, eds. (Indianapolis: The Bobbs-Merrill Co., 1967).

John Bright, The Authority of the Old Testament (Nashville: Abingdon Press, 1967).

_____, The Coming of the Kingdom (Philadelphia: Press. & Reformed., 1962).

John Calvin, Institutes of the Christian Religion I ed., John T. Mcneill (Philadelphia: Westminster Press, 1967).

John C. Bennett, "Charles Simeon", in Mission Legacies.

John Dawson, Taking Our Cities for God: How to Break Spiritual Strongholds (Lake Mary: Creation House, 1989).

John E. Smith, ed., "Religious Affections", Vol. 2 in The Works of Jonathan Edwards (New Haven & London: Yale University Press, 1959).

John F. Walwoord, The Holy Spirit (Grand Rapids: Zondervan, 1975).

John M. Frame, "Men and Women in the Image of God", in Recovering Biblical Manhood and Womanhood.

John M. Flame, Vantil: The Theologian (Pillipsburg: Pilgrim, 1976).

John Murray, The Govermant of Grace (Grand Rapids: Eerdmans 1954).

John Peterson Missionary Methods of Early Judaism in the Early Roman Empire (Chicago: Chicago Divinty School, 1946).

John Piper and Wayne Gradem, ed., Recovering Biblical Manhood and Womanhood (Wheaton: Crossway Books, 1991).

John R. Weinliche, Count Zinzendorf (Nashville: Atingdon, 1956).

John R.W. Stott, Christian Mission in the Modern World (Downers Grove: Intervarcity Press, 1975).

John Stewart, The Nestorian Missionary Enterprise: A Church on Fire (Edinburgh: Clarke, 1923).

John V. Taylor, The Primal Vision: Christian Presence and African Religion (Bloomsbury: SCM Press, 1969).

John Warwick Montgomery, Where is History Going? (Grand Rapids: Zondervan, 1969).

John Wimber, Power Evangelism (San Francisco: Harper & Row, 1986).

Jose Miguez Bonino, Doing Theology in a Revolutionary Situation (Philadelphia: Fortross Press, 1975).

Joseph J. Spae, "Missiology and Local Theology and Inter-religious Encounter", in Missiology: An International Review, Vol. VII., No. 4, Octover, 1979. ·

J.S. Gale, Korea in Transition (Nashville: South Smiths. Lamar, 1909).

Jürgen Moltmann, The Open Church: Invitation to a Messianie Lifestyle (London: SCM Press, 1981).

J. Van den Berg, "John Herman Bavinck 1895-1964", in Mission Legacies, Gerald H. Anderson, Robert T. Coote, Norman A. Horner, James M. Phillips, eds. (Maryknoll: New York, 1994).

Kaaiser, Toward the Old Testament Ethics, Ken Gnanakan, Kingdom Concerns (Downers Grove: IVP, 1993).

Karl Rahner, "Anonymous Christianity and the Missionary Task of the Church", in Theological Investigations, II(New York: Seabury, 1974).

Karl Barth, Evangelical Theology(Grand Rapids: Eerdmans, 1982).

Karl Gutzlaff, Journal of Three Voyages along the Coast of China in 1831, 1832 & 1833 with Notices of Siam, Corea and the Loo-Choo Islands(London: Frederick Westley & A.H. Danis, 1834).

Karl Hartenstein, "Die Kirche und die Religionen", Evangelische Missions-Zeitschrift 1(1940).

_____, "Die Trinitarische Verkundigung in der Welt Religionen", in Die Deutsche Evangelische Heidermission (Hamburg: Selbstverlag de Missions Konferenz, 1939).

_____, "Zur Neubesinnung uber das Wesen der Mission", in Die Deutsche Evangelische Weltmission (Hamburg: Verlag der deutschen evang. Missionshilfe, 1951).

Kenneth Cragg, The Call of the Minaret(Maryknoll: New York, 1985).

Kenneth Scott Latourette, A History of Christianity: Beginnings to 1500, Vol. 1(New York: Harper & Row, 1975).

_____, A History of the Expansion of Christianity Vol. 2 The Thousand Years of Uncer-tainty(Grand Rapids: Zondervan, 1978).

_____, A History of the Expansion of Christianity Vol. 3 Three Centuries of Advance(Grand Rapids: Zondervan, 1978).

_____, A History of the Expansion of Christianity Vol. 4 The Great Centrury: Europe and the United States(Grand

Rapids: Zondervan, 1976).
_____, A History of the Expansion of Christianity Vol. 5 The Great Century: The Americas Australasia and Africa(Grand Rapids: Zondervan, 1978).
_____, A History of Christianity: Reformation to the Present, Vol. ii (New York: Harper & Row, 1975).
_____, A History of Christianity Vol. 6 The Great Century: North Africa and Asia(Grand Rapids: Zondervan, 1978).
_____, Christianity through the Ages(New York: Harper & Row, 1965).
_____, Three Centuries of Advance.
_____, These Sought a Country(New York: Harper and Brothers, 1950).
_____, The Thousand Years of Uncer-tainty.
Leon Morris, The First Epistle of Paul to the Corinthians (Grand Rapids: Eerdmans, 1980).
Lesslie Newbigin, Gospel in a Pluralist Society(Grand Rapids: Eerdmans, 1994).
_____, "Mission and Missions", in Christianity Today(August, 1960),
_____, A Faith for This One World? (New York: Harper & Brothers, 1961),
_____, The Finality of Christ(London: SCM, 1969).
_____, The Open Secret: An Introduction to the Theology of Mission(Grand Rapids: Eerdmans, 1995).
_____, Trinitarian Faith and Force in Missions(Richmond: John Knox Press, 1964).
Levi-Strauss, "French Sociology", in Twentieth Century Sociology, G. Gurvitch and W. Moors, eds. (New

York: Philosoplical Library, 1945).

\_\_\_\_\_, Structual Anthropology(New York: Basic Books, 1963).

L. H. Underwood, Underwood of Korea(New York: F. H. Revell Company, 1918).

Louis Bekhof, Principles of Biblical Interpretation(Grand Rapids: Baker, 1974).

\_\_\_\_\_, Systematic Theology(Grand Rapids: Eerdmans, 1941).

\_\_\_\_\_, Systematic Theology(Grand Rapids: Eerdmans, 1976).

Louis J. Luzbetak, The Church and Cultures(Maryknoll: Orbis, 1993).

Lucien Lévy-Bruhl, Primitive Christiantity(New York: MacMillian, 1928).

L. Thomas Holdcroff, The Holy Spirit: A Pentecostal Interpreta-tion(Spring Field: Gospel Publishing House, 1979).

Manfred Linz, Anwalt der Welt: Zur Theologie der Mission(Stuttgart: Kreuz Verlag, 1964).

Manuel J. Gaxiola, "Salvation Today: A Critical Report", in The Evangelical Response to Bangkok(Pasadena: William Carrey Library, 1973).

Margaret Mead, "Retrospects and Prospects", in Anthropology and Human Behavior, T. Gladwin and W. C. Sturtevant, eds. (Washington: ASW, 1962),

\_\_\_\_\_, "Cultural Deter-minants of Behavior", in Behavior and Evolution, A. Roe and G. G. Simpson, eds. (New Haven: Yale Uni-versity Press, 1958).

Mortiner Arias, "That the World may Believe", in National Christian Council Review, Vol. ⅩCvi, No. 3, March, 1976.

Martin Luther, "Reformation und Mission", in <u>Archir Fur Reformationsgeschichte</u>, Vol. 44, 1953.
_____, "The Babylonian Captivity of the Church", in <u>Three Treatises</u>, A. T. W. Steinhauser, trans.
_____, "The Freedom of a Christian", in <u>Three Treatises</u>, W. A. Lambert, trans.
_____, "To the Christian Nobility of the German Nation", in <u>Three Treatises</u>. Charles M. Jacobs, Trans. (Philadelphia: Fortress Press, 1966).
Martin Schlunk, "Gustav Warneck", in <u>The International Review of Missions</u>, Vol XXIII, 1934.
Mary Daly, Gyn / Geology: <u>The Metaethics of Radical Feminism</u> (Boston: Beacon Press, 1978).
Mary Hayter, <u>The New Eve in Christ</u> (Grand Rapids: Eerdmans, 1987).
Max Warren, <u>Crowded Canvas: Some Experiences of a Life-Time</u> (London: Hodder and Stoughton, 1974).
_____, <u>I Believe in the Great Commission</u> (Grand Rapids: Eerdmans, 1976).
Meredith G. Kline, <u>By Oath Consigned</u> (Grand Rapids: Eerdmans, 1968).
_____, <u>Treaty of the Greak King</u> (Grand Rapids: Eerdmans, 1963).
Michael A. Eaton, <u>Baptism with the Spirit</u> (Intervarsity, Press, 1989).
Michael Green, <u>Evangelism in the Early Church</u> (Grand Rapids: Eerdmans, 1985).
_____, <u>I Believe in the Holy Spirit</u> (Grand Rapids: Eerdmans, 1985).
M. M. Thomas, <u>Secular Theologies of India and the Secular</u>

Meaning of Christ(Madras: CLS, 1976).
_____, "Spirituality for Combat", in Breaking Barriers, Nairobi 1975.
_____, "The Meaning of Salvation Today, A personal Statement", in International Review of Mission, Vol LXII, No. 246, April, 1973.
M. S. Starkawk, The Spirial Dance(New York: Harper and Row, 1979).
Norman Goodall, ed., Official Report of the Fourth Assembly of the World Council of Churches, Uppsala July 4-20, 1968(Geneva: WCC, 1968).
Norman Geisler, Sign and Wonders(Wheaton: Tyndale House, 1988).
O.J. Doughty, "Women and Liberation in the Churches of Paul and the Pauline Tradition", Drew Gateway 50, 1979.
O. Palmer Robertson, The Christ of the Covenants(Grand Rapids: Baker, 1980).
Orlando E. Costas, The Integrity of Mission(New York: Harper & Row, 1979).
_____, 성문 밖의 그리스도, 김승환 역. (서울: 한국신학연구소, 1990).
Oscar Cullman, Christ and Time(Lodon: SCM, 1951).
_____, The Christology of the New Testament (London: SCM, 1963).
Paik Lak-Geoon George, The History of Protestant Mission in Korea 1832-1910(Pyeng-Yang: Union Christian College Press, 1929).
Patricia Hill, The World Their Household: The American Women's Foreign Mission Movement and Cultural

Transformation, 1870-1920 (Anbor: University of MIchigan Press, 1985).

Paul A. Pomerville, The Third Force in Missions (Peabody: Hendrickson, 1985).

Paul D. Devanandan, Christian Concern in Hinduism (Bangalore: CISRS, 1961).

Paul G. Hiebert and Eloise Hiebert Meneses, Incarnational Ministry (Grand Rapids: Baker, 1995).

Paul G. Hiebert, Anthropological Insights for Missionaries (Grand Rapids: Baker, 1985).

――, Anthropological Reflections on Missiological Issues (Grand Rapids: Baker, 1994).

――, Cultural Anthropology (Grand Rapids: Baker, 1976).

――, Cultural Anthropology (Grand Rapids: Baker, 1983).

――, "Missions and the Renewal of the Church", in Exploring Chruch Growth, ed., William R. Shenk (Grand Rapids: Eerdmans, 1983).

Paul G. Schrotenboer, "The Bible in the World Council of Churches", in Calvin Theological Journal, Vol. 12(1977).

Paul Knitter, No Other Name? (Maryknoll: Orbis, 1985).

Paul Tillich, Christianity and the Encounter of World Religions (New York: Columbia University Press, 1963).

――, Theology of Culture (New York: Oxford University Press, 1959),

Paulus Scharpff, History of Evangelism (Grand Rapids: Eerdmans, 1966).

Peter Beyerhaus and Henry Lefever, The Responsible Church and the Foreign Mission (Grand Rpaids: Eerdmans,

1964).

Peter Beyerhaus, Mission: Which Way? Humanization or Redemption(Grand Rapids: Zondervan, 1976).

Peter Wagner & Douglas Pennoyer, eds., Wrestling With Dark Angels: Toward a Deeper Understanding of the Supernatural Forces in Spiritual Warfare(Ventura: Regal Books, 1990).

Peter Wagner, Breaking Strongholds in Your City (Ventura: Regal, 1993).

_____, Church Growth and the Whole Gospel(San Francisco: Harper & Row, 1981).

_____, Engagin the Enemy(Ventura: Regal, 1991).

_____, How to have a Healing Ministry without Making Your Church Sick(Ventura: Regal Books, 1988).

_____, Prayer Shield(Ventura: Regal, 1992).

_____, Spiritual Power and Church Growth (Alta-monte Springs: Strong Communications Company, 1986).

_____, "Territorial spirits and World Mission", in Evangelical Missions Quarterly, Vol. 25, No, 3.

_____, Territorial spirits(Chichester: Sovereign World, 1991).

_____, The Third Wave of the Holy Spirit(Ann Arbor: Servant Publications, 1988).

_____, Warfare Prayer(Ventura: Regal, 1992).

Philip J. Rosato, "The Mission of the Spirit Within and Beyond the Church", in The Ecumenical Review, Vol. 41, No. 3 July.

Philip Potter, "Evangelism and the World Council of Churches", in The Ecumenical Review, Vol. 20 April, 1968.

Philip Potter, "Christ's Mission and Ours in Today's World",

in Bangkok Assembly 1973.
_____, Life in all its Fullness (Geneva: WCC, 1981).
_____, "Mission as Reconciliation in the Power of the Spirit", in International Review of Mission, Vol. LXXX Nos, 319/320 July/October, 1991.
Phil Parshall, New Paths in Muslim Evangelism (Grand Rapids: Baker, 1980).
Priscilla Pope-Levison, "Evangelism in the WCC", in International Review of Mission, Vol. 80. April, 1991.
Ralph Winter, "The Two Structure of God's Redemptive Mission", in Missiology: An International Review (January).
R. A. Tucker, Guardians of the Great Commission (Grand Rapids: Zondervan, 1988).
R. Bultman, Faith & Understanding, Robert Funk, Trans. (New York: Harper & Row, 1969).
Roger E. Hedlund, Roots of the Great Debate in Mission (Bangalore: Theologial Book Trust, 1993).
R. Pierce Beaver, Ecumenical Beginning in Protestant World Mission: A History of Comith (New York: Thomas Nelson & Sons, 1962).
Rodger C. Bassham, Mission Theology (Pasadena: William Carey Library, 1979).
Roger E. Hedlund, Roots of the Great Debate in Mission (Bangalore: Theological Book Trust, 1993).
Ronald K. Orchard, Missions in a Time of Testing (London: Lutter worth Press, 1964).
_____, Witness in Six Continents. Records of the Meeting of the Commission on World Mission and Evangelism of the World Council of Churches, held in Mexico City,

December 8th to 19th, 1963(London: Edinburgh House Press, 1964).

Robert T. Coote and John Stott, eds., Down to Earth : The Papers of the Lausanne Consaltation on Gospel and Culture(Grand Rapids: Eerdmans, 1980).

Raymond C. Ortlund, "Male-Female Equality and Male Headship", in Recovering Biblical Manhood and Womanhood(Wheaton: Crossway, 1991).

Raymon Panikkar, The Unknown Christ of Hinduism: Towards an Ecumenical Christophany(Maryknoll: Orbis, 1981).

Richard B. Gaffin, Perspectives on Pentecost(Phillipsbing: Presbyterian and Reformed Publishing Company, 1979).

Richard De Ridder, Discipling the Nations(Grand Rapids: Baker, 1979).

Richard F. Lovelace, Dynamics of Spiritual Life(Downers Grove: Intervarsity Press, 1979).

_____, Renewal as a Way of Life(Downers Grove: Intervarsity Press, 1985).

_____, The American Pietism of Cotton Mather: Origins of American Evangelicalism(Grand Rapids: Christian University Press, 1979).

Richard Quebedeuix, The Young Evangelicals(New York: Haper and Row. Pub., 1974).

Richard R. De Ridder, Discipling the Nations(Grand Rapids: Baker, 1979).

Richard Sibbes, The Complete Works of Richard Sibbes, ed., Alexander B. Grosart, Edinburgh, 1862.

Rpbert L. Ramseyer, "Anthropological Perspectives on Church

Growth Theory, in <u>The Challerge of Church Growth</u>", Shenk, ed. (Scottdale: Herald Press, 1973).

Robert Martin-Achard, <u>A Light to the Nations</u>(Edinburgh: Oliver & Boyd, 1962).

Robert McCulloch, "Gregorian Adaptation in the Augustinian Mission to England", in <u>Missiology: An International Review</u>, Vol. 6, No. 3, July.

Rodger C. Bossham, <u>Mission Theology</u>(Pasadena: William Carey Library, 1979).

R. Pierce Beaver, <u>American Protestant Women in World Mission</u>(Grand Rapids: Eerdmans, 1980).

_____, <u>Ecumenical Beginning in Protestant World Mission: A History of Comity</u>(New York: Thomas Nelson & Sons, 1962).

_____, "The Genevan Mission to Brazil", in <u>The Reformed Journal</u>, Vol. 17, No. 6(July, 1967).

Ruth A. Tucker, <u>From Jerusalem to Irian Java</u>(Grand Rapids: Zondervan, 1983).

_____, "Women in Mission", in <u>Toward The 21st Century in Christian Mission</u>, J.M. Phillips & R.T. Coote, eds. (Grand Rapids: Eerdmans, 1993).

Ruth Rouse and Stephen Charles Neill, <u>A History of the Ecumenical Movement 1517-1948</u>(Philadelphia: Westminster, 1967).

Samual M. Zwemer, <u>Into all the World</u>(Grand Rapids: Zondervan, 1942).

Serene E. Dwight, ed., <u>The Works of President Edwards</u>, 10 Vols. (New York: S. Converse, 1829).

Shokie Coe, "Contextualizing Theology", in <u>Mission Trends No. 3</u>.

Stanley J. Samartha, "Guidelines on Dialogue", in Mission Trends No. 5: Faith meets Faith.
Stanley M. Burgess and Gary B. McGee, ed., Dictionary of Pentecostal and Charismatic Movements(Grand Rapids: Zondervan, 1988).
Stephen A. Grunlan and Marvin K. Mayers, Cultural Anthropology: A Christian Perspective(Grand Rapids: Zondervan, 1988).
Stephen B. Bevans, Models of Contextual Theology (Maryknoll: Orbis, 1992).
_____, "Models of Contextual Theology", in Missiology: An International Review, Vol. XIII, No. 2, April, 1985.
Staphen Neill, Christian Faith and Other Faiths(London: Oxford University Press, 1961).
_____, Jesus Through Many Eyes(Philadelphia: Fortress Press, 1976).
Stephen Isaac, Handbook in Research and Evaluation(san Diego: Gdits 1987).
Stephen J. Stein, ed., The Works of Jonathan Edward: Apocalyptic Writings, Vol. 5(New Haven & London: Yale University Press, 1977).
Steven Neill, A History of Christan Missions(Middlesex: Penguin Books, 1964).
Susan Perlman, "An Evangelical Perspective on the San Antonio Conference", in International Review of Mission, Vol. LXXIX, No. 313, January, 1990.
Suh Nam Dong, "Historical References for a Theology of Minjung", in Minjung Theology, Kim Young Bock, ed. (Singapore: The Commission on Theological Concerns, 1981).

Sydney H. Rooy, The Theology of Missions in the Puritan Tradition(Grand Rapids: Eerdmans, 1965)
The Amsterdam Assembly, Man's Disorder and God's Design (New York: Harper and Brothers, 1948).
The Evanston Report, The Christian Hope and the Task of the Church: Six Ecumenial Surveys and the Report of the Assembly Prepared by the Advisory Commission on the Main Theme, 1954(New York: Harper and Brothers, 1954).
The New Dell: Report, The Third Assembly of the World Council of Churches, 1961(London: S.C.M, 1962).
Tertullian "We are but of Yesterday, and We have Filled every Place amomg You" in The Anti-Nicene Fathers, Vol. III
Timothy M. Monsma, "Family, Clan and Tribe in the City" in Discipling the City, Roger S. Greenway, ed. (Grand Rapids: Baker, 1986).
Tomas A. Borland, "Women in the Life and Teaching of Jesus", in Recovering Biblical Manhood and Womanhood.
Thomas Aquinas, "Summa Contra Gentiles", in On the Truth of the Catholic Faith 5 Vols. A.C. Pegis, trans. (Garden City, 1957).
Tomas E. Mcomiskey, The Covenants of Promise(Grand Rapids: Baker, 1985).
Thomas Kuhn, The Structure of Scientific Revolutions (Chicago: University of Chicago Press 1970).
Tomas R. Schreiner, "The Valuable Minstries of Women in the Context of Male Leadership", in Recovering Biblical Manhood and Womanhood.

T. R. Malthus, An Essay on the Principles of Population (London, 1949).

Vern S. Poythress, "Structurism and Biblical Studies" in Journal of the Evangelical Theological Society 21 (September, 1978).

Victor Turner, The Ritual Process: Structure and Anti-Structure(Chicago: Aldine 1969).

Vinson Synan, The Spirit Said Grow(Monrovia: MARC, 1992).

Waldron Scott, Bring Forth Justice(Grand Rapids: Eerdmans, 1983).

Walter Bauer, A Greek-English Lexicon of the New Testament and Other Early Christian Literature, Arndt and Gingrick, trans.(Chicago: University of Chicago Press, 1979).

_____, William F. Arndt & Wilbwr Gingrich, A Greek English Lexicon Christian Literature(Chicago: Univ. of Chicago pr., 1957).

Walter C. Kaiser, "The Theology of the Old Testament", in The Exposition Bible Commentary, Geabelein, Frank G., ed. (Grand Rapids: Zondervan, 1979).

_____, Toward Old Testament Ethics(Grand Rapids: Zondervan, 1983).

Walter Erdman, "Feb. 8, 1908" in PC USA BFM Mission Correspondence and Reports, Calender V. 22, 1897-1911, 1969.

Walter Freytag, "Changes in the Patterns of Western Missions", in The Ghana Assembly of the International Missionary Council, R. K. Orchard, ed. (London: Edinburgh House Press, 1958).

W. A. Visser't Hooft, No Other Name(Philadelphia: The

Westminster Press, 1963).
WCC, <u>Bangkok Assembly 1973</u>, December 31, 1972, and January 9-12, 1973.
\_\_\_\_\_, "Baptism, Eucharist and Ministry", <u>Faith and Order Paper No. 111</u>(Geneva: WCC, 1982).
\_\_\_\_\_, <u>Dictionary of the Ecumenical Movement.</u>
\_\_\_\_\_, <u>Guidelineson Dialogue with People of Living Faiths and Ideologies</u>(Geneva: WCC, 1979).
\_\_\_\_\_, <u>The Church for Others and The Church for the World</u>(Geneva: WCC, 1968).
\_\_\_\_\_, <u>The Church for Others: The Missionary Structure of Congregation</u>, Geneva, 1963.
\_\_\_\_\_, <u>The Ecumenical Review</u>, Vol. 43, No. 2, April, 1991.
\_\_\_\_\_, <u>The First Six Years 1948-1954</u>(Geneva: WCC, 1954).
\_\_\_\_\_, "Section I: Confessing Christ Today", in <u>Breaking Barriers, Nairobi 1975</u>, David Paton, ed. (Grand Rapids: Eerdmans, 1976).
\_\_\_\_\_, <u>What in the World is the World Council of Churches?</u> (Geneva: WCC, 1978).
Wesley L. Duewel, "Christian Unity: the Biblical Basis and Practical Outgrowth", in <u>New Horizons in World Mission</u>, David Hesselgrave, ed. (Grand Rapids: Baker 1979).
William Ames, <u>The Marrow of Theology</u>, ed., John D. Eusden(Boston: Pilgrim Press, 1968).
William A. Visser't Hooft, "Confessing Our Lord Jesus Crist as God and Savior", in <u>International Review of Mission</u>, Vol. LVII, No. 228(Octorber, 1968).
\_\_\_\_\_, <u>Has the Ecumenical Movement a Future?</u>(Atlanta: John Knox, 1976).
Willam Carey, "An Inquiry into the Obligation of Christians

to use Means for the Conversion of the Heathens" in Perspectives on the World Christian Movement, Ralph D. Winter, Stephen C. Hawthorne, eds. (Pasadena: Willam Carey Library, 1981).

Willam J. Larkin, Culture and Biblical Hermeneutics: Interpreting and Applying the Authoritative Word in a Relativistic Age(Grand Rapids: Baker, 1988).

Willam Menzies, "The New-Wesleyan Charismatic Origins", in Aspects of Pentecostal-Charismatic Origins, ed., Vinson Synan(Plainfield: Logos International, 1975).

Willam G. Mcloughlin, Revival, Awakenings and Reform (Chicago: The University of Chicago Press, 1978).

William M. Ramsay, The Teaching of St Paul in Terms of the Present Day(Grand Rapids: Baker, 1979).

Willam N. Blair, Gold in Korea(Topeka: H.M Ives and sons, 1957).

William Richey Hogg, Ecumenical Foundations(New York Harper & Brothers, 1952).

Wihelm Schmidt, The Culture Historical Method of Ethnology (New York: Fortury, 1939).

William Walker, A History of the Christian Church(New York: Charles Scribner's Sons, 1970).

William W. Sweet, The Story of Religion in America(Grand Rapids: Baker, 1983).

W.J. Dumbrell, Covenant and Creation(Thomas Nelson Pub., 1984).

Wolfhart Pannenberg, Jesus, God and Man(Philadelphia: Westminster, 1982).

# 찾·아·보·기

⟨ㄱ⟩

개방교회(Open Church) / 510
개신교회 / 16, 17-19, 32, 34, 108-120, 140-141, 157, 167, 192
개인 전도 / 220
개종운동(Proselytism) / 494
거룩한 클럽(Holy Club) / 311
거룩함의 완전성 / 163
검증된 복음(The Authentic Gospel) / 126, 443
경건주의 / 15-16, 26, 28, 34, 55, 57, 187, 233, 282-283, 287, 296, 309, 314-316, 324, 326, 328, 363, 382, 414, 418
경건한 자들의 무리(Collegia Pietatis) / 283
경교(Nestorianism) / 231, 234, 243, 251, 255
계시의 역사성 / 101, 517, 538
계시의 유일성과 독특성과 보편성 / 49
고정된 사역(Fixed Minstry) / 23, 109
공덕 신학 / 233, 248, 272
교황 우르반 8세(Urban) / 284
교황권 제한주의 / 360
교황권 지상주의 / 360

교황 대리 제도(Vica Apostolic) / 270
교회갱생운동 / 19
교회병행 선교기구 / 68, 134, 199, 200, 201-203, 233, 238, 250, 260-261, 266, 271, 281, 285, 303-304, 316, 388
교회성장학 / 46, 70, 73, 203, 514-515, 540, 541, 546, 548
교회성장학파 / 46, 73, 543
교회의 선교(Mission Ecclesiarum) / 113
구속사적 관점의 선교사관 / 33
구속언약 / 153, 155
구스타브 바넥(G. Warneck) / 31, 34, 38, 40, 64, 141, 199, 351, 455
구심력적인 보편주의 / 78, 145-146
구원의 상대성 / 38
구원의 은총((The Grace of the Salvation) / 151, 171
구원의 전인성 / 125
구원의 최종성과 보편성 / 32-33
구원하는 은총(Saving Grace) / 171
국내기독협의회(National Christian Conference) / 422
국제선교협의회(International Missionary Conference) / 48, 55, 57, 65, 422-426, 429, 455, 458, 463
권서 부인 / 352, 569
그리스도 중심적인 혼합주의 / 430, 480-481
그리스도의 왕국(Rugnum Christi) / 139, 307
그리스도의 현존 / 51, 468, 497, 533
근본주의자들(The Fundamentals) / 416-417
기도하는 인디언(Praying Indians) / 302, 310
기도합주회 / 25, 187, 418
기독교강요 / 126, 138, 273, 306
기독교의 메시지 / 60, 141, 293, 295
기스베르투스 보에티우스(Voetius) / 19

기초교회 공동체(Basic Ecclesial Community) / 488

〈ㄴ〉

나이로비 대회 / 146
네비우스 선교정책 / 132
노만 가이슬러(N. Geisler) / 174
니케아 교회회의 / 218

〈ㄷ〉

다원주의 / 49-50, 477, 522
단성론 / 234, 255
단일 교회(United Christian Church) / 421
대각성 운동(The Great Awakening) / 23, 282, 323-326, 331, 414, 418, 454
대위임령 / 23, 30, 50, 68, 71-72, 74-75, 78-79, 85, 96, 100, 108-109, 124, 140-141, 143, 146, 149, 155-156, 184, 199, 279, 283, 303, 308-309, 312, 315, 317, 333, 404, 433, 446, 479, 480, 503, 571
데이비드 리빙스턴(D. Livingstone) / 335, 397
데이비드 부쉬(D. J. Bosch) / 25, 45, 99, 102, 104, 111, 148, 151, 159, 203
데이비드 브레이너드(D. Brainerd) / 302, 313, 333
데이비드 헤셀그래이브(D. Hesselgrave) / 90, 94, 112, 114
데이비드 스토우(D. Stowe) / 485
데이비드 웰즈(D. F. Wells) / 176
도날드 앤더슨 맥가브란(D. McGavran) / 45, 69
도드(C. H. Dodd) / 427, 462, 465, 528
도르트 대회 / 20, 309, 310

도미니크 수도원 / 248, 250
도시 빈민 선교 / 249, 252, 255, 349-350
도시선교 / 91, 93, 181, 349-351, 447
동양신학교(Collegium Orientale Theologicum) / 26
동인도 회사 / 284, 286, 298, 333, 337-339, 341, 352, 381, 409
디다케(Didache) / 10, 118, 221
디아스포라 선교사 / 115

〈ㄹ〉

라토렛(Latourette) / 4, 11, 14, 43, 66-69, 75, 199-202, 229, 253, 255, 289, 294, 303, 320, 331, 364, 369, 374, 377
랄프 윈터(R. Winter) / 12, 68-69, 114, 201, 203, 409, 440, 447, 472
런던 선교회 / 327, 335, 337, 368, 372-376, 381, 387, 390, 396-397, 454
레슬리 뉴비긴(Lesslie Newbigin) / 48, 50, 104, 121-122, 142, 427
레이몬드 룰(Raymond Lull) / 13-14, 249
로버트 모리슨 / 337, 352, 390
로버트 모펫(R. Moffat) / 335
로버트 스피어(R. E. Speer) / 36, 38, 40, 132, 347, 404, 417
로버트 피어스 비버(R. P. Beaver) / 69, 80
로우리(H. H. Rowley) / 145
로잔느 언약문 / 117, 123, 130, 135
로잔느Ⅱ 세계복음화대회 / 416, 441
롤란드 알렌(Roland Allen) / 37
루스 터커(Ruth A. Tucker) / 571
루이스 벌코우프(L. Berkhof) / 152, 193
리차드 게핀(R. B. Gaffin) / 174

리차드 러브레이스(R. F. Lovelace) / 188
리차드 백스터 / 22, 109, 279, 308
리차드 십스(Richard Subbes) / 21, 195, 277
리차드 퀘에베데우이쓰(R. Quebedeuix) / 413

〈ㅁ〉

마닐라 선언문 / 126, 442, 448
마드라스 국제선교협의회 / 425
마테오 리치(Matteo Ricci) / 290, 320
마틴 로이드 존스(Martyn Lloyd Jones) / 166
마틴 아카드(R. Martin Achard) / 145
막스 위렌(Max Warren) / 50, 465, 429, 509
말레이 군도 지역 / 269, 289, 299
멀 데이비스(J. Merle Davis) / 426
메타신학 / 94
면죄부 / 262, 304
모국문화 / 44
모라비안 선교 운동 / 16, 26-27, 34, 315
몬타누스 운동 / 217
몬테코비노의 존(John of Montecorvino) / 250, 253
몰트만(Jürgen Moltmann) / 510, 529
무디(D. L. Moody) / 34, 344-346, 348, 357, 393, 399-401, 403-404, 418
문화구조 / 82, 95, 524
문화명령 / 79, 92, 123, 126, 128, 130, 153, 440, 517, 535
문화변혁이론 / 71
문화의 상관성 / 33, 513, 527, 540
문화의 하위구조 / 90
문화인류학 / 45, 90-91, 93-94, 520, 523

문화적 이탈 / 190
문화적인 명령 / 123, 129, 449
문화 중립주의 / 82-83

〈ㅂ〉

바나바이트 종단 / 267
바티칸 Ⅱ 공의회 / 12, 157, 254
반동종교개혁 / 68, 118
배타주의 / 50
백낙준 / 192
베를린 세계전도대회 / 432
베이비 버스터즈(Baby Busters) / 541-542, 544-546
베이비 붐머즈(Baby Boomers) / 541-542, 544-546
베자 / 140, 297, 303
변혁하는 선교 / 100-101
보니페이스(Bonkface) / 236, 242, 244, 246
보통은총 / 22, 61, 63, 126-127, 182, 193-197, 411, 420, 517, 539, 547
보편구원설 / 29, 38, 52, 57, 101, 104, 121, 158, 322-323, 420, 470, 492, 497-498, 503, 508, 511, 526, 530, 532
보편주의 / 78, 114, 139, 145-146
복음각성운동(Evangelical Awakening) / 419
복음의 수용성 / 71, 226, 237, 244, 374, 387, 392, 408, 438, 444, 513
복음주의적 상황화신학 / 97
복음주의 진영 / 28, 52, 76, 84-86, 95, 101-102, 107, 113-114, 122, 125-126, 147, 401-402, 406, 417, 431, 441, 446, 448, 469, 476, 492-493, 503-506, 513-514, 527-528, 535
부루스 니콜스(Bruce J. Nicholls) / 482, 485, 537

부흥주의 / 187, 193
브리스길라 포오프 레비슨(Priscilla Pope-Levison) / 507
비고정된 사역(Unfixed Ministry) / 23, 109
비앙 가토(Byang Kato) / 482
비엔나 회의 / 13, 109
비텐베르그(Wittenberg) / 304, 314
빌헬름 헹스텐버그(Ernst Wilhem Henstenberg) / 138

〈ㅅ〉

사도적 선교사명 / 33
사도적 신학과 신앙 / 9, 565
사마지(Samaji) 운동 / 103
사무엘 쳄머(Samuel Zwemer) / 141
사회변혁의 모델 / 98, 104
사회적인 책임 / 123, 126, 438, 440, 443
산 안토니오(San Antonio) 세계선교 / 493, 501
삼차원의 믿음 / 178
상징인류학 / 94
상황화 / 94, 539
상황화의 신학 / 46, 97, 527, 531, 538
상황화신학 / 203, 411, 435, 510, 531
생명중심(Life Centerism) / 502
샤를마뉴(Charlemagne) / 230, 232, 237
선교 동심원 / 91
선교 매체 / 202, 219, 237, 249, 260, 282, 325, 351
선교의 접촉점 / 12, 14, 22, 196-197, 420
선교의 주재자(Lordship) / 21, 56
선교적 전도 / 114, 115
선교적인 주제(The Missionary Motif) / 149

선교지역 분할정책(Comity) / 32, 421
성경을 위한 전투(The Battle for the Bible) / 414
성경의 규범성과 권위 / 61
성경적 가치관 / 33
성경적 실재주의(biblica realism) / 61-62, 423, 426
성경적 토착화 / 60, 79, 229
성령의 제3의 물결 / 166-167
성령의 주관적 역사 / 177
성취이론 / 12, 14, 253-254, 291, 320, 423
세계 복음주의 친교회(WEF) / 124-125, 435
세계교회협의회(WCC) / 48-49, 51-54, 56, 58-59, 65-66, 72, 97-99, 103, 120-123, 415, 427-428, 453, 456-457
세계선교 평론(Missionary Review of the World) / 34
소마스키 종단 / 267
수산 펄만(Susan Perlman) / 497
수소 (Suso) / 62, 258
수장령 / 265, 270, 296
순화정책 / 18
순회 전도자(Circuit Riders) / 11, 118, 221-222, 330, 352, 389
스탠리 사마르타(Stanley J. Samartha) / 491
스트라스부르그 / 283, 297, 306
스티븐 닐(S. Neill) / 43, 52-53, 84, 200, 202
스티븐 찰스 닐(Steven Charles Neill) / 52
시드니 루이(Sydey H. Rooy) / 21
신앙 선교 운동 / 27, 35, 347, 573
신오순절주의 / 165, 167-168
신율적인 삶 / 134
신정통주의 / 405, 415, 426
신학의 양극화 현상 / 107, 342, 406
실존주의적 상황신학 / 158

심층전도 / 77
십자군 전쟁 / 13, 245-246, 249, 252, 255

〈ㅇ〉

아더 글라서(Arther F. Glasser) / 70, 73, 85, 89, 148, 150, 180, 442, 476, 490
아더 존스톤(Arthur Johnstone) / 420, 426
아더 피어슨(A. T. Pierson) / 403
아더 핑크(Arthur W. Pink) / 170
아도니람 고오든(Adoniram Judson Gordon) / 184
아도니람 저드슨(A. Judson) / 35, 331, 339, 381
아시아신학협의회(ATA) / 148
아씨시의 프란시스(Francis of Assisi) / 251
안스카(Anskar) / 234, 243
알렉산더 더프(Alexander Duff) / 30, 353, 359, 382
알로펜(Alopen) / 243
앤드류 머레이(Andrew Murray) / 164, 398
어거스트 헤르만 프랑케(A. H. Francke) / 314
에딘버그 선교대회 / 420-421, 455
에밀리오 카스트로(Emilio Castro) / 97, 122, 497
에카르트 대학 / 304
에큐메닉의 선교 개념 / 107
엘렝틱스(Elentics) / 40, 63, 64, 90, 91, 196
역동적 모형설 / 531
역동적 모형론(Dynamic Typology) / 563
영적 지도 그리기(Spiritual Mapping) / 73, 83, 448, 541
영적 추적 (Spiritual Tracking) / 447
예수회 / 14, 19, 118, 254, 267-268, 281-282, 284-295, 318-320, 322, 326, 353, 368, 370, 378-379

예전신학 / 248
오리겐(Origen) / 10, 213, 216, 221
오스카 쿨만 / 55, 85, 99, 207, 208
올란도 코스타스(O. E. Costas) / 95, 123
요셉 올드햄(Joseph H. Oldham) / 422, 427
요한네스 바빙크(J. Bavinck) / 22, 39-40, 195, 421, 518
요한네스 버카일(Johannes Verkuyl) / 47, 65, 132, 148
요한네스 블라우(Johannes Blauw) / 144
요한네스 호켄다이크(Johannes C. Hoekendijk) / 64, 143, 507
요한의 형제 자선단 / 267
우르수린 종단 / 267
우주론적 기독론의 보편구원설 / 104
우주적이며 보편적인 왕국 / 139
웁살라 대학 / 58
원복음 / 77, 559
원심력적인 보편주의 / 145
원심력적인 선교 / 78, 145-146, 149, 155-156
월터 카이저(Walter Kaiser) / 152, 555
월터 후라이탁(W. Freytag) / 57
웨스트민스터 신앙고백 / 298
위기신학(Crisis Theology) / 423
위대한 그레고리(Gregory the Great) / 12
위대한 세기(The Great Century) / 27
윌로우뱅크 보고서 / 514, 516, 526
윌리브로드(Willibroad) / 241-242
윌리암 에임스(W. Ames) / 19, 21, 109, 309
윌리암 캐리(William Carey) / 15, 110, 140, 141, 318, 327, 332, 351, 354, 381, 419, 454, 455
윌리암 템플(William Temple) / 423
윌리암 호그(William Richey Hogg) / 419, 453

윌이암 세이모어(W. J. Seymour) / 164
유스티니안 폰 벨츠 / 287, 317
유진 나이다(E. A. Nida) / 82, 523, 534
이그나티우스 로욜라 / 118, 267, 281, 318
이레니우스(Irenaeus) / 9, 216
이시도르의 모조 교서 / 233
인간의 선교(Missio Hominum) / 152
인도하는 은총(Saving Grace) / 171
일리저 휘럭(E. Wheelock) / 302
일반계시 / 61, 63, 83, 437, 533, 535

〈ㅈ〉

자급(self-maintaining) / 36-38, 131-132, 235, 237, 263, 301, 328, 334, 342, 391, 393, 396, 411, 426
자연계시 / 14, 61, 63, 194, 254
자전(self-extending) / 36-37, 132, 237, 328, 334, 342, 391, 396, 411, 426
자치(self-directing) / 36-38, 132, 237-328, 334, 342, 391, 396, 411, 426
적응모델(Adaptation Model) / 423
전 우주적 통치의 선교 / 152
전달이론 / 72
전도명령 / 92, 126, 128, 130
전도신학(evangelistic theology) / 30
전도적인 명령 / 123, 445, 449
전투를 위한 영성(Spirituality for Combat) / 480
점진적인 계시 / 101, 538
제네바 교회 / 306
제럴드 앤더슨(Gerald H. Anderson) / 83, 144

제사장적 나라 / 151
제임스 팩커(J. I. Packer) / 170, 175, 177-178, 188, 552
조나단 에드워드(Jonathan Edwards) / 23, 25, 109, 186, 188, 189, 279, 282, 302, 313, 314, 324, 326, 346, 454
조지 래드(G. Ladd) / 150
조지 비세돔(George F. Vicedom) / 142
조지 폭스 / 300
조지 피터스(George W. Peters) / 76, 104, 123, 146, 201
조지 휫필드 / 282, 311, 313, 324, 454
조정주의자(Conciliarist) / 415
조지 뮬러 / 363
조직 교회 / 40, 144, 235, 360, 368
존 그레샴 메첸(J. G. Machen) / 405
존 네비우스(J. Nevius) / 391, 395, 410
존 뉴맨(J. Newman) / 363
존 도슨(J. Dawson) / 181
존 맥케이(J. A. Mackay) / 427
존 모트 (J. R. Mott) / 67, 120, 122, 344, 347, 394, 401, 419, 422, 425, 427
존 브라이트(J. Bright) / 150
존 스토트(John R. W. Stott) / 112, 113, 122, 433, 445, 449
존 어스킨 / 24
존 엘리오트 / 22, 23, 109, 271, 286, 301, 309, 310, 333
존 웨슬레이 / 163, 311, 313
존 칼빈(J. Calvin) / 126, 193, 273, 297, 306
존 패튼(J. G. Paton) / 375, 560
존 프레임(J. Frame) / 161
종교적 감정(Religious Affection) / 187
종족교회(Volkskirche) / 32, 86
종족중심주의(Ethnocentrism) / 421

종파신학 / 43
지역교회(Landskirchen) / 71, 72, 77, 79, 109, 222, 305, 365, 373, 376, 389, 412, 424, 426-427, 435, 438, 443-444, 450, 463, 465, 489, 510, 515, 540-541, 546, 565
지역주의(Locality) / 421
직선적인 사관 / 205
진젠도르프(N. L. Zinzendorf) / 16, 26-27, 283, 287, 315-316, 328

〈ㅊ〉

찰스 반 엥겐(Charles Van Engen) / 41, 73, 104, 151, 498
찰스 시므온(C. Simeon) / 326, 401
찰스 피니(C. Finney) / 188, 193, 325, 344, 346, 348
찰스 핫지(C. Hodge) / 152, 173, 193, 365, 552
창조언약 / 153, 155
청교도 선교 운동 / 16
청교도 신학 / 116, 279, 298
초절신학(Metaltheology) / 538
총체적 복음 / 117, 463
총체적 선교(Holistic Mission) / 37, 122, 444, 445,
총체적인 복음(wholistic Gospel) / 41, 49-50, 115, 126
총체적인 선교관 / 32, 37, 49, 87, 121-126, 129, 131, 134, 135, 362, 365, 446, 448-449, 462
추수신학 / 71
침투전도 / 76-77

〈ㅋ〉

카이로스(Kairos) / 202, 204, 207-209, 211, 213, 227, 518

카푸친 종단 / 267
칼 구즐라프(K. Gustzlaff) / 408, 409
칼 바르트(K. Barth) / 56, 85, 458-459
칼 하텐스타인(K. Hartenstein) / 55, 121-122
칼멜 수도회 / 267, 287
켄 그나나칸(Ken Gnanakan) / 148, 151
코넬리우스 반틸(Cornelius Vantil) / 194, 551
코테즈(Cortes) / 292
코페르니쿠스적 인식 전환 / 112, 424
콜롬바(Columba) / 236, 241
클레멘트(Clement) / 10, 118, 253, 257

〈ㅌ〉

타문화권 상황 / 18, 40
탁발승 수도원 운동 / 248, 250
터툴리안(Tertullian) / 10, 219, 221-222
토마스 아 켐피스(Thomas A Kempis) / 258, 263, 281
토마스 아퀴나스(Thomas Aquinas) / 14, 249, 253
토착교회 / 37-38, 46, 59, 64, 82, 132
통문화 신학(Transcultural Theology) / 537
통합적 접근 / 150
트렌트 공의회 / 280-281, 360
특별은총 / 127-128, 182, 194, 196

〈ㅍ〉

팍스 로마나(Pax Romana) / 210
판넨버그 / 57-58
패트릭 / 231, 235-236, 238, 240

팽창 성장 / 114
평양 장대현 교회 / 191
포괄주의 / 50
포용성(Inclusiveness) / 229
폴 데이비드 데바난단(P. D. Devanandan) / 103
폴 히버트(P. G. Hiebert) / 73, 93, 172, 189, 536-537
푸랑크프르트 선언문 / 59
프란시스 수도원 / 13, 248, 250
프란시스 자비에르 / 281, 288-289, 318-319
프랑케 / 26, 283, 287, 314, 315, 326
프랑크푸르트 선언서 / 434
프랜시스 두보스(Francis M. Dubose) / 9
프레드릭 쉴라이에르마허(Schleiermachers) / 28
프레임(J. M. Frame) / 161, 560
피너 바이엘 하우스(P. Beyerhaus) / 58
피지(Fiji) 제도 / 373-375
피터 와그너(P. Wagner) / 72, 73, 83, 95, 166, 179, 447
필립 스페너 / 26, 283

〈ㅎ〉

하나님 나라 / 37, 41, 42, 49, 53, 72, 78, 79, 87-89, 93, 96-97, 101, 116, 119-120, 125, 130, 133, 139, 141, 146-151, 160, 200, 277, 412, 425, 440, 444, 493, 508, 512, 516, 535, 547, 570, 574
하나님의 도성(De Civitate Dei) / 227-228
하나님의 목적(The Purpose of God) / 436
하나님의 샬롬 / 120, 121, 466, 529
하나님의 선교 / 56, 57, 64, 79, 114, 120-123, 142, 143, 147, 152, 158, 429, 466-470, 473-476, 481, 488, 494, 496,

499, 504-507, 529, 530
하나님의 선교사상 / 29, 49, 51, 57, 65, 85, 122, 147, 413, 499, 502, 508-511, 547
하나님의 선교인(Missiones Dei) / 113
하나님의 존전의식 / 170, 189, 191
하나님이 중심이 된 전도(God-centered evangelism) / 116
학생자원해외선교운동(Sutdent Volunteer Movement for Foreign Mission) / 344
학생자원 선교기구(Student Volunteer Mission) / 34-36, 344
한스 요켄 마굴(H. J. Margull) / 54
한스 큉 / 102, 203, 532
할레 대학 / 26, 28, 31, 287, 315
해방신학적 기독론 / 98
해방의 주제 / 122, 148, 149
해석학적 나선형의 모델 / 161
해체화 현상 / 229
핸드리쿠스 벌코우프(H. Berkhof) / 185
허드슨 테일러(Hudson Taylor) / 86, 314, 348, 350, 356, 392-393, 408-410, 570
허버트 케인(H. Kane) / 74-75, 104
헨드릭 크래머(Hendrik Kraemer) / 39, 60, 423
헨리 마틴 (Henry Martyn) / 340-341
현존의 신학(presence theology) / 29, 470, 497
화육적 성장(incarnational growth) / 97
확대전도 / 120, 425-426
휘트비 국제선교협의회 / 426-427
휘튼 선교대회 / 431-433, 440
힘의 전도 / 167, 178-182, 447, 541

## 현대 선교학 총론
김성태 지음

초판 1쇄 발행  1999. 9. 10
초판 12쇄 발행  2020. 9. 1

발행처  도서출판 이레서원
발행인  문영이
출판신고  2005년 9월 13일 제2015-000099호

기획. 마케팅  김정태
편집  송혜숙, 오수현
총무  곽현자

경기도 고양시 일산동구 백석로71번길 46, 1층 1호
전화 02)402-3238, 406-3273 / 팩스 02)401-3387
E-mail: jireh@changjisa.com
Website: jireh.kr  facebook.com/jirehpub

값은 표지에 있습니다.

ISBN 978-89-7435-066-6  03230

글 저작권 ⓒ1999 김성태

\* 신 저작권법에 의하여 한국 내에서 보호받는 저작물이므로 저작권자의 서면 허락 없이 이 책의 어떠한 부분이라도 전자적인 혹은 기계적인 형태나 방법을 포함하여 그 어떤 형태로든 무단전재와 무단복제 하는 것을 금합니다.